南北朝佛教史

南北朝佛教史

이 영 석

혜안

책을 내면서   ·

　필자가 대학 강단에 몸을 두고 교수, 연구한 기간이 벌써 서른 해에 가까운 광음이 흘러 이제는 정년을 눈앞에 두고 있다. 되돌아보면, 정든 교단을 떠나야 한다는 아쉬움이나 서운함 보다는 주어진 귀중한 시간 속에 열과 성을 다하지 못한 뉘우침이 더 크다. 뒤늦게나마 남북조시대 불교사에 관한 그간의 연구논문 몇 편을 모아서 출간하기로 하였다.

　위진남북조시대는 정치, 사회적으로 어느 시대보다도 복잡하다. 또한 이 시대는 漢代의 유교중심사상에서 벗어나 儒, 佛, 道에 관한 논의가 번화하게 나타나는 三敎竝存의 시대였다. 특히 불교는 이 시대의 정치, 사회사에 많은 영향을 미쳤을 뿐만 아니라 운강, 용문 석굴을 통해서도 알 수 있듯이 이 시대의 문화사에 미친 영향 또한 지대하였다.

　필자는 학부시절부터 이 시대에 관심을 가졌고, 대학원에서는 이 시대의 불교사에 관심을 가지게 되었다. 그러나 1960~1970년대 초에는 기본사료나 국내외 논저를 쉽게 접하기 어려웠다. 물론, 필자의 노력이나 학구열이 부족한 탓이 없지는 않았다. 당시 국내의 연구는 전무한 실정이었고, 국외의 연구서도 여러 가지 여건으로 말미암아 구하기가 여간 힘들지 않았다. 때로는 가까운 분들을 찾아가 책을 빌려 조심스럽게 다루었던 기억도 뇌리에 남아 있다. 때문에 한편의 논문을 발표하기까지는 생각보다 훨씬 더 많은 시간과 노력이 필요했다.

　1980년대 대학 강단에 발을 들여놓을 즈음에 시대의 변화에 따른 영인본의 출간이 늘어나 기본사료를 비롯한 국내외의 연구서들을 접하면서 세월을 거듭하여 집필하여 왔다. 작금의 글들도 다시금 살펴보니 얼굴이 붉어진다. 그러나 필자가 관심을 가져왔던 이 시대의 논저들을 국내에서는 아직까지 쉽게 접할 수가 없는 것 같기에 용기를 얻어 박사학위논문과 그 전후에 집필한 10여 편을 보태어 『南北朝佛教史』란 書名으로 이 책을 발간하게 되었다. 실제 내용면에 있어서는 後趙 및 東晉의 불교에 관한 내용도 수록되어 있다. 이는 남북조시대 불교를 이해하기 위해서는 前代의 불교를 고찰할 필요가 있다는 판단에 따른 것이다. 그리고 본서의 제1부 제2장 제7절, 제2부 제6장의 두 편의 논문은 안순형 박사와 공동으로 집필하였지만 안 박사의 양해를 얻어서 수록하였다.

　책의 출간을 염두에 두지 않고 한 편 한 편 집필한 논문들을 편집하고 보니 중복되는 내용들이 보여서 필자의 불만도 없지 않으나 일일이 수정하지 못한 안타까움이 있다. 더욱이 세월이 오래된 글들은 전면적으로 수정·보완하여야겠다는 마음을 간직하고 있었지만 이를 실천하지 못하고 문맥, 자구를 비롯한 부분적인 보완에 그침도 아쉬움으로 남는다. 특히 사료의 인용 부분에 있어서 오늘에 가까웠던 글들은 원문을 번역하였으나 오래된 글들은 시간의 절박함과 노력의 부족을 탓하면서 원문을 그대로 수록할 수밖에 없어 독자의 이해를 구한다.

　이 책의 출판에 즈음해서 고마우신 분들께 평소에 간직하고 있던 감사의 말씀을 덮어둘 수 없다. 필자는 재능이 부족한 사람이지만 학자로서 그리고 교육자로서 일생의 길을 걸을 수 있도록 채찍과 격려를 거듭하여 주신 은사님들의 학은을 잊을 수가 없다. 학부와 석사과정에서 특별한 애정으로 지도하여 주신 김엽 선생님과 박사과정에서 열과 성을 다하도록 격려하여 주신 정재각 선생님의 학은은 영원히 간직할 것이다. 비록 전공은 다르다 하더라도 학문하는 자세와 방법론을 가르쳐 주신 오주환 선생님의 격려에도 머리 숙여 감사를 드린다. 그리고 필자는 학위논문 심사를 맡아 주셨던 이춘식 선생님께서 학위논문을 출간하면 서평을 써 주시겠다고 약속해 주셨던 말씀을 항상 간직하고 있었다. 그러나 이제서야 출간하다 보니 선생님과의 약속을 어긴 것 같아 송구스럽고 고마운 마음 지울 수가 없다. 이 책의 출간을 위해서 사료 확인과 교정 작업에 밤낮을 함께 해 주었던 안순형 박사의 노력은 고마움을 떠나 오래도록 잊을 수가 없을 것 같다. 그리고 문맥과 자구의 수정에 도움을 주신 최재용, 남철호 박사에게도 깊은 감사를 드린다. 또 어려운 여건 속에서도 이 책의 출판을 흔쾌히 허락하여 주신 도서출판 혜안의 오일주 사장님과 김현숙 편집장님, 김태규 실장님과 관계자 여러분에게도 깊은 감사의 말씀을 드린다.

8

　사랑하던 남편을 호국전선에 바치고 자식을 위해서 일생을 헌신해 오신
구순의 어머님 사랑에 다시 한 번 숙연한 마음으로 고개 숙여진다. 그리고
40년 가까이 고락을 함께 하면서 힘든 일 궂은 일 마다 않고 남편의 뒷바라
지에 애써준 아내에게 고마움에 앞서 끝없는 사랑을 느낀다. 책의 출간을
권유해 주었던 큰 아들 내외, 둘째 아들 내외, 그리고 막내 딸 경연이에게도
고마움을 표한다.
　이 책을 어린 삼남매를 남겨두고 순국하신 아버님의 영전에 바칩니다.

2010년　6월
봉림산 아래　연구실에서
이　영　석　씀

목 차

제 2 부 東晋 및 劉宋의 佛敎

제1부
北朝佛教

제1장 神異僧 佛圖澄과 後趙佛教

1. 머리말

北魏에서 단행된 廢佛과 興佛은 武斷專制的 성격을 지닌 북위 군주의 정치적 의지가 종교(불교) 정책에 반영되어 나타난 결과였다고 생각된다.[1] 그러나 불교가 중국에서 포교의 목적을 달성하기 위해서 王道尊重의 정치적 요구에 순응한, 이른바 국가불교로서의 성격을 갖추게 된 시기는 이미 五胡의 중원혼란이라고 하는 시대적 배경 가운데서 형성된 것 같다.

永嘉의 亂이래 중원의 정치, 사회적 혼란은 불교계에도 널리 파급되어 일시적으로 포교의 위기에 직면했던 것은 사실이다. 그러나 이민족의 침입에 따른 胡·漢雜居의 사회적 현상이 보편화 되고 있던 화북지방에는 전통적인 중화지상주의사상이 와해되고, 백성들의 정서는 중국의 전통문화나 외래문화를 차별 없이 수용하려는 경향이 현저하였다. 그래서 불교는 포교를 위해서 오히려 전화위복의 기회를 포착하게 되었던 것이다. 이러한 구체적 사실의 하나가 바로 胡族君主와 불교의 결탁이라 하겠다. 이를테면, 호족군주는 화북통일과 민심의 안정이라고 하는 현실적 문제를 해결하기 위해서 불교의 자비와 沙門의 靈驗을 이용하고자 하였으며, 사문은

---

1) 이 점에 관해서는 本書 제2장 3절과 4절에서 언급하게 될 것이다.

강력한 왕권을 배경으로 포교의 자유를 확립할 필요성을 절감하게 되었다.
따라서 군주와 사문은 신앙외적인 측면에서 상호 결합할 수 있었던 것이다.

本章에서는 五胡爭亂의 초기에 나타났던 後趙君主와 神異僧 佛圖澄과
의 관계를 통해서 5호쟁란기의 불교가 지닌 一端의 성격을 규명하고, 아울
러 불교가 중국사회에 정착할 수 있었던 원인을 究明해 보고자 한다.

불도징의 활동에 관해서는 이미 불교사가들에 의해서 언급된 바 있기
때문에[2] 필자는 이러한 기존의 연구를 근거로 후조의 정책적 문제와 불교
(불도징)의 관계를 규명하는 데 주안점을 두었다. 다만 후조불교의 연구를
통한 5호쟁란기 각 나라 불교의 동질성을 규명하는 데는 미흡한 점이
없지 않다. 이는 5호 諸國의 불교정책을 비교, 분석해야 하는 복잡한 문제가
내재해 있기 때문이다.

2. 五胡의 混亂과 佛敎

西晋은 賈后의 亂政이래 왕족 사이에 八王의 亂이라고 하는 심각한
권력투쟁이 발생해서 왕실의 통치력은 현저히 저하되었다. 이러한 기회에
편승해서 1세기이래 山西內地에 정착해 있던 匈奴族의 추장 劉淵(元海)은
左國城(山西省 永寧縣)에서 독립하여 漢이라고 하는 새로운 왕조를 창건
하였다(304). 이는 일찍이 중국사에서 찾아보기 힘든 異族王朝였지만 여러
가지 모순에 의해서 4반세기를 지탱하지 못하고 멸망하고 말았다.[3] 그러나

---

2) 山崎宏, 『支那中世佛敎의 展開』(東京, 1942) ; 湯用彤, 『漢魏兩晋南北朝佛敎史』(商務
   印書館, 1938, 臺一版, 1973) ; 橫超慧日, 『中國佛敎의 硏究』(京都, 1958) ; 塚本善隆,
   『中國佛敎通史』(東京, 1979) ; 中村元 編, 『アジア佛敎史(「中國編」 I)』(佼成出版社,
   1975, 東京三版, 1980).
3) 北魏를 제외한 五胡諸國이 短命하게 되었던 공통의 약점에 대해서는 宇都宮淸吉,

한족에 의해서 항상 멸시되어 오던 북방 흉노족이 새로운 독립국을 마련하였다는 것은 북방 유목민족에게 새로운 자극과 자신감을 주었던 것이다. 이래로 5호족의 중원 침입은 급속히 격화되어 북위에 의한 화북통일이 이룩되기까지 약 130년간은 이들에 의한 미숙한 왕조가 계속해서 난립하는 민족이동의 東方版이 전개되었다.

흉노족의 漢은 영가 4년(310)에 추장 유연이 죽고 그의 아들 和가 계위하였으나4) 그는 같은 해에 동생 劉聰에 의해서 시해되었다. 유총은 즉위 다음해에 낙양을 함락하고 서진의 懷帝를 포로로 하였다(영가의 난). 서진 왕실은 陝西 서부를 근거로 통치력의 회복을 기도했으나 장안의 함락과 더불어 끝내 그 명맥을 유지하지 못하였다.

영가의 난이래 서진의 멸망이라고 하는 중대한 역사적 사실을 5호의 침입이라고 하는 하나의 사실만으로 귀결시켜 버릴 수는 없으나5) 이를 계기로 화북 개발의 주인공이었던 한족의 지위는 완전히 전락되고 異族에 의한 정치·사회적 혼란은 극도에 달했다. 이는『晋書』권62, 劉琨傳에 보이는 아래와 같은 기록을 통해서 알 수 있다.

『中國古代中世史硏究』(東京, 1977), p.437 이하 참조.

4)『晋書』卷101, 劉元海傳에 "元海疾篤……以永嘉四年死 在位六年 僞諡光文皇帝……子和立"이라 했으며, 여기에서 在位六年이라 함은 永興 元年(304)에 漢王이라 稱한이래 永嘉 4년(310)까지를 계산한 것이라 보겠다.

5) 塚本善隆, 前揭書, pp.249~250에 의하면 五胡의 반란은 '永嘉의 亂'이라고 하는 표면적 사건에 불과한 것이며, 보다 중요한 원인은 정권쟁탈에 始終했던 지배층에 대한 백성의 불신과 민중의식의 離反이라고 하는 心的作用에 기인한 것이라 하였다. 아울러 이러한 심적 작용은 君主된 자가 萬民의 생활을 보증할 의무가 있다는 君主觀으로부터 나온 것이며, 또한 後趙의 石勒이 일시적으로 중원지배에 성공하게 된 원인도 백성들의 이러한 요구에 相應하면서 그들의 적극적 협력을 얻은 求心的 統一이라고 하는 心的作用으로 설명하고 있다.

永嘉元年爲幷州刺史 加振威將軍 領匈奴中郎將 琨在路……自涉州疆 目
覩困乏 流移四散 十不存二 攜老扶弱 不絶於路 及其在者 鬻賣妻子 生相捐
棄 死亡委危 白骨橫野 哀呼之聲 感傷和氣 群胡數萬 周匝四山 動足遇掠
開目覩寇 唯有壺關 可得告糴 而此二道 九州之險 數人當路 則百夫不敢進
公私往反 沒喪者多 嬰守窮城 不得薪采 耕牛旣盡 又乏田器……時東嬴公
騰自晉陽鎭鄴 幷土饑荒 百姓隨騰南下 餘戶不滿二萬 寇賊縱橫 道路斷塞
琨募得千餘人 轉鬭至晉陽 府寺焚毁 僵屍蔽地 其有存者 饑羸無復人色
荊棘成林 豺狼滿道 琨翦除荊棘 收葬枯骸 造府朝 建市獄 寇盜互來掩襲
恒以城門爲戰場 百姓負楯以耕 屬鞬而耨

또 同書 권26, 食貨志에도 서진 惠帝이래 화북의 상황에 대해서 다음과
같이 전하고 있다.

及惠帝之後 政敎陵夷 至於永嘉 喪亂彌甚 雍州以東 人多飢乏 更相鬻賣
奔迸流移 不可勝數 幽, 幷, 司, 冀, 秦, 雍六州大蝗 草木及牛馬毛皆盡 又大
疾疫 兼以饑饉 百姓又爲寇賊所殺 流尸滿河 白骨蔽野 劉曜之逼 朝廷議欲
遷都倉垣 人多相食 饑疫總至 百官流亡者十八九

그리고 同書 권5, 愍帝紀에는 장안이 함락되기 직전의 사정으로 보이는
기록 가운데 아래와 같은 내용도 보이고 있다.

帝之繼皇統也 屬永嘉之亂 天下崩離 長安城中戶不盈百 牆宇頹毁 蒿棘
成林 朝廷無車馬章服 唯桑版署號而已

이상의 기록이 다소 과장된 표현이라 하더라도 당시의 사정을 窺知하는
데는 충분하다.6) 약탈과 기근에 시달린 백성의 생활은 그 困苦함이 극도에
이르러 유민이 되어 四散하거나, 아니면 처자를 鬻賣하고 인민이 相食해야

하는 비참한 경지에 이르게 되었으며, 유민의 증가에 동반된 인구의 격감[7]
이나 민심의 동요는 지방에까지 파급되었다.[8] 이때 한인 名族 劉琨이나
王浚,[9] 祖逖[10] 등은 그 명망을 배경으로 산하의 難民을 규합하여 이족의
침입에 대항함으로써 중원 회복의 민족정신을 일시적으로 떨친 사실도
있었다. 하지만 살육과 포로에 견디다 못한 한인들은 향리의 首領에 인도되
어 남하하였기 때문에[11] 중화지상주의사상이나 한족의 전통문화를 유지
하려는 의식은 날로 소멸되어 화북 문화의 괴멸적인 타격도 면할 수 없었
다.

  이러한 사정은 당시 불교계에 있어서도 예외일 수는 없었다. 불교는
중국에 전래된 이래 중국의 전통사상과 융화하는 과정에서 점차 그 교세를
확대하여 왔다. 그러나 이족의 침입에 따른 중원의 혼란과 폐허에 직면해서
사원과 경전은 戰火 가운데 소실되고, 고승의 隱遁, 南渡 및 외국 사문의
고국 귀환은 날로 증가하였기 때문에 이제 그 교세는 큰 난관에 부딪치게
되었던 것이다. 화북불교의 흥륭에 공헌했던 제일의 지도자로 지칭되었던
神異의 西域僧 불도징이 유요의 낙양 침입에 이르러 일시 사원의 건립을

---

6) 西晉말 중원의 사정에 관해서는 본장의 인용문 외에도『晉書』卷60, 索靖傳附綝
   傳 ;『魏書』卷99, 私署凉州牧張寔傳 ;『弘明集』卷11 참조.

7) 宇都宮淸吉, 前揭書, p.435 이하에서 대체로 淮水이북의 全華北에 흉노족이 수립했
   던 遊牧政權이었던 漢(趙)왕조치하에서 파악된 인구는 한족이 200~300만 정도이
   고, 흉노족을 비롯한 諸胡族의 인구 총수도 역시 200~300만으로 이는 기원1세기
   화북인구 5,000만에 비하여 지역의 廣狹에 따르는 차이는 다소 있다고 할지라도
   참으로 황폐한 화북의 사정을 알 수 있다고 지적하였다.

8)『晉書』卷86, 張軌傳 참조.

9)『晉書』卷39, 王沈傳附浚傳.

10)『晉書』卷62, 祖逖傳.

11)『晉書』卷65, 王導傳에 "俄而洛京傾覆 中州士女避亂江左者十六七 導勸帝收其賢
   人君子 與之圖事"라 있는 것으로 보아 여하히 많은 한인이 江南으로 遷徙했던가
   상상할 수 있으며, 그 구체적 논증에 대해서는 塚本善隆, 前揭書, p.318 참조.

통한 弘道의 뜻을 중단하고, 초야에 피신해서 세상의 변화를 엿보고 있었던
사실에 대해서는 후술하겠다. 晉의 승상 王敦의 아우 竺道潛이 영가의
난을 피해서 동진의 황제 및 귀족과 交友하면서 동진귀족의 불교화에
노력했던 사실을 『高僧傳』 권4, 本傳에 다음과 같이 전하고 있다.

> 竺道潛 字法深 姓王 瑯琊人 晉丞相武昌郡公敦之弟也 年十八出家……
> 晉永嘉初避亂過江 中宗元皇及蕭祖明帝 丞相王茂弘大尉庾元規 並欽其
> 風德友而敬焉[12]

또 同書 권12, 僧顯傳에도 다음과 같은 기록이 보이고 있다.

> 竺僧顯 本姓傅氏 北地人 貞苦善戒節 蔬食誦經業禪爲務……時劉曜寇蕩
> 西京朝野崩亂 顯以晉太興之末 南遊江左 復歷名山 修己恒業[13]

유요의 침입에 의한 西京의 혼란에 즈음해서 僧顯이 동진 元帝末 南渡한
사실을 말해주고 있다. 이외에도 명승 道安은 石虎의 사후에 일어난 冉閔
의 난과 前燕 慕容俊의 침입에 임해서 제자 慧遠을 비롯한 400인의 門下를
데리고 鄴에서 襄陽으로 남하[14]한 후 苻堅의 양양 정벌에 즈음해서는
그에게 중용되어 전진불교의 융흥을 위해서 노력했던 것이다.[15] 화북의

---

12) 『大正藏』 第50卷, p.347c.
13) 『大正藏』 第50卷, p.395b.
14) 『高僧傳』 卷5, 道安傳(『大正藏』 第50卷), p.352a, "安以石氏之末 國運將危 乃西適牽
　　口山 迄冉閔之亂 人情蕭素……遂復率衆入王屋女休山……俄而慕容俊逼陸渾 遂
　　南投襄陽……乃令法汰詣楊州 曰 彼多君子 好尙風流 法和入蜀 山水可以修閑 安
　　與弟子慧遠等四百餘人渡河 夜行値雷雨 乘電光而進".
15) 同上, p.352c, "時苻堅素聞安名 每云 襄陽有釋道安是神器 方欲致之以輔朕躬 後遣
　　苻丕南攻襄陽 安與朱序俱獲於堅 堅謂僕射權翼曰 朕以十萬之師取襄陽 唯得一

난세에 즈음해서 강남에 이주한 사문은 종래의 檀越이나 거주했던 사원을
버리고 南遷했기 때문에 일시적으로는 생활의 어려움을 면하지 못하였으
나, 강남의 귀족이나 北來의 귀족들로부터 경제적 도움을 얻음에 이르러서
는 마침내 그 명망이 널리 알려지고[16] 강남의 불교계에 중대한 활동을
전개하여 남조불교의 융성에 자못 지대한 영향을 미쳤다.

　한편 이러한 쟁란에 즈음해서 서역의 명승들도 화북의 혼란을 피해서
南渡, 혹은 본국에 돌아간 경우가 적지 않았다. 龜妓 출신의 사문 帛尸梨蜜
은 영가의 난으로 남도하여 동진의 승상 王導를 비롯한 당대의 명사와
교유하면서 포교에 노력하였고,[17] 또 인도 출신의 신이승 耆域이 前趙
劉氏의 낙양 함락으로 말미암아 귀국한 사실을 『고승전』권10, 本傳에
아래와 같이 기록하고 있다.

　　耆域者 天竺人也 周流華戎靡有常所……晉惠之末至于洛陽 諸道人悉爲
　作禮……洛陽兵亂 辭還天竺[18]

　뿐만 아니라 동진 중기 장안에 왔던 兜佉勒의 사문 曇摩難提가 姚萇(後
秦)의 關中 침입에 의해서 본국에 귀환하였고,[19] 宋 元嘉年間(424~453)에

　　人半 翼曰 誰耶 堅曰 安公一人 習鑿齒半人也 既至住長安五重寺 僧衆數千大弘法
　　化".
16)『世說新語』文學篇에 "康僧淵初過江 未有知者 恒周旋市肆 乞索以自營 忽往殷淵
　　源許 値盛有賓客…… 由是知之"라 있고, 同 賞譽篇에 "初法汰北來 未知名 王領軍
　　供養之 每與周旋行……因此名逐重"이라 있음이 그 대표적인 경우라 하겠다.
17)『高僧傳』卷1, 本傳(『大正藏』第50卷), p.327c, "晉永嘉中 始到中國 値亂仍過江
　　止建初寺 丞相王導一見而奇之 以爲吾之徒也".
18)『大正藏』第50卷, p.388a-b.
19)『高僧傳』卷1, 本傳(『大正藏』第50卷), p.328b-c, "曇摩難提 此云法喜 兜佉勒人……
　　以苻氏建元中 至于長安……及姚萇寇逼關內 人情危阻 難提乃辭還西域 不知所
　　終".

西涼에 왔던 서역승 浮陀跋摩가 拓跋燾의 姑藏 침입을 맞아 귀국한 사실을
『고승전』 권3, 本傳의 기록에 전하고 있다.

> 浮陀跋摩 此云覺鎧 西域人也……宋元嘉之中 達于西涼……有頃 魏虜拓
> 跋燾西伐姑藏 涼土崩亂 經書什物 皆被焚蕩 遂失四十卷 今唯有六十存焉
> 跋摩避亂西反 不知所終[20]

　여기서는 사문 浮陀跋摩의 귀국과 아울러 중원의 혼란에 동반해서 불경
의 散佚이라고 하는 불교문화의 파괴적 타격도 말하고 있으며, 이는 여타의
기록을 통해서도 충분히 알 수 있다.[21]

　이상에서 5호의 쟁란이라고 하는 중원의 정치, 사회적 혼란에 직면해서
사문의 희생,[22] 남도 및 서역승의 본국 귀환으로 말미암아 나타났던 弘敎를
위한 인적 결핍과 더불어 불교문화의 파괴에 동반된 화북불교의 衰微에
관해서 살펴보았다. 그러나 이러한 사실만으로 5호16국시대에 불교가 그
根底로부터 괴멸되어 버렸다고는 단언할 수 없고, 오히려 전화위복으로
弘敎의 기회가 제공되어 보다 생기 있는 대중불교, 국가불교로서 융성할
수 있었던 것이었다. 그 중요한 원인은 두 가지 측면에 착안해서 규명할
수 있다. 첫째는 정치, 사회의 불안에 따른 농민생활의 붕괴로 인한 심리적
변화이며, 둘째는 정치적 실권자였던 호족군주와 불교의 결합이라고 하는
정책적 문제이다.

---

20) 『大正藏』第50卷, p.339a.
21) 『高僧傳』卷1, 維祗難傳에 "至晉惠之末 有沙門法立 更譯爲五卷 沙門法巨著筆
其辭小華也 立又別出小經近四許首 値永嘉末亂 多不復存"이라 있고, 同 帛遠傳에
"(法)祖旣博涉多閑 善通梵漢之語 嘗譯惟逮弟子本五部僧等三部經 又注首楞嚴 又
有別譯數部小經 値亂零失 不知其名"이라 있다.
22) 同上, 帛遠傳 참조.

5호의 쟁란에 따른 약탈과 학살의 현실적 비운에 처해 있던 당시의 인민은 지배자에 대한 불신의 관념과 아울러 현실을 부정하게 되었다. 아울러 미래에 대한 윤회를 추구한 나머지 가상의 세계를 동경하게 되었고, 이는 내세의 존재와 안락을 믿는 강한 신앙심과 직결될 수 있었다. 불교가 중국에 전래된 초기에는 노장사상으로 불교의 교의를 해석하려는 이른바 格義佛敎가 나타나게 되었던 것은 주지의 사실이다. 이는 고도의 학문적, 철학적 소양을 갖춘 지식인, 즉 玄學界의 명사라고 하는 특수계급에 한정된 것이었다. 계급에 구애받지 않고 널리 수용될 수 있었던 것은 서역의 신이승에 의한 靈驗奇跡[23)]과 선악의 業에 의한 과거, 현재, 미래에 걸친 인과응보 및 윤회전생의 사상이었다.[24)] 서진 말 이민족에게 유린되었던 화북지역의 인민들 사이에는 중국의 전통문화나 외래문화를 차별 없이 수용하려는 경향이 현저히 증가하고 있었다. 때문에 영험기적과 윤회전생에 의한 불교의 포교와 대중화는 바로 이러한 시대상과 더불어 當代人의 정신적 요구를

---

23) 橫超慧日, 前揭書, p.327 이하에 의할 것 같으면 인생에 대한 애착이 강한데 비해서 의학 지식이 결핍되어 있는 시대에 있어서, 또 旱害 大雨 등 자연의 不可抗力的인 위협에 직면했을 때 道力에 의해서 영험기적을 보이는 것이라면 어떠한 사람도 용이하게 감동해서 여기에 기울어지는 것은 지극히 상식적이라 하였다. 또 『高僧傳』의 十科 가운데 神異의 一門을 두게 된 것은 神異에 관한 世人의 관심이 여하히 심각했던가 하는 것을 裏面的으로 기록하고 있는 것이라 지적하면서, 전통적 입장에서 보면 道術靈驗이 불교의 본질이 아니라 하더라도 弘敎의 수단으로써 이들 佛陀의 威神力과 관련시켜 通俗的으로 보급시키는데 노력하였기 때문에 沙門의 道術에 대한 敬畏가 나타난 것은 당연하다고 하였다.

24) 塚本善隆, 前揭書, pp.150~152에 의하면 중국에 있어서도 靈魂不滅思想이나 應報의 설이 어느 정도 존재했으나 이는 어디까지나 학문과 思索을 중심으로 현재의 정치, 사회적 문제에 입각했던 현세적 범위를 벗어나지 않았던 것이며, 과거나 미래에 대한 깊은 생각이나 조직된 사상은 존재하지 않았다고 한다. 입체적 성격을 가진 因果應報나 靈魂不滅의 사상은 불교의 流布를 통해서 나타나게 되었고, 이는 불교의 敎義에 당시 人士들의 心魂이 동요되었기 때문이라고 지적하였다.

만족시켰던 것으로 생각된다. 이는 비단 불교에만 국한된 것이 아니고 도교나 민간의 招福攘災 신앙에 있어서도 마찬가지였다고 생각된다.

　다음에는 호족군주와 불교에 관해서 살펴보면, 외래문화의 한 요소로서 중국에 전래되었던 불교가 당시 문화의 담당자였던 통치계급 및 사회의 지배계급과 결부되어 그들의 요구를 수용함으로써 弘敎의 기회를 제공받을 수 있었다는 것은 쉽게 수긍할 수 있다. 후한 말이래 남조는 귀족사회체제였기 때문에 불교는 이들과 결합하여 귀족불교로서의 강한 특징을 가지고 발달하였으며, 마침내 沙門不敬王者論까지 대두하게 되었던 것이다.25) 이에 비해서 동진시대 화북지방의 불교는 사회의 불안과 동요에 동반해서 호족군주와 긴밀한 제휴를 가지고 발전하게 되었다. 이는 난세에 직면한 군주가 사문의 영험과 기적을 현실의 정치에 이용하려는 정책적 문제와, 사문이 弘敎의 대업을 달성하기 위해서 武斷專制力을 소유한 왕권과의 유대를 필요로 했던 양자의 결합에서 비롯된 것이다. 즉 5호쟁란기의 불교는 호족군주의 돈독한 불교신앙이라는 종교적인 측면보다는 이민족국가의 긴장된 힘과 힘의 알력 사이에 명승의 신이력을 이용해서 국력의 확대 및 통일의 대업을 달성하기 위한 정책적 문제와 연관된 것이라 하겠다.

　5호 군주의 고승에 대한 존경은 前秦 苻堅, 後秦 姚興, 南燕 慕容德, 後燕 慕容垂 및 북위 拓跋珪가 泰山에 거주했던 사문 僧朗에게 書와 예물을 보내어 경의를 표시한 경우와,26) 전진의 부견이 建元 13년(377)에 襄陽을 공격하고 명승 道安을 얻음에 이르러 그 기쁨을 감추지 못한 사실이 있다.27) 또 후진 요흥의 鳩摩羅什에 대한 존경이나,28) 大呪術師로 불려진

　25) 拙稿, 「南朝貴族佛敎에 대하여-그 弊害를 중심으로-」『慶北史學』第3輯(1981) 참조.

　26) 『廣弘明集』卷28 ; 『高僧傳』第5, 僧朗傳 ; 宮川尙志, 「晋の泰山竺僧朗の事蹟」 『東洋史硏究』 3卷 3號(京都, 1938年 所收).

天竺의 신이승 曇無讖이 北涼 沮渠蒙遜과 북위 拓跋燾 사이에 벌어진 군사고문의 쟁탈 가운데 비운을 맞은 경우[29]가 그 대표적인 예라 하겠다.

이제 장을 바꾸어 명승 불도징과 後趙 군주와의 관계를 살펴봄으로써 후조불교가 융성하게 된 원인 및 5호불교의 성격을 단편적으로나마 밝혀 보고자 한다.

3. 石勒과 佛圖澄

서진 말의 정치, 사회적 혼란이 불교의 전도에 좋은 계기가 될 수 있었다는 것은 앞서 언급하였지만, 당시 사회가 요구하는 가장 적당한 가르침과 전도방법을 고안해서 일시 화북의 패권을 장악했던 후조의 통치자와 긴밀한 유대관계를 통해서 불교의 융흥에 자못 노력했던 인물이 바로 高齡의 서역승 불도징이다.

먼저 불도징에 대해서는 『世說新語』卷上之上, 言語篇의 기록에 "道人 佛圖澄不知何許人 出於敦煌 好佛道 出家爲沙門"이라 하여 그의 출신국은 알 수 없으며, 단지 敦煌에서 나와 출가 후 사문이 되었다고 기록하고 있을 뿐이다. 또 『고승전』권10, 神異上 本傳에는 "竺佛圖澄者 西域人也 本姓帛氏 少出家"라고 하여 막연히 서역의 고승이라는 것과 그의 성이 帛氏라는 것만 명시하고 있다. 이에 비해서 『魏書』권114, 釋老志에는 "石勒時 有天竺沙門佛圖澄 少於烏萇國就羅漢入道"라고 하여 불도징의 본적은 天竺國이며, 少時에 烏萇國에 있다가 入道해서 사문이 되었다고

---

27) 註15) 참조.
28) 『高僧傳』卷2, 鳩摩羅什傳.
29) 同上, 曇無讖傳.

한다. 그리고『진서』권95, 藝術志 불도징전에도 석로지의 기사와 같이
천축인이라 明記하고 본성은 백씨라 하였다.[30]

일찍이 山崎宏은 불도징의 성이 백씨라고 하는데 의거해서 龜玆國 출신
의 신이승이라는 설을 제시하였는데,[31] 이는 중국에 온 외국의 사문은
그 출신국인 安息, 月支, 康居, 龜玆, 天竺 등 그 국적을 성으로 해서 승명
앞에 붙여서 安世高, 支婁迦讖, 康僧會, 帛延, 竺法護라 부르고, 한인출신의
사문은 그 師匠의 성을 계승했던 것에 기인한 학설이라 하겠다.[32]

又 塚本善隆은『세설신어』의 기록을 인용해서 그가 돈황에 거주했던가
아니면 돈황에서 태어난 사문이었다고 했다.[33] 그런데 불도징의 제자로서
는 주지의 한인 명승인 道安이 있었으며, 그도 초기에는 스승의 성을
이어받아 竺道安이라 했고,[34] 그 외의 제자 僧朗, 法汰 등도 僧名 앞에
竺字를 붙이고 있어서[35] 불도징이 천축인임을 말하고 있다.

이상의 기록이나 학설로 보아서 불도징의 출신국은 명확히 알 수 없고
다만 서역의 고승이라고 밖에 인정할 수 없다.

불도징은 저작의 記述에 노력하지 않고 다만 신이와 영험의 불교로써
후조 石勒의 존경을 받았고, 이를 기회로 혼란기 화북불교의 유포에 공헌한
제일인자라 할 수 있다. 그가 중국에 도래한 시기에 대해서는『고승전』

---

30)『晋書』, p.2485, "佛圖澄 天竺人也 本姓帛氏 少學道 妙通玄術".
31) 山崎宏, 前揭書, pp.78~79 ; 中村元 編, 前揭書, p.69에서도 山崎宏의 설과 같이
    말하고 있다.
32)『高僧傳』卷5, 道安傳에 "初魏晉沙門依師爲姓 故姓各不同 安以爲大師之本莫尊釋
    迦 乃以釋命氏"라 하여 魏晉의 沙門이 스승의 姓을 따르다가 고승 道安에 이르러
    釋氏로 沙門의 姓을 통일하였다고 한다.
33) 塚本善隆, 前揭書, p.256.
34)『高僧傳』卷5, 道安(『大正藏』第50卷), p.354a, "道安本隨師姓竺 後改爲釋 世見其
    兩姓 因爲爲兩人謬矣".
35)『高僧傳』卷5, 各本傳.

권10, 本傳에 "以晋懷帝永嘉四年 來適洛陽 志弘大法……"이라 하였고,[36] 그의 죽음에 대해서는 同傳에 "至十二月八日 卒於鄴宮寺 是歲晉穆帝永和 四年也 士庶悲哀 號赴傾國 春秋一百一十七矣"라 하였다. 즉 그는 서진 懷帝 영가 4년(310)에 낙양에 와서 동진 穆帝 永和 4년(348) 12월 8일에 117세로 일생을 마쳤던 것이다. 따라서 그의 출생은 魏나라 明帝 太和 6년(232)이고, 그가 중국에 왔을 때는 이미 80세에 달하는 老僧이었다. 불도징이 낙양에 왔던 그 해 10월에는 석륵과 유요의 대군이 서진의 도읍 낙양을 위협하고 다음 해에는 유총에 의해서 낙양이 점령당하는 전란의 상태였다. 불도징이 일시적으로 돈황에 체재한 후 낙양에 왔다고 하면 당시 중국의 어려운 사정을 聞知하고 있었을 것이다. 그러나 그는 불행한 인민을 구제하고 화북의 포교에 획기적인 장을 개척할 비장한 각오로 5호쟁란의 중원으로 향했을 것이다. 하지만 무지한 胡將의 횡포에 임해서 는 일시 생명의 안전을 위해서 立寺, 弘道의 뜻을 중단하고 초야에 潛入해 서 세상의 변화를 예의 주시하지 않을 수 없었다. 『고승전』本傳의 다음과 같은 기록을 통해서 알 수 있다.

> 欲於洛陽立寺 値劉曜寇斥洛臺 帝京擾亂 澄立寺之志 遂不果 迺潛澤草
> 野以觀世變[37]

그러나 불교의 자비에 의한 평화를 기원하던 불도징은 현실 도피적인 은둔생활만을 계속할 수 없어서 마침내 石勒의 교화를 통해서 사문의 피해를 줄이고 弘佛의 기회를 마련하고자 했다. 『고승전』本傳에는 위의

---

36) 『魏書』卷114, 釋老志에는 "石勒時 有天竺沙門佛圖澄……劉曜時到襄國 後爲石勒 所宗信"라 하여 그가 중국에 온 연대를 명확히 기술하지 않고 있다.

37) 『大正藏』第50卷, p.383b.

인용문에 계속해서 다음과 같이 전하고 있다.

　　　時石勒屯兵葛陂 專以殺戮爲威 沙門遇害者甚衆 澄憫念蒼生 欲以道化
　　勒38)

　　그런데 불도징이 석륵을 교화시킨 구체적 계획이나 방법에 대해서는
『고승전』本傳에 아래와 같이 기록하고 있다.

　　　勒大將軍郭黑略素奉法 澄卽投止略家 略從受五戒 崇弟子之禮 略後從勒
　　征伐 輒預剋勝負 勒疑而問曰 孤不覺卿有出衆智謀 而每知行軍吉凶 何也
　　略曰 將軍天挺神武 幽靈所助 有一沙門術智非常 云將軍當略有區夏 已應
　　爲師 臣前後所白 皆其言也 勒喜曰 天賜也 召澄問曰 佛道有何靈驗 澄知勒
　　不達深理 正可以道術爲徵 因而言曰 至道雖遠 亦可以近事爲證 卽取應器
　　盛水 燒香咒之 須臾生靑蓮花 光色曜目 勒由此信服 澄因而諫曰 夫王者德
　　化洽於宇內 則四靈表瑞 政弊道消 則慧孛見於上 恒象著見 休咎隨行 斯迺
　　古今之常徵 天人之明誡 勒甚悅之39)

　　불도징은 석륵을 교화시킬 첫번째 공작으로써 석륵 麾下의 장군이며
奉佛家였던 郭黑略의 집에 투신하여 군사행동의 豫知라고 하는 영험적
방법을 통해서 그를 복종하게 하고, 마침내 五戒를 주어서 사제의 관계로
만드는데 성공하였다. 이 후 곽흑략이 사방의 정벌에 임해서 "豫剋勝負"함
이 바로 불도징의 지도에 의한 것임을 알게 된 석륵은 하늘이 보내준
神人으로 생각해서 불도징을 맞아 자신의 군사고문으로 삼았다. 불도징을
측근에 맞이한 석륵이 불교의 영험에 대해서 의문을 표시했을 때 불도징은

---

38) 同上.
39) 『大正藏』第50卷, p.383b-c.

燒香呪言에 의한 기적의 방법으로써 석륵을 다시 한 번 경탄, 신복하게 하였고, 자비로써 天人을 明戒할 것을 역설하였다. 당시 석륵이 후조의 군주는 아니었지만[40] 유총의 예하에 있으면서 산동 일대의 실권을 장악하고 있었기 때문에 불도징이 그와 의도적인 결합을 이룩했다는 것은 弘敎의 기회를 충분히 제공받게 되었다는 의미로 해석할 수 있다. 그러나 양자의 관계는 순수한 신앙에 의한 종교적 차원에서 이룩된 것이 아니라 화북 일대를 지배하려는 武將이 고승의 영험을 이용하여 현실의 욕망을 충족시키려는 의도와, 불법의 효과적인 弘布를 위해서는 군사, 정치적 실권자를 통하지 않으면 안 된다는 사문의 각오가 결합된 것이라고 봄이 타당하겠다.[41]

불도징이 治病, 祈雨 및 정벌의 승패, 길흉의 예측에 뛰어난 신이의 고승이라는 것은 주지하는 바이지만, 그러한 내용 가운데는 다소 신빙하기 어려운 기록도 적지 않다. 이를테면『진서』권95, 藝術志에 다음과 같은 내용이 보이고 있다.

> 腹旁有一孔 常以絮塞之 每夜讀書則拔絮 孔中出光 照於一室 又嘗齋時 平旦至流水側 從腹旁孔中引出五藏六府洗之 訖 還內腹中

『고승전』本傳에는 불도징이 임종에 즈음해서 石虎에게 이르기를 "出生

---

40)『晋書』卷105, 石勒傳下의 기록에 의하면 石勒은 太興 2년(319)에 趙王에 즉위하였으며, 咸和 5년(330)에 趙天王이 되어 황제의 일을 행하였고, 建平 元年(343)에 황제의 位에 즉위하였다. 그가 佛圖澄을 맞이한 것은 葛陂에 屯聚한 전후의 시기이기 때문에 312년경으로 봄이 타당할 것이다.

41) 이러한 관계는 이후 佛圖澄의 제자 道安이나 북위 太祖 때 道人統이 되었던 沙門 法果의 경우도 또한 그러하다. 道安, 法果의 군주에 대한 태도에 대해서는 제2장 4절에서 언급할 것이다.

入死道之常也"라 하였다고 되어 있다. 이로 미루어 볼 때 불도징은 도교에
서 말하는 不老不死는 없고 매우 타당성 있는 불교의 生老病死를 말한
듯하지만,[42] 영험에 대한 신빙성의 문제에 관해서는 이 방면의 연구가들이
주목해야할 과제인 듯하다.

영험에 의한 포교의 방법이 5호 諸國에서 비롯된 것만은 아니고, 동진
이전에도, 또 강남의 동진에서도 행해졌던 것이지만[43] 5호16국시대의 불
교에 이르러 이러한 경향이 더욱 현저하였던 것이다.[44] 그런데 여기에서
나타나는 문제점은 독특한 因緣論을 인생관으로 하는 불교에 있어서 인과
를 초월한 신비적인 기적의 존재가 인정될 수 있느냐는 모순에 봉착하게
된다. 그러나 모든 불교에는 경전의 위에 불타의 威神力이 있기 때문에
전도에 임해서 기적이 불교에 반드시 갖추어져 있다고 하는 이야기는
막을 수 없으며, 수용하는 측에서도 그러한 점에 한번 강하게 감명되면
불교와 신통력은 불가분의 관계인 것 같이 느끼지는 것이다.[45] 원래 불교는
사회가 안정되어 평화로운 경우에 정치적 세력 내지는 국가권력과 깊이

---

42) 『晉書』卷95, 藝術志 曇霍傳에도 沙門 曇霍이 의술에 영험을 가지고 있었지만
　　南涼 禿髮傉檀이 딸의 치병을 요청했을 때 "人之生死自有定期 聖人亦不能轉禍爲
　　福 曇霍安能延命邪"라 하여 佛圖澄과 같은 입장을 취하고 있다.
43) 『高僧傳』 및 『世說新語』를 통해서 누누이 발견할 수 있기 때문에 일일이 열거하는
　　번거로움을 피하고자 한다.
44) 橫超慧日, 前揭書, p.331 이하에 의할 것 같으면 윤리적 因果의 이성을 좌우하는
　　신비적, 마술적인 힘을 가진 神異, 靈驗은 중국의 혼란기에 포교를 위해서 성행했
　　던 하나의 秘法이었으며, 6세기 후반에 들어오면 이러한 방법은 一變해서 積功累
　　德의 사상에 입각한 보편적인 儀式修法이 융성하게 된다고 지적하였다. 그 이유에
　　대해서는 사회의 안정, 西域僧의 감소도 있으나 근본적 원인은 교단 팽창의
　　결과 沙門의 생활양식을 정할 필요에 임박했던 것, 불교 사상이 실제 생활에
　　침투했다는 것을 말하고, 다시 外的인 機緣으로서 東晉말기에 이르러 除災招福의
　　의식에 관한 자료가 현저하게 傳譯되었다고 하는 사실을 들고 있다.
45) 同上, p.330.

교섭했던 것은 아니었다. 그러나 중국에서 5호의 쟁란이 계속되는 경우 통치자가 현실적으로 정치적 욕심이 지나치게 강하였기 때문에 불교는 통치자와 긴밀한 유대를 가지지 않는 한 교세의 확대를 도모하기 어려운 형편이었다. 불교가 이들 호족 국가의 통치자와 결합하는 구체적인 방법은 심오한 불교의 진리보다도 사문의 개인적인 신이와 영험의 능력에 의해서 적군의 來襲, 전쟁의 승패, 군주의 안위, 길흉을 예견하는 일이었다. 이는 호족의 지도자가 다소 무지하고 비합리적이라는 점도 있겠으나, 보다 중요한 원인은 한 나라의 운명이 달려있는 비상한 大事에 직면했을 때 사문의 탁월한 신비적 힘을 현실적으로 구현하려 하였기 때문이다. 불도징이 석륵과 결합하게 된 것도 바로 이러한 관계에 연유한 것이라 하겠다. 그러나 불도징도 신이를 포교의 부수적인 수단으로 이용하였던 것이고 그가 지향하는 최후의 목적으로 삼았던 것은 물론 아니다. 이는 앞서 인용한『고승전』本傳의 기사 "澄知勒不達深理 正可以道術爲徵 因而言曰 至道雖遠 亦可以近事爲證"이라는 내용을 통해서도 엿볼 수 있지만, 同傳의 기록 가운데 다음과 같은 내용이 보이고 있다.

> 佛調須菩提等數十名僧 皆出自天竺康居 不遠數萬之路 足涉流沙 詣澄受訓 樊沔釋道安 中山竺法雅 並跨越關河 聽澄講說 皆妙達精理 研測幽微 澄自說生處……棄家入道一百九年 酒不踰齒 過中不食 非戒不履 無欲無求 受業追遊者 常有數百 前後門徒 幾且一萬[46]

이는 老僧의 高德한 계율적 생활이 현실 사회의 德化에 크게 효과를 거두었다고 생각되는 바다. 그러나 현실적인 포교에 직면해서는 신이와 영험의 방법을 이용하지 않을 수 없었다.

---

46)『大正藏』第50卷, p.387a.

불도징이 신이와 영험으로써 석륵의 마음을 사로잡은 구체적 사실을 열거해 보면 다음과 같다.

가) 勒自葛陂還河北 過枋頭 枋頭人夜欲斫營 澄謂黑略曰 須叟賊至 可令公 知 果如其言 有備 故不敗(『晋書』藝術志)

나) 鮮卑段末波攻勒 衆甚盛 勒懼 問澄 澄曰 昨日寺鈴鳴云 明旦食時 當擒段 末波 勒登城望末波軍 不見前後 失色曰 末波如此 豈可獲乎 更遣夔安問 澄 澄曰 已獲末波矣 時城北伏兵出 遇末波 執之 澄勸勒宥末波 遣還本國 勒從之 卒獲其用(同上)

다) 至光初十一年 曜自率兵攻洛陽 勒欲自往拒曜 內外僚佐無不必諫 勒以 訪澄 澄曰 相輪鈴音云 秀支替戾岡 僕谷劬禿當 此羯語也 秀支 軍也 替戾岡 出也 僕谷 劉曜胡位也 劬禿當 捉也 此言軍出 捉得曜也……曜平 之後 勒乃僭稱趙天王 行皇帝事 改元建平 是歲東晉成帝咸和五年也 勒登位已後 事澄彌篤(『高僧傳』本傳)

라) 時石蔥將叛 其年澄誡勒曰 今年蔥中有蟲 食之必害人 可令百姓無食蔥 也 勒班告境內 愼無食蔥 到八月 石蔥果走 勒益加尊重 有事必諮而後行 號大和上(同上)

마) 襄國城塹水源 在城西北五里團丸祠下 其水暴竭 勒問澄 何以致水 澄曰 今當勅龍 勒字世龍 謂澄嘲己 答曰 正以龍不能致水 故相問耳 澄曰 此誠言 非戲也 水泉之源 必有神龍居之 今往勅語 水必可得 迺與弟子法 首等數人 至泉源上 其源故處 久已乾燥 坼如車轍 從者心疑 恐水難得 澄坐繩床 燒安息香 咒願數百言 如此三日 水泫然微流 有一小龍 長五六 寸許 隨水來出 諸道士競往視之 澄曰 龍有毒 勿臨其上 有頃 水大至 隍塹皆滿(同上)

바) 石虎有子名斌 後勒愛之甚重 忽暴病而亡 已涉二日 勒曰 朕聞虢太子死
　　扁鵲能生 大和上國之神人 可急往告 必能致福 澄迺取楊枝咒之 須臾能
　　起 有頃平復 由是勒諸稚子 多在佛寺中養之 每至四月八日 勒躬自詣寺
　　灌佛 爲兒發願(同上)

　여기에서 (가)~(다)에 관한 기사는 대외 정벌에 임해서 석륵의 군사고문
이 되었던 불도징이 그 승부를 예측한 것이다. (가)는 석륵이 葛陂로부터
돌아와 枋頭를 지날 때 그 곳 사람들이 석륵의 진영을 공격할 것을 예견하
고 미리 대비하게 해서 무사하게 한 것이며, (나)와 (다)는 선비 段末波
및 유요의 침공을 받아 불안해하던 석륵이 수차에 걸쳐 불도징의 예측을
요구했고, 불도징은 鈴音에 의해서 승리를 예언, 적중시켜 석륵의 신임이
더욱 두터웠다는 것이다. 그리고 (라)는 石葱의 반란을 隱語로 알림으로써
마침내 大和尙의 칭호를 얻음과 동시에 매사에 걸쳐 석륵을 자문하게
되었다는 내용이다. 그리고 (마)는 襄國에 공급하던 水源의 고갈에 임해서
불도징이 신이를 나타내 보인 것이다. (바)는 불도징이 石斌의 질병을
영험으로 치유한 것을 계기로 석륵의 諸子가 사원 가운데에서 성장하게
되었으며, 석륵 스스로도 灌佛會에 친히 참석하여 자식을 위해 佛陀의
도움을 기원했던 사실을 말하고 있다. 특별히 불도징이 의술의 영험을
가지고 불교의 대중화에 지대한 영향을 발휘했던 사실은 "時有痼疾世莫能
治者 澄爲醫療應時疾瘳"[47]라는 기록을 통해서 알 수 있다.
　이상의 사실은 불도징이 석륵의 측근에서 영험을 발휘해서 그의 신임을
날로 두텁게 하였던 것이다. 그러나 이러한 가운데 석륵은 한 때 불도징을
의심하고 그를 害하고자 했던 사실도 없지 않았다. 『진서』藝術傳의 아래와
같은 기록을 보아 알 수 있다.

---

47) 『高僧傳』卷10, 本傳(『大正藏』第50卷), p.383c.

勒欲試澄 夜冠胄 衣甲 執刀而坐 遣人告澄云 夜來不知大將軍何所在 使
人始至 未及有言 澄逆問曰 平居無寇 何故夜嚴 勒益信之 勒後因忿 欲害諸
道士 並欲苦澄 澄迺潛避至黑略舍 語弟子曰 若將軍信至 問吾所在者 報云
不知所之 旣而勒使至 覓澄不得 使還報勒 勒驚曰 吾有惡意向澄 澄舍我去
矣 通夜不寢 思欲見澄 澄知勒意悔 明旦造勒 勒曰 昨夜何行 澄曰 公有怒心
昨故權避公 今改意 是以敢來 勒大笑曰 道人謬矣

그러나 그 때마다 불도징은 그의 지혜로써 석륵을 信伏하게 했으며,
석륵 또한 고승을 그의 측근에서 잃어버릴까 고심한 사실도 충분히 엿볼
수 있다.

이렇게 볼 때 석륵과 불도징의 관계는 종교적 신앙심에 의한 것이 아니
고, 상호 이용이라고 하는 측면에서 결합된 것이라 하겠다. 결과는 이러한
과정에서 석륵의 잔혹함이 다소 누그러지고 胡·漢의 대중 사이에도 奉佛
의 풍조가 점차 확대되어 갔다. 이는 『고승전』 권10, 불도징전의 기록에
다음과 같은 내용을 통해서 알 수 있다.

凡應被誅餘殘 蒙益者十有八九 於是中州胡晉略皆奉佛[48]

4. 石虎와 佛圖澄

석륵이 동진 成帝 咸和 8년(333)에 죽고[49] 태자 弘이 繼位하였다. 그러나

---

48) 『大正藏』 第50卷, p.383a.
49) 『晋書』 卷105, 石勒下傳에 의하면 "勒疾甚 遺令 三日而葬……咸和七年死 時年六
   十 在位十五年"이라 기록되어 있으나 校勘記에 "據帝紀及天文志 咸云勒死於咸
   和八年七月 考勒僭卽王位 在元帝太興二年 至咸和八年 正合在位十五年之數 傳
   作死於七年悉誤"라 하고, 계속해서 "御覽120引後趙錄 勒死於建平(原作建元誤)

석륵의 통일사업에 공이 많았던 從子 석호(季龍)가 후조의 통치권을 장악
한 후 弘을 廢하여 海陽王으로 삼고 제위에 올라 연호를 建武라 하고
鄴으로 천도하였다.[50] 석호는 처자와 부하를 살해하고, 호화한 궁전 건축
을 비롯해서 사치와 향락을 일삼는 포악무도한 군주로서[51] 불교의 자비에
위배되는 행위를 일삼았지만 신이승 불도징에 대해서는 극히 존경하였다.
이를 『고승전』 권9, 불도징전에 다음과 같이 기록하고 있다.

> 時石虎廢弘自立 遷都于鄴 稱元建武 虎傾心事澄 有重於勒 迺下書曰 和
> 上國之大寶 榮爵不加 高祿不受 榮祿匪及 何以旌德 從此已往 宜衣以綾錦
> 乘以雕輦 朝會之日 和上昇殿 常侍以下 悉助舉輿 太子諸公 扶翼而上 主者
> 唱大和上 至衆坐皆起 以彰其尊 又勅僞司空李農旦夕親問 太子諸公 五日
> 一朝 表朕敬焉 澄時止鄴城內中寺[52]

석호는 석륵 이상으로 불도징을 존경하여 국가의 大寶로 받들고 그에게
榮祿을 하사하고자 하였다. 그러나 중생의 구제에 뜻을 두고 중국에 왔던
불도징이 이를 허락할 리 없었다. 그래서 석호는 그에게 綾錦과 雕輦을
하사하고 조회에 참석하게 하였다. 석호는 그를 大和上으로 호칭하고
百官, 태자로 하여금 舉輿를 도우고 升殿을 부축하도록 하명하였다. 뿐만
아니라 사자를 보내 문안하고, 태자를 5일에 한 번씩 불도징의 처소에
보내 경의를 표하였던 것이다. 부하와 처자에게까지 인륜의 도를 무시했던
잔혹한 군주 석호가 극진한 예우로 불도징을 존경한 저의는 바로 前代의

四年七月 卽晋咸和八年 亦與本書帝紀合 此作「七年」顯誤"라 하여 咸和 七年說이
오류라고 지적하여 필자는 校勘記에 따랐음을 밝혀둔다.
50) 『晋書』 卷105, 石勒下傳 및 卷106, 石虎上傳.
51) 同上, 石虎上傳.
52) 『大正藏』 第50卷, p.384b-c.

석륵을 본받아서 불도징이 가진 신이의 영험을 그의 국책에 이용하고자
함에 있었던 것이다. 불도징 또한 王者를 불법의 실현자로 인정하지 않으면
안 된다는 사정을 감안해서 왕실과 관계를 계속 유지하고자 하였던 것이다.
석륵의 통일정책에 친히 참여했던 석호는 불도징이 후조의 정책수행에
미친 역량을 남달리 헤아릴 수 있었기 때문에 서슴없이 그를 국가의 大寶라
하였다. 그의 처소도 鄴城의 안에 있는 中寺에 머물게 하였다. 불도징에
대한 석호의 관심이 날로 더하였던 것은 불도징을 위한 사원의 건립이나[53]
灌佛會에 석호가 친히 참석했던 것[54]을 비롯해서『世說新語』言語篇의
"佛圖澄與諸石遊 林公(支遁)曰 澄以石虎爲海鷗鳥"라는 기록으로 충분히
알 수 있다.

　후조의 실권을 장악한 석호는 사방에 대한 정벌을 계획하고, 먼저 河北
의 북부 朝陽 부근에 강고한 지반을 가지고 있던 鮮卑의 慕容部와 慕容部
남쪽의 遼西地方에 세력을 펴고 있던 선비족의 일부 段氏와 투쟁을 반복해
왔다. 그리고 강남의 동진 및 甘肅의 姑藏에 독립해 있던 북중국 유일의
한족 張氏에 대한 정벌도 여러 차례 단행하였던 것이다. 물론 이러한
계획이 석호의 뜻대로 이룩된 것은 아니었다. 한 때 선비의 단씨를 정벌하
여 北凉을 점령하는 데 이르렀으나 慕容皝의 침입을 받아 그 故土를 상실하
였으며, 동진의 정벌은 동진 내부 주전파의 강한 여론을 자극시켜 끝내
그 계획을 성취하지 못하였다. 그의 病死와 함께 북중국은 다시 큰 혼란에
직면하게 되었다.

　그러나 적어도 석호는 그의 치세에 이르러 이러한 대외 정벌에 심혈을
기울여 화북통일의 대업을 달성하고자 노력하였다. 이는『진서』권106,

---

53)『北齊書』卷12, 瑯邪王儼傳, p.163, "鄴北城有白馬佛塔 是石季龍爲澄公所作 儼將
　　修之……".
54) 中村元 編, 前揭書, p.72 참조.

本傳의 기록 가운데

季龍將討慕容皝 令司, 冀, 靑, 徐, 幽, 幷, 雍兼復之家五丁取三四丁取二
合鄴城舊軍滿五十萬 具船萬艘 自河通海 運穀豆千一百萬斛于安樂城 以
備征軍之調

라든가, 同書 同傳의 아래 내용을 보아 알 수 있다.

季龍志在窮兵 以其國內少馬 乃禁畜私馬 匿者腰斬 收百姓馬四萬餘匹
以入於公

석호가 이러한 대외정책에 임해서 신이의 명승 불도징을 극히 존경하여
그의 측근에 두고 군국의 고문으로 이용하고자 했던 심정은 충분히 이해할
수 있다. 실제로 불도징은 석호의 치세를 통해서 내외의 중대한 일에 자문
을 아끼지 않았다.[55] 『진서』藝術志 불도징전에 다음과 같은 내용이 보이고
있다.

季龍太子邃……邃將圖爲逆 謂內豎曰 和尙神通 儻發吾謀 明日來者 當
先除之 澄月望將入覲季龍 謂弟子僧慧曰 昨夜天神呼我曰 明日若入 還勿
過人 我儻有所過 汝當止我 澄常入 必過邃 邃知澄入 要候甚苦……還寺
歎曰 太子作亂 其形將成 欲言難言 欲忍難忍 乃因事從容箴季龍 季龍終不
能解 俄而事發 方悟澄言

위의 기록은 태자의 반란을 豫知한 불도징이 석호에게 隱語로써 이를

---

55) 佛圖澄과 石虎의 卒年은 1년 차이로 佛圖澄은 石虎의 統治期間을 통해서 자문에
임했던 것으로 생각된다.

알린 사실을 말하고 있다. 또『고승전』本傳에 다음과 같은 사실을 전하고
있다.

　　虎每欲伐燕 澄諫曰 燕國運未終 卒難可剋 虎屢行敗績 方信澄誠[56]

　前燕의 정벌에 임해서 당시의 상황을 예지한 불도징의 자문과, 이에
대한 석호의 신임을 말하는 것이다. 또 同傳에는 아래의 내용을 전하고
있다.

　　時又久旱 自正月至六月 虎遣太子詣臨漳西釜口祈雨 久而不降 虎令澄自
　行 卽有白龍二頭降於祠所 其日大雨 方數千里 其年大收[57]

　이 기록은 祈雨에 즈음한 불도징의 신이와 그것에 대한 석호의 욕구충족
을 말하고 있다. 그러나 석호가 불도징을 가장 필요로 했던 것은 역시
대외 정벌에 대한 자문인 듯하다. 예컨대『고승전』불도징전의 다음과
같은 기록이 이를 입증하고 있다.

　　後晉軍出淮泗 隴比凡城皆被侵逼 三方告急 人情危擾 虎乃瞋曰 吾之奉
　佛供僧 而更致外寇 佛無神矣 澄明旦早入 虎以事問澄 澄因諫之曰 王過去
　世 經爲大商主至罽賓寺嘗供大會 中有六十羅漢 吾此微身亦預斯會 時得
　道人謂吾曰 此主人命盡 當受鷄身 後王晉地 今王爲王 豈非福耶 疆場軍寇
　國之常耳 何爲怨謗三寶 夜興毒念乎 虎迺信悟 跪而謝焉[58]

---

56)『大正藏』第50卷, p.385b.
57) 同上.
58) 同上, p.385a.

동진의 군대가 淮水와 泗水 지방에 來侵하여 隴比 凡城 일대가 위급하였을 때, 석호는 大怒해서 내가 佛을 신봉하고 많은 승려를 공양했음에도 外寇를 당하게 되었으니 佛은 이에 대응할 신통력이 없느냐고 해서 불교에 대한 의문을 제기하였다. 이에 불도징은 불교의 윤회사상에 입각해서 임기응변으로 석호를 감화시켰으며, 또한 戰時에 당해서 적이 來襲해 오는 것은 당연한 처사라고 하여 석호의 불교에 대한 회의를 일소시켰다.

이렇게 볼 때 석호가 불도징을 신뢰하고 존경한 이유는 불도징이 가진 영험적인 능력을 이용해서 戰勝을 기대했던 것이며, 심오한 불교의 교의에 감화를 얻은 신앙심에 의해서 불교에 귀의한 것은 아니었다. 아울러 정치, 사회적 혼란에 즈음해서 잔악한 호족군주를 교화하는 제일의 수단이 신이승에 의한 불교의 영험이라는 것이다. 따라서 5호 불교가 황제의 권력과 결합한 국가적 성격을 띠게 된 이유를 이해할 수 있겠다.

5호16국시대의 불교가 신이의 불교라 할 때 여기서 나타나는 문제점의 하나는 王者의 지위와 불교의 교의 사이에 일어나는 괴리라고 할 수 있다. 즉 불교는 죄와 복을 말하고 자비를 근본원리로 삼고 있지만, 王者의 지위에 있는 자는 치국에 임해서 형벌과 살생의 집행을 피할 수 없었다. 따라서 慈悲不殺의 불법과 刑殺治罰의 국법 사이에 모순이 나타나게 되는 것이다. 이러한 문제는 먼저 석호에 의해서 제기되었고, 이에 대해서 불도징의 응답이 있었다. 이를 『고승전』불도징전에는 아래와 같이 전하고 있다.

虎常問澄 佛法云何 澄曰 佛法不殺 朕爲天下之主 非刑殺無以肅淸海內 旣違戒殺生 雖復事佛詎獲福耶 澄曰 帝王之事佛 當在心體恭心順 顯暢三寶 不爲暴虐 不害無辜 至於凶愚無賴 非化所遷 有罪不得不殺 有惡不得不刑 但當殺可殺 刑可刑耳 若暴虐恣意 殺害非罪 雖復傾財事法 無解殃禍

願陛下省欲興慈 廣及一切 則佛教永隆 福祚方遠 虎雖不能盡從而爲益不
少59)

석호의 물음에 대한 불도징의 대답은 지극히 명확하고 또한 합리적이었
다. 이른바 帝王이 佛法을 신봉함에는 반드시 體恭心順해서 佛의 三寶를
顧暢해야 하지만 治者의 입장에서는 罪가 있은 즉 죽이지 않을 수 없고,
惡이 있은 즉 刑罰하지 않을 수 없기 때문에 죄악은 마땅히 刑殺해야
한다. 그러나 만약에 暴惡恣意로서 죄가 아닌데도 살생을 하면 재물을
바쳐 불법을 받들어도 殃禍를 면할 수 없으니 마땅히 자비를 일으켜서
널리 불법의 융흥에 공헌해야 할 것이라고 하였다. 여기에서 포악무도한
호족군주에게 佛法의 不殺을 강조한 것은 화북의 혼란에 즈음해서 무고하
게 목숨을 잃은 인민이 많았다는 것이다. 불도징과 같은 이러한 태도는
사문 曇霍이 南凉의 禿髮傉檀에게 가르친 교화 가운데서도 엿볼 수 있음으
로60) 5호 諸國의 포교를 담당했던 사문들의 태도를 알 수 있다.

석호의 의문에 대한 불도징의 대답 가운데는 주목해야 할 의미가 내포되
어 있다. 우선 帝王의 봉불은 출가한 수도자와 달리 한 나라의 최고 통치자
로서의 특수한 입장이 있다는 점을 지적하였다. 다음으로는 자비의 정신을
강조하여 형식적인 봉불을 배척하였다. 마지막으로 불교를 治國의 근본이
라고 역설함으로써 國治와 불교의 상부상조를 제창하였다는 점이다. 이러
한 견해는 신이의 고승이 현실의 사정을 깊이 통찰한 卓見이라 볼 것이다.
특히 왕자의 특수한 지위를 강조해서 왕법과 불법의 관계가 괴리되지

---

59) 同上, p.385a-b.
60) 『晉書』卷95, 藝術志 曇霍傳에 "沙門曇霍者 不知何許人也 禿髮傉檀時從河南
　　來……每謂傉檀曰 若能安坐無爲 則天下可定 祚胤克昌 如其窮兵好殺 禍將及己
　　傉檀不能從"이라 있다. 그러나 傉檀은 曇霍의 교화를 따르지 않았던 것이다.

않고 상호 협력할 것을 주장한 점은, 호족군주 석호의 정책고문으로 仕任, 활약한 불도징의 眞意를 표현한 것이라 할 것이다.

이상에서 불도징이 석륵, 석호의 조정으로부터 두터운 신임을 얻어 국책자문의 중요한 역할을 담당하게 된 원인을 살펴보았다. 그리고 불교가 후조 왕실의 보호 아래 그 융성의 기반을 확립하게 된 과정을 정책적 문제와 연관시켜 고찰하였다. 이제는 불도징의 포교에 따른 후조불교의 융성에 관해서 살펴보고자 한다.

먼저 『고승전』 불도징전에는 아래와 같은 내용이 보이고 있다.

> 虎尙書張離張良 家富事佛 各起大塔 澄謂曰 事佛在於淸靜無欲 慈矜爲心 檀越雖儀奉大法 而貪悋未已 遊獵無度積聚不窮 方受現世之罪 何福報之可悕耶 離等後並被戮滅[61]

석호의 尙書 張良, 張離를 비롯한 조정의 重臣이 불교에 귀의하고 이들이 檀越으로서 大塔을 건립하였다는 내용이다. 환언하면 帝王의 불교보호정책에 동반해서 朝臣들 사이에도 好佛의 풍조가 일어나 불교는 현실의 강력한 권력을 배경으로 포교의 자유를 인정받게 되었던 것이다. 그런데 여기에서 불도징이 奉佛의 근본은 內心의 자비에 있는 것이며, 檀越에 의한 것이 아니라고 하여 이들의 신앙을 비판하였고, 이와 관련해서 이들의 일생이 戮滅에 의해서 마쳤다고 함은 후조 조정 重臣들의 신앙에 문제점이 있음을 지적한 것이라고 할 수 있겠다. 그러나 이러한 통치계급의 불교에 대한 태도와 불도징의 교화에 대한 열의는 현실의 비운에 처해서 내세의 안락을 추구하던 인민들 사이에 쉽게 침투할 수 있었다. 『고승전』 불도징전

---

61) 『大正藏』 第50卷, p.385b.

에 다음과 같은 기록이 있다.

　　　澄道化既行 民多奉佛 皆營造寺廟 相競出家 眞僞混淆 多生愆過[62]

　불도징의 교화는 후조 전역에 급속히 보급되고, 민중의 존경이 극도에
달하여[63] 사원의 건립이 893개소에 이르러 일찍이 볼 수 없었던 불교
융성의 시기를 맞이하였던 것이다.[64] 따라서 이제 후조에는 불도징을 중심
으로 한 불교가 재래의 중국문화를 압도할 경지에 이르렀으며, 불교사원을
중심으로 조직된 僧徒의 세력은 통치자의 입장에서도 도외시할 수 없는
상태에 이르게 된 것으로 생각된다. 한편 이러한 불교의 홍륭이 가져다
준 이면에는 眞僞混淆의 愆過도 출현하게 되었다. 이는 생명과 재산의
안정이 보증되지 않는 당시 후조 사회에서 重稅와 토목공사에 시달리던[65]
백성들이 현실 도피의 방편으로써 면세와 면역의 특권을 향유하고 있던
불교교단으로 피신한 데 연유한 것으로 보인다. 물론 이러한 불교의 폐해가
후조에만 국한된 것은 아니고, 5호 諸國 및 남북조에 걸쳐 나타났던 것은
주지의 사실이다. 그러나 5호의 제왕은 이러한 불교의 폐해에 직면해서
국가권력에 의한 전면적인 폐불을 단행한 적이 없고, 다만 국부적인 통제에

---

62) 同上.
63) 『高僧傳』佛圖澄傳(『大正藏』제50권), p.385c, “於是國人每共相語 莫起惡心 和上知
　　汝 及澄之所在 無敢向其方面涕唾便利者”.
64) 同上, p.387a, “受業追隨者 常有數百 前後門徒 幾且一萬 所歷州郡興立佛寺八百九
　　十三所 弘法之盛 莫與先矣”.
65) 石虎시대 後趙 백성들의 어려운 생활 상태에 관해서는『晋書』卷106, 石季龍上傳에
　　“盛興宮室於鄴 起台觀四十餘所 營長安洛陽二宮 作者四十余萬人……兼公侯牧
　　宰競興私利 百姓失業 十室而七……貝丘人李弘因衆心之怨 自言姓名應讖 遂連結
　　姦奸黨 署置百僚 事發誅之 連坐者數千家……於是百姓窮窘鬻子以充軍制 猶不能
　　赴 自經于道路死者相望 而求發無已”라는 내용으로 충분히 엿볼 수 있다.

그쳤을 뿐이다. 이를테면『고승전』권5, 竺僧朗傳에 다음과 같은 기록이
있다.

> 竺僧朗京兆人 少而游方……秦主苻堅 欽其德素 遣使徵請 朗同辭老疾乃
> 止 於是月月修書贍遺 堅後沙汰衆僧 乃別詔曰 朗法師戒德冰霜 學徒清秀
> 崑崙一山 不在搜例[66]

위의 기록에서 정확한 연대는 알 수 없어도 전진왕 부견이 衆僧을 沙汰했
던 사실을 말하고 있고, 또 同書 권2, 曇無讖傳에도 아래의 내용이 보인다.

> 蒙遜濟河伐乞伏暮末 於抱罕 以世子興國爲前驅 爲末軍所敗 興國擒焉
> 後乞伏失守 暮末與興國俱獲於赫連勃勃 後爲吐谷渾所破 興國遂爲亂兵
> 所殺 遜大怒 謂事佛無應 卽遣斥沙門 五十已下皆令罷道 蒙遜先爲母造丈
> 六石像 像遂泣涕流淚 讖又格言致諫 遜乃改心而悔焉[67]

北涼의 태조 沮渠蒙遜의 세자인 興國이 西秦의 乞伏暮末에게 포로가
되고, 暮末이 興國과 함께 夏의 赫連勃勃에게 다시 포로가 된 후 마침내
흥국이 살해된 것을 계기로 몽손은 사문에 대한 沙汰를 단행했다는 것이다.
그러나 이러한 사실은 제한된 불교의 통제에 불과한 것이다. 곧「僧朗傳」에
보이는 衆僧의 사태는 崑崙山의 僧朗教團에 대해서는 치외법권을 허락한
것이고, 저거몽손의 명령도 50세 이하의 사문에 대한 破道還俗일 뿐 아니라
몽손이 즉시 改心, 후회한 사실로 보아서 실행 자체에도 의심을 가질
정도다. 후조 석호의 경우에도 예외는 아니었다.『고승전』불도징전에

---

66)『大正藏』第50卷, p.354b.
67)『大正藏』第50卷, p.336b.

다음과 같은 기록이 있다.

虎下書問中書曰 佛號世尊國家所奉 里閭小人無爵秩者 爲應得事佛與不
又沙門皆應高潔貞正 行能精進 然後可爲道士 今沙門甚衆 或有姦宄避役
多非其人 可料簡詳議眞僞 中書著作郞王度奏曰 夫王者郊祀天地 祭奉百
神 載在祀典 禮有常饗 佛出西域 外國之神 功不施民 非天子諸華所應祀奉
往漢明感夢 初傳其道 唯聽西域人得立寺都邑 以奉其神 其漢人皆不得出
家 魏承漢制 亦循前軌 今大趙受命 率由舊章 華戎制異 人神流別 外不同內
饗祭殊禮 華夏服禮 不宜雜錯 國家可斷趙人 悉不聽詣寺燒香禮拜 以遵典
禮 其百辟卿士 下逮衆隷 例皆禁之 其有犯者 與淫祀同罪 其趙人爲沙門者
還從四民之服 僞中書令王波同度所奏 虎下書曰 度議云 佛是外國之神 非
天子諸華所可宜奉 朕生自邊壤 忝當期運 君臨諸夏 至於饗祀 應兼從本俗
佛是戎神 正所應奉 夫制由上行 永世作則 苟事無虧 何拘前代 其夷趙百蠻
有捨其淫祀 樂事佛者 悉聽爲道[68]

이는 석호가 사문의 眞僞를 명확히 구별하여 避役을 위한 入寺者의
통제를 하명한데 대해서 유교의 교육을 받은 中書著作郞 王度가 이에
불만을 느끼고 불교에 대한 전면적인 억압을 奏請한 것이다. 즉 왕도의
주장은 불교가 외래의 종교이고 漢魏이래 한인 출가자를 금지해 왔기
때문에[69] 前代의 制裁를 계승해서 百官에서 서민에 이르기까지 趙人으로
서 사문이 되는 것을 국법으로 금지해야 한다. 그리고 범법자는 淫祠와
같은 죄로 다스릴 것은 물론, 이미 사문이 된 자는 환속하게 해야 한다는

---

68) 『大正藏』第50卷, p.385b-c.

69) 漢魏에 이르러 한인출가자에 대한 禁令이 여하한 형태로 나타났던가는 필자의
    寡聞한 탓으로 사료상의 기록을 발견할 수 없었으나 晋代에 이르러 晋人의 出家入
    寺者를 금지한 내용은 『法苑珠林』卷28, 諸公雜有神異記 가운데 "晋抵世常中山人
    也 家道殷富 太康中禁晋人作沙門 世常奉法精進 潛於宅中起立精舍 供養沙門 于
    法蘭亦在焉"이라 있다.

것이다. 이에 대해서 석호는 자신이 胡族出身이기 때문에 불교가 西戎의 神이라고 한다면 그것을 받드는 것은 당연할 뿐 아니라 백성이 淫祠를 버리고 불교에 入道하는 것을 즐거워한다면 모두 사문이 되는 것을 허락하겠다고 하여 王度의 건의를 일축시키고 말았다.

먼저 無爵의 서민에게 불교의 신봉을 허락할 것인가의 여부에 대해서 고심하고, 사문의 진위를 명확히 구별하고자 詳議하던 석호가 왕도의 상주에 대해서 오히려 불교를 옹호하고 사문이 되고자 하는 자를 전부 허락하겠다는 태도를 취한 원인은 무엇일까?

그 하나는 한인 유학자 王度가 후조 왕실로 하여금 한인의 전통적 유가사상을 통치의 원리로 삼고 戎神인 불교를 배척해야 한다는데 대한 胡君으로서의 반감이라 하겠다. 석호는 여러 군국에 명하여 五經博士를 두게 하고 석륵의 시대에 설치한 大小博士이외에 國子博士와 助教를 두었다.[70] 또 國子祭酒 聶熊에게 『穀梁春秋』를 주석하게 했던[71] 것으로 보아 석륵 이래 유교교육에도 힘을 기울였던 것은 사실이다.[72] 그러나 후조의 이러한 유교 정책은 어디까지나 胡‧漢의 융합을 위한 유능한 한인의 이용[73]과 그 회유책에 중점을 둔 것이며, 정책의 근본 방향은 무력에 의한 화북통일에 치중한 것이다. 이는 『진서』 권105, 석륵전에 석륵이 태자 弘에게 가르친 교훈 가운데 보이고 있는 아래의 내용은 호족군주의 심정을 잘 표현한 것이라고 할 것이다.

---

70) 『晋書』 卷106, 石季龍上傳, p.2769, "下書令諸郡國立五經博士 初 勒置大小學博士 至是復置國子博士助教".

71) 同上, p.2774, "季龍雖昏虐無道 而頗慕經學 遣國子博士詣洛陽寫石經 校中經于秘書 國子祭酒聶熊注穀梁春秋 列于於學官".

72) 石勒의 儒學獎勵策에 대해서는 『晋書』 卷105, 本傳 참조.

73) 石勒時代에 발탁된 인물로서는 漢人儒學者 張賓이 있으며 그가 石勒의 정책에 미친 영향에 대해서는 『晋書』 卷104‧105, 石勒傳 참조.

弘字大雅 勒之第二子也……受經於杜嘏 誦律於續咸 勒曰 今世非承平
不可專以文業敎也 於是使劉徵, 任播授以兵書

석호도 석륵의 정책을 수행했던 것으로 생각되기 때문에 유교주의에
입각한 폐불은 실현할 수 없었던 것으로 보이다.

다음으로 석륵 정권에 이어서 석호의 조정에서도 신이승 불도징이 정책
고문으로 중요한 활동을 전개해 가고 있었다는 점이다. 후조의 정치에
미친 불도징의 영향에 대해서는 이미 기술하였지만, 불교가 外來의 종교이
고 眞僞混淆가 있다고 해서 전면적인 불교의 탄압을 단행한다는 것은
무엇과도 바꿀 수 없는 국가의 大寶를 잃어버리는 것과 같다. 胡族 본래의
전통적인 종교가 없었던 상태에서 어떠한 종교이던 후조의 정치적 문제를
해결해 나가는데 도움이 된다면 교리에 관한 문제는 차치하더라도 왕실에
서는 이를 옹호, 이용하려는 의지를 버릴 수 없었던 것이다.

마지막으로 이때에 화북의 전역에는 평등과 자비, 내세의 광명을 가르치
며 구제를 실천으로 하는 불교의 교세가 확대되어 있었다는 점이다.[74)]
불교의 교세가 난세의 대중에게 널리 보급됨에 따라 宗敎匪 또는 비밀결사
의 형태를 취해서 禍亂을 야기하는 위험성이 없지는 않았을 것이다. 북위의
佛敎匪에 대해서는 이미 塚本善隆에 의해서 상세히 규명된 바 있지만[75)]
후조의 경우에 있어서도 『진서』권106, 石季龍上傳에 佛敎匪에 관한 기록
을 엿보게 한다.

安定人侯子光 弱冠美姿儀 自稱佛太子 從大秦國來 當王小秦國 易姓名
爲李子楊 游于鄠縣爰赤眉家 頗見其妖狀 事微有驗 赤眉信敬之 妻以二女

---

74) 이 문제에 대해서는 이미 山崎宏이 前揭書, p.142 이하에서 제시한 바 있다.
75) 塚本善隆,「北魏の佛敎匪」『支那佛敎史硏究』(東京, 淸水弘文堂書房 所收).

轉相扇惑 京兆樊經 竺龍 嚴諶 謝樂子等聚衆數千人於杜南山 子楊稱大黃
帝 建元曰龍興……鎭西石廣擊斬之 子楊頸無血 十餘日而面色無異於生

安定人 侯子光이 佛太子라 자칭하고 반란을 일으킨 것은 불교를 이용한
종교적 반란이라 할 수 있다. 이렇게 볼 때 불교는 위정자로서 경계해야할
것이며, 두려운 존재로 생각하지 않을 수 없었다. 이러한 두려움을 국가적
차원에서 해결하는 방법은 두 가지 측면에서 고려될 수 있다. 즉 전국의
사문을 통제하는 僧官을 설치하여 사태를 미연에 방지하는 방법76)과 다른
하나는 국가권력에 의한 폐불의 단행이다.

중국불교사에 있어서 전국의 불교교단을 통제하는 승관, 즉 道人統을
설치한 것은 북위 太祖 皇始년간(396~397)에 趙郡의 사문 法果에서 비롯
되고,77) 국가권력에 의한 전면적인 폐불은 북위 太武帝에 이르러 처음
시도되었던 바이다. 그런데 북위 태무제의 폐불사건은 당시 북위가 북중국
을 완전히 통일하고 충실한 국력을 가지고 있었다는 기본적 요건이 잠재해
있었음을 잊을 수 없다.78) 그러나 후조에 이르러 이러한 방법을 채택할
수 없었던 것은, 5호족의 혼란에 임해서 대외적 통일정책을 실현해 나가기
위해서는 백성의 적극적인 호응과 胡·漢의 융합이라고 하는 불가피한
사정에 임박했기 때문이다. 이러한 때에 폐불을 단행해서 많은 불교신자들
로부터 원성을 얻는다고 하는 것은 불교의 폐해 자체보다도 오히려 더욱
큰 정치적 손실을 가져올 수 있다는 것이다. 또 아직은 불교의 폐해가
國權을 흩트려 놓을 정도로 심각하지 않았다고 하는 점, 통일된 국력에
의해서 승단의 설치 및 폐불을 단행할 여건이 조성되지 못했다고 하는

---

76) 본서 제2장 4절 참조.
77) 『魏書』 卷114, 釋老志 참조.
78) 제2장 3절 참조.

복합적 요인이 있었던 것으로 생각된다.

이상에서 石虎와 명승 불도징의 관계를 통해서 5호의 혼란기에 후조불교가 융성하게 된 과정을 살펴보았다. 즉 석호는 현실의 정치적 문제를 해결하기 위해서 前代에 계속해서 영험에 능통한 불도징을 중용하여 그 능력을 이용하였으며, 불도징은 王者를 불법의 실현자로 인정하고 왕권을 배경으로 弘佛의 의지를 실현했던 것이다. 이러한 과정에서 후조불교는 이제 그 융성의 기반을 확립하게 되었던 것이다. 이와 같이 화북불교가 국가적 성격을 지니게 된 원인은 바로 5호쟁란기를 통한 왕권과 불교의 결합이라고 하는 정책적 문제와 깊이 연관되어 있었기 때문이다.

5. 맺음말

영가의 난이래 화북의 정치, 사회적 혼란은 극도에 달하여 백성의 생활은 비운의 경지에 놓였다. 뿐만 아니라, 한인의 남하와 더불어 중화지상주의사상이나 한족의 전통문화는 파괴를 면할 수 없었다. 중원의 이러한 사회적 동요는 불교계에까지 그 영향이 파급되어 사원과 경전의 燒失, 서역 사문의 본국 귀환, 그리고 한인 사문의 현실 도피 및 南渡는 중원불교의 弘敎라는 측면에서 볼 때 큰 위기였던 것이다. 그러나 이러한 사실들은 弘佛에 필요한 인적 결핍과 불교문화의 보편적 파괴를 의미하는 것은 아니었다. 또 5호족의 고유신앙에 의한 종교적 대립이나 통치계급에 의한 불교억압책이 아니었기 때문에 불교에 대한 종교적인 파멸을 의미하는 것도 아니다. 오히려 인과응보, 윤회전생의 불교사상은 현실을 부정하고 미래의 안락을 추구하는 일반 대중에게 깊이 침투할 수 있는 계기가 마련되었다. 또한 신이승의 영험과 기적은 현실의 어려운 문제를 해결하려는 호족군주의 존경을 얻음으로써 보다 활기찬 대중불교, 국가불교로서 융성할 수 있는 기회가 제공되었다. 5호쟁란의 초기에 후조의 석륵, 석호와 긴밀한 유대 관계를 통해서 화북불교의 대중화에 필생의 노력을 경주한 사문이 바로 서역의 신이승 불도징이었다.

불도징의 출신국은 명확히 규명할 수 없거니와, 서진 懷帝 영가 4년(310)에 80세의 고령으로 중국에 찾아온 이래 117세로 일생을 마칠 때까지 화북의 포교에 부단한 노력을 기울여 왔다. 그는 특수한 영험으로 석륵 휘하의 장군 곽흑략을 교화시킨 후 그를 통해서 당시 화북의 실권자였던 석륵과의 의도적 결합에 성공하게 되었다. 중원통일이라고 하는 현실적 욕망을 충족하려는 석륵의 심정을 헤아린 불도징은 신이의 방법을 통해서 마침내 大和上의 칭호를 부여받고, 석륵의 정치고문이 되어 弘佛의 기회를 제공받게 되었던 것이다. 이들 양자의 결합은 불교의 심오한 교의를 통한 종교적인 연계가 아니라, 상호 이용이라는 외형적 결합이었기 때문에 이를 통해서 5호 불교가 국가불교로서의 성격을 띠게 된 요인을 발견할 수 있었다.

석륵의 사후 제위를 찬탈한 석호는 포악무도한 호족군주로서 불교의 자비에 위배되는 행위를 일삼아 왔으나 불도징에 대해서는 석륵 이상으로 존경하여 그를 국가의 大寶로 받들고 前代에 계속해서 軍國의 고문으로 추대하였다. 석호는 사방의 정벌을 통해서 화북의 통일을 이룩하려는데 그 정치적 목적을 두었으므로, 이를 위해서는 불도징의 신이와 영험이 필요하였던 것이다. 한편 불도징은 난세에 직면해서 불법의 실현자는 바로 호족군주라는 생각으로 석호의 내외정책에 자문을 아끼지 않았다. 이로 말미암아 군주와 불교의 결합은 前代에 이어 계속 유지되어 왔다.

후조의 불교가 당시의 정치적 문제와 관련해서 나타난 영험적인 불교라고 할 때, 여기에는 刑殺必罰의 國法과 慈悲不殺의 佛法 사이에는 상호 괴리라고 하는 모순에 봉착하게 되지만, 이에 대한 불도징의 태도는 퍽 합리적이었다. 즉 제왕의 奉佛은 출가수도자와 다른 특수한 입장이 있다는 사실을 지적하고, 佛法과 治國이 서로 협조할 것을 역설하였다. 이와 같이 불도징의 부단한 노력에 의해서 불교와 후조왕실과의 유대는 더욱 돈독하게 되어 朝臣의 奉佛者가 속출함에 이르렀다. 물론 당시 治者階級의 불교에 대한 태도가 순수한 신앙심의 發露에 기인한 것이 아니라 하더라도 이를 계기로 현실의 비운에 처해있던 대중의 불교화는 급속히 진전되어 후조 전역에 걸친 사원의 건립과 出家, 入寺者는 날마다 증가하였다.

한편 호족군주의 불도징에 대한 존경과 불교 교세의 확대는 현실 도피에 동반된 眞僞混淆의 폐단을 야기하게 되었다. 후조의 석호는 이러한 폐단에 따라 사문에 대한 진위의 구별을 명확하게 하고자 하였다. 그러나 당시 유학자였던 중서저작랑 王度의 불교 억압에 관한 奏請이 석호의 반감을 야기시켜서 도리어 불교에 대한 신앙의 자유를 허락했던 것이다. 이는 석호의 통치원리가 유가의 덕치주의에 입각한 것이 아니라 무력에 의한 화북통일에 중점을 두고 불교의 신이를 이용하고자한 데 연유한 것이다. 또한 날로 확대되어 가는 불교의 교세를 통제할만한 통일된 국력을 갖지 못한 것도 하나의 요인이 되었다고 보았다.

이렇게 볼 때 후조의 불교는 현실의 여러 가지 문제를 해결하기 위해서 불교의 신이를 이용하고자 했던 호족군주의 信仰外的인 태도와, 난세에 직면한 불교가 弘布의 수단으로써 왕권을 이용하지 않을 수 없었던 사문의 종교적 의지가 결합된 국가불교로서의 성격을 갖추게 되었다. 이는 여타의 5호 諸國에서도 이와 유사한 성격을 갖추게 되었던 것으로 생각되며, 이후 북조불교에도 계승된 것으로 짐작된다.

제2장 北魏佛敎

1. 머리말

南北朝時代는 漢이래 보급되어 오던 유교중심사상에서 벗어나 儒·佛·道의 우열이나 조화의 논의가 빈번하게 나타났던 三敎幷存의 시대였고, 더욱이 종교가 정치, 경제, 사회, 문화상에 지극히 높은 비중을 차지했던 시기이다. 이 가운데 외래종교인 불교가 중국에 전래되어 중국의 전통적인 관념과 큰 대립 없이 교세를 확대하고 안정된 지위를 차지할 수 있었던 것은 胡族의 중원혼란이라고 하는 역사적 배경 가운데 형성된 것이다.

永嘉의 亂이래 중원의 정치, 사회적 혼란은 극도에 달하여 화북지방에는 중국의 전통문화나 외래문화를 차별 없이 수용하려는 경향이 현저하였다. 이러한 가운데 화북통일과 백성의 안정이라고 하는 현실적 難題를 해결하려는 호족군주는 사문의 靈驗을 얻어서 정치적 욕망을 충족하려 하였다. 또한 정치, 사회의 불안에 따른 백성들의 심적인 변화는 내세의 존재와 안락을 믿는 강한 신앙심과 직결될 수 있었다.

호족 諸國의 亂立을 청산하고 중원의 통일을 이룩하여 北朝時代를 열었던 북위는 중국불교사에 있어서 미증유의 盛時를 이룩하였다. 이는 중국불교문화사상에 최대의 예술품이라고 할 수 있는 雲岡이나 龍門의 석굴사원을 통해서도 연상할 수 있다.

그런데 北魏의 불교는 처음부터 교단의 자유로운 활동에 의해서 그 융성의 기반을 확립했던 것이 아니라, 항상 국가권력에 의한 정책수행의 필요성에 따라 보호, 통제되어 왔다. 때문에 이 시대의 불교는 군주의 의지에 따라 興廢가 좌우되는 王主敎從의 국가적 성격을 지니게 되었으며,[1] 이는 북위 군주의 무단전제적, 독재적 성격에 기인한 것으로 보인다.[2] 이와 같이 북위불교가 군주의 恣意에 따라 통일국가의 실현을 위한 왕권강화나 胡·漢融合을 통한 왕권의 유지에 이용되었다면 북위불교의 성격을 究明하는 것은 곧 종교를 통한 북위 통치책의 일면을 파악하는 것이 될 것이다.

本章에서는 북위 건국기에서 분열기까지 불교의 성쇠를 여러 군주의 정책과 관련해서 고찰해 보고자 한다.

북위불교가 군주권과 결탁해서 포교의 편의를 제공받고 교세의 확대를 도모할 수 있었던 것은 太祖 道武帝에서 비롯되었다. 이러한 결합은 태조 개인의 돈독한 불교신앙심 보다는 그의 정치적 의지가 종교정책에 반영되어 나타났던 결과였다. 즉 화북 통일의 대과업을 이룩하고자 했던 태조는 무력을 이용해서 胡·漢雜居의 새로운 지역을 정복하고, 이들을 북위의 臣民으로 예속시키기 위해서는 초민족적 종교인 불교를 통한 교화와 융합의 필요성을 절감하였다. 한편 僧徒는 군주의 불교이용이라는 기회를

---

1) 橫超慧日, 『中國佛敎の硏究』(京都, 法藏館, 1958), pp.326~327에서 불교가 중국에 들어와서 國家的 性格을 갖추게 된 까닭은 ① 中國의 민족성이 국가적, 현실적이라는 것과 ② 文化의 중심이 지배계급에게 있다고 하는 역사적 사정에 유래한다고 지적하였다.

2) 南北朝時代를 總稱해서 일반적으로 귀족사회로 지칭하고 있으나, 谷川道雄, 『拓跋國家の展開と貴族制の再編』『世界歷史 5』(東京, 岩波書店, 1970 所收), pp.199~219에 의하면 五胡爭亂의 시기에 동반해서 北魏의 군주에게는 武斷專制的, 獨裁的 性格이 강했다고 한다.

포착해서 그 권력의 보호 아래 포교의 편의를 얻고자 하였다. 이러한 관계는 태조의 정책을 계승한 태종 明元帝의 시대에도 계속되었고, 僧徒의 입장에서도 또한 변함이 없었다. 한편 북위 초기의 군주들이 그들의 정책수행 과정에서 불교를 도외시할 수 없었다고 한다면, 화북 지방의 불교가 여타의 호족군주와 어떠한 관계를 맺고 있었던가를 살펴볼 필요도 있다. 본장 2절에서는 이러한 문제들이 다루어지게 될 것이다.

제3절에서는 太武帝의 불교정책에 관해서 고찰해 보고자 한다. 五胡의 亂立을 청산하고 화북통일을 수립했던 태무제의 對佛政策은 초기의 불교 보호정책과 후기의 廢佛政策으로 구분된다. 주지하는 바와 같이 태무제의 廢佛毀釋은 중국불교사에 나타났던 '三武一宗'의 법난 가운데 최초의 폐불사건으로서 북위 전역에 걸쳐 불교도의 모습을 찾아보기 힘들었던 엄중한 불교 억압정책이었다. 이러한 폐불의 중요한 원인은 한인 명족 崔浩가 鮮卑族의 호족 국가를 漢化함으로써 한족중심의 문벌사회를 재건하려는 과정에서 나타났다는 점,[3] 또한 道士 寇謙之가 북위 조정에 진출하여 天師道敎를 확립하는 가운데 일어난 佛·道二敎의 충돌이었다고 하는 점[4]을 묵과할 수는 없다. 그러나 本章에서는 폐불을 단행했던 태무제와

---

3) 塚本善隆, 『支那佛敎史硏究』(東京, 淸水弘文堂書房, 1969), p.99 ; 道端良秀, 『中國佛敎史』(京都, 法藏館, 1939, 1977 改訂四版), p.59.

4) 湯用彤, 『漢魏兩晉南北朝佛敎史』(商務印書館, 1938, 1973 臺一版), p.495 ; 侯外廬外三人共著, 『中國思想通史(第3卷)』(北京, 人民出版社, 1985), pp.358~359 ; 王仲犖, 『魏晉南北朝史』(新店, 谷風出版社, 1987), p.866 ; 范文蘭, 『中國通史(第2冊)』(北京, 人民出版社, 1978 第五版), p.503 ; 常盤大定, 『(支那に於ける)佛敎と儒敎道敎』(東京, 東洋文庫, 1930, 1966 再版), p.6에서 佛·道二敎의 충돌로 보고 있으며, 久保田量遠, 『中國儒道佛三敎史論』(東京, 東方書院, 1931), pp.135~136에서는 太武帝의 폐불 원인을 ① 太武帝가 불교를 존중했던 것은 물론이지만 그러나 그보다도 老莊을 朝夕으로 읽고 즐겼다는 점, ② 太武帝는 나이가 젊어서 武功에 전념했다는 것, ③ 道敎의 巨匠이었던 寇謙之를 신임했다는 것, ④ 太武帝의 謀臣이었던 崔浩가 佛敎에 대해서 誹毀를 가했던 사실을 믿었던 것, ⑤ 長安의

이를 주장했던 최호가 각각 지향했던 목적이 달랐다는 점,5) 도사 구겸지가
극단적인 폐불을 반대했다는 점,6) 또 당시의 정치가 화북통일의 大業을
달성한 태무제의 의지에 따라 추진되었다는 점을 감안하여 폐불의 목적을
태무제의 정책과 관련해서 구명해 볼 것이다.

　다음 제4절에서는 태무제의 폐불에 뒤이은 文成帝의 불교부흥정책에
관해서 다루어 볼 것이다. 문성제의 興佛政策은 前代의 폐불에 대한 반동
적 신앙운동에 입각한 종교문제가 아니라, 북위의 건국이래 실시되어 온
對佛政策의 계승이라고 하는 정책적 문제7)와 깊이 연관된 것으로 생각된
다. 또한 문성제의 불교부흥정책이 흥불이라고 하는 의미만으로 그치는
것이 아니라, 흥불과 동시에 불교에 대한 통제도 가해졌다. 때문에 본장에

　　寺院 가운데 財産, 弓矢 및 寄藏物이 놀라울 정도로 많았던 것을 발견했다는
　　점, ⑥ 沙門이 寺院의 密室에서 盛히 淫行을 저질렀던 것을 발견했다고 하는
　　것을 지적하고, 이 가운데 ①~④가 주된 원인이며, ⑤, ⑥은 폐불을 촉진시켰던
　　동기에 지나지 않는다고 하여 太武帝가 老莊을 신봉하고 寇謙之를 신임했던
　　것이 폐불의 중요한 要因이 되었던 것으로 지적하고 있다.
　5) 이 점에 대해서는 道端良秀, 前揭書, p.59에서 崔浩가 폐불을 주장한 목적은 北方
　　胡族의 아래에서 신음하는 漢民族을 대표해서 征服者를 문화적으로 정복하기
　　위해서 胡族이 신임하는 불교를 파괴하고 유교중심의 문화를 건설하려는데 있었
　　던 것이며, 太武帝의 폐불 목적은 사원과 僧尼의 증가에 의한 불교교단의 부패와
　　이로 인한 국가경제의 피폐함을 보고 교단의 大整理를 단행하려 했던 것이기
　　때문에 崔浩와 太武帝의 目的이 달랐던 것을 인정하지 않으면 안 된다고 하면서도
　　이에 대한 구체적인 논증은 없다.
　6) 제2장 3절 참조.
　7) 橫超慧日, 前揭書, pp.278~279, p.363에서 北魏의 조정은 모두가 實質本位이고
　　형식에 중점을 두지 않았던 것이 主因이 되어서 불교에 대한 태도도 이를 統御하고
　　國家政策에 이용한다는 氣節은 있어도 불교의 敎義를 이해하고 그 恩惠에 의해서
　　경건한 신앙생활을 하려고 하는 자는 없었다. 그렇기 때문에 불교는 王法과
　　대립적 입장에 처하는 경우나 혹은 王法을 止揚하는 지위에까지 도달했던 경우는
　　거의 없었다고 전제하면서, 결국 불교가 北魏朝廷의 統制에서 벗어날 수 없는
　　王道尊重과 爲國行道의 정치적 요구에 응하고 있었음을 지적하였다.

서는 폐불과 홍불이 북위불교의 성격 규명이라고 하는 궁극적 목적에 있어서는 큰 차이가 없음을 밝히게 될 것이다.

다음으로 제5절에서는 獻文, 孝文帝시대의 불교정책에 관해서 고찰할 것이다. 그런데 헌문제 즉위이래 효문제 太和 14년(490)까지 북위의 실질적인 통치자는 문성제의 황후 文明太后 馮氏였다. 따라서 이 시대의 종교문제도 주로 문명태후와 관련해서 고찰할 것이다. 문명태후와 불교에 관한 기존의 연구는 그녀가 불교신봉자였다고 하는 불교신앙과 직결해서 究明하고 있다.[8] 그러나 필자는 이 시대의 불교를 태후의 신앙심으로만 귀결시키지 않고, 그녀의 정책과 연계시켜 봄으로써 적어도 북위불교는 통치자의 신앙외적인 측면을 도외시할 수 없었다는 점을 밝혀 보고자 한다.

제6절에서는 낙양천도 이후 북위불교의 융성에 관해서 살펴보고자 한다. 효문제 태화 18년(494)에 북위는 平城에서 낙양으로 천도하게 되었다. 『洛陽伽藍記』에 전하고 있는 바와 같이, 낙양천도와 더불어 평성의 불교문화는 이곳 낙양으로 옮겨와서 화려한 寺塔이 즐비한 북위불교의 盛時를 맞이하게 되었다. 이후 宣武帝, 孝明帝를 거치면서 이러한 盛勢는 계속되었지만 북위의 분열과 더불어 교세는 쇠락하게 된다. 따라서 이 시대의 불교가 북위 왕실과 운명을 함께 하는 배경을 고찰함으로써 북위불교가 지닌 성격의 一端을 究明하게 될 것이다.

마지막으로 제7절에서는 河陰의 變을 중심으로 한 북위 말의 정치 동향이 당시 불교의 교세에 어떠한 영향을 미쳤는가를 살펴 볼 것이다. 이것은 북위 말 낙양불교의 성쇠를 이해하는데 다소나마 도움이 될 것이다. 우선은 하음의 변이라는 정치적 동향을 고찰하고, 이러한 변란이 불교의 성쇠와

---

8) 渡瀬道子,「北魏文明太后と佛教」『史窓』第12輯(1957) ; 鎌田茂雄, 『中國佛敎史(第3卷)』(東京, 東京大學出版會, 1984), p.336.

어떠한 관계가 있었던가를 규명해 볼 것이다. 아울러 북위 말 낙양의 불교
가 쇠락하게 된 시기와 그 원인에 관해서도 함께 살펴보게 될 것이다.

북위불교에 대한 기존의 연구를 살펴보면, 북위의 전시대에 걸쳐서,
또는 한 시대, 특정의 문제에 대한 연구가 상당히 진척되어 왔던 것은
사실이다.9) 그런데 이러한 기존의 연구서나 논문 가운데 군주의 정책적
문제와 불교를 연관해서 언급한 부분들이 없지 않으나 그 주안점은 대부분
종교적인 측면에서 군주의 신앙심과 결부해서 고찰해 왔던 것이다. 한
시대의 종교가 성쇠를 맞이하게 된 원인은 그 시대의 정치, 사회적 배경을
통해서 명확히 규명될 수 있다고 생각된다. 본장에서는 이 점을 규명함으로

---

9) A) 北魏 佛敎史에 관한 연구서는 다음과 같다.

湯用彤,『漢魏兩晉南北朝佛敎史』(商務印書館, 1938, 1973 臺一版);黃懺華,『中
國佛敎史』(臺北, 新文豊出版公司, 1974);黃懺華,『中國佛敎』(北京, 知識出版社,
1980);任繼愈 主編,『中國佛敎史(第2卷)』(北京, 中國社會科學出版社, 1985);道
端良秀,『中國佛敎史』(京都, 法藏館, 1939, 1977 改訂四版);山崎宏,『支那中世佛
敎の展開』(東京, 淸水書店, 1942);宮川尙志,『六朝史硏究(宗敎篇)』(京都, 平樂
寺書店, 1964);塚本善隆,『支那佛敎史硏究』(東京, 淸水弘文堂書房, 1969);塚
本善隆,『中國佛敎通史』(東京, 春秋社, 1979);中村元 編,『アジア佛敎史(「中國
篇」Ⅰ)』(東京, 佼成出版社, 1975);鎌田茂雄,『中國佛敎史(第3卷)』(東京, 東京大
出版會, 1984).

B) 한 시대, 특정의 문제에 관한 논문으로는 다음과 같다.

向燕南,「北魏太武滅佛原因考釋」『三國兩晉隋唐史』1984-4(北京, 中國人民大
學書報資料社, 復印報刊資料);陳寅恪,「崔浩與寇謙之」『陳寅恪史學論文選
集』(上海, 古籍出版社, 1992);高雄義堅,「北魏に於ける佛敎敎團の發達に就
いて」『龍谷大論叢』第297號(1931);服部俊崖,「支那僧官の沿革」『佛敎史學』
第5卷 第2號(1956);小笠原宣秀,「支那南北朝時代佛敎敎團の統制」『龍谷史
壇』第14號(1934);塚本善隆,「北魏の僧祇戶・佛圖戶」『東洋史硏究』第2卷
第3號(1937);塚本善隆,「中國の廢佛と興佛」『愛知學院禪硏究紀要』第8號(東
京, 1979);塚本善隆,「中國の佛敎迫害」『中國の佛敎』(東京, 1958, 1981 改訂四
版);渡瀨道子,「北魏文明太后と佛敎」『史窓』第12輯(1957);服部克彦,「北魏
洛陽に於ける佛敎寺院について」『龍谷史壇』第44號(1958).

써 북위불교의 성격을 파악하고 나아가 북위의 종교정책을 밝히는데 어느
정도 기여할 수 있을 것으로 생각된다.

2. 北魏의 佛敎傳來와 初期佛敎

1) 北魏의 佛敎傳來

한 나라에 불교가 처음으로 전래되었다고 하는 사실과 전래된 불교가
군주 내지는 사회의 지배계급과 결탁, 혹은 그들의 공인아래 발전할 수
있었다고 하는 사실은 구별해서 살펴 볼 필요가 있다. 북위가 불교와 접촉
하고 이에 대한 신앙이 비롯된 것을 태조 도무제 때 晋과의 通聘에 의해서
이루어진 것 같이 보는 견해가 있다.[10] 그러나 이는 태조가 사문 法果를
중국 최초의 僧官이었던 道人統으로 임명함으로써[11] 불교가 국가의 공인
아래 그 융성의 기반을 확립한 계기가 마련된 시점으로 보아야 할 것이며,
불교가 처음으로 북위에 전래된 시기로 이해하기는 어려울 것 같다. 그렇다
면 북위에 불교가 전래된 시기는 언제였던가? 북위는 북방 소수민족 가운
데 선비족에 속하며, 광막한 산야에서 수렵에 종사한 유목민족으로서 문자
를 사용할 줄 모르는 野人이었으며[12] 또한 불교를 알지 못했던 민족이었다.
이는 『魏書』권114, 釋老志에 다음과 같은 기록을 통해서 알 수 있다.

---

10) 黃懺華, 『中國佛敎史』, pp.50~51 ; 呂思勉, 『兩晋南北朝史』(臺北, 臺灣開明書店,
    1969 臺二版), p.1495 ; 陣悌賢, 「魏晋南北朝的佛敎傳播與趨向」 『中國佛敎史論集
    (一)』(臺北, 大乘文化出版社, 1977), p.115.

11) 『魏書』 卷114, 釋老志.

12) 『魏書』 卷1, 序紀, "昔黃帝有子二十五人 或內列諸華 或外分荒服 昌意少子 受封北
    土 國有大鮮卑山 因以爲號 其後 世爲君長 統幽都之北 廣漠之野 蓄牧遷徙 射獵爲
    業 淳樸爲俗 簡易爲化 不爲文字 刻木紀契而已 世事遠近 人相傳授 如史官之紀錄
    焉".

　魏先建國於玄朔 風俗淳一 無爲以自守 與西域殊絶 莫能往來 故浮圖之
敎 未之得聞 或聞而未信也

선비족의 拓跋部는 서역과의 왕래가 두절되어 있었기 때문에 불교를
알지 못하였고, 설사 불교에 관해서 들은 바 있다 할지라도 신봉하지 않았
음을 말하고 있다. 그러나 태조가 中山을 평정할 때에는 사정이 달랐다.
『위서』 석로지에 다음과 같은 기록이 있다.

　太祖平中山 經略燕趙 所逕郡國佛寺 見諸沙門道士 皆致精敬 禁軍旅無
有所犯

태조가 燕(후연), 趙(후조)를 經略할 즈음 사문을 존경하고 예하의 군대
에게 佛寺에 대한 범행을 금했다는 것이다. 따라서 북위 태조는 정복
이전에 불교에 관해서 충분히 이해하고 있었다는 것으로 보아야 할 것이다.
그리고 태조 이전에 북위에 이미 불교가 전래되었다고 하는 사실을 『위서』
석로지에는 아래와 같이 전하고 있다.

　及神元與魏晋通聘 文帝久在洛陽 昭成又至襄國 乃備究南夏佛法之事

북위는 시조 神元 때 魏, 晋과 通聘하고, 또 昭成帝가 襄國에 다녀옴으로
써 불교가 전래되었다는 점을 알 수 있다.
　그런데 여기에서 "文帝久在洛陽"과 "昭成又至襄國"이라는 내용이 무
엇을 말하는지를 구별해서 살펴보고자 한다. 그것은 문제 이후 소성제에
이르는 사이에 불교에 관한 실질적인 기사를 발견할 수는 없지만 위 기록을
통해서 불교와의 관련성을 살펴 볼 수 있기 때문이다. 먼저 문제가 낙양에

오랫동안 머물러 있었다고 하는 사실에 관해서는 『위서』 권1, 序紀에 다음과 같이 전하고 있다.

始祖神元皇帝諱力微立……三十九年 遷於定襄之盛樂 夏四月 祭天 諸部君長皆來助祭……始祖乃告諸大人曰 我歷觀前世匈奴蹋頓之徒 苟貪財利 抄掠邊民 雖有所得 而其死傷不足相補 更招寇讎 百姓塗炭 非長計也 於時與魏和親 四十二年 遣子文帝如魏 且觀風土 魏景元二年也 文皇帝諱沙漠汗 以國太子留洛陽 爲魏賓之冠……始祖春秋已邁 帝以父老求歸 晋武帝具禮護送 四十八年 帝至自晋 五十六年 帝復如晋 其年冬 還國 晋遺帝錦罽繒綵綿絹諸物 咸出豐厚 車牛百乘 行達幷州 晋征北將軍衛瓘 以帝爲人雄異 恐爲後患 乃密啓晋帝 請留不遣 晋帝難於失信 不許 瓘復請以金錦賂國之大人 令致間隙 使相危害 晋帝從之 遂留帝……五十八年 方遣帝 始祖聞帝歸 大悅 使諸部大人詣陰館迎之

여기에서 북위의 시조였던 力微는 탁발부를 중심으로 부족연합국가의 기초를 확립하고,[13] 나아가서는 자기의 세력 유지와 확대를 위해서 한족에

---

13) 谷川道雄, 前揭論文, p.210에서 祭天儀式은 遊牧民族의 보편적 행사이며 民會의 性格을 가지는 것이지만 力微가 祭天行事를 주관하고 諸部大人이 助祭했다는 사실은 部族聯合國家의 建國祭를 의미하는 것이며, 力微가 拓跋部의 始祖로 指稱되는 緣由도 그가 部族聯合國家의 기초를 확립했기 때문이라고 해석하고 있다. 또 內田吟風, 「魏書序紀特に其世系記事に就いて」『北アジア史研究(鮮卑柔然突厥篇)』(京都, 同朋舍, 1975 所收)에서 力微는 58년간 部落大人의 지위에 있으면서 拓跋氏의 世襲酋長制를 확립하였다고 하면서 世襲酋長의 기원은 『魏書』序紀에 血緣繼承의 사실을 기록하고 있는 獻帝 隣(力微의 祖父)의 경으로 보고 있다. 즉, 獻帝 이전의 諸帝(不世襲部落大人)는 拓跋氏와 더불어 10姓으로 불려졌던 紇骨, 普, 長孫, 達奚, 伊婁, 丘敦, 侯, 叔孫, 車焜 등 諸氏族 사이에서 선출되다가 獻帝 이후 拓跋氏만이 세습·독점하였다고 한다. 그리고 力微가 父王 洁汾과 天女 사이에서 났다고 하는 傳承(『魏書』序紀)은 力微의 경에 이미 拓跋氏가 王權神受의 思想을 갖춘 君長氏族이었다는 것을 암시하고 있다고 하였다.

대한 침략주의 태도를 버리고 화친책을 취한다는 國是를 선포한 것이다.
이러한 정책에 따라 태자였던 문제(沙漠汗)를 위나라에 파견한 것이다.
그런데 위 인용문 가운데는 역미가 위나라와 화친을 위해서 스스로 아들
문제를 위나라 도읍에 파견한 것으로 되어 있다. 그러나 실제로는 위나라의
요구에 의해서 문제를 파견하지 않으면 안 될 상황이었는지도 모를 일이다.
문제는 역미 42년(魏 景元 2년, A.D.261) 위나라에 파견되었다가 48년(晋
武帝 泰始 3년, 267) 부친 역미가 年老하여 귀국하였으며, 56년(晋 무제
咸寧 元年, 275)에 다시 진나라에 파견되었다가 58년(晋 무제 함녕 3년,
277)에 귀국하였다. 문제는 전후 두 차례에 걸친 낙양 滯在를 통해서 위,
진의 朝士와 더불어 친선을 도모하면서[14] 위, 진의 한인 문물에 접하였다.
이러한 점은 『위서』 권1, 序紀의 기록을 통해서 알 수 있다.

> 時國俗無彈 衆咸大驚 乃相謂曰 太子風彩被服 同於南夏 兼奇術絶世 若
> 繼國統 變易舊俗 吾等必不得志 不若在國諸子 習本淳樸 咸以爲然……始
> 祖問曰 我子旣歷他國 進德何如 皆對曰 太子才藝非常 引空弓而落飛鳥
> 是似得晋人異法怪術 亂國害民之兆 惟願察之 自帝在晋之後 諸子愛寵日
> 進 始祖年踰期頤 頗有所感 聞諸大人之語 意乃有疑 因曰 不可容者 便當除
> 之 於是諸大人乃馳詣塞南 矯害帝

위의 내용은 문제가 異法怪術의 문물에 크게 동화됨을 지적함과 아울러
당시 朝臣들 사이에는 이를 亂國害民의 징조라고 해서 몹시 염려했다는
것이다. 조신들의 이러한 염려는 결국 역미의 의문을 자아내어 문제를
죽음에 이르게 하였다. 이는 아마도 수구세력이 진보적인 역량에 대한
박해의 결과였던 것으로 생각된다.[15]

---

14) 『魏書』 卷1, 序紀, p.5, "帝身長八尺 英姿瓌偉 在晋之日 朝士英俊多與親善".

그런데 여기에서 문제 자신이 위, 진의 불교에 대한 감화와 접촉에 관한 언급은 없다. 그러나 앞서 말한 "乃備究南夏佛法之事"라는 기록과 연관시켜 생각해보면 문제가 개인적으로 불교에 대한 이해나 지식을 갖추고 있었을 뿐만 아니라, 이를 통해서 북위에 불교가 알려지게 되었다는 사실을 인정해야 될 것 같다. 또한 『위서』序紀에 관한 내용은 상당히 신빙성이 있다고 연구되어 있다.[16] 그리고 문제의 진나라 파견에 관한 내용도 『진서』의 기록과 배치되지 않기 때문에[17] 문제의 낙양 체재에 관한 기사는 사실대로 인정되어야 한다. 그런데 塚本善隆은 역미 이후 60~70년간에 걸쳐 불교에 관한 기사가 전혀 없었다는 이유를 들어 "문제의 낙양 체재를 통한 불교의 전래 사실은 북위불교의 興隆을 시조에 소급해서 결부하고자 했던 욕망에 의한 기사인지 모른다"[18]는 의문을 표시하였다. 물론 문제가 서진에 조공하고 귀국한 직후, 서진의 征北將軍 衛瓘의 모의에 의해서 部族聯合體制에 기초를 두었던 국가체제가 별안간 와해되었다.[19] 그리고 拓跋珪의 帝國建設에 이르기까지 탁발부는 흉노 멸망 후의 塞北에 군림하면서 塞外部族으로서 지독한 시련을 겪고 있었다. 이러한 역사적 사실에 비추어 보아 탁발부는 불교의 포교 및 불교를 이용한 중원 통일의 필요성을 느끼지 못했을 것이다. 그러므로 설혹 불교를 알았다

---

15) 韓國磐, 『魏晋南北朝史綱』(北京, 人民出版社, 1983), p.418.

16) 志田不動麿, 「代王世系批判」『史學雜誌』第48卷 2·3號(1937)에서 『魏書』序紀의 기사는 전체적으로 잘못이 많고 力微의 기사도 믿을 수 없다고 단정하였으나, 內田吟風, 前揭論文에서 이에 대한 비판을 가하여 拓跋氏가 黃帝의 後裔라고 하는 기록 외에는 序紀의 기사를 사실로 보고 있다.

17) 『晋書』卷3, 武帝紀에 "(咸寧元年, 275) 六月 鮮卑力微遣子來獻"이라 하여, 『魏書』 序紀의 기사 가운데 보이는 力微 56年(275)에 文帝가 晋에 다시 파견되었던 사실과 일치하고 있다.

18) 塚本善隆, 『支那佛敎史硏究』, p.63.

19) 『魏書』卷1, 序紀.

하더라도 그 융성의 기반을 확립할 수는 없었을 것이다. 하지만 문제의
불교전래 사실 자체를 부정할 수는 없을 것 같다.

다음은 "昭成又至襄國"이라는 기사에 관련해서 살펴보면, 『위서』 권1,
序紀에 아래와 같은 기록이 보이고 있다.

　　烈皇帝諱翳槐立 平文之長子也 以五年爲元年 石勒遣使求和 帝遣弟昭成
　　皇帝如襄國 從者五千餘家

후조 석륵의 화친 요청에 응하여 烈帝의 동생이었던 소성제(什翼犍)가
從者 5,000餘家를 데리고[20] 후조의 도읍인 襄國에 체재하였음을 말하는
것이다. 그런데 후조는 명승 불도징이 중국불교사에서 특필할 만큼 불교의
교화에 노력하고 있었다. 불도징은 서역의 승려로서[21] 서진 惠帝 영가
4년(310)에 낙양에 와서 동진 穆帝 永和 4년(348) 12월 8일 鄴宮寺에서
117세로 일생을 마쳤다.[22] 따라서 그가 중국에 왔을 때는 이미 80세에
달하는 고령의 명승이었다. 불도징이 낙양에 왔던 그 해에는 석륵과 유요의
대군이 서진의 도읍 낙양을 위협하고 다음해에는 유총에 의해서 낙양이
점령되는 전란의 상태였다. 그래서 그는 한때 영가의 난을 피해서 草澤에
潛入해 있다가 중원의 비참한 사정을 통찰하고는 살육의 慘害를 없애고
자비의 정신적 구제를 위해서 교화에 노력하였다. 이는 『고승전』 권9,

---

20) 塚本善隆, 『支那佛敎史硏究』, p.63에서 從者五千餘家는 다소 과장된 것이라고
　　의문을 표시하고 있다.
21) 佛圖澄의 출신국에 대해서는 『世說新語』 卷上之上, 言語篇 ; 『高僧傳』 卷9, 佛圖澄
　　傳 ; 『魏書』 卷114, 釋老志 ; 『魏書』 卷95, 藝術志 등에 전하고 있으나 명확하지
　　못하며, 이 방면의 연구에 대해서는 山崎宏, 『支那中世佛敎の展開』, pp.78~79 ;
　　塚本善隆, 『中國佛敎通史(1)』, p.256 ; 宮川尙志, 「晋の太山竺僧朗の事蹟」 『東洋
　　史硏究』 第3卷 3號(1938), p.35 참조.
22) 『高僧傳』 卷9(『大正藏』 第50卷), 神異上 佛圖澄傳.

불도징전에 다음과 같은 기록으로 알 수 있다.

善誦神呪 能役使鬼物 以麻油雜胭脂塗掌 千里外事 皆徹見掌中 如對面
焉 (中略) 卒於鄴宮寺 是歲晋穆帝永和四年也 士庶悲哀 號赴傾國

불도징은 신이의 방법, 즉 장래의 것을 점쳐서 예지하는 靈力과 神通力
을 가지고 있었던 것이다. 이러한 신이와 영험의 방법을 통해서 석륵 휘하
의 무장이었던 곽흑략을 복종시켜 師弟의 관계를 수립하였다.[23] 그리고는
곽흑략을 통해 후조의 통치자인 석륵, 석호의 신임을 얻어서 大和尙, 國之
大寶의 존경을 얻어 軍國의 고문이 되었다.[24] 이렇게 볼 때 사문 불도징과
후조의 통치자와의 관계는 순수한 신앙심에 의한 종교적 차원에서 이룩된
것은 아니었다. 이들의 결합은 화북 일대를 지배하려는 호족군주가 고승의
영험을 이용하여 현실의 욕망을 충족시키려는 의도와, 불법의 효과적인
포교를 위해서는 정치·군사적 실권을 장악한 군주와 결합하지 않으면
안 된다는 사문의 각오가 합치된 결과라고 봄이 타당할 것이다. 그런데
여기에서 나타나는 문제점은 독특한 因緣論을 인생관으로 하는 불교에
있어서 인과를 초월한 신비적인 기적의 존재가 인정될 수 있느냐는 모순에
봉착하게 된다. 그러나 불교에는 경전 외에 불타의 威神力이 있기 때문에
전도에 임해서 기적이 불교에 갖추어져 있다고 하는 이야기는 막을 수
없으며, 수용하는 측에서도 그러한 면에 한번 강하게 감명되면 불교와

---

23) 五胡의 혼란기에 佛敎의 가장 특징적인 성격이 神異, 靈驗이었다고 하는데 대해서
는 山崎宏, 前揭書, pp.112~113 ; 橫超慧日, 『中國佛敎の硏究』, p.331 ; 薩孟武, 「南
北朝佛敎流行的原因」『中國佛敎史論集(一)』(臺北, 大乘文化出版社, 1977), p.137 참
조.
24) 『高僧傳』卷9, 佛圖澄傳 ; 『晋書』卷95, 藝術志 佛圖澄傳 ; 『世說新語』卷上之上,
言語篇.

신통력은 불가분의 관계인 것 같이 느껴지는 것이다.[25]

5호쟁란기에 불교가 호족군주와 결합하는 방법이란 심오한 불교의 진리보다도 사문의 신이와 영험의 능력에 의해서 적군의 來襲, 전쟁의 승패, 군주의 안위, 길흉을 예견하는 일이었다. 이는 호족의 군주가 다소 비합리적이라는 점도 있지만, 보다 중요한 원인은 한 나라의 운명이 달려 있는 비상한 국면에 직면했을 때 사문의 탁월한 신비력을 구하여 이를 현실적으로 구현시키려고 했기 때문이다. 불도징이 후조의 군주와 결합하게 된 것은 바로 이러한 관계에 연유한 것이다.[26] 실제로 불도징이 신이와 영험으로 석륵, 석호의 마음을 사로잡았던 사실은 대외 정벌에 대한 승부의 예측, 내란에 대한 예언, 祈雨에 관한 사실 등이었다.[27] 다음으로 중요한 사실의 하나는 慈悲不殺의 佛法과 刑殺治罪의 國法 사이에 나타나는 모순에 대한 불도징의 태도라 하겠다. 이러한 문제는 먼저 석호에 의해서 제기되었지만 이에 대한 불도징의 대답은 극히 명확하고 합리적이었다. 즉 군주가 불교의 三寶를 보호해야 하지만 통치자의 입장에서는 罪가 있으면 죽이지 않을 수 없고, 惡이 있으면 형벌로 다스리지 않을 수 없다고 하여[28] 군주의 특수한 입장을 고려하였으니, 이는 고승이 현실의 사정을 깊이 통찰한 卓見이라 볼 것이다. 아울러 불도징이 왕법과 불법의 관계가 괴리되지 않고 상호협력할 수 있다고 주장한 점은 호족군주 석호의 정책고문으로 등용된 그의 眞意를 표현한 것이라 하겠다. 이와 같은 후조 군주의 불교보호정책에 동반해서 朝臣들 사이에도 불교를 신봉하는 자가 나타나게 되었고[29] 내세의 안락을 추구하는 인민들 사이에도 불도징의 교화가 급속히

---

25) 橫超慧日, 前揭書, p.330.

26) 『高僧傳』 卷9, 佛圖澄傳.

27) 『晉書』 卷95, 藝術志 佛圖澄傳 ; 『高僧傳』 卷9, 佛圖澄傳.

28) 『高僧傳』 卷9, 佛圖澄傳.

보급되었다. 그래서 불도징에 대한 민중의 존경이 극도에 이르러 그가
所在하는 방향을 향해서 涕唾, 便利하는 자가 없었으며, 그의 業을 따르는
자가 항상 수백 인이었고 문도의 수는 一萬을 헤아렸으며 州郡을 巡歷하여
일으킨 佛寺가 892개나 되어 일찍이 볼 수 없는 弘法의 융성을 이룩하였
다.30) 한편 불도징의 교화에 의해서 민이 다투어 출가하였기 때문에 眞僞가
混淆하고, 愆過도 발생하였다.31) 이는 아마도 전쟁으로 인하여 생명과
재산의 안전을 보장받지 못하는 불안한 사회에서 최고의 통치자가 숭배하
는 불교교단을 향해서 요역과 병역을 피해 출가하였다는 것이다.32) 불도징
에 관한 신이의 기사는 완전히 믿기 어렵다고 하더라도 후조는 이미 석륵,
석호의 시대에 불도징을 중심으로 한 불교가 상당한 교화력을 발휘해서
佛寺를 중심으로 불교도의 집단적 세력이 출현하였음을 알 수 있다.33)
탁발부의 유력한 자가 이러한 지역에 왕래함으로써 불교의 교화력을 입게
되었고, 나아가서 북위에 불법이 갖추어지게 되는 계기가 되었다는 것은
쉽게 이해할 수 있겠다. 따라서 북위불교는 후조불교에 지대한 영향을
받았던 것으로 생각된다.

---

29) 同上傳에 의하면 대표적인 인물로서는 尙書 張良, 張離 등이 있다.
30) 『高僧傳』 卷9, 佛圖澄傳.
31) 同上(『大正藏』 第50卷), p.385b, "澄道化旣行 民多奉佛 皆營造寺廟 相競出家 眞僞
混淆 多生愆過".
32) 任繼愈 主編, 前揭書, p.144.
33) 道端良秀, 『中國佛敎社會經濟史の硏究』(京都, 平樂寺書店, 1983), pp.10~12에서
佛敎敎團은 하나의 信條를 중심으로 해서 단결하는 僧俗의 단체로서 여기에는
일관된 신앙의 교리가 존재하고, 여기에 따르는 敎權이 있고, 또 조직이 있다.
그래서 이 신앙을 영원히 보존하기 위해서 여러 가지 종교적 의례가 행하여지고,
그 사람들을 통제하기 위한 여러 가지 규약이 만들어져서 僧俗四衆의 단체가
하나의 통제아래 움직이는 것이라 하였다. 그러면서 이러한 움직임은 일찍이
後趙 佛圖澄을 중심으로 했던 僧俗의 단체가 佛敎主義를 받들어 활동했기 때문에
이러한 단체를 敎團으로 보아도 잘못이 없다고 하였다.

소성제가 불교에 접하게 된 것은 오직 후조와의 관계에서만은 아니고
前秦과의 관계에서도 엿볼 수 있다. 그는 한 때 전진의 부견에게 패하여
장안에 머무르고 그 부족도 雲中 등 四郡에 분산되어 부견의 지배하에
있으면서 諸部의 主帥가 장안에 출입했던 바 있다.[34] 그런데 당시 부견은
불도징의 제자였던 道安을 襄陽 침공 후에 장안으로 데리고 와서 이를
존경하고 弘法하게 하였다.[35] 따라서 장안은 불도징의 제자 도안을 중심으
로 불교가 융성하였다. 그런 까닭에 소성제가 장안에 체재하였다는 사실에
서 불교와의 접촉이 더욱 용이하였으리라 본다.

이상에서 태조 도무제 이전의 북위불교에 관해서 살펴보았거니와 여기
에서 주목되는 몇 가지 점을 정리해 보면, 먼저 기록상으로 나타나는 북위
의 불교 전래 사실은 개인 僧徒의 선교활동이라기보다 탁발부의 유력자가
대외정책을 수행하기 위해서 위, 진에 파견되어 그곳의 불교에 접하고
귀국함으로써 전래된 것이다. 따라서 북위불교는 위로 지배계급으로부터
수용했던 것으로 보인다. 때문에 탁발부의 弘佛은 국가의 정책적 문제와
연관해서 확대되어 갈 수 있었던 것이다. 이러한 점으로 미루어 보면 문제
가 위, 진의 通聘과 관련해서 낙양에 체재, 귀국한 후 탁발부에 불교가
전래되었다고 하는 기록은 쉽게 수긍할 수 있으며, 이를 단순히 시조에
소급시키려는 의도였다고 보기는 어렵다. 다만 문제 시대에는 탁발부의
정치적 사정으로 불교의 융성과 직결될 수는 없었다. 북위불교가 발전할
수 있는 직접적인 계기가 마련된 것은 후조 석륵의 화친 요청에 따라
烈帝의 동생이었던 소성제가 襄國에 다녀온 이후 그곳에 만연된 불교가

---

34) 『南齋書』卷57, 魏虜傳, p.983, "太元元年 苻堅遣僞幷州刺史苻洛伐犍 破龍庭 禽犍
還長安 爲立宅 敎犍書學 分其部黨居雲中等四郡 諸部主帥歲終入朝 幷得見犍 差
稅諸部以給之".
35) 『高僧傳』卷5, 義解2 道安傳.

전래되면서부터였고, 이래로 태조 도무제의 화북통일정책에 동반해서 불교는 군주권과 결탁해서 교세의 확대를 가져오게 되었던 것으로 보인다.

다음으로 태조 도무제의 對佛政策과 관련해서 북위 통일시기의 불교 흥륭에 대해서 살펴보기로 한다.

2) 道武帝의 北魏建國과 佛敎

淝水의 戰이래 전진이 와해되는 내란에 편승해서 탁발부의 道武帝 珪는 賀蘭部의 추대를 받아서 代王의 位에 즉위하였다(386).[36] 이후 도무제는 後燕을 경략하여 中山을 평정하고 중원에서 그 세력을 축출하였다. 天興 元年(398)에는 중산에서 常山의 眞定(河北省 正定縣), 趙郡의 高邑(하북성 柏鄕縣)을 경과해서 鄴에 이르러 장차 定都의 뜻을 정하고 같은 해 7월 平城(大同)에 천도하여 북위를 창건하였다.[37] 북위가 요동(北燕), 섬서(夏), 감숙(北涼)을 평정하여 5호16국의 분립항쟁시대를 결산하고 화북 전역에 군림하는 통일제국을 수립한 것은 태무제에 이르러 실현되었다. 그러나 이에 앞서 도무제 역시 대왕의 位에 즉위한 이래 왕권을 확립하면서 통일국가로 지향하려는 강한 의지를 보여주고 있었다. 이를테면 『위서』권2, 태조기 皇始 元年 九月條에 아래와 같은 기록이 보이고 있다.

> 初建臺省 置百官 封拜公侯將軍刺史太守 尚書郎已下悉用文人 帝初拓中原 留心慰納 諸士大夫詣軍門者 無少長 皆引入賜見 存問周悉

---

36) 『魏書』卷2, 太祖紀.

37) 同上, pp.31~33, "(天興元年 春正月)庚子 車駕自中山行幸常山之眞定 次趙郡之高邑 遂行于鄴 民有老不能自存者 詔郡縣賑恤之 帝至鄴 巡登臺榭 遍覽宮城 將有定都之意 乃置行臺 以龍驤將軍日南公和跋爲尚書 與左丞賈彝率郎吏及兵五千人鎭鄴 (中略) 秋七月 還都平城 始營宮室 建宗廟 立社稷".

중원 진출을 결심한 태조 도무제는 臺省을 세워서 百官을 두고 公侯, 將軍, 刺史를 두어 관제를 정비하였으며, 사대부 및 軍門에 대한 慰撫도 아끼지 않았다. 뿐만 아니라 그는 통일정책을 수행하는 과정에서 부락해산, 사민정책 등 제반정책을 수립하여 새로운 정복지에 대한 반란을 방지함과 동시에 수도방면에 호구의 충실을 기하고자 하였다.[38] 이와 관련해서 마련된 불교정책은 이후 북위불교의 융성과 깊은 관계를 가지게 되었다.

우선 태조와 불교와의 관계에 대해서 살펴보면,『위서』권114, 석로지의 기록 가운데 아래와 같은 내용이 보이고 있다.

> 太祖平中山 經略燕趙 所逕郡國佛寺 見諸沙門道士 皆致精敬 禁軍旅無有所犯 帝好黃老 頗覽佛經 但天下初定 戎車屢動 庶事草創 未建圖宇 招延僧衆也 然時時旁求

이는 태조가 燕(후연), 趙(후조)의 정벌에 즈음해서 사문, 도사에게 경의를 표하고, 그 군대들은 佛寺에 대해서 범법하는 일이 없도록 하라는 것이다. 다만 여기에서 "帝好黃老 頗覽佛經"이라는 기사에 대해서는 태조가 불경을 독해할 만한 지식을 갖추고 있었는지 그 여부에 대한 의문은 없지 않다. 그러나 태조가 親征했던 이 지역은 앞에서 논술한 바와 같이 명승 불도징의 활동으로 말미암아 불교는 이미 대단한 교화력을 발휘하였고, 佛寺가 건립되어 있어서, 태조가 이 지역을 정복함에 이르러서는 불교의 교세를 무시할 수 없다는 사실을 感知한 것 같다. 또 석로지에서는 다음과 같은 기록도 보이고 있다.

> 先時 有沙門僧朗 與其徒隱于泰山之琨王而谷 帝遣使致書 以繒素旃罽銀

---

38) 谷川道雄, 前揭論文 ; 塚本善隆,『支那佛敎史硏究』, p.73.

鉢爲禮 今猶號曰朗公谷焉

태조가 燕, 趙의 정벌에 앞서서 泰山의 사문 僧朗에게 書와 비단, 銀鉢을 보내어 존경의 禮를 갖추었음을 보이고 있다. 그런데 태조의 존경을 받은 승랑은 京兆(섬서) 출신으로 소년 시절에 여러 지역을 돌아다니다가 장안 에서 불교에 대한 道를 묻고 관중에 돌아가서 講說에 임했다.39) 그 후 전진 皇始 元年(351)에는 사문 僧湛, 僧意와 함께 태산에 들어가서40) 隱士 張忠41)과 林下之契를 하였고, 85세에 山中에서 죽었다.42) 그는 일찍이 불도징에게 師事하였고43) 태산에 거처해서는 虎災를 없애고 맹수를 귀복 시켰으며, 예견에 밝은 신이의 승려로서44) 弘法의 일선에 나아갔던 사람이 다. 태조가 태산의 고승 승랑에게 供施를 증여하여 예의를 갖춘 까닭에 대해서는 『廣弘明集』卷28, 與朗法師書에 아래와 같이 전한다.

太山朗和尙 承沙聖靈 要須經略 已命元戎 上人德同海岳 神算邈長 冀助 威謀 克寧荒服 今遣使者 送素二十端 白氈五十領 銀鉢二枚 到願納受

태조가 북위의 大業을 달성하기 위해서는 海岳과 같은 덕을 갖추고

---

39) 『高僧傳』卷5, 僧朗傳.
40) 『集神州三寶感通錄』卷中.
41) 『晋書』卷94, 隱逸傳에 의하면 張忠은 字가 巨和이며 中山人으로서 永嘉의 亂때 泰山에 隱居하면서 道壇을 만들어 禮拜하고 道養之法으로 修養하다가 한 때 前秦 苻堅의 부름에 應하여 長安에 나아갔으나 年老하여 벼슬을 사양하고 일생을 마쳤던 사람이다.
42) 『高僧傳』卷5, 僧朗傳.
43) 『水經注疏(上冊)』卷8(楊守敬・熊會貞 疏, 段熙仲 點校, 陳橋驛 復校, 江蘇古籍出版社, 1989, 1999년 2次印刷), 濟水注, p.741, "濟水又東北 右會玉水 水導源太山朗公谷……有沙門竺僧朗 少事佛圖澄 碩學淵通 尤明氣緯 隱于此谷 因謂之朗公谷".
44) 『高僧傳』卷5, 僧朗傳.

神靈에 감화된 신이의 승려로부터 神算, 威謀의 힘을 빌리기 위한 의도가
있었음을 알 수 있다.

태조는 북위의 화북통일이라는 목적 달성을 위해서는 이미 사원을 건립
해서 수많은 제자를 거느리고 있는[45] 승려의 영험의 힘을 이용하고자
하였다. 일찍이 호족군주들은 화북의 경영을 위해서 널리 인재를 구하는
정책을 취하였다. 그들은 유교든 불교든 간에 자신의 지배권 강화나 유대에
필요하다고 인정되면 힘을 아끼지 아니하고 이를 장려, 보호하였으며,
이에 대한 태도는 퍽 恣意的인 것이었다.[46] 그래서 5호16국시대의 군주들
은 예견의 능력을 갖춘 사문을 그들의 측근에 招致해서 軍國의 참모나
정치의 고문으로 삼았던 것이다. 이는 후조의 불도징,[47] 전진의 道安,[48]
후진의 鳩摩羅什,[49] 沮渠蒙遜과 曇無讖[50]의 경우가 대표적인 예이다. 이러
한 경우는 반드시 호족군주들이 비합리적 신비주의에 귀의한 것이라기보
다도 국가의 운명이 달려있는 비상한 국면에 직면했을 때 사문의 영험적인
힘을 구하려 했던 것으로 이해된다.[51] 그래서 승랑에 대한 존경의 태도는
오직 북위 태조만이 아니고, 전진의 부견, 후진의 요흥, 남연의 慕容德도
그를 존경하여 예물을 보냈고, 동진의 孝武帝, 후연의 慕容垂도 그에게

---

45) 同上에 "朗乃於金輿谷崑崙山中 別立精舍 猶是泰山西北之一巖也 峯岫高險 水石
   宏壯 朗創築房室 製窮山美 內外屋宇數十餘區 聞風而造者百有餘人 朗孜孜訓誘
   勞不告倦"이라 하고 있어 僧朗은 精舍를 세워서 많은 信徒를 거느리고 있었다는
   것을 알 수 있다.
46) 宮川尙志,『六朝史硏究(宗敎篇)』, p.261.
47) 『高僧傳』卷9, 佛圖澄傳.
48) 同上 卷5, 道安傳.
49) 同上 卷2, 鳩摩羅什傳.
50) 同上 卷2, 曇無讖傳.
51) 山崎宏, 前揭書, pp.121~122 ; 兼子秀利,「北魏前期の政治」『東洋史硏究』第19卷
   第1號(1960).

書와 예물을 보냈던 것이다.[52] 북방 5호족의 혼란 이래 각국의 군주는 자기의 세력 확대 및 지배권의 강화를 위해서 신이의 고승에 대한 기대와 함께 불교의 세력을 군주권에 예속시켜 국가적 불교를 만들고자 하였다.[53] 이러한 여러 군주의 요구에 대한 승랑의 태도는 자신은 출가의 몸이고 이미 기력이 허해서 능히 부름에 감당할 수 없다고 사양함으로써[54] 정권의 밖에 서서 교단을 통솔하고 보호하려는 입장을 취하였다.[55] 그러나 그는 불교교단의 위에 군주의 권력이 존재한다는 것을 인정하고, 승랑 자신도 국가를 위해서 노력한다는 태도는 잊지 않았다.[56] 여기서 북방의 僧徒가 弘法에 임했던 자세의 일면을 엿볼 수 있겠다. 북위 태조가 승랑을 자신의 측근에 초치하고자 했던 뜻을 이루지는 못했지만, 새로운 정복지 趙郡으로부터 사문 法果를 얻음으로써 불교를 군주권의 통제 아래 두고자 했던 그의 뜻을 달성하게 되었다. 이에 관해서는 『위서』 권114, 석로지에 아래와 같은 기록이 보이고 있다.

初 皇始中 趙郡有沙門法果 誠行精至 開演法籍 太祖聞其名 詔以禮徵赴 京師 後以爲道人統 緫攝僧徒 每與帝言 多所愜允 供施甚厚

사문 법과는 40세에 사문이 되었으며 猛이라는 자식을 갖고 있었다.[57]

---

52) 『廣弘明集』 卷28, 與朗法師書.
53) 宮川尙志, 前揭書, p.263 참조.
54) 『廣弘明集』 卷28, 與朗法師書.
55) 이에 대한 구체적 연구에 대해서는 宮川尙志, 「晋の太山竺僧朗の事蹟」 『東洋史硏究』 第3卷 第3號(1938) 참조.
56) 『高僧傳』 卷5, 僧朗傳 ; 『廣弘明集』 卷28, 與朗法師書.
57) 『魏書』 卷114, 釋老志에 "法果四十 始爲沙門 有子曰猛"이라 있고, 또 『廣弘明集』 卷2에도 "初果年四十始爲沙門……"이라 있는데 반해서 『大宋僧史略』 中, 僧統條 에는 "法果年十四始出家……"라 하고 있다. 이는 『大宋僧史略』의 기록이 잘못된

태조에게 초빙되기까지는 하등의 경력을 알 수 없지만 태조의 부름을
받아서 京師에 왔을 때는 이미 40세가 넘은 世情에 밝은 승려였던 것이다.
태조는 大同에 도읍을 수립한 이래 법과를 道人統[58]으로 삼아 전국의
승도를 總管하도록 하였다. 태조 때의 북위불교는 적어도 법과를 總帥로
하여 발전하게 되었다는 것을 알 수 있다. 뿐만 아니라 태조가 僧尼의
통제자로 도인통을 두게 되었다는 사실은 불교를 군주권의 통제 아래
두게 된 것이다. 환언하면, 불교가 왕권과 대립, 또는 王者를 被敎化者인
제자로 복종하도록 하는 불교교단은 인정받을 수 없다는 것이다. 또『위서』
석로지에는 아래와 같은 내용도 보이고 있다.

　　天興元年 下詔曰 夫佛法之興 其來遠矣 濟益之功 冥及存沒 神蹤遺軌
　信可依憑 其敕有司 於京城建飾容範 修整官舍 令信向之徒 有所居止 是歲
　始作五級佛圖 耆闍崛山及須彌山殿 加以績飾 別構講堂 禪堂及沙門座 莫
　不嚴具焉

태조는 天興 元年(398)에 조칙을 내려 불교의 공적을 찬양하여 京城에
불상을 건립하고, 官舍를 수리하여 佛徒들의 거처를 마련하도록 하였다.
이로 말미암아 京師에 五級佛圖를 비롯한 須彌山殿이 건립되고, 별도로

것으로 보인다.
58) 沙門 法果가 道人統으로 임명된 年代에 관해서는『大宋僧史略』中, 立僧正條에
　　“後魏皇始中 趙郡沙門法果戒行精至……太祖徵爲沙門統……沙門統之官自法果始
　　也”라 하여 皇始年間(396~397)에 임명된 것으로 기록하고 있으며,『佛祖統紀』
　　卷38에서는 “皇始二年詔趙郡法果爲沙門統 帝生知信佛”이라 하여 皇始 2年說을
　　들고 있다. 이들의 기사가 어디에 근거한 것인지는 알 수 없으나 이에 대한
　　신빙성에는 다소 문제가 있다고 생각된다. 釋老志의 기록 가운데 “後以爲道人統”
　　이라는 것은 태조가 大同에 都邑을 정한 연후에 임명한 것으로 암시하는 듯하다.
　　다만 道人統을 沙門統으로 표기한 것은 北魏 僧官制의 명칭 변화에 의한 것으로
　　이 점에 대해서는 後述하겠다.

講堂, 禪堂 및 沙門座가 마련되었다. 태조의 뜻이 이에 이르고 경사에 초빙된 사문 법과가 도인통에 임명되었다는 것은 새로운 정복지에 유행하던 불교가 이제 북위 정권의 공인을 얻어서 융성의 기반을 확립하게 되었다는 것을 의미한다.

이상에서 태조 도무제와 불교 및 사문과의 관계에 대해서 살펴보았다. 이제는 그가 이러한 對佛態度를 취하게 된 목적과 사문의 태도에 대해서 살펴보기로 한다.

북위가 대동에 도읍을 정한 이후 그들이 정복 통치하던 지역에는 탁발부 이외의 호족이나 한족이 크고 작은 집단을 형성하고 생활하던 곳이다. 이러한 胡·漢의 사이에는 상호의 이해관계나 생활습속이 달라 서로 융합하기란 어려웠던 것이다. 더욱이 한족보다도 오히려 문화수준이 저급한 탁발부가 무력으로써 각 지역의 선주민을 정복하고 통치함에 이르러서는 복잡한 여러 異族集團을 융화하여 북위의 군주권 아래 복종시키지 않으면 안 되었다. 따라서 북위는 건국초기에 胡·漢의 부락을 해산해서 "分土定居"하게 함으로써 추장의 세력을 약화시키고 부족 사이의 대립을 없애는 데 노력하였다.[59] 그러나 이러한 북위 초기의 통일지향적 요구를 성취시키

<hr />

59) 『魏書』 卷113, 官氏志에 "登國初 太祖散諸部落 始同爲編民"이라 있고, 또 『魏書』 卷83, 賀訥傳에 "及太祖討吐突隣部……其後離散諸部 分土定居 不聽遷徙 其君長 大人皆同編戶 訥以元舅 甚見尊重 然無統領 以壽終於家"라 있다. 그런데 谷川道雄, 前揭論文, p.290 이하에서 北魏의 部落解體는 『魏書』 官氏志에 그 실시 연대를 386년경으로 하고 있지만, 이 해는 拓跋珪가 賀蘭部의 후원을 얻어서 代王의 位에 즉위했던 해이고, 初創期의 시기에 이러한 대단한 조치가 취해졌다고 하는 것은 믿기 어렵다. 적어도 北魏의 部落解散은 강적 後燕을 중원으로부터 구축해서 帝國을 創建하는데 이르렀던 396~398년경으로 보는 것이 타당할 것이라 하였다. 宮崎市定, 『九品官人法の研究』(京都, 同朋舍, 1956, 1977 第三版), p.379 ; 河地重造, 「北魏王朝の成立とその性格について－徙民政策の展開から均田制へ－」 『東洋史研究』 第12卷 第5號(1953)에서도 谷川道雄와 같은 이론을 제시하고 있어서 筆者도 이에 따른다.

려는 도상에는 예하의 異族으로부터 일어나는 집단적 반란을 피하기 어려
웠으며, 통치자의 입장에서는 이러한 정세를 염려하지 않을 수 없었다.[60]
따라서 태조는 이에 대응하여 사민정책을 실시하였다. 이 점은 『위서』
권2, 태조기 天興 元年 春正月條에 아래와 같은 기록이 있다.

　　辛酉 車駕發自中山 至于望都堯山 徙山東六州民吏及徒何高麗雜夷三十
　六萬 百工伎巧十萬餘口 以充京師

또 同年 二月條에도

　　詔給內徙新民耕牛 計口受田

이라는 기록이 보이고 있으며, 同年 十二月條에도 아래와 같이 전하고
있다.

　　徙六州二十二郡守宰豪傑吏民二千家于代都

---

60) 『魏書』卷2, 太祖紀 天興元年 春正月條에 "車駕自鄴還中山……帝慮還後山東有變
乃置行臺於中山 詔左丞相守尚書令衛王儀鎭中山 撫軍大將軍略陽公元遵鎭勃海
之合口"라 있어, 太祖가 鄴으로부터 中山에 이르러 山東의 變亂을 염려하여
이에 대비하는 詔勅을 내리고 있음을 말하고 있다. 그러나 이러한 太祖의 反亂
對備策에도 불구하고 同月條에 "車駕次于恒山之陽 博陵勃海章武群盜並起 略陽
公元遵等討平之 廣川太守賀盧殺冀州刺史王輔 驅勒守兵 抄掠陽平頓丘諸郡 遂
南渡河 奔慕容德"이라 있고, 또 同年 三月條에 "離石胡帥呼延鐵 西河胡帥将崇等
聚黨數千人叛 詔安遠將軍庾岳討平之 漁陽群盜庫傉官韜聚衆反 詔中堅將軍伊謂
討之"라 있으며, 同年 七月條에도 "遷都平城 始營宮室 建宗廟 立社稷 漁陽烏丸庫
傉官韜復聚黨爲寇 詔冠軍將軍王建討平之"라 있음은 太祖의 建國初에 異族의
反亂이 계속 惹起되고 있었음을 알 수 있다.

위 인용문 가운데 천흥 원년(398) 정월조의 사민정책은 태조가 항상 반란을 염려했던 山東六州의 민을 탁발부의 본거지인 盛樂으로 옮긴 것이고, 同年 十二月條의 내용은 역시 山東六州의 민을 新都 大同에 移居하게 하였다는 것이다. 그리고 이들 이주민에 대해서는 計口受田의 조치가 취해지고 경작에 필요한 소(牛)도 지급되었다. 이는 피정복민에 대한 일종의 강제적 조치로서 새로운 정복지에 반란을 방지하고 수도 방면에 호구의 충실을 기하고자 함에 기인한 것으로 보아야 하겠다.[61] 한편 정치적, 경제적 필요에 의해서 중원의 내지로 강제 遷徙당한 민족들은 군현의 編戶로 편성되어 공동생활을 통하여 여러 민족 사이의 융화가 촉진되었던 것으로 생각된다.[62] 그런데 멀리 고향을 떠나 강제 이주당한 피정복민의 정신적 안정을 도모하기 위해서는 초민족적 종교였던 불교를 이용하는 것도 자못 중요한 정책의 하나였다고 생각된다. 즉, 胡·漢의 크고 작은 단체를 북위 왕조에 心服하게 하고 상호간의 대립적 감정을 해소하여 북위 군주의 臣民으로 안정시키고자 했던 것은 당시의 사정으로 보아 유효한 정책이었을 것이다. 따라서 태조는 새로운 도읍지에 사탑을 건립해서 사민 내지는 지역민을 무마하고자 했던 것이다.

다음으로 태조가 수립했던 對佛政策의 중요한 목적의 하나는 불교도의 離反을 방지하고자 함에 있었던 것이다. 태조가 북위를 건국한 초기에

---

61) 谷川道雄, 前揭論文, p.214에서 徙民政策은 종래 國家直營에 의한 奴隷制度, 小作制度로서 이해하여 왔지만 이는 잘못된 견해라고 지적하면서, 그 궁극적 목표는 당시 政治的 分裂의 局面을 打開하기 위해서 敵對勢力의 파괴 및 거기에 內包된 政治·經濟·文化的 힘을 이용하고 支配하고자 하는 强制의 조치라고 말하고 있다. 그리고 塚本善隆도 『支那佛敎史硏究』, p.73에서 太祖의 徙民政策은 文化力·經濟力이 높은 지역에 살던 한 集團이 北魏의 新都 近處에 옮겨진 것으로써 이는 北魏初期의 文化指導에 있어서 主流를 형성하게 되었다고 지적하고 있다.

62) 歐陽熙,「略論魏晉南北朝時期的民族融合」『魏晉南北朝隋唐史』1986-2(北京, 中國人民大學書報資料社, 復印報刊資料).

피정복민의 반란이 계속해서 일어났다고 하는 것은 앞서 논술한 바이지만, 이는 새로운 정복지의 주민이 아직도 북위의 정권하에 心服하지 않았다는 사실을 증명하는 것이다.[63] 뿐만 아니라 이러한 반란집단 가운데는 불교교단이 이에 가담했던 사실도 간과할 수 없다. 대표적인 불교교단의 반란으로는 『위서』 권2, 태조기 天興五年條에 다음과 같은 기록이 있다.

> 二月 沙門張翹自號無上王 與丁零鮮于次保聚黨常山之行唐 夏四月 太守樓伏連討斬之

이는 북위가 대동에 도읍한 이래 사문 張翹가 丁零의 鮮于次保와 더불어 반란을 일으켰다는 것이다. 丁零은 太行山脈의 좌우, 즉 河北, 山西 지방에 머무른 터키계통의 종족으로서 북위의 정벌을 맞아 피정복민으로 전락되어 북위에 대해서 원한을 가지고 반란을 일으키기 쉬웠던 부족이었다. 이를 『위서』 권26, 張孫肥傳에 아래와 같이 전하고 있다.

> 時中山太守仇儒不樂內徙 亡匿趙郡 推群盜趙准爲主 妄造妖言云 燕東傾趙當續 欲知其名 准水不足 准喜而從之 自號使持節征西大將軍靑冀二州牧鉅鹿公 儒爲長史 聚黨二千餘人 據關城 連引丁零 殺害長史 扇動常山鉅鹿廣平諸郡 遣肥率三千騎討之 破准於九門 斬仇儒 生擒准

태조의 내사정책에 불만을 가진 仇儒가 群盜 趙准을 선동해서 반란을 일으키고 丁零을 끌어들여 常山을 비롯한 여러 郡을 황폐하게 했다는 것이다. 이렇게 볼 때 天興 5년의 반란은 사문 장교가 북위에 불만을 가진

---

63) 谷川道雄, 前揭論文, pp.217~218에 의하면 北魏의 군주가 隷下의 인민에게 異民族 王朝로서의 特質을 그런대로 강하게 나타낼 수 있었던 것은 北魏의 統一이 완성되는 太武帝에 이르러서였다고 한다.

정령을 이용해서 일으킨 것인지 아니면 鮮于次保가 中山地方에서 많은
신도를 거느린 한 사문을 이용해서 난을 일으킨 것인지는 명확하지 않다.
사문 장교의 반란은 同年 4월에 樓伏連이 이끄는 관군에 의해서 진압되었
지만, 사문이 首領에 추대되고 그 아래에 많은 신도가 집합해서 반란으로까
지 확대되었다고 하는 것은 이 지방의 민간사회에 있어서 불교가 상당한
세력을 가지고 보급되었다는 것을 알 수 있다. 유력한 사문이 수십 내지는
수백의 문하와 신도를 거느린 유력한 집단이라는 것은 이미 불도징이나
태산의 승랑의 경우에서 지적한 바이지만, 쓰法雅[64]나 조군의 사문 법과에
게도 상당한 문하와 신도가 추종했을 것으로 보인다.

　一國의 통치자 입장에서 볼 때 한 사문을 얻는다고 하는 것은 그 지역의
유력한 집단을 얻는 것이고, 역으로 이를 배반한다고 하는 것은 한 집단을
잃는 것이라 하겠다. 그러므로 통치자는 현재 집단화되어 있고 또한 집단을
형성하기 쉬운 僧徒에 대해서 세심한 정치적 고려를 하지 않으면 안 되었
다. 동진 이래 5호의 攻伐이 계속되는 시기에 대외적 정벌에 즈음해서
영험을 제공할 인물을 얻고, 그로 인해서 새로운 정복지를 얻는다고 하는
것은 군주에게 있어서는 무엇과도 바꿀 수 없는 소중한 가치였다고 하겠다.
그래서 북위의 태조가 태산의 사문 승랑에게 供施를 보내고, 중산의 親征에
즈음해서 그 군대에게 명하여 佛寺에 범법을 금하고, 大同의 定都에 이르
러서는 사원을 건립하여 佛徒를 이곳에 거주하게 하였다. 이는 바로 불교도
의 離反을 막고자 했던 종교를 통한 회유정책이었다고 생각된다. 그리고
태조가 사문 법과를 측근에 불러 도인통으로 임명하여 전국의 승도를
總管하게 하였던 것은 전국의 僧徒를 보다 조직적으로 통치함으로써 그들

---

64)『高僧傳』卷4, 쓰法雅傳에 "後立寺於高邑 僧衆百餘訓誘無懈"라 있으며, 高邑은
　太祖의 親征地이다.

의 離反을 방지하고 이들을 신흥국가에 포섭하고자 했던 것이다. 환언하면
태조의 對佛政策은 종교를 이용하여 보다 효과적으로 정복지를 통치하려
했던 그의 정치적 계략에서 시행된 것이라 하겠다. 이렇게 볼 때 북위
태조와 불교와의 관계는 불교의 숭고한 신앙심에 입각하여 불교를 方外의
종교로 인정하고 포교와 수도의 자유를 허락한 것은 아니다. 앞서 인용한
석로지의 기사 "帝好黃老 頗覽佛經"이라는 데 대해서는 이미 불교사가들
이 이를 믿기 어려운 사실로 보고 있기 때문에[65] 그가 불교에 대해서
깊은 지식을 가진 신자의 한 사람으로 보기는 어렵다. 때문에 태조의 불교
에 대한 관심은 정권의 전제적 성격에 수반된 군주권의 강화 내지는 중앙집
권적인 통일정책을 수행하기 위해서 불교를 군주권에 예속시켜서 이를
이용하고자 함에 있었다.[66] 불교사가 橫超慧日은 중국에서 불교가 국가적

---

65) 塚本善隆, 『支那佛教史研究』, p.69에서 太祖가 佛經을 解讀할 정도의 知識을
   갖추었다고 보기는 어렵다고 의문을 표시하면서 이는 佛教가 拓跋部의 有力者
   사이에 侵潤했다는 사실과 太祖가 佛教를 다소 알고 있었다는 것을 의미하는
   것이라고 보고 있다. 橫超慧日, 『中國佛教의 研究』, pp.278~279에서도 정복자의
   北魏朝廷은 佛教의 敎理를 이해할 정도의 敎養을 갖추지 않았다고 지적하였다.
66) 鎌田茂雄, 「中國佛教의 展開와 東アジア佛教圈의 成立」 『世界歷史 6』(東京, 岩波書
   店, 1971), p.143에서 北魏胡族國家가 佛教를 보호한 것은 佛教를 國家的 目的에
   利用하고자 함에 있으며, 그 機緣은 高僧을 政治에 참여하게 함에 있다고 지적하였
   다. 이 점에 대해서는 筆者도 同意하는 바이다. 그러나 그 目的의 구체적 내용에
   있어서 우선 胡族은 傳統的 儒教를 固有思想으로 하지 않았기 때문에 異國의
   종교인 佛教를 쉽게 수용한 것이고, 이를 採用한 것은 漢族에 대항하려는 자세를
   취하기 위함이었다고 한다. 이는 塚本善隆, 『支那佛教史研究』, p.80에서 北魏는
   중앙에 있어서 儒學者 양성을 위한 太學의 制가 大同 定都 이래 설치되었다고
   하는 견해와, 宮川尙志, 前揭書, p.261에서 華北의 君主가 儒教에 있어서든 佛教
   에 있어서든 그들의 支配權强化와 維持에 好適하다고 인정되면 아낌없이 보호하고
   장려했지만 여기에 대한 태도는 꽤 자의적이었다고 하는 見解와는 다소 相反되는
   듯하다. 筆者는 鎌田茂雄의 說에 共感할 만한 기본적 史料를 接한 바 없어 이
   점에 대해서는 다소 의문을 표시하는 바이다.

성격을 띠게 된 근거의 하나는 문화의 중심이 지배계급에 있다고 하는 역사적 사정에서 유래한다는 원리를 제시하면서 "불교가 국가의 목적하는 바에 공헌하지 않을 때 국가권력의 탄압이 불가피한 것이고, 북위 태무제의 폐불은 이를 실증하는 것이다"[67]고 함으로써 북위불교가 군주권에 예속되고 국가의 이해관계에 의해서 좌우된다고 하는 사실을 대변해 주고 있다. 이렇게 볼 때 북위의 불교는 불교중심주의가 아닌 국가중심주의, 敎主王從이 아닌 王主敎從의 입장을 취함으로써 왕법과 불법의 대립이라기보다는 어디까지나 불교를 국가에 봉사시킨다고 하는 것이었다. 지금까지 북위 건국기에 국가적 차원에 입각해서 통치자와 불교와의 관계를 살펴보았다. 이제 이를 불교의 입장에서 살펴봄으로써 북위불교의 성격을 보다 명확하게 규명해 보기로 한다.

불교가 중국에 전래되어 중국인의 종교로서 수용되고 중국의 역사와 사회에 대하여 커다란 역할을 수행하기 위해서는 당시 정치적 지배자와 결합되지 않으면 안 되었다. 즉 새로운 종교가 정치권력의 간섭이 많은 땅에 전래되었을 때 지배자의 보호와 신뢰를 얻고서야 造像, 造寺 등 실제적 포교의 편의를 얻을 수 있고, 그 지위의 안전이 보장될 수 있었다. 영가의 난 이래 서진의 멸망이라고 하는 중대한 역사적 사실을 5호의 침입이라고 하는 하나의 사건으로 귀결시켜 버릴 수는 없다.[68] 그러나 이를 계기로 화북 개발의 주인공이었던 한족의 지위는 완전히 전락되고 異族에 의한 정치, 사회적 혼란은 극도에 달했다. 그래서 살육과 포로에

---

67) 橫超慧日, 前揭書, pp.326~327.
68) 塚本善隆, 『中國佛敎通史』, pp.249~250에 의할 것 같으면 五胡의 반란은 永嘉의 亂이라는 표면적 사건에 불과한 것이며, 보다 중요한 원인은 정권쟁탈에 시종했던 지배계층에 대한 백성의 불신과 민중의식의 이반이라고 하는 心的 作用에 기인한 것이라 했다. 아울러 이러한 심적 작용은 군주된 자가 만민의 생활을 보증할 의무가 있다는 중국인의 君主觀에서 나온 것이라 하였다.

견디다 못한 한인들은 향리의 首領에 인솔되어 남하하였기 때문에[69] 중화
지상주의사상이나 한족의 유교주의적 전통문화를 유지하려는 의식은 날
로 소멸되고 사회의 조화는 파멸되었다. 이러한 사정은 당시 불교계에
있어서도 예외일 수는 없었다. 중원에서 활동했던 승려는 亂世를 피해서
南渡하고,[70] 佛典은 戰火 가운데 散佚되었으므로[71] 중국사회에 유포되어
가던 불교는 일대 위기에 직면하게 되었던 것이다. 그러나 이러한 사회적
혼란의 시기는 오히려 불교의 포교에 있어서 전화위복의 好機도 될 수
있었다.[72] 약탈과 학살의 비운에 처해 있던 당시의 인민은 지배자에 대한
불신의 관념과 더불어 현실을 부정하고 아름다움을 추구한 나머지 가상의
세계를 동경하게 되었다. 이러한 관념은 결국 내세의 존재와 안락을 믿는
강한 신앙심과 직결될 수 있었던 것이다. 불교가 중국에 전래된 초기에는
노장사상으로서 불교의 교의를 해석하려는 이른바 格義佛敎가 나타나게
되었던 것은 주지의 사실이지만, 이는 고도의 학문적, 철학적 소양을 갖춘
지식인, 玄學의 명사라고 하는 특권계급에 한정되었던 것이었다. 계급의
한계를 느끼지 않고 불교가 널리 수용될 수 있었던 것은 신이승에 의한
영험, 기적이나 선악의 業에 의한 과거, 현재, 미래에 걸친 인과응보 및
윤회전생의 사상이었다. 서진 말 이민족에게 유린되었던 화북지역에는
외래문화라 할지라도 차별 없이 수용하려는 사회적 경향이 현저했기 때문
에 윤회전생에 의한 불교의 대중화는 바로 이러한 시대상과 합치해서

---

69)『晋書』卷65, 王導傳에 "俄而洛京傾覆 中州士女避亂江左者十六七 導勸帝收其賢
  人君子 與之圖事"라는 기록이 있음으로 보아 여하히 많은 한인이 南渡했던가
  상상할 수 있으며, 그 구체적 논증에 대해서는 塚本善隆,『中國佛敎通史』, p.318
  참조.
70)『高僧傳』卷1, 帛尸梨蜜多羅傳 ; 同書 卷4, 朱士行傳 ; 同書 卷4, 竺道潛傳.
71) 同上書 卷1, 維祗難傳 ; 同書 卷1, 帛遠(法祖)傳.
72) 塚本善隆,『中國佛敎通史(1)』, p.247.

이 시대 인민들의 정신적 욕구를 만족시켰던 것으로 생각된다. 또한 당시 사회의 불안과 동요에 동반해서 호족 국가의 통치자들은 그들의 정치적 목적을 수행하기 위해서 사문을 招致하였다. 북위의 태조 도무제와 사문 법과와의 인연은 바로 이러한 관계를 말해주는 것이다. 사문은 이러한 기회를 포착해서 군주권과 결탁함으로써 불교발전의 기반을 확립할 수 있었던 것이다. 즉 남조불교가 淸談思想에 젖어 있는 귀족의 玄學的 취미에 相應하면서 군주권의 통제에서 벗어나 沙門不敬王者의 입장을 지닌 귀족불교의 색채를 갖춘 데 비해서, 북위불교는 군주권과 긴밀한 유대관계를 가지고 군주를 현세의 如來(佛陀)로 숭배하는 국가적 색채를 강하게 갖추었다. 이를테면『위서』권114, 석로지에 다음과 같은 기록이 보이고 있다.

　　初 法果每言 太祖明叡好道 卽是當今如來 沙門宜應盡禮 遂常致拜 謂人曰 能鴻道者人主也 我非拜天子 乃是禮佛耳

　사문 법과가 취한 태도는 佛道를 넓히는 자를 어디까지나 군주라고 하였다. 다시 말해서 불교의 존망이 군주에 의해서 좌우된다는 것을 암시하면서 군주가 如來와 동격이기에 자신은 군주를 佛陀로 禮敬한다고 해서 자기 입장의 어려움을 변명한 것이다. 이러한 태도는 법과에 있어서만은 아니고 법과와 같은 시대의 사문 도안에게서도 엿볼 수 있다. 후조 석호가 죽고 난 후 유랑생활을 하게 되었던 도안은 이제 혼란의 시기에 직면해서 國主(군주)에 依附하지 않고는 佛法을 세우기 어렵다고 말함으로써[73] 법과와 일치하는 경향을 보여주고 있다.

---

73)『高僧傳』卷5(『大正藏』第50卷), 道安傳, p.352a, "今遭凶年 不依國主 則法事難立".

이상에서 적어도 북위 태조시대의 불교는 군주와 사문의 상관관계 의해
서 융성의 기반이 확립되었던 것이다. 그렇지만 불교는 어디까지나 군주의
지배권에 복종한다는 호국적인 입장을 취하지 않을 수 없었다.

3) 明元帝의 統一政策과 佛敎

북위의 태종 명원제는 화북의 통일과 왕조의 기반을 다지기 위해서
태조의 정책을 계승하였다. 그는 北涼, 北燕, 蠕蠕 등 호족 諸國과 대외적
투쟁을 계속하면서 遼東, 河東, 汝南 등 여러 지역으로부터 內屬의 민이나
內降者를 받아들여[74] 통일의 열기를 더 하였다. 뿐만 아니라 새로운 정복지
에 대한 사민정책은 물론 計口受田의 무마정책을 실시하여 이들을 북위의
臣民으로서 군주권에 예속시키려는 國初의 계획을 추진하였다.[75] 결국
이러한 정책은 태조의 북위 건국 이래의 방침이고 태종도 이러한 정책을
계승한 것이며, 태무제에 이르러서는 마침내 통일국가로서의 완성을 이룩
하는 것이다. 그러나 태종에 이르러서는 아직 통일이 달성되지 못한 胡·漢
雜居의 상황이었기 때문에 여러 지역에서 반란이 계속되고 있었다.[76] 이러
한 상황 아래 태종은 前代에 실시되어 오던 종교정책을 계승해서 초기의
통일정책을 수행하고자 함은 당연한 계책의 하나였을 것이다. 『위서』권
114, 석로지에 아래의 기록이 보이고 있다.

---

74) 『魏書』卷3, 太宗本紀 永興三年 春二月條 ; 同, 泰常二年 春二月條.
75) 徙民政策 및 徙民에 대한 計口受田 정책에 관한 내용은 『魏書』卷3, 太宗本紀
　　永興五年 秋七月條 ; 同 八月條에 전하고 있으며, 백성의 疾苦를 염려한 民의
　　안정책에 관한 내용은 同紀 永興三年 春二月條 ; 同 天賜六年 閏十月 ; 同 泰興二
　　年 春二月條에 보이고 있다.
76) 『魏書』卷3, 太宗本紀, 各地 反亂의 性格 규명에 관해서는 船木勝馬, 「北魏太宗朝的
　　諸叛亂」『魏晋南北朝隋唐史』1987-7(北京, 中國人民大學書報資料社, 復印報刊
　　資料) 참조.

太宗踐位 遵太祖之業 亦好黃老 又崇佛法 京邑四方 建立圖像 仍令沙門
敷導民俗

　태종은 태조의 業을 계승하여 통일의 대업을 달성하고자 할 때 역시
불교에 대한 관심을 소홀히 할 수 없었음을 보여 주고 있다. 따라서 태종은
이제 사원의 건립 규모를 확대해서 京邑 사방의 중요한 통치 지역에 사원을
건립하게 함과 동시에 사문에게는 民俗敷導라고 하는 막중한 임무를 부과
하게 되었던 것이다. 특히 "仍令沙門敷導民俗"이라는 기사는 민생의 安堵
에 불교의 교화력을 이용하고자 했던 그의 심정과 정책을 엿볼 수 있다.
그리고 태종이 불교를 가지고 민속을 敷導하는 정책의 한 수단으로 이용하
려 했다는 것은 태조의 對佛政策으로 말미암아 불교가 얼마나 빠른 속도로
민간에 침투되어 갔던가를 짐작할 수 있게 한다. 일찍이 북방 5호의 민은
미개의 지역에서 벗어나지 못하고 고도의 자기 문명을 가지고 있지 못했기
때문에 불교에 쉽게 귀의할 수 있었다.77) 더욱이 서진 말 이래 민생은
凋蔽해서 변화를 측량하기 어려운 시기였기에 應報思想 및 方術的 신이에
크게 감화되어 佛門에 귀의한 것이다.78)

　그런데 태종에 이르러서도 태조 때 도인통으로 임명되어 사문의 總帥가
되었던 법과가 帝의 측근에서 對佛政策의 수행에 크게 공헌하였다는 것은
『위서』 권114, 석로지의 아래와 같은 기록을 통해서 알 수 있다.

---

77) 宮川尙志, 前揭書, p.260.
78) 湯用彤, 前揭書, p.190 ; 道端良秀,『中國佛敎思想の硏究』(京都, 平樂寺書店, 1979),
　　p.33 以下에서 佛敎의 수용방법은 地理的 關係, 職業, 知識의 多寡에 따라서
　　다르지만 佛敎哲學으로서의 수용은 어려운 것이고, 現實的인 행복 추구라고
　　하는 점으로 佛敎를 요구할 때 불교 본래의 가르침보다는 自身의 욕망을 만족시키
　　는 부분만을 섭취하는 것이고 그것이 바로 불교의 因果應報라고 지적하고 있다.

至太宗 彌加崇敬 永興中 前後授以輔國宜城子忠信侯安成公之號 皆固辭
帝常親幸其居 以門小狹 不容興輦 更廣大之 年八十餘 泰常中卒 未殯 帝三
臨其喪 追贈老壽將軍趙胡靈公……法果四十 始爲沙門 有子曰猛 詔令襲
果所加爵 帝後幸廣宗 有沙門曇證 年且百歲 邀見於路 奉致果物 帝敬其年
老志力不衰 亦加以老壽將軍號

태종은 永興年間(409~413)에 사문 법과에게 輔國, 宜城子, 忠信侯, 安成
公의 칭호를 주었지만 법과가 거듭 사양했다. 또한 태종은 법과의 거처에
親幸하여 興輦의 통행이 불편한 출입문을 改修하도록 하였다. 그리고
泰常年間(416~424)에 그의 죽음에 당해서는 친히 喪에 임하여 老壽將軍의
칭호를 追贈하였으며, 법과의 아들 猛으로 하여금 법과의 작위를 세습하게
하였다. 태종은 법과에게 당시 사문으로서는 최고의 칭호를 賜與하였다.
이러한 사실을 통해서 법과의 民俗敷導 활동을 유추할 수 있고, 태조이래
북위불교계 總帥로서의 역할을 성실히 이행하였다는 것을 알 수 있다.
한편 태종이 법과를 사문의 총수로 삼고 그들에게 民俗敷導의 임무를
부과시켰다고 하는 것은 불교의 입장에서 볼 때 사문은 최고의 통치자로부
터 爲國行道의 임무를 위촉받음과 동시에 그 지위의 안전을 보증 받아서
적극적인 포교활동의 기회를 얻게 되었다는 것이다.
  사문이 그 활동의 편의를 얻어서 중앙이나 지방에서 국가적 교화에
참여하게 되었다는 것은 북위 僧官制의 발달과 官寺의 발달을 촉진시켰던
것으로 보인다. 官寺는 국가의 중앙집권정책이나 지방 백성의 교화를
담당하는 정치기구의 분담소 역할을 하였을 뿐만 아니라 지방문화의 중심
지로서[79] 그 규모와 활동이 대단하였으리라 본다. 唐 道宣의 『續高僧傳』을
통하여 북위의 사원 수 및 造寺의 내용을 볼 것 같으면 國家大寺 47,

---

79) 塚本善隆, 『支那佛敎史硏究』, p.80 참조.

王公造寺 849, 百姓造寺 30,000으로 기록되어 있다. 전체 사원수에 비해서 국가에서 건립한 사원은 수적으로는 아주 미미한 상황이라고 볼 수 있지만 大寺라는 기록으로 보면 그 규모는 아주 장려했음을 알 수 있다. 그리고 王公造寺도 그 건립의 동기는 호족군주의 전제체제 아래에서 수립된 對佛政策에 호응해서 일어난 것으로 생각되며, 그 성격상 官寺와 대별하기 힘들 것 같다. 또 북위에 있어서 교단조직은 주로 사원건립을 機緣으로 해서 성립되었으며,80) 백성의 사원건립도 사문의 교화를 통해서 국가정책에 호응하기 위한 교단조직 및 造寺가 성행하였으리라고 본다. 위의 寺院數는 북위 말기의 것이지만 북위 사원의 수적 규모가 이에 달하고 있음은 적어도 북위불교가 국가정책에 동반된 국가불교로서 발달하게 되었다는 성격상의 문제가 가장 중요한 이유의 하나였다고 생각된다. 이는 태조, 태종의 통일정책과 아울러 왕조 창건의 기반을 다지는 과정에서 유래된 것이라고 보아야할 것이다. 승관제에 있어서도 僧徒가 국가의 교화 사업을 분담해서 활동하고 중앙에 도인통81)이라는 최고의 승관이 두어졌다. 중앙에 도인통이 설치된 이래 都維那를 두고 지방의 州, 鎭, 郡에 維那, 上坐를 두어 전국의 僧徒를 감독하게 된 것은 북위 중기에 이르러 나타나고 있으나 그 시초를 판명하기는 어렵다.82) 하지만 이미 태조 때에 도인통이 설치되었다는 점으로 보아 僧徒統制의 필요성에 따라 승관의 설치는 점진적으로 개설, 발전되어 갔을 것으로 생각된다. 그런데 승관 설치가 목적하는 바는 전국의 僧徒를 일관된 체제 아래 둠으로써 불교가 군주권의 지배 하에서

---

80) 道端良秀, 『中國佛敎史』, p.83.

81) 『魏書』 卷114, 釋老志에 "和平初 師賢卒 曇曜代之 更名沙門統"이라 하여 道人統은 高宗 文成帝의 和平年間(460~465)에 沙門統으로 改稱됨을 알겠다.

82) 『魏書』 釋老志의 記事를 通해서 볼 때 僧官에 관한 기록은 孝文帝 이래 散見할 수 있으나 그 始初를 밝히기에는 未洽하다.

벗어날 수 없도록 하고, 또 국가의 정치적 목적을 수행하기 위해서 僧徒를
이용하고자 함에 있었다고 볼 것이다. 물론 불교 자체의 융성과 발전을
위해서 승관제를 필요로 하고 승관이 이에 공헌한 바를 무시할 수는 없다고
할지라도 이러한 필요성 이전에 이미 그 성립의 목적은 국가적 차원에서
군주로부터 나왔던 것으로 보인다. 태종에 이르러 민속교화의 막중한 임무
를 부여받은 僧徒는 國都나 촌락에서 민중교화의 지도자로서 포교에 노력
하였을 것이다. 이러한 僧徒의 노력에 의해서 불교교단의 조직도 나타났으
며, 그 성격이나 사업도 다양하였지만[83] 이를 통한 서민들의 불교신앙은
크게 증대되었을 것이다. 태종의 통일정책에 동반된 불교의 대중화는 이후
현실생활과 결부된 비신앙적, 현실도피적 경향을 띤 眞僞混淆의 불교
폐해도 출현하여 敎化僧에 대한 통제도 나타났다.[84] 그러나 불교를 통한
서민의 교화는 부족이나 종족의 대립을 타파하고 또 북위 군주권의 통치
아래 북위의 화북 통일을 이룩하는데 공헌하였으리라 생각된다.

　이상에서 태종은 태조 이래의 통일정책을 수행하기 위해서 노력하였고,
그 방편의 하나로써 민속교화를 위한 對佛政策을 소홀히 하지 않았음을
보았다. 이러한 정책은 세조 태무제의 시대에 이르러서도 계속되었으리라
고 생각된다. 이제 절을 바꾸어 태무제의 불교정책에 관해서 살펴보기로
하겠다. 그런데 세조 태무제 때 중국불교사상 최초의 폐불사건이 일어났기
때문에 그의 對佛政策은 전기의 불교보호정책과 후기의 탄압정책이라고
하는 두 가지 측면에서 고찰해 볼 것이다.

---

83) 塚本善隆,『支那佛敎史硏究』, p.83 참조.
84) 敎化僧에 대한 통제는『魏書』卷114, 釋老志에 의하면 孝文帝 延興 二年에 "詔曰
　　比丘不在寺舍 遊涉村落 交通姦猾 經歷年歲……若爲三寶巡民敎化者 在外齎州鎭
　　維那文移 在臺者齎都維那等印牒 然後聽行 違者加罪"라 하여 巡民敎化者에 대한
　　官許制가 실시되었다. 僧尼에 대한 統制가 비록 孝文帝에 이르러 나타나긴 하지만
　　그 원인은 이미 太祖, 太宗時代의 對佛政策에서 찾아야 할 것 같다.

3. 太武帝의 華北統一과 佛敎

1) 初期의 對佛政策

북위의 道武帝, 明元帝는 5호 諸國에 의한 분립항쟁의 시대를 결산하고 화북 전역에 걸친 통일제국의 수립을 실현하려는 정책을 추진하여 왔다. 이러한 정책은 태무제에 이르러 陝西의 夏(431), 遼東의 北燕을 정벌하고 (436) 계속해서 甘肅의 北涼을 멸함으로써(439) 그 뜻을 달성하게 되었다. 이러한 태무제의 화북 통일은 그가 영민하고 과단성 있는 군주의 한 사람으로서 前代의 통일정책을 계승한 결과였다고 볼 수 있다. 『魏書』卷4, 世祖紀에 다음과 같은 기록이 있다.

　　天賜五年生於東宮 體貌瓖異 太祖奇而悅之 曰 成吾業者 必此子也 泰常七年四月 封泰平王 五月 爲監國 太宗有疾 命帝總攝百揆

즉 태무제가 天賜 5年(408)에 東宮에서 태어났을 때 그의 瑰異한 體貌를 본 태조가 기뻐한 나머지 자기가 뜻을 가졌던 통일의 대업을 달성할 인물이라 하였다. 이는 태조의 입장에서 후손에 대한 기대감이었다고 생각할수도 있다. 그러나 『위서』 同紀에는 태무제의 업적을 아래와 같이 기술하고 있다.

　　史臣曰 世祖聰明雄斷 威靈傑立 藉二世之資 奮征伐之氣 遂戎軒四出 周旋險夷 掃統萬……北蠕削跡 廓定四表 混一戎華 其爲功也大矣

태무제의 화북통일은 그의 聰明, 雄斷한 자질과 威靈에 기인함이 자못 크다고 하였다. 태무제는 泰常 7年(422)에 監國에 임하여 百事를 총괄하다

가 다음해(423) 11월에 帝位에 올랐는데,[85] 그때 나이는 16세였다.[86] 젊은
천자 태무제가 즉위할 당시 북위의 내외적 사정은 前代에 계속해서 대외적
으로는 蠕蠕, 丁零, 赫連昌 등과 대립하면서 침략전쟁이 계속되고 있었
다.[87] 또 내부적으로도 아직 민심이 안정되지 못하고 반란과 무질서가
계속되고 있었다. 이를『위서』권4, 세조기 神䴥 二年 二月條에 아래와
같이 전한다.

> 上黨李禹聚衆殺太守 自稱無上王 署置將帥 河內守將擊破之 禹亡走入山
> 爲人執送 斬之

또 同 太延 元年 十二月條에도 아래의 기록이 보이고 있다.

> 詔曰……自今以後 亡匿避難 羈旅他鄕 皆當歸還舊居 不問前罪 民相殺
> 害 牧守依法平決 不聽私輒報復 敢有報者 誅及宗族 隣伍相助 與同罪

이러한 내외 정세 가운데 군림한 태무제는 우선 5호의 禍亂을 평정하여
화북통일을 이룩하고자 하는 것이 정책의 궁극적 목적이었다. 이와 같은
내용이『위서』권114, 석로지에 다음과 같이 전하고 있다.

---

85)『魏書』卷4, 世祖紀, p.69, "聰明大度 意豁如也 八年十一月壬申 卽皇帝位".
86) 常盤大定,『(支那に於ける)佛敎と儒敎道敎』(東京, 東洋文庫, 1930, 1966 再版),
    p.579에서 太武帝가 8세에 즉위했다고 하고, 또 登位 2년 후인 始光 2년(425)에
    太武帝가 겨우 9세의 나이로 寇謙之를 天師로 삼았다고 하는 것은『魏』世祖紀
    의 내용과 다른 것 같다. 이는 아마도 太武帝의 즉위년인 泰常 8년을 연령으로
    계산한 것이 아닌가 생각된다. 그런데 이후 太武帝가 초기에 불교를 좋아하다가
    道敎로 전향하게 된 이유의 하나로 그의 나이가 幼少했다는 점을 지적한 것은
    연령의 착오에 기인한 것으로 보인다.
87)『魏書』卷4, 世祖紀 始光元年 秋七月條 ; 同 二年 春正月條 ; 同 二年 十月條 ; 同
    三年 春正月條 ; 同 三年 十月條 ; 同書 卷103, 蠕蠕傳.

世祖卽位 富於春秋 旣而銳志武功 每以平定禍亂爲先

그는 사방의 정복을 통해서 통일의 대업을 달성하려 했던 武君의 한 사람이었다. 실제 그가 民力을 총동원하여 대외적 정벌에 전력을 경주하며 고심했던 사실을 『위서』권4, 세조기 延和 三年 二月條의 기록에 보이고 있다.

詔曰 朕承統之始 群凶縱逸 四方未賓 所在逆僭 蠕蠕陸梁於漠北 鐵弗肆虐於三秦 是以旰食忘寢 抵掌扼腕 期在掃淸逋殘 寧濟萬宇 故頻年屢征 有事西北 運輸之役 百姓勤勞 廢失農業 遭離水旱 致使生民貧富不均 未得家給人足 或有寒窮不能自贍者 朕甚愍焉

그런데 태무제는 그가 지향하는 정치적 목적을 달성하기 위해서는 國法과 軍法의 엄중함을 강조함으로써 武斷專制政治의 기반을 확립하고자 하였다. 『위서』세조기 神麚 三年 五月 詔勅에 아래의 기록이 보인다.

夫士之爲行 在家必孝 處朝必忠 然後身榮於時 名揚後世矣 近遣尙書封鐵翦除亡命 其所部將士有盡忠竭節以殞軀命者 今皆追贈爵號 或有蹈鋒履難以自效者 以功次進位 或有故違軍法私離幢校者 以軍法行戮 夫有功蒙賞 有罪受誅 國之常典 不可暫廢 自今以後 不善者可以自改 其宣勅內外 咸使聞知

태무제는 통일의 중추적 역할을 담당해야 할 軍部에 대해서 忠節을 다할 것을 勅命하였다. 이를테면, 고의로 군법을 위반하고 사사로이 군대를 떠나 이반하는 자는 죽음을 면할 수 없으며, 유공자를 포상하고 有罪者를 誅滅함은 엄연히 국법에 의한 것이라고 선언하였다. 당시 국법이라고

하는 것은 바로 군주의 명령이었다.[88] 그러므로 태무제의 선언은 무단적
전제권력을 내외에 천명함으로써 통일의 대열에서 이탈하는 세력을 방지
하고자 했던 것이다. 또한 同紀에는 아래와 같은 기록도 보인다.

> 性又知人 拔士於卒伍之中 惟其才效所長 不論本末 兼甚嚴斷 明於刑賞
> 功者賞不遺賊 罪者刑不避親 雖寵愛之 終不虧法 常曰 法者 朕與天下共之
> 何敢輕也 故大臣犯法 無所寬假

그의 통일정책에 위배되는 행위는 지위 고하를 막론하고 관용을 허락하
지 않는다는 것이다. 뿐만 아니라 그가 총애하는 인물이란 정책수행의
동반자라야 하며, 拔士의 기준은 재능에 근거하고, 친족이라 할지라도
죄지은 자는 벌을 면할 수 없다고 하였다. 이러한 사실에서 통일을 위한
그의 의지를 가히 짐작할 수 있다. 이러한 통치방식에 의거해서 실시된
구체적 정책을 『위서』세조기 延和 元年 九月條에서는 "車駕西還 徙營丘
成周遼東樂浪帶方玄菟六郡民三萬家于幽州 開倉以賑之"라 하였고, 연화
3년 春正月條에 "金當川反 楊難當克漢中 送雍州流民七千家于長安"이라
는 기록이 보인다. 이는 북위의 대외적 정복과정에서 예하의 異族으로부터
일어나는 집단적 반란에 대비하여 실시했던 사민정책으로써, 그 대상이
되었던 것은 적대세력 가운데 더욱 敵性이 강한 계층이며, 그 부족 전체를
옮긴 것은 아니었다.[89] 이러한 정책은 일찍이 제국 형성 이전부터 행해졌
고, 북위만의 특유한 현상도 아니었다. 그러나 북위의 통일과정에서 나타

---

88) 宇都宮淸吉, 『中國古代中世史硏究』(東京, 創文社, 1977), p.441에 의하면 北魏
    皇帝의 명령, 결국 拓跋部族의 정치적 의지는 명령이 곧 軍令이고 군대 통수의
    要領으로써 口頭에 의한 號令宣傳의 형식으로 행해졌다고 한다.

89) 谷川道雄, 前揭論文 ; 濱口重國, 「東魏の兵制」『秦漢隋唐史の硏究(上卷)』(東京,
    東京大學出版會, 1966) ; 塚本善隆, 『支那佛敎史硏究』, p.73 참조.

났던 이러한 대규모의 사민정책은 통일국가로 향하는 의지가 더욱 강렬함을 보여준 것이라고 하겠다.[90] 한편, 도무제, 명원제 시대에는 사민정책에 동반해서 耕牛, 농기구가 지급되었고, 아울러 計口授田의 조치가 취해졌다. 태무제에 이르러서는 이러한 조치가 확실하지 않고 다만 "開倉賑之"라고만 하고 있어, 사민에 뒤따르는 경제적 문제를 해결하는 형태가 다소 상이한 듯하다. 이 문제는 하나의 과제로 남기겠지만, 이때에도 어떤 형태로든 경제적 지원이 동반되었던 것만은 사실인 듯하다.

다음으로 중요한 정책의 하나는 胡·漢을 일괄해서 統御하는 일이었다. 이러한 정책은 이미 5호 諸國에서 취하고 있었던 일반적인 경향이었으나 북위는 일층 그 깊이를 더하였다.[91] 북위에 있어서 이러한 정책의 구체적 조치는 부족조직의 해산, 한인관료의 등용, 불교를 이용한 胡·漢의 융합 정책 등이었다. 부락의 해산은 이미 북위의 창건이래 실시되어 왔다. 그러나 도무제 시대에는 部落統率權은 박탈하지 않고 '分土定居'의 조치를 취하였고, 八國制의 특별 행정구역을 설치하여 농경을 장려하고 군수품을 징발하였다.[92] 그 뒤 명원제 시대가 되면 八國制는 六部制로 되었고,[93]

90) 谷川道雄, 前揭論文 참조.

91) 宇都宮淸吉, 前揭書, p.436에서 五胡諸國이 붕괴된 가장 근본적인 원인은 漢族과 胡族의 대립과 모순에 있으며, 어느 왕조도 예외 없이 이 모순을 극복하지 못한 胡·漢 兩族의 背反과 부패의 결과였다고 한다. 그러나 北魏가 홀로 150년간의 명맥을 유지할 수 있었던 것은 胡·漢融合의 역사적 난제를 교묘한 수법으로 해결했기 때문이다. 그러다가 6세기에 들어와 北魏가 멸망하게된 것은 지나친 漢化에 대한 胡人의 불만과 漢族 中·하류층이 관직에 대한 사회적 차별에 대한 불만을 가진데 있다고 하여 결국 北魏에서 隋에 이르는 왕조의 흥망을 胡·漢融合 政策과 관련해서 설명하고 있다. 谷川道雄도 前揭論文에서 宇都宮淸吉과 같은 理論을 전개하고 있다.

92) 谷川道雄, 前揭論文, pp.211~212 ; 韓國磐, 前揭書, p.411에서 拓跋部는 앞서 8部로 나뉘어 각부에는 大人이 있었는데, 拓跋珪 天興 初年(398)에 이르러 舊制의 8부에 大夫를 두었으며 이때 8部라고 하는 것은 部落聯盟을 조성하는 각각의 部落이었

태무제 이후 이러한 조치가 직접 보이지 않음은 부락해산이 태무제에
이르러 일단 완성되었다는 것을 의미하는 것으로 보인다.[94] 이러한 부락해
산에 따르는 알력은 충분히 짐작되는 일이지만, 이에 대한 사료를 발견할
수 없음은 여러 가지 기록이 왕권에 의해서 강렬하게 간섭되었던 결과인지
도 모른다.[95]

한편 북위의 군주가 한족을 파악해서 統御하고, 그들을 북위의 정책에
협력하게 하기 위해서는 한족의 사대부를 등용하고 그들의 행정능력을
이용하지 않을 수 없었다. 태무제는 神麚 4년(431) 河北 각지의 명사를
초빙해서 관리로 임명하게 하였다. 이 점에 대해서는『위서』세조기 神麚
四年 八月條의 기록을 보아 알 수 있다.[96]

訪諸有司 咸稱范陽盧玄博陵崔綽趙郡李靈河間邢穎勃海高允廣平游雅
太原張偉等 皆賢儁之胄 冠冕州邦 有羽儀之用

이러한 조치, 즉 한족 사대부의 대거 참여는 마치 이민족 왕조로서의
성격을 탈피해서 한족의 전통과 그들 豪族社會의 체제에 순응해서 중국적

다고 한다. 力微 이전에는 원시사회 말기의 부락연맹시기였고, 力微에서 拓跋珪에
이르는 시기에 원시사회가 해체되고 계급사회 및 국가형성의 과도기에 진입했다
고 하였다.

93)『魏書』卷113, 官氏志.

94) 宇都宮淸吉, 前揭書, pp.439~440에서 太武帝에 이르러 拓跋部 이외의 전체 被征服
遊牧民族의 部落體制는 해산되고 거기에 대신해서 勳功이 있는 君長家族은 貴族
的, 豪族의 지위에 정착되었으며, 君長 아래 있던 자들은 '城民'으로서 국가의
주권 아래 통괄되는 군대나 아니면 '編戶'로서 왕권 아래 통괄되었다고 한다.

95) 內田吟風,「魏書の成立に就いて」『東洋史硏究』第二卷 第六號(1937), pp.1~29.

96) 太武帝 때 등용된 가장 대표적인 漢人 名族으로서는 後趙, 前秦 등 五胡政權에
仕任하고 望族의 지위를 확보했던 淸河崔氏 崔浩가 있지만 이 점에 관해서는
후술할 것이다.

보편국가로 轉化한 것 같이 보인다. 그러나 북위 왕조는 앞서 논술한 바와 같이 軍國으로서 부족병을 주체로 하는 군대를 장악하고 있었기 때문에 어디까지나 이민족 왕조로서의 성격을 강하게 가지고 있었던 것이다. 그러므로 한족사회 전체를 왕권 아래 포섭하는 것이 가능하였으며, 한족도 자기네들의 자존심이 상하지 않는 범위 내에서 북위의 통일정책에 협력하게 되었던 것이다.[97] 물론 이러한 조치가 짧은 기간 안에 안이하게 진행되었던 것은 아니지만 적어도 태무제는 이러한 정책을 통해서 그가 목표로 했던 화북의 통일을 달성하게 되었던 것이다.

이러한 胡·漢融化政策을 위한 정신적 측면에서는 초민족적 종교로서 강대한 영향력을 갖춘 불교를 국가권력 아래 두고 이를 이용하고자 했던 것이다. 화북통일을 위한 불교보호정책은 도무제 이래 적극적으로 실시되었던 것이며, 태무제도 즉위 초기에는 前代의 불교보호정책을 계승하였다. 『위서』 권114, 석로지에 보이는 아래의 기록이 이를 입증하고 있다.

世祖初卽位 亦遵太祖太宗之業 每引高德沙門 與共談論 於四月八日 輿 諸佛像 行於廣衢 帝親於門樓 臨觀散花 以致禮敬

태무제는 즉위 초에 前代의 불교정책을 계승해서 高德한 사문을 불러 담론하였으며, 4월 8일 佛誕日에는 성대한 경축행사를 거행하고 친히

---

97) 岡崎文夫, 『魏晋南北朝通史』(東京, 弘文堂書房, 1932, 1943 三版), p.356에서 北魏는 獻文帝 시대까지 관리에게 祿俸을 지급하지 않았기 때문에 화북의 漢族이 鮮族의 군주에게 仕任했다고 해도 이를 국가의 官吏라고 하는 의미로 해석할 수 없고, 오직 그들의 사회적 지위를 보전하기 위한 수단이었다고 한다. 또 화북의 擾亂이 오랫동안 지속되었기 때문에 지방은 豪族의 손에 의해서 질서가 유지되고 있어서 鮮族이 지방의 세력을 얻기 위해서는 豪族의 세력을 무시할 수가 없었다. 따라서 鮮族의 군주와 漢人豪族은 그 이해관계에 있어서 상호 의뢰하고 합치되는 일면을 가지고 있었다고 한다.

이 행사에 참여하여 散花禮敬하였던 것이다. 태무제의 즉위에 즈음해서 불교가 이와 같이 조정과 친근한 관계를 유지함에 이르렀던 것은 도무제 이래 국가불교로서 그 교화력을 발휘함에 있었다고 볼 것이다. 태무제가 명승을 招致해서 예경한 구체적인 사실을 석로지에는 다음과 같이 전한다.

世祖初平赫連昌 得沙門惠始 姓張 家本淸河 聞羅什出新經 遂詣長安見之 觀習經典……劉裕滅姚泓 留子義眞鎭長安 義眞及僚佐皆敬重焉 義眞之去長安也 赫連屈丐追敗之 道俗少長咸見坑戮 惠始身被白刃 而體不傷 衆大怪異 言於屈丐 屈丐大怒 召惠始於前 以所持寶劍擊之 又不能害 乃懼而謝罪 統萬平 惠始到京都 多所訓導 時人莫測其迹 世祖甚重之 每加禮敬 始自習禪 至於沒世 稱五十餘年 未嘗寢臥……

사문 惠始[98]는 鳩摩羅什의 제자로서 신이승의 한 사람이었는데, 陝西지방의 赫連昌이 평정되고 統萬城이 함락될 때 장안에서 平城에 옮겨와서 태무제로부터 후한 대우를 받았다는 것이다. 또『고승전』권2, 曇無讖傳에 아래와 같은 기록이 보이고 있다.

時魏虜拓跋燾 聞讖有道術 遣使迎請 且告遜曰 若不遣讖 便卽加兵 遜旣事讖日久 未忍聽去 後又遣僞太常高平公李順……遜謂順曰……此是門師 當與之俱死 實不惜殘年 人生一死 詎覺幾時

천축의 사문 曇無讖이 신이의 영험을 가지고 北涼 沮渠蒙遜의 존경을 받고 있을 때 태무제가 이를 招致하고자 했던 내용이다. 이때 태무제가 "若不遣讖 便卽加兵"이라고 하는 강경한 요구를 제시했지만 몽손은 "當與

---

98)『高僧傳』卷10, 曇始傳 및『法苑珠林』卷19, 神州諸山聖僧條에는 각각 曇始로 되어 있다.

之俱死 實不惜殘年"이라고 답하여 죽음을 각오하면서까지 태무제의 요구를 거절하였다. 이후 담무참은 『涅槃經』을 구하기 위하여 西游를 요구하다가 몽손의 의심을 사서 途上에서 살해되었다.[99] 이는 5호의 군주들 사이에 신이의 사문을 얻어 軍國의 고문으로 삼으려고 했던 쟁탈의 결과가 가져다 준 비운이었다. 이외에도 태무제는 북량을 정벌하고(439) 맞이했던 사문 玄高를 태자 晃과 함께 국정에 참여하게 했던 것도[100] 그 한 가지 예이다. 태무제가 불교 및 고승에 대해서 이와 같은 태도를 취하게 된 목적은 현실정치에 중점을 두고 초민족적인 불교의 교세를 그의 통일정책에 이용하고자 하는데 있었다. 태무제 자신이 불교의 교의를 깊이 연구하고 이해함으로써 인과응보의 가르침에 의한 과보를 얻고자 하는 돈독한 신앙심에 입각한 태도는 아닌 것 같다. 이는 『위서』 권114, 석로지의 기록에 아래와 같은 내용에서도 알 수 있다.

> 太祖卽位 富於春秋 旣而銳志武功 每以平定禍亂爲先 雖歸宗佛法 敬重沙門 而未存覽經敎 深求緣報之意

태무제 자신이 비록 불법에 귀의하여 사문을 존경하였다고는 하나 불경을 두루 살피지 못하고 또한 불교의 機緣이나 응보의 뜻을 알지 못했다고 한다.

이상에서 태무제는 화북통일의 과업을 달성한다는 목표 아래 도무제 이래의 제반정책을 계승, 추진해 나갔다. 태무제의 이러한 정책 속에 이미 군주권과 결탁하여 북위에서 교세를 확대하고 있었던 불교에 대해서도 이를 화북통일을 위한 하나의 수단으로 삼으려 했던 것이다.

---

99)『高僧傳』 卷2, 曇無讖傳.
100) 同上書 卷11, 玄高傳.

2) 太武帝와 崔浩, 寇謙之

태무제에 이르러 다수의 한인이 북위 조정에 등용된 가운데서도 淸河의 명족 최호는 軍國의 大事에 참여하여 통일에 크게 공헌했던 인물이었다.[101] 최호의 字는 白淵이며 白馬公 玄伯의 장자였다. 현백은 북위와 후연의 전쟁 가운데 북위에 포로가 되었으나 태조에게 그 재능을 인정받아 黃門侍郎에 임명되어 張袞과 더불어 제도의 정비에 노력했던 인물이다.[102] 그러다가 天興 元年(398) 11월에는 吏部尙書로서 정무를 총괄하는 중임을 맡았다.[103] 다음 太宗代에 이르러서도 벼슬이 백마공에 나아갔으며, 태종에게 특별히 중히 여겨졌다.『위서』권24, 최현백전에 다음과 같은 기록이 있다.

太常三年夏 玄伯病篤 太宗遣侍中宜都公穆觀就受遺言 更遣侍臣問疾 一夜數返 及卒 下詔痛惜 贈司空 諡文貞公 喪禮一依安城王叔孫俊故事 詔群臣及附國渠帥皆會葬 自親王以外 盡令拜送

최현백의 죽음에 따른 태종의 배려에서 평소 그에 대한 신임이 극진하였음을 알 수 있다.[104] 그의 장자 최호도 태조 천흥년간(398~403)에 給事秘書, 著作郎에 기용되어 황제의 총애를 받았고,[105] 태종 때에는 博士祭酒, 武城

---

101) 魏晋이래 淸河崔氏의 系譜 및 그 활동에 관해서는 李成珪,「北朝前期門閥貴族의 性格 : 淸河의 崔浩와 그 一門을 中心으로」『東洋史學研究』第11輯(서울, 1977)에 상세히 논술되어 있으며, 崔浩의 이력 및 그의 관료생활에 관해서는 朴漢濟,『中國中世胡漢體制研究』(서울, 一潮閣, 1988), pp.109~120에서 詳考하였다.

102) 『魏書』卷24, 崔玄伯傳.

103) 同上書 卷2, 太祖紀 天興元年 11月條.

104) 李成珪, 前揭論文에서 淸河崔氏가 北朝의 一流名族으로 성장하게 된 것은 崔玄伯과 그의 一門인 崔逞의 활동 가운데서 찾아야 할 것이라고 하였다.

105) 『魏書』卷35, 崔浩傳, p.807, "天興中 給事秘書 轉著作郎 太祖以其工書 常置左右

子에 除授되어 항상 황제에게 중국 고전의 학문을 전수하였으며, 軍國의
대사에도 참여하여 태종에게는 없어서는 안될 인물이었다.[106] 이러한 최
호의 지위는 태종의 崩御와 더불어 전복되었다. 이는『위서』권35, 최호전
의 다음과 같은 기록을 통해서 알 수 있다.

　　世祖卽位 左右忌浩正直 共排毀之 世祖雖知其能 不免群議 故出浩 以公
　歸第 及有疑議 召而問焉 浩纖姸潔白 如美婦人 而性敏達 長於謀計 常自比
　張良 謂己稽古過之 旣得歸第 因欲修服食養性之術 而寇謙之有神中錄圖
　新經 浩因師之

　여기에서 최호는 아마도 유력한 호족 출신의 群臣에 의해 정계에서
축출당한 것 같다.[107] 즉 태무제는 최호의 재능을 인정하고는 있었으나[108]
여러 신하들의 건의에 따라 그를 조정에서 물러나게 하지 않으면 안 되었
다. 그러나 정계에서 그 지위를 상실당하고 귀가한 최호가 때때로 황제의
부름에 응하여 정치를 의논하였다 함은 언젠가는 그의 측근에 등용될
기회를 잃지 않고 있었음을 엿볼 수 있다. 최호는 衆議의 반대에 부딪혀
가정에 돌아와서는 服食養性의 術, 즉 長生의 法을 말하는 도교에 의해서
안심을 얻으려 하였다. 그런데 최호가 도교의 수양을 통해서 나날을 보내고
있었던 것은 그의 가정이 도교와 깊은 관계가 있었다는 데 연유함이라

　　太祖季年 威嚴頗峻 宮省左右多以微過得罪 莫不逃隱 避目下之變 浩獨恭勤不怠
　　或終日不歸 太祖知之 輒命賜以御粥".
106)同上, p.807, "太宗初 拜博士祭酒 賜爵武城子 常授太宗經書 每至郊祠 父子竝乘軒
　　軺 時人榮之……恒與軍國大謀 甚爲寵密".
107)塚本善隆, 「中國の廢佛と興佛」『愛知學院禪研究所紀要』第八號(東京, 1979).
108)『魏書』卷35, 崔浩傳에 "命世祖爲國副主 居正殿臨朝 司徒張孫嵩山陽公奚斤北新
　　公安同爲左輔……浩與太尉穆觀散騎常侍丘堆爲右弼"이라 하여 太武帝가 副主
　　로 있을 때 崔浩는 이미 그의 능력을 인정받아 右弼의 重職에 있었다.

하겠다.109) 최호의 어머니는 도교와 관계가 깊었던 范陽의 盧諶의 孫女로
서110) 그 어머니로부터 깊은 감화를 받았던 것으로 생각된다.111) 또『위서』
권35, 최호전과『北史』권21, 崔宏附崔浩傳에 아래와 같은 기록을 전하고
있다.

   初 浩父疾篤 浩乃剪爪截髮 夜在庭中仰禱斗極 爲父請命 求以身代 叩頭
   流血 歲餘不息 家人罕有知者

   최호는 아버지의 질병에 임해서 北斗에 기도하여 延命을 바랐다고 한다.
이는 유교적인 효행사상으로써 충분히 설명할 수 있지만 기존의 연구에
의하면 이것 또한 그 가정의 도교적 신앙과 결부된 것으로 추측하고 있
다.112) 이러한 처지에 있던 최호가 다시 태무제의 조정에 진출하게 되었던
것은 嵩山의 道士 寇謙之와의 결탁에 의해서 가능했던 것이다.
   구겸지의 字는 輔眞, 南雍州刺史 寇讚의 아우이며113) 스스로 후한의

---

109) 陳寅恪,「崔浩與寇謙之」.
110)『北史』卷21, 崔浩傳, p.790, "浩母 盧諶孫女也".
111)『晋書』卷44, 盧欽附諶傳에 "諶字子諒 淸敏有理思 好老莊 善屬文 (中略) 撰祭法
   注莊子及文集 皆行於世"라 하여 盧諶은 일찍이 老莊思想을 좋아하여 莊子에
   注를 달았던 인물이다. 또『晋書』卷100, 孫恩 및 盧循傳에 의하면 盧循은 諶의
   曾孫으로서 孫恩의 妹를 娶妻하고 孫恩의 亂에 모의하여 亂을 이끌었던 인물이다.
   孫恩의 난은 五斗米道의 신봉자였던 孫恩의 叔父 孫泰에서 비롯되었기 때문에
   孫泰, 孫恩 이후 이 난의 首領이었던 盧循의 가정은 天師道敎를 신봉하였다는
   것을 窺知할 수 있다. 따라서 崔浩의 어머니는 道敎의 가정에서 성장한 인물이다.
112) 宮川尙志,「南北朝正史の道敎史料硏究」『中國宗敎史硏究(第一)』(京都, 同朋舍,
   1983), p.322 ; 塚本善隆,『支那佛敎史硏究』, p.103.
113)『魏書』卷42, 寇讚傳에 "寇讚 字奉國 上谷人 因難徙馮翊萬年……讚弟謙之有道術
   世祖敬重之……姚泓滅 泰雍人千有餘家推讚爲主 歸順……其後 秦雍之民來奔河
   南榮陽河內者戶至萬數 拜讚安遠將軍南雍州刺史軹縣侯 治于洛陽 立雍州之郡縣
   以撫之 由是流民繈負自遠而至 參倍於前 賜讚爵河南公 加安南將軍 領護南蠻校

명족 寇恂의 13세손이라 하였다.[114] 그는 일찍이 仙道를 좋아해서 속세를 떠날 마음을 가지고 張魯의 術을 닦았으나 수년이 경과되어도 그 효력을 얻지 못하였다. 그러다가 仙人 成公興[115]을 스승으로 받들고 그에게 인도되어 華山의 庵子에 들어갔다가 다시 숭산에 들어가서 수도하였다.[116] 이곳에서 약 7년간 수도한 후 성공홍이 죽고 나서 나름대로 사상적 체계를 수립하였다.[117] 이를 『위서』 석로지에는 다음과 같이 기록하고 있다.

謙之守志嵩山 精專不懈 以神瑞二年十月乙卯 忽遇大神 乘雲駕龍 導從百靈 仙人玉女 左右侍衛 集止山頂 稱太上老君 謂謙之曰 往辛亥年 嵩岳鎭靈集仙宮主 表天曹 稱自天師張陵去世已來 地上曠誠 修善之人 無所師授 嵩岳道士上谷寇謙之 立身直理 行合自然 才任軌範 首處師位 吾故來觀汝 授汝天師之位 賜汝雲中音誦新科之誡二十卷 號曰竝進 言 吾此經誡 自天地開闢已來 不傳於世 今運數應出 汝宜吾新科 淸整道敎 除去三張僞法 租米錢稅 及男女合氣之術 大道淸虛 豈有斯事 專以禮度爲首 而加之以服食閉練 使王九疑人長客之等十二人 授謙之服氣導引口決之法 遂得辟穀 氣盛體輕 顔色殊麗 弟子十餘人 皆得其術

尉 仍刺史 分洛豫二州之僑郡以益之……讚在州十七年 甚獲公私之譽 年老表求致仕 眞君九年卒 年八十六"이란 데서 寇讚의 동생인 謙之는 그 出身이 名族임에 분명하다.

114) 『魏書』 卷114, 釋老志, p.3049, "世祖時 道士寇謙之 字輔眞 南雍州刺史讚之弟 自云寇恂之十三世孫".

115) 『魏書』 卷91, 殷紹傳에 "殷紹 長樂人也 少總敏 好陰陽術數 游學諸方 達九章七曜 世祖時爲算生博士……太安四年夏 上四序堪輿 表曰 臣以姚氏之世 行學伊川 時遇游道大儒成公興 從求九章要術 興字廣明 自云膠東人也 山居隱跡 希在人間"이라 하여 太武帝 때 算生博士였던 殷紹에게 九章要術을 가르쳤던 膠東出身의 游遁大儒였다.

116) 『魏書』 卷114, 釋老志.

117) 李成珪, 前揭論文에서 寇謙之의 思想은 葛洪系道敎와 밀접한 관계가 있으며, 그 영향을 받았다고 보아도 좋다고 한다.

위 기록에 의하면 雲龍을 타고 내려온 太上老君은 嵩岳鎭靈集仙宮主가
張陵 이래 天師의 자리를 줄 사람이 없었으나 이제 숭악도사 구겸지는
천사의 位를 줄 수 있는 자라고 하는 上表에 의해서 구겸지에게 천사의
位와『雲中音誦新科之誠』20권을 주었다는 것이다. 구겸지가 장릉 이래
천사의 位를 받았다는 것은 자신이 장릉을 천사로서 인정하고, 스스로
第二世 천사로서 소임을 갖고 천사도교를 계승한다는 것이다. 그러나
구겸지는『운중음송신과지계』를 들고 나와서 종래의 도교를 淸整하여
三張(張陵, 張衡, 張魯)의 僞法, 租米(五斗米), 錢稅 및 男女合氣之術과
같은 것은 버리고 오로지 禮度를 으뜸으로 삼고 服食, 閉練, 服氣, 導引,
口訣의 방법도 중요시한다는 것이다. 이것은 그의 反三張的 입장을 말하는
것이며, 적어도 천사도교가 조정을 어지럽히고 반정부적 반란의 온상으로
서 민중을 선동하여 사회를 혼란시키는 위험성이 전혀 없음을 보인 것이다.
즉 천사도교의 개혁자로서의 소임을 가지고 있다는 것을 표현한 것이다.

구겸지는 이와 같은 진보적 사상을 가지고 있던 은둔적 생활을 떠나
군주권과 결탁해서 국교로서의 지위를 얻고자 하는데 중요한 목적이 있었
다. 이 점에 대해서『위서』석로지에는 아래와 같이 기록하고 있다.

泰常八年十月戊戌 有牧土上師李譜文來臨嵩岳 云 老君之玄孫 昔居代郡
桑乾 以漢武帝之世得道 爲牧土宮主 領治三十六土人鬼之政……今賜汝遷
入內宮 太眞太寶九州眞師 治鬼師 治民師 繼天師四錄 修勤不懈 依勞復遷
賜汝天中三眞太文錄 劾召百神 以授弟子 文錄有五等 一曰陰陽太官 二曰
正府眞官 三曰正房眞官 四曰宿宮散官 五曰竝進錄主 壇位禮拜衣冠儀式
各有差品 凡六十餘卷 號曰 錄圖眞經 付汝奉持 輔佐北方泰平眞君 出天宮
靜輪之法 能興造克就 則起眞仙矣 又地上生民 末劫垂及 其中行敎甚難
但令男女立壇宇 朝夕禮拜 若家有嚴君 功及上世 其中能修身練藥 學長生
之術 卽爲眞君種民……經云 佛者 昔於西胡得道 在三十二天 爲延眞宮主

勇猛苦敎 故其弟子皆髡形染依 斷絶人道 諸天衣服悉然

泰常 8년(423) 태상노군의 玄孫으로 숭악에 내려온 牧土上師 李譜文이 구겸지에게 주었다는 『錄圖眞經』 가운데 보이는 사상은 먼저 당시의 상황으로 보아서 군주권과 결탁하지 않고서는 구겸지 자신이 의도한 바를 펴나갈 수 없음을 말하고 있다. 즉 구겸지 자신은 泰平眞君(태무제)을 도와 그의 신임을 얻고 북위 조정에 진출한 연후에라야 비로소 자타가 공인하는 仙人이 될 수 있다는 것이다. 이는 불교에서 도안이나 법과가 취한 태도와 유사하다고 하겠다. 또 당시는 대외정벌이 계속되던 시대이고 불교가 이미 군주권의 보호 아래 융성하고 있었으므로 도교의 포교에 어려움을 자각하고 佛寺와 같은 道壇을 세워서 신도들의 예배도장으로 삼아야 한다는 필요성도 절감한 것이다. 이러한 도단이나 天宮靜輪之法에 의한 靜輪宮의 건립은 그가 태무제의 정치적 고문으로 등용된 연후에 실현을 보게 되지만,[118] 숭산에서 북위의 도움으로 나올 때 이미 뜻한 바 있음을 알 수 있다. 그리고 불교에 대한 구겸지의 태도는 불교는 비록 西胡의 종교이지만 佛陀도 32天 가운데 一宮인 延眞宮의 宮主로서 특별히 용맹한 고행파이기 때문에 그 제자는 모두 髡形染衣하여 세속을 떠나 수도하고 있다는 것이다. 이는 불교를 도교의 일파로 인정하고 그 예하에 두고자 하는 의도로 볼 수도 있겠다. 그러나 그보다는 이미 불교의 교세가 확대되어 있기 때문에 이를 배척하여 충돌을 가져오는 것은 時宜에 적절하지 못함을 깨닫고 불교를 인정하는 가운데 포교의 편의를 얻고자 했던 태도로 보아야 할 것이다.

이상과 같이 天神의 命이라는 형식을 통해서 자기의 理想을 述懷했던

---

118) 『魏書』卷114, 釋老志.

구겸지는 자신의 이상을 실현하기 위해서 道書를 가지고 수도의 근거지 숭산을 떠나 도읍 平城에 이르러 이를 태무제에게 獻上하였다. 『위서』 석로지에 다음과 같은 기록이 보인다.

　始光初 奉其書而獻之 世祖乃令謙之止於張曜之所 供其食物 時朝野聞之 若存若亡 未全信也 崔浩獨異其言 因師事之 受其術法 於是上疏 讚明其事 曰 臣聞聖王受命 則有大應 而河圖洛書 皆寄言於蟲獸之文 未若今日人神 接對 手筆粲然 辭旨深妙 自古無比……今清德隱仙 不召自至 斯誠陛下侔 蹤軒黃 應天之符也 豈可以世俗相談 而忽上靈之命 臣竊懼之 世祖欣然 乃使謁者奉玉帛牲牢 祭嵩岳 迎致其餘弟子在山中者 於是崇奉天師 顯揚 新法 宣布天下 道業大行 浩事天師 禮拜甚謹

始光初에 구겸지의 道書를 받았던 태무제가 그에 대한 가부의 판단에 앞서서 구겸지를 일단 張曜[119]의 처소에 머물게 했다. 이때 朝野에서는 반신반의의 태도를 취하고 있었다. 이는 도사 구겸지가 태무제의 통일정책에 여하히 공헌할 것인가에 대한 확고한 심증이 서지 못함에 기인한 것이라 하겠다. 이러한 태무제와 朝野의 태도에 대해서 구겸지는 자기의 이상이 좌절된다는 불안감에 사로잡혀 있었을 것이다. 이때 최호도 정계에서 물러나 服食養性의 術을 구하면서 다시 조정에 진출할 기회를 엿보고 있었다. 따라서 양자는 조정 진출이라는 일치된 목적 아래 상호 결합할 수 있었을 것으로 짐작된다. 구겸지의 의도를 갈파한 최호는 이때가 정계복귀의 호기라고 판단하여 일단 구겸지를 師事하고 화북통일에 광분하는 태무제의 정책을 교묘히 이용하여 그를 추천하였다. 태무제는 구겸지가 軍國의 정치에 뛰어난 역량을 갖춘 한인 명족 최호와 함께 접근해 옴으로써 자신의

---

119) 太祖가 天興 3年(400)에 처음으로 仙人博士를 설치했을 때 이에 임명된 사람이다.

국정운영에 관한 조언을 그들로부터 얻을 수 있다고 하는 소신이 있었기 때문에[120] 구겸지의 조정 진출을 흔쾌히 수락하였다. 그래서 구겸지의 수도장이었던 숭산은 玉帛牲牢로 제사되었을 뿐만 아니라, 신천사도교가 이제 북위 군주로부터 공인을 얻게 되었다. 이렇게 볼 때 구겸지가 군주권과 결탁하여 자기의 이상을 실현할 기회를 얻게 된 배후에는 복합적인 여러 요인이 작용된 것으로 보이지만[121] 무엇보다도 智謀가 뛰어난 政略家 최호의 힘에 의한 것이라 보겠다.

한편 구겸지의 입장에서도 자기를 태무제에게 추천해 준 최호야말로 자타가 인정하는 한인명족일 뿐만 아니라 장래의 활동을 위해서는 고금의 정치에 밝은 그의 힘을 빌리지 않을 수 없었다. 때문에 구겸지는 최호를 추천해서 조정에 참여하게 하였으며,[122] 그의 정치술에 敬服하였다. 이러한 구겸지의 태도는 그가 태무제의 조정에 진출하기 이전에 최호와의 관계를 통해서 엿볼 수 있다. 『위서』 권35, 최호전에 아래의 기록이 보인다.

天師寇謙之每與浩言 聞其論古治亂之迹 常自夜達旦 竦意斂容 無有懈倦
旣而歎美之曰 斯言也惠 皆可底行 亦當今之皐繇也 但世人貴遠賤近 不能
深察之耳 因謂浩曰 吾行道隱居 不營世務 忽受神中之訣 當兼修儒敎 輔助

---

120) 宮川尙志,「南北朝正史の道敎史料硏究」.
121) Richard B. Asa, 大藪正哉, 松本浩一 共譯,「寇謙之と北魏朝廷に於ける道敎の神政」 『道敎の總合的硏究』(東京, 國書刊行會, 1977 所收)에서 寇謙之가 北魏朝廷에 진출하여 도교의 神政이 단기간에 융성하게 된 요인은 ① 拓跋部의 지배자들 자신이 도교의 不死不老의 관념과 주술적인 면을 받아들였다는 것, ② 寇謙之의 형 寇讚이 明元帝 泰常 2년(417) 이래 北魏政府의 행정관이 되어 洛陽에 있었다는 것, ③ 北魏의 조정이나 유력한 地方豪族에 대해서 寇謙之의 保守的인 Ideology가 매력적이었다는 것, ④ 後漢末期 黃巾의 난이 진압된 뒤에도 太平道가 殘存해 있으면서 명확히 五斗米道와 융합해 있었던 점, ⑤ 寇謙之의 꿈과 화북에 漢人國家를 회복하려고 했던 유력한 大臣 崔浩가 결합했던 점 등에 있었다고 한다.
122) 塚本善隆, 『支那佛敎史硏究』, pp.111~112.

泰平眞君 繼千載之絶統 而學不稽古 臨事闇昧 卿爲吾撰列王者治典 幷論
其大要 浩乃著書二十餘篇 上推太初 下盡秦漢變弊之迹 大旨先以復五等
爲本

구겸지는 항상 최호의 政道論을 경청하면서 그를 지금의 皐繇(舜을
보좌했던 名臣)라고 칭송하였다. 게다가 구겸지 자신은 隱居(숭산, 수도하
여 세상일에 밝지 못하기 때문에 앞으로 泰平眞君을 보좌하기 위해서는
역대 諸王의 治典에 관한 大要를 필요로 하였다. 이에 최호는 太初에서
秦漢에 이르는 治亂의 자취에 관한 저서 20편을 주었다. 그 근본은 周代의
五等爵制를 부활하는데 있다고 역설하였다. 이 두 사람의 관계가 이와
같은 상황 아래에서 최호가 구겸지를 태무제 조정에 추천함에 이르러서야
구겸지 또한 최호를 추천해서 북위 朝廷에 복귀토록 했다는 것은 당연한
처사로 받아들여진다. 이들의 제휴와 그들이 북위 조정에 진출한 확실한
연대는 알 수 없으나 구겸지가 태무제에게 道書를 바친 시기가 始光
(424~427) 초이고 보면 대체로 425년 전후인 것으로 짐작된다.[123] 이렇게
해서 양자의 결합은 일단 성공하게 되었다. 이들의 조정 진출은 태무제의
통일정책에 크게 공헌하였던 것이다. 이제 태무제가 이 두 사람을 등용한
목적과 관련해서 살펴보고자 한다.

---

123) 『魏書』卷35, 崔浩傳에 "始光中 進爵東郡公 拜太常卿 時議討赫連昌 群臣皆以爲難
唯浩曰 往年以來……"라 하여 崔浩가 始光年間에 다시 出仕했음이 명확하고,
또 同書 卷25, 張孫嵩傳에 "後聞屈丐死 關中大亂 議欲征之 嵩等曰 彼若城守
以逸代勞 大檀聞之 乘虛而寇 危道也 帝乃問幽微於天師寇謙之 謙之勸行 杜超之
贊成之 崔浩又言西伐利 崇等固諫不可 帝大怒……"라 되어있는데 赫連屈丐가
죽고 그 아들 赫連昌이 그 뒤를 계승한 사실이 始光 2년의 일이고, 또 『水經注』
卷13에 "水左有大壇廟 始光二年 少室道士寇謙之所議建也"라 하여 도교의 道壇
이 始光 2년에 건립된 것을 보면 이들의 조정 진출은 늦어도 始光 2년이었을
것으로 보인다.

구겸지가 태무제의 조정에 진출하고자 했던 의도는 도교를 군주권과 결탁시켜서 국교로서의 지위를 얻고자 함이었고, 최호가 정계에 복귀하려고 했던 내심은 周代의 五等爵에 의한 한인 정치의 이상을 펴고자 함에 있었다.[124] 그러나 태무제의 입장에서 이들 두 사람의 近侍를 허락한 것은 도교의 신앙에 의한 것도 아니며, 한화 정치의 실현을 위한 것도 아니고, 오직 화북통일을 위한 武君으로서 이들의 능력을 이용하고자 함에 있었던 것이다. 구겸지의 道書를 받고 가부의 태도를 결정하지 않았던 태무제가 최호의 추천에 의해서 흔쾌히 허락하고 그를 고문으로 맞이하였다. 이는 태무제의 즉위와 더불어 반대파의 배척을 받아 일시 정계에서 물러나 수양하고 있던 최호가 태무제에게 "及有疑議 召而問焉"[125] 했다는 기록 가운데 그 내막을 알 수가 있다. 즉 태조, 태종의 시대에 군국의 大謀에 참여했던 최호의 능력을 豫知하고 있던 태무제가 그의 정책수행에 있어서 누구보다도 필요한 인물로 지목하고 있었기 때문에 그가 추천한 구겸지를 발탁함과 동시에 최호를 등용하게 되었던 것은 당연하다 하겠다.[126] 그래서 태무제가 구겸지를 임용한 목적은 어디까지나 그의 신이적인 힘을 국책에 이용하고 도교를 군주권의 통제아래 두고자 했던 것으로[127] 이는 앞서 언급한 그의 불교보호정책과 동일한 측면에서 보아야 할 것이다. 구겸지가 태무제에게 중용된 직후, 곧 始光 4년(427)에 태무제는 섬서지방

---

124) 李成珪, 前揭論文에서 崔浩와 寇謙之의 제휴는 정치적인 상호 이용가치 때문만은 아니고 兩人의 정치적, 사상적 공통기반 위에서 성립한 것으로 생각된다고 하여 寇謙之가 주장한 도교의 성격과 崔浩의 사상적 입장을 對比시킴으로써 상호의 理想이 조화하게 된 원인을 상세히 규명하였다.

125)『魏書』卷35, 崔浩傳.

126) 宇都宮淸吉, 前揭書, p.440 ; 谷川道雄, 前揭論文 ; 宮川尙志,「北朝に於ける貴族制度」『六朝史硏究(政治・社會篇)』(京都, 平樂寺書店, 1964 所收), pp.407~414.

127) 鎌田茂雄,「中國佛敎の展開と東アジア佛敎圈の成立」, p.143 ; 道端良秀,『中國佛敎思想史の硏究』, p.33.

의 赫連昌을 정벌하고 신이승 惠始를 禮敬하였다. 그리고 神䴥年間
(428~431)에 다시 北涼의 신이승 曇無讖을 영접하려고 노력했던 점으로
볼 때 황제는 아직 道, 佛 어느 종교에도 열심인 신자는 아니었고 통일에
필요한 인물이라면 종교에 관계없이 이를 이용하고자 하였다.

최호가 태무제에게 등용된 까닭은 그가 학식과 재능이 뛰어난 인물이었
다는데 기인한 것이다. 『위서』 권35, 최호전에 "少好文學 博覽經史 玄象陰
陽 百家之言 無不關綜 硏精義理 時人莫及……太祖以工其書 常置左右"라
는 기록이나, 또 同傳에 "太宗好陰陽術數 聞浩說易及洪範五行 善之 因命
浩筮吉凶 參觀天文 考定疑惑 浩綜覈天人之際 擧其綱紀 諸所處決 多有應
驗 恒與軍國大謀 甚爲寵密"이라는 내용으로 볼 때 그는 經史를 비롯해서
天文術數, 易法, 吉凶占卜에 뛰어난 재능과 학식을 갖추었고,[128] 그리고
서예에도 뛰어나 태조의 좌우에 近侍할 수 있었다. 그가 經史에 탁월한
지식을 갖추고 있었다는 것은 神䴥 2년(429) 그의 동생 覽과 함께 國史를
撰述한 사실[129]과 아울러 최호 一門의 誅滅 원인이 되었던 국사의 石銘에
자신이 주석한 五經이 함께 새겨진 사실[130]로 보아서 분명히 알 수 있다.
특히 天文術數, 吉凶占卜術은 사방의 정복에 분망한 호족군주의 마음을
사로잡는 利器가 되었던 것이다. 그가 태종의 측근에서 軍國大謀의 참모로
서 태종의 총애를 받았던 것도 여기에 연유한 것이다. 그가 천문 현상을
인사에 연관시켜 해석하는 능력에 태종이나 조정의 신하들이 敬服하지
않을 수 없었던 것이다. 神瑞 2년(415) 熒星이 홀연히 없어짐을 보고 태종이

---

128) 陳寅恪, 前揭論文에서 西域의 天文, 算學이 佛敎를 통해서 수입되고 이것이 寇謙之
　　를 비롯한 道士들에게 전해졌으며, 崔浩는 그것을 寇謙之에게 배웠다고 한다.
129) 『魏書』 卷35, 崔浩傳, p.815, "神䴥二年 詔集諸文人撰錄國書 浩及弟覽高讜鄧穎晁
　　繼范亨黃輔等共參著作 敍成國書三十卷".
130) 同上, p.825, "著作令史太原閔湛趙郡郄標素諂事浩 乃請立石銘 刊載國書 并勒所注
　　五經 浩贊成之 恭宗善焉".

이변의 징조라고 걱정할 때 최호가 姚興(後秦)의 亡兆라고 해석하였다.[131] 그리고 太常 3년(418)에는 慧星의 출현이 凶兆라 두려워함에 劉裕가 晋室을 찬탈할 징조라고 설명해서[132] 그 예언이 적중함에 태종의 신뢰가 더욱 깊었다. 이러한 사실은 그가 태종의 국책수행상 없어서 안 될 軍國의 참모이었던 것을 알게 해 준다. 태무제 始光年間(424~427)에 赫連昌의 정벌에 즈음해서 최호는 여러 신하의 반대를 물리치고 천문의 현상에 결합시켜 출정을 권유하고, 이에 따른 태무제의 결단이 결국 성공하게 되었던 것이다.[133] 또 최호전에는 아래와 같은 기록도 보이고 있다.

　　浩明識天文 好觀星變 常置金銀銅鋌於酢器中 令靑 夜有所見卽以鋌畵紙
　　作字以記其異 世祖每行浩第 多問以異事 或倉卒不及束帶 奉進蔬食 不暇
　　精美 世祖爲擧匕箸 或立嘗而旋

　위 기록은 태무제가 그의 天文占術을 이용하고자 노력했던 것으로 보아야 할 것이다. 즉 神麚 2년(429) 蠕蠕의 정벌에 임해서도 최호는 조정 대신의 반대를 물리치고 "天時形勢 必克無疑"라고 주장해서 동서 5천리, 남북 3천리의 지역을 토벌하는 데 성공을 거두었다.[134] 이 또한 최호의 재능이 태무제의 국책상에 이용된 것이라 하겠다. 이는 최호가 천문현상에 능숙함도 있겠지만 당시의 내외정세에 대해서 깊이 통찰하고 있던 그의 智謀를 간과해서는 안 될 것이다.[135] 이러한 공적에 의해서 신가 4년(431)에

---

131) 『魏書』 卷35, 崔浩傳.

132) 同上.

133) 同上.

134) 同上.

135) 이외에도 崔浩가 北魏朝廷에 중용된 이유의 하나는 그가 冀州地方에서 무시할
　　 수 없는 지방세력을 형성하였다는 요인도 있었다. 이 점에 대해서는 李成珪,

는 司徒가 되고 律令의 개정을 단행하였으며[136] 司空이었던 張孫道生과
함께 "智如崔浩 廉如道生"[137]이라 칭찬 받았다. 아울러 같은 해 范陽의
盧玄, 博陵의 崔綽, 趙郡의 李靈, 河間의 邢潁, 勃海의 高允, 廣平의 游雅
등 한인 명족들도 후하게 임용되었다.[138] 이래서 이제 최호는 태무제에게
정복의 조언자로서 없어서는 안 될 인물이었다. 그런데 최호가 지향했던
정치가로서의 이상은 호족국가를 한화함으로써 한족 중심의 문벌사회를
재건하려는 데 있었다. 여기에 대해서는 앞서 구겸지와의 관계에서도 언급
했지만, 『위서』권47, 盧玄傳에 보면 아래와 같은 기록이 있다.

　　神廳四年 辟召儒儁 以玄爲首 授中書博士 司徒崔浩 玄之外兄 每與玄言
　　輒歎曰 對子眞 使我懷古之情更深 浩大欲齊整人倫 分明姓族 玄勸之曰
　　夫創制立事 各有其時 樂爲此者 詎幾人也 宜其三思 浩當時雖無異言 竟不
　　納 浩敗頗亦由此

　태무제의 신임을 얻어서 사도가 된 최호는 한인 사대부의 정계진출로
자기의 이상을 펼 수 있다고 생각한 나머지 그의 내심을 노현에게 말하였
다. 즉 문벌에 따라서 姓族을 정리하고자 함이었다. 그러나 노현은 創制立
事에는 때가 있으니 지금은 시기상조라 하여 반대세력에 부딪힐 염려가
있으므로 재삼 고려할 것을 충고하였다. 이는 호족의 정계에서 한족의

　　　前揭論文 참조.
136) 『魏書』卷4, 世祖紀, p.79, "(神廳四年 九月) 庚申 加太尉張孫嵩柱國大將軍 特進左
　　光綠大夫崔浩爲司徒 征西大將軍張孫道生爲司空……冬十月戊寅 詔司徒崔浩改
　　定律令".
137) 『魏書』卷25, 張孫道生傳.
138) 『魏書』卷4, 世祖紀 神廳四年條. 『北史』卷21, 崔浩傳에 "浩有鑒識 以人倫爲己任
　　明元太武之世 徵海內賢才 起自仄陋 及所得外國遠方名士 拔而用之 皆浩之由也"
　　라 있음을 보아서 漢人의 政界進出에는 崔浩의 힘이 크게 작용한 것 같다.

지위확보와 정권회복을 서두르는 것은 많은 政敵을 만들 수 있다고 하는 안목에 따른 것이다. 그러나 최호는 이러한 점에 개의치 않고 비상한 열의로 자기가 기도했던 정책실현에 전력했던 것이다. 결국 노현의 충고를 받아들이지 못한 것이 최호가 패망한 중요한 원인이 되었다. 이를 『위서』 최호전에는 國史石銘事件과 관련해서 아래와 같이 기록하고 있다.

　眞君十一年六月誅浩 淸河崔氏無遠近 范陽盧氏太原郭氏河東柳氏皆浩之姻親 盡夷其族 初 郄標等立石銘刊國記 浩盡述國事 備而不典 而石銘顯在衢路 往來行者咸以爲言 事遂聞發 有司按驗浩 取秘書郎吏及長曆生數百人意狀 浩伏受賕 其秘書郎吏已下盡死

최호가 진술했던 국사의 내용이 "備而不典"했다는 점을 말해 준다. 이점은 곧 북위에서 있었던 극히 불명예스러운 기사가 그대로 직필되었다는 점을 의미한다. 요컨대 최호는 북위 창업과정 이래의 사건들을 숨김없이 표현했던 것이고 그런 내용을 당시 동참했던 한인 명족들도 모두 알고 있었던 것으로 보인다.[139] 그런데 여기에서 최호가 국사를 石銘할 때 恭宗이 좋아했고[140] "浩伏受賕"라고 하는 구절로 보아서 그의 주멸이 국사의 내용과 관계치 않은 듯도 하다.[141] 북위는 건국이래 관리에게 녹봉이 주어지지 않았고 효문제 태화 8년(484) 班祿制度가 시행되기까지 관리들의 범법으로 인한 정치는 날로 부패되어 갔기 때문에[142] 최호의 賄賂행위는 부인할 수 없다. 그러나 石銘된 국사가 衢路에 나타났을 때 이를 본 왕래자들이 모두 반발했던 사실이나 『위서』 권48, 高允傳에 아래와 같은 기록을

---

139) 朴漢濟, 前揭書, p.104.
140) 註130) 참조.
141) 陳寅恪, 前揭論文 참조.
142) 『廿二史箚記』 卷14, 後魏百官無官祿條.

보면 국사석명사건이 최호의 운명에 미친 영향을 부인할 수 없다.[143]

是時 著作令史閔湛郗摽性巧佞 爲浩信待……浩亦表薦湛有著述之才 既
而勸浩刊所撰國史于石 用垂不朽 欲以彰浩直筆之跡 允聞之 謂著作郎宗
欽曰 閔湛所營 分寸之間 恐爲崔門萬世之禍 吾徒無類矣 未幾而難作

물론 그 배후 요인은 懷古의 情에 따르는 최호의 이상적 한인정치에
대한 북인(胡人)의 반감이 내재해 있었던 것이다.[144] 최호에 의해서 石銘된
국사를 보고 비난, 반발한 왕래자들은 말할 것도 없이 북인이었다.[145]
이들의 반발에 의거해서 태무제가 軍國의 참모로서 그토록 신임했던 최호
는 물론 그와 인척관계에 있던 범양의 노씨, 태원의 곽씨, 하동의 유씨
등 원근의 인물들이 誅滅당하고,[146] 최호 이하 僮吏 이상 128인이 모두

---

143) 朴漢濟, 前揭書, p.102에서 崔浩의 被誅事件 발단의 근본적인 이유는 국사찬술
    그것에 있는 것이 아니며, 그것은 단지 명목적인 이유에 불과하다고 하는 학계의
    견해를 제시하면서도 국사사건의 처리과정과 국사의 서술 내용이 당시 정치적
    현상과 관련되어 있는 것으로 생각되기 때문에 이 사건의 의미를 소홀히 다루어
    버릴 수 없다고 하여 국사찬술의 경위와 배경을 詳論하여 규명하고 있다.
144) 宮崎市定, 『アジア史論考(上卷)』(東京, 朝日新聞社, 1977), pp.70~71에서 北魏는
    옛 部族制에 대한 생각이 강해서 그들이 지배하려고 했던 것은 사람이고 토지는
    사람을 통해서 지배했다. 그런데 中原豪族이 행했던 것은 田土의 지배에 의한
    농민지배였다. 때문에 北魏가 토착화함에 미쳐서는 그들의 정책을 바꾸어 田土支
    配를 우선으로 하지 않으면 안 되었다. 그런데 이러한 변화는 北魏政府에 앞서
    北魏貴族의 토지겸병으로 인한 관료의 豪族化 현상이 나타나서 先住의 中原豪族
    들과의 사이에 갈등이 야기되고 太武帝에 이르러서는 中原의 名家가 당쟁의
    희생이 되었다. 이를테면 崔浩의 筆禍事件에 의한 遠近의 인물이 誅滅되었던
    것은 그 대표적인 실례라고 하여 崔浩誅滅의 한 원인을 北魏支配體制의 변화에
    따른 희생으로 보고 있다.
145) 『北史』 卷21, 崔浩傳, p.789, "浩書國事備而不典 而石銘顯在衢路 北人咸悉忿毒
    相與搆浩於帝".
146) 『北史』 卷21, 崔浩傳.

5족을 夷滅당했던 사실은[147] 특히 주목되는 바이다. 이는 한인 명족에 대한 엄격한 정치적 추방을 선언한 것으로서 태무제의 북위 조정이 북방 胡族王朝로서의 성질을 강하게 가지고 있었던 것을 증명하는 것이다. 이렇게 볼 때 최호란 인물은 태무제가 목표로 하는 정책수행에 있어서는 극히 필요한 인재였으나, 이에 위배될 때는 주멸을 면치 못했음을 알 수 있다.[148] 따라서 태무제의 정치는 한인 명족 최호의 의향에 의해서 좌우되었던 것은 아니며, 영민한 군주 태무제 자신의 소신에 의해서 추진되어 갔던 것이다.

3) 華北統一과 廢佛

태무제의 폐불사건은 그 직접적인 계기가 太平眞君 6년(445) 杏城에서 일어난 蓋吳의 난과 관련해서 진군 7년 3월에 발표된 폐불의 조칙에 있음으로 보아 폐불의 궁극적 목적은 정책과 관련된 것이라 보아야 한다. 그러나 폐불이 단행되기 이전에 50세 이하의 사문에 대한 환속 조치나, 사문의 私養을 금지하는 불교에 대한 통제가 이미 가해진 바 있다. 또 도사 구겸지

---

147) 『魏書』 卷48, 高允傳.

148) 陳漢玉, 「也談北魏孝文帝的改革」 『中國史硏究』 1982-4에서 北魏가 중원에 진출한 연후 拓跋部와 漢族의 관계는 비교적 융합적이었으며, 北魏 내부에 민족적 모순이 격렬했다고 하는 것은 拓跋部와 소수민족간의 모순을 말하는 것이라 하였다. 그리고 그 구체적 사실로써 漢人 賢士가 太武帝의 조정 내외에 중용되고 특히 崔浩가 太武帝의 극진한 신임을 받았던 것을 말하고 있다. 이에 대해서 孫祚民, 「試論北魏太和改革的幾個問題」 『魏晋南北朝隋唐史』 1988-1(北京, 中國人民大學書報資料社, 復印報刊資料)에서 太武帝의 한인등용은 北魏政權과 한인이 상호 이용을 위해서 결탁한 것이며, 拓跋部의 통치자와 漢人豪族과의 융합을 의미하는 것이 아니라고 하였다. 이는 이후 그들 사이의 모순이 격화되어 崔浩를 비롯하여 그와 관련된 한인이 대거 誅滅된 사실을 보아 알 수 있다고 하여 陳漢玉과 상반된 견해를 보이고 있다. 筆者는 孫祚民의 설에 공감하는 바이다.

나 최호의 영향으로 태무제 자신이 道教君主化 했다는 점을 고려하여 폐불 이전의 對佛態度와 관련해서 폐불의 목적을 규명할 필요가 있다.

다재다능한 한인 명족 최호의 불교에 대한 태도에 대해서는 『위서』 최호전에 "浩非毀佛法 而妻郭氏敬好釋典 時時讀誦 浩怒 取而焚之 捐灰於厠中"이라는 기사가 있을 뿐만 아니라, 同傳에는 아래와 같은 기록이 있다.

始浩與冀州刺史賾滎陽太守模等年皆相次 浩爲長 次模 次賾 三人別祖而模賾爲親 浩恃其家世魏晉公卿 常侮模賾 模謂人曰 桃簡正可欺我 何合輕我家周兒也 浩小名桃簡 賾小名周兒 世祖頗聞之 故誅浩時 二家獲免浩旣不信佛道 模深所歸向 每雖糞土之中 禮拜形像 浩大笑之 云 持此頭顱不淨處跪是胡神也

이러한 기록을 볼 때 최호라는 인물은 배불론적 입장을 취하고 있다. 최호의 배불론적 입장은 그가 도교의 가정에서 태어났고, 또 정계에서 물러나 服食養性의 術을 통해서 수양했을 뿐만 아니라 구겸지와 결탁해서 다시 정계에 진출했다는 점을 고려해서 그의 도교신앙과 직결된 것으로 지적할 수 있다. 태무제 때 단행된 폐불이 佛·道二教의 충돌이었다고 하는 것은 바로 이러한 문제와 연관해서 설명되어 왔다.[149] 그러나 도사

---

149) 常盤大定, 『北魏に於ける佛教と儒教道教』, p.6에서 南北朝時代 초기에 北魏에는 道士 寇謙之가 있고, 劉宋에는 道士 陸修靜이 있었는데, 陸修靜은 理論으로 불교를 배척하는데 그쳤지만 寇謙之는 실행으로 佛教를 全廢하는데 매진했다. 寇謙之는 中嶽에서 수도한 연후에 미신적 道教를 하나의 종교로서 형식을 구비시키고 司徒 崔浩로 하여금 太武帝를 움직여 마침내 廢佛을 단행하는데 이르렀다고 하여 太武帝가 단행한 廢佛事件이 寇謙之, 崔浩의 불교배척운동에 의한 道佛衝突로 설명하고 있다. 侯外廬 外 三人 共著, 『中國思想通史(第3卷)』(1985), p.359에서 유학자 崔浩가 道士 寇謙之를 師事했던 것은 土着宗教의 결합에 나아간 것이고 太武帝의 廢佛은 이러한 토착종교가 외래종교(佛教)에 대해서 연합적 공격을 가한 것이었다고 한다. 또 范文蘭, 『中國通史(第二冊)』, p.503에서도 寇謙之가

구겸지가 불타를 32天 가운데 延眞宮主로 인정하고, 최초의 극단적인 폐불을 반대하여 그와 다투었던 점150)으로 보아서 결코 신앙적인 측면으로만 해석해서는 만족할 수 없다. 그렇다면 그의 정치사상과 결부하지 않을 수 없다. 최호가 구겸지를 師事하고 도교를 신봉하였지만, 정치가로서 그의 본심은 중화의식, 상고사상에 젖어 있었다. 그의 이상은 불교교단이 없었던 고대사회를 표준으로 禮敎에 의한 질서 확립과 문화사회의 건설이었으므로, 그가 불교를 멸시하고 배척하게 됨은 당연하다고 하겠다. 유교적 이상정치를 구현하는데 민은 어디까지나 被治者階級으로서 생산과 稅役을 담당하는 자이며, 특수한 사상에 입각해서 단결하는 것은 일단 국가에 해로운 것으로 생각하였다.151) 때문에 그는 민중이 종교[불교]적 결합을 통해서 禮敎秩序로부터 이탈함을 방지하고자 하였다. 따라서 그의 불교 배척에 대한 이유도 불교의 사상이나 교의에 대한 체계적이고 논리적인 비판보다는 화이의식에 입각한 胡神의 종교라고 비웃었던 것이다. 물론 최호의 배불론적 태도가 정치적 이상의 실현에만 있었던 것은 아니고 현실적인 문제와 관련된 점도 충분히 고려되어야 한다. 이를테면 沙門의 특권에 따르는 재정적인 문제, 사문의 민중 교화권 확대에 따른 문벌귀족과의 대립 등 여러 가지 요인도 있었다.152)

天師道敎를 혁신한 이후 道·佛 兩敎는 상호 공격했는데 비해서 儒敎는 佛敎를 공격하고 道敎는 공격하지 않았기 때문에 형식상으로는 儒·道가 연합해서 佛敎를 공격한 것과 같다고 하였다.

150) 『魏書』卷114, 釋老志에 "始謙之與浩同從車駕 苦與浩靜 浩不肯 謂浩曰 卿今促年 受戮 滅門戶矣 後四年 浩誅 備五刑 時年七十"이라 있고, 또 『集古今佛道論衡』 卷甲에 "後太武至長安入僧寺 見有弓盾 帝怒誅寺僧 皓因進說 盡殺沙門焚經毀像⋯⋯依長安法除之 道士寇謙之不從其毀 苦與皓爭皓拒之 謙謂皓曰⋯⋯"이라 있다.

151) 塚本善隆, 『支那佛敎史硏究』, p.119.

152) 李成珪, 前揭論文 참조.

좌우간 최호의 이러한 배불론적 태도가 태무제의 불교정책에 미친 영향
이 컸다는 것은 『위서』 석로지의 기사 가운데 아래와 같은 기록이 있음으로
보아 알 수 있다.

> 及得寇謙之道 帝以淸淨無爲 有仙化之證 遂信行其術 時司徒崔浩 博學
> 多聞 帝每訪以大事 浩奉謙之道 尤不信佛 與帝言 數加非毁 常謂虛誕 爲世
> 費害 帝以其辯博 頗信之

최호는 폐불이 단행될 때까지 항상 태무제의 측근에서 불교의 탄압을
주장하였고, 불교에 대한 制裁의 조칙이나 폐불령에도 그가 직접 관계하였
던 점[153]으로 미루어 최호의 정치사상에 따른 對佛態度가 태무제의 폐불에
지대한 영향을 미쳤던 것은 부인할 수 없다. 그러나 태무제 때 단행된
폐불이 결국 최호의 의지에 의해서 좌우되었던 것은 아니고, 태무제 자신의
정책과 관련된 요인이 내재해 있었던 것이다. 이 점에 대해서는 폐불의
조칙과 연관해서 뒤로 미루어 살펴보기로 한다.

그런데 위에 인용한 사료에서 볼 수 있는 또 하나의 사실은 태무제가
구겸지의 道에 이르러 그 도술을 믿고 이를 실행했다는 점이다. 구겸지가
등용된 후 도교의 교세가 확대되었던 사실에 대해서는 『위서』 석로지에
"及嵩高道士四十餘人至 遂起天師道場於京城之東南 重壇五層 遵其新經
之制 給道士百二十人衣食 齊肅祈請 六時禮拜 月設廚會數千人"이라 하였
다. 구겸지의 제자 40여 인이 京師에 초청됨과 아울러 佛寺와 같은 道壇이
京城의 동남에 5층의 壇으로 건립되었다. 이곳에서는 六時의 禮拜가 행해
지고 매월 廚會가 열렸다. 때는 始光 2년(425)이고 보면,[154] 구겸지의 등용

---

153) 『魏書』 卷114, 釋老志 ; 『集古今佛道論衡』 卷甲.
154) 『水經注』 卷13.

과 더불어 신천사도교의 교세가 확립됨을 말하는 것이다. 그러나 이때는
태무제가 사문의 영험을 그의 정책에 이용하려고 했던 시기로 불교에
대한 혐의는 아직 없었던 때다. 또『위서』석로지에는 아래의 기록이 있다.

> 恭宗見謙之奏造靜輪宮 必令其高不聞鷄鳴狗吠之聲 欲上與天神交接 功
> 役萬計 經年不成 乃言於世祖曰 人天道殊 卑高定分 今謙之欲要以無成之
> 期 說以不然之事 財力費損 百姓疲勞 無乃不可乎 必如其言 未若因東山萬
> 仞之上 爲功差易 世祖深然恭宗之言 但以崔浩贊成 難違其意 沉吟者久之
> 乃曰 吾亦知其無成 事旣爾 何惜五三百功

이는 구겸지가 앞에서 언급한『錄圖眞經』가운데 보이는 "付汝奉持
輔佐北方泰平眞君 出天宮靜輪之法 能興造克就 則起眞仙矣"라는 데 기초
해서 靜輪宮을 축조하고자 한 것이다. 그 높이는 鷄鳴狗吠가 들리지 않는
고층건물이어야 하고 그 곳에서 天神과 교접하려고 했다. 이에 恭宗은
인적, 물적 소모가 막대하고 해를 넘겨도 완성할 수 없다고 생각해서 그
부당함을 상주하고 숭산으로 옮길 것을 건의했다. 이때 태무제는 공종의
의견에 찬성하면서도 최호가 구겸지의 의견에 찬성하고 있기 때문에 그
뜻을 어기기 어려워, 깊이 생각한 나머지 구겸지의 의견을 허락할 수밖에
없었다는 것이었다.[155] 태무제가 최호의 뜻을 거역하기 어려웠다고 난색
을 표시한 것은 그가 왕권에 대해서 위협적인 존재였다기보다도 화북통일
을 위해서는 누구보다도 필요한 인물이었기 때문이다. 그래서 道壇의
건립에 대한 건의 정도는 쉽게 허락했던 것으로 보인다. 태무제는 도교신앙

---

155)『水經注』卷13에 "(天師道)壇之東北 舊有靜輪宮 魏神䴥四年造 抑亦栢梁之流也
　　臺榭高廣 起出雲間 欲令上延霄客 下絶囂浮 太平眞君十一年 又毀之"라 하여 靜輪
　　宮은 神䴥 4년(431)에 세워지고 太平眞君 11년(450)에 毁滅되었다.

에 의한 도단 건립을 지원한 것이 아니고, 도교를 왕권의 지배하에 두고
이를 이용한다는 생각에 있었던 것이다. 그렇지만 이러한 가운데 북위의
영역에는 도교적 분위기가 확산되어, 神䴥 4년(431)에 "州鎭悉立道壇 置生
各二百人"156)이라는 사실로 보아 중앙과 지방에 걸친 도단의 건립과 더불
어 도교교단이 형성된 것 같다. 이러한 분위기 가운데 구겸지는 神受의
『녹도진경』에 의거해서 결국 태무제를 도교의 군주로 만들어 숭산에서
入京했던 자기의 목적을 달성하게 되었던 것이다. 즉 北涼을 멸망시키고
화북통일의 대업을 달성한 이듬해 태무제는 연호를 太平眞君으로 고치고,
진군 3년(442)에는 天師道壇에 幸行하여 符籙을 받았다.157) 그리고는 태평
진군 5년(444)에 불교에 대한 엄격한 통제의 조칙을 발표하였다.158) 이로
미루어 보건대 태무제의 불교에 대한 통제나 억압은 자신의 도교신앙에
많은 영향을 받았던 것은 사실이다.

그런데 태무제 太延 4년(438)에는 북량 정벌에 앞서 "罷沙門年五十已下"
라는 조칙을 발표하여 불교에 대한 통제가 이미 시작되었다는 점,159) 또
폐불의 직접적인 원인이 앞으로 서술될 蓋吳의 난과 관련되었다는 점,
그리고 태무제의 도교화에 노력했던 도사 구겸지가 극단적인 폐불론을
반대했던 점으로 미루어 볼 때 폐불의 직접적인 원인이 道·佛의 충돌에서
비롯되었다고 단정지을 수는 없다. 구겸지의 불교에 대한 태도는 앞서
논술하였거니와 北魏軍이 涼州城을 함락하고 포로로 붙잡아 온 승려에
대한 태도에서도 엿볼 수 있다. 즉 양주성이 함락되고 전쟁에 가담했던

---

156)『歷代三寶紀』卷3, p.41.
157)『魏書』卷114, 釋老志, p.3053, "眞君三年 謙之奏曰 今陛下以眞君御世 建靜輪天宮
　　之法 開古以來 未之有也 應登受符書 以彰聖德 世祖從之 於是親至道壇 受符籙
　　備法駕 旗幟盡靑 以從道家之色也".
158)『魏書』卷4, 世祖紀.
159) 同上.

승려 3,000명이 포로로 잡혀왔을 때 이에 분개한 태무제가 그들을 주멸하고
자 하였다. 그러나 구겸지와 태무제의 동생 赤堅王의 건의에 의해서 사형이
면제되고 徒役에 배치되었다.[160) 이러한 구겸지의 태도로 보아서 태무제
의 폐불이 결코 구겸지의 책동에 의한 道·佛의 충돌이라고 단언할 수
없다.

  이제 태무제의 정책과 관련된 불교억압에 대한 조칙과 廢佛令에 관해서
살펴보기로 하겠다.

  태무제가 불교의 통제에 대해서 최초의 조칙을 내린 것은『위서』권4,
세조기 太延四年 春三月條에 "罷沙門年五十巳下"라고 간단히 기록하고
있다. 각지의 정복을 당면과제로 하고 있던 북위는 태연 4년(438) 11월
蠕蠕에 대한 북벌이나,[161) 태연 5년(439) 북량 정벌의 계획에 임해서[162)
병력의 증강을 도모하였다.[163) 그런데 불교교단의 확대나 승려의 증가는
정복을 위한 병력증강정책에 위배되는 존재라고 생각한 나머지 그 통제의
필요성을 절실히 느끼게 되었던 것이다.[164) 따라서 軍政에 필요한 병력을

---

160)『續高僧傳』卷25(『大正藏』第50卷), 僧朗傳, p.646c, "釋僧朗 涼州人 魏虜攻涼
　　城民素少 乃逼斥道人用充軍旅 隊別兼之 及轒車童所擬 擧城同陷 收登城僧三千
　　人 至軍將見魏主所 謂曰 道人當坐禪行道 乃復作賊 深當顯戮 明日斬之 至期食時
　　赤氣數丈貫日直度 天師寇謙之 爲帝所信 奏曰 上天降異正爲道人實非本心 顧不
　　須殺 帝弟赤堅王 亦同謙請 乃下勅止之 猶虜掠散配役徒".
161)『魏書』卷103, 蠕蠕傳.
162) 同上書 卷4, 世祖紀.
163)『資治通鑑』卷123, 宋紀5 太祖文皇帝 中之上 元嘉十五年(438) 三月條에 "魏主詔
　　罷沙門年五十以下者"라 하고 여기에 胡三省이 註하기를 "以其强壯 罷使爲民
　　以從征役"이라 하여 沙門을 罷한 근본적인 원인을 征役에 종사시키기 위한 것이
　　었다고 한다.
164)『魏書』釋老志에 "太延中 涼州平 徙其國人於京邑 沙門佛事皆俱東 象敎彌增矣
　　尋以沙門衆多 詔罷年五十巳下者"라 하여 太武帝가 涼州를 평정한 후 이곳의
　　沙門이 大同으로 옮겨와서 沙門의 수적 증가에 따른 佛敎의 통제인 것으로 기술하

승려로부터 징발하고 50세 이하는 승려가 될 수 없다는 조칙을 발표하게
되었다.[165] 당시 僧尼의 정확한 수는 알 수 없으나 불교교단에는 국가가
필요로 하는 노동력을 가진 승려가 상당수 있었던 것으로 추측된다.

불교통제에 대한 다음 단계로서는 태평진군 5년(444)에 발표된 조칙으
로 『위서』 세조기에 다음과 같이 기록하고 있다

戊申詔曰 愚民無識 信惑妖邪 私養師巫 扶藏讖記陰陽圖緯方伎之書 又
沙門之徒 假西戎虛誕 生致妖孼 非所以壹齊政化 布淳德於天下也 自王公
已下至於庶人 有私養沙門師巫及金銀工巧之人在其家者 皆遣詣官曹 不
得容匿 限今年二月十五日 過其不出 師巫沙門身死 主人門誅 明相宣告
咸使聞知 庚戌詔曰 自頃以來 軍國多事 未宣文敎 非所以整齊風俗 示軌則
於天下也 今制自王公已下至於卿士 其子息皆詣太學 其百工伎巧騶卒子
息 當習其父兄所業 不聽私立學校 違者師身死 主人門誅

앞서 불교가 국가의 정책수행에 위배된다는 인상을 받아 일단 통제의
대상이 되었지만 화북통일이 달성된 연후에 그 통제는 더욱 엄중한 것이었
다.[166] 위의 조칙에는 讖記, 陰陽, 圖緯, 方伎의 書 및 불교에 대한 통제를

고 있다. 그런데 涼州의 征伐은 『魏書』世祖紀 및 同書 卷99, 盧水胡沮渠蒙遜傳에
의하면 太延 5년 6월에 단행되었기 때문에 釋老志의 기사는 혹시나 착오가 아닌가
생각된다.

165) 塚本善隆, 「中國の佛敎迫害」; 黃懺華, 『中國佛敎』, p.41.

166) 『北史』卷2, 魏本紀 第二에 "(太平眞君五年 春正月)戊申 詔自王公已下至於庶人
私養沙門巫及金銀工巧之人在其家者……"라 하여 沙門에 대한 통제의 조칙이
太平眞君 五年 正月에 발표되었던데 비해서 『魏書』釋老志에는 太平眞君 六年에
일어났던 蓋吳의 난을 계기로 太平眞君 7년 3월에 폐불을 단행한 연후에 "又詔曰
彼沙門者 假西戎虛誕 妄生妖孼 非所以一齊政化 布淳德於天下也 自王公已下 有
私養沙門者……"라고 하여 私養沙門에 대한 통제가 廢佛令이 내려진 이후의
조칙인 것처럼 역사적 경과를 혼란시키고 있다. 이 점에 대해서는 이미 塚本善隆,
『魏書 釋老之の硏究』(東京, 大同出版社, 1974), pp.186~187에서도 지적하였다.

보이고 있다. 이 가운데 불교에 관한 내용은 사문의 무리들이 西戎의 虛誕을 빌려서 "壹齊政化 布淳德於天下"에 방해하고 있으니 마땅히 통제되어야 한다는 이유를 말하고 있다. 이는 위정자가 사문에 대한 영험을 느낄 때 고승에 대한 존경과 불교에 대한 보호를 실현하는 것이지만, 반대로 국가에 대한 공헌이 보이지 않을 때 국가권력에 의한 탄압이 불가피하다는 것을 말해 주는 것이다.167) 그리고 통제의 방법에 관해서는 私養의 사문, 師巫 및 金銀工巧之人은 모두 官曹에 보고하여야 하며 사사로이 가정에 숨기지 말아야 한다. 만약 금년 2월(태평진군 5년 2월) 15일이 지나도록 보고하지 않으면, 師巫 사문은 身死하고 주인은 門誅한다는 것이었다. 그리고 이러한 조칙이 발표된 2일 후, 즉 庚戌日에는 문교규칙을 발표하여 사립학교의 건립에 대한 통제를 엄격히 하고 있다. 그런데 이 두 조칙이 발표된 것은 시간상으로 접근해 있을 뿐만 아니라 내용상으로 보더라도 壹齊政化와 整齊風俗이라고 하는 강력한 정치적 통제를 내포하고 있다. 따라서 이는 태무제의 화북통일 이후 중앙집권적 전제체제의 확립이라고 하는 정치적 문제와 깊이 관련된 것이다.

태무제는 태평진군 4년(443) 9월에서 12월에 걸쳐 蠕蠕을 정벌하였다.168) 이때 鉅鹿公 劉潔이란 자가 태무제에게 모반의 마음을 가지고 북벌을 방해하였다.169) 이러한 모반에는 북벌의 책임을 맡고 있던 태무제의 이복동생이었던 樂平王 丕, 樂安王 範이 가담하여170) 태무제에 대한 위협

---

167) 橫超慧日, 『中國佛敎の硏究』, pp.287~289, p.329.

168) 『魏書』 卷4, 世祖紀 ; 同書 卷103, 蠕蠕傳.

169) 同上書 卷28, 劉潔傳에 "時議伐蠕蠕 潔意不欲 言於世祖曰 虜非有邑居 遷徙無常 前來出軍 無所擒獲 不如廣農積穀 以待其來 群臣皆從其議 世祖決行 乃問於崔浩 浩固言可伐 世祖從浩議 旣出……而潔恨其計不用 欲沮諸將 乃矯詔更期 故諸將不至 時虜衆大亂 恭宗欲擊之 潔執不可 (中略) 世祖之征也 潔私謂親人曰 若軍出無功 車駕不返者 吾當立樂平王"이라 했다.

을 가하였던 것으로, 이는 북위 통치계급 내부의 투쟁에 기인한 것으로
보인다.

북위는 부족제였지만 태조 도무제에 이르러 부족을 분산하여 分土定居
하게 함으로써 선비족의 舊貴族에 대한 세력을 약화시켰다. 이후 태무제에
이르러서는 전술한 바와 같이 부락해산이 완성되고 북량 평정 후에는
화북통일의 대과업이 완성되었다. 이에 태무제는 선비족의 군사력을 감소
시키면서 중앙집권적 전제체제를 확립하고자 하였다. 이러한 태무제의
정책에 따라 선비족의 舊貴族이 북위 왕실로부터 점차 소원해지면서 그들
의 불만과 더불어 통치계급 내부의 모순은 첨예화되어 갔다.[171] 이러한
상황에서 북위의 명족으로 자부심을 갖고 있던 劉潔[172]이 태무제의 통치에
대한 모반을 계획하였을 때 태무제는 이를 용납할 수 없었던 것이며, 그러
한 모반의 이면에는 도참사상과 상당히 밀접한 관계를 가지고 있었다.[173]
때문에 사문 및 金銀工巧之人에 대한 억압을 가하고 사립학교의 건립을
통제함으로써 풍속을 整齊하고자 하는 정치적 조치를 취했을 것이다.
한편 사문과 더불어 師巫, 金銀工巧之人의 私養을 엄중히 경계하여 師巫
사문은 身死하고, 주인은 門誅한다는 것이었다. 이는 각지의 豪族 및 貴族

---

170) 同上書 卷17, 樂平王傳에 "樂平王丕 少有才幹 爲世所稱 太宗以丕長 愛其器度
　　 (中略) 後坐劉潔事 以優薨 事在潔傳"이라 있고, 同 樂安王傳에 "樂安王範 泰常七
　　 年封 雅性沉厚……後劉潔之謀 範聞而不告 事發 因疾暴薨"이라 있다.
171) 向燕南, 前揭論文.
172) 『魏書』卷113, 官氏志에 孝文帝 太和 19년(495) 姓族分定을 할 때 "其穆陸賀劉樓于
　　 嵇尉八姓 皆太祖已降 勳著當世 位盡王公"이라 하여 劉氏가 北魏의 勳臣이었음을
　　 알 수 있다. 그러나 同書 卷28, 劉潔傳에 "劉潔 長樂信都人也 (中略) 世祖卽位……
　　 於是超遷尙書令 改爲鉅鹿公 (中略) 潔朝夕在樞密 深見委任 性旣剛直 恃寵自專
　　 世祖心稍不平"이라 하여 劉潔이 太武帝의 不平을 받고 있었다.
173) 『魏書』卷28, 劉潔傳, p.689, "潔又使右丞張嵩求圖讖 問 劉氏應王 繼國家後 我審有
　　 名姓否 嵩對曰 有姓無名 窮治款引 搜嵩家 果得讖書 潔與南康公狄鄰及嵩等 皆夷
　　 三族 死者百餘人".

의 세력을 억압하여 왕권강화를 도모하고자 함에 있었던 것으로 생각된다. 金銀工巧之人에 대한 私養의 금지는 豪族의 무력기반을 없애자는 것이며,[174] 사문의 금지는 불교세력과 결탁된 豪族勢力의 확대를 방지하고자 함에 있었던 것이다. 이러한 불교의 억압책은 마침내 蓋吳의 亂과 관련해서 북위 전역에 폐불이 단행되었다.

개오는 盧水의 胡族으로서 태평진군 6년(445) 9월에 杏城에서 반란을 일으키고,[175] 同年 11월에 安定의 여러 호족들이 무리를 지어 이에 응함으로써 관군으로는 쉽게 진압할 수 없는 형세로 확대되어 갔다.[176] 특히 河東의 薛永宗이 무리를 이끌고 개오와 通謀함에 미쳐서[177] 반란군의 세력은 더욱 강성하게 되었다. 개오는 자칭 天台王이라 하며 백관을 두는 데까지 이르렀다.[178] 이는 『위서』세조기 태평진군 六年 十一月條의 기록

---

174) 工巧之人에 대한 太武帝의 관심은 이후에도 계속되었던 것으로 『魏書』卷4, 世祖紀 太平眞君七年 三月條에 "詔諸州坑沙門 毀諸佛像 徙長安城工巧二千家於京師"라 하여 이들이 각지 豪族의 무력적 기반이 될 수 있다는 것을 시사해 준다.

175) 『魏書』卷4, 世祖紀 太平眞君六年條, p.99, "九月 盧水胡蓋吳聚衆反於杏城 冬十月 戊子 長安鎭副將元紇率衆討之 爲吳所殺 吳黨逾盛 民皆渡渭奔南山".

176) 同上, 十一月條, p.99, "蓋吳遣其部落帥白廣平西掠新平 安定諸夷酋皆聚衆應之 殺汧城守將 吳遂進軍李閏堡 分兵掠臨晉巴東 將軍章直與戰 大敗之 兵溺死於河者三萬餘人 吳又遣兵西掠至長安".

177) 歐陽熙, 前揭論文에서 五胡十六國時代 이래로 각 민족의 통치자들은 그 정권을 유지하기 위해서 부득이 漢人을 이용하고 各族의 上層階級을 그의 통치기구내로 흡수하였다. 따라서 北魏정권도 鮮卑 貴族 및 漢族의 地主階級이 주체가 된 연합정권의 성격을 띠게 되었던 것이다. 그런데 이러한 통치계급은 자기들의 이익을 유지하기 위하여 강력한 통치집단을 형성하였지만 이들의 압박을 받고 있는 각 민족의 人民은 공동의 운명을 가지고 이러한 계급의 압박에 대한 공동의 투쟁을 전개하였다. 이를테면 蓋吳의 亂이 발생하였을 때 新安, 安定의 諸胡族과 薛永宗이 이에 호응하여 北魏政權을 전복시키고자 했던 것이 그 대표적인 例라 하였다.

178) 岡崎文夫, 前揭書, pp.705~706에서 蓋吳가 스스로 天台王이라 칭하고 百官을

을 통해서 알 수 있다.

> 河東蜀薛永宗取黨盜官馬數千匹 驅三千餘人入汾曲 西通蓋吳 受其位號
> 秦州刺史金城公周鹿觀率衆討之 不克而還……詔殿中尙書乙拔率五將三
> 萬騎討蓋吳 西平公寇提三將一萬騎討吳黨白廣平 蓋吳自號天台王 署置
> 百官

　화북을 통일하고 왕권의 강화와 문물제도의 정비에 노력하고 있을 즈음
이러한 대규모의 반란은 조정의 신경을 날카롭게 하였던 것이다.[179] 따라
서 조정에서는 六州의 勇兵二萬人을 특수 관군으로 선발하여[180] 개오를
토벌하게 하였다. 태평진군 7년 六州의 軍이 설영종의 叛軍을 궤멸했지만,
개오는 태무제가 戱水에 다다랐을 때 이미 북방의 산지로 도망해 버렸기
때문에 叛民通謀者를 주멸하는데 그치고 큰 성과를 거두지 못했다.[181]
　이상 개오의 난에 대해 약술하였거니와 이때 불교와 관련된 중요한

　　두었다는 것으로부터 名義를 불교에서 빌려 徒黨을 모았던 것은 의심의 여지가
　　없다고 하였는데, 과연 天台王이라고 하는 것이 佛敎에서 사용하는 意味인지
　　쉽게 확인되지 않으며, 또 蓋吳의 亂에 佛敎徒가 宗敎의 이름으로 관련하였는지
　　명확한 史料를 발견하기 어렵다.
179)『魏書』卷4, 世祖紀에 의하면 太武帝 始光 2년(425)이래 太平眞君 7년(446) 5월에
　　이르기까지 20여 년에 걸쳐 일어난 異族의 반란만 하더라도 15차례에 이른다.
　　이 점에 대해서는 韓國磐, 前揭書, p.475에서 구체적으로 명시하고 있기 때문에
　　詳論할 필요성을 느끼지 못하지만, 太武帝가 이러한 大小의 반란을 겪어 온
　　터이라 蓋吳의 亂과 같은 대규모의 반란에 임해서 그 각오는 비장했을 것이다.
180) 同上, p.100, "辛未 車駕還宮 選六州兵勇猛者二萬人 使永昌王仁高涼王那分領
　　爲二道 各一萬騎 南略淮泗以北 徙靑徐之民以實河北".
181) 同上 太平眞君七年 春正月條, p.100, "戊辰 車駕次東雍州 庚午 圍薛永宗營壘
　　永宗出戰 大敗 六軍乘之 永宗衆潰 永宗男女無少長赴汾水死 辛未 車駕南幸汾陰
　　庚辰 帝臨戱水 蓋吳退走北地……丙申 幸虵屋 誅叛民耿靑孫溫二壘與蓋吳通謀
　　者".

사실의 하나는 태무제가 개오의 난을 평정하기 위해서 장안의 一寺에 이르렀을 때 일어난 사실을 『위서』 석로지에 비교적 상세하게 기술하고 있다.

會蓋吳反杏城 關中騷動 帝乃西伐 至於長安 先是 長安沙門種麥寺內 御
驪牧馬於麥中 帝入觀馬 沙門飮從官酒 從官入其便室 見大有弓矢矛盾 出
以奏聞 帝怒曰 此非沙門所用 當與蓋吳通謀 規害人耳 命有司案誅一寺
閱其財産 大得釀酒具及州郡牧守富人所寄藏物 蓋以萬計 又爲屈室 與貴
室女私行淫亂 帝旣忿沙門非法 浩時從行 因進其說 詔誅長安沙門 焚破佛
像 勅留臺下四方 令一依長安行事

위 기록을 보면, 태무제의 從官(御驪)이 寺內에서 술을 마시던 중 무기가 있는 것을 발견하고 태무제에게 상주하였다. 개오의 난을 평정하지 못하여 초조해 하고 있던 태무제에게는 개오와 通謀의 의심을 자아내기에 충분하였으며, 이것이 불교에 대한 통제와 억압을 실시해 오고 있던 그에게 폐불의 기회가 됨은 당연한 것이었다.[182] 분노에 찼던 태무제의 하명에 따라 寺內를 검색한 결과는 釀酒器具와 州郡의 牧守, 富人이 기증한 藏物 및 貴室의 부녀와 淫亂을 행했던 屈室이 발견되었다.[183] 이에 태무제는 분노

---

182) 范文蘭, 前揭書, p.493에서 사원은 불교의 塢壁이며 寺主는 宗主로서, 강대한 寺主는 世俗의 塢主에 해당하며 僧人은 寺主의 瓜牙로서 각종의 노동을 제공하는 사람이라고 하였다. 그리고 太武帝시대에 長安一寺에 武器와 재물을 보유하고 있었던 것은 佛寺의 일반적인 일로서 僧人이 謀叛을 기도하고 있었던 것을 말하며, 이는 廢佛의 구실이 되지 않을 수 없었다고 한다.

183) 韓國磬,「魏晋南北朝時寺院地主階級的形成與發展」『魏晋南北朝隋唐史』1988-6 (北京, 人民大學書報資料社, 復印報刊資料)에서 ① 寺院에 무기가 있었다고 하는 것은 寺院의 自衛에 담당하기 위한 것으로서 이는 당시에 보편적으로 존재했던 世俗地主의 自衛體였던 塢壁과 유사한 것이다. ② 寺院에 種麥이 있었다는 것은 사원이 농업에 종사하고 있었다는 사실을 말하고, 더불어 농업생산 노동을 제공하

를 더하여 드디어 장안의 사문들을 주멸함은 물론 焚破佛像이라는 격한
폐불을 단행함에 이르렀다. 마침내 이러한 廢佛令은 장안의 사원에 국한하
지 않고, 드디어 천하의 佛寺와 사문에 대하여 동일한 명령이 하달된
것이다. 북위의 건국이래 사문의 영험은 화북통일정책에 이용되고 초민족
적 종교로서 胡・漢 융합에도 크게 공헌하였다. 하지만 군주권의 강화나
국가가 지향하는 정치적 목적에 공헌하지 못한다고 인정될 때 帝權에
의한 탄압은 불가피하였던 것이다. 즉 불교가 호국불교로서의 역할을 수행
하지 않고 특정 집단이나 무력과 결부되었다는 의심을 받게 되었을 때
국가권력에 의한 폐불을 피할 수 없었다. 당시 태자로서 監國을 맡고
있던 恭宗은 경건한 불교신자로서 여러 번 상주하여 고의적인 사원의
파괴를 반대하고 사원의 출입을 금지함으로써 자연적인 毀滅이 되도록
재삼 간청하였다. 그러나 태무제는 허락하지 아니하고[184] 아래와 같은
조칙을 내렸다.

　昔後漢荒君 信惑邪僞 妄假睡夢 事胡妖鬼 以亂天常 自古九州之中無此
也 夸誕大言 不本人情 叔季之世 闇君亂主 莫不眩焉 由是政敎不行 禮義大
壞 鬼道熾盛 視王者之法 蔑如也 自此以來 代經亂禍 天罰亟行 生民死盡
五服之內 鞠爲丘墟 千里蕭條 不見人迹 皆由於此 朕承天緒 屬當窮運之弊

는 下層僧侶나 附戶가 있었다는 것이다. ③ 寺院의 藏物은 官僚나 富人이 일시적으
로 위탁한 물건이거나 아니면 저당물로서 이는 사원이 농업에 종사하면서 世俗地
主와 유사한 高利貸를 행했던 증거였고, 또한 사원 내에 釀酒具가 있었다는
것도 스스로 술을 마시고 판매하는 商業活動의 증거가 된다. ④ 釀酒具와 더불어
屈室의 淫亂行爲는 佛敎의 계율을 파괴하는 것으로 사원이 世俗地主와 근본적으
로 다를 바 없다고 하였다.
184)『魏書』卷114, 釋老志, p.3034, "時恭宗爲太子監國 素敬佛道 頻上表 陳刑殺沙門之
濫 又非圖像之罪 今罷其道 杜諸寺門 世不修奉 土木丹靑 自然毀滅 如是再三 不
許".

欲除僞定眞 復羲農之治 其一切蘯除胡神 滅其蹤迹 庶無謝於風氏矣 自今
以後 敢有事胡神及造形像泥人銅人者 門誅……皆是前世漢人無賴子弟劉
元眞呂伯强之徒 接乞胡之誕言 用老莊之虛假 附而益之 皆非眞實 至使王
法廢而不行 蓋大姦之魁也 有非常之人 然後能行非常之事 非朕孰能去此
歷代之僞物 有司宣告征鎮諸軍刺史 諸有佛圖形像及胡經 盡皆擊破焚燒
沙門無少長悉坑之 是歲眞君七年三月也(『魏書』釋老志).

이를 앞서 인용한『위서』석로지의 기사 "及得寇謙之道 帝以淸淨無爲
有仙化之證 遂信行其術……(崔)浩奉謙之道 尤不信佛 與帝言 數加非毀
常謂虛誕 爲世費害 帝以其辯博 頗信之"라는 내용과 관련해서 생각해 보
면, 태무제의 폐불사건은 최호의 책동에 의한 佛·道의 충돌로 이해할
수도 있다. 그러나 태무제가 폐불의 조칙을 발표하게 된 당시의 상황을
보다 자세히 분석해 보면, 단순히 불교와 도교의 충돌로만 간과해 버릴
수는 없을 것 같다. 우선 조칙의 내용 가운데 불교와 도교를 비교해서
우열을 언급한 부분을 발견할 수 없다. 일찍이 岡崎文夫는 태무제의 조칙
가운데 불교를 지목해서 한인 가운데에 무뢰한 자가 노장을 假托해서
만들었다고 간주한 점 등은 명백히 도교 측의 說을 채용한 것이고 태무제의
排佛感情이 도교 일파에 이용되었다는 것은 의심의 여지가 없다고 하였
다.[185] 그런데 필자는 위 인용문 가운데 "接乞胡之誕言 用老莊之虛假 附而
益之 皆非眞實"이라는 문맥을 연결해 볼 때 도교의 입장을 견지한 태도라
고는 생각되지 않아서 岡崎文夫의 설에 쉽게 수긍이 가지 않는다. 그리고
"政敎不行 禮義大壞 鬼道熾盛 視王者之法 蔑如也"라고 한 내용도 오히려
유교의 입장에서 중국 王統의 정통성을 내세움으로써 불교억압의 합리성
을 강조한 것으로 보아야 하겠다. 그렇다면 태무제 폐불의 주된 원인은

---

185) 岡崎文夫,『魏晋南北朝通史』, p.706.

무엇이었던가?

　태무제는 전술한 바와 같이 5호의 화란을 평정하여 화북통일을 달성한
후 중앙집권적 전제체제의 확립에 노력하고 있었다. 이러한 시기에 북위
건국이래 최대의 민족 반란이었던 개오의 난이 일어났다. 이 난에는 安定의
저, 강, 흉노 등 여러 胡族들이 가담하고,[186] 하동의 설영종이 무리를 이끌
고 이와 결탁함에 따라 북위의 관군으로서는 쉽게 진압할 수 없는 형세여서
태무제도 친히 대군을 이끌고 난의 진압에 나서게 되었던 것이다. 더욱이
북위의 서남지역에서는 개오의 난을 전후한 태평진군 5년 7월에는 東雍州
刺史 沮渠秉의 謀叛이 있었고,[187] 진군 6년 3월 행성에서 酒泉公 郝溫의
반란이 있었으며,[188] 同 7년 3월에는 金城에서 邊岡, 天水에서 梁會의
반란이 있었다.[189] 따라서 북위가 서남지역에 대한 통치에는 어려움을
겪고 있었기 때문에 개오의 난은 북위 조정에 대해서는 상당히 위협적인
반란이었다. 그래서 태무제는 행성 지역의 반란을 철저히 진압하고자 하여
"所過誅與蓋吳通謀反害守將者"[190]라고 하였다. 이러한 상황 아래 있을
때 장안 一寺에서 무기를 발견하여 이것이 태무제로 하여금 "當與蓋吳通
謀"라고 하는 의심을 자아냈을 때 불교에 대한 탄압은 단행될 수밖에
없었다. 따라서 태무제는 내가 아니면 이 역대의 僞物을 제거할 수 없다고
하는 비장한 각오 아래 격렬한 폐불을 단행하여 북위에 다시는 사문이
없었다고 하는 佛法毀滅을 맞게 되었다.[191]

---

186) 『資治通鑑』 卷124, 宋元嘉二十二年條, p.3914, "諸種胡爭應之 有衆十餘萬".
187) 『魏書』 卷4, 世祖紀 太平眞君五年 七月條.
188) 同上, 太平眞君六年 三月條.
189) 同上, 太平眞君七年 三月條.
190) 『北史』 卷2, 魏本紀二 太平眞君七年 二月條.
191) 『高僧傳』 卷10(『大正藏』 第50卷), 曇始傳에 "太平七年 遂毀滅佛法 分遣軍兵 燒掠
　　　寺舍 統內僧尼 悉令罷道 其有竄逸者 皆遣人追捕 得必梟斬 一境之內 無復沙門"이

5호의 쟁란 이래 화북지방의 불교는 점차 그 교세를 확대하고 있었기 때문에 5호의 군주는 불교에 대한 탄압이나 폐불을 단행하는데 주저하지 않으면 안 되었다.[192] 그런데 북위의 태무제가 이와 같이 철저한 폐불을 감행했던 것은 당시 북위가 완전히 북중국을 통일하고 충실한 국력을 가지고 있었던 것이 기본적 요건으로 잠재해 있었음을 잊어서는 안 된다.

이상에서 볼 때 태무제의 폐불 요인 가운데는 유교정치를 이상으로 하는 배불론자 최초의 책동이나 구겸지의 북위 조정 진출로 인한 태무제의 도교화와 전혀 무관한 것은 아니다. 그러나 보다 근본적인 원인은 북위 영내의 민족적 대립과 더불어 태무제의 통치에 대한 이민족의 위협적인 반란에 의거한 것이며, 직접적인 발단은 장안의 사문이 개오의 난에 관련되었으리라는 의구심에서 비롯되었다. 그러므로 결국 태무제의 폐불은 이민족의 반란을 진압하는 과정에서 나타났던 정책적 문제와 연관된 사건으로 규정할 수 있을 것이다.

라 하였다. 그런데 『魏書』 釋老志에 "恭宗言雖不用 然猶緩宣詔書 遠近皆豫聞知 得各爲計 四方沙門 多亡匿獲免 在京邑者 亦蒙全濟 金銀寶像及諸經論 大得秘藏 而土木宮塔 聲敎所及 莫不畢毁矣"라 있어, 恭宗의 노력에 의해서 沙門 및 金銀寶像에 대한 피해가 상당히 줄었던 것으로 보인다.

192) 『高僧傳』 卷2, 曇無讖傳에 "至遜僞承玄二年(北凉:429) 蒙遜濟河伐乞伏暮末於枹罕 以世子興國爲前驅 爲末軍所敗 興國擒焉 後乞伏失守 暮末與興國俱獲於赫連勃勃 後爲吐谷渾所破 興國遂爲亂兵所殺 遜大怒 謂事佛無應 卽遣斥沙門 五十已下皆令罷道 蒙遜先爲母造丈六石像 像遂泣涕流淚 讖又格言致諫 遜乃改心而悔焉"이라 하여 河西의 猛主 沮渠蒙遜이 沙門에 대한 탄압을 가하여 50이하의 沙門을 罷道하게 한 사실이 있다. 그러나 蒙遜은 즉시 改心하여 후회하였다고 하기 때문에 이는 실행되지 못한 듯하며, 설사 실행되었다 할지라도 일시적인 것에 불과한 것으로 보이기 때문에 크게 문제가 되었던 것은 아니다.

4. 佛敎의 復興과 國家的 統制

1) 太武帝 末期 對佛政策의 變化

주지하는 바와 같이 북위 太武帝 太平眞君 7년(446)에 단행된 佛法毁滅
로 말미암아 북위 전역에 다시는 사문이 없었다고 하는 잔혹함을 말해주었
다. 그러나 태무제의 長孫 文成帝의 繼位와 더불어 발표된 조칙에 의해서
북위불교는 다시 부흥의 기회를 맞이하게 된다. 하지만 문성제의 조칙에
앞서 실제로 불교부흥의 기운이 나타나기 시작한 것은 태무제 말기에
조정의 重臣 최호의 주멸을 전후한 시기였다. 이는『위서』권114, 석로지의
아래와 같은 내용을 통해서 알 수 있다.

> 浩旣誅死 帝頗悔之 業已行 難中修復 恭宗潛欲興之 未敢言也 佛淪廢終
> 帝世 積七八年 然禁稍寬弛 篤信之家 得密奉事 沙門專至者 猶竊法服誦習
> 焉 唯不得顯行於京都矣

최호의 주멸에 당해서 태무제가 지난날의 폐불을 후회하였지만 중도에
修復하기는 어려웠고, 恭宗도 은밀히 불교를 재흥시키려고 했지만 감히
말하지 못하였다. 그러나 태무제 말기에 이르기까지 7·8년에 걸쳐 실시된
폐불의 금령이 점차 이완되어 설사 京都에서는 공공연한 봉불의 행사는
할 수 없었지만, 지방에서는 이미 篤信者의 密奉과 함께 사문이 法服을
입고 불경을 독송하는 상태였다. 여기에서 "浩旣誅死 帝頗悔之"라는 기록
을 통해서 볼 때, 태무제 때 단행된 폐불이 당시 조정에 중임을 맡고 있던
배불론자 최호의 智謀에 따라서 실행된 것 같다. 그래서 태무제는 최호의
죽음에 임해서 지난날 그의 계략에 의해서 실시했던 폐불정책의 잘못을
뉘우친 것으로 보인다. 물론 최호의 국사사건과 관련해 격노했던 태무제가

"재상의 戮辱함이 최호와 같은 자 없다"[193]고 하여 과거 최호에 대한 신임을 후회했던 것은 부정할 수 없다. 그러나 태무제의 북위 조정은 북방 胡族王朝로서의 성질을 강하게 가지고 있었다. 한인 명족 최호의 정치적 의향에 따라 좌우되었던 것은 아니다. 모든 정책은 영민한 군주 태무제 자신의 소신이었고, 폐불의 원인도 태무제의 전제적 정치체제와 깊이 관련되어 있었다. 단순히 최호의 죽음이라는 사실만으로 폐불령이 이완되었다고는 볼 수 없을 것 같다. 이를테면『고승전』권10, 曇始傳에 아래와 같은 장문의 기사가 보이고 있다.

> 釋曇始 關中人 自出家以後 多有異迹……始足白於面 雖跣涉泥水 未嘗沾濕 天下咸稱白足和尙……至太平之末 始知燾化時將及 以元會之日 忽杖錫到宮門 有司奏云 有一道人 足白於面 從門而入 燾令依軍法 屢斬不傷 遽以白燾 燾大怒 自以所佩劍斫之 體無餘異 唯劍所著處 有痕如布線焉 時北園養虎於檻 燾令以始餧之 虎皆潛伏 終不敢近 試以天師近檻 虎輒鳴吼 燾始知佛化尊高 黃老所不能及 卽延始上殿 頂禮足下 悔其愆失 始爲說法 明辯因果 燾大生愧懼 遂感癘疾 崔寇二人 次發惡病 燾以過由於彼 於是誅剪二家門族都盡 宣下國中興復正敎 俄而燾卒 孫濬襲位 方大弘佛法 盛迄於今 始後不知所終

위 기사의 내용은 역사적인 사실로는 전혀 신빙성이 없다. 그러나 이 기록의 의미는 인과응보의 해석을 가했던 신이적 설화가 일찍이 중국의 불교계에 流轉하고 있었다는 점을 알 수 있다. 그리고 태평진군 말년에 이르러 태무제의 폐불령이 점차 이완되고 불교부흥의 기운이 일어나는 시대적 배경에 동반해서 불교의 우월성을 강조하고 있다는 점을 엿보게

---

193)『魏書』卷35, 崔浩傳, p.862, "自宰司之被戮辱 未有如浩者".

한다. 아울러 폐불에 대해서 불교의 인과응보사상을 가지고 보다 효과적인
부흥운동을 전개하고자 했던 점도 간과할 수 없다.

이러한 시대적 변화를 최호의 주멸이라고 하는 사실로 귀결시켜 버릴
수는 없다. 태무제의 정책과 관련하여 보다 복합적인 측면에서 살펴볼
필요가 있다. 즉, 폐불이 단행될 당시 불교의 교세가 어떤 상황에 있었고
사회적으로 어떠한 반응을 가져왔으며, 이러한 상황에 따른 태무제 자신의
태도가 어떻게 변화되었던가 하는 점이다. 북위의 건국이래 帝權과 불교의
결탁으로 인한 불교교단의 확대 및 그 역할에 대해서는 이미 前節에서
고찰한 바 있다. 태무제에 이르러서도 이른바 廢佛毁釋의 주역으로 지목되
었던 최호는 그의 妻 郭氏가 때때로 佛典을 독송하는 불교신자였기 때문에
노여워했었다. 그리고 그의 일족 崔模도 매양 糞土 가운데에서도 불상을
예배했던 열렬한 불교도의 한 사람이었다는 것은 태무제의 치세에 나타났
던 불교의 교세를 가히 짐작할 수 있다. 이러한 가운데 발표된 폐불령에
대해서 당시 불교도들의 직접적인 반란이 일어난 사례는 찾아 볼 수 없
다.194) 하지만 태자였던 공종이 재삼 주청하여 고의적이고 급진적인 사원
의 파괴를 반대하고, 사원 출입의 금지를 통한 자연적인 毁滅이 되도록
간청한 사실이 있다. 이는 앞서 언급하였지만 『위서』 권114, 석로지의
기사를 다시 인용해 본다.

　　時恭宗爲太子監國 素敬佛道 頻上表 陳刑殺沙門之濫 又非圖像之罪 今
　　罷其道 杜諸寺門 世不修奉 土木丹靑 自然毁滅 如是再三 不許

이 기록은 공종 자신이 경건한 불교신자로서 개인적 신앙심에 입각한

---

194) 太武帝의 통치하에서 반란이 쉽게 일어날 수 없었던 政治・社會체제에 대해서는
　　宇都宮淸吉, 『中國古代中世史硏究』(東京, 創文社, 1977), pp.439~440 참조.

불교보호라고 하는 입장에서 주청했던 사실로 볼 수도 있다. 하지만 태자로서 監國에 임하고 있던 그의 정치적인 입장에서 본다면 적어도 국가차원에서 불교의 교세를 면밀히 통찰한 간청이었음에 틀림없다. 즉 태무제의 폐불이 지나치게 격렬하여 통일왕조의 발전에 결코 이로움이 없다는 것을 말한 것 같다.

天師道의 개혁자로서의 소임을 가지고 있던 도사 寇謙之도 오랜 수도생활을 통하여 나름대로의 사상적 체계를 수립하였다. 이후 태무제의 조정에 진출하여 帝權과 결탁함으로써 도교를 국교의 지위로 확립해 놓았다. 그러면서도 불교의 탄압을 주장한 최호의 전면적 폐불에 대해서는 반대하였다. 일찍이 구겸지의 불교에 대한 태도를 보면, 불교는 비록 西胡의 종교이지만 불타도 32天 가운데 一宮主이며, 특별히 苦行派이기 때문에 그 제자들은 모두 髡形染衣하고 세속을 떠나서 수도하고 있다는 것이다. 이러한 구겸지의 태도는 이미 북위 전역에 걸쳐 불교의 교세가 확대되어 있기 때문에 이와 대립·충돌을 가져오는 것은 時宜에 적절하지 못함을 간파하고 불교를 인정하면서 포교의 편의를 얻고자 했던 입장 있었다.

이와 같이 監國에 임하고 있던 태자 공종과 천사도의 개혁자 구겸지가 불교의 殷滅을 반대하였다. 그러나 무단전제군주 태무제는 불교가 壹齊政化에 위배된다는 명목 아래 폐불을 단행하여 사원은 焚燒되고 사문은 환속시켰다. 이와 같은 태무제의 폐불이 비록 그의 무단전제적 권력에 의해서 표출된 정책이었다 할지라도 결코 지속적일 수는 없었다. 때문에 태무제 태평진군 말년에 이르러 그 변화가 태동했던 것이다. 태무제는 말년에 이르러 통일정책의 수행과정에서 단행했던 폐불정책 그 자체가 모순이었다는 사실을 알게 된 것 같다. 태무제는 자기가 신임했던 구겸지, 최호에 뒤이은 태자 晃의 죽음에 임해서 자책의 심회가 더하여 『위서』

석로지에는 "浩旣誅死 帝頗悔之"라 하였다. 그리고 『고승전』曇始傳에는 불교의 입장에서 마치 담시의 교화인양 詑傳하고서는 "宣下國中興復正敎"라 하였던 것으로 생각된다. 따라서 최호의 죽음이 폐불정책의 변화에 하나의 중요한 자극은 되었다 하더라도 그의 주멸이 對佛政策의 변화와 직결되었다고 단언할 수는 없다.

이상에서 살펴본 바와 같이 태무제 말기에 불교부흥의 기운이 나타나면서 엄격했던 폐불령은 점차 그 효력을 상실해 가고 있었다. 그러나 보다 구체적인 불교부흥정책은 문성제의 치세에 이르러 실현하게 된다.

2) 文成帝의 卽位와 佛敎復興

태무제가 閹宦 宗愛에 의해서 살해된 후 북위 조정은 일시적으로 제위 계승을 둘러싼 내분이 야기되었다. 그러나 奸官 종애가 제거되고 태무제의 嫡孫이었던 濬이 계위하니, 이가 바로 高宗 문성제이다.[195] 문성제는 正平 2년(452) 10월에 즉위하여 興安이라고 改元하니 그의 나이 13세가 되던 해였다.[196] 문성제는 즉위하던 그해 12월에 興佛의 조칙을 발표하였다.[197] 이러한 조칙에 직면해서 불교도의 열광적인 불교부흥운동이 전개되어 갔다. 조칙의 내용을 『위서』권114, 석로지에는 아래와 같이 전하고 있다.

　　高宗踐極 下詔曰……況釋迦如來功濟大千 惠流塵境 等生死者歎其達觀 覽文義者貴其妙明 助王政之禁律 益仁智之善性 排斥群邪 開演正覺 故前代已來 莫不崇尙 亦我國家常所尊事也 世祖太武皇帝 開廣邊荒 德澤遐及

---

195) 『魏書』卷94, 宗愛傳 참조.

196) 『魏書』卷5, 高宗本紀, p.111, "高宗文成皇帝 諱濬 恭宗景穆皇帝之長子也 母曰閭氏 眞君元年六月生於東宮……正平二年十月戊申 卽皇帝位於永安前殿".

197) 同上, p.112, "(興安元年 十有二月)乙卯 初復佛法".

沙門道士善行純誠 惠始之倫 無遠不至 風義相感 往往如林 夫山海之深
怪物多有 姦淫之徒 得容假託 講寺之中 致有兇黨 是以先朝因其瑕釁 戮其
有罪 有司失旨 一切禁斷 景穆皇帝每爲慨然 値軍國多事 未遑修復 朕承洪
緖 君臨萬邦 思遹先志 以隆斯道

이 조칙의 내용을 정리해 보면, 불교는 백성의 교화에 공이 크며 왕정의
禁律을 도우고, 仁智의 善性을 增益하여 사악한 무리를 물리치고, 진리의
깨달음을 정확하게 하는 것이다. 그러므로 國初이래 항상 존중하는 바가
되었다. 세조 태무제에 이르러는 천하의 통일이 성취되고, 그 德이 널리
미침에 따라 惠始와 같은 사문들이 각 지역으로부터 모여들었다. 그런데
山海가 깊으면 怪物이 많음과 같이 불교가 융성함에 있어서 姦淫한 무리가
들어와서 講寺의 가운데 兇黨의 무리들이 나타났다.[198] 이 때문에 태무제
는 瑕釁으로 인한 有罪者만을 살육하려고 하였지만, 당시 有司가 帝의
근본취지를 잘못 알고 一切禁斷이라고 하는 극단적인 폐불령을 단행했던
것이다. 父 景穆帝(恭宗)는 항상 이를 개탄하였으나 軍國이 多事하였기
때문에 修復하지 못하였으므로, 이제 朕이 계위하여 선인의 뜻을 받들어
佛道의 융성을 기하고자 한다는 것이다.

그렇다면 이제 문성제가 이러한 불교부흥의 태도를 취하게 된 원인이
무엇이었던가를 규명해야 할 것이다. 먼저 문성제는 그가 제위에 오르기
이전에 고승과 깊은 관계를 가지고 있었으며, 이러한 관계를 통한 사문의
활약이 결국 그의 즉위와 더불어 실시한 興佛政策에 지대한 영향을 미치게
되었다. 『위서』 석로지의 기사 가운데 아래의 내용이 보이고 있다.

京師沙門師賢 本罽賓國王種人 少入道 東遊涼城 涼平赴京 罷佛法時 師

---

198) 蓋吳의 亂과 관련된 長安 一寺의 사건을 지칭하는 것으로 보인다.

賢假爲醫術還俗 而守道不改 於修復日 卽反沙門 其同輩五人 帝乃親爲下
髮 師賢仍爲道人統

師賢은 北印度 罽賓國 출신으로 일찍이 佛門에 귀의하여 사문이 되고,
동으로 涼州에 이르러 포교에 종사하였다. 태무제 太延 5년(439) 양주가
북위에 평정되자 위나라의 도읍 大同으로 옮겨왔다.[199] 태무제의 폐불에
즈음해서는 의술로써 거짓 환속했다가 불교 부흥의 날을 맞아 同輩 5인과
함께 즉시 사문으로 복귀하였다. 그런데 문성제는 그가 사문으로 복귀하였
을 때 친히 剃髮의 의식을 행하고 道人統(문성제시대 第一代)으로 임명하
였다. 이와 같이 문성제가 사현을 불교계의 최고 승관이었던 도인통에
補任하였다는 것은 흥불 이전에 이미 두 사람의 관계가 돈독하였음을
짐작하게 한다. 이러한 관계로 도인통 사현은 이후 사문 曇曜와 함께
이 시대 흥불정책의 실현에 노력했던 중심인물이 되었다.
다음에는 문성제의 불교부흥정책의 주역이 되었던 사문 담요와의 관계
에 대해서 살펴보기로 한다.『위서』석로지의 기록에 아래의 내용이 보이고
있다.

先是 沙門曇曜有操尙 又爲恭宗所知禮 佛法之滅 沙門多以餘能自效 還
俗求見 曜誓欲守死 恭宗親加勸喩 至於再三 不得已 乃止 密持法服器物
不暫離身 聞者歎重之

---

199) 北魏의 佛教는 涼州佛教가 그 중심세력이 되었던 것으로 보인다. 이는 文成帝時代
第一代 道人統이 되었던 師賢을 비롯해서 第二代 沙門統이 된 曇曜, 文成帝의
옹립에 공을 세운 奉佛家 源賀(『魏書』卷41)의 『祇洹精舍圖偈』6卷에 注解하여
당시 불교계로부터 崇仰되었던 趙柔(『魏書』卷52), 또 恭宗의 존경을 받았지만
太武帝의 廢佛에 희생되었던 玄高(『高僧傳』卷11) 및 慧崇(『高僧傳』卷11, 玄高傳
附) 등이 涼州로부터 北魏의 都邑에 옮겨와서 당시 불교계의 중심인물이 되었다는
점에서 그러하다.

담요는 일찍이 공종(태무제의 적자)의 존경을 받았고, 폐불의 시기에는 공종의 권유에 의해서 환속하였으나 비밀리에 法服器物을 가지고서 사문의 신분임을 망각하지 않았다. 그런데 담요의 계보와 생졸년대에 대해서는 전혀 알 길이 없다.『고승전』권11, 玄高傳附曇曜傳에는 아래와 같은 간략한 기록만 있다.

時河西國沮渠茂虔 時有沙門曇曜 亦以禪業見稱 僞太傳張潭伏膺師禮

그가 北涼의 沮渠茂虔時代(433~439)에 禪業에 달통한 승려로서 덕망있는 선비 張潭으로부터 師禮를 받았다는 것 이외에는 알 수가 없다. 그리고 『속고승전』권1, 譯經篇初에도 "釋曇曜 未詳何許人也 少出家 攝行堅貞 風鑒閑約"이라고만 있을 뿐이다.[200] 그러나 이상의 기록을 보면 그가 양주지방의 사문으로 있다가 태무제의 양주 정벌로 인한 북량 멸망을 계기로 북위의 도읍으로 이주해 왔던 것은 사실이다.[201] 이후에 그는 공종의 예우를 받았고, 태무제의 엄격한 폐불령에 직면해서는 일단 공종의 권유에 의해서 환속하였다. 이렇게 볼 때 사문 사현과는 선후배의 관계로서[202] 홍불의 기회를 기다리면서 상호 협조했던 것으로 보인다. 또『위서』석로지에 다음과 같은 기록이 전하고 있다.

---

200) 『開元釋敎錄』卷6에도 曇曜傳이 있으나『續高僧傳』의 내용을 벗어나지 못하고 있다.

201) 塚本善隆,『支那佛敎史硏究』, pp.151~152에 의하면 당시 曇曜의 나이가 30세 전후였다고 한다.

202) 師賢과 曇曜가 先後輩의 관계로 보이는 것은 같은 涼州의 沙門으로서 北涼의 멸망을 계기로 北魏의 都邑에 이주해 왔다는 점과, 佛敎復興의 시기에 師賢이 第一代 道人統이 되었고 그가 죽은 연후에는 曇曜가 이에 대신했다는『魏書』 釋老志의 기사에 의한 것이다.

和平初 師賢卒 曇曜代之 更名沙門統 初曇曜以復佛法之明年 自中山被
命赴京 値帝出 見于路 御馬前銜曜衣 時以爲馬識善人 帝後奉以師禮

담요는 폐불을 맞이하여 잠시 中山 지방에 피신했다가 흥불의 조칙이
발표된 그 다음 해에 문성제의 부름을 받아 다시 북위의 도읍으로 돌아와서
和平(460~465) 초에 사현을 승계해서 沙門統이 되었다. 그런데 담요가
중산에서 소환되어 魏都에 올 때 노상에서 문성제와 만났고, 이때 御馬가
담요의 옷깃을 물었다고 하는 설화는 무엇을 의미하는 것일까? 문성제의
어마가 담요를 알아 볼 정도였다면, 담요는 문성제의 조정과 긴밀한 유대관
계를 맺으면서203) 불교의 부흥을 위해서 부단히 활동하다가 마침내 북위
조정으로 진출했던 것으로 해석된다. 공종의 知遇를 얻었던 담요가 공종을
배척하던 일파가 몰락하고 문성제의 즉위를 계기로 그 세력을 펼 수 있었다
는 것은, 퍽 자연스러운 시대의 흐름이라 할 수 있다. 이제 그가 바라던
일차적 목적을 성취하게 되었던 담요는, 도인통 사현을 보좌하면서 불교부
흥사업의 지도자로서 그 수완을 발휘하였다.204) 그러다가 사현이 죽은
연후에는 사문통이 되어서 이후 20여 년간 흥불사업을 성취하는데 노력하
였다.205)

---

203) 湯用彤, 前揭書, p.497에서 "按文成帝卽位時, 年只十二歲. 其父晃奉佛度至, 文成帝
原必亦常得見玄高及曇曜等"이라 하여 文成帝가 즉위 이전에 父 晃과 曇曜와의
관계를 통해서 이미 曇曜을 잘 알고 있었다는 점을 말하고 나서 "曇曜以復佛之明
年, 自中山奉命赴京. 是曜早受知于文成帝之證"이라고 註하여 그 사실을 더욱
명확히 하고 있다.

204) 塚本善隆,『支那佛教史研究』, p.142에서 師賢이 道人統으로 있던 시대에 실질적인
中原佛教의 지도자는 曇曜였다고 한다.

205) 同上, p.150에서 曇曜가 沙門統으로 활약한 시대를 文成帝 和平 初(460)로부터
獻文帝를 경과해서 孝文帝 太和(477~499) 某年까지 3代 20~30년간에 이르렀을
것이라고 주장하고 있다. 그리고 鎌田茂雄,『中國佛教史』(東京, 岩波書店, 1978),
p.106에서도 曇曜는 文成帝 和平初年부터 孝文帝 太和年間에 이르는 3代 30년간

이상에서 볼 때 幼少한 황제 문성제가 즉위 2개월만에 흥불의 조칙을
발표하게 된 중요한 원인은, 그 배후에 불교 측의 유력한 사문 사현이나
담요의 활동에 기인한 것이라 하겠다. 이러한 사실은 이들 사문이 문성제에
게 奏請한 흥불사업과 관련해 볼 때 더욱 명확하다. 이 점에 대해서는
이후 부흥불교의 국가적 통제와 관련해서 살펴보고자 한다.

다음으로는 문성제의 흥불정책이 그 정치적, 시대적 상황에 따라 불가피
했다는 점이다. 태무제 말기에 이미 폐불령이 완화되어 篤信者의 密奉과
함께 불교부흥의 기운이 일어나게 되었다는 것은 앞서 언급하였다. 비록
幼少하다고는 할지라도 태무제의 좌우에서 대소의 정치에 참여했던 문성
제 자신이나,[206] 그를 보좌했던 重臣들은 이러한 시대적 사정을 깊이 인식
하고 있었을 것이다. 이는 앞서 인용한 흥불의 조칙을 통해서도 알 수
있었다. 그 전후의 문맥을 보면 문성제는 북위불교가 걸어온 과정을 열거하
면서도 前代의 정책에 더불어 했던 불교의 善業만을 말하고 있다. 태무제의
가혹한 폐불마저도 그 책임을 유사에게 돌리면서 선제의 정책을 변호하였
고, 또 독실한 신자였던 아버지 공종의 遺志를 받든다는 명목 아래 불교부
흥의 시대적 불가피성을 말하고 있다. 실제로 이러한 對佛政策이 時宜에
적절하였다고 하는 것은 흥불의 조칙에 계속되는 『위서』 석로지의 기사를
통해서 알 수 있다.

天下承風 朝不及夕 往時所毁圖寺 仍還修矣 佛像經論 皆復得顯

에 걸쳐 仕任하였다고 한다.
206) 『魏書』卷5, 高宗紀에 "帝少聰達 世祖愛之 常置左右 號世嫡皇孫 年五歲 世祖北巡
帝從在後 逢虜帥桎一奴欲加其罰 帝謂之曰 奴今遭我 汝宜釋之 帥奉命解縛 世祖
聞之曰 此兒雖小 欲以天子自處 意奇之 旣長 風格異常 每有大政 常參決可否"라
하여 文成帝가 일찍이 太武帝의 좌우에 있으면서 정치의 가부에 참여하고 있었음
을 말하고 있다.

전제적 제권에 의한 불교 억압정책이 표면적이며 일시적일 순 있어도, 의도적으로 영속시켜 나간다고 하는 것은 시대에 역행하는 종교정책임을 말하고 있다.207) 한편 문성제가 즉위한 당시 북위 조정은 왕위계승문제로 내부적인 정치가 혼란한 시대였으므로 문성제의 즉위와 동시에 서정쇄신을 통한 관민의 安堵가 필요한 때였다. 이러한 시기에 불교에 대한 관용정책을 실현함으로써 불교도의 인심을 조정으로 귀의시키는 것도 중요한 정치적 수완의 하나로 생각하였을 것이다. 따라서 문성제가 즉위한 지 불과 2개월만에 불교부흥의 조칙을 내렸던 사실도 이러한 사정에 연유한 민심수습에 있었다고 보아도 큰 잘못은 없을 것 같다. 물론 이러한 사정에 따라 단행된 종교정책이 오직 불교에만 국한된 것은 아니다. 이를테면 『위서』 권5, 고종기에 다음과 같은 기록이 보이고 있다.

(興光元年)二月甲午 帝至道壇 登受圖籙 禮畢 曲赦京師 班賞各有差

태무제 때 구겸지의 노력에 의하여 국교의 지위를 확립했던 도교에 대해서도 역시 민심 통합과 관련하여 문성제가 스스로 圖籙을 받는 관용을 보인 것 같다.

이러한 對佛政策이 13세의 유소한 황제였던 문성제 자신의 정치적 의지에 의해서만 수립된 것으로 볼 수는 없고, 그를 도와 새로운 치세를 열었던 重臣의 보필이 있었다는 점도 간과할 수 없다. 조정의 신하들 가운데 실제로 불교신자가 많았고, 이들이 실질적인 對佛政策에 깊이 관여하였을

---

207) 常盤大定, 前揭書, p.7에서 太武帝의 廢佛에 관계하지 않고 당시 北魏의 불교는 외면적인 압박에 의해서는 파멸될 수 없을 정도로 상하의 인심을 움직이고 있었다. 이 때문에 太武帝의 뒤를 계승한 文成帝 때에는 倍前의 세력으로 회복되었다고 한다.

것이다. 그 대표적인 예로 문성제의 조정에 유력한 영향력을 가지고 있었던 源賀를 들 수 있다. 원하는 본래 南涼 禿髮傉檀의 아들이었는데, 傉檀이 西秦의 乞伏熾磐에게 망하자 북위에 와서 태무제로부터 源氏를 하사받고 入仕하였다.[208] 그는 태무제가 宗愛에게 시해 당하자 종애의 전횡을 막고 문성제를 옹립한 공신이었다. 이후 그가 효문제 太和 3년(479) 73세로 사망하기까지[209] 북위 정치에 미친 영향력은 대단하였다.[210] 즉, 南安王 余(태무제의 서자)가 종애를 죽이는 기회를 포착해서 禁兵을 지휘하고 陸麗, 劉尼와 함께 문성제를 추대하고 북위의 사직을 안정시키는데 크게 공헌하였다.[211] 이러한 공적에 따라 그가 문성제의 두터운 신임을 받았던 사실을 『위서』 권41, 원하전에 아래와 같이 기록하고 있다.

賀之臨州 鞫獄以情 徭役簡省 武邑郡姦人石華告沙門道可與賀謀反 有司 以聞 高宗謂群臣曰 賀誠心事國 朕爲卿等保之 無此明矣 乃精加訊檢 華果 引誣……賀上書謝 書奏 高宗顧謂左右曰 以賀之忠誠 尙致其誣 不若是者 可無愼乎 時考殿最 賀治爲第一 賜衣馬器物

武邑의 姦人이었던 石華가 문성제에게 원하가 사문 道可와 더불어 조정에 모반한다고 고하였다. 그러나 문성제는 이를 의심치 않고 끝내 무고함을

---

208) 『魏書』卷41, 源賀傳, p.919, "源賀 自署河西王禿髮傉檀之子也 傉檀爲乞伏熾磐所 滅 賀自樂都來奔 賀偉容貌 善風儀 世祖素聞其名 及見 器其機辯 賜爵西平侯 加龍 驤將軍 謂賀曰 卿與朕源同 因事分姓 今可爲源氏".

209) 同上, p.922~923, "太和元年二月 療疾於溫湯 高祖文明太后遣使者屢問消息 太醫 視疾……三年秋薨 年七十三".

210) 『魏書』卷41, 源賀傳 ; 同書 卷38, 刁雍傳.

211) 『魏書』卷41, 源賀傳, p.920, "南安王余爲宗愛所殺也 賀部勒禁兵 靜遏外內 與南部 尙書陸麗決議政策 翼戴高宗 令麗與劉尼馳詣苑中 奉迎高宗 賀守禁中爲之內應 俄而麗抱高宗單騎而至 賀乃開門 高宗卽位 社稷大安 賀有力焉 轉征北將軍 加給 事中 以定策之勳 進爵西平王".

규명하였다. 뿐만 아니라 그의 공적이 당대에 제일이었다고 함은 원하에 대한 문성제의 신임과 그의 역할을 미루어 짐작케 한다. 석화가 원하를 무고함에 있어서 그가 사문 도가와 더불어 모반한다고 했던 것은 원하가 승려 및 불교와 밀접한 관계를 가지고 있었다는 것을 의미한다. 이 점에 대해서『위서』권52, 趙柔傳에는 다음과 같이 전하고 있다.

　　隴西王源賀採佛經幽旨 作祇洹精舍圖偈六卷 柔爲之注解 咸得理衷 爲當時儁僧所欽味焉 又憑立銘讚 頗行于世

　원하의 불교에 대한 조예와 더불어 당시 불교계에 남긴 업적을 明記하고 있다. 이러한 점은 문성제의 흥불정책에 미친 원하의 영향을 짐작할 수 있게 한다.

　다음으로 문성제의 두터운 신임을 받았던 中書令 高允[212]도 일찍이 봉불가의 한 사람이었다. 그가 원하와 더불어 문성제의 對佛政策에 미친 영향도 도외시 할 수 없다. 고윤과 그의 一門인 발해 고씨의 성장과정 및 고윤의 관료생활방식에 관해서는 이미 상세한 연구가 되어 있기 때문에 더 이상 詳考할 필요가 없다.[213] 다만 본장에서는 고윤과 불교와의 관계를 고찰하기 위해서 그 이력의 일부를 살펴보고자 한다. 우선『위서』권48, 本傳에 아래와 같이 전하고 있다.

　　高允 字伯恭 勃海人也……父韜 少以英朗知名 同郡封懿雅相敬慕……太祖平中山 以韜爲丞相參軍 早卒 (中略) 年十餘 奉祖父喪還本郡 推財與二弟

---

212)『魏書』卷48, 高允傳에 "高宗重允 常不名之 恒呼爲令公 令公之號 播於四遠矣"라 있어 高宗의 신임이 깊었다는 사실을 알게 한다.
213) 朴漢濟, 前揭書, pp.109～138.

而爲沙門 名法淨 未久而罷 性好文學 擔笈負書 千里就業 博通經史 天文術
數 尤好春秋公羊 (中略) 還家敎授 受業者千餘人

고윤은 일찍이 아버지를 여의고 10세의 나이에 조부의 喪을 당하자
두 동생에게 家財를 맡기고 불문에 귀의하여 法淨이라는 法名을 가진
사문이 되었다. 그 후 오래지 않아 다시 환속한 후에는 학문에 심혈을
기울여 經史, 天文, 術數에 널리 통했으며, 특히 천문 술수에 관해서는
당시 최고의 천문 술수가였던 최호를 능가할 정도였다고 한다.214) 이러한
그의 재능과 학문적 소양은 북위 군주의 요구에 부응하는 인물이었기에
神䴥 3년(430)에 태무제의 舅였던 陽平王 杜超가 鄴에 鎭駐할 때 그의
從事中郞으로 발탁되었다.215) 이후 그의 정치적 경력은 신가 4년(431) 태무
제에게 徵召되어 中書博士에 제수된 데 이어,216) 다시 문성제 死後에 文明
太后의 집권과 더불어 조정의 중요한 정책결정권을 장악한 데까지 이어졌
다. 이후 효문제의 시대에는 원하, 刁雍과 더불어 특별한 예우를 받는
등217) 4대에 걸친 그의 정치적 영향력은 대단한 것이었다.218) 그런데 고윤
이 젊은 시절에 사문이 되었다고 하는 사실은 일찍이 불교에 상당한 관심이
있었음을 의미한다. 이러한 점을 『위서』本傳에는 다음과 같이 전한다.

---

214) 『魏書』卷48, 高允傳에 의하면 崔浩와 高允이 天文術數에 관해서 논쟁을 벌이다가
　　崔浩가 高允의 의견을 받아들였던 사실을 "後歲餘 浩謂允曰 先所論者 本不注心
　　及更考究 果如君語……又謂雅曰 高允之術 陽元之射也 衆乃歎服"이라 하고 있다.
215) 同上, p.1067, "神䴥三年 世祖舅陽平王杜超行征南大將軍 鎭鄴 以允爲從事中郞
　　年四十餘矣".
216) 同上, p.1067, "(神䴥)四年 與盧玄等俱被徵 拜中書博士".
217) 同上.
218) 대표적인 例로서 獻文帝時代 郡國의 敎育制度가 高允의 建議에 의해서 실시되었
　　다는 것을 『魏書』本傳에 기록하고 있다.

興壽稱共允接事三年 未嘗見其忿色 恂恂善誘 誨人不倦 晝夜手常執
書……又雅信佛道 時設齋講 好生惡殺

뿐만 아니라 그가 中書監의 지위에 있을 때 태무제의 두터운 신임을
받았던 사문 惠始의 죽음에 임해서 그의 傳을 만들어 德을 칭송하였던
사실도 있다.[219] 그는 원하, 陸麗 등과 더불어 문성제의 즉위를 도모한
후[220] 조정의 두터운 신임을 받았기 때문에, 문성제의 홍불정책에 미친
영향도 배제할 수 없다.

그리고 원하의『祇洹精舍圖偈』6권에 注解한 趙柔[221]도 불경에 해박한
지식을 가지고 원하, 고윤과 함께 문성제의 홍불정책에 관여한 인물로
보인다. 이와 같이 문성제를 보좌했던 元勳들 사이에 불교를 이해하고
있었다는 것이 문성제의 홍불정책에 중요한 원인 내지는 배경이 되었다고
하겠다. 특히 이들은 이후 헌문제, 효문제 때에도 북위의 실질적인 통치자
문명태후와 더불어 對佛政策을 추진한 인물들이다.[222]

이상에서 살펴본 바와 같이 문성제의 홍불정책은 前代의 폐불에 대한
반동적 종교정책이라기 보다 태무제의 말기 폐불정책의 이완과 민심수습
의 필요성에 따른 사회적 배경 가운데 일어난 것이다.

다음은 문성제의 홍불정책에 동반해서 일어났던 당시의 상황에 대해서
살펴보고자 한다. 이에 대한 명확한 사료는 접할 수 없다. 다만 장안 지방의
경우『고승전』권11, 釋僧周傳의 기록으로 대략 그 상황을 짐작할 수
있다.

---

219)『魏書』卷114, 釋老志.
220)『魏書』卷52, 趙柔傳.
221) 同上에 의하면 北涼 沮渠牧犍에게 金部郎으로 있다가 太武帝의 涼州 平定 때
    北魏의 都邑에 와서 文成帝時代에는 著作郎, 河內太守가 되었던 인물이다.
222) 제2장 5절에서 詳論하겠다.

釋僧周 不知何許人 性高烈 有奇志操 而韜光晦迹 人莫能知 常在嵩高山
頭陀坐禪 魏虜將滅佛法 周謂門人曰 大難將至 乃與眷屬數十人 共入寒山
山在長安西南四百里 溪谷險阻 非軍兵所至 遂卜居焉 俄而魏虜肆暴 停者
悉斃 其後尋悔 誅滅崔氏 更興佛法 僞永昌王鎭長安 奉旨將更修立 訪求沙
門 時有說寒山有僧 德業非凡 王卽遣使徵請 周辭以老疾 令弟子僧亮應命
出山

위에 따르면 장안의 鎭將이었던 永昌王이 불교부흥의 조칙이 내려진
이후 왕명을 받들어 장안의 불교부흥을 도모하기 위해서 사문을 구하였다.
이때 일찍이 숭산에서 頭陀坐禪하다가 폐불에 즈음해서 장안 서쪽 寒山에
卜居하고 있던 승주에게 사자를 보내어 招致하고자 하였다. 승주는 스스로
늙어서 병든 몸이라는 것을 구실로 사양하고 제자 僧亮으로 하여금 이에
따르도록 하였다. 당시의 僧徒는 흥불의 초기였기 때문에 의구심을 가지고
감히 응하지 않았다. 그러나 승량은 승주의 권유와 함께 스스로 불교진흥에
헌신할 뜻을 결정하고 사자와 함께 장안으로 향했다. 군주와 인민의 후한
영접을 받으면서 장안에 이르렀던 승량은 인과응보에 관한 강론을 통해서
장안의 인민을 교화시켰다. 그리고는 옛 佛寺를 修復하고 사문을 초청하여
장안 불교의 융흥을 도모하였다.『고승전』승주전에는 계속해서 아래의
기록이 보이고 있다.

僧亮 姓李 長安人 受業於僧周 初永昌王請僧 無敢應者 咸以言佛法初興
疑有不測之慮 亮曰 像運寄人 正在今日 若被誅剪 自身當之 如其獲全 則道
有更振之期 又僧周加勸 於是隨使至長安 未至之頃 王及民人 掃灑街巷
比室候迎 王親自扞道 接足致敬 亮爲陳誠禍福 訓示因果 言約理詣 和而且
切 聽者悲喜 各不自勝 於是修復故寺 延請沙門 關中大法更興 亮之力也

이러한 정세는 장안에만 국한된 것이 아니고, 앞서 인용한『위서』석로지의 기사 "天下承風 朝不及夕 往時所毀圖寺 乃還修矣"라는 사실로 미루어 보아, 각 지역의 사정도 장안의 경우와 크게 다를 바 없었던 것으로 생각된다. 그런데 문성제의 종교[불교]정책은 단지 불교부흥을 통한 佛寺의 건립이나 출가의 자유가 공인된 것이 아니며 어디까지나 불교를 조정의 통제 아래 둠으로써 민중의 교화를 위한 종교[불교]의 이용이라는 점에 있었다.

3) 佛敎復興의 國家的 統制

북위의 불교는 항상 국가정책에 동반해서 帝權에 의해 보호·통제되어 왔다. 그러므로 때로는 군주의 불교이용이라고 하는 기회에 편승해서 포교의 자유를 얻어 그 융성의 기반을 얻을 수 있었지만, 때로는 帝權에 의해서 엄격히 통제되어 폐불의 경지에 이르기도 하였다. 문성제 시대에 이르러 부흥된 불교도 어디까지나 조정의 통제 아래 있었다. 그러면서 군주의 정치를 보좌하는 국가불교로서 민중을 교화하는 역할을 담당하였다. 이러한 점에서 문성제의 對佛政策은 북위 역대의 불교정책과 다를 바 없으며, 이러한 정책은 이후에도 계속되었다.[223]『위서』석로지에는 앞서 인용한 문성제의 興佛詔勅에 계속해서 다음과 같이 기록하고 있다.

---

223)『魏書』釋老志에 의하면 孝文帝 延興 2년(472) 4월에 沙門의 村落浮游와 無籍沙門에 대한 통제의 조칙을 발표하였고, 太和 10년(486)에 다시 沙門에 대한 통제를 가하여 僧尼 1,327人을 환속케 하였으며, 同 17년(493)에는 僧制47條을 제정하였다. 또 宣武帝 熙平 2년(517)에는 胡太后가 불교와 沙門에 대한 통제의 令을 내렸다. 이는 帝權에 의한 불교의 통제를 의미하는 것으로 北魏佛敎의 국가적 성격을 말하는 것인데, 이 점에 대해서는 제2장 5절과 6절에서 논술하기로 하겠다.

今制諸州郡縣 於衆居之所 各聽建佛圖一區 任其財用 不制會限 其好樂
道法 欲爲沙門 不問長幼 出於良家 性行素篤 無諸嫌穢 鄕里所明者 聽其出
家 率大州五十 小州四十人 其郡遙遠臺者十人 各當局分 皆足以化惡就善
播揚道敎也

이 조칙에서 사원의 건립, 僧尼의 자격, 승니의 수적 제한을 가하였다.
우선 사원의 건립은 諸州郡縣의 衆居의 장소, 즉 지방정치의 중심지에
官立寺院을 세우게 하였다. 이러한 취지는 官衙의 소재지에서 멀리 떨어진
산림에 자유로운 사원의 건립을 불허함으로써 佛寺의 濫造를 막고자 하는
데 있었을 것이다. 불교부흥에 즈음하여 불교도들이 지방문화의 중심지에
장엄한 사원건축을 기대했던 것에 부응한 조치였던 것으로 생각된다. 한편
조정의 입장에서는 승관의 감독 아래 불교의 폐해를 방지하면서 사원으로
하여금 지방 민심의 교화를 담당하게 하였다. 각 지방의 승관으로서는
州沙門統을 임명하여 사원 및 불교도들을 통제하였고, 諸州沙門統을 감독
하는 최고의 승관은 중앙 監福曹의 道人統(沙門都統)이었다. 이 조칙에서
볼 수 있는 또 하나의 사실은 入寺修道하는 사문은 長幼를 불문하고 性行素
篤한 良家出身으로서 향리에 있어서 혐의가 없는 자라야 한다는 기준을
제시하고 있다. 아울러 승니의 수도 大州 50인에서 遠地 10인에 이르기까지
지역에 따라 정원을 제정해 두고 있다. 지방의 교화를 담당하여 민심 순화
의 지도자가 될 사문은 知德을 갖춘 良家의 출신일 때 그 임무의 수행이
원만하게 이루어질 수 있고, 나아가서는 조정에서 지향하는 對佛政策을
만족하게 수행할 수 있다는 것이다. 곧 삼보의 이름에 가탁한 현실도피적
출가를 막음으로써[224] 홍불로 말미암아 야기할 수 있는 현실적인 문제를

---

224) 불순한 동기로 인한 沙門의 出家 및 北魏佛敎의 폐해에 대해서는 湯用彤, 前揭書,
   p.515 참조.

방지하고자 함이었다. 환언하면, 불교 교세의 지나친 확대로 인한 불교도들의 반란을 사전에 통제하고자 했던 정치적 문제와 깊이 관련된 사실임을 알 수 있다.[225] 이러한 정책이 유소한 황제 문성제 자신의 의지만이 아니고, 重臣이나 고승의 참여가 있었다 할지라도 북위불교가 결코 帝權을 초월할 수 없다는 현실적인 문제를 충분히 반영한 것이라 하겠다. 그래서 帝權에 의한 불교의 통제를 보다 효과적으로 운영하기 위해서는 체계적이고 조직적인 승관제도가 갖추어지게 되었다.[226]

승관을 국가 또는 한 지방의 교단통제와 감독을 목적으로 중앙 내지는 지방정권이 임명한 出家의 官으로 해석할 때[227] 중국 최초의 승관은 앞서 언급한 바와 같이 태조 皇始年間(396~397)에 趙郡의 사문 법과를 도인통에 임명하여 전국의 僧徒를 총괄했던 데서 비롯되었다. 따라서 북위의 승관제도는 교단조직의 정리와 함께 불교계의 내부로부터 세워졌던 것이 아니라 국가의 교화기관으로서 帝權에 의해 주어지고 그 통제 아래 놓이게 되었던 것이다.[228] 이는 북위 조정이 전국의 불교도를 帝權에 예속시키고자 했던 불교정책으로, 국초이래 북위불교가 지닌 성격의 一端을 엿볼 수 있으며, 인도불교와는 그 성격을 달리하는 것이다. 인도불교는 초국가적 성격을 지니고 있었다. 때문에 국가가 승관을 임명해서 승니를 통솔하고 法務를 유지해 나갈 수는 없었다. 비록 梵語에 羯摩陀那라는 말이 있고, 이를

---

225) 이러한 對佛統制政策은 文成帝 이후 北魏 諸君主에 의해 계승되었지만 『魏書』 釋老志의 기록에는 文成帝 이래 寺院, 僧尼의 수적 증가를 보이고 있고, 또 孝文帝 이래 沙門의 반란이 續起했던 사실도 『魏書』를 통해서 散見되고 있어서 佛敎統制가 반드시 조정의 의도대로 순조로이 진행된 것만은 아닌 듯하다.

226) 西順藏, 「佛敎と中國思想」, 橫超慧日 外, 『中國の佛敎』(東京, 大藏出版社, 1958, 1981 改訂四版 所收).

227) 山崎宏, 前揭書, p.475.

228) 志田不動麿 編, 『東洋中世史』(東京, 1939), pp.367~368.

번역하면 知事 또는 悅衆으로서 僧務를 장악했던 자를 지칭하지만, 이는 각 叢林 내에 있어서 적의하게 설치되었던 것이며 국가가 이를 보좌하고 국내의 모든 僧徒를 총괄하는 것과 같은 성질의 것은 아니었다.[229]

승관을 통한 불교통제정책은 태조 도무제 이래 계속되어 왔지만, 태무제의 폐불에 앞서서는 사문 法達이 僧正에 임명되어 불교계를 총괄했던 것이다. 이는『고승전』권11, 玄高傳에 "有沙門法達 爲僞國僧正 欽高日久 未獲受業 忽聞恒化"라는 기록을 통해서 알 수 있다. 여기에서 승정이라는 것은 바로 북위 최고의 승관이었던 도인통을 지칭하는 것이며,[230] 僞國이라는 것은 남조 측에서 북위를 지칭했던 말이다.[231] 그러다가 폐불에 임해서 일시적으로 승관제가 폐지된 것으로 생각되지만, 흥불과 동시에 부활되어 罽賓의 사문 師賢이 이에 임명되었다. 그런데 앞에서 언급한 바와 같이 불교부흥의 날을 맞아 사현이 사문으로 복귀할 때 문성제가 친히 剃髮式을 행한 연후에 도인통으로 임명했던 사실은 북위 조정에서 불교에 대한 각별한 관심을 보이고 있다는 표현이다. 동시에 불교는 帝權의 통제에서 벗어날 수 없다는 帝權과 불교의 관계를 명확히 대변해 주는 것이다. 사현은 문성제 和平 初年에 죽고 사문 담요가 이에 대신하였다. 이때에 이르러 그 명칭이 도인통에서 사문통으로 변경되었다는 것은『위서』석로지에 "和平初 師賢卒 曇曜代之 更名沙門統"이라는 사실을 통해 알 수 있다.[232] 그리고 담요 이후 사문통의 명칭은 북위 말까지 계승되었다.[233]

---

229) 高雄義堅, 前揭論文.

230)『出三藏記集』卷2에 "宋明帝時 西域三藏吉迦夜 於北國以僞延興二年 共僧正釋曇 曜譯出"이라 하여『魏書』釋老志에 보이고 있는 沙門統 曇曜를 僧正 曇曜라 하고 있음과 같다.

231) 山崎宏, 前揭書, p.501.

232)『續高僧傳』卷1, 曇曜傳에 "釋曇曜……以元魏和平年 任北臺昭玄統"이라 하고 있으며,『大宋僧史略』卷中, 沙門都統條에 "今以恩遠寺主法師僧顯 可勅爲沙門

그런데『위서』석로지에는 효문제시대의 기록 가운데 아래의 내용이 보이고 있다.

先是 立監福曹 又改爲昭玄 備有官屬 以斷僧務

도인통(사문통)이 주관한 僧曹를 처음에는 監福曹라 하고 후에 昭玄曹로 명칭을 바꾸었음을 알 수 있다. 이와 같은 내용은『광홍명집』권2에 태화 21년(497)의 조칙을 게재한 뒤에도 보이고 있지만[234] 감복조의 설치연대 및 소현으로의 改稱年代는 명확히 밝히지 못한다. 그러나 이 방면에 관심을 가진 先學의 의견을 참작할 때[235] 북위의 승관제는 늦어도 문성제

都統 詳究魏文帝勅曇曜爲沙門都統 乃自曜公始也"라 하여 曇曜를 昭玄統, 沙門都統으로 칭하고 있다. 이 점에 대해서는 제3장 3절 참조.

233)『大宋僧史略』卷中 ;『廣弘明集』卷24 ;『佛祖統紀』卷38 ;『魏書』卷114, 釋老志 ;『魏書』卷53, 李孝伯附李瑒傳 ;『魏書』卷13, 宣武靈皇后 胡氏傳 등을 통해서 엿볼 수 있다.

234)『大正藏』52卷, p.104b, "(太和)二十一年 五月詔曰……先是立監福曹 又改爲昭玄 備有官屬 以斷僧務 卽如今同文寺崇玄署是也"라 있다. 그런데 山崎宏, 前揭書, pp.499~500에서 "卽如今同文寺崇玄署是也"라는 내용은『廣弘明集』의 저자 道宣의 加筆로 인정된다고 하고, 아울러 贊寧이『大宋僧史略』卷中, 管屬僧尼條에서 이 문장의 加筆者를 梁의 僧佑로 추측하고 있는 것은『廣弘明集』의 저자 道宣을 『弘明集』의 저자 僧佑로 誤認한 것으로 생각된다고 지적하였다.

235) 服部俊崖, 前揭論文에서 監福曹의 設置年代에 대해서는 언급하지 않고 監福曹에서 昭玄으로 고친 年代를 孝文帝 太和 21년(479)으로 보고 있으나, 이는『廣弘明集』의 기사가 太和 21년의 詔를 게재한 뒤에 수록하고 있다는 사실에 의거한 것으로 보인다. 高雄義堅, 前揭論文에서 監福曹의 설치연대는 명확하지 않지만 文成帝의 즉위 후일 것이라 하고, 昭玄으로의 改稱은 曇曜가 沙門統으로 임명될 때였다고 한다. 그리고 山崎宏, 前揭書, pp.498~499에서 監福曹는 皇始 元年(386)에 曹와 省을 두었던 때에 창설되었거나 늦어도 天興 2년(399) 尙書의 36曹 및 諸外의 署를 나누어 360曹를 두었던 경에는(『魏書』卷113, 官氏志) 존재하였던 것으로 생각된다고 하고, 이것이 昭玄으로 개칭되었던 것은 太和年間(477~499)이던가 아니면 曇曜가 沙門統에 취임했던 和平 初年으로 추정하고 있다.

의 시대에는 조직적이고 체계화되었던 것으로 보아야 할 것 같다. 감복조의
도인통 아래에는 副官인 都維那가 있고, 지방 各州에는 감복조의 分署인
승조를 설치하고, 그 책임자를 某州 사문통(僧統), 副官을 某州 유나라
칭하였으며, 각 사원에는 上坐, 寺主를 두어 원내의 승니에 대한 통제를
담당하였다.236) 이렇게 해서 북위의 승관제는 위로 도인통에서 아래로
寺主에 이르기까지 피라미드식 구조를 갖추어서 조직적인 불교교단의
통제를 통해서 백성의 교화를 담당하였다. 그러나 이러한 승관제가 앞서
논술한 바와 같이 불교교단의 내부로부터 갖추어진 자율적 조직이 아니고
국가권력이라고 하는 타율적 힘에 의한 기구라고 할 때, 이는 결국 북위
조정의 보다 효율적인 불교통제라고 하는 제도상의 문제와 직결된다. 따라
서 문성제의 즉위와 함께 흥불의 조칙이 발표되고, 아울러 승관제가 부활되
었다고 하는 것은 帝權에 의해서 통제되는 불교의 부흥을 의미하는 것으로
불교는 국가교화사업의 一翼을 담당해야 한다는 것이다. 그러므로 부흥된
불교는 현저하게 국가적 제약이 가해졌던 것일 뿐, 前代의 對佛政策에
비교해서 정책상, 성격상의 변화를 의미하는 것이라고는 할 수 없다.

한편, 帝權에 의해서 임명된 사문통을 정점으로 전국의 불교교단이
하나로 統御되었다는 것은 僧徒의 입장에서 볼 때 帝權과 불교의 결탁을
통한 교단의 확충과 발전을 도모할 수 있었다. 실제로 이러한 점이 흥불사
업과 관련해서 부흥의 열기를 더하여 갔다. 이제 불교부흥사업을 통한
북위불교의 성격을 구명해 보기로 한다.

우선 『위서』 석로지에는 불교 부흥의 해에 건립했던 불상에 대해서
아래와 같은 조칙이 보인다.

---

236) 『廣弘明集』 卷24 ; 『魏書』 卷114, 釋老志 ; 湯用彤, 前揭書, p.521 ; 服部俊崖, 前揭
論文.

是年 詔有司爲石像 令如帝身 旣成 顔上足下 各有黑石 冥同帝體上下黑
子 論者以爲純誠所感

북위조정의 조칙에 의해서 만든 불상이 帝身과 동일하였다는 것은 북위
불교가 帝權의 범위를 벗어나서 존재할 수 없다는 사실을 造像이라는
구체적 사실을 통해서 강력하게 표출한 것이라 하겠다. 그리고 황제는
곧 如來라고 하는 북위 건국 초기 불교와 일치된 사상이 내재해 있음을
알 수 있다. 뿐만 아니라 현세의 최고 통치자인 황제는 곧 現世佛이라고
하는 일원적 사고방식에 입각해서 다시는 제권에 의한 가혹한 廢佛이
야기되지 않아야 한다는 불교도의 군은 의지도 담겨 있었던 것이다. 환언하
면, 불교를 강력한 제권의 통치 아래 둠으로써 조정의 적극적인 흥불사업을
통한 교세확장을 도모하려 했던 것이다. 이는 문성제 때 제2대 사문통이
되었던 담요의 奏請에 의해서 구체적인 사실로 나타나지만, 석로지에는
아래의 기사가 보이고 있다.

興光元年秋 勅有司於五級大寺內 爲太祖已下五帝[237] 鑄釋迦立像五 各
長一丈六尺 都用赤金二十五萬斤

위 기록에 보이는 五體의 釋迦銅像은 불교의 敎義上으로는 하등의 뜻이
없으며, 오직 五帝를 위한 追善의 의미를 부여함과 동시에 帝權의 위엄을
불교와 깊이 관련시키려 했던 조정의 의지와 신념의 표현인 것이다. 이러한
통치자의 對佛態度에 대해서 불교도들은 오히려 긍정적이고 호의적인
자세로 받아들였다. 왜냐하면, 이제는 북위 조정 스스로가 불상을 帝身과

---

237) 『佛祖統記』 卷38에는 "興皇元年 勅於五級太寺 爲太祖已下五帝……"라 하였으나
　　 興光元年이 誤記된 것으로 보인다.

연관시켜 주조하게 함으로써 불상의 破棄를 조정에 대한 반역으로 단정하여 교세의 확립을 보장하고 있기 때문이다. 이러한 기회에 사문통이 되어서 흥불사업을 성공적으로 주도한 인물이 바로 담요였다. 그는 문성제 이래 3대에 걸쳐 사문통의 지위에 있었다.[238] 문성제시대 그의 활동에 대해서는 『위서』 석로지에 아래와 같이 전하고 있다.

曇曜白帝 於京城西武州塞 鑿山石壁 開窟五所 鐫建佛像各一 高者七十尺 次六十尺 彫飾奇偉 冠於一世 曇曜奏 平齊戶及諸民 有能歲輸穀六十斛入僧曹者 卽爲僧祇戶 粟爲僧祇粟 至於儉歲 賑給飢民 又請民犯重罪及官奴以爲佛圖戶 以供諸寺掃洒 歲兼營田輸粟 高宗幷許之 於是僧祇戶粟及寺戶 編於州鎭矣

담요가 문성제에게 주청한 내용은 일단 둘로 나누어 생각해 볼 수 있다. 먼저 하나는 五大窟의 개착과 불상의 건립에 관한 것이며, 다른 하나는 교세의 확대와 원활한 불교사업을 위한 僧祇戶, 僧祇粟의 설치와 불교교단의 노동력 확보를 위한 佛圖戶의 창설에 관한 것이다. 우선 석굴의 개착, 불상의 건립에 관한 것은 담요가 생각한 불교사업과 조정의 칙령에 의한 흥불사업이 그 성격상 동일하다. 곧 왕명에 의해서 帝身과 동등한 불상을 건립하고, 五帝를 위해서 釋迦立像을 주조한 사실과 담요가 5대굴[239]을 개착하고, 각 굴마다 帝身에 해당하는 불상을 彫鐫하려 했던 사실이 흡사하

---

238) 『魏書』釋老志에 "延興二年……濟州東平郡 靈像發輝 變成金銅之色……有司與沙門統曇曜令州送像達都"라 하여 曇曜가 文成帝 和平 初이래 孝文帝 延興 2년(472)에 이르기까지 10여 년 동안 沙門統의 職에 임하고 있었음은 분명하다.

239) 五窟이 누구를 위해서 만들어진 것인가는 구체적 기록이 없으나, 塚本善隆, 『支那佛敎史硏究』, p.219 이하에서 앞서 인용한 釋老志 기사 가운데 보이고 있는 "太祖已下五帝"와 더불어 상세한 논증을 시도하여 결론적으로 太祖 道武帝, 太宗 明元帝, 世祖 太武帝, 恭宗 景穆帝, 高宗 文成帝(今之皇帝)라고 究明하였다.

다.240) 담요가 추진한 불교사업의 眞意는 북위의 절대 군주권을 인정하면
서 군주의 불교정책에 편승해서, 이제는 大地에 뿌리박은 石崖佛을 만들어
폐불의 위험성마저 해소시키려 하였다. 불상은 천자와 同樣이므로 파괴를
가할 수 없을 뿐만 아니라 국민은 이에 대해 예배하지 않으면 안 되었다.
사실 선비족이 雲岡을 통과하여 왕래할 때 이에 대한 예배로 불교에 동화된
것으로 보인다.241) 결국 사문통 담요는 僧徒를 總管하고 흥불사업을 주도
하면서 어디까지나 帝權과 결탁한다는 북위불교의 전통사상을 고수한
것이다. 불교 측의 입장에서 본 부흥불교의 성격을 다시 한 번 확인할
수 있다. 담요의 주청은 마침내 문성제의 裁可를 받아 大同 서북 30리에
있는 운강 武州山 북면의 石崖에 석굴과 불상이 造作되었다. 이것이 유명
한 운강석굴 가운데 제16굴에서 제20굴에 이르는 5대굴로서242) 중국 불교
문화사에 미친 영향은 실로 큰 것이라 하겠다.

   다음은 僧祇戶와 佛圖戶에 관한 문제이다. 이 점에 대해서는 이미 塚本
善隆에 의해 해석상의 문제를 비롯해서 성질, 운용, 영향 등에 관해서
상세히 究明된 바 있기 때문에243) 구체적인 언급은 피하고자 한다. 다만
이 둘에 관한 설치연대에 대해서 塚本은 『위서』석로지에 보이고 있는
내용과 상이한 해석을 하고 있어서 주목을 끈다. 塚本은 僧祇戶, 佛圖戶는
현실사회의 경제생활과 직접 관계하고, 또한 정치・사회적으로 많은 비난
을 받아왔으므로 중국의 佛敎史籍에는 이에 관한 내용이 극히 드물고

---

240) 范文蘭, 『中國通史(第2冊)』, pp.508~509에서 雲岡石窟 내에 새겨진 한 폭의 조각은
     완전히 봉건적 통치와 일치하는 것으로써 이는 통치자의 정치적 필요에 부합되는
     것이며 君主統治에 대한 복종을 감수하게 하는 교훈을 담고 있다고 하였다.
241) 塚本善隆, 「中國の廢佛と興佛」.
242) 黃懺華, 『中國佛敎史』, p.152 ; 中村元 編, 前揭書, p.149 ; 鎌田茂雄, 『中國佛敎史』,
     p.107.
243) 塚本善隆, 「北魏の僧祇戶・佛圖戶」 『東洋史硏究』 第2卷 第2號(1937).

오히려 藏外文獻에 의해서 밝힐 수밖에 없다고 하였다. 때문에 사가들의 논술이 시도되지 못하여 자못 애매한 가운데 방임되어 왔다고 전제하면서 종래의 해석상에 오류가 있다고 지적하였다. 이러한 가운데 塚本이 주장하는 僧祇戶의 설치 연대는 문성제의 시대가 아니고 효문제 承明 元年(476)경으로 보아야 한다는 결론이다.[244) 위 인용문 『위서』 석로지의 기사 가운데 "高宗幷許之"라는 내용은 원래의 오류가 아니면 刊本의 잘못으로 인정해야 한다는 것이다. 이러한 이론을 제시한 유력한 근거로서 僧祇戶의 기원은 平齊戶[245)에서 비롯된 것이며, 平齊戶가 처음 만들어진 것이 헌문제 皇興 3년(469) 5월의 일이라고 하였다. 그러므로 僧祇戶 설치는 황흥 3년 이전으로 소급될 수 없을 뿐만 아니라, 平齊戶의 설치연대를 僧祇戶 설치연대와 동일하게 간주할 수도 없다. 그리고 佛圖戶도 僧祇戶와 거의 같은 시기로 봄이 타당할 것이라고 하였다. 저자는 塚本의 說이 타당하고 합리적이라는데 동감한다. 『위서』 석로지의 기사만으로 僧祇戶와 佛圖戶의 설치 연대를 문성제의 和平年間으로 단정해 버리고 싶지는 않다. 塚本의 說에 따라서 兩者의 설치 연대를 일단 효문제의 시대로 인정하더라도 효문제시대에도 역시 담요의 건의에 의해서 이러한 제도가 州鎭에 두루 시행되었다. 그리고 佛圖戶, 僧祇戶가 운강석굴이 개착된 연후에 실시되었다는 사실로 미루어 보더라도 담요의 홍불사업을 통한 문성제의 불교정책을 살피는 데는 부족한 점이 없다. 이를테면 僧祇戶와 佛圖戶의 설치가 당시 불교 측의 입장에서는 가장 적당한 사회사업인 동시에 교화운동이라고 생각하였다. 때문에

---

244) 中村元 編, 前揭書, p.170에서도 僧祇戶의 설치연대를 塚本과 같은 시기로 보고 있다.

245) 塚本善隆, 「北魏の僧祇戶・佛圖戶」에 의하면 北魏가 漢族의 齊地方을 평정하고 이들 피정복민을 平城에 강제 이주시켜 平齊郡을 만들었으며, 이에 소속된 戶가 平齊戶라고 하였다.

북위 조정에 대신해서 그 중요한 사회정책[246]을 실행함으로써 불교는 제권과 더욱 긴밀한 관계를 가지면서 사회경제적 기반을 확립하고자 하였다. 이러한 사실이 담요에 의해서 효문제에게 奏請, 허가되었다는 사실은 그의 교화사업이 매우 조직적이었음을 알 수 있다. 즉 문성제시대 사문은 조정의 칙령에 의한 불교사업과 同樣의 홍불사업에 노력하고 帝權과 돈독한 유대관계를 통해서 교단의 재정적·정치적 기반을 확고히 다지고자 하였다.

이상의 내용을 보면, 문성제시대의 불교도 어디까지나 북위 조정의 엄격한 통제 아래 놓인 국가불교로서의 성격을 벗어날 수 없었다. 이는 결국 문성제의 對佛政策이 前代를 계승한 정책적 측면에 중점을 두었다는 것과, 불교 측의 입장에서는 王主敎從의 견지에서 교세의 확장을 도모하고자 하였기 때문이다. 따라서 문성제의 홍불정책이 결코 북위불교사에 있어서 새로운 변혁을 의미하는 것이 아니라 국초 이래 對佛政策을 계승한 종교정책의 일환으로 보아야 한다.

---

246) 塚本善隆,『支那佛敎史硏究』, p.168 이하 ; 中村元 編, 前揭書, pp.150~151에 의하면 皇興 3년 이래 北魏가 齊地方의 漢族을 평정하여 이들을 平城 近處에 강제 이주시켜 농업 진흥을 위해서 농노와 같이 사역시켰을 때 패전자로서 胡族 朝廷의 감시 아래 놓여 있었던 이들은 노동과 함께 계속되는 凶作, 飢寒에 고생하였으므로 北魏朝廷에 대한 반란집단으로 변하였다. 그러므로 통치자의 입장에서는 이들에 대한 안정책을 무엇보다도 시급한 문제로 생각하였다고 한다. 또 당시의 범죄자, 유랑자를 지도 계몽하고 그들의 노동력을 유익하게 이용하는 것도 사회의 안정을 위해서 중요한 정책이었기 때문에 이러한 문제들을 해결하는 방법으로서 불교 측에서는 僧祇戶, 佛圖戶의 창설을 고안하였고, 北魏朝廷에서는 이를 쉽게 허가하였다고 한다.

5. 文明太后 執政期의 佛敎

1) 文明太后의 執政

북위의 고종 문성제는 和平 6년(465) 5월에 26세로 崩御하고[247] 그의 長子 弘이 12세의 나이로 繼位하니 이가 顯祖 獻文帝이다.[248] 헌문제는 皇興 5년(471)에 18세의 나이였음에도 불구하고 5세가 되었던 황태자, 즉 고조 효문제에게 양위하고, 承明 元年(476)에 23세로 붕어하였다.[249] 헌문제와 효문제는 12세와 5세에 즉위한 유소한 군주였다. 때문에 북위의 실질적인 통치는 문성제의 황후였던 문명태후 풍씨에 의해서 추진되었다.

문명태후는 長樂 信都 출신이고,[250] 그의 從祖父 馮跋은 일찍이 5호의 쟁란기에 후연의 장군이었다. 풍발은 북위 태종 명원제 永興 元年(409)에 후연의 高雲(慕容雲)이 近臣에게 살해되는 것을 계기로 자립해서 북연을 건국하였다.[251] 풍발의 동생 文通이 바로 문명태후의 조부이고, 문통은 형 풍발의 위를 빼앗아 북연을 다스렸다. 그러다가 북위 세조 태무제 太延 2년(436)에 북위의 압박을 받아 고구려로 망명하였다가 그곳에서 피살되었다.[252] 풍문통의 세 아들(世子 崇, 次子 廣平公 朗, 三子 樂陵公 邈) 가운데 차자 廣平公 朗이 문명태후의 아버지였다. 풍랑은 북위 태무제의 遼海 平定에 즈음해서 북위의 내지로 옮겨와서 秦雍二州刺史, 西城郡公, 遼西郡

---

247) 『魏書』 卷5, 高宗紀, p.123, "(和平六年)五月癸卯 帝崩于太華殿 時年二十六".

248) 同上書 卷6, 顯祖紀, p,125, "顯祖獻文皇帝 諱弘 高宗文成皇帝之長子也 母曰李貴人 興光元年(454)秋七月 生於陰山之北……和平六年(465)夏五月甲辰 卽皇帝位 大赦 天下".

249) 同上書 卷6, 顯祖紀 ; 同書 卷7, 高祖紀上 ; 同書 卷19上, 京兆王子推傳 ; 同書 卷41, 源賀傳.

250) 同上書 卷13, 文成文明皇后 馮氏傳.

251) 同上書 卷97, 海夷馮跋傳 ; 同書 卷3, 太宗紀 永興元年條.

252) 同上書 卷4, 世祖紀 太延二年條 ; 同書 卷97, 海夷馮跋弟文通傳.

公의 封함을 받았지만 사건에 연좌되어 주멸되었다.[253] 문명태후에 관해
서는『위서』권13, 문성문명왕후 풍씨전에 다음과 같이 전하고 있다.

世祖左昭儀 后之姑也 雅有母德 撫養敎訓 年十四 高宗踐極 以選爲貴人
後立爲皇后 高宗崩 故事 國有大喪 三日之後 御服器物一以燒焚 百官及中
宮皆號泣以臨之 后悲叫自投火中 左右救之 良久乃蘇

그녀는 부모를 잃은 후에 세조 태무제의 左昭儀로 있던 고모에게 교육을
받았고 14세에 문성제의 貴人으로 선발되었다가 太安 2년(456)에 황후로
책립되었다.[254] 화평 6년(465)에 문성제가 붕어하였을 때 문명태후의 나이
24세였다.[255] 그녀는 大喪에 당한 슬픔을 감추지 못하여 御服과 器物을
불태우면서 百官과 中宮이 號泣하는 가운에 火中에 投身하였다. 물론
좌우에서 구제하여 소생하였지만 이러한 사실로 미루어 볼 때 황후는
일찍이 氣性이 격한 여성이었다는 것을 알 수 있다. 이러한 그녀의 기백이
결국 執政慾과 더불어 과단성 있는 정책수행으로 연결된 것 같다.
  한편 고종 문성제가 붕어하고 헌문제가 계위하는 기회를 이용해서 車騎
將軍이었던 乙渾은 왕명을 사칭해서 조정의 중신을 살해하고, 스스로
승상이 되어서 大小 國事를 전횡하였다.[256] 이를테면, 그의 처에게 공주의

---

253) 同上書 卷13, 文成文明皇后 馮氏傳 ; 同書 卷83, 馮熙傳.
254) 同上書 卷5, 高宗紀, p.115, "(太安)二年春正月乙卯 立皇后馮氏".
255) 同上書 卷13, 文成文明皇后 馮氏傳에 "(太和)十四年 崩於太華殿 時年四十九……
    諡曰文明太皇太后"라 있고, 同書 卷7, 高祖紀 第七下에 "(太和十四年)九月癸丑
    太皇太后馮氏崩"이라 있어 이로 미루어 계산하면 皇后의 출생 연대는 北魏 太武帝
    太平眞君 3년(442)이고, 文成帝 和平 6년(465)은 그의 나이 24세가 되는 해다.
256)『魏書』卷6, 顯祖紀 和平六年 五月條, p.125, "車騎大將軍乙渾矯詔殺尙書楊保年平
    陽公賈愛仁南陽公張天度于禁中 戊申 侍中司徒平原王陸麗自湯泉入朝 渾又殺
    之" ; 同 和平元年 七月條, p.126, "太尉乙渾爲丞相 位居諸王上 事無大小 皆決於

칭호를 사용하고자 하는 무모함을 저질러 결국 북위의 조정은 위기에
직면하게 되었다.[257] 그러나 헌문제는 겨우 12세의 나이로 諒闇에 居하고
있었기 때문에 문명태후가 대책을 수립해서 을혼을 주멸하고 정치적 실권
을 장악하게 되었다. 이는 『위서』권13, 문성문명황후 풍씨전에 보이는
아래와 같은 내용을 통해서 알 수 있다.

> 顯祖卽位 尊爲皇太后 丞相乙渾謀逆 顯祖年十二 居于諒闇 太后密定大
> 策 誅渾 遂臨朝聽政

을혼이 주멸된 구체적인 연대는 天安 元年(466) 2월이었다.[258]

그런데 위 인용문 가운데 "太后密定大策 誅渾 遂臨朝聽政"이라는 구절
은 문명태후가 조정의 실권을 장악해서 친정을 실시하였다는 것이다. 그런
데 문명황후 풍씨전에는 前引의 기록에 계속해서 아래의 기록이 보이고
있다.

> 及高祖生 太后躬親撫養 是後罷令 不聽政事 太后行不正 內寵李奕 顯祖
> 因事誅之 太后不得意 顯祖暴崩 時言太后爲之也

문명태후는 皇興 元年(467) 8월에 고조 효문제의 출생[259]과 더불어 정권

渾".
257) 同上書 卷33, 賈彝附秀傳, pp.792~793, "高宗以秀東宮舊臣 進爵陽都子 加振威將
　　軍 時丞相乙渾擅作威福 多所殺害 渾妻庶姓而求公主之號 屢言於秀 秀默然 渾曰
　　公事無所不從 我請公主 不應何意 秀慷慨大言 對曰 公主之稱 王姬之號 尊寵之極
　　非庶族所宜 若假竊此號 當必自咎 秀寧死於今朝 不取笑於後日 渾左右莫不失色
　　爲之震懼 而秀神色自若".
258) 『魏書』卷6, 顯祖紀, p.126, "(天安元年)二月庚申 丞相太原王乙渾謀反伏誅".
259) 同上書 卷7, 高祖紀에 "高祖孝文皇帝 諱宏 顯祖獻文皇帝之長子也 母曰李夫人

을 헌문제에게 환원시키고, 스스로는 황태자 宏의 양육에 전념하고 정사는 일절 돌보지 않았다는 것이다.[260) 그렇다면 문명태후가 친정했던 시기는 천안 원년(466) 2월에서 皇興 元年(467) 8월까지 1년 6개월의 기간이 된다. 그런데 문명태후가 황태자의 출생과 더불어 단기간의 친정을 청산하고 정치의 일선에서 물러났다고 하는 사실은 다소 신빙하기 어려울 것 같다. 문성제의 붕어 후 시일이 경과되자 문명태후의 품행이 단정하지 못하여 몰래 李奕이라는 인물을 총애하였다. 때문에 헌문제가 황태후의 부정을 바로잡기 위하여 이혁을 주살하였다. 이는 문명태후의 心意를 거역하게 되었고, 오래지 않아 헌문제가 붕어했던 것은 황태후의 행위가 아닌가 하는 수군거림이 있었다고 한다. 헌문제가 문명태후의 親子가 아니고,[261) 또 문성제의 死後에 승상 을혼을 주멸함으로써 정책수행에 자신감을 얻은 황태후가 정권을 장악하려는 야욕을 가지고 있었기 때문에 두 사람의 관계가 원만하지 못하였던 것 같다. 이러한 관계는 결국 이혁의 주멸사건과 관련하여 문명태후가 헌문제를 謀殺하는 결과를 초래하였다.[262) 『위서』권6, 顯祖紀에 다음과 같은 기록을 전하고 있다.

皇興元年八月戊申 生於平城紫宮"이라 있다.

260) 이와 같은 내용은 『北史』卷13 ; 『資治通鑑』卷132, 宋 泰始三年 八月條에도 보인다.

261) 『魏書』卷13, 文成元皇后 李氏傳, p.331, "文成元皇后李氏 梁國蒙縣人 頓丘王峻之 妹也……世祖南征 永昌王仁出壽春 軍至后宅 因得后……高宗登白樓望見 美之 謂左右曰 此婦人佳乎 左右咸曰然 乃下台 后得幸於齋庫中 遂有娠……及生顯祖 拜貴人 太安二年 太后令依故事 令后具條記在南兄弟及引所結宗兄洪之 悉以付 託 臨訣 每一稱兄弟……".

262) 『資治通鑑』卷134, 宋 元徽四年(476)條에 "魏馮太后內行不正 以李奕之死 怨顯祖 密行鴆毒 夏 六月辛未(十三日) 顯祖殂 壬申大赦 改元承明"이라 하고, 『北史』卷13, 后妃傳에는 "太后不得意 遂害帝"라 기록되어 있다.

帝雅薄時務 常有遺世之心 慾禪位於叔父京兆王子推 語在任城王雲傳 群
臣固請 帝乃止

헌문제는 제위에 있으면서도 항상 세상의 일을 버릴 마음을 가지고
숙부였던 京兆王 子推에게 禪位하고자 하였다.[263] 이에 놀랐던 群臣은
헌문제의 뜻을 뒤엎고 5세에 불과한 고조 효문제로 하여금 계위하게 하였
다. 여기에 최대의 힘을 기울인 인물이 源賀와 高允이었다. 이에 관한
기록은 『위서』 권41, 원하전에 보이고 있다.

顯祖將傳位于京兆王子推 時賀都督諸軍屯漠南 乃馳傳徵賀 賀旣至 乃命
公卿議之 賀正色固執不可 卽詔賀持節奉皇帝璽綬以授高祖

또 同書 권48, 고윤전에도 아래와 같은 내용이 보인다.

又顯祖時有不豫 以高祖沖幼 欲立京兆王子推 集諸大臣以次召問 允進跪
上前 涕泣曰 臣不敢多言 以勞神聽 願陸下上思宗廟託付之重 追念周公抱
成王之事 顯祖於是傳位於高祖 賜帛千匹 以標忠亮……自高宗迄于顯祖
軍國書檄 多允文也 末年乃薦高閭以自代

헌문제가 죽기 전에 항상 마음이 즐겁지 못하여 禪位의 뜻을 가지게
된 것은 바로 문명태후의 압력 때문이었던 것으로 짐작된다. 이렇게 볼

---

263) 顯祖가 叔父 子推에게 禪位하고자 했던 사실은 『魏書』 卷19上, 京兆王子推傳 ; 同
書 卷9中, 任城王雲傳 ; 同書 卷41, 源賀傳 ; 『北史』 卷28, 陸俟附香㚲傳에도 기록
되어 있다. 渡瀨道子는 일찍이 「北魏文明太后와 佛敎」에서 獻文帝가 京兆王 子推
에게 禪位하고자 했던 원인은 그가 불교를 신봉하기 위해서였다고 한다. 그러나
필자는 渡瀨道子의 이론에 수긍하기 어렵다. 이 점에 대해서는 '獻文帝時代의
佛敎'에서 언급하고자 한다.

때 결국 문명태후는 皇興 元年 8월 효문제의 출생과 더불어 형식상으로는 헌문제에게 정권을 환원시켰다고 하더라도, 북위 조정의 실권은 태후의 수중에 있었고, 계위를 비롯한 政事는 태후의 뜻에 따라 그를 둘러싼 일부 朝臣들에 의해서 수행되었을 것이다.

황흥 5년(471) 8월에 효문제가 즉위하고[264] 헌문제는 18세의 나이였음에도 불구하고 제위에서 물러나게 되었다. 그런데『위서』권13, 문성문명황후 풍씨전에 아래와 같은 기록이 있다.

承明元年 尊曰太皇太后 復臨朝聽政 太后性聰達 自入宮掖 粗學書計 及登尊極 省決萬機 (中略) 自太后臨朝專政 高祖雅性孝謹 不欲參決 事無巨細 一稟於太后 太后多智略 猜忍 能行大事 生殺賞罰 決之俄頃 多有不關高祖者 是以威福兼作 振動內外

고조 효문제 즉위 5년 후인 承明 元年(476) 6월에 헌문제가 붕어하고 문명태후가 태황태후로 되면서 다시 臨朝聽政하였다.[265] 태후는 성격이 聰叡하고 궁중에 들어간 후부터 학문과 數理를 익혔기 때문에 여러 가지 政事를 친히 결재할 능력을 갖추고 있었다. 한편 지략이 뛰어나면서도 의심이 많고 잔인하였기 때문에 국정의 크고 작은 문제를 비롯해서 생사여탈의 권한을 독점하는 전제정치를 실현하였다.『위서』권31, 于栗磾附忠傳에 아래의 기록이 보인다.

文明太后臨朝 刑政頗峻 侍臣左右 多以微譴得罪

---

264)『魏書』卷7, 高祖紀, p.135, "(皇興)五年秋八月丙午 卽皇帝位於太華前殿 大赦 改元延興元年".
265) 同上, p.142, "(承明元年)六月辛未 太上皇帝崩……戊寅……尊皇太后爲太皇太后 臨朝稱制".

그리고 同書 권13, 문성황후전에도 다음과 같은 내용이 있다.

> 后性嚴明 假有寵待 亦無所縱 左右纖介之愆 動加捶楚 多至百餘 少亦數
> 十 然性不宿憾 尋亦待之如初 或因此便加富貴 是以人人懷於利欲 至死而
> 不思退

태후가 임조청정할 때에는 刑政이 자못 준엄하여 좌우의 朝臣 가운데
조그마한 잘못이라도 있으면 용서하지 않고 반드시 捶楚를 가하여 그의
전제정치를 유감없이 발휘하였다. 그러나 원한을 간직함이 없고 혹은 추초
를 가한 후에도 다시 부귀를 약속했던 까닭에 총신이 황태후를 배반하는
일은 없었다.[266] 문명태후의 寵幸으로 부귀를 누렸던 대표적인 경우를
『북사』권92, 王叡傳과 『위서』권94, 王遇傳에 아래와 같이 전하고 있다.[267]

> 承明元年 文明太后臨朝 叡因緣見幸……於是內參機密 外豫政事 愛寵日
> 隆 朝士儳憚焉……叡出入帷幄 太后密賜珍玩繒綵 人莫能知……前後鉅萬
> 不可勝數 加以田園奴婢牛馬雜畜 並盡良美(王叡傳)

> 始遇與抱嶷並爲文明太后所寵 前後賜以奴婢數百人 馬牛羊他物稱是 二
> 人俱號富室(王遇傳)

이러한 일부 신하들 사이에서는 황태후의 전횡에 은총을 입었던 것으로
생각되지만, 세간에서는 지나친 전제정치에 대한 비판의 여론이 없지 않았

---

266) 『資治通鑑』卷134, 宋 元徽四年條에도 『魏書』의 내용과 같이 전하고 있다.
267) 이외에도 『魏書』卷53, 李沖傳에 "沖爲文明太后所幸 恩寵日盛 賞賜月至數千萬
進爵隴西公 密致珍寶御物以充其第"라 있어 문명태후는 많은 寵臣에게 財物을
賞賜한 것 같다.

다. 이를테면『위서』권13, 문성문명황후 풍씨전에 보이고 있는 아래와
같은 기록을 통해서 알 수 있다.

> 又自以過失 懼人議己 小有疑忌 便見誅戮……至如李訢李惠之徒 猜嫌覆
> 滅者十餘家 死者數百人 率多枉濫 天下冤之

문명태후의 집정기간에는 매년 재해와 기근이 계속되어 사회는 불안정
하였다.268) 백성의 생활이 궁핍하면 곧 지배자에 대한 불만이 표출되기
때문에, 문명태후의 입장을 한층 불리하게 하였던 것으로 생각된다. 그러
므로 문명태후는 여느 통치자 못지않게 사회 제반문제에 대해서 세심한
배려를 기울였던 것이다. 황태후가 承明 元年 6월에 집정을 하고 同年
10월에 내렸던 조칙이『위서』권7, 고조기 가운데 아래와 같이 기록되어
있다.

> 自今巳後 群官卿士下及吏民 各聽上書 直言極諫 勿有所隱 諸有便宜 益
> 治利民 可以正風俗者 有司以聞 朕將親覽 與三事大夫論其可否 裁而用之

이는 문명태후 자신의 정치에 대한 관리나 吏民의 上書가 치국에 도움이
된다면 시행하고자 하였던 것이다. 그리고 백성의 기근에 대한 태후의
관심을『위서』권7, 고조기 太和四年 二月條와 太和九年 十月條에 아래와
같이 기록하고 있다.

> 癸巳 詔曰 朕承乾緖 君臨海內 夙興昧旦 如履薄氷 今東作方興 庶類萌動
> 品物資生 膏雨不降 歲一不登 百姓飢乏 朕甚懼焉 其勅天下 祀山川群神及

---

268)『魏書』卷7, 高祖紀 太和元年 十二月條 ; 二年 八月條 ; 七年 六月條 참조.

能興雲雨者 修飾祠堂 薦以牲璧 民有疾苦 所在存問(太和四年 二月條)

丁未 詔曰 朕承乾在位……富强者幷兼山澤 貧弱者望絶一廛 致令地有遺
利 民無餘財 或爭畝畔以亡身 或因飢饉以棄業 而欲天下太平 百姓豐足
安可得哉 今遣使者 循行州郡 與牧守均給天下之田 還受以生死爲斷 勸課
農桑 興富民之本(太和九年 十月條)

태후는 빈부의 격차를 줄이기 위하여 飢民에게 토지를 분배하고 理民의
道가 農桑에 있음을 강조하였다.[269]

결국 문명태후는 백성의 경제적 기반을 확립하고 사회의 안정을 도모하
여 자신의 통치에 대한 불만을 줄임으로써 전제정치 실현에 노력하였다.
그리고 문명태후의 통치기간은 그녀가 죽었던 태화 14년(490)까지 계속되
었다. 이에 관한 구체적인 사료는 접할 수 없다. 그러나 앞서 언급한 바와
같이, 효문제는 출생 이후 황태후의 슬하에서 양육되었기 때문에 그의
지시나 의지를 반대한다는 것은 불가능하였을 것이다. 또 고종의 죽음에
즈음해서 火中에 몸을 던지는 격한 감정을 가졌던 황태후는 그의 정력을
국사의 친정에 바쳤기 때문에 태화 14년 49세로 죽을 때까지 연령상으로
보더라도 정권 장악이 가능하였을 것이다.

이상에서 북위 헌문제, 효문제시대 문명태후의 집정에 관해서 살펴보았
다. 즉 화평 6년(465) 5월에 헌문제가 즉위하고 다음해인 天安 元年(466)
2월에 문명태후는 승상 을혼을 주멸하고 임조청정하여 皇興 元年(467)
8월까지 1년 6개월간 친정을 실시하였다. 이후 황흥 5년(471) 8월 효문제가

---

269) 本文의 인용문 외에도『魏書』卷7, 高祖紀 太和六年 十二月條；同七年 正月條；九
月條；八年 十二月條；九年 八月條 등의 기록을 통해서 群臣의 의견수렴과 더불
어 災害, 官吏不正, 土地問題 등을 해결하려는 文明太后의 의지가 엿보이고 있다.

즉위하기까지 형식상으로는 헌문제가 친정한 것 같으나 실제에 있어서는
문명태후에 의해서 정책이 수행되었고, 효문제 承明 元年(476) 6월까지
이러한 관계는 계속되다가 이후 태화 14년(490) 문명태후가 죽을 때까지
다시 임조청정하는 명실상부한 북위의 통치자가 되었다. 이렇게 볼 때
사실상 헌문제 즉위 이래 효문제 태화 14년까지는 문명태후의 집정기로서
이 시기의 종교정책도 문명태후의 의지에 따라 추진되었다.

2) 獻文帝時代의 佛敎

북위 문성제가 13세에 즉위하여 불과 2년 만에 불교 부흥의 조칙을
발표하게 된 배경은 시대적 불가피성과 아울러 유소한 황제를 도와 새로운
치세를 열었던 조정 重臣들과 고승의 주장에 의한 것이었다. 당시 대표적인
조정의 重臣으로는 원하와 고윤이 있었고, 고승으로는 사현과 담요가
활동하였다는 것은 이미 앞서 언급하였다. 이래로 불교는 당시 교단의
최고 책임자였던 사문통 담요의 책임 아래 사대부의 협력을 받아 운강석굴
사원의 조영을 비롯한 흥불사업이 착실히 추진되어 갔다.

불교계의 분위기가 이러한 상황에 있을 때 幼帝 헌문제가 즉위하였으나
실질적으로는 문명태후의 치세가 열리게 되었다. 그런데 태후의 집정기에
도 불교계에서는 담요의 활동이 계속되었고, 重臣 원하, 고윤에 대한 문명
태후의 신임도 극진하였다.

담요는 문성제 和平 초년에서 효문제 태화 3년까지 3대 20년간에 걸쳐
북위 조정과 긴밀한 유대를 가지면서 전국 불교교단의 首長으로서 독재적
인 수완을 발휘하여[270] 북위불교의 발전에 기여하였다.

---

270) 沙門 曇曜가 獨裁的 성격을 가진 최고의 僧官이었다는 것은 『廣弘明集』 卷24,
孝文帝의 帝以僧顯爲沙門都統詔에 "今以思遠寺主法師僧顯……可勅令爲沙門

원하는 태무제의 조정에 출사하여 헌문제 天安 元年(466)에는 문명태후
의 집정과 더불어 太尉에 제수되었다.[271] 이후 헌문제가 숙부 京兆王 子推
에게 禪位하고자 할 때 그 뜻을 뒤엎고 효문제의 계위에 주역을 담당했던
인물이었기 때문에 효문제의 치세를 통한 그의 활약도 가히 짐작된다.
그의 죽음에 관해서 『위서』 권41, 本傳에 아래와 같이 기록하였다.

> 賀以年老辭位 詔不許……又上書病篤 乞骸骨 至于再三 乃許之 朝有大
> 議皆就詢訪 又給衣藥珍羞 太和元年二月 療疾於溫湯 高宗文明太后遣使
> 者屢問消息 太醫視病 患篤 還京師……三年秋薨 年七十三 贈侍中太尉隴
> 西王印綬 諡曰宣 賻雜綵五百匹 賜輼輬車及命服溫明秘器 陪葬于金陵

원하는 효문제 태화 3년(479)에 73세의 나이로 죽었지만 그는 죽음에
임박하기까지 북위 조정의 輔弼之臣으로 활약하였다. 그가 老患으로 있을
때 태의까지 보낸 문명태후의 배려가 있었고, 죽음에 임하여 조정에서는
雜綵 500필을 비롯해서 輼輬車, 命服, 秘器를 賻儀하였다. 이러한 사실은
태무제 이래 효문제까지 4대 30여 년에 걸쳐 활약했던 원하의 정치적
역량과 북위 정치에 미친 영향을 알게 한다.

원하와 더불어 북위의 조정 大臣으로 있었던 인물이 바로 고윤이었다.
그는 고종이 죽고 헌문제가 喪中에 있을 때 을혼의 전횡으로 일시 투옥되었
으나 문명태후의 집정과 더불어 다시 大政에 참여하였다. 이러한 내용이
『위서』 권48, 本傳에 전하고 있다.

都統 又副儀貳事緝素攸同 頃因曜統獨濟遂廢妏任 今欲毘德贊善固須其人 皇舅
寺法師僧義……業懋道優用膺副翼 可都維那以光賢徒"라 하여 그가 沙門統으로
있을 때는 불교계의 專權을 장악하여 副官을 두지 않았다가 그의 沒後에 皇舅寺
沙門 僧義가 都維那에 임명되었다는 사실로 보아 알 수 있다.

271) 『魏書』 卷6, 顯祖紀, p.126, "(天安元年)三月庚子 以隴西王源賀爲太尉".

　　高宗崩 顯祖居諒闇 乙渾專檀朝令 謀危社稷 文明太后誅之 引允禁中 參
決大政

　　고윤이 원하와 함께 효문제 계위의 주역으로서 帛千匹의 하사와 더불어
中書監에 除授되었던 것은 앞서 언급하였다. 결국 고윤은 북위 조정에
4대 50여 년간이나 仕任하다가 효문제 태화 11년(487) 정월에 98세라는
고령으로 죽었다.[272] 그런데 『위서』 권48, 本傳에 아래의 기록이 있다.

　　初 允每謂人日 吾在中書時有陰德 濟救民命 若陽報不差 吾壽應享百年
矣 先卒旬外 微有不適 猶不寢臥 呼醫請藥 出入行止 吟詠如常 高祖文明太
后聞而遣醫李脩往脈視之……於是遣使備賜御膳珍羞 自酒米至於鹽豉百
有餘品 皆盡時味……夜中卒 家人莫覺 詔給絹一千匹布二千匹綿五百斤錦
五十匹雜綵百匹穀千斛以周喪用 魏初以來 存亡蒙賚者莫及焉

　　고윤이 臥病 가운데 있을 때나 죽음에 임해서 베풀어진 조정의 후의는
북위 건국 이래 처음이었다고 하니, 조정 重臣으로서의 고윤의 업적을
가히 상상할 수 있게 한다. 그런데 원하나 고윤은 독실한 불교 신자였다.
즉 원하가 佛經의 幽旨를 체득해서 『祗洹精舍圖偈』6권을 저술했던 사실
과 고윤이 젊은 시절에 佛門에 귀의하여(법명 法淨) 불교의 계율을 지키며
때로 齋會나 講經會를 개설했던 사실은 4절에서 이미 언급하였다. 이들과
더불어 朝臣의 봉불자로서 刁雍이란 인물이 있었다. 『위서』 권38, 조옹전
의 기록에 아래의 내용이 보인다.

　　刁雍 字淑和 勃海饒安人也……雍博覽書傳 姚興以雍爲太子中庶子 (中

---

272) 『魏書』 卷48, 高允傳, p.1089, "(太和)十一年正月卒 年九十八".

略) 皇興中雍與隴西王源賀及中書監高允等並以耆年特見優禮……雍性
寬柔 好尙文典 手不釋書 明敏多智 凡所爲詩賦頌論幷雜文 百有餘篇 又汎
施愛士 怡靜寡欲 篤信佛道……太和八年冬卒 年九十五

조옹은 勃海 饒安人이었는데 한때 후진 요홍에게 仕任했다가 명원제
泰常 2년(417)에 후진이 멸망하고 북위 조정에 出仕하였다.[273] 그 후 태무제
를 거쳐 헌문제 皇興年間(467~470)에 원하, 고윤과 더불어 황실의 극진한
예우를 받았다. 그는 성격이 寬柔하고 詩賦頌論에 능할 뿐 아니라 독실한
불교 신자였다. 효문제 태화 8년(484) 95세로 일생을 마칠 때까지 5대에
걸쳐 북위의 政事에 관여했던 것으로 짐작된다.

이상에서 문성제의 불교부흥정책에 주역을 담당했던 불교계의 최고
지도자 사문통 담요와 조정의 重臣이었던 원하, 고윤이 문명태후의 치세였
던 효문제 태화 초년에 이르기까지 국가정책의 결정과 수행에 깊이 참여했
던 사실을 살펴보았다. 생각건대 문명태후가 임조청정하게 된 배경도 바로
이들 重臣의 계략과 협력에 의한 것이고, 태후집정기의 제반정책도 이와
같은 성격을 지니게 되었을 것이며, 종교정책 또한 예외는 아닐 것이다.
즉 불교를 신봉한 조정 重臣을 배경으로 불교계의 지도자였던 사문통
담요는 불교부흥사업을 착실히 수행해 나아갔던 것이다.

필자는 편의상 문명태후 집정기의 불교정책을 헌문제시대와 효문제시
대로 나누어 살펴보고자 한다.

우선 『위서』 권114, 석로지의 기록에 헌문제와 불교의 관계를 아래와
같이 기록하고 있다.

顯祖卽位 敦信尤深 覽諸經論 好老莊 每引諸沙門及能談玄之士 與論理要

---

273) 『魏書』 卷38, 刁雍傳 참조.

헌문제는 즉위 후에 신앙심이 돈독하고 더욱 깊어서 불교의 經論을 두루 살피고, 아울러 도교도 좋아했기 때문에 사문 및 玄學의 士와 더불어 교리를 담론했다는 것이다. 그런데 여기에서 "敦信尤深"이라는 구절을 보아서는 헌문제가 이미 불교에 대한 관심을 가지고 있었고, 즉위 후에 신앙심이 더욱 깊었다고 하는 해석이 꽤 합리적일 것 같다. 이러한 점은 이미 문성제의 조정에서 불교부흥의 조칙이 발표되었고, 또 이러한 분위기 가운데 성장한 헌문제의 입장을 고려한다면 쉽게 수긍이 간다. 그러나 헌문제의 불교 및 노장에 관한 관심을 신앙심의 발로에 기인한 것으로 간과해 버리기보다는 정치적 문제와 연관된 불가피성이 내재해 있었다는 점을 살펴 볼 필요가 있다. 앞에서 언급한 바와 같이, 헌문제 즉위 이래 조정의 실권은 문명태후가 장악하였다. 헌문제 자신은 政事에 관한 뜻을 접고 帝位에서 물러나려 하였다. 때문에 그는 이러한 마음의 불안을 달래기 위해서 사문이나 玄學의 士와 더불어 불교와 도교에 관한 담론으로 세월을 보냈던 것이다. 이를 보다 구체적으로 입증하는 것은 헌문제의 퇴위와 관련된 기록들이다. 『위서』 석로지에 다음과 같은 기록이 있다.

高祖踐位 顯祖移御北苑崇光宮 覽習玄籍 建鹿野佛圖於苑中之西山 去崇光右十里 巖房禪堂 禪僧居其中焉

皇興 5년(471) 8월 효문제에게 양위한 헌문제는 崇光宮[274]으로 거처를 옮겨서 玄學의 서적을 독송하였다. 또 이곳 숭광궁 苑內에는 鹿野寺[275]가

---

274) 崇光宮에서 10里 떨어진 苑中의 西山에 鹿野寺가 있었다는 것으로 보아 宮의 규모가 壯麗한 것 같이 생각되나, 『魏書』 卷6, 顯祖紀에 "(皇興五年八月) 己酉 太上皇帝徙御崇光宮 採椽不斲 土階而已"라 있어 실제로는 宮의 규모가 초라한 듯하다. 이는 顯祖의 위치나 그 심정을 헤아릴 수 있겠다.

275) 高允의 『鹿野苑賦』나 高閭의 『鹿野佛圖頌』이 이 寺院에 관한 것임은 『廣弘明集』

건립되어 있어서 帝는 이곳에서 불교와 더불어 세월을 보냈던 것이다. 녹야사에 관한 기록이 처음 보이는 것은 『위서』 권6, 현조기 황흥 4년(470)의 조에 "十有二月甲辰 幸鹿野苑石窟寺"라는 기록이 있어서 帝가 숭광궁에 옮겨가기 전에 이미 건립되어 있었고, 이 사원의 건립과 더불어 헌문제는 양위의 뜻을 더욱 깊이 하였을 것이다. 그런데 헌문제는 양위의 詔에서 "優遊履道 頤神養性"[276]이라 하여 遁世的인 종교생활을 통해서 마음을 가다듬고 심신을 수양하겠다는 심정을 술회하였다. 그렇지만 그 이면에는 주위로부터 가해지는 압력을 견디다 못한 심신의 괴로움을 충분히 감지할 수 있다. 그렇다면 헌문제의 불교신앙이나 그에 대한 행위는 자의에 의한 것이라기보다는 주위의 압력에 의한 현실 도피적 은둔적인 심정에 기인한 것이라 보겠다. 그러므로 헌문제시대의 불교사업은 실권을 장악하였던 문명태후에 의해서 추진되었다. 『위서』 권114, 석로지의 기록에 아래의 내용이 보이고 있다.

明年(皇興元年) 盡有淮北之地 其歲 高祖誕載 於是起永寧寺 構七級佛圖 高三百餘尺 基架博敞 爲天下第一

고조 효문제의 탄생을 기념해서 永寧寺를 창건하고 寺內에는 천하제일의 7층 불탑을 건립하였다. 석로지에는 계속해서 다음과 같이 기록하였다.

又於天宮寺 造釋迦立像 高四十三尺 用赤金十萬斤 黃金六百斤 皇興中 又構三級石佛圖 椽棟楣楹 上下重結 大小皆石 高十丈 鎭固巧密 爲京華壯觀

卷29, 高允의 鹿野苑賦를 보아 알 수 있다. 불교신봉자 高允이 賦를 지었다는 것은 이곳이 이미 獻文帝의 거처로 내정되었던 것이 아닌가 하는 심증이 간다.
276) 『魏書』 卷6, 顯祖紀, p.131.

天宮寺에 높이 43척의 釋迦立像을 세우고 皇興年間(467~471)에는 다시 삼층의 석탑을 만들었다. 이 불탑은 棤, 棟, 楣, 橙이 상하 중첩되어 만들어졌기 때문에 구조가 견고하고 巧密하여 京都의 장관이었다고 한다. 이러한 불교사업은 결국 북위의 도읍 平城에는 불탑이 높이 솟아 서로 바라보고 있으며, 불법이 동방에 전입된 이래 최고조에 이르렀다[277]고 하는 상황에 이르게 하였던 것이다. 이러한 사업은 헌문제의 시대에 실권을 장악한 문명태후의 종교정책에 의한 것이고, 사업의 추진을 위해서 활약한 주된 인물은 불교계의 首長이었던 사문통 담요였던 것으로 보인다.

문명태후의 행적을 詳考하기는 힘들지만『위서』권13, 문성문명황태후 풍씨전에는 그가 불교신봉자의 한 사람이었다고 하는 사실은 발견할 수 없다.[278] 다만 그의 오빠 馮熙와 불교의 관계는『위서』권83, 풍희전의 아래와 같은 기록을 통해서 알 수 있다.

> 熙爲政不能仁厚 而信佛法 自出家財 在諸州鎭建佛圖精舍 合七十二處 寫一十六部一切經 延致名德沙門 日與講論 精勤不倦 所費亦不貲 而在諸州營塔寺多在高山秀阜 傷殺人牛 有沙門勸止之 熙曰 成就後 人唯見佛圖 焉知殺人牛也 其北邙寺碑文 中書侍郞賈元壽之詞 高祖頻登北邙寺 親讀碑文 稱爲佳作 熙爲州 因事取人子女爲奴婢 有容色者幸之爲妾 有子女數

---

277)『水經注』卷13, 灅水條, pp.1149~1159, "然京邑帝里 佛法豊盛 神圖妙塔 桀峙相望 法輪東轉 玆爲上矣".

278) 塚本善隆, 前揭書, pp.153~154에서 文明太后와 아울러 그 一族은 열심인 불교신봉자였기 때문에 당시 北魏朝廷에서 행해졌던 佛敎事業과 같은 것은 太后의 힘이 중심이 되었던 것으로 생각된다고 하여 文明太后의 불교신앙에 의해서 佛敎復興事業이 수행되었던 것으로 언급하고 있다. 그러나 太后가 깊이 불교를 신봉하였다는 구체적인 史料를 제시하지 않아 獻文帝時代 北魏朝廷에서 추진된 불교사업의 결과를 가지고 그가 불교신봉자의 한 사람이었다는 이론을 정립한 것 같은 생각을 갖게 한다.

十人 號爲貪縱

풍희는 72곳에 불사를 건립한 독실한 불교신자였다는 것을 말하고 있다.
그러나 그가 仁厚한 정치를 못하면서 불법을 신봉했다고 하는 행위, 諸州에
건립한 사원의 대부분이 高山秀阜였기 때문에 人牛의 살상이 많아 사문조
차도 그 피해를 줄이도록 권유했던 점, 또한 일면에 있어서는 사람들의
자녀를 취해서 노비로 하고 용모가 뛰어난 자를 첩으로 삼고 수십 인의
자녀를 소유했기 때문에 貪縱으로 불렸다는 점을 고려해 볼 때, 돈독한
불교신봉자의 행위로 인정할 수 없다. 그의 성장과정에 관해서는『위서』
권83, 本傳에 아래와 같은 기록이 있다.

> 馮熙字晋昌 長樂信都人 文明太后之兄也……熙生於長安 爲姚氏魏母所
> 養 以叔父樂陵公邈因戰入蠕蠕 魏母攜熙逃避至氏羌中撫育 年十二好弓
> 馬 有勇幹 氏羌皆歸附之 魏母見其如此 將還長安 始就博士學問 從師受孝
> 經論語 好陰陽兵法

그는 일찍이 논어를 비롯한 유가의 경전을 배우고 음양, 병법을 좋아했
을 뿐 불교에 관계했던 기록은 보이지 않는다. 그가 72개소에 달하는 사원
을 건립하였는데도 일찍이 불교신앙에 관한 언급이 없다고 하는 것은
그의 신앙심에 상당한 의문을 야기시키고 있다.

풍희는 그의 고모가 궁중에 들어가 태무제의 左昭儀가 되고, 여동생이
문성제의 황후가 되는 것을 인연으로 出仕하게 되었다. 恭宗의 딸 博陵公主
를 배필로 삼았으며, 헌문제 때에는 太傅로서 군주 측근의 顯官에 임했
다.[279] 효문제의 치세에 그의 행적에 관한 기록을 사료에는 다음과 같이

---

279)『魏書』卷83, 馮熙傳, p.1819, "熙姑先入掖庭 爲世祖左昭儀 妹爲高宗文成帝后

전하고 있다.

　　高祖卽位 文明太后臨朝 王公貴人登進者衆 高祖乃承旨皇太后 以熙爲侍
　　中太師中書監領秘書事 熙以頻履師傅 又中宮之寵 爲群情所駭 心不自安
　　乞轉外任　　文明太后亦以爲然　　於是除車騎大將軍開府都督洛州刺史
　　……280)

　　효문제가 태후의 뜻을 받들어 풍희를 侍中, 太傅, 中書監에 임명함으로
써 그의 지위는 朝臣으로서는 최고의 지위에 올랐다. 그러나 풍희는 은총이
지나치다는 群臣의 놀라움에 마음이 편치 못해 外任을 자청하여 洛州刺史
로 전임되었다. 그가 외임을 원하게 된 이유는 태후의 오빠라는 점도 있었
겠지만 한편으로는 그의 정치적 능력이 부족하고 仁厚하지 못한데 대한
비난을 견디지 못한 점을 간과할 수 없을 것 같다. 그렇다면 그가 佛門에
귀의하여 사원을 건립한 것도, 정치적인 지위의 불안을 종교계로 전향함으
로써 재력과 권력을 과시하고자 했던 것은 아니었을까? 그렇다면 결국
그가 사원을 건립한 행위는 정계에 투신한 연후에 불교부흥의 시세에
편승해서 조영된 것이다. 그리고 불교의 교세확장에 전력을 경주한 사문통
담요의 최대후원자 역할을 하였을 것으로 짐작된다.281)『위서』권13, 효문
폐황후 풍씨전에 아래의 기록이 보이고 있다.

　　卽文明太后也 使人外訪 知熙所在 徵赴京師 拜冠軍將軍 賜爵肥如侯 尙恭宗女博
　　陵長公主 拜駙馬都尉 出爲定州刺史 進爵昌黎王 顯祖卽位 爲太傅 累拜內都大官".
280) 同上, p.1819.
281) 제2장 4절에서 언급한 바와 같이 沙門 曇曜는 일찍이 恭宗의 극진한 禮遇를
　　받았고, 馮熙 또한 恭宗의 딸 博陵長公主를 配匹로 삼았던 것은 兩者간의 연계를
　　짐작할 수 있겠다. 그리고 중앙에서 沙門統 曇曜가 불교부흥에 직면해서 교세의
　　확대를 위해 신명을 바쳐 노력한 때였다고 생각하면, 兩者는 僧界의 통솔자와
　　政界의 권력자 사이에 상호 긴밀한 협력이 이루어졌다고 보인다.

孝文廢皇后馮氏 太師熙之女也 太和十七年 高祖旣終喪 太尉元丕等表以
長秋未建 六宮無主 請正內位 高祖從之 立后爲皇后 (中略) 高祖後重引后姊
昭儀至洛 稍有寵 后禮愛漸衰 昭儀自以年長 且前入宮掖 素見待念 輕后而
不率妾禮 后雖性不妬忌 時有愧恨之色 昭儀規爲內主 譖構百端 尋廢后爲
庶人 后貞謹有德操 逐爲練行尼 後終於瑤光佛寺

풍희의 一女가 효문제의 황후로 있다가 효문제가 황후의 여동생인 昭儀
를 총애함에 따라, 后는 서인으로 폐립되어 練行尼가 되었다가 瑤光佛寺에
서 일생을 마쳤다고 한다. 또 同書 권13, 孝文幽皇后傳에는 다음과 같은
기록도 보이고 있다.

孝文幽皇后 亦馮熙女 母曰常氏 本微賤 得幸於熙……文明太皇太后欲家
世貴寵 乃簡熙二女俱入掖庭 時年十四 其一早卒 后有姿媚 偏見愛幸 未幾
疾病 文明太后乃遣還家爲尼 高祖猶留念焉

효문제의 유황후 역시 풍희의 딸이었는데 질병으로 인하여 還家한 연후
에 비구니가 되었다고 한다.

이상의 기록을 보아 풍희의 一門은 일찍이 佛門에 깊은 인연을 가지고
있었던 것으로 볼 수 있다. 그러나 한편으로는 황후의 지위에 있다가 폐립
되고, 또 질병으로 인하여 황후의 위치에서 還家했다면 육체적, 정신적
위로를 얻기 위해 佛門에 귀의할 수 있었다는 것은 쉽게 수긍할 수 있다.
더욱이 그들의 아버지였던 풍희가 수십 개의 사원을 건립하여 적어도
표면적으로는 불교를 보호하고 있었다는 입장에서 생각하면 더욱 그러하
다.

이상의 사실로 미루어 보아 문명태후의 가문은 일찍이 불교와 관련이
있었다는 것은 인정되지만 풍희를 비롯한 그 딸들의 봉불 및 불교계의

귀의는 정치적 상황과 연계된 것 같다. 문명태후는 前述한 바와 같이 헌문제시대 불교사업을 추진한 최고의 통치자였다. 그러나 이러한 태후의 불교사업은 태후 자신의 개인적인 신앙심보다도 불교를 정치에 이용하려는 그녀의 종교정책에 기인한 것이라 하겠다. 환언하면 불교를 어디까지나 帝權의 통제아래 두고자 했던 前代 종교정책의 연속이었다고 생각된다. 이제 효문제시대의 불교통제정책과 더불어 보다 구체적으로 살펴보고자 한다.

3) 孝文帝時代의 佛敎

북위불교는 항상 국가정책에 동반되어 帝權에 의해서 보호·통제되어 왔기 때문에 폐불이나 흥불은 북위불교의 성격 규명이라고 하는 차원에서 볼 때 동일한 의미를 내포하고 있었다. 때문에 문명태후의 집정기를 통해서 불교보호정책과 더불어 강력한 통제가 단행되었던 것도 역대의 對佛政策과 동일한 선상에서 규명되어야 할 것 같다. 우선 효문제의 치세에 문명태후가 실현했던 불교통제에 관한 내용의 일부가 『위서』권7, 고조기 延興二年(472) 夏四月 癸酉條에 "詔沙門不得去寺 浮遊民間 行者仰以公文"이라 되어 있고, 이를 보다 구체적으로 전하는 내용이 『위서』권114, 석로지에 아래와 같이 기록되어 있다.

> 延興二年夏四月 詔曰 比丘不在寺舍 游涉村落 交通姦猾 經歷年歲 今民間五五相保 不得容止 無籍之僧 精加隱括 有者送付州鎭 其在畿郡 送付本曹 若爲三寶巡民敎化者 在外齎州維那文移 在臺者齎都維那等印牒 然後聽行 違者加罪

효문제 즉위 翌年이었던 연흥 2년(472)에 불교에 대한 엄중한 取締令이 발표되었다. 그 이유는 불교부흥의 時流에 편승해서 比丘 가운데에는 寺舍에 기거하지 않고 촌락을 배회하면서 간사한 무리와 접촉하여 불교교단의 계율을 어지럽게 한 것이 해를 거듭해 왔다는 것이다. 이에 북위 조정에서는 五家相保하는 自警組織을 통해서 사문의 民間潛入을 막고, 또 불교계의 최고 승관인 사문통(당시는 담요)이 다스리는 僧曹(昭玄曹)에서도 無籍의 僞僧들을 검색하도록 하였다. 그리고 만약 민간에 순회하면서 교화하고자 하는 자가 있으면 州鎭에 있어서는 지방의 승관이었던 維那의 증명서를 소지해야 하고, 중앙에 있어서는 都維那의 허가증을 교부받은 연후에 활동할 수 있게 하였다. 결국 이러한 조칙을 통한 불교의 통제는 사문을 승관의 예하에 복종시킴으로써 불교를 국가적 차원에서 명확히 통제하려는 문명태후의 불교정책에 기인한 것이라 하겠다.

그리고 『위서』 석로지에는 前引의 기록에 계속해서 아래와 같은 조칙을 내렸다.

又詔曰 內外之人 興建福業 造立圖寺 高敞顯博 亦足以輝隆至敎矣 然無知之徒 各相高尙 貧富相競 費竭財産 務存高廣 傷殺昆蟲含生之類 苟能精致 累土聚沙 福鍾不朽 欲建爲福之因 未知傷生之業 朕爲民父母 慈養是務 自今一切斷之

이는 寺塔의 濫造를 금지하는 칙령이다. 이 조칙의 취지는 귀족이나 부호들이 사원의 건립을 통한 그들의 사회·경제적 세력의 확대를 방지하고 아울러 면역, 면세를 위한 현실 도피적 入寺者들에 대한 眞僞混淆의 폐해를 예방하고자 함에 있었던 것으로 보인다. 환언하면 사사로이 사탑을 건립함으로써 나타날 수 있는 불량분자들에 의한 종교적 結社나, 사회의

혼란을 야기시키는 佛敎匪의 반란을 사전에 방지하려는 의도가 내재해
있다. 이러한 조칙이 효문제 즉위 翌年에 발표되었다는 사실을 두고 보면,
이는 유소(6세)한 군주의 의지에 의한 것이 아니라 문명태후와 그를 둘러싼
권력자들에 의한 것임은 쉽게 알 수 있다. 그렇다면 태후가 효문제 즉위
초기에 이러한 조칙을 제정했던 이유는 前代의 종교정책을 계승해서 불교
통제라고 하는 종교정책의 중요성을 깊이 통찰한데 의거한 것이라 하겠다.

  그럼에도 불구하고 이러한 조칙이 실행되는 데는 상당한 어려움이 있었
던 것으로 보인다. 이는 효문제의 치세를 통해서 일어났던 佛敎匪의 반란이
나,282) 보다 엄격한 새로운 불교 통제의 조칙이 공포되었다는 사실을 통해
서 알 수 있다. 즉『위서』권7, 고조기 延興 三年 十二月 癸丑條에 "沙門慧隱
謀反 伏誅"라는 간략한 기록이 보인다. 연홍 2년, 즉 사문에 대한 통제와
사탑의 濫造에 관한 통제의 조칙이 발표된 翌年(연홍 3)에 사문 慧隱의
반란이 있었다. 하지만 이 기사가 너무 간략하기 때문에 반란의 원인이나
규모 및 모반이 일어났던 지역(경사 혹은 지방)에 관해서는 전혀 알 길이
없다.283) 단지 추론이 가능한 것은, 당시에 흉작과 군량의 징발로 백성의
생활이 어려웠기 때문에284) 민간의 불량한 僧徒가 僞僧과 더불어 모반을

---

282) 塚本善隆,『支那佛敎史硏究』, pp.261~262에서 孝文帝 初世의 沙門反亂에는 沙門
   統 曇曜의 獨裁的 統制에 대한 승려 사이의 反感이나, 또 佛敎復興 이래의 沙門統
   을 涼州로부터 왔던 沙門들이 점유했기 때문에 他系統 沙門의 반감도 상상된다고
   하였다. 또 渡瀨道子도 前揭論文에서 曇曜의 獨裁에 대한 佛敎徒간의 알력이
   상상된다고 하여 佛敎匪反亂의 한 원인을 불교내부의 권력 장악 문제와 연관된
   것으로 보려고 한다. 하지만 구체적인 史料를 제시하지 않고 있어서 이 문제에
   대해서는 앞으로 연구과제가 되리라고 생각된다.
283) 塚本善隆,『支那佛敎史硏究』, p.254에서 謀反의 지역이 기록되어 있지 않는 것은
   京畿地域이었을 것이라고 한다.
284)『魏書』卷7, 高祖紀 延興三年條에 "冬十月 太上皇帝親將南討 詔州郡之民 十丁取
   一以充行 戶收租五十石 以備軍糧"이라 하여 南方 征伐을 위한 壯丁과 軍糧의
   徵發 詔勅이 발표되었고, 同條에 "是歲 州鎭十一水旱 丐民田租 開倉賑恤 相州民

도모했던 것으로 보인다. 그렇다면 승관이나 국가의 통제에도 불구하고 민간에 잠입한 사문이 국가권력에 반항하는 종교결사의 반란을 야기시키고 있었다는 것이다.[285] 혜은의 난은 쉽게 진압되었던 소규모의 佛敎匪였던 것으로 예측되지만, 이후 효문제시대에 일어났던 사문 法秀의 반란은 북위의 도읍을 동요시켰던 대규모의 佛敎匪謀反事件이었다. 이를테면 『위서』 권7, 고조기에 아래와 같은 기록이 있다.

> 太和五年春正月己卯 車駕南巡……二月辛卯朔 大赦天下……丁酉 車駕幸信都……庚戌 車駕還都 沙門法秀謀反伏誅……三月辛酉朔 車駕幸肆州……己巳 車駕還宮 詔曰 法秀妖詐亂常 妄說符瑞 蘭台御史張求等一百餘人 招結奴隷 謀爲大逆 有司科以族誅 誠合刑憲 且矜愚重命 猶所弗忍 其五族者 降止同祖 三族 止一門 門誅 止身

이 사건은 고조가 여러 지방의 순행에 나아갔던 기회를 포착해서 정부의 전복을 기도했던 것이다. 그런데 이 모반에는 蘭台御史 張求 등 100여 인이 노예를 불러모아 대역을 꾀했던 점으로 미루어 보아 다수의 관리도 가담했던 것이다.[286] 뿐만 아니라 법수의 妄說符瑞에 현혹되어 胡族의

餓死者二千八百四十五人"이라 하여 水旱의 災로 인하여 餓死者가 속출하는 상황이었다.

285) 鎌田茂雄, 『中國佛敎史(第3卷)』, p.378에서 불교의 반란은 飢餓와 壓制에 저항에서 봉기했던 농민과 일부의 특권계급을 구성했던 沙門에 대해서 불만을 가졌던 沙門이 결합하고, 다시 지식인의 일부를 움직여서 봉기했던 北魏의 官權에 대한 저항운동이었다고 佛敎匪의 성격을 규명하고 있다. 그리고 塚本善隆, 『支那佛敎史研究』, pp.285~286에서는 佛敎匪의 반란이 일어나게 된 근본은 첫째 불교에 있어서 轉輪聖王이 장래에 이 세계에 나타나서 천하를 통일하고 萬民太平을 享樂하는 시대가 온다는 설, 둘째 석가가 逝去한 이래 이 세계에는 佛이 없지만 장래에 佛이 나타나서 사람을 구제하는 시대가 온다는 설을 제시하여 佛敎匪 반란의 사상적 원인을 규명하였다.

유력자도 이에 가담했던 것으로 짐작된다.[287] 이 반란은 王亮의 고발에 의해서[288] 河東王 司空 苟頹가 禁衛軍을 이끌고 진압했지만[289] 만약 진압의 시기를 늦추었다면 북위 종실이 위기에 직면했을 것이며, 적지 않은 희생이 있었을 것으로 보인다. 이러한 사실을 『위서』권44, 苟頹傳의 기록 가운데 아래와 같이 전하고 있다.

　　文明太后曰 當爾之日 卿若持疑不卽收捕 處分失所 則事成不測矣 今京畿不擾 宗社獲安者 實卿之功也……七年 詔曰 頹爲台鼎 論道是寄……宜加崇異 以彰厥功 自妨已後 可永受復除

그런데 반역을 주도했던 사문 법수에게 혹형이 가해졌던 것은 당연하지만,[290] 중요한 것은 이 사건에 연루되었던 漢·胡族官吏에 대한 처벌이다. 북위의 형벌은 자못 엄격해서 반역의 죄에 연루되었을 때 그 一族親類가 극형에 처해졌던 것이지만, 법수의 모반에 당해서는 비교적 관용이 베풀어졌던 것이다. 물론 이 사건을 계기로 당시의 북위 조정에서는 사문을 모두 살해해야 한다는 극단적인 주장도 대두되었지만 문명태후는 이를 허락하지 않고[291] 비교적 관용을 베풀어 처리하였다. 이는 『위서』권93, 王叡傳의

---

286) 『魏書』卷94, 平季傳에 "平季 字雅穆 燕國薊人 祖濟 武威太守 父雅 州秀才 與沙門法秀謀反 伏誅 季坐腐刑 入事宮掖"이라 있어 이 반란에는 漢族의 知識階級도 참여했던 것이다.

287) 『南齊書』卷57, 魏虜傳, p.990, "道人法秀與苟兒王阿辱瑰王等謀反".

288) 『魏書』卷93, 王叡傳, p.1995, "魏誠弟亮 字平誠 承明初 擢爲中散 告沙門法秀反 遷冠軍將軍".

289) 『魏書』卷44, 苟頹傳, p.994, "苟頹 代人也……(太和)三年遷征北大將軍 司空公……大駕行幸三川 頹留守京師 沙門法秀謀反 頹率禁衛收掩畢獲 內外晏然".

290) 『南齊書』卷57, 魏虜傳, p.990, "事覺 因法秀 加以籠頭鐵鏁 無故自解脫 虜穿其頸骨 使呪之曰 若復有神 當令穿肉不入 遂穿而殉之 三日乃死".

291) 同上에 "僞咸陽王復欲盡殺道人 太后馮氏不許"라 있는데 여기에 註하기를 "按通

아래와 같은 기록을 통해서 알 수 있다.

　　及沙門法秀謀逆 事發 多所牽引 叡曰 與其殺不辜 寧赦有罪 宜梟斬首惡
　餘從疑赦 不亦善乎 高祖從之 得免者千餘人

　즉, 문명태후의 총애를 받고 있던 왕예의 奏請에 의해서 법수의 모반에
관련되었던 천여 명이 극형을 면했다고 한다.

　문명태후는 태무제의 폐불에 뒤이은 문성제의 불교부흥정책이 어떠한
배경 가운데에서 대두되었는지를 체험했기 때문에, 또 다시 극단적인 폐불
이라고 하는 시행착오를 되풀이하지 않으려 했을 것이다. 뿐만 아니라
법수의 모반사건에는 다수의 漢・胡의 관리가 연루되어 있었기 때문에
이들의 처형에 뒤따르는 민심의 불안을 自招하지 않으려는 불교정책에
기인한 것으로 이해하여야 될 것 같다. 그러나 한편에 있어서는 符瑞에
의해서 정부의 전복을 기도한 宗敎匪의 반란을 묵과할 수는 없었기 때문에
불교를 비롯한 圖讖秘緯에 대한 엄격한 통제의 조칙이 발표되었다. 『위서』
권7, 고조기에 아래의 기록이 있다.

　　(太和)九年春正月戊寅 詔曰 圖讖之興 起於三季 旣非經國之典 徒爲妖邪
　所憑 自今圖讖秘緯及名爲孔子閑房記者 一皆焚之 留者以大辟論 又諸巫
　覡假稱神鬼 妄說吉凶 及委巷諸卜非墳典所載者 嚴加禁斷

　三代의 말기에 나타났던 圖讖秘緯 등 반란의 원인이 되는 책은 모두

　　鑑齊高帝建元二年作「議者或欲盡殺道人」考異云「齊書魏虜傳」『咸陽王欲盡殺
　道人』按咸陽王禧時尙幼 太和九年始封 恐非也"라 하여 道人盡殺論을 주장한
　인물이 咸陽王이었다는데는 다소 의문이 있으나 沙門 法秀의 謀反을 계기로
　北魏의 朝臣 가운데 극단적인 抑佛論이 대두되었던 것은 사실이다.

불태우고, 이를 소지하는 자는 사형에 처하며 귀신에 가탁하는 巫覡信仰을 엄단하였다. 이는 佛教匪가 반란을 일으킬 때 이름은 불교에 의탁하지만 실제로는 圖讖秘緯를 비롯한 간사하고 못된 술법을 이용하는 경우가 많았기 때문에,[292] 국가에서는 불교와 더불어 이에 대한 통제가 엄격했던 것이다. 그리고 태화 10년에는 사문에 대한 沙汰가 가해졌다. 이에 관한 내용을 『위서』권114, 석로지에 다음과 같이 전한다.

> (太和)十年冬 有司又奏 前被敕以勒籍之初 愚民僥倖 假稱入道 以避輸課 其無籍僧尼罷道還俗 重被旨 所檢僧尼 寺主維那當寺隱審 其有道行精勤者 聽仍在道 爲行凡粗者 有籍無籍 悉罷歸齊民 今依旨簡遣 其諸州還俗者 僧尼合一千三百二十七人 奏可

여기에서 특별히 주목되는 바는, 앞서 불교에 대한 통제를 가할 때는 愚民이 요행을 바라고 課役을 피해 入道한 無籍의 사문에 대한 환속조치를 취했던데 반해서 이때는 僧籍의 有無에 관계없이 粗暴한 사문을 齊民으로 귀속시켰던 결과 1,327인의 사문이 환속되었다. 승니는 일반적으로 면세, 면역의 특권을 가지고 있기 때문에 불교교단의 발전이 국가에 입힌 중요한 피해의 하나는, 租役의 징수에 관한 문제이다. 따라서 국가는 租役의 징수를 보장받기 위해서 교단으로부터 度僧의 권한을 회수하여 승니의 수적 제한을 가하는 것이다. 그 구체적인 방법으로써 첫째 국가에서 승니의 출가 자격을 규정하는 것이고, 둘째 私度僧 즉 無籍의 사문에 대한 통제와 사문의 僞濫에 대한 沙汰를 가하는 것이고, 셋째 僧籍을 정비하여 사문의 관리를 강화하는 것이다.[293] 그런데 문명태후가 승적의 유무에 관계없이

---

292) 湯用彤, 前揭書, p.520.
293) 謝重光, 「魏晋隋唐佛教特權的盛衰」『魏晋南北朝隋唐史』1988-3(北京, 中國人民

사문을 환속조치 시켰다고 하는 것은, 결국 圖讖秘緯를 비롯한 무격신앙이
나 불교에 대한 엄중한 통제를 가함으로써 국가적 차원에서 종교교단을
통제하려는 태후의 강한 의지가 종교정책에 반영된 것이라 하겠다.[294]
물론 이러한 정책이 완벽을 기해서 이후 佛敎匪의 반란이 일소되었던
것은 아니고, 그 때마다 북위 조정의 불교통제정책은 계속되어 갔던 것이
다.[295]

이상에서 효문제시대 실질적인 통치자였던 문명태후의 불교통제에 관
해서 살펴보았거니와, 이는 어디까지나 불교를 帝權의 통제아래 두고자
했던 종교정책에 의거한 것이지 배불론에 의거한 억불정책은 아니었다.
그러므로 한편으로는 문성제 이래 불교부흥의 時流에 부응해서 북위 조정
의 불교사업은 착실히 추진되어 갔던 것이다.『위서』석로지에 아래의
기록이 보이고 있다.

> 承明元年八月 高祖於永寧寺 設太法供 度良家男女爲僧尼者百有餘人 帝
> 爲剃髮 施以僧服 令修道戒 資福於顯祖 是月 又詔起建明寺

永寧寺는 앞서 언급한 바와 같이 효문제의 탄생을 기하여 건립되었다.

大學書報資料社, 復印報刊資料).

294) 『魏書』卷7, 高祖紀에 "(太和十年)二月甲戌 初立黨里隣三長 定民戶籍"이라 있어
    三長制의 실시에 따른 戶籍의 再整備가 宗敎政策에 반영되었던 점도 묵과할
    수는 없을 것 같다.

295) 『魏書』卷7, 高祖紀 太和 十四年條에 "沙門司馬惠御 自言聖王 謀破平原郡 擒獲伏
    誅"라 있어 沙門 司馬惠御의 反亂이 있었음을 알 수 있고, 同書 卷114, 釋老志에는
    "(太和)十六年詔 四月八日 七月十五日 聽大州度一百人爲僧尼 中州五十人 下州
    二十人 以爲常準 著於令 十七年詔立僧制四十七條"라 하여 州의 대소에 따라
    僧尼의 수적 제한이 가해지고, 47條에 달하는 僧制의 제정을 볼 수 있다. 그런데
    文明太后가 太和 14년(490) 9월에 죽고 그 익년부터는 孝文帝의 親政이 시작되었
    기 때문에 이 문제에 대해서는 다음 장에서 고찰하겠다.

여기에는 천하제일의 七重塔이 있는 朝廷佛教의 중심사찰로서, 帝都의
인심을 귀복시키는 데 충분했기 때문에 이곳에서 大法供養이 베풀어졌다.
이때 良家의 남여 100여 인이 승니로 허락되었으며, 황제가 사문에 대한
剃髮儀式을 행하고 승복을 시여한 후에 道戒를 닦아 헌문제를 追福하도록
하였다. 불교의 法要에 황제가 스스로 참여하여 체발의식을 주관하였다는
것은 주목할 만하다. 이미 불교부흥의 초에 사문통으로 임명된 사문 사현에
대해서도 황제가 친히 체발을 행했던 것이지만, 이는 현세의 군주가 佛을
대신한다는 의식에 의거한 것이다. 이러한 의식은 북위의 통치기간을 통해
서 군주의 불교관, 불교도의 군주관으로 연속되었다.296) 또 이 달에는
칙명에 의해서 建明佛寺를 일으키고 2개월 후인 同年 10월에는 효문제가
건명사에 行幸해서 죄인을 사면해 주었다.297) 그런데 이러한 불교행사가
문명태후의 지시에 의해서 행해졌던 것이고, 그것이 헌문제를 위한 追善이
었다면 문명태후는 불교의 신앙심을 통해서 과거를 속죄하고자 했던 일면
이 보이기도 한다. 그런데 역설적으로 문명태후가 돈독한 불교의 신앙심을
가지고 자비의 마음을 닦았다면 자신의 모략으로 18세에 당하는 헌문제의
제위를 박탈해서 謀殺하지는 않았을 것이다. 그리고 그가 정권의 장악을
위해서 행했던 행위를 돌아본다면 佛寺의 건립이나 法要는 불교신앙심에
의한 자비의 발로라기보다는 불교를 이용해서 자신에 대한 사회적 이목을
전향시키기 위한 것으로 볼 수 있다.

앞서 언급한 바와 같이 헌문제의 불교신앙이 비록 주위의 압력에 의한

---

296) 塚本善隆,『魏書釋老志の硏究』(東京, 大同出版社, 1974), p.223.

297)『魏書』高祖紀 承明元年 冬十月條에 "辛未 輿駕幸建明佛寺 有宥罪人"이라 있다.
   그런데 辛未라고 하는 干支日은 우연의 일치인지는 모르나 顯祖 死後 4개월째
   되는 干支日로서 建明佛寺의 건립과 이곳에 대한 行幸은 오직 顯祖의 追善을
   위해서였다는 점에 심증이 간다.

현실 도피적 심정에 기인한 것이라 하더라도 만년에 鹿野寺에서 불교를
통해 수양하였고, 조정의 신하들 가운데에도 불교신봉자가 많았다. 뿐만
아니라 민간에서도 헌문제의 追善을 위한 齋會가 열리고 있었기 때문에[298]
조정에서도 불교행사를 통해서 태후에 대한 離叛의 마음을 없애고 朝野를
안정시켜 그의 정치에 귀복시키려 했던 것이다.

사문 법수의 반란이 평정된 후 연루자의 처벌에 관용을 베풀 것을 주청했
던 王叡가 임종에 즈음해서 치국의 요점을 설명한 기사가 『위서』 권93,
그의 傳에 다음과 같이 보이고 있다.

> 及疾病 高祖太后每親視疾 侍官省問 相望於道 及疾篤 上疏曰……臣聞
> 爲治之要 其略有五 一者愼刑罰 二者任賢能 三者親忠信 四者遠讒佞 五者
> 行黜陟……哀恤孤獨 賑施困窮 錄功奮 赦小罪 輕徭役 薄賦斂 修福業 禁淫
> 祀

즉, 治國의 근본 5가지를 제시하고 그 구체적인 術로서 빈민구제에
힘쓰며, 治罪를 신중히 하여 小罪에 대해서는 관용을 베풀고, 부역을 가벼
이 하여 백성의 부담을 덜어줄 것과 아울러 종교정책의 중요성을 역설하였
다.

修福業은 불교사업을 말하는 것으로 구체적으로는 造寺, 造塔, 法要,
寫經 등[299] 불교보호정책을 의미하는 것으로 보인다. 또한 왕예가 조세정

---

298) 『魏書』卷87, 王玄威傳에 "王玄威 恒農北陝人也 顯祖崩 玄威立草盧於州城門外
衰裳蔬粥 哭踊無時……及至百日 乃自竭家財 設四百人齋會 忌日 又設百僧供 至
大除日 詔送百紬袴褶一具 與玄威釋服 下州令表異焉"이라 있고, 특히 玄威가
시행했던 헌문제의 追善에 대해서 隆表를 했다는 점은 민간에 이를 장려했다는
것을 보여 주고 있다.

299) 塚本善隆, 『支那佛敎史硏究』, p.263 참조.

책과 더불어 불교정책의 중요성을 강조한 것은 경제적 안정을 바탕으로
민족적 융합을 도모하고, 더불어 왕실차원에서 불교보호정책을 실현하여
민심의 離叛을 방지해야 된다는 점을 지적한 것 같다. 이러한 치국의
근본을 북위 조정의 실질적인 집권자였던 문명태후가 모르는 바 아니었기
에, 헌문제의 追善을 비롯한 불교보호정책이 강력히 추진되었다. 또『위
서』석로지에는 앞선 인용문에 기록에 계속해서 다음과 같이 기록하고
있다.

> 太和元年二月 幸永寧寺設齋 赦死罪因 三月又幸永寧寺設會 行道聽講
> 命中秘二省與僧徒討論佛義 施僧衣服 寶器有差 又於方山太祖營壘之處
> 建思遠寺……四年春 詔以鷹師爲報德寺

여기에서 永寧寺는 朝廷佛敎의 중심이 되었다는 것을 다시 확인할 수
있다. 특히 이곳에서 中書, 秘書省의 관료가 僧徒와 더불어 불교의 교의에
관한 토론이 있었다는 것은 조정의 重臣 가운데 불교의 해박한 지식을
갖춘 자가 많았다는 점을 알게 한다. 이는 문명태후의 불교보호정책에
동반해서 朝臣들의 적극적인 참여가 있었다는 의미도 내포하고 있다.
앞서 문성제의 조정에서 불교부흥정책의 주역을 담당했던 고윤, 원하를
비롯한 불교신봉자들이 태후의 조정에 重用되어 태후의 불교정책을 추진
해 나아갔던 것으로 볼 수 있겠다.

또 方山[300]에 태조가 營壘(軍營)를 펼쳤던 곳에 思遠寺를 창건하였다.

---

300) 北魏의 都邑 平城 北方郊外에 있는 方山의 景觀에 대해서는『水經注』卷13에
    잘 묘사되어 있지만, 孝文帝와 文明太后가 이곳에 자주 行幸하였고, 마침내는
    太后가 終焉의 뜻을 두었던 땅으로 결정되어 壽陵과 永固石室이 만들어지고
    太后의 功德을 칭송하는 石碑가 세워졌던 사실을,『魏書』卷13, 文成文明皇后
    馮氏傳에 "太后與高祖遊于方山 顧瞻川阜 有終焉之志……高祖乃詔有司營建壽

『위서』고조기에 의하면 사원사는 효문제 태화 3년(479)에 건립되었음을 알 수 있지만,301) 이곳 寺主였던 僧賢이 담요의 뒤를 계승해서 불교계 최고의 승관이었던 사문통에 임명되었다고 하는 사실302)은 주목되는 것이다. 곧 왕실에서 건립한 사원의 사주라면 帝權과 긴밀한 유대관계를 가졌던 것이고, 그러한 관계를 통해서만이 최고의 승관직에 오를 수 있다는 것이다. 이는 이미 필자가 강조한 바와 같이 북위의 승관제는 帝權에 의해서 주어지고 그 통제 아래 놓이게 되었다는 것이며, 문명태후의 치세에서도 그 예외는 아니었다.

다음으로 태화 4년(480)에는 鷹師가 설치되어 있던 장소에 報德佛寺라고 하는 사원을 건립하였다. 이를테면 『위서』석로지에 이러한 기록이 보이고 있다.

(延興)三年十二月 顯祖因田鷹獲鴛鴦一 其偶悲鳴 上下不去 帝乃惕然 問左右曰 此飛鳴者 爲雌爲雄 左右對曰 臣以爲雌 帝曰 何以知 對曰 陽性剛陰性柔 以剛柔推之 必是雌矣 帝乃慨然而歎曰 雖人鳥事別 至於資識性情 竟何異哉 於是下詔 禁斷鷙鳥 不得畜焉

이는 제위에서 물러나 崇光宮에 거처하고 있었던 太上皇帝 헌문제가

陵於方山 又起永固石室 將終爲淸廟焉 太和五年起作 八年而成 刊石立碑 頌太后 功德"이라 전하고 있다.

301) "(太和三年) 八月 乙亥 幸方山 起思遠佛寺 丁丑 還宮"이라 하여 釋老志의 기사와 2년간의 시차를 보이고 있다.

302) 『廣弘明集』卷42, 帝以僧顯爲沙門都統詔에 "今以思遠寺主法師僧顯 仁雅欽韶澄 風澡鏡……可勅令爲沙門都統"이라 있다. 그런데 『佛祖統紀』卷38에는 "延興二 年……勅思遠寺主僧顯爲沙門都統"이라 하여 孝文帝 延興 2年(472)에 僧顯이 沙 門統에 임명된 것으로 되어 있다. 思遠寺가 孝文帝 太和 3年(479) 전후에 건립되었 기 때문에 『佛祖統紀』의 설은 다소 신빙성이 결여되어 있으며, 僧顯의 沙門統 취임은 太和 3年 이후로 보지 않으면 안 된다.

매(鷹)를 이용해서 얻었던 鴛鴦에 대해서 연민의 정을 느껴서 발표했던 조칙이든, 아니면 문명태후가 문성제와 사별한 자신의 입장을 원앙에 비겨서 발표했던 칙명이든, 연흥 3년에는 鷙鳥의 사육이 금지되었음을 알 수 있다. 그리고 前引의 보덕불사 건립에 대한 구체적인 기록은『위서』권7, 고조기에 아래와 같이 전하고 있다.

> (太和四年 春正月) 丁巳 罷畜鷹鷂之所 以其地爲報德佛寺

그리고『위서』권13, 문명태후 풍씨전에도 다음과 같은 기록이 있다.

> 高祖詔曰 朕以虛寡 幼纂寶歷 仰恃慈明 緝寧四海 欲報之德 正覺是憑 諸鷙鳥傷生之類 宜放之山林 其以此地爲太皇太后經始靈塔 於是罷鷹師曹 以其地爲報德佛寺

이는 이미 연흥 3년에 수렵에 필요한 猛鳥의 사육이 금지되었기 때문에 이를 관리하던 鷹師曹는 실제로 그 기능을 발휘할 수 없게 되었다는 것을 알 수 있다. 그리고 태화 4년에 이르러서는 기존의 猛禽마저도 산림에 방치하고 鷹師曹도 폐지하면서 報德佛寺를 건립한 것이다. 물론 이곳에는 문명태후를 위한 靈塔이 건립되어 있어서 효문제의 태후에 대한 報德의 의미가 다분히 내포되어 있다. 그러나 효문제로 하여금 이러한 조칙을 발표하게 한 배후에는 불교를 신봉하는 朝臣이나 담요와 같은 사문이 문명태후와 결탁해서 불교의 교세를 더욱 확대하고자 했던 의미가 내재해 있었던 것으로 생각된다.

이상에서 효문제시대 실질적인 통치자 문명태후의 對佛政策에 관해서 살펴보았지만, 결국 그녀는 북위 역대의 종교정책을 계승했던 것이다.

그러므로 한편으로는 엄격한 불교통제정책을 취하여 교세의 확대와 더불어 나타나는 佛敎匪의 반란을 사전에 방지하고자 하였다. 다른 한편으로는 문성제시대의 불교신봉자였던 重臣들과 더불어 왕실차원의 불교보호정책을 추진함으로써 민족적 융합과 민심의 안정을 도모하고자 하였다. 이때 불교 측의 입장으로는 전제적인 통치자와 긴밀한 유대관계를 유지함으로써 문성제 이래 불교부흥의 時流에 편승해서 교세를 확대시킴으로써 북위 불교의 盛時를 맞이하게 되었던 것이다.

6. 洛陽遷都 이후의 佛敎政策

1) 孝文帝의 洛陽遷都와 佛敎

북위 효문제는 태화 17년(493) 8월에 南伐의 이름 아래 步騎 100만을 거느리고 평성을 출발해서 肆州, 幷州, 懷州를 거쳐서 同年 9월 낙양에 도착하여 황폐했던 晋의 故宮基趾를 돌아보고 太學에 行幸해서는 石經을 살펴보았다.303) 그리고 난 후 帝는 스스로 戎服 차림에 말을 타고는 南征을 실현하고자 하였으나 群臣의 청원을 받아들여 일단 중단하고 이곳에 천도의 계획을 책정하였다.304) 同年 10월 司空 穆亮, 尙書 李沖, 大匠 董爵에게 명해서 낙양의 경영을 시작하게 한 후, 태화 18년(494) 2월에 평성으로 돌아와서 천하에 조칙을 내려 천도의 뜻을 공표하고, 同年 10월에 낙양으로 천도하였다.305)

---

303) 『魏書』 卷7下, 高祖紀 太和十七年條.
304) 同上書, 太和十七年 九月丁丑條, p.173, "戎服執鞭 御馬而出 群臣稽顙於馬前 請停 南伐 帝乃止 仍定遷都之計".
305) 同上書, 太和十七, 十八年條 ; 『北史』 卷3, 孝文帝紀 太和十七, 十八年條 ; 『魏書』 卷27, 穆崇傳附穆亮傳 ; 同書 卷53, 李沖傳.

효문제가 낙양으로 천도하고자 했던 사정에 대해서는『資治通鑑』卷 138, 齊紀4 世祖武皇帝 永明十一年(493)條에 다음과 같이 전하고 있다.

魏主以平城地寒 六月大雪 風沙常起 將遷都洛陽 恐群臣不從 乃議大擧 伐齊 欲以脅衆

북위의 도읍 평성은 6월에도 눈이 내릴 정도로 날씨가 춥고 風沙가 항상 일어나는 북변의 땅이기 때문에 남쪽 낙양으로 도읍을 옮겨야 한다는 것이다. 그러나 이러한 것은 천도를 위한 효문제의 명분상 이유였다. 보다 구체적인 이유로는 첫째 평성은 북방에 치우쳐 있기 때문에 화북지방을 통치하기에는 불편하다는 것이고, 둘째 북위가 중원으로 진출함과 동시에 蠕蠕의 세력이 강성해서 누차에 걸쳐 雲中 일대를 공격하고 평성을 위협했기 때문이며, 셋째 북위가 평성에 도읍을 정한 후 농업이 크게 발전하였지만 수요를 충족시키지 못하고 또한 수해, 한해와 疾疫이 잦아서 백성의 流亡이 많았다는 것, 넷째 평성은 오랫동안 북위의 도읍지였기 때문에 보수 세력이 강해서 개혁을 단행하기에 어려움이 있었다는 점을 들 수 있다.[306]

그런데 평성은 북위의 故土에 가까이 있고 또 100년에 걸쳐 그들의 祖先이 경영해 오면서 都城의 번영이 정상에 이르렀던 곳이기 때문에 이곳을 버리는데 대해서는 群臣의 반대가 예상되었다.[307] 그래서 효문제

---

306) 韓國磐,『魏晉南北朝史綱』(北京, 人民出版社, 1983, 1985 3次 印刷), p.427.

307)『魏書』卷53, 李沖傳에 "高祖初謀南遷 恐衆深戀舊 乃示爲大擧 因以脅定群情 外名南伐 其實遷也 舊人懷土 多所不願 內憚南征 無敢言者 於是定都洛陽"이라 하여 孝文帝는 群臣의 반대를 두려워하였고, 실제로 보수파의 漢族이 南遷을 반대하였다. 또 同書 卷22, 廢太子恂傳에 "恂不好書學 體貌肥大 深忌河洛暑熱 意每追樂北方 中庶子高道悅苦言致諫 恂甚銜之……於西掖門內與左右謀 欲召牧

는 남쪽 齊나라를 정벌한다는 구실로 천도의 의지를 실현하려 하였다. 이에 대해서 任城王 澄[308]은 남벌의 불가함을 상주하였는데, 『위서』 권19 中, 그의 傳에 다음과 같이 말하고 있다.

後高祖外示南討 意在謀遷 齋於明堂左介 詔太常卿王諶 親令龜卜 易筮 南伐之事 其兆遇革 高祖曰 此是湯武革命 順天應人之卦也 群臣莫敢言 澄進曰 易言革者更也 將欲應天順人 革君臣之命 湯武得之爲吉 陛下帝有 天下 重光累葉 今日卜征 乃可伐叛 不得云革命 此非君人之卦 未可全爲吉 也……高祖勃然作色曰 社稷我社稷 任城欲沮衆也 澄曰 社稷誠知陛下之 社稷 然臣是社稷之臣子 豫參顧問 敢盡愚衷 高祖旣銳意必行 惡澄此對 久之乃解 曰 各言其志 亦復何傷

이는 효문제가 남벌에 반대한 임성왕 징을 痛罵하였고, 징은 社稷의 신하로서 올바른 의견을 말하지 않을 수 없다고 대답하였다. 이에 효문제는 징에게 천도의 협력을 구하고자 하였다. 징의 傳에는 前引의 기록에 계속해서 다음과 같이 전하고 있다.

車駕還宮 便召澄……明堂之忿 懼衆人競言 阻我大計 故厲色怖文武耳 想解朕意也 乃獨謂澄曰 今日之行 誠知不易 但國家興自北土 徙居平城

馬輕騎奔代……高祖聞之駭惋……引恂數罪 與咸陽王禧等親杖恂 又令禧等更代 百餘下 扶曳出外 不起者月餘 (中略) 中尉李彪承間密表 告恂復與左右謀逆……賜 恂死 時年十五"라 하여 洛陽遷都 이후에도 보수파들이 太子를 洛陽으로부터 탈주시켜 平城에 옹립하려 하다가 15세의 태자가 죽음에 이르는 悲運을 맞이하게 되었다.
308) 『魏書』 卷19中, 그의 傳에 의하면 그는 世祖 太武帝의 증손으로서 孝文帝에게 지극히 신임되어 국정에 깊이 참여하였고, 孝文帝 사후에도 宣武, 孝明帝시대에 걸쳐 宗室 가운데 유력자로서 北魏朝廷에서 큰 비중을 차지하고 있다가 孝明帝 神龜 2년(519)에 53세로 죽었다.

雖富有四海 文軌未一 此間用武之地 非可文治 移風易俗 信爲甚難 崤函帝
宅 河洛王里 因妓大擧 光宅中原 任城意以爲何如

　이 기록에 의하면, 북위의 도읍 평성은 비록 四海의 富를 모아 왔지만
아직 천하의 통일을 이룩하지 못했다. 또 평성은 用武의 땅이고 文治를
할 수 없기 때문에 移風易俗을 실현하기 위해서는 천도가 필요하며, 지금이
야말로 그 시기가 왔다는 것이다. 결국 효문제의 이상은 胡族의 황제에
만족하는 것이 아니고 중원에 한족 국가를 계승하는 천자로 군림하여
옛 聖君의 문치를 실현하고자 하는데 있었다. 효문제 시대 이민족의 동화는
아직 이상적으로 실현되지 못하였고, 특히 중원의 인민에 대해서 그들을
동화할 하등의 문명을 소유하고 있지 않았다. 그러므로 스스로의 國俗을
버리고 중원의 民에 동화하고 이민족을 中原化해서 한 민족단위의 국가를
형성하고자 하였던 것이다. 이것은 북위 拓跋部가 漢・魏를 계승하는
중원의 국가를 이룩한다는 것이다.[309] 그러기에 이풍역속은 호족의 풍속
에서 한족의 풍속으로 바꾸는 것이며, 이를 실현하기 위해서는 周・漢이래
帝宅王里로서 중원의 光宅이 되었던 낙양에 천도할 필요가 있었다. 임성왕
징은 효문제의 이러한 결의에 贊意를 표했고,[310] 낙양천도는 마침내 실행

---

309) 宮崎市定,『アジア史論考(上)』(東京, 朝日新聞社, 1976), p.73.
310)『魏書』卷19中, 任城王澄傳에 "澄曰 伊洛中區 均天下所據 陛下制御華夏 輯平九服
　　蒼生聞此 應當大慶 高祖曰 北人戀本 忽聞將移 不能不驚擾也 澄曰 此旣非常之事
　　當非常人所知 唯須決之聖懷 此輩亦何能爲也 高祖曰 任城便是我之子房……高祖
　　大悅曰 若非任城 朕事業不得就也"라 하여 澄이 洛陽遷都의 공로자임을 말해주고
　　있다. 그런데 田村實造,「北魏孝文帝の政治」『東洋史硏究』第41卷 第3號(1982)에
　　서 任城王 澄이 孝文帝의 遷都意志에 쉽게 贊意를 표했다는 사실을 두고 任城王
　　澄은 미리 遷都의 謀議에 참가하고, 다만 拓跋部 衆臣들의 강한 반대를 고려해서
　　양자는 남조의 齊를 정벌한다는 이유로 洛陽遷都를 강행했던 것이라 한다. 또
　　岡崎文夫,『魏晋南北朝通史』, p.363에서도 洛陽遷都의 계획은 高祖 孝文帝의
　　독재에서 나온 것이고, 사전에 이 사실을 알았던 사람은 任城王 澄 한 사람뿐이었

되었던 것이다.[311]

이상에서 효문제의 낙양천도에 관해서 살펴보았다. 이제 천도와 더불어 효문제의 불교정책에 관해서 살펴보고자 한다.

우선 효문제와 사문과의 관계에 대해서 살펴보면, 『위서』 권114, 석로지에 아래의 내용이 보인다.

> (太和)十九年四月 帝幸徐州白塔寺 顧謂諸王及侍官曰 此寺近有名僧嵩
> 法師 受成實論於羅什 在此流通 後授淵法師 淵法師授登・紀二法師 朕每
> 玩成實論 可以釋人染情 故至此寺焉

효문제는 태화 19년(495) 4월에 徐州의 白塔寺에 行幸했다. 이 사원에는 구마라집으로부터 『成實論』을 받았던 명승 嵩法師가 거주하면서 불교를 포교하고 있었다. 그런데 『위서』 권7下, 고조기에 아래의 기록이 있다.

> 雅好讀書 手不釋卷 五經之義 覽之便講 學不師受 探其精奧 史傳百家
> 無不該涉 善談老莊 尤精釋義

효문제는 儒, 道, 佛의 3교에 통하고 있었음을 말해 주고 있다. 그리고 불교 가운데는 성실론을 翫味하였기 때문에 『성실론』의 대가였던 백탑사의 僧 嵩法師를 방문하여 담론하였던 것 같다.

다고 한다.

311) 田村實造, 前揭論文에서 孝文帝가 洛陽으로 천도한 이유는 그가 幼時부터 漢族官僚를 통해서 중국적 교양을 갖추고 있었기 때문에 중국 전통문화의 淵源地인 洛陽遷都를 일찍부터 마음속에 갖추고 있었다는 점, 또 洛陽遷都를 통해서 그의 머리를 무겁게 했던 馮太后의 체제를 벗어나 그가 이상으로 하는 정치를 실현할 수 있다고 하는 점을 지적하고 있다.

숭법사는 僧淵에게 學을 주고, 승연은 다시 慧記, 道登에게 學을 주었다. 이들에 관한 기록은『고승전』권8, 승연전에 기록되어 있다. 이에 의하면 혜기, 도등은 효문제가 중히 여겼기 때문에 북위에서 널리 이름을 떨쳤다고 한다.312)

혜기가 효문제의 깊은 신임을 얻었던 구체적인 사실은『광홍명집』권24, 爲慧紀法師亡施帛設齋詔에 다음과 같이 말하고 있다.

> 門下 徐州法師慧紀 凝量貞遠道識淳虛 英素之操超然世外……作匠京緇 延賞賢叢 倏矣死魔忽殲良器 聞之悲硬傷慟于懷 可勅徐州施帛三百匹 幷 設五百人齋 以崇追益

혜기의 죽음에 임해서 효문제가 帛300필을 시여하고, 500인 齋를 개설할 것을 명했다. 이로 미루어 보아 사문 혜기가 효문제에게 중히 여겨졌음을 알 수 있다.

다음으로 사문 도등과 효문제와의 관계에 대해서 살펴보면, 도등의 성은 芮氏이고, 東莞(산동성 莒州)의 사람으로 일찍이 徐州의 사문 僧藥에게『涅槃』,『法華』,『勝鬘經』을 배우고, 또 사문 승연에게『성실론』을 배웠다. 그의 나이 50세가 되면서 명성이 평성에 널리 알려졌고, 화북의 사문 가운데 으뜸이 되었다. 북위 왕실의 徵召를 받아 同學의 사문 法度와 함께 낙양에 이르렀을 때는 君臣, 승니가 禮賓하지 않음이 없었다. 그는 景明年間에 85세의 나이로 報德寺에서 죽었다.313) 도등이 효문제의 두터

---

312)『大正藏』第50卷, p.375a-b, "釋僧淵 本姓趙 穎川人 魏司空儼之後也 少好讀書 進羨之後專攻佛義 初遊徐邦白塔寺 從僧嵩受成實論毘曇 學未三年 功踰十載 慧解之聲 馳於遐邇……曇度慧記道登竝從淵受業 慧記兼通數論 道登善涅槃法華 竝 爲魏主元宏所重 馳名魏國".

313)『續高僧傳』卷6(『大正藏』第50卷), 道登傳, pp.471c~472a, "釋道登 姓芮 東莞人

운 신임을 받았던 사실에 대해서는『南齊書』卷45, 蕭遙昌傳의 기록에 아래와 같이 전하고 있다.

(建武)二年 虜主元宏寇壽春 (中略) 遣道登道人進城內施衆僧絹五百匹

효문제가 南伐을 단행하여 壽春(安徽省 壽縣)을 공격했을 때 사문 도등으로 하여금 성내에 들어가 敵地의 衆僧에 대해서 宣撫工作을 담당하게 하였다. 수춘에는 宋의 무제가 구마라집 門下의 僧導와 그 一門을 맞이해서 세웠던 導公寺가 있고, 구마라집『성실론』의 중심지였기 때문에,[314]『성실론』에 조예가 깊은 도등으로 하여금 이곳의 무마를 담당하게 하였던 것 같다. 또『위서』권112上, 靈徵志와 同書 권114, 석로지에도 아래와 같은 기록이 보인다.

太和十六年十一月乙亥 高祖與沙門道登幸侍中省 日入六鼓 見一鬼衣黃褶袴 當戶欲入 帝以爲人 叱之而退 問諸左右 咸言不見 唯帝與道登見之(靈徵志)

時沙門道登 雅有義業 爲高祖眷賞 恒侍講論 曾於禁內與帝夜談 同見一鬼 二十年卒 高祖甚悼惜之 詔施帛一千匹 又詔一切僧齋 并命京城七日行道 又詔朕師登法師奄至徂背 痛悼摧慟 不能已已 比藥治愼喪 未容卽赴 便準師義 哭諸門外 縞素榮之(釋老志)

聰警異倫殊有信力 聞徐州有僧藥者雅明經論 扶策從之研綜涅槃法華勝鬘 後從僧淵學究成論 年造知命譽動魏都 北土宗之 累信徵講 登問同學法度曰 此講可乎……登卽受請度亦隨行 及到洛陽君臣僧尼莫不賓禮……遂終于報德寺焉 春秋八十有五 卽魏景明年也".

314) 塚本善隆,『魏書釋老志の研究』, p.23.

위 기록에서 효문제가 도등과 함께 귀신을 볼 수 있었다고 하는 신이에 대한 신빙성은 차치하고라도, 두 사람의 관계가 그만큼 친숙하였다는 사실을 말해 주고 있다. 태화 20년(496)에 도등이 죽었을 때 효문제는 애도의 뜻을 표하고 조칙으로 帛1,000필을 시여함과 더불어 一切僧齋를 설치해서 7일간 法事를 행하게 하였다. 뿐만 아니라 조칙 가운데서는 "朕의 스승 登法師"라고 불렀고 스승의 뜻에 준해서 (宮城)밖에서 哭禮를 갖추도록 하였다.

다음에는 사문 佛陀禪師도 효문제의 존경을 받았는데, 『속고승전』권16, 佛陀傳에 다음과 같은 기록이 있다.

> 此云覺者 本天竺人 學務靜攝志在觀方……遂至魏北臺之恒安焉 時値孝
> 文敬隆誠至 別設禪林 鑿石爲龕結徒定念 國家資供倍架餘部 而徵應潛著
> 皆異之非常人也 恒安城內康家 貲財百萬 崇重佛法 爲佛陀造別院 常居室
> 內自靜遵業

천축의 사문 불타가 북위의 대동에 왔을 때 효문제는 특별히 그를 위해 禪林을 세우고 佛龕을 만들어 이곳에서 禪定을 닦게 하였다. 또한 불교신자로서 백만의 貲産을 갖추고 있던 恒安 城內의 康氏가 불타선사를 위해서 別院을 세우기도 하였다. 또 同傳에는 다음과 같은 기록도 있다.

> 後隨帝南遷 定都伊洛 復設靜院 勅以處之 而性愛幽栖 林谷是託 屢往嵩
> 岳 高謝人世 有勅就少室山 爲之造寺 今之少林是也 帝用居處 四海息心之
> 儔 聞風響會者 衆恒數百……

효문제의 낙양천도에 즈음해서는 불타선사도 함께 이곳으로 옮겨왔고,

帝는 靜院을 다시 세워서 거주하게 하였다. 그러나 불타가 조용히 거처하기를 원하여 嵩山에 자주 왕래했기 때문에 효문제는 다시 칙명으로 少林寺를 창건하게 했고, 불타는 이곳에 모여드는 무리를 교화하는데 노력하였다.[315] 그래서 이곳 숭산이 중국 禪宗의 淵源으로 될 기초가 마련되었다.

다음으로 『위서』 석로지에는 아래와 같은 기록을 전하고 있다.

　(太和) 二十一年五月 詔曰 羅什法師 可謂神出五才 志入四行者也 今常住寺 猶有遺地 欽悅修蹤 情深遐遠 可於舊堂所 爲建三級佛圖 又見逼昏虐 爲道殄軀 旣暫同俗禮 應有子胤 可推訪以聞 當加叙接

이는 효문제가 태화 21년에 조칙을 내려서 구마라집의 道行을 찬양하고 그가 常住했던 사원 유적지 가운데 舊堂의 장소에 三重의 佛塔을 건립하도록 하였다. 그리고 羅什이 後涼의 呂光과 後秦의 姚興에게 강제되어 婬戒를 범하고[316] 자손이 있었기 때문에 그 자손을 찾아서 예우할 것을 명했다.

그 외에도 『위서』 석로지에 의하면 효문제는 道順, 惠覺, 僧意, 惠紀, 僧範, 道弁, 惠度, 智誕, 僧顯, 僧義, 僧利 등 여러 사문을 중하게 여겼다.[317] 이 가운데 도변의 경우 『속고승전』 권6, 그의 傳에 아래의 기록이 보인다.

---

315) 『魏書』 卷114, 釋老志에 "又有西域沙門名跋陀 有道業 深爲高祖所敬信 詔於少室山陰 立少林寺而居之 公給衣供"이라 있는 跋陀도 바로 佛陀와 동일인으로 보이기 때문에 少林寺에 대한 衣食은 국가에서 공급되었던 것이다.

316) 前秦王 符堅의 부장 呂光이 龜玆國을 정벌하고 羅什을 포로하여 龜玆王女를 강제로 娶妻하게 하여 密室에 幽閉해서 술을 마시게 하고 淫戒를 破하게 했던 사실이나, 후에 長安에 영입되어 姚興으로부터 後嗣를 남길 것을 강요당해서 妓女 10人을 취하고 僧房을 나와 俗家生活을 했던 사실에 대해서는 『高僧傳』 卷2, 鳩摩羅什傳 참조.

317) 『魏書』 釋老志에 "高祖時 沙門道順惠覺僧意惠紀僧範道弁惠度智誕僧顯僧義僧利 竝以義行知重"이라 있으며, 이들 각각의 沙門에 대해서는 塚本善隆, 『魏書釋老志の硏究』, pp.235~237 및 湯用彤, 『漢魏兩晋南北朝佛敎史』, p.502 참조.

釋道辯 姓田氏 范陽人 有別記云 著納擎錫入於母台 因而生焉 天性疎朗
才術高世 雖曰耳聾 乃對孝文不爽帝旨 由是榮觀顯美遠近欽妓⋯⋯初住北
臺後隨南遷道光河洛 魏國有經 號大法尊王 八十餘卷 盛行於世辯執讀知
僞 集而焚之⋯⋯但注維摩勝鬘金剛般若 小乘義章六卷大乘義五十章及申
玄照等行世

즉 도변은 효문제에 대해서 帝旨를 위배하지 않았기 때문에 이로 말미암
아 그의 명성이 높아지고 원근의 흠모를 얻었다. 처음에는 평성에 있었지만
뒤에 효문제를 따라 남천해 와서 그의 道行이 낙양에서 발휘되었다. 그리고
당시 유행하던『大法尊王經』80여 권이 僞經임을 알고는 이를 불태워
버리고『維摩』,『勝鬘』,『金剛般若經』에 주석을 붙이고『小乘義章』6卷,
『大乘義 50章』및『申玄照』를 저술하여 불교의 淨化에 노력하였다.

이상에서 효문제와 사문의 관계에 대해서 살펴보았다. 이러한 관계는
평성시대부터 비롯되어 낙양천도 이후 효문제의 치세를 통해서 계속되었
던 것이다.

앞서 언급한 바와 같이 효문제가 낙양천도의 의지를 관철한 이상 그의
숙원은 한족국가를 계승하는 중원의 천자로 군림하는 것이었다. 때문에
북방의 인민을 될 수 있는 한 빨리 중원의 낙양에 이주시켜 정착시키는
것이 그의 이상을 실현하는데 가장 긴요한 정책이었다. 이러한 정책은
정치, 경제, 사회, 문화 등 여러 방면에 걸쳐 필요로 하였을 것이다. 이를테
면 태화 19년(495)에는 조칙에 의해서 낙양에 옮겨온 인민은 죽어도 반드시
河南에서 장례하고 北歸할 수 없다[318]고 명했던 것도 결국 祖先 혹은
친애하는 자의 묘소를 하남에 둠으로써 인심을 이곳에 안주시키고자 했던

---

318)『魏書』卷7下, 孝文帝紀, p.178, "(太和十九年 六月) 丙辰 詔遷洛之民 死葬河南
不得遷北 於是代人南遷者 悉爲河南洛陽人".

정책이었을 것이다.[319] 그러나 무엇보다도 남천해온 북족을 새로운 도읍
지의 생활에 안주시키기 위해서는 그들의 정신적인 거처를 마련하는 것이
필요했다. 이를 위해서는 많은 사탑을 가지고 그들의 정서적 감정을 만족시
켰던 평성의 불교문화를 새로운 도읍 낙양으로 옮기는 것이 보다 현명하고
유효한 정책이었을 것이다.

　이미 옛 도읍 평성에는 문성제의 불교부흥정책 이래 운강석굴의 개착을
비롯해서 헌문제, 효문제시대에는 국립사원으로서 유명한 永寧寺와 報德
寺가 건립되는 불교 盛時를 맞고 있었다. 이들 사원은 북위 왕실의 菩薩寺
와 같은 성격을 가지고 국가 안녕의 정신적 지주가 되었던 것이므로, 낙양
천도에 수반해서 이곳에도 이와 유사한 사원의 건립이 필요하였던 것이다.
『위서』석로지 가운데 아래의 기록이 보인다.

> 仰惟高祖 定鼎嵩瀍 卜世悠遠 慮括終始 制洽天人……故都城制云 城內
> 唯擬一永寧寺地 郭內維擬尼寺一所 餘悉城郭之外 欲令永遵此制 無敢踰
> 矩

　이는 효명제 神龜 元年(518)에 상서령 임성왕 징이 사탑의 濫造와 승려의
타락에 대한 폐해를 지적한 상주문 가운데 일부분이지만, 효문제가 정했던
도성의 制 가운데에는 필요에 따라서 평성의 永寧寺를 낙양에도 건립할
수 있다는 계획이 수립되어 있었던 것 같다.[320] 그런데 효문제가 불교를

---

319) 孝文帝가 선비족을 비롯한 諸民族과 漢族의 융합을 이룩함으로써 그의 정치적
　　이상을 실현하고자 했던 구체적인 漢化政策에 관해서는 韓國磐,『魏晋南北朝史
　　綱』, p.428 및 岡崎文夫,『魏晋南北朝通史』, p.363 참조.
320) 塚本善隆,『支那佛敎史硏究』, p.390 ; 鎌田茂雄,『中國佛敎史(第3卷)』 p.346에서
　　孝文帝가 정했던 都城의 制 가운데 城內에 永寧寺 하나, 外城에 尼寺 하나를
　　정했던가 어떤가는 신용할 수 없고, 아마 任城王 澄이 寺塔의 건립을 억제하기

통한 민심의 안정책을 필요로 하면서도 낙양 성내에는 一寺(영녕사), 郭內
에는 一尼寺라고 하는 단지 두개의 관립 사원만을 예정하였다. 이 점에
대해서는 이미 塚本善隆이 지적한 바와 같이, 효문제가 불교를 보호하지만
불사, 승니가 俗塵의 경지에 혼잡해서 성립되는 것은 불가하고 道와 俗을
구별하는 것이 불교의 本旨에 합당하다는 것, 또 이미 평성에서 사문
법수의 모반사건이 일어나 조정을 진동시켰던 경험을 다시는 겪지 않는다
고 하는 효문제의 불교통제정책과 깊이 관련된 것이라 하겠다. 그리고
영녕사의 건립은 효명제 熙平 元年(516) 靈太后에 의해서 실현을 보게
되는데,321) 이는 천도 초기에 官衙의 정비가 급선무였기 때문에 사탑의
건립이 뒤로 미루어졌던 것으로 볼 수도 있다. 그러나 희평 원년은 낙양천
도 이후 23년째가 되는 해이고 보면, 낙양 성내의 사원건립을 될 수 있는
한 억제하고자 했던 효문제의 불교정책에 기인한 것인지도 모를 일이다.
그렇다면 결국 불사는 낙양성 밖이나 근교의 淸淨地를 찾아 건립할 수밖에
없었다. 그래서 『낙양가람기』 권3에는 다음과 같은 기록이 있다.

報德寺 高祖孝文皇帝所立也 爲馮太后追福 在開陽門外三里

효문제는 문명태후의 追福을 위해 건립했던 대동의 報德寺322)와 同名의

위해서 이러한 都城의 制가 있었던 것으로 고찰했을지도 모른다고 지적하고
있다. 그러나 필자는 이를 명확히 밝힐 자료를 접하지 못해서 釋老志의 기사를
사실대로 보고자 한다.
321) 『魏書』 釋老志에 "肅宗熙平中 於城內太社西 起永寧寺 靈太后親率百僚 表基立刹
佛圖九層 高四十餘丈 其諸費用 不可勝計"라 있고, 또 『洛陽加藍記』 卷1에도
"永寧寺 熙平元年靈太后胡氏所立也 在宮前閶闔門南一里御道西"라 있다.
322) 『魏書』 卷7, 高祖紀 太和四年 春正月條에 "丁巳 罷畜鷹鷂之所 以其地爲報德佛寺"
라는 것은 大同에 세웠던 報德寺이다.

사원을 낙양의 開陽門 밖에 세워서 새로운 도읍지의 민심교화에 힘썼던 것이다. 낙양 근교의 청정지로서는 숭산이나 용문이 대동의 운강에 유사한 지역으로서 이곳에 사원의 건립과 석굴조상이 행해졌다.

숭산에 불사가 조영되었던 사실은 앞서 언급한 바와 같이, 천축의 사문 佛陀禪師를 위해서 소실산에 소림사가 건립되었던 점에서 알 수 있다. 그리고『위서』권19上, 京兆王子推附太興傳의 기록에도 아래의 내용이 보인다.

> 子太興 襲 拜長安鎭都大將……初 太興遇患 請諸沙門行道 所有資財 一時布施 乞求病愈……太興逐佛前乞願 向者之師當非俗人 若此病得差 卽捨王爵入道 未幾便愈 逐請爲沙門 表十餘上 乃見許 時高祖南討在軍 詔皇太子於四月八日爲之下髮 施帛二千匹 旣爲沙門 更名僧懿 居嵩山 太和二十年終

이는 북위 종실의 한 사람이었던 元太興(恭宗의 孫)이 佛前에 기원해서 병이 낫고 난 후 王爵을 버리고 佛門에 귀의해서 숭산에 들어가 수도했다는 것이다. 이렇게 볼 때 숭산은 북위의 천도와 더불어 중요한 불교 도장이 되었던 것을 추측할 수 있다.

그러나 옛 도읍 대동의 운강석굴은 새로운 도읍지로 옮겨왔던 불교도들에게는 보다 깊은 애착을 가져오게 하는 불교문화였을 것이다. 그러므로 낙양 교외에도 운강에 유사한 석굴조상을 통하여 佛龕靈場을 이룩한다고 하는 요망이 일어났다고 하는 것은 당연하다. 그래서『위서』석로지에 아래의 기록이 보이고 있다.

> 景明初 世宗詔大長秋卿白整準代京靈巖寺石窟 於洛南伊闕山 爲高祖文

　　昭皇太后營石窟二所

　　宣武帝가 즉위한 景明 초년에 代京, 즉 대동의 靈巖寺石窟에 준하는 용문의 석굴 조성사업이 국가차원에서 시작되었다는 것이다. 특별히 이 내용 가운데 "準代京靈巖寺石窟"이라고 하는 내용으로 볼 때, 새로운 도읍지 낙양에 옮겨왔던 북위인들의 운강에 대한 애착심을 가히 짐작할 수 있다. 아울러 용문의 석굴사업이 북인을 낙양에 정착시키려고 했던 의미가 내포되어 있음도 상상할 수 있겠다. 용문의 석굴조영이 정식으로 시작된 것은 선무제의 즉위년인 경명 초였지만, 이에 앞서 효문제가 낙양에 천도했던 즈음부터 부분적인 조상은 행해졌던 것이다. 이는 현존하는 紀年造像記 가운데 최고의 것이 태화 19년(495)의 것이라는 사실로 미루어 보아 더욱 명확하다.[323]

　　이와 같이 효문제는 낙양천도와 더불어 남천해 온 북족의 정신적 안정을 추구하기 위하여 평성의 불교문화를 새로운 도읍지 낙양에 옮기는 불교보호정책을 추진하였던 것이다. 그러나 한편으로는 前代와 마찬가지로 불교에 대한 통제정책도 아울러 추진되었다. 이러한 정책은 효문제의 낙양천도 이전, 즉 평성에서부터 시행되었다. 그 내용은『위서』석로지에 보이는 아래와 같은 내용을 통해서 알 수 있다.

　　(太和)十六年詔 四月八日 七月十五日 聽大州度一百人爲僧尼 中州五十人 下州二十人 以爲常準 著於令 (太和)十七年 詔立僧制四十七條

　　태화 16년(492)에는 조칙을 내려 4월 8일(釋迦誕日)과 7월 15일(盂蘭盆

---

323) 塚本善隆,『支那佛敎史硏究』, p.393 이하 ; 范文蘭,『中國通史(第2冊)』, p.509.

日)에 大州 100인에서 下州 20인의 출가를 허락하는 度僧의 수적 제한을
가하고, 이를 定法으로 삼아야 한다는 것이다. 그리고 태화 17년(493)에는
47條에 달하는 僧制를 제정하였다. 군주의 조칙에 의해서 구체적인 승제가
제정되었다고 하는 사실을 두고 보면, 불교는 어디까지나 국가정책에 동반
되어 帝權에 의해서 통제되어 왔다는 사실을 알 수 있다. 아울러 이러한
정책은 효문제의 치세에 북위 조정의 실권을 장악하고 불교통제정책을
실시해 왔던 문명태후의 종교정책을 계승한 것이라 하겠다.

　　낙양천도 이후 효문제의 불교통제정책은 앞서 언급한 바와 같이, 그가
제정했던 도성의 制 가운데 낙양 성내의 사원건립을 제한했다는 사실로
미루어 알 수 있다. 그리고 『광홍명집』 권24, 帝令諸州衆僧安居講說詔에
아래의 내용이 보이고 있다.

　　可勅諸州令此夏安居淸衆 大州三百人 中州二百人 小州一百人 任其數處
　　講說 皆僧祇粟供備 若粟尠徒寡不充此數者 可令昭玄量減還聞

　　황제의 조칙으로써 사문의 하안거[324]를 명했다. 이에 의하면 大州에는
300인, 中州에는 200인, 小州에서는 100인을 안거시키는데, 그 수는 안거하
는 처소에 따라 증감하게 하였다. 그리고 안거의 공양에는 僧祇粟을 공급하
며, 僧祇粟이나 안거의 人數가 적을 때는 昭玄曹(僧曹)에서 증감하도록

---

324) 韓國佛敎大辭典編纂委員會 編, 『韓國佛敎大辭典(7)』(서울, 寶蓮閣, 1982)에 의하
　　면 夏安居란 "一夏九旬의 安居를 말한다"고 하였다. 그리고 安居條에서는 "印度
　　의 僧徒가 1년에 두 차례씩 3개월간 외출을 금하고 坐禪과 修學에 全力하는
　　것을 兩安居라 한다. 이 安居의 시작을 結夏라 하고 解除는 解夏라 하여 여름안거
　　라 하며 4월 16일에서 7월 15일까지이다. 北方에는 음력 10월 16일에서 다음해
　　1월 15일까지 겨울안거라 한다"고 하였다. 孝文帝가 夏安居를 命했던 것을 보면,
　　이는 洛陽遷都 이후에 내려진 勅命임에 틀림없다.

하였다. 효문제가 이러한 칙령을 내리게 된 동기는 사문의 자질을 향상시키는데 있었을 것이다. 곧 새로운 도읍지 낙양에 이주해온 북인들을 교화해서 안주시키는 데는 이들의 교화를 담당하는 승려 자신이 깊은 소양을 갖추어야 한다. 때문에 사문의 수양이나 신앙생활마저도 조칙으로써 통제를 가했던 것이다.

이상과 같이 효문제는 불교를 이용해서 낙양천도에 따르는 민심의 안정책을 추구하면서도 불교에 대한 통제를 가함으로써 교세의 확장에 따른 佛敎匪의 반란이나 사문의 眞僞混淆에 따른 정치, 사회적 혼란을 방지하고자 하였다. 이러한 북위 왕실의 종교정책에 동반해서 사문들은 낙양의 민심안정책에 일익을 담당하면서 불교교세의 확대에 노력하였다. 이러한 노력은 효문제를 뒤이은 선무제의 치세에도 계속되어 낙양 불교의 盛時를 맞이하게 되지만, 그 융성의 이면에는 불교의 폐해가 또다시 대두하게 되었고, 이에 따른 북위 왕실의 불교 통제도 반복하게 되었다.

2) 宣武帝와 佛敎

高祖 孝文帝는 태화 23년(499) 4월에 33세로 붕어하고, 그의 둘째 아들 세종 선무제가 17세의 나이로 계위하여 景明이라 개원하였다.[325] 선무제의 치세에는 용문에 二大石窟이 개착되고 불교도들의 조상이 널리 행해지는 낙양 불교의 盛時를 맞이하게 되었다. 이는 선무제의 불교보호와 사문 및 불교도들의 교세 확대를 위한 노력의 결과였다.

우선 선무제가 불교에 대해서 관심을 가졌던 사실을 『위서』를 통해서

---

325) 『魏書』 卷8, 世宗紀, p.191, "世宗宣武皇帝 諱恪 高祖孝文皇帝二子……太和七年閏四月 生帝於平城宮 二十一年正月甲午 立爲皇太子 二十三年夏四月丁巳 卽皇帝位于魯陽 大赦天下".

살펴보면 아래와 같다.

　가) 世宗篤好佛理 每年常於禁中 親講經論 廣集名僧 標明義旨 沙門條錄
　　　爲內起居焉 上旣崇之 下彌企尙 至延昌中 天下州郡僧尼寺 積有一萬三
　　　千七百二十七所 徒侶逾衆(『魏書』 釋老志)

　나) 帝於式乾殿爲諸僧朝臣 講維摩詰經(『魏書』 卷8, 世宗紀 永平二年 十一
　　　月 己丑條)

　다) 雅愛經史 尤長釋氏之義 每至講論 連夜忘疲(『魏書』 卷8, 世宗紀)

　라) 初 世宗委任群下 不甚親覽 好桑門之法 尙書令高肇以外戚權寵 專決朝
　　　事(『魏書』 卷72, 陽尼傳)

　위의 기록을 요약하여 보면, 선무제가 불교를 좋아해서 매년 궁중에서
경론을 講述하고 명승을 모아 경론의 義旨를 밝히니, 사문은 이를 조목조목
기록하여 內起居326)로 하였다. 이러한 황제의 불교 숭상에 힘입어 延昌年
間(512~515)에는 전국의 사원이 13,727개소327)나 되었다. 선무제는 궁전에
사문과 朝臣을 모아 『維摩詰經』을 강론하도록 하였고, 때로는 밤마다

---

326) 塚本善隆은 『魏書釋老志の硏究』, p.253에서 "天子의 언행, 起居를 日記體로 기록
　　했던 것을 「起居注」라 칭하고, 天子의 좌우에 近侍해서 그러한 기록을 관장했던
　　史官을 또한 「起居注」라 칭했다. 여기에서는 天子의 佛典(內典)에 대한 起居를
　　기록했기 때문에 「內起居」라 했을 것이다"고 하였다. 鎌田茂雄도 『中國佛敎史(第
　　3卷)』, p.351에서 塚本과 同一한 해석을 하고 있다.
327) 『魏書』 釋老志에 "太和元年 二月……自興光至此 京城內寺新舊且百所 僧尼二千
　　餘人 四方諸寺六千四百七十八 僧尼七萬七千二百五十八人"이라 있어 太和 元年
　　이래 延昌年間에 이르기까지 사원의 수적 증가를 통해서 불교 교세의 확대를
　　짐작할 수 있다. 그런데 이러한 교세는 洛陽을 중심으로 해서 더욱 확대되어
　　갔을 것으로 보인다.

피로를 잊으면서 불경의 강론에 친림하리만큼 佛義에 뛰어났다고 한다.
그는 즉위 초에 불교를 좋아하여 政事를 신하에게 위임하였으므로 외척
高肇[328)]가 權寵을 입어 조정의 정사를 專決하였다. 이러한 선무제의 불교
에 대한 호의적인 태도로 말미암아 朝臣 가운데는 불경의 侍講으로 帝의
총애를 입은 자도 있었다. 이를테면『위서』권84, 孫惠蔚傳에 보이는 아래
의 기록이 이를 대변해 준다.

> 延昌二年 追賞侍講之勞 封棗强縣開國男 食邑二百戶 肅宗初 出爲平東
> 將軍……魏初己來 儒生寒宦 惠蔚最爲顯達 先單名蔚 正始中 侍講禁內
> 夜論佛經 有愜帝旨 詔使加惠 號惠蔚法師焉

손혜울은 일찍이『詩』,『書』,『孝經』을 비롯해서『易經』,『禮記』등에
밝아 효문제 태화 초년에는 中書博士를 역임하고, 선무제 즉위 후에는
유교의 경전을 베풀어 國子祭主, 秘書監 등에 除授되었던 유학자였다.[329)]
그런데 선무제 正始年間(504~507)에는 帝의 侍講에 임해서 불교의 경전을
논하고, 帝의 뜻에 상응했기 때문에 本名에 '惠'字를 더해서 惠蔚法師가
되었다. 이후 延昌 2년(513)에는 侍講의 공로로 棗强縣開國男에 封해지고,
식읍 200호를 사여받았던 것이다. 이는 선무제의 불교에 대한 관심에 동반
해서 조정의 유학자 가운데서도 불교의 경전을 연구하고 帝를 보좌해서
영달했던 하나의 예라고 할 수 있겠다.

이와 같이 선무제는 즉위 이래 불교에 대한 깊은 관심을 가지고 불교보호

---

328) 『魏書』卷83下, 高肇傳에 "高肇 字首文 文昭皇太后之兄也 自云本勃海蓚人 五世祖
顧 晋永嘉中避亂入高麗 父颺 字法脩 高祖初 與弟乘信及其鄕人韓內冀富等入
國……遂納颺女 是爲文昭皇后 生世宗"이라 있어 世宗의 生母 文昭皇后의 오빠이
다.

329) 『魏書』卷84, 孫惠蔚傳 참조.

정책을 추진하였는데, 그의 치세를 통하여 이룩한 불교사업은 북위불교사를 통해서 괄목할 만하다. 이를테면 『위서』 석로지에 아래와 같은 기록이 있다.

景明初 世宗詔大長秋卿白整準代京靈巖寺石窟 於洛南伊闕山 爲高祖文昭皇太后營石窟二所 初建之始 窟頂去地三百一十尺 至正始二年中 始出斬山二十三丈 至大長秋卿王質 謂斬山太高 費功難就 奏求下移就平 去地一百尺 南北一百四十尺 永平中 中尹劉騰奏爲世宗復造石窟一 凡爲三所 從景明元年至正光四年六月巳前 用功八十萬二千三百六十六

즉 선무제가 즉위하던 경명 초에 帝는 大長秋卿 白整[330]에게 조칙을 내려 대동의 영암사석굴(운강석굴)에 준해서 낙양의 남쪽 伊闕山(용문)에 효문제와 文昭皇太后를 위해서 二大窟을 조영하도록 했다. 이 석굴의 규모는 지면에서 窟頂까지 310척이라고 하는 거대한 계획 아래 착공하여, 正始 2년(504)에는 23장에 달하는 斬山 공정을 추진하였다. 그러나 大長秋卿 王質[331]은 깎아야 할 산이 높아 많은 노동력과 비용을 들여도 완성하기가 어렵다고 해서 평지로 옮겨 높이 100척, 남북 140척의 석굴을 만들 것을 주청하였다.[332] 永平年間(508~512) 劉騰[333]의 상주에 의해 今上皇帝

---

330) 『魏書』 卷94, 閹官傳 白整傳에 "白整者 亦因事腐刑 少掌宮掖碎職 以恭敏著稱 稍遷至中常侍 太和末 爲長秋卿 賜爵雲陽男 世宗封其妻王氏爲□□縣君"이라 하여 일찍이 腐刑에 당하여 궁중의 雜務에 종사하다가 孝文帝 太和 末年에 長秋卿에 임명된 이래 宣武帝의 치세까지 그 직에 있으면서 宮中의 內事를 관장했던 인물이다.

331) 同上, 王質傳에 의하면 그 가정이 事에 連坐되어 어려서 宮刑을 당했으나 학문이 깊고 嚴峻한 인물이었으므로 孝文帝 때 瀛州刺史로서 신임을 받다가 宣武帝 때 大長秋卿이 되었다.

332) 『魏書』 卷8, 世宗紀에 "(正始元年 十二月) 己亥, 行幸伊闕"이란 기록이 있으므로 宣武帝도 석굴공사의 어려움을 알고 王質의 奏請을 쉽게 허락했던 것으로 짐작된

선무제를 위한 一窟이 추가되어 二大窟에서 三大窟로 변경되었다. 그리고 이 3굴의 조성은 孝明帝 正光 4년(523)에 일단락 지어진 것 같다.

선무제는 용문의 석굴 개착과 더불어 사원의 건립에도 많은 관심을 기울였다. 우선 그가 즉위한 후 처음으로 사용한 연호였던 景明年間 (500~504)에 경명사가 건립되었다. 그 내용이 『낙양가람기』 권3에 보이고 있다.

景明寺 宣武皇帝所立也 景明年中立 因以爲名 在宣陽門外一里御道東 其寺東西南北方五百步 前望嵩山少室 却負帝城 靑林垂影 綠水爲文 形勝 之地

경명사는 宣陽門 바깥 1리, 御道의 동쪽에 사방 500보에 걸치는 영역을 점해서 건립되었다. 특히 그 경관의 아름다움은 숭산의 서쪽 尖峰인 소실산을 바라보고 있으며, 靑林의 그늘 사이로 綠水가 흐르는 명승의 위치였다. 이렇게 볼 때 북위 왕실에서 건립한 사원의 규모와 지형적 조건을 짐작하게 한다.

다음은 정시년간(504~508)에 설립된 正始寺에 관한 기록이 『낙양가람기』 권2에 보인다.

正始寺 百官等所立也 正始中立 因以爲名 在東陽門外御道西 所謂敬義

다.

333) 『魏書』 卷94, 劉騰傳에 의하면 高祖, 世宗, 肅宗의 3代에 걸쳐 仕任했던 환관으로서 大長秋卿의 職에도 임했다. "手不解書 裁知署名而已 姦謀有餘 善射人意"라 하여 교양은 없었지만 간사하고 謀議에 뛰어났으며 인심을 사로잡는 재능이 있었다. 肅宗代에는 靈太后의 총애를 얻다가 마침내 元乂와 더불어 靈太后를 폐하고 전횡을 다했던 인물이다.

里也 (中略) 有石碑一枚 背上有侍中崔光施錢四十萬 陳留侯李崇施錢二十
萬 自餘百官各有差 少者不減五千已下 後人刊之

이 기사에 의하면 정시사는 侍中 崔光을 비롯한 百官들의 출자에 의해서
낙양성 東陽門 바깥 御道의 서쪽에 건립된 사찰이었다. 그런데 이 사찰이
선무제의 연호에 따라 寺名이 붙여진 것을 보면, 비록 百官의 施錢에
의해서 건립되었다 할지라도, 실제로는 帝의 명에 의해서 이루어진 국가사
원의 성격을 갖춘 것이 아닌가 생각된다.

다음에는 瑤光寺에 관한 내용을 『낙양가람기』 권1의 기록에 아래와
전한다.

瑤光寺 世宗宣武皇帝所立 在閶闔城門御道北東去千秋門二里……有五
層浮圖一所 去地五十丈……講殿尼房五百餘間 綺疏連亘戶牖相通 珍木香
草不可勝言

이 사원은 閶闔城門의 御道 북쪽에 위치하고 있으며, 동쪽 千秋門으로부
터 2리쯤 떨어진 성내에 건립되었다. 그러므로 요광사의 건립으로 말미암
아 효문제가 도성의 制 가운데 명시했던 성내에 一寺(영녕사), 郭內에
一尼寺라고 하는 규정은 효력을 상실하게 되었던 것이다. 이 사원은 500여
간의 尼房과 지상 50장에 달하는 五層浮圖를 갖춘 화려한 尼寺였다. 이곳
에는 효문제의 廢皇后 馮氏와 선무제의 황후 高氏가 비구니로 거주했을
뿐만 아니라,[334] 名族의 여성이 출가해서 수행했던 도장이었다. 이는 『낙양

334) 孝文帝의 廢皇后 馮氏가 瑤光寺의 比丘尼로 일생을 마쳤던 사실에 관해서는
제2장 5절에서 이미 언급한 바 있으며, 宣武帝의 황후 高氏가 比丘尼로 되었던
기록은 『魏書』 卷13, 宣武皇后 高氏傳에 "宣武皇后高氏 文昭皇后弟偃之女也……
及肅宗卽位 上尊號曰皇太后 尋爲尼 居瑤光寺 非大節慶 不入宮中"이라 있다.

가람기』권1, 요광사조에 보이는 아래의 기록으로 알 수 있다.

椒房嬪御學道之所 掖庭美人竝在其中 亦有名族處女性愛道場 落髮辭親
來依此寺 屛珍麗之飾 服修道之依 投心八正 歸誠一乘

그런데 요광니사는 孝莊帝 永安 3년(530)에 爾朱兆가 낙양에 들어왔을
때 秀容의 胡騎 수십 인이 이 사원에 침입하여 淫穢를 범했기 때문에
이후부터 世人의 비방을 받았다고 한다.[335]

한편 선무제의 치세를 통해서 불교가 융성했기 때문에 서역으로부터
譯經僧의 來朝가 급속히 증가하였다. 선무제가 건립했던 영명사는 서방에
서 온 외국승려의 거처로 마련되기도 하였다.『낙양가람기』권4, 영명사조
의 기록에 아래와 같이 전하고 있다.

永明寺 宣武皇帝所立也 在大覺寺東 時佛法經像盛於洛陽 異國沙門咸來
輻輳 負錫持經 適玆樂土 世宗故立此寺 寺以憩之 房廡連亘一千餘間……
百國沙門三千餘人 西域遠者乃至大秦國 盡天地之西垂

영명사에는 百國의 사문 3,000여 인이 거주하고 있었다. 북위의 낙양에
渡來한 외국승려 가운데 역경 사업에 종사했던 대표적인 인물은 曇摩流支,
勒那摩提, 菩提流支 등이 있다. 담마유지는 낙양의 白馬寺[336]에 거주하면

---

335) 『洛陽伽藍記』卷1(『大正藏』第51卷), 瑤光寺條, p.1003a, "永安三年中 爾朱兆入洛
    陽 縱兵大掠 時有秀容胡騎數十 入瑤光寺姪穢 自此後頗獲譏訕 京師語曰 洛陽男
    兒 急作髻 瑤光尼寺 奪作婿".

336) 白馬寺에 관한 기록은 西晋의 竺法護가 太康 10년(289)에 飜譯한 『文殊師利淨律經』
    에 처음 볼 수 있고, 그 외에『理惑論』(『弘明集』卷1),『高僧傳』,『佛祖歷代通載』
    卷4,『洛陽伽藍記』卷4,『冥祥記』(『法苑珠林』卷13) 등에도 後漢 明帝의 感夢求法說
    과 아울러 白馬寺가 건립되었다고 한다. 그러나 明帝의 感夢求法說 자체가 신빙성

서 선무제를 위해서『如來諸佛境界經』2권을 번역·출판하였고,[337] 中印度 사문 늑나마제는 正始 5년(508)에 낙양에 와서 불경 6부 24권을 번역·출판하였다.[338] 그리고 보리유지에 관해서는『속고승전』권1, 本傳에 아래와 같이 기록하고 있다.

> 菩提流支 魏言道希 北天竺人也……以魏永平之初 來遊東夏 宣武皇帝 下勅 引勞 供擬殷華 處之永寧大寺 四事將給七百梵僧 勅以流支爲譯經之 元匠也 (中略) 先時流支奉勅 創翻十地 宣武皇帝命章一日 親對筆受……三藏流支自洛及鄴 爰至天平二十餘年 凡所出經 三十九部 一百二十七卷

그는 선무제 永平 元年(508)에 낙양에 와서 帝로부터 후하게 대접받고 유명한 영녕사에 거주하면서 역경에 종사하였으며, 칙명에 의해 역경의 元匠이 되었다. 이래로 東魏 孝靜帝 天平年間(534~537)에 이르기까지 20여 년간 佛經 39부 127권을 역출하여 불교의 발전에 크게 공헌하였다.[339]

이상의 기록들을 통해서 볼 때 선무제는 궁중에서 친히 불경을 강론할 만큼 불교에 깊은 소양을 갖춘, 불교에 호의적인 군주였음에 틀림없다. 그러나 불교에 관한 내용만을 가지고 선무제를 불교신봉의 군주로만 평가

을 缺하고 있기 때문에 白馬寺의 건립연대도 정확을 기하기 어렵다. 이 점에 대해서는 大谷勝眞,「支那に於ける佛寺造立の起源に就いて」『東洋學報』第11卷 (1921) ; 塚本善隆,『魏書釋老志の研究』, p.79 참조.

337)『歷代三寶紀』卷3(『大正藏』第49卷), p.44c, "(景明二) 曇摩流支 於洛陽白馬寺爲宣武譯如來入諸佛境界經二卷".

338) 同上書 卷9, p.86b-c, "右六部合二十四卷 梁武帝世 中天竺國三藏法師勒那摩提 或云婆提 魏言寶意 正始五年來在洛陽殿內譯 初菩提流支助傳 後以相爭因各別譯".

339)『歷代三寶紀』卷9에 "北天竺國三藏法師菩提流支……在洛及鄴譯 李廓錄稱三藏法師房內婆羅門經論 本可有萬甲 所翻經論筆受草本滿一間屋"이라 하여 菩提流支가 필생의 노력을 기울여 譯經에 매진했음을 말해주고 있다.

할 수는 없을 것 같다. 북위의 역대 군주 가운데 태무제의 폐불을 제외하고
서는 모두 불교를 보호하고 더불어 불교사업도 열심히 추진하여 왔다.
앞서 언급한 효문제의 경우만 보더라도『성실론』을 좋아해서 白塔寺에
行幸하였을 뿐만 아니라,『위서』本紀에서는 "史傳百家 無不該涉 善談老
莊 尤精釋義"라 하여 불교의 교의에 더욱 밝았다고 말하고 있다. 그렇다고
해서 효문제를 佛義에 심취하여 불교를 호국의 근본으로 생각했던 불교신
봉의 군주로만 평가할 수는 없다. 그렇다면 선무제의 경우에도 帝가『유마
힐경』에 조예가 깊었다는 것, 또『위서』本紀에 보이고 있는 "雅愛經史
尤長釋氏之義"라는 기록으로 그가 불교에 심취했던 군주로 평가할 수는
없다. 그리고 선무제의 불교에 대한 호의적인 내용 가운데,『위서』陽尼傳
에 "初 世宗委任群下 不甚親覽 好桑門之法 尙書令高肇以外戚權寵 專決朝
事"라 하여, 一國의 군주가 일시적으로 群臣이나 외척에게 政事를 위임할
정도로 불법을 좋아했다고 하는 점에 대해서도 쉽게 수긍하기 힘들다.
선무제의 치세에 외척 高肇가 전횡을 했다는 사실은 주지하는 바이지만,
그 구체적 사실을 보면『위서』권83下, 고조전에 아래의 기록이 보이고
있다.

> 肇出自夷土 時望輕之 及在位居要 留心百揆……世宗初 六輔專政……肇
> 既無親族 頗結朋黨 附之者旬月超昇 背之者陷以大罪 以北海王詳位居其
> 上 構殺之 又說世宗防衛諸王 殆同囚禁 時順皇后暴崩 世議言肇爲之 皇子
> 昌薨 僉謂王顯失於醫療 承肇意旨……肇又諷殺彭城王勰 由是朝野側目
> 咸畏惡之 因此專權 與奪任己

고조는 북위 외척으로서 六輔를 마음대로 하다가 마침내 붕당을 결성해
서 황후, 황자 및 朝臣을 모살하고, 生死與奪의 권한을 마음대로 하였던

것이다. 그렇다면 선무제가 군신에게 政事를 위임하였다는 것도 바로 高肇의 전횡에 부딪쳐 일시 그 권한을 잃어버리고, 불교를 통해서 심신의 위로를 얻고자 했던 것일지도 모른다. 명실상부한 중원의 천자로 군림하기 위하여 낙양천도의 의지를 실현했던 효문제의 뒤를 계승한 선무제가 父王의 이상을 망각할 리가 없었다.[340] 때문에 선무제의 치세를 통한 치국의 근본은 백성들의 생활기반을 안정시킴으로써 왕권을 강화하고자 했던 것이다. 실제로 그는 재위기간 동안 백성들의 질병과 고통을 염려한 開倉賑恤政策, 권농을 통한 백성들의 경제적 안정, 지방순찰의 강화를 통한 관리들의 부정척결, 유교적 예교를 통한 백성의 교화 등 제반정책을 추진하는데 노력하였다.[341] 그래서 선무제의 불교에 대한 관심도 종교를 이용해서 백성들의 정신적 안정을 추구하고자 했던 前代의 불교정책을 계승한 정책적 문제와 깊이 연관된 것으로 보아야 할 것 같다.

한편, 북위불교는 왕실의 보호 아래 융성의 기반을 확립하게 되었지만 그 裏面에는 여러 가지 폐해도 많았다. 불상, 불탑의 건립을 통한 三寶의 이름에 가탁해서 사리와 사욕을 탐하는 자가 있었을 뿐만 아니라, 면세, 면역의 특권을 향유하기 위한 현실 도피적인 출가자도 날로 증가했다.[342] 따라서 선무제의 치세에도 帝權에 의한 불교 통제가 불가피하게 대두되었던 것이다. 『위서』 석로지에 아래의 기록이 보이고 있다.

世宗卽位 永平元年秋 詔曰 緇素旣殊 法律亦異 故道敎彰於互顯 禁勸各有所宜 自今已後 衆僧犯殺人已上罪者 仍依俗斷 餘犯悉付昭玄 以內律僧

---

340) 『魏書』卷8, 世宗紀에 "史臣曰 世宗承聖考德業 天下想望風化 垂拱無爲 邊徼稽服" 이라 하여 聖考의 德業을 계승한 군주로 평하고 있다.
341) 同上紀 참조.
342) 湯用彤, 前揭書, p.515.

制治之

선무제 永平 元年(508)에 조칙을 내려 僧과 俗은 다르기 때문에 법률도 다르다고 규정하고, 이후 衆僧 가운데 살인 이상의 죄를 범하는 자가 있으면 세속의 법에 의거해서 처단하지만 나머지 범죄는 모두 昭玄曹에서 內律의 僧制에 따라 처리함으로써 사문에 대한 통제를 엄격히 하고자 하였다.

또한 『위서』 석로지에는 前引의 기록에 계속해서 사문통 惠深의 上表文이 수록되어 있다. 그 내용은 꽤나 장문이므로 몇 단락으로 나누어 살펴보고자 한다.

가) (永平)二年冬 沙門統惠深上言 僧尼浩曠 淸濁混流 不遵禁典 精粗莫別 輒與經律法師群議立制 諸州鎭郡維那上坐寺主 各令戒律自修 咸依內禁 若不解律者 退其本次

나) 又 出家之人 不應犯法 積八不淨物 然經律所制 通塞有方 依律 車牛淨人 不淨之物 不得爲己私畜 唯有老病年六十以上者 限聽一乘

다) 又 比來僧尼 或因三寶 出貸私財 緣州外

라) 又 出家捨著 本無凶儀 又應廢道從俗 其父母三師 遠聞凶問 聽哭三日 若在見前 限以七日

마) 或有不安寺舍 遊止民間 亂道生過 皆由此等 若有犯者 脫服還民

바) 其有造寺者 限僧五十以上 啓聞聽造 若有輒營置者 處以違勅之罪 其寺 僧衆擯出外州

사) 僧尼之法 不得爲俗人所使 若有犯者 還配本屬

아) 其外國僧尼來歸化者 求精檢有德行合三藏者聽住 若無德行 遣還本國
若其不去 依此僧制治罪 詔從之

가)에서는 지방의 승관이었던 維那, 上坐, 寺主는 모두 불교의 계율을
스스로 修得해야 할 것이며, 만약 律을 해석하지 못하는 경우에는 그
職에서 물러나 본래의 지위로 돌아가게 한다는 것이다. 이는 불교계의
지도자가 솔선수범해서 불교의 계율을 지킴으로써 승니의 수적 증가에
동반된 淸濁混淆를 방지하려 한 것이다. 나)에서는 출가자는 八不淨物[343]
을 저축할 수 없으며, 車牛와 淨人[344]은 不淨物이기 때문에 사사로이 축적
할 수 없음을 말하고 있다. 다)는 三寶物의 이름 아래 私財를 대출하는
자가 있는데, 이후 이러한 일이 있어서는 안 된다고 하였다.[345] 라)는 사문
에 대한 喪服의 규정이다. 마)는 사문이 민간에 순회하고 머물면서 道를
어지럽히고 잘못을 저지르면 승복을 벗겨 환속시킨다는 엄격한 규정이다.
바)는 사원을 건립하고자 할 때 반드시 조정의 허가를 받아야 하며, 그렇지
않으면 違勅의 죄로 다스리고 寺僧은 外州에 擯出한다는 것이다. 사원의
건립을 조정에서 허가한다고 하는 것은 佛寺의 濫造를 국가차원에서 통제
해야 한다는 정책적 문제와 깊이 관련되어 있음을 알겠다. 사)는 사찰에서

---

343) 『佛祖統紀』卷4에 의하면 ①田園, ②種植, ③穀帛, ④畜人僕, ⑤養禽獸, ⑥錢寶,
⑦褥釜, ⑧象金飾床及諸重物로 되어 있으나 그 외에 여러 설이 있다. 이에 대해서
는 塚本善隆, 『魏書釋老志の硏究』, p.240 참조.

344) 『釋氏要覽』卷下, 淨人條에 "毘奈耶云 由作淨業故 名淨人 若防護住處 名守園民
或云 使人 今京寺呼家人"이라 하고 있다.

345) 이 條項의 末尾에 "緣州外"라고 하는 의미는 不明하다. 釋老志 校甚紀에 "緣州外
按此三字文義不相連 疑有訛脫, 冊府同上卷頁作「自此不得更爾」"라 있어 『冊府
元龜』에 따라서 해석해 둔다.

는 속인을 사역할 수 없다는 규정인데, 이는 사원에 대한 노동력 제공으로
나타나는 백성들의 고통과 불만을 감안했던 점으로 보인다. 그리고 마지막
조항 아)는 중국에 왔던 외국 사문에 대한 법적 조치를 취한 것이다.

이 상표문은 永平 元年(508) 선무제의 조칙에 의해서 衆僧에 대한 살인
이외의 범죄가 소현조에 이관됨에 따라, 사문통 惠深이 불교교단의 律制를
제정할 필요에 임박해서 마련된 것이다. 효문제 태화 17년(493)에 이미
「僧制47條」가 조칙에 의해서 마련되어 있었기 때문에 이를 수정 보완했던
것으로 생각된다.[346] 그런데 이 상표문의 끝 부분에 "詔從之"라고 하여
선무제가 조칙으로써 이를 따르게 하였다고 하는 것은 비록 불교가 內律에
의해서 다스려진다 하더라도 군주권의 통제에서 벗어날 수 없다는 의미가
다분히 내포되어 있는 것이다.[347]

또 『위서』 석로지에는 아래의 기록이 있다.

　　(永平) 四年夏 詔曰 僧祇之栗 本期濟施 儉年出貸 豐則收入 山林僧尼
　隨以給施 民有窘弊 亦卽賑之 但主司冒利 規取贏息 及其徵責 不計水旱
　或償利過本 或翻改券契 侵蠹貧下 莫知紀極 細民嗟毒 歲月滋深 非所以矜
　此窮乏 宗尙慈拯之本意也 自今已後 不得專委維那都尉 可令刺史共加監
　括 尙書檢諸有僧祇穀之處 州別列其元數 出入贏息 賑給多少 幷貸償歲月
　見在未收 上臺錄記 若收利過本 及翻改初券 依律免之 勿復徵責 或有私債
　轉施償僧 卽以丐民 不聽收檢 後有出貸 先盡貧窮 徵債之科 一準舊格 富有
　之家 不聽輒貸 脫仍冒濫 依法治罪

---

346) 塚本善隆, 『魏書釋老志の硏究』, pp.239～240.

347) 『魏書』卷114, 釋老志에는 孝明帝 神龜 元年(518)에 尙書令 任城王 澄이 불교의
　　폐해를 지적하고, 이에 대한 시정을 촉구하는 上奏文이 揭載되어 있다. 그런데
　　그 내용 가운데 沙門統 惠深에 의해서 마련된 條制가 상당한 문제점이 있다고
　　지적하고 있는 것을 보면, 불교의 內律에 의한 통제로서는 불교의 폐해를 시정하는
　　데 무척이나 어려움이 있다는 것을 알 수 있다.

영평 4년(511)에 僧祇粟의 운용에 관한 조칙을 내렸다. 이에 의하면, 僧祇粟을 두게 된 본래의 목적은 백성들의 어려운 생활을 구제하고 사문을 돕기 위해서 마련된 것이다. 그런데 主司가 利를 탐하여 오히려 빈민을 침탈하니 그 원성은 날로 깊어만 가고 있다. 그러므로 이후 僧祇粟의 운영은 維那(승관)나 都尉(俗官)에게 전적으로 위임할 것이 아니라 州의 자사가 함께 감독하고 검열하여야 한다. 그리고 尙書는 각처에 마련되어 있는 僧祇粟의 소재를 파악할 것이며, 州에는 별도로 장부를 마련하여 僧祇粟의 수량, 粟의 貸出에 따른 利殖의 出入, 賑給의 다소, 대출한 년, 월, 현재 회수하지 못한 건수 등을 기록해서 배치해 두고 조정에 기록을 獻上하도록 한다. 또 粟의 대출은 빈한한 자를 먼저하고, 채무로서 징수하는 규정은 옛 규정에 의거할 것이며, 부유한 가정에는 대출을 허락하지 않는다. 만약 이를 어기는 경우에는 법에 의해서 처벌한다. 이는 결국 僧祇粟의 운영을 승관에게 위임할 것이 아니라 국가차원에서 엄격히 통제, 관리하여야 한다는 것을 의미한다. 실제로 僧祇粟이 불법으로 운용되었던 경우는『위서』석로지에 보이는 尙書令 高肇의 상주문을 통해서 알 수가 있다. 그의 상주에 의하면 承明 元年(476)에 사문통 담요가 僧祇戶를 두고 곡식(僧祇粟)을 마련하여 道俗에 구애됨이 없이 飢年에 대비하였다. 불교의 律에 의하면 僧祇戶는 一寺에 특별히 소속된 것이 아닌데, 도유나 僧遷, 僧頻 등이 조정의 敎示를 어기고 불교의 계율에 위배하면서 임의로 방자하게 운영하여 왔다. 그래서 탄식하고 원망하는 소리가 거리에 가득하니 어찌 聖明의 慈育의 뜻을 경모할 것인가? 백성들이 폐하에게 귀의하는 마음을 잃고 있으니, 청컨대 僧祇戶에 소속된 자들을 還鄕시켜 納租하게 하며, 흉년에 가난한 사람들에게 널리 공급하고, 만약 갑작스러운 어려움이 있으면 변방을 방비하는데 공급하도록 할 것이다. 그리고 승섬 등이

王旨를 위반하고 불교의 律을 배반하여 잘못 상주한 허물은 소현조에
의논하여 처벌해야 마땅하다고 주청하였다. 선무제는 승섬 등의 죄는 특별
히 사면하였지만 나머지는 상주한 데로 하였다.[348]

이상에서 선무제는 불교보호정책을 통한 백성들의 정신적 안정을 추구
하면서도, 보다 엄격한 불교 통제를 통해서 교세의 확대에 따르는 폐해를
방지하고자 하는데 노력하였다. 이는 북위 역대의 불교정책과 동일한 성격
을 갖춘 것으로, 북위불교가 국가적 성격을 갖게 된 배경은 선무제의 치세
를 통해서도 엿볼 수 있다. 또한 이러한 정책은 효명제의 시대에도 계승되
었던 것으로 보이기 때문에, 이제 장을 바꾸어 효명제시대의 실질적인
통치자 靈太后의 불교정책에 관해서 살펴보고자 한다.

3) 孝明帝와 佛敎

延昌 4년(515) 정월 세종 선무제는 33세의 나이로 붕어하고 幼帝(6세)
肅宗 효명제가 즉위하였다.[349] 同年 3월에 선무제의 황후 高氏는 비구니가
되어 瑤光寺에 들어가고,[350] 9월에는 숙종의 生母 靈太后 胡氏가 臨朝聽政

---

348) 『魏書』 釋老志, p.3042, "又尙書令高肇奏言 謹案 故沙門統曇曜 昔於承明元年
奏涼州軍戶趙苟子等二百家爲僧祇戶 立課積粟 擬濟飢年 不限道俗 皆以拯施 又
依內律 僧祇戶不得別屬一寺 而都維那僧暹師頻等 進違成旨 退乖內法 肆意任情
奏求逼召 乃使吁嗟之怨 盈於行道 棄子傷生 自縊溺死 五十餘人 豈是仰贊聖明慈
育之意 深失陛下歸依之心 遂令此等 行號巷哭 叫訴無所 至乃白羽貫耳 列訟宮厥
悠悠之人 尙爲哀痛 況慈悲之士 而可安之 請聽苟子等還鄕課輸 儉乏之年 周給貧
寡 若有不虞 以擬邊捍 其暹等違旨背律 謬奏之愆 請付昭玄 依僧律推處 詔曰 暹等
特可原之 餘如奏".

349) 『魏書』 卷8, 世宗紀, p.215, "(延昌)四年春正月甲寅 帝不豫 丁巳 崩于式乾殿 時年三
十三" ; 同書 卷9, 肅宗紀, p.221, "肅宗孝明皇帝 諱詡 世宗宣武皇帝之第二子 母曰
胡充華 永平三年(510)三月丙戌 帝生于宜光殿之東北……延昌元年十月乙亥 立爲
皇太子 (延昌)四年(515)春正月丁巳夜 卽皇帝位".

하여 스스로 朕이라 칭함으로써 북위 조정의 大權을 장악하게 되었다.351)

효명제의 조정에서는 선무제의 치하에서 급속하게 이룩되었던 불교 융흥의 교세가 더욱 확대되어 수도 낙양에는 사탑이 櫛比하여 중국불교사에서 空前의 盛時를 맞게 되었다. 이는 영태후 호씨가 북위 역대의 불교보호정책을 계승했던데 기인한 것이라 하겠다.『위서』권13, 황후열전 宣武靈皇后 胡氏傳에 아래의 기록이 있다.

　宣武靈皇后胡氏 安定臨涇人 司徒國珍女也……后姑爲尼 頗能講道 世宗 初 入講禁中 積數歲 諷左右稱后姿行 世宗聞之 乃召入掖庭爲承華世婦

이는 영태후가 선무제의 궁중에 들어가게 된 동기를 말해 주는 기록으로, 비구니였던 그의 고모가 궁중에 출입하면서 불교의 강론에 임했던 것이 인연이 되었음을 알게 해 준다. 그리고 영태후가 일찍이 그의 고모에게 영향을 받아 불경의 大義에 대략 통하고 있었음을『위서』선무영황후 호씨전은 "太后性聰悟 多才藝 姑旣爲尼 幼相依託 略得佛經大義"라 전하고 있다. 또 태후의 아버지였던 胡國珍도 老齡이 되면서 불교를 숭상했던 사실을『위서』권83下, 本傳에 다음과 같이 기록하였다.

　國珍年雖篤老 而雅敬佛法 時事齋潔 自强禮拜 至於出入侍從 猶能跨馬 據鞍 神龜元年四月七日 步從所建佛像 發第至閶闔門四五里 八日 又立觀 像 晩乃肯坐 勞熱增甚 因遂寢疾 靈太后親侍藥膳 十二日薨 年八十……又

---

350) 註334) 참조.

351)『魏書』卷9, 肅宗紀, p.222, "(延昌四年) 秋八月 丙子 尊皇太妃爲皇太后……群臣奏 請皇太后臨朝稱制 九月 乙巳 皇太后親覽萬機" ; 同書 卷13, 皇后列傳 宣武靈皇后 胡氏傳, pp.337~338, "及肅宗踐阼 尊后爲皇太妃 後尊爲皇太后 臨朝聽政 猶稱殿 下 下令行事 後改令稱詔 群臣上書曰陛下 自稱曰朕".

詔自始薨至七七 皆爲設千僧齋 令七人出家 百日設萬人齋 二七人出家

호국진은 효명제 神龜 元年(518)에 釋誕節의 경축행사를 맞아 4월 7일 行像을 따라 4·5리를 步行隋從하였고, 翌日에는 80세의 老軀로서 선 채로 불상을 관망하다가 열이 심해서 일생을 마쳤던 불교신봉자의 한 사람이었다는 것이다. 그러므로 그가 불교를 신봉했던 것은 북위 왕실의 외척으로서 國務에 깊이 참여한[352] 연후에 조정의 불교보호정책에 따라 거국적인 釋誕節 행사에 참여했던 것이다. 그래서 호국진의 불교신앙이 영태후에게 어떤 측면에서든 영향을 미쳤던 것으로 보인다. 이는 영태후가 북위의 궁중에 들어간 배경이나 비구니였던 그의 고모에게 불교의 영향을 받았다는 사실과 더불어 그의 가정이 불교와 인연을 가지고 있었다는 것을 말한다. 따라서 영태후의 집정기를 통한 불교보호정책의 이면에는 그의 개인적인 신앙심을 간과해 버릴 수는 없다. 그렇지만 一國의 國務를 대리청정했던 최고 통치자의 종교정책을 단순히 개인적 신앙심으로 직결시켜 설명할 수는 없을 것이다. 이는 이 시대에도 불교보호와 더불어 불교통제정책이 병행되었다고 하는 북위 역대의·불교정책과 동일한 성격을 갖추고 있었으리라는 점 때문이다.

영태후가 추진한 불교사업 가운데 가장 대표적인 것은 유명한 영녕사의 건립이다. 『위서』권114, 석로지에 아래의 내용이 보이고 있다.

肅宗熙平中 於城內太社西 起永寧寺 靈太后親率百僚 表基立刹 佛圖九

---

352) 『魏書』卷83下, 胡國珍傳에 "肅宗踐祚 以國珍爲光祿大夫 靈太后臨朝 加待中 封安定郡公 給甲第 賜帛布綿穀奴婢車馬牛甚厚……任城王澄奏 安定公屬尊望重 親賢群矚 宜出入禁中 參諸大務 詔可 乃令入決萬機"라 있어 胡國珍이 國政의 의결에 깊이 관여했음을 알 수 있다.

層 高四十餘丈 其諸費用 不可勝計 景明寺佛圖 亦其亞也 至於官私寺塔 其數甚衆

　영녕사는 숙종 熙平年間(516~517)에 성내의 太社 서쪽에 세워졌으며, 사원의 건립에 즈음해서 영태후는 ·친히 백관을 거느리고 초석을 놓고 刹을 세웠다. 이곳에 마련된 9층의 佛圖는 높이가 40장에 달하고, 이때 사용된 비용은 가히 계산할 수 없을 정도였다고 한다. 영녕사에 마련된 사탑의 호화로움이 극치에 달했다고 하는 구체적인 사실은,『낙양가람기』권1에 상세히 기록되어 있다. 이 기록에 따르면, 지상 1천 척의 높이를 갖춘 9층의 浮圖는 경사 100리의 거리에서도 바라볼 수 있는 낙양 제일의 고층건축으로서, 25石 규모의 寶瓶과 30겹으로 된 承露金盤을 갖추고 있었다. 승로반의 주위는 金鐸으로 장식되어 있었으며, 一石의 甕器와 크기가 같은 금탁은 모두 120개였고, 부도의 4면에는 三戶六窓을 갖추고 있었다. 또 부도의 조형에는 技巧를 다해서 그 정묘함은 보는 이로 하여금 놀라움을 금치 못하게 하였다. 부도의 북쪽에 마련된 佛殿은 太極殿을 방불케 하였고, 이곳에는 금상을 비롯한 繡珠像, 織成佛像이 20軀가량 마련되어 있었다. 더욱이 건축과 장식의 奇巧는 當世의 으뜸으로 須彌寶殿이나 兜率淨宮을 능가할 정도였다. 그리고 외국에서 헌상해온 經像은 모두 이 사원에 안치되었다353)고 한다.

---

353)『大正藏』第51卷, pp.999c~1000a, "永寧寺 熙平元年靈太后胡氏所立也 (中略) 中有 九層浮圖一所 架木爲之 擧高九十丈 有刹復高十丈 合去地一千尺 去京師百里 已 遙見之……刹上有金寶瓶 容二十五石寶瓶 下有承露金盤三十重 周匝皆垂金鐸 復 有鐵鎖 四道引刹向浮圖 四角鎖上 亦有金鐸 鐸大小如一石甕 子浮圖有九級角 角 皆懸金鐸 合上下有一百二十鐸 浮圖有四面 面有三戶六窓 戶皆朱漆 扉上有五行 金釘 合有五千四百枚 復有金環鋪首布 殫土木之功 窮造形之巧 佛事精妙不可思 義 繡柱金鋪駭人心目 至於高風 永夜寶鐸和鳴 鏗鏘之聲聞及十餘里 浮圖北有佛 殿一所 形如太極殿 中有丈八金像一軀 中長金像十軀 繡珠像三軀 織成五軀 作功

다음으로는 景明寺 內에 7층 부도의 건립과 4월 8일 佛誕日을 맞아 행했던 奉佛祭典에 관한 기록이 『낙양가람기』권3, 경명사조에 보인다.

　　景明寺 宣武皇帝所立也 (中略) 至正光年中 太后始造七層浮圖一所 去地 百仞 是以邢子才碑文云……妝飾華麗 侔於永寧 金盤寶鐸煥爛霞表 (中略) 時世好崇福 四月七日京師諸像皆來此寺 尙書祠曹錄像 凡有一千餘軀 至 八日節 以次入宣陽門 向閶闔宮前 受皇帝散花 于時金花暎日 寶蓋浮雲 旛幢若林 香煙似霧 梵樂法音 聒動天地 百戲騰驤 所在駢比 各僧德衆 負錫 爲群 信徒法侶持花成藪 車騎塡咽 繁衍相傾 時有西域胡沙門 見此唱言佛 國

경명사에 관해서는 앞에서도 언급하였지만 효명제 正光年間(520~525)에 영태후는 이곳에 7층의 부도를 건립하였다. 이 탑의 높이는 百仞에 달하였고 화려한 장식은 영녕사의 9층탑을 모방한 것으로 金盤寶鐸이 저녁노을에 찬란히 빛났다고 한다. 또한 경명사는 낙양 도읍시대 북위불교의 중심이 되었던 名刹로서 이곳에서 화려한 釋誕節의 제전이 거행되었다. 4월 7일이 되면 경사의 모든 불상이 이곳에 모여들어 尙書祠曹錄에 기록된 것만도 무려 1,000餘軀가 되었다. 4월 8일에 宣陽門으로 들어가면서 閶闔門 앞에 이르러 황제의 散花를 받았는데, 이때 金花는 태양에 빛나고 寶蓋는 구름에 솟아 뜨고, 旛幢은 숲과 같고, 香煙은 안개와 유사했다. 梵樂의 法音은 천지를 진동하고 명승은 錫杖을 짚고 무리를 이루며 신도와 승려가 가진 꽃은 늪을 이루었다. 그리고 車騎가 거리를 가득 메우고 서로 다투니, 이때 서역의 胡沙門이 이를 보고 佛國이라고 하였다. 이는

奇巧 冠於當世 僧房樓觀一千餘間……是以常景碑云 須彌寶殿兜率淨宮 莫尙於斯 也 外國所獻經像 皆在此寺".

영태후의 불교보호정책에 동반해서 행해졌던 불교계의 화려한 奉佛祭典을 말해 주는 것이다.

또 영태후는 역대의 군주가 祖先의 追善을 위해서 사원을 건립한 것과 마찬가지로 부모를 위해서 사탑을 건립하였다. 우선 아버지를 위해서 건립한 사원이 秦太上公西寺이다. 이는 경명사에서 남쪽 1리 지점에 위치하고 있으며, 여기에는 높이 50장에 이르는 5층의 부도가 경명사의 불탑을 모방해서 건립하였다.354) 다음은 어머니를 위해서 秦太上君寺를 세웠는데, 이는 낙양 東陽門 바깥 御道 북쪽 暉文里에 위치하였다. 이곳에도 역시 경명사의 불탑을 모방한 5층의 부도가 있었으며, 誦室, 禪堂의 설비를 두루 갖추고 있었기 때문에 항시 명승 大德이 一切經을 강론하였고 수업하는 사문이 또한 천여 명에 이르렀다고 한다.355)

한편 이와 같은 북위 조정의 불교보호정책에 힘입어 외척이나 환관의 조사, 조탑도 성히 행해졌다. 이를테면 『낙양가람기』 권3, 大統寺條에 보이고 있는 秦太上公東寺는 皇姨가 胡國珍을 위해서 건립한 사원이고,356) 同書 권1에 보이고 있는 胡統尼寺는 영태후의 從姑母가 건립한 사원이다. 胡統尼寺에는 五重塔 이하 화려한 堂宇가 있으며, 건립자였던 영태후의 從姑母를 비롯해서 낙양의 비구니들이 이곳에 거주하면서 佛理

---

354) 『洛陽伽藍記』 卷3(『大正藏』 第51卷), 大統寺條, pp.1010c~1011a, "大統寺 在景明寺 西卽所謂利民里寺……東有秦太上公二寺 在景明南一里, 西寺太后所立 東寺皇 姨所建 竝爲父追福 因以名之 時人號爲雙女寺……各有五層浮圖一所 高五十丈 素綵布工 比於景明 至於六齋 常有中黃門一人 監護僧舍 襯施供具 諸寺莫及焉".

355) 同上書 卷2(『大正藏』 第51卷), 秦太上君寺條, p.1006b, "秦太上君寺 胡太后所立也 在東陽門二里御道北 所謂暉文里 (中略) 當時太后正號崇訓 母天下號父 爲秦太上 公母 爲秦太上君 爲母追福 因以名焉 中有五層浮圖一所 修刹入雲 高門向街 佛事 莊飾等於永寧 誦室禪堂周流重疊 花林芳草遍滿階墀 常有大德名僧 講一切經 受 業沙門亦有千數".

356) 前註354) 참조.

를 담론하였다. 뿐만 아니라 이들은 항상 궁중에 출입하면서 영태후와
法談을 나누었다고 한다.[357] 그리고 환관에 의해서 건립된 대표적인 사찰
로서는 昭儀尼寺,[358] 魏昌尼寺,[359] 景興尼寺[360] 등이 있는데,[361] 이들이
건립한 사원이 모두 尼寺였다고 하는 것은 낙양 불교의 盛時를 맞아 여성의
출가가 많았다는 점을 말해 주는 것 같다.

다음으로 영태후시대에는 용문의 석굴조성사업도 계속해서 추진되어
갔다. 『위서』 숙종기 熙平二年 夏四月 乙卯條에 "皇太后幸伊厥石窟寺
卽日還宮"이라고 하는 기사가 있는데, 이는 선무제 경명 원년(500)이래
추진되고 있는 용문의 3굴을 시찰하고 공사의 촉진과 더불어 격려를 했던
것으로 보인다. 그런데 용문의 석굴에 대해서는 일찍이 塚本善隆이 詳論하
고 있기 때문에 塚本의 설을 약술해 두고자 한다.

효명제시대 용문의 석굴은 영녕사를 비롯해서 낙양의 大伽藍 조영과
병행하고 있었기 때문에 불교공사에 대한 지출이 막대하였다. 그래서 朝臣
가운데는 任城王 澄을 비롯해서 源子恭[362] 등이 佛寺의 비용을 감해서
明堂, 辟雍 쪽에 돌려야 한다고 주청하였다. 이에 영태후는 정광 원년(520)
이래 佛事의 비용을 삭감하다가 태후의 幽閉(正光 元年 7月), 석굴조성의
책임자 司空 劉騰의 죽음(正光 4년 2月)에 임해서 3굴의 조성은 일단락되었

---

357) 『洛陽伽藍記』 卷1, p.1004上, "胡統寺 太后從姑所立也 入道爲尼 遂居此寺 在永寧
　　南一里許 寶塔五重……其寺諸尼 帝城名德 善於開導 工談義理 常入宮與太后說
　　法".
358) 同上書 卷1.
359) 同上書 卷2.
360) 同上書 卷2.
361) 『洛陽伽藍記』에 보이고 있는 60개의 사원에 대한 분류를 통해서 洛陽 사방의
　　지역적 특색 및 洛陽佛敎의 성격을 규명한데 대해서는 服部克彦, 「北魏洛陽に於
　　ける佛敎寺院について」 『龍谷史壇』 第44號(京都, 1958) 참조.
362) 『魏書』 卷41, 源賀傳의 附傳.

든지, 아니면 종래와 같이 막대한 비용이 계속적으로 투입되지는 않았다. 그러다가 孝昌 2년(525)에 다시 영태후의 임조청정이 재개된 후 태후의 용문불교사업에 대한 관심은 高揚되고 적지 않은 出資 보시가 행해졌던 것으로 추측된다. 그러나 종실 및 관리에 의한 석굴 조상은 영태후의 유폐 이전에 주로 많았고 그 이후에도 출자는 적지 않았지만, 그보다도 도시의 木造大建築에 낙양 貴顯들의 관심이 기울어졌기 때문에 점차 도시의 營塔에 출자가 모아졌다고 한다.[363] 그러므로 용문의 석굴 사업은 정광 원년을 전후해서 다소의 차이는 있다 하더라도, 영태후 집정의 절정기를 통해서 관심과 출자는 계속되었던 것으로 생각된다.

또한 낙양 불교의 융성과 더불어 서역의 사문이 낙양에 와서 거주하였고, 그 가운데 菩提流支, 勒那摩提 등이 중국의 佛敎傳譯史에 특필할 만한 번역 사업에 종사하였다는 것은 앞서 언급하였다. 그런데 이들의 역경사업은 효명제시대에도 계속되었던 것으로 보인다.[364] 그리고 『위서』 석로지에는 아래의 기록이 있다.

　熙平元年 詔遣沙門惠生使西城 採諸經律 正光三年冬 還京師 所得經論
　一百七十部 行於世

영태후는 熙平 元年(516)에 조칙으로 사문 惠生을 서역에 파견하여 불경을 구해 오게 하였다. 정광 3년(522)에 혜생은 經論(大乘妙典) 170부를 가지고 돌아와 이것이 세상에 널리 행하여졌다고 하는 것을 말해주고 있다.[365]

---

363) 塚本善隆, 『支那佛敎史硏究』, p.408.
364) 『續高僧傳』 卷1, 菩提流支傳 참조.
365) 『洛陽伽藍記』 卷5에 "於是京邑翕然傳之聞義里 有燉煌人宋雲宅 雲與惠生 俱使西

이상에서 효명제시대의 실질적인 통치자 영태후 호씨의 불교보호사업, 즉 사탑의 건립, 역경사업, 서역으로의 구법 등에 관해서 살펴보았다. 그런데 영태후가 새로운 도읍지 낙양에 木造大伽藍을 비롯해서 호화로운 부도를 건립하였던 것은 국고의 충실에 따른 귀족의 사치생활, 상공업의 발달에 동반된 富力의 향상, 외국인의 渡來, 특히 佛敎國인 서역 인도인의 왕래에 따른 북위의 국력과 서로 관련되었던 것은 부인할 수 없다.366) 그러나 보다 중요한 것은 효문제 이래 새로운 도읍지 낙양의 경영에 따르는 북래인들의 정신적 안정을 추구함으로써 통치체제를 확립하고자 했던 前代의 종교정책을 계승한 것으로 보아야 할 것이다. 그러므로 영태후는 불교사업을 추진하는 한편 왕실차원에서 불교에 대한 통제도 가하였다. 이러한 통제는 불교교세의 확대에 따르는 사탑의 濫造, 眞僞混淆에 따른 사문의 타락과 佛敎匪의 반란 등에 연유한 것이다.

낙양천도 이후 佛敎匪의 반란은 세종 선무제의 치세에 3차례 걸쳐 일어났다. 永平 2년(509) 정월에는 涇州 沙門 劉慧汪의 반란이 있었고, 영평 3년(510) 2월에는 秦州 사문 劉秀光의 모반이 있었으며, 廷昌 3년(514) 11월에는 幽州의 사문 劉僧紹가 스스로 淨居國明法王이라고 칭하면서 반란을 일으켰다.367) 그러다가 숙종 효명제의 즉위 원년이었던 연창 4년 (515) 6월에는 북위의 佛敎匪 가운데 최대 사건이었던 사문 法慶에 의한

域也 神龜元年十一月冬 太后遣崇立寺比丘惠生 向西域取經 凡得一百七十部 皆是大乘妙典"이라 하여 沙門 惠生이 서역에 파견될 때 燉煌人으로서 洛陽에 와있던 宋雲이 同行하였음을 알 수 있다. 그런데 서역에 파견된 연대가 釋老志의 기사와 일치하지 않고 있다. 그러나 여타의 사실은 일치하고 있어서 필자는 파견 연대를 규명하고자 하는 데는 크게 관심을 가지지 않는다.

366) 塚本善隆, 『支那佛敎史硏究』, p.406.
367) 鎌田茂雄, 『中國佛敎史(第3卷)』, p.96 이하 ; 鈴木中正, 『中國に於ける革命と宗敎』 (東京, 東京大出版會, 1974), p.34 이하 ; 塚本善隆, 『支那佛敎硏究史』, p.263 이하 참조.

大乘賊의 반란이 일어났다. 『위서』권9, 숙종기에 아래의 기록을 전하고
있다.

　(延昌四年) 六月 沙門法慶聚衆反於冀州 殺阜城令 自稱大乘 秋七月……
丁未 詔假右光祿大夫元遙征北大將軍 攻討法慶 (中略) (九月) 甲寅 征北元
遙破斬法慶及渠帥百餘人 傳首京師

　이 반란은 난이 발생한 지 3개월만에 征北大將軍 元遙에 의해서 일단
평정되었다. 그런데 『위서』同紀에는 다음과 같이 기록하고 있다.

　(熙平)二年 春正月 大乘餘賊復相聚結 攻瀛州 刺史宇文福討平之

　희평 2년(517) 정월 대승적의 殘黨이 또다시 결집해서 瀛州地方을 공격
하였고, 이때 자사 宇文福이 이를 다시 평정하였다. 그런데 대승적의 잔당
이 반란을 일으켰던 희평년간(516~517)에는 月光童子 劉景暉의 반란도
일어났다.[368]
　이 兩亂에 대해서는 기존의 연구에서 난의 발생원인, 경과 및 성격에
관해서 상세히 규명하고 있기 때문에[369] 詳論하지 않는다. 그런데 佛敎匪
反亂의 중요한 원인이 교세의 확대에 따르는 眞僞混淆의 와중에서 일어났
다고 할 때, 국가차원에서 불교에 대한 통제는 불가피하게 대두하는 것이
다. 이는 북위의 역대 종교정책 가운데 계승되어 왔고, 영태후의 치세에도
예외일 수는 없었다. 『위서』석로지에 아래의 기록이 보인다.

---

368) 『魏書』卷111, 刑罰志 熙平條 참조.
369) 註367) 참조.

가) (熙平) 二年春 靈太后令曰 年常度僧 依限大州應百人者 州郡於前十日
　　 解送三百人 其中州二百人 小州一百人 州統維那與官及精練簡取充數
　　 若無精行 不得濫採 若取非人 刺史爲首 以違旨論 太守縣令綱僚節級連
　　 坐 統及維那移五百里外異州爲僧

나) 自今奴婢悉不聽出家 諸王及親貴 亦不得輒啓請 有犯者 以違旨論 其僧
　　 尼輒度他人奴婢者 亦移五百里外爲僧 僧尼多養親識及他人奴婢子 年
　　 大私度爲弟子 自今斷之 有犯還俗 被養者歸本等

다) 寺主聽容一人 出寺五百里 二人千里 私度之僧 皆由三長罪不及已 容多
　　 隱濫 自今有一人私度 皆以違旨論 隣長爲首 里黨各相降一等 縣滿十五
　　 人 郡滿三十人 州鎭滿三十人 免官 僚吏節級連坐 私度之身 配當州下役
　　 時法禁寬袘 不能改肅也

　　가)의 경우는 해마다 度僧의 수적 제한을 두며, 100인의 度僧을 허락하는
大州에는 州郡이 10일 이전에 300인을 보내고, 中州에는 200인, 小州에는
100인을 보낸다. 州의 사문통, 유나는 官과 더불어 戒行이 精練한 자를
선발해서 수를 채운다. 만약에 합당하지 않는 자를 취하면 자사는 違旨의
죄로써 논하고, 태수, 현령 및 관리들은 계급의 고하에 따라 연좌한다.
그리고 사문통 및 유나는 500리 밖의 他州로 옮겨서 일반 僧으로 삼는다는
내용이다. 나)의 경우는 노비에 대한 출가금지 조항이다. 諸王이나 왕실의
近親, 貴顯의 신분이라 할지라도 마음대로 노비의 출가를 請願할 수 없으
며, 이를 犯하는 경우에 違旨를 가지고 논한다. 승니가 타인의 노비를
출가시키면 500리 밖으로 옮긴다. 그리고 승니 가운데 近親, 知友 및 타인의
노비 자식을 데려 기르다가 나이가 들면 사사로이 제자로 삼는 경우가
많은데 지금부터 이를 엄단한다. 만약 이를 犯하는 자가 있으면 환속시키고

노비의 자식은 본래의 신분으로 돌려보낸다는 것이다. 다)는 私度僧에 관한 금지의 조항이다. 만약에 寺主가 1~2인의 私度僧을 허락할 경우 500~1,000리 밖으로 擯出된다. 사도승에 대한 책임을 三長 및 州縣의 책임자에게 부과하여 1인의 사도승이 나오면 違旨로 논하고, 隣長을 首犯者로 해서 里와 黨의 長은 각기 서로 一等을 내렸다. 그리고 縣에 15인, 州에 30인이 되면 장관을 면직하고, 소속 관리들은 등급에 따라 죄에 연좌시키며 사도승은 州에 배당해서 노역시킨다.

이상에서 주목되는 것은 度僧의 선발이나 사도승에 관한 책임을 승관과 더불어 州, 郡, 縣의 장관 및 소속관리, 三長에게 부여하였다는 사실이다. 이는 국가차원에서 불교 통제를 행하고자 했던 것이며, 불교가 국가의 통치권에서 벗어날 수 없음을 말해 주는 것이라 하겠다. 물론 이러한 法禁이 북위 조정에서 의도대로 추진되지 못하여 불교의 폐해를 肅正, 改革하는 데는 성공하지 못하였다. 그러나 통제의 의지가 최고의 통치권자로부터 나왔다고 하는 것은 북위불교의 성격을 규명하는데 상당한 도움이 되리라 생각된다.

다음은 불교교세의 과도한 팽창과 조사, 조탑의 濫造를 염려했던 任城王 澄의 상표에 대해서 살펴보기로 한다. 임성왕 징은 前述한 바와 같이 효문제의 낙양천도에 즈음해서 帝를 보좌했던 重臣으로서 神龜 2년(519)에 죽었지만,[370] 그의 상표문은 신귀 원년 겨울 죽음의 직전에 천하의 정치를 염려해서 마련되었던 것이다.[371] 그 내용은 워낙 장문이기 때문에[372] 원문

---

370) 『魏書』 卷19中, 任城王澄傳.

371) 任城王 澄이 靈太后에게 上奏文을 바쳤던 이유에 대해서는 『魏書』 卷19, 그의 傳 가운데 "靈太后銳於繕興 在京師則起永寧太上公等佛寺 功費不少 外州各造五級佛圖 又數爲一切齋會 施物動至萬計 百姓疲於土木之功 金銀之價爲之踊上 削奪百官事力 費損庫藏 兼曲賚左右 時有數千 澄故有此表……政無大小 皆引參決" 이라 하였다.

을 인용하는 데는 번거로움이 있다. 앞부분은 주로 불교에 대한 禁令이
제대로 이행되지 못하여 나타났던 造寺의 폐해와 승려의 타락상을 지적하
였다. 이를테면 고조 효문제가 제정했던 도성의 制는 선무제 경명년간
(500~503)에 이 법령을 犯하는 자가 있었기 때문에 선무제는 先志를 계승
해서 낙양 성내에 조사, 조탑을 禁하는 법령을 내렸다. 그러나 정시 3년(506)
에 사문통 惠深이 경명의 禁을 위반했기 때문에 사사로이 사탑의 건립을
다투게 되었다. 영평 2년(509)에 혜심에 의한 새로운 條制가 만들어졌지만
그로부터 10년이 지난 후 사원의 私營은 盛하여 승속 모두 법령을 파괴하는
것이 끝이 없었다고 지적하였다.

그리고 계속해서 불교의 가르침에는 深奧幽寂한 것이 있기 때문에 사문
은 俗塵의 밖에 조용히 거처하는 것이 제일이고 화려한 사탑을 조영할
필요는 없다. 지금 도성과 外城의 사원을 검색하게 하였더니 그 수는
500에 달하고, 천도 이래 2紀(24년)를 넘는 사이에 사원이 민간의 거주를
침탈한 것이 1/3이나 되고 있다. 그리고 사원의 상황과 승려의 타락에
대해서도 힐책하였다. 지금의 僧寺는 城邑의 가운데 比滿하고 혹은 肉屋이
나 酒屋과 나란히 세워져 있어 梵唄와 도살의 音이 연접하고 있으며,
불상과 탑이 腥臊와 함께 하여 왕래가 紛雜하다. 이러한 상황을 소현조도
방치하고 있기 때문에 진리를 닦는 승려를 더럽히고 있으니, 청정하게
道行을 닦는 승려와 계율을 지키지 않는 승려를 구별해야 할 것이다.
그러기 위해서는 도성의 制를 비롯해서 이미 마련된 법을 엄격히 적용하여
통제하지 않으면 안 된다고 지적하면서, 澄 자신의 의견을 첨가하여 말하기
를 아래와 같이 피력하였다.

---

372) 『魏書』 卷114, 釋老志 神龜元年條 참조.

　　如臣愚意 都城之中 雖有標榜 營造粗功 事可改立者 請依先制 在於郭外
任擇所便 其地若買得 券證分明者 聽其轉之 若官地盜作 卽令還官 若靈像
旣成 不可移撤 請依今勅 如舊不禁 悉令坊內行止 不聽毁坊開門 以妨里內
通巷 若被旨者 不在斷限 郭內準此商量 其廟像嚴立 而逼近屠沽 請斷旁屠
殺 以潔靈居 雖有僧數 而事在可移者 令就閑敞 以避隘陋 如今年正月赦後
造者 求依僧制 案法科治 若僧不滿五十者 共相通容 小就大寺 必令充限
其地賣還 一如上式 自今外州 若欲造寺 僧滿五十已上 先令本州表列 昭玄
量審 奏請乃立 若有違犯 悉依前科 州郡已下 容而不禁 罪同違旨 庶仰遵先
皇不朽之業 俯奉今旨慈悲之令 則繩墨可全 聖道不墮矣 奏可

　　즉 도성의 가운데 榜을 표시해서 사원의 營造가 대략 명시되어 있다고
하더라도 태화의 制에 의해서 郭外의 편리한 장소를 택해서 改立할 것이다.
이때 성내의 營造의 땅은 매입한 증명서가 분명하면 轉賣를 허락하고,
만약 官地를 사취한 경우에는 官에 반환하게 한다. 靈像이 이미 완성되어
서 이전이나 철거가 불가능하면 舊制에 따라 금하지 않는다. 그리고 사원으
로 인한 坊內의 통행에 불편이 없게 하고 廟像의 부근에서 도살하는 것을
금하도록 한다. 승려의 定數가 있는 사원이라도 사정에 따라 옮겨야 할
경우가 있으면 閑寂한 장소로 하고 좁고 더러운 곳을 피하게 한다. 만약
승려 50인이 되지 않는 사원은 병합하되, 小寺를 大寺에 병합하여 定數에
당하게 하며 땅을 팔던지 반환하는 것은 앞서 말한 성내의 땅을 轉賣하는
것과 동일하게 할 것이다. 外州에는 승려가 50인 이상이 되는 경우에 먼저
本州가 중앙에 신고하고, 소현조의 심의를 거쳐서 주상하며 請許를 얻어서
건립한다. 만약 違犯이 있으면 모두 앞서 정해진 규정에 의한다. 州郡
이하 마음대로 造寺하면 違旨와 같이 한다. 바라옵건대 우러러 先皇의
不朽의 業(太和의 制)을 따르고 엎질러 지금 慈悲의 令(太后의 令)을 받들면
법전도 온전하고 聖道도 失墜되지 않을 것이라고 하였다.

이상에서 임성왕 징의 상주는 효문제의 낙양천도 이래 마련된 불교통제
에 관한 법령을 준수하여 역대의 불교정책을 계승하는 것이 법질서를
유지하는 것이고 聖道를 밝히는 것이라 하였다. 이러한 징의 의견을 영태후
호씨가 嘉納하였다고 하는 것은, 북위 왕실차원에서 불교에 대한 통제를
실현하려는 의지를 밝힌 것이며, 前代의 불교정책을 계승한 것으로 보아야
할 것 같다.

북위 조정의 실질적인 통치자였던 영태후는 정광 원년(520) 7월에 元乂,
劉騰에 의해서 유폐되었다가 孝昌 元年(525) 4월 다시 임조청정하였지만
지난날의 위세는 없었다. 2년 후인 武泰 元年(528) 河陰의 사건과 더불어
영태후의 운명은 종언을 맞이하고 낙양의 불교는 전환점을 맞게 된다.

7. 北魏末의 政治動向과 佛敎
－河陰의 變을 中心으로－

1) 河陰의 變 前後의 政治的 動向

북위의 世宗 宣武帝는 재위 17년 만에 죽고 肅宗 孝明帝가 즉위하였다.
그는 幼少해서 즉위하였기 때문에[373] 生母였던 靈太后 胡氏가 섭정하게
되었다. 영태후는 臨朝聽政에 즈음해서 스스로 朕이라고 하는[374] 專橫을

---

373) 『魏書』卷9, 肅宗紀, p.221에 “肅宗孝明皇帝 諱詡 世宗宣武皇帝之第二子 母曰胡充
    華 永平三年三月丙戌 帝生于宣光殿之東北 有光照于庭中 延昌元年十月乙亥 立
    爲皇太子 四年春正月丁巳夜 卽皇帝位 戊午 大赦天下”라고 하였다. 肅宗은 宣武
    帝 永平 3年(510)에 태어나서 延昌 元年(512)에 태자로 책립되었다가 延昌 4年(515)
    에 6세의 나이로 제위에 올랐다.

374) 『魏書』卷13, 宣武靈皇后傳, pp.337~338, “宣武靈皇后胡氏 安定臨涇人 司徒國珍
    女也 (中略) 及肅宗踐阼 尊后爲皇太妃 後尊爲皇太后 臨朝聽政 猶稱殿下 下令行事
    後改令稱詔 群臣上書曰陛下 自稱曰朕”.

자행했지만 북위는 이 女主로부터 쇠망의 기운이 나타나게 되었다.[375]

북위 황실에서는 황후를 책립하는 경우에는 반드시 스스로 金人을 만들게 하여 만드는 자는 吉하다고 해서 황후로 책정하고, 만들지 못하는 자는 책립될 수가 없었다.[376] 그리고 북위에서는 황태자를 출생한 생모는 태자가 즉위하기 이전에 살해해 버림으로써 모후가 국정에 참여하는 폐해를 방지하려고 했던 故事가 있었다.[377] 그래서 역대로 태자를 출생한 부인은 비참한 최후를 맞이하게 되었다. 영태후 호씨가 선무제의 掖庭에 들어갔을 때 椒掖의 嬪御들은 신에게 기원해서 諸王이나 공주를 낳기 원했고 태자를 출생하기를 바라지 않았다. 하지만, 영태후는 일신의 죽음이 두려워 황실의 家嫡을 잉태하지 않을 수 없다고 해서 마침내 숙종 효명제를 낳았다.[378]

---

375) 『魏書』 卷9, 肅宗紀, p.249, "史臣曰, 魏自宣武已後 政綱不張 肅宗沖齡統業 靈后婦人專制 委用非人 賞罰乖舛 於是釁起四方 禍延畿甸 卒於享國不長 抑亦淪胥之始也 嗚呼".

376) 『魏書』 卷13, 皇后列傳, p.321, "又魏故事 將立皇后必令手鑄金人 以成者爲吉 不成則不得立也".

377) 岡崎文夫, 『魏晉南北朝通史』(東京, 弘文堂書房, 1943 三版), p.375 이하에서 북위의 황제가 된 사람은 先帝의 夫人 가운데 한 사람을 황태후로 인정하고, 이에 대해서 비상한 존경을 기울였다. 그 대표적인 例로 生母를 대신해서 獻文帝를 양육했던 文明皇后(文成帝의 妃)가 獻文帝의 치세에 皇太后로 인정되어 있었고, 그 후 孝文帝에게까지 극진한 예우를 받았던 경우를 들고 있다. 그리고는 이와 같이 先帝의 正夫人을 존중했던 것은 태자의 생모를 살해했다고 하는 것과 연관된 사실일지도 모를 일이라고 지적하였다. 子貴母死制에 대한 구체적 연구에 관해서는 田余慶, 「北魏後宮子貴母死之制的形成和演變」 『拓跋史探』(北京, 三聯書店, 2003) 참조.

378) 『魏書』 卷13, 宣武靈皇后傳, p.337, "宣武靈皇后胡氏 安定臨涇人 司徒國珍女也 母皇甫氏……后姑爲尼 頗能講道 世宗初 入講禁中 積數歲 諷左右稱后姿行 世宗聞之 乃召入掖庭爲承華世婦 而椒掖之中 以國舊制 相與祈祝 皆願生諸王公主 不願生太子 唯后每謂夫人等言 天子豈可獨無兒子 何緣畏一身之死而令皇家不有家嫡乎 及肅宗在孕 同列猶以故事相勸 勸爲諸計 后固意確然 幽夜獨誓云 但使所懷是男 次第當長子 子生身死 所不辭也 旣誕肅宗 進爲充華嬪".

그런데 무슨 연유에 기인한 것인지는 알 수 없으나 선무제는 영태후에게 죽음을 내리지 않았고, 태후는 마침내 효명제의 즉위와 더불어 攝政에 임하게 되었다.

태후의 섭정에 즈음해서 조정의 群臣들은 태평에 도취되어 있었다. 태후는 일찍이 비단을 저장해 놓은 左藏에 王公이하 일족의 群臣 100여 명을 데리고 가서 가져갈 수 있을 만큼 갖도록 하였다. 이때 陳留公 李崇과 章武王 元融은 지고 가는 것이 지나쳐 땅바닥에 넘어졌다. 이숭은 허리를 다치고 원융은 다리를 다쳐서 사람들의 嘲笑의 대상이 되었다고 한다.[379] 하지만 영태후는 낙양 성내에는 永寧寺를 비롯해서 많은 사탑을 건립하고, 龍門의 석굴조성사업도 계속해서 추진하였기 때문에 재정적인 지출이 막대하였다.[380] 이러한 사정과 더불어 나타났던 자연적인 재해는 마침내 북위 조정의 재정적 결핍을 초래하였고, 백성들의 부담은 해를 거듭할수록 과중하게 되었다. 『위서』 권11, 食貨志에서는 "正光 이후에 사방이 혼란하고 旱災와 水災가 겹쳐 國用이 부족하였으므로, 미리 6년의 租調를 나누어서 천하에 징발하였다. 백성들은 원망하고 괴로워했으며, 民은 명을 견디지 못하였다.……孝昌 2년 겨울에, 경사의 田租는 畝當 5升이었으며, 公田을 빌린 자는 畝當 1斗로 하였다"[381]고 기록하고 있다. 이러한 백성의 불만은 마침내 빈번한 반란을 야기시켰던 것이다.[382]

---

379) 『魏書』卷13, 宣武靈皇后傳, pp.338~339, "後幸左藏 王公嬪主已下從者百餘人 皆令任力負布絹 卽以賜之 多者過二百匹 少者百餘匹 唯長樂公主手持絹二十匹 而出 示不異衆而無勞也 世稱其廉 儀同陳留公李崇 章武王融並以所負過多 顚仆 於地 崇乃傷腰 融至損脚 時人爲之語曰 陳留章武 傷腰折股 貪人敗類穢我明主".

380) 제2장 6절 참조.

381) 『魏書』卷110, 食貨志, pp.2860~2861, "正光後 四方多事 可以水旱 國用不足 預折天 下六年租調而徵之 百姓怨苦 民不堪命……孝昌二年冬 稅京師田租畝五升 借賃公 田者畝一斗".

382) 韓國磐, 『魏晉南北朝史綱』(北京, 人民出版社, 1983, 1985 3次 印刷), pp.480~483에

뿐만 아니라 영태후는 사치가 극심하였고, 遊幸을 즐겼으며, 품행 또한 단정하지 못하였다. 이를테면, 그녀는 선무제의 喪中에도 사치가 지나쳐 종실의 한 사람이었던 元順(太武帝의 曾孫 任城王 澄의 아들)으로부터 비난을 받았다.[383] 또 淸河王 懌(선무제의 동생, 영태후의 媤叔)을 重用하여 輔政토록 하고,[384] 그와 더불어 음란한 행위를 자행하여 천하의 미움을 샀다.[385] 결국 이러한 비행은 효명제 正光 元年(520)에 侍中 元叉와 中侍中 劉騰의 반정을 일으키는 구실을 제공하여 영태후는 유폐되고 청하왕 역은 살해되었으며, 북위의 정치적 실권은 원차와 유등이 장악하였다.[386] 이후 북위의 조정에서는 都統 僧敬, 中山王 熙, 右衛將軍 奚康生 등이 원차와 유등의 제거를 위한 계략을 도모하였으나 실현되지 못하였고,[387] 영태후는 일단 임조청정의 권좌에서 물러나게 되었다.

正光 4년(523) 3월에 司空이었던 유등이 죽고,[388] 원차의 威勢가 약화되

서는 『魏書』 宣武·孝明帝 本紀의 내용을 분석해서 宣武帝의 즉위년이었던 太和 末年(499)에서 孝明帝 正光 5년(524)에 걸친 시기에 모두 27차례의 반란이 일어났다고 한다.

383) 『魏書』卷19中, 景穆十二王列傳, pp.482~483, "靈太后頗事妝飾 數出遊幸 順面諍曰 禮婦人夫喪 自稱未亡人 首去珠玉 衣不被綵 陛下母臨天下 年垂不惑 過甚修飾 何以示後世 靈太后慚而不出 還入宮 責順曰 千里相徵 豈欲衆中見辱也 順曰 陛下 盛服炫容 不畏天下所笑 何恥臣之一言乎".

384) 『魏書』卷22, 淸河王懌傳, pp.591~592, "淸河王懌 字宣仁 幼而敏惠 美姿貌 高祖愛之 (中略) 肅宗初 遷太尉 侍中如故 詔懌裁門下之事……靈太后以懌肅宗懿叔 德先具贍 委以朝政 事擬周霍 懌竭力匡輔 以天下爲己任".

385) 『魏書』卷13, 宣武靈皇后傳, p.339, "太后得志 逼幸淸河王懌 淫亂肆情 爲天下所惡".

386) 『魏書』卷9, 肅宗紀 秋七月丙子條, pp.230~231 ; 同書 卷22, 淸河王懌傳, p.592 ; 同書 卷94, 劉騰傳, p.2027.

387) 『魏書』卷9, 肅宗紀 正光元年 八月甲寅條, pp.230~231 ; 同書 同卷, 正光二年 三月甲午條, p.232 ; 同書 卷13, 靈太后傳, p.339.

388) 『資治通鑑』卷149, 武帝普通四年 三月條(北京, 中華書局, 1997), p.4672와 『魏書』

자 영태후는 효명제와 종실의 원로 高陽王 雍(獻文帝의 第5子)과 더불어 원차를 제거할 계략을 수립하였다.[389] 孝昌 元年(525) 4월에 태후가 다시 攝政에 임하면서 원차를 賜死하였다.[390] 하지만, 태후는 다시 임조청정한 후에도 자신의 비행을 멈추지 않았기 때문에 종실의 질시를 받았다. 태후는 이러한 비난을 차단하기 위한 방편으로 붕당을 조성하고 효명제의 총신을 대거 살해하였기 때문에, 이후 모자 사이의 갈등과 대립은 더욱 첨예하게 되었다.[391]

한편, 이러한 시기에 북변에서는 六鎭의 반란이 발발하게 되었다. 북위는 낙양천도 이래 선비족 내부의 차별화 정책으로 말미암아 북변 鎭民들의 불만은 날로 고조되고 있었다. 정광 4년(523) 蠕蠕軍이 두 차례에 걸쳐 懷荒鎭을 침략해 오는 과정에서 鎭將 于景의 미비한 대처는 진민들의 불만을 극도에 이르게 하였다. 결국 정광 5년(524) 3월[392]에는 沃野鎭의

卷94, 本傳 p.2028에서는 그의 卒年을 正光 4年(523) 三月로 기록하고 있으나, 『魏書』 卷9, 肅宗紀, p.234에서는 4年 春2月로 기록하고 있어 약간의 시차를 보이고 있다. 본장은 『資治通鑑』과 『魏書』 本傳의 기록에 따른다.

389) 『資治通鑑』 卷150, 武帝普通六年 二月乙未條, pp.4693~4694 ; 『魏書』 卷13, 靈太后傳, p.339.

390) 『資治通鑑』 卷150, 武帝普通六年 四月條, pp.4695~4697.

391) 『魏書』 卷13, 宣武靈皇后傳, pp.339~340, "太后自以行不修 懼宗室所嫌 於是內爲朋黨 防蔽耳目 肅宗所親幸者 太后多以事害焉 有蜜多道人 能胡語 肅宗置於左右 太后慮其傳致消息 三月三日於城南大巷中殺之 方懸賞募賊 又於禁中殺領左右, 鴻臚少卿谷會紹達 並帝所親也 母子之間 嫌隙屢起".

392) 『資治通鑑』 卷149, 武帝普通四年 四月條, p.4674에 "及柔然入寇 鎭民請糧 景不肯給 鎭民不勝忿 逐反 執景殺之 未幾 沃野鎭民破六韓拔陵聚衆反 殺鎭將"이라 하여 沃野鎭의 반란이 梁武帝 普通 4年(523), 곧 북위 孝明帝 正光 4年(523) 4月에 일어났다고 하고, 『魏書』 卷9, 肅宗紀, p.235에는 "(正光)五年春正月辛丑 車駕有事於南郊……三月 沃野鎭人破落汗拔陵聚衆反"라고 하여 正光 5年(524) 3月에 일어났다고 한다. 그런데, 朱大渭, 「北魏末年各族人民大起義若干史實的辨析」 『六朝史論』(北京, 中華書局, 1998), pp.457~464에서는 면밀한 사료분석을 통해서 『資治

破六韓拔陵이 진민을 규합해서 반란을 야기하였고, 같은 해 4월 高平鎭의
胡琛이 이에 호응하면서 북변의 兵亂은 점차 육진지역으로 확산되었다.
이런 상황에서, 북위 조정은 臨淮王 彧을 파견하여 병란의 진압을 도모하였
으나 실패하고, 李崇을 大都督으로 임명하여 진압을 시도하였다.[393] 당시
북위 조정은 반란의 진압에 중앙의 정규군뿐만 아니라 북변에 거주하면서
반란에 참여하지 않았던 세력은 물론, 심지어 적대적 관계에 있던 蠕蠕조차
도 난의 진압에 이용하고자 하였다.[394] 그런데, 당시 반란의 진압에 적극적
으로 가담했던 대표적인 세력의 하나가 바로 爾朱氏集團이었다. 이주씨는
오래 전부터 육진 근처에서 생활하고 있으면서 북위 조정과 친밀한 관계를
유지하고 있었다. 우선 이주씨와 북위 조정과의 관계를 『위서』권74, 이주
영전에 다음과 같이 전하고 있다.

　　이주영은 字가 天寶이고, 北秀容人이다. 그 선조들은 대대로 爾朱川에
　거주했으며, 이로 인하여 姓으로 삼았다. 항상 부락을 이끌고 대대로 酋長이
　되었다. 高祖 羽健은 登國 초에 領民酋長이 되었는데, 契胡 무사 1,700명을
　이끌고 御駕를 따라서 晉陽과 中山을 평정하였다.……증조 鬱德, 조 代勤이
　계속하여 영민추장이 되었다. 대근은 세조 敬哀皇后의 舅였다. 외척으로서
　거듭되는 정벌에 功을 세워서 백 년 동안 조세를 면제받게 되었으며, 立義장
　군에 제수되었다.……부친 新興이 태화 중에 계속하여 추장이 되었다.
　家勢가 豪擅하고 재화가 풍성하였다.……(북위)조정이 매번 征討할 때
　말을 헌상하고, 아울러 資糧을 준비하여 軍用을 도왔다. 高祖가 이를 가상
　히 여겨, 右將軍 光祿大夫에 제수하였다. 낙양으로 천도 후에는 특별히
　겨울에는 경사에 來朝하게 하고, 여름에는 부락으로 돌아가게 하였다.

　　通鑑』의 기록에 잘못이 있다고 하여 본서에서는 『魏書』의 기록에 따르기로 하였
　다.
393) 『魏書』卷9, 肅宗紀 正光五年 三月~五月條, pp.235~236.
394) 李啓命, 「高歡政權論」 『龍鳳論叢』 14輯, 1984, p.91.

매번 入朝할 때면 王公 朝貴들이 다투어 珍玩을 보내고, 新興 또한 名馬로서
보답하였다.395)

위의 기록은 이주씨가 북위 道武帝 登國年間(386~395)이래 왕실과 긴
밀한 유대관계를 가지면서 재정적, 군사적 지원을 아끼지 않았던 사실을
말해주고 있다.

효명제 正光이래 이주씨 부족은 이주영에 의해 통솔되었고, 그는 蠕蠕
阿那瓌의 침입에 즈음해서는 이숭의 예하에서 새롭게 조직한 4천명의
부족병을 이끌고 반란의 진압에 적극 참여하였다.396) 이를 계기로 이주영
의 세력은 날로 성장하였고, 마침내 효창 2년(526)에 즈음해서는 북위의
조정에서도 그의 세력을 통제할 수 없을 정도였다.397)

이러한 정변과 병란 가운데 효명제는 이주영을 낙양에 불러들여 태후파
의 권신을 제거하고 자신이 통치권을 장악하고자 하였으나, 武泰 元年(528)
2월에 태후파에 의해서 살해당하는 비운을 맞았다.398) 이때 이주영은 내심

---

395)『魏書』卷74, 爾朱榮傳, pp.1643~1644, "爾朱榮 字天寶 北秀容人也 其先居於爾朱
川 因爲氏焉 常領部落 世爲酋帥 高祖羽健 登國初爲領民酋長 率契胡武士千七百
人從駕平晉陽 定中山……曾祖鬱德 祖代勤 繼爲領民酋長 代勤 世祖敬哀皇后之
舅 以外親兼數征伐有功 給復百年 除立義將軍……父新興 太和中 繼爲酋長 家世
豪擅 財貨豐贏……朝廷每有征討 輒獻私馬 兼備資糧 助裨軍用 高祖嘉之 除右將
軍, 光祿大夫 及遷洛後 特聽冬朝京師 夏歸部落 每入朝 諸王公朝貴競以珍玩遺之
新興亦報以名馬".

396)『魏書』卷74, 爾朱榮傳, pp.1644~1645, "蠕主阿那瓌寇掠北鄙 詔假榮節 冠軍將軍,
別將 隸都督李崇北征 榮率其新部四千人追擊 度磧 不及而還".

397)『資治通鑑』卷151, 武帝普通七年(526) 八月條, p.4715, "魏安北將軍都督恆朔討虜
諸軍事爾朱榮過肆州 肆州刺史尉慶賓忌之 據城不出 榮怒 舉兵襲肆州 執慶賓 還
秀容 署其從叔羽生爲刺史 魏朝不能制".

398)『魏書』卷13, 宣武靈皇后傳, p.340, "……母子之間 嫌隙屢起 鄭儼慮禍 乃與太后計
因潘充華生女 太后詐以爲男 便大赦改年 肅宗之崩 事出倉卒 時論咸言鄭儼徐紇
之計 於是朝野憤歎";『魏書』卷9, 肅宗紀, p.248, "(武泰元年 二月)癸丑 帝崩於顯

으로 이러한 정변이 자신의 세력을 확대하는 절호의 기회라고 판단하였다.
그러나 표면적으로는 효명제의 돌연사에 대한 책임 추궁을 내세워 낙양의
중앙정계를 압박하였다. 그는 자신의 근거지였던 晉陽을 출발하기에 앞서
從子 爾朱天光 등을 낙양에 파견하여 그곳에 머물고 있던 從弟 爾朱世隆
및 일부 한인 사족들과 더불어 彭城王 勰의 아들 元子攸(莊帝)를 즉위시킬
것을 협의토록 하였다.399) 이후 진양을 출발하여 낙양으로 진입하던 이주
영은 河內郡에 이르러 군사를 주둔시키고 河陽에서 원자유를 맞이하였다.
때는 武泰 元年 4월이었다.400) 동년 4월 13일에 북위의 王公 卿士 1,000여
명을 살육하는 河陰의 變을 일으켰다. 이주영으로 하여금 이러한 변란을
단행하게 한 주된 인물은 당시 북위의 정국을 비교적 상세하게 파악하고
있던 費穆이라는 인물이었다. 이와 관련해서『위서』권44, 費于附費穆傳에
는 다음과 같이 전하고 있다.

　비목이 이주영에게 몰래 말하길, 公의 병사는 만 명이 되지 않으며 지금
　멀리 낙양으로 향했는데, 앞에 저항하는 세력이 없는 것은 바로 주상을

陽殿 時年十九".
399)『魏書』卷74, 爾朱榮傳, pp.1646~1647, "尋屬肅宗崩 事出倉卒 榮聞之大怒 謂鄭儼
　徐紇爲之 與元天穆等密議稱兵入匡朝廷 討定之 (中略) 於是遂勒所統將赴京師
　靈太后甚懼 詔以李神軌爲大都督 將於大行杜防 榮抗表之始 遣從子天光親信奚
　毅及倉頭王相入洛 與從弟世隆密議廢立 天光乃見莊帝 具論榮心 帝許之 天光等
　還北 榮發晉陽." 이주영의 세력과 낙양 한인 사족과의 구체적인 관계와 협의에
　관해서는 蘇小華,「六鎭勢力與北朝後期社會」, 北京師範大學博士學位論文, 2005,
　pp.37~38 참조.
400)『魏書』卷74, 爾朱榮傳, p.1647, "榮發晉陽……師次河內 重遣王相密來奉迎 帝與兄
　彭城王劭弟始平王子正於高渚濟渡以赴之 榮軍將士咸稱萬歲 於時武泰元年四月
　九日也";『資治通鑑』卷152, 武帝大通二年(530)條, p.4741, "榮至河內 遣王相密至
　洛 迎長樂王子攸 夏 四月 丙申 子攸與兄彭城王劭弟霸城公子正潛自高渚渡河 丁
　酉 會榮于河陽 將士咸稱萬歲".

받들어 민심에 순응한 까닭입니다. 戰勝의 위엄이 없으면 대중들은 본래
복종하지 않습니다. 지금 수도에 대중이 많고 백관이 성행함으로, 일단
공의 허실을 안다면 반드시 輕侮의 마음이 있을 것입니다. 만약 크게 주벌을
행하고 친당을 세우지 않는다면, 공이 북으로 돌아가는 날에 아마 太行을
건너지 않아서 내란이 일어날 것입니다. 이주영은 마음속으로 그렇다고
여기고 이에 마침내 하음의 일이 있었다. 천하가 그것을 듣고 이빨을 갈지
않음이 없었다.[401]

물론, 당시 이주영의 막료 가운데 그와 인척관계에 있던 慕容紹宗은
"大失天下之望 非長策也",[402] "忽欲殲夷多士 謂非長策 深願三思"[403]라고
강력히 반대하기도 하였다. 하지만, 이주영은 모용소종의 반대에도 불구하
고 비목의 건의가 상당한 설득력이 있다고 판단하였고, 또한 이것이 자신의
개인적인 야욕을 실현하는데도 더 없는 도움이 될 것으로 보고, 결국 하음
의 변란을 단행하였다. 하음의 변에 관한 구체적인 내용은 『위서』 권74,
이주영전에 아래와 같이 기록하고 있다.

(무태 원년 4월) 13일, 이주영은 武衛將軍 비목의 말에 현혹되어, 이에
行宮의 서북에 御駕와 百官을 인솔하여 祭天을 하고자 한다고 말했다.
朝士들이 모이자, 騎兵의 행렬로 포위하게 하고, 천하 喪亂의 책임과 효명
제가 갑자기 죽은 이유는 모두 貪虐에 연유한 것이며, 서로 匡弼하지
못한 때문이라고 말하였다. 따라서 병사들을 풀어서 살해하니, 王公 卿士가
모두 손을 모으고 죽음을 당하였으며, 죽은 사람이 1,300여 인이었고, 皇弟,

---

401) 『魏書』卷44, 費于附費穆傳, pp.1004~1005, "穆潛說榮曰 公士馬不出萬人 今長驅
向洛 前無橫陳者 正以推奉主上 順民心故耳 既無戰勝之威 群情素不厭伏 今以京
師之衆 百官之盛 一知公之虛實 必有輕侮之心 若不大行誅罰 更樹親堂 公還北之
日 公不得度太行而內難作矣 榮心然之 於是遂有河陰之事 天下聞之 莫不切齒".
402) 『資治通鑑』卷152, 武帝大通二年(528) 夏四月條, p.4742.
403) 『北齊書』卷20, 慕容紹宗傳, p.272.

皇兄도 더불어 害를 당하고, 영태후와 小主도 이날에 暴崩하였다. 이주영은 마침내 큰 뜻이 있어, 御史 趙元則에게 禪文을 만들게 하고, 수십 명을 보내어 (莊)帝를 河橋로 옮겼다. 이날 밤 四更에 이르러, 다시 (장)제를 받들어 남쪽의 營幕으로 돌아왔다.404)

이주영은 제천행사를 빌미로 王公, 卿士를 하음에 집결시켜 1,300여 명을 학살하고,405) 더불어 영태후와 小主도 살해하였다.406) 이로 말미암아, 낙양에서는 일시적 혼란이 야기되기도 하였지만, 이주영의 적극적인 노력으로 점차 안정을 되찾게 되었다.407) 동년 5월, 이주영은 결국 자신의 근거지인 진양으로 돌아갔다. 하지만 그는 元天穆과 桑乾朱瑞 등 자신의

---

404) 『魏書』卷74, 爾朱榮傳, p.1647~1648, "(武泰元年四月) 十三日 榮惑武衛將軍費穆之說 乃引迎駕百官於行宮西北 云欲祭天 朝士旣集 列騎圍邊 責天下喪亂 明帝卒崩之由 云皆緣此等貪虐 不相匡弼所致 因縱兵亂害 王公卿士皆斂手就戮 死者千三百餘人 皇弟皇兄並亦見害 靈太后少主其日暴崩 榮遂有大志 令御史趙元則造禪文 遣數十人遷帝於河橋 至夜四更中 復奉帝南還營幕".

405) 『魏書』卷10, 孝莊帝紀, p.256, "榮以兵權在己 遂有異志 乃害靈太后及幼主 次害無上王劭 始平王子正 又害丞相高陽王雍 司空公元欽 儀同三司元恒芝 儀同三司東平王略 廣平王悌 常山王邵 北平王超 任城王彝 趙郡王毓 中山王叔仁 齊郡王溫 公卿已下二千餘人" ; 『洛陽伽藍記』卷1, 永寧寺條, p.1001a, "十三日召百官赴駕至者盡誅之 王公卿士及諸朝臣死者二千餘人"이라 하여 2,000여 인으로 전하고 있다. 하지만, 『十七史商榷』卷68, 爾朱榮傳魏書北史互有得失條, p.711에서는 2,000인이라고 한 것은 이주영의 죄를 가중시키기 위한 과장이라고 지적하는데, 필자도 王鳴盛의 주장이 상당히 신빙성이 있다고 생각한다.

406) 『魏書』卷13, 宣武靈皇后傳, p.340, "肅宗之崩 事出倉卒……遂立臨洮王子釗爲主 年始三歲 天下愕然 及武泰元年 爾朱榮稱兵渡河 太后盡召肅宗六宮皆令入道 太后亦自落髮 榮遣騎拘送太后及幼主於河陰 太后對榮多所陳說 榮拂衣而起 太后及幼主並沉於河". 여기서 지칭하는 小主는 다름 아닌 臨洮王의 아들 釗이다.

407) 『魏書』卷74, 爾朱榮傳, pp.1648~1649, "于時或云榮欲遷都晉陽 或云欲肆兵大掠 迭相驚恐 人情駭震 京邑士子不一存 率皆逃竄 無敢出者 直衛空虛 官守廢曠 榮聞之 上書曰……諸死者無後聽繼 卽授封爵 均其高下節級別科 使恩洽存亡 有慰生死……榮啓帝遣使循城勞問 於是人情遂安 朝士逃亡者亦稍來歸闕".

심복을 낙양의 중앙 요직에 배치함으로써 북위 조정을 통제하고자 하였
다.408) 이러한 가운데 개인의 안위와 북위조정의 匡正을 위해 이주영과
결탁했던 효장제도 점차 이주영과 대립하기 시작하였다. 특히 城陽王
元徽, 元羅 등을 비롯한 종실세력과 侍中 李彧, 楊侃 등을 비롯한 한인세족
들은 이주영에게 강한 반감을 가졌고, 효장제에게 그를 제거하도록 요구했
다.409) 효장제도 이들의 주장이 자신의 황권강화나 북위 종실의 중흥에
이익이 된다고 판단하여, 결국 이주영과 그의 아들 菩提, 上黨王 元天穆
등을 살해하였다.410) 하지만, 이것은 하음의 변이래 스스로의 무장 세력을
구축하지 못했던 효장제 정권의 몰락을 초래했을 뿐만 아니라, 이주영과의
타협아래 잠시나마 안정을 유지했던 중앙 정국에 다시 혼란을 가중시키는
결과를 초래하였다. 이주씨집단 또한 이주영의 사후 빈발했던 내부의 불화
와 모순으로 인해411) 효무제 太昌 2년(533) 정월 爾朱兆를 마지막으로
북위의 정국에서 소멸하게 된다. 이런 와중에 高歡이라는 인물은 이주영에
게 투항한 이래 부단히 이주씨집단의 내부에서 세력을 성장시켰다.412)

---

408) 『資治通鑑』卷152, 武帝大通二年(528), p.4748, "(五月)辛酉 榮還晉陽 帝饌之於邙陰
　　榮令元天穆入洛陽 加天穆侍中 錄尙書事 京畿大都督兼領軍將軍 以行臺郎中桑
　　乾朱瑞爲黃門侍郎兼中書舍人 朝廷要官 悉用其腹心爲之".

409) 『資治通鑑』卷154, 武帝中大通二年(530) 八月條, pp.4779~4780.

410) 『魏書』卷10, 孝莊帝紀, p.265.

411) 『資治通鑑』卷155, 武帝中大通四年(532) 二月條, p.4818 ;『通鑑紀事本末』卷22,
　　"元魏之亂"條, p.1960, p.1965.

412) 『北齊書』卷1, 神武紀上 ; 卷2, 神武紀下, pp.1~18, "齊高祖神武皇帝 姓高名歡
　　字賀六渾 渤海人也……(孝昌元年) 遂奔葛榮 又亡歸爾朱榮於秀容……于時魏明
　　帝衛鄭儼 徐紇 逼靈太后 未敢制 私使榮擧兵內向 榮以神武爲前鋒……累遷第三
　　鎭人酋長 常在榮帳內……乃以神武爲晉州刺史 於是大聚斂……無幾而孝莊誅榮
　　及爾朱兆自晉陽將擧兵赴洛 召神武……神武曰 兆擧兵犯上 此大賊也 吾不能久事
　　之 自是始有圖兆計……(普泰元年三月) 乃自節閔帝 封神武爲渤海王……(天平元
　　年) 九月庚寅 神武還於洛陽……遂議立淸河王世子善見 議定……乃立之 是爲孝

그는 하음의 변이래 가장 많은 정치적 이익을 획득함으로써, 결국 북위의 중앙 정국을 장악하게 되었다.

2) 北魏後期 洛陽佛教의 팽창

북위의 통치자들은 가끔 불교에 대한 통제를 가하거나 때로는 전면적인 폐불을 단행하였기 때문에 불교는 일시적으로 비운의 위기를 맞기도 하였다.[413] 효문제는 낙양천도 이전이었던 태화 16년(492) 4월에 행정구역 별로 승려의 수를 제한하는 조서를 내렸고, 태화 17년(493)에는 僧制 47조를 제정하여 불교의 통제를 더욱 강화하였다.[414] 낙양천도 이후에도 이와 같은 對佛政策은 계속되었으나 실질적인 성과를 거두지 못하였고,[415] 불교의 교세는 지속적인 발전을 거듭하여 왔다.

최근 중국의 불교사학자 侯旭東은 造像記를 통한 불교의 사회사적 연구에서 戰亂은 불교의 교세 확대에 별다른 영향을 미치지 못했다고 주장하였다.[416] 이러한 논리가 사실이라면, 북위 말의 농민반란, 하음의 변, 동·서위의 분열이라는 정치, 사회적 혼란은 불교의 교세 확대와 무관하다는 것이다.

하지만 하음의 변 이후 불교사원은 수적으로 급성장을 이룩하는 기이한

靜帝 魏於是始分爲二".
413) 『魏書』 卷114, 釋老志, pp.3033~3034 ; 『魏書』 卷4下, 世祖紀, p.100. 太武帝의 廢佛과 관련된 기존의 연구 성과로는 久保田量遠, 「北魏太武帝の廢佛に就いて」 『中國儒道佛三敎史論』(東京, 國書刊行會, 1931), pp.134~143 ; 湯用彤, 『漢魏兩晉南北朝佛敎史』(北京, 北京大學出版社, 1997), pp.351~354 등이 있다.
414) 『魏書』 卷114, 釋老志, p.3039.
415) 湯用彤, 前揭書, pp.366~367.
416) 侯旭東, 「十六國北朝時期戰亂與佛敎發展關係新考」 『中國史硏究』, 1998-4, pp.55~61.

현상을 보였다. 다시 말하면, 내적으로는 종실과 사족들을 중심으로 한
1,300여 인이 하음에서 살해됨으로써 불교교단을 지지할 수 있는 인적
요소는 감소되었다. 그러나 외형적으로는 피살된 사람들의 명복을 기원하
거나 살아남은 자들의 심적 안정을 회구하는 과정에서 그들의 居宅이
불교교단에 희사되어서 교세가 급속히 팽창하는 양상을 보였다.[417] 북위
중기 이후 불교의 교세가 지속적으로 확대되고 있었다는 사실은 아래의
<표 1>에서도 잘 나타나고 있다.

<표 1> 북위 중·후기 사원 및 승려 수

연대	寺數	僧尼數	비고
興光[*]元年(454년)~太和 元年(477년) 3월까지	平城 경내 약100소 四方 6,478소	2,000여인 77,258인	
선무제 延昌 年間(512~ 515)	천하 13,727소	徒侶逾衆	
효명제 神龜元年(518)	낙양성내 500여소		空地表利　未立塔宇　不在其 數……自遷都以來 年踰二紀 寺 奪民居 三分且一
魏末(534년)	낙양 1,367소 천하 3만여 소	천하 2백만	朱大渭,「魏晋南北朝南北戶的 消長及其原因」, pp.305~307에 의하면 孝莊帝 永安 年間(528~ 530)의 戶數는 3,375,368이다.

* 『魏書』卷114, 釋老志, p.3058. 校勘記20에서는 '正光'을 『冊府元龜』에 의거
   하여 '興光'으로 교정하고, 興光은 文成帝의 연호로 그 시기를 454~459년
   이라고 하였다. 그러나, 『魏書』卷5, 高宗紀, pp.113~114에 의하면 興光이
   라는 연호가 1년간 사용된 후, '太安'으로 개원되었다.

** 출전 : 湯用彤, 『漢魏兩晋南北朝佛教史』, p.366 수정.

---

417) 『洛陽伽藍記』卷4(『大正藏』第51卷), p.1016a, "經河陰之役諸元殲盡 王侯第宅多題爲
   寺". 하음의 변 이후 낙양지역의 捨宅寺院과 관련한 연구 성과로는 服部克彦,
   「北魏洛陽における佛教寺院について」『龍谷史壇』제44호(京都, 龍谷大學史學會,
   1958) ; 同氏, 「北魏洛陽における捨宅寺院の成立過程」『龍谷大學 佛教文化研究
   所紀要』제3호(京都, 眞美印刷株式會社, 1964) 등이 있다.

　　<표 1>에 의하면, 선무제 연창년간부터 북위 말까지 불과 20년 사이에
사원의 수는 2배 이상 증가하고 있다. 뿐만 아니라, 수도 낙양에서도 효명제
신귀 원년에서 북위 말까지 불과 17년 사이에 사원의 수는 약 3배 가까이
증가하였다. 또한 당시 편호민들과 승단 구성원들의 수적 비율을 보면
11:1을 점하고 있으며, 당시 편호수와 사원의 비율은 112:1을 점하고 있
다.[418] 이와 같은 수적 비교를 통해서도 북위 말 불교계의 급성장을 쉽게
이해할 수 있다.

　　그렇다면, 북위 중·후기의 통치자들이 불교에 대한 통제를 시도하고
있는 상황에서 불교는 어떻게 급성장을 이룩할 수 있었던가? 그 첫 번째
원인은 아마 당시 상층계급의 불교에 대한 지지와 밀접한 관계가 있다.[419]
여기서 말하는 상층계급에는 황실을 중심으로 하는 宗室세력 및 후궁과

---

418) 何玆全 主編, 『中國通史(Ⅶ)』(上海, 上海人民出版社, 1995), p.412. 한편, 『南史』
　　　卷70, 郭祖深傳, p.1721에서는 거의 비슷한 시기인 梁武帝 시기의 사원수에 대해서
　　　"陛下皇基兆運二十餘載……都下佛寺五百餘所 窮極宏麗"라고 기록하고 있다.
　　　단순히 북위와 梁의 수도에 건립된 사원수를 비교해 보아도 낙양이 건강보다
　　　2.7배 정도 많다는 것을 짐작할 수 있다.
419) 服部克彦, 「北魏洛陽における佛敎寺院について」 『龍谷史壇』 第44號(京都, 龍谷
　　　大學史學會, 1958), p.191에서는 『洛陽伽藍記』에 수록된 65개 사원의 造建 유래를
　　　아래의 표와 같이 분석하고 있다.

건립자	帝室관계자	실력자	관료	閹官	來降者	比丘	一般士庶	西域胡人	誅殺者宅轉用	요괴소멸	북위이전	불분명
사원수	20(尼寺 4, 捨宅寺院 5)	1(捨宅寺院)	7(捨宅寺院 2)	6(尼寺 5)	1(捨宅寺院)	1	12(捨宅寺院 1)	2	1(捨宅寺院)	2(捨宅寺院 1)	2	10

　　　물론 당시 낙양 성내의 대표적인 사원만으로 낙양성 전체 사원들의 성격을 규정지
　　　을 수는 없지만, 거시적인 시각에서 볼 때 북위의 불교사원이 상층계급, 특히
　　　帝室 내지는 그 관계자들과 밀접한 관련을 가지고 있었다는 것은 부정할 수
　　　없다.

문벌사족들을 그 범주로 한다. 먼저, 후궁들의 친불교적 성향을 들 수
있는데, 그 중에서도 영태후가 대표적이다. 그녀는 봉불가 胡國珍의 딸로
서, 입궁 이전부터 尼僧이었던 고모의 영향을 받아서 불교와 밀접한 관계를
가지고 있었다.[420] 그녀는 입궁 이후에, 효명제 희평년간(516~517)에 낙양
성 안에 북위 최대의 사원 영녕사를 건립했는가 하면,[421] 정광년간(520~
524)에는 선무제가 이미 건립했던 경명사 내에 다시 7층탑을 건립하기도
하였다.[422] 또한 호태후는 북위 말기의 혼란 가운데 민간의 淫祀가 종종
봉건통치에 위배되는 행위를 자행하자 이를 폐지하고자 하였다. 淸河王
懌은 여기서 한걸음 더 나아가, 당시 사문 惠憐이란 자가 주술을 이용하여
사람들의 병을 치유한다고 하여 많은 사람들을 결집시키고 영태후가 그를
존중하여 대량의 경제적 지원이 이루어지는 것을 보고서는, 혜련의 행위가
후한 말 황건의 난을 일으킨 張角의 행위와 조금도 다르지 않다고 간언하였
다.[423] 실제로 북위가 낙양으로 천도한 이래 선무제 永平 2년(509)에는
涇州 사문 劉慧汪의 난, 영평 3년(510)에 秦州 사문 劉光秀의 난, 선무제
延昌 3년(514)에 幽州 사문 劉僧紹의 난, 연창 4년(515)에 冀州 사문 法慶의
난과 冀州 月光童子 劉景暉의 난 등이 빈발하고 있었다.[424]

---

420) 『魏書』卷13, p.338, "宣武靈皇后胡氏……太后性聰悟 多才藝 姑旣爲尼 幼相依託
略得佛經大義"；『洛陽伽藍記』卷1(『大正藏』第51卷), 胡統寺條, p.1004a, "太后從
姑所立也……其寺諸尼 帝城名德 善於開導 工談義理 常入宮與太后說法 其資養
緇流徒無比也".

421) 『魏書』卷114, 釋老志, p.3048, "肅宗熙平中 於城內太社西 起永寧寺 靈太后親率百
僚 表基立刹 佛圖九層 高四十餘丈 其諸費用 不可勝計"；『洛陽伽藍記』卷1,
pp.999c~1003b에서는 영녕사의 창건부터 소실까지를 보다 상세하게 묘사하고
있다.

422) 『洛陽伽藍記』卷3, p.1010b, "至正光年中 太后始造七層浮圖一所 去地百仞".

423) 『魏書』卷22, 淸河王懌傳, pp.591~592, "時有沙門惠憐者 自云呪水飮人 能差諸病
病人就之者 日有千數 靈太后詔給衣食 事力優重 使於城西之南 治療百姓病 懌表
諫曰……昔在漢末 有張角者 亦以此術熒惑當時 論其所行 與今不異".

영태후는 정치적 실권을 장악하고 있을 때 불교를 적극적으로 지지했을 뿐만 아니라, 정치적 곤경에 처했을 때에도 불교를 이용하여 자신의 정치적 지위를 회복하고자 하였다. 한때 영태후는 유등, 원차를 비롯한 권신들의 전횡으로 嘉福殿에 유폐되고, 효명제와의 왕래가 통제되어 자신의 권력을 상실한 적이 있었다. 이에 그녀는 유등이 죽자 자신의 지위를 회복하기 위하여, 모자 관계가 상실되었다는 것을 핑계로 嵩高 閒居寺로 出家를 요구하였다. 모후가 출가, 삭발하여 비구니가 된다는 것은 효명제의 입장 에서는 용납할 수 없는 사안이었다. 이에 효명제는 가복전에 머물면서 영태후와 더불어 원차를 제거할 것을 밀모하였다. 원차에게는 모자지간의 관계가 상실되었기 때문에 태후가 출가를 요구한다는 것을 언급함으로써, 결국은 영태후와 효명제간의 관계가 정상적으로 회복되기에 이른다.[425]

또한, 武泰 元年 2월에 효명제가 영태후에 의해서 살해되고 영태후의 의도대로 3세의 어린 황제가 즉위하였다. 이때 이주영은 효명제의 피살에 대한 問罪를 위해 낙양으로 남하하였다. 당시 鄭先護, 李神軌, 費穆 등이 지키던 낙양의 방어선이 무너지자, 영태후는 효명제의 후궁들을 소집하여 출가하게 하고, 자신도 출가의 뜻을 품고 있었으나 결국 이주영에 의해 어린 황제와 더불어 水葬 당하였다.[426]

이상과 같이 영태후는 정쟁의 과정 속에서 자신이 필요할 때에는 언제나

---

424) 『魏書』 卷8, 世宗紀, p.207, 二年春正月條 ; 同書 同卷, p.209, 三年春二月丙午條 ; 同書 同卷, p.215, 三年冬十有一月庚戌條 ; 同書 卷9, 肅宗紀, p.222, 四年六月條 ; 同書 卷111, 刑罰志, p.2884, 熙平條.

425) 『魏書』 卷16, 道武七王列傳附元叉傳, pp.405～406, "正光五年秋 靈太后對肅宗謂群 臣曰 隔絶我母子 不聽我往來兒間 復何用我爲 放我出家 我當永絶人間 修道於嵩 高閑居寺 先帝聖鑒 鑒於未然 本營此寺者正爲我今日 欲自下髮……肅宗乃宿於嘉 福殿 積數日 遂與太后密謀圖叉……又對叉流涕 絞太后欲出家 憂怖之心 如此密 言 日有數四 又殊不爲疑 乃勸肅宗從太后意 於是太后數御顯陽 二宮無復禁礙".

426) 『資治通鑑』 卷152, 武帝大通二年(528) 三月條, p.4741.

불교를 이용하여 자신의 지위를 유지하고자 하였다. 하지만, 그녀는 불교가 자신의 권력 유지에 유익하지 못하다고 판단될 때는 불교에 대해 탄압을 감행하였다. 태후는 일찍이 효명제와의 政爭으로 그의 신복들을 살해했는가 하면, 武泰 元年(528)에는 효명제와 긴밀한 유대를 형성하고 있던 蜜多라는 사문을 살해하였다.[427] 이것은 영태후가 비록 개인적으로 불교를 신봉하고 있었지만, 내면적으로는 개인적 신앙과 정치권력 사이에 모순이 발생하면 언제나 정치적 권력을 우선으로 하였다는 사실을 말해준다. 이와 같은 현상은 단지 영태후에게서만 나타나는 것이 아니라 당시 상층지배계층 내부에서도 볼 수 있는 공통된 현상이었다.[428]

다음으로, 황제를 비롯한 종실세력들의 親佛敎的 성향이 북위불교가 급성장할 수 있는 주된 동력으로 작용하였다. 하음의 변이래 불교와 가장 밀접한 관계를 가지고 있었던 황제는 바로 효무제였다. 그는 永熙 元年(532)에 낙양 平等寺에 부도를 건립하였고,[429] 익년에는 이 사원에 행행하여 승려들의 講法에 참여하였으며,[430] 영희 3년 2월에는 萬僧會도 거행하였다.[431] 또한, 영희 2년(533)에 高歡이 이주씨의 잔당을 완전히 소멸하자, 효무제는 兩日에 걸쳐 嵩高山 석굴인 靈巖寺로 행차하여 다양한 보시 활동을 하였다.[432] 또 그의 사원 건립은 수도 낙양에만 국한된 것이 아니라,

---

427) 『魏書』 卷13, 宣武靈皇后列傳, p.340.

428) 安洵亨, 「東晋上層階級和佛敎關係」, 北京師範大學 博士學位論文, 2005, p.102.

429) 『洛陽伽藍記』 卷2(『大正藏』 第51卷), 平等寺條, p.1008c, "永熙元年 平陽王入纂大業 始造五層塔一所".

430) 『魏書』 卷84, 李同軌傳, p.1860, "永熙二年 出帝幸平等寺 僧徒講法 勅同軌論難 音韻閑朗 往復可觀 出帝善之".

431) 『洛陽伽藍記』 卷2(『大正藏』 第51卷), 平等寺條, p.1008c, "至二年二月五日 土木畢工 帝率百僚作萬僧會". 范祥雍 校注, 『洛陽伽藍記 校注』(上海, 上海古籍出版社, 1958, 1999 3次 印刷), p.108에서는 '二年'이 '三年'의 誤記라고 고증하였는데 필자는 그의 고증을 따랐다.

장안에도 陟岵寺를 창건하여 명승들을 공양하였다.[433]

북위 후기, 많은 종실세력들도 친불교적 성향을 구비하고 있었다. 이
같은 사실은『낙양가람기』를 통해서 확인할 수 있는데, 정리하면 아래
<표 2>와 같다.『낙양가람기』에 수록된 총 65개 사원 가운데 제실과
관련된 사원은 모두 20곳이며,[434] 이 중에서 황제와 황후를 제외한 종실세

<표 2> 諸王들의 捨宅寺院건립

寺名	건립자	건립년도	주요기사
景樂寺	太傅淸河文獻王懌		懌是孝文皇帝之子 宣武皇帝之弟……後汝南王悅復修之
明懸尼寺	彭城武宣王勰		在建春門外石樓南
沖覺寺	太傅淸河王懌	孝昌원년(525)	捨宅所立也……第宅豊大 踰於高陽
融覺寺	太傅淸河王懌		
平等寺	廣平武穆王懷	熙平 2년(517)	捨宅所立也 在靑陽門外二里御道北 所謂孝敬里也
大覺寺	廣平王懷	熙平 2년(517)	永熙年中平陽王卽位 造磚浮圖一所 是土石之工窮精極麗
龍華寺	廣陵王		
追聖寺	北海王		
高陽王寺		建義 元年(528)	高陽王雍之宅也……雍爲爾朱榮所害也 捨宅以爲寺
宣忠寺	侍中司州牧城陽王(徽)	永安 2년(529)	徽願入洛陽 捨宅爲寺 及北海敗散國道重暉 遂捨宅焉
追光寺	侍中尙書令東平王略	建義 元年(528)	
水明寺	宣武皇帝		夙善玄言道家之業 遂捨半宅安置佛徒 演唱大乘數部並進

432)『魏書』卷11, 出帝平陽王紀, p.286, "(永熙二年 春正月己亥) 車駕幸嵩高石窟靈巖寺
　　庚子 又幸 散施各有差".
433)『辯正論』卷3(『大正藏』第52卷), 十代奉佛篇, p.507b, "永熙元年於長安造陟岵寺
　　供養二百名僧 四時講誦略無棄日".
434) 服部克彦,「北魏洛陽における 佛敎寺院について」『龍谷史壇』第44號(龍谷大學
　　史學會, 1958). 이 20개의 사원은『洛陽伽藍記』에 기재된 사원 중에서 건립자
　　미상의 10개를 제외한 55개 사원의 36.4%를 점한다.

력들이 건립의 주체가 된 것은 12곳이다. 북위 종실의 구성원들 중에서는
낙양으로 천도하기 이전부터 이미 출가하여 사문이 된 자들도 있었다.

河南王 曜의 증손이었던 元和는 아버지 平原이 죽자, 동생 元鑒에게
작위를 양보하고 출가하였다. 하지만 그의 동생 원감의 사망으로 다시
환속하여 계위한 것435)을 볼 때, 그의 불교신앙은 그다지 돈독하지 않았던
것 같다. 京兆王 子推의 아들이었던 大興 또한 일찍이 질병의 쾌유를
위해 '散生齋'를 가졌으며, 조정의 허락을 받아 출가하여 嵩山에 거주하며
수행하였다.436) 낙양천도 이후에는 효문제의 廢太子 元恂, 京兆王 元愉,
汝南王 元悅 등이 항상 불경을 독송했을 뿐만 아니라,437) 城陽王 元鸞의
경우는 불사 건립에 노동력과 재물을 지나치게 동원함으로써 백성들의
원성을 야기시켰다.438) 이와 같이 황실 구성원들의 불교에 대한 적극적
지원으로 인해, 당시 승려들은 항상 황제를 비롯한 종실 권신들의 주위에서
그들의 신앙을 위해서 봉사하고 있었고, 나아가서는 중요한 정치적 현안에
관해서도 깊숙이 관여하고 있었다.439)

---

435) 『魏書』卷16, 河南王傳, pp.396~397, "長子和爲沙門 捨其子顯 以爵讓其次弟
鑒……高祖崩後 和罷沙門歸俗".

436) 『魏書』卷19上, 京兆王子推傳附元大興傳, pp.443~444, "初 大興遇患 請諸沙門行
道 所有資財 一時布施 乞求病愈 名曰散生齋……大興遂佛前乞願 向者之師當非
俗人 若此病得差 卽捨王爵入道 未幾便愈 遂請爲沙門 表十餘上 乃見許……旣爲
沙門 更名僧懿 居嵩山. 太和二十二年終".

437) 『魏書』卷22, 廢太子恂傳, p.588, "恂在困躓 頗知咎悔 恒讀佛經 禮拜歸心於善"; 同
書 同卷, 京兆王愉傳, p.590, "崇信佛道 用度常至不接 與弟廣平王懷頗相夸尙 競慕
奢麗 貪縱不法"; 同書 同卷, 汝南王悅傳, p.593, "汝南王悅 好讀佛經 覽書史".

438) 『魏書』卷19下, 城陽王傳附元鸞傳, p.510, "鸞愛樂佛道 修持五戒 不飮酒食肉 積歲
長齋. 繕起佛寺 勸率百姓 共爲土木之勞 公私費擾 頗爲民患".

439) 『北史』卷5, 魏本紀孝武帝紀, p.173, "(永熙三年 秋七月) 丙午 帝率南陽王寶炬
淸河王亶 廣陽王湛 斛斯椿以五千騎宿於瀍西楊王別舍 沙門都維那惠臻負璽持千
牛刀以從"; 『資治通鑑』卷156, 武帝中大通六年冬十月條, p.4855, "丞相歡至洛陽

마지막으로 관료를 비롯한 문벌사족들과 불교의 관계다.『낙양가람기』
를 분석해 보면, 당시 65개의 사원 중에서 관료들이 건립했던 사원은 7개를
차지하고 있다. 문벌사족들은 자기들의 정치적 지위를 획득하고 보장하기
위해서는 중앙 정계와 밀접한 관계를 유지해야 했고, 그들이 평소 중히
여겼던 사회적 교유나 문화적 교양을 위해서도 帝室과 밀접한 관계를
가지고 있었다. 이 같은 사실은『낙양가람기』권2, 平等寺條에서 효무제가
사원 건립을 위한 토목 공사가 종료되자 대규모의 신하들을 데리고 萬僧會
에 참여했던 사실이나,『위서』권114, 석로지의 기사에서 언급한 바와
같이 영태후가 몸소 백료들을 이끌고 영녕사의 초석을 마련하고 기둥을
세웠던 것은 이와 같은 사실을 입증하고 있다. 또 영태후가 일찍이 邙山에
행차하여 齋會를 열었을 때 公卿들이 모두 참여했고, 재회가 끝나자 태후가
羊深을 칭찬했던 것도 사족과 황실의 유대관계를 잘 보여주고 있다.440)
이들 관료들 가운데 侍中 崔光, 陳留侯 李崇 등은 국가 정책 가운데 불교교
단에 대한 지나친 경제적 지원을 제한 혹은 축소할 것을 건의하였다.441)
그러나 그들도 개인적 차원에서는 친불교적 성향을 가지고 있었고, 불교교
단에 대한 대규모 경제적 지원도 행하고 있었다. 최광은 불법을 신봉하여,
매번 사문과 朝臣들이 그에게『維摩經』,『十地經』을 강론해 줄 것을 요청
하였다. 그리고 그의 동생도 불교를 돈독히 신봉하고 있었다.442) 일찍이

又遣僧道榮奉表於孝武帝曰 陛下若遠賜一制 許還京洛 臣當師勒文武 式淸宮禁
若返正無日 則七廟不可無主 萬國須有所歸 臣寧負陛下 不負社稷 帝亦不答".
440)『魏書』卷77, 羊深傳, p.1703, "靈太后曾幸邙山 集僧尼齋會 公卿盡在座 會事將終
太后引見深 欣然勞問之 深謝曰 臣蒙國厚恩 世荷榮遇 寇亂未平 是臣憂責 而隆私
忽被 犬馬知歸 太后顧謂左右曰 羊深眞忠臣也 擧坐傾心".
441)『魏書』卷66, 李崇傳, pp.1473, "以臣愚量 宜罷尙方雕靡之作 頗省永寧土木之功
幷減瑤光材瓦之力 兼分石窟鐫琢之勞 及諸事役非急者 三時農隙 修此數條".
442)『魏書』卷67, 崔光傳, p.1499, "崇信佛法 禮拜讀誦 老而逾甚……每爲沙門朝貴請講
維摩十地經 聽者常百餘人 卽爲二經義疏三十餘卷";同書 同傳, p.1501, "(光弟)敬

영태후의 폐립에 적극 참여했던 奚康生도, 비록 자신의 임지에서는 폭정을 자행하였지만, 여러 차례에 걸쳐 居宅을 희사하여 사탑을 건립하였다.[443] 이와 같이 문벌사족들의 사원에 대한 경제적 지원은 개인적인 경우뿐만 아니라 여러 사람이 연합하여 건립한 경우도 있다. 『낙양가람기』 권2, 正始寺條에 의하면 시중 최광이 40만 전을, 진류후 이숭이 20만 전을 시주했고, 다른 관리들도 다소의 차이는 있었지만 五千錢 이하로 내려가지 않았다[444]고 기록하고 있다.

이상과 같이 문벌사족들의 好佛的 태도에 따른 불사의 창건은 북위 말기 불교교단의 성장을 이룩하는데 일조를 하였다.

북위 중·후기 불교의 교세가 성장할 수 있었던 두 번째 원인은 빈번한 자연재해와 반란으로 인한 백성들의 심리적 불안감의 고조를 들 수 있다. 북위 조정은 육진 및 河北 각지의 농민반란으로 말미암아 국고는 탕진하였고, 백성들의 지나친 징세 부담은 그들의 생존에 위협을 느꼈다. 백성들은 과중한 징세를 피하기 위해서 호적을 이탈하였다. 당시 호적의 이탈에 대해서는 효명제 희평 원년(516)에 戶4,919,680, 口32,327,726이었던 것이 효장제 永安年間(528~530)에는 戶가 3,375,368로 격감하여 북위 전성시기의 68.60%밖에 되지 않는 것에서도 잘 나타나고 있다.[445] 그렇다면 북위 말에 호구가 이와 같이 격감하는 이유는 무엇인가? 그 당시 반란으로 인한 대규모의 사망으로 말미암아 인구의 격감을 초래했다고 만은 볼

友精心佛道 晝夜誦經".

443) 『魏書』卷73, 奚康生傳, pp.1632~1633, "(奚康生)與元義同謀廢靈太后……康生久 爲將 及臨州尹 多所殺戮 而乃信向佛道 數捨其居宅以立寺塔 凡歷四州 皆有建置".

444) 『洛陽伽藍記』卷2(『大正藏』第51卷), 正始寺條, "百官等所立也……有石碑一枚 背上有侍中崔光施錢四十萬 陳留候李崇施錢二十萬 自餘百官各有差少者 不減五 千已下".

445) 朱大渭, 「魏晋南北朝南北戶口的消長及其原因」 『六朝史論』, pp.305~307.

수 없다. 그보다는 반란으로 인한 간접적 재난, 이를테면, 질병 및 농업생산의 파괴에 따른 징세, 징병의 도피로 인한 호적 이탈이 보다 중요한 원인이었다고 보는 것이 타당할 것이다.[446) 위진남북조시기에는 불교사원이 광범위한 면세, 면역의 특권을 향유하고 있었다는 점을 주목할 필요가 있다.[447) 그 당시 전란과 반란으로 인한 사회 불안으로 호구에 대한 통제가 약화되자, 많은 백성들은 호적을 이탈하여 불교교단으로 도피하였다.[448) 물론 현실 사회의 혼란에 따른 심적 불안으로 불교신앙에 귀의하는 신자들도 증가하는 추세였다. 이 같은 사실은 현존하는 造像記를 분석해 보면 더욱 분명한데, 다음 <표 3>을 참고해 볼 수 있다.

<표 3> 500~549년 사이 불교 신도들의 신분별 造像 통계표

	평민(A)	관리(B)	승니(C)	A+B	A+C	B+C	A+B*	不詳	小計
500~09	48	17	11	1	5			7	89
510~19	69	13	21		6	2		3	114
520~29	110	22	32	2	18		2	10	196
530~39	79	22	27	5	22	3	8	11	177
540~49	96	15	29	3	23	2	13	11	192
小計	402	89	120	11	74	7	23	42	768

出典：侯旭東, 『五, 六世紀北方民衆佛教信仰』(북경, 中國社會科學出版社, 1998), p.95의 "表B1-1：400~580年間不同身份信徒造像數目統計表"를 재편집함.[449)

---

446) 『魏書』卷114, 釋老志, p.3048, "正光以後 天下多虞 王役尤甚 於是所在編民 相與入道 假慕沙門 實避調役 猥濫之極 自中國之有佛法 未之有也"; 何玆全, 「漢末晋初間的年數和戶口數(問題解答)」『歷史學的突破創新和普及』(北京, 北京師範大學出版社, 1993), p.95 참조.
447) 謝重光, 「魏晋隋唐佛教特權的衰落」『魏晋南北朝隋唐史』, 1988-3, p.8.
448) 何玆全, 「中古大族寺院領戶研究」『五十年來漢唐佛教寺院經濟研究』(北京, 北京師範大學出版社, 1986), pp.67~68, p.72, p.94.
449) 후욱동이 작성한 본래 표에서도 'A+B'란이 두 번 기록되어 있다. 하지만 책 내용의 다른 부분과 비교해 보면 '*'을 표시한 뒤의 'A+B'는 'A+B+C'에서 'C'가 탈락된 것이라고 생각된다.

이 표는 낙양천도 이래 불교신도들의 조상활동이 계속 증가하고 있다는 사실을 말하고 있다. 특히 육진 및 하북의 농민반란과 하음의 변이 발발했던 520~529년은 조상의 제작이 절정기를 이루었다. 530~539년까지는 다소 감소하였지만 조상활동은 계속되고 있음을 보여 준다. 여기에 보이는 조상자 가운데 특히 평민들의 조상이 관리나 승니들에 비해서 수적으로 월등하다는 것은 주목할 필요가 있다.

반란이나 사회불안은 피지배계층 뿐만 아니라, 지배계층도 불교에 많은 관심을 갖게 하였다. 이와 관련하여,『낙양가람기』에서는 하음의 변 이후 낙양 불교계의 동향에 대해서 다음과 같이 언급하고 있다.

> 退酤里 以西, 張方溝 以東, 남으로는 洛水에 임하고, 북으로는 芒山에 이른다. 그 사이가 동서 2리이고, 남북이 15리로 壽丘里라 하며, 황실 종친들이 거주하는 곳이다. 민간에서는 王子坊이라고 칭한다.……하음의 대학살 이후 元氏 왕족이 여러 명 죽어서 그들의 저택 중에서 절로 바뀐 것이 많았다. 수구리 마을에는 사찰이 줄지어 마주 보며, 祇洹들이 빽빽이 들어서고 보탑이 높이 솟아 있었다.[450]

또『위서』권114, 석로지에도 이와 관련한 기록이 보이고 있다.

> 천하가 혼란하여지고 하음의 변이 더해지자, 조정의 관료들 중에 죽은 자들의 가정은 대부분 居宅을 희사하여 僧尼들에게 보시하니, 京師의 第舍는 거의 절이 되었다.[451]

---

450) 『洛陽伽藍記』卷4(『大正藏』第51卷), 法雲寺條, p.1016a-c, “自退酤以西 張方溝以東 南臨洛水 北達芒山 其間東西二里 南北十五里 並名爲壽丘里 皇宗所居也 民間號 爲王子坊……經河陰之役諸元殲盡 王候第宅多題爲寺 壽丘里閭列剎相望 祇洹鬱 起寶塔高凌”.

451) 『魏書』卷114, 釋老志, p.3047, “天下喪亂 可以河陰之酷 朝士死者 其家多捨居宅

전자는 낙양성 안에 있던 종친들의 거주 지역 壽丘里에 대한 사원의 건립 양상을 묘사한 부분으로, 하음의 변 이후 낙양 불교계의 동향을 잘 반영하고 있다. 그들 가운데 일부는 비록 하음의 변에서 요행히 살아남았지만, 여전히 심리적 불안 속에서 생활해야만 했다.452) 이로 인해 당시 많은 사람들은 이런 현실 속에서 죽음에 대한 공포를 불식시키기 위하여 고도의 내세관을 가지고 있었던 불교에 의지하고자 했다. 그들은 또한 하음에서 살해당한 가족과 친지들을 추도하고자 했으며, 그 방편으로 생전에 그들이 거주했던 거택을 희사하여 사원을 건립한 것이었다. 따라서 종실세력들의 거주지였던 도성의 서쪽지역을 포함하여 낙양성 전역에는 追光寺, 建中寺, 高陽王寺 등 捨宅寺院의 건립이 급증하였다.453) 사택사원은 원래 종실을 비롯한 문벌관료들의 저택이었기 때문에 상당히 화려한 건축양식으로 구성되어 있었으며, 심지어는 황궁에 필적할 정도였다. 그들이 사택사원을 건립할 때 단순히 居宅만 희사한 것이 아니라, 그곳에 부수되어 있는 인적 혹은 물적 기초들을 함께 희사하고 있다.454) 이로 인해 당시 낙양의 승려들은 세속의 권력자들과 마찬가지로 극도의 사치생활을 영위했으며, 사원들 또한 화려함의 극치를 다하였다.

이상과 같이 북변의 兵變이나 하음의 변과 같은 사회적 불안으로, 백성들은 봉건통치자들의 가혹한 수탈을 피하기 위해 대거 사원에 의부하였고,

___

以施僧尼 京邑第舍 略爲寺矣".

452) 『魏書』卷74, 爾朱榮傳, p.1648, "于時或云榮欲遷都晋陽 或云欲肆兵大掠 迭相驚恐 人情駭震 京邑士子不一存 率皆逃竄 無敢出者 直衞空虛 官守廢曠".

453) 『洛陽伽藍記』卷2(『大正藏』第51卷), 景寧寺條, p.1009a ; 同書 卷4, 高陽王寺條, p.1013a ; 同書 同卷, 追光寺條, p.1017.

454) 『洛陽伽藍記』卷4, 高陽王寺條, p.1013a-b, "高陽王寺 高陽王雍之宅也 在津陽門外 三里御道西 雍爲爾朱榮所害也 捨宅以爲寺……居止第宅匹於帝宮……僮僕六千 妓女五百……雍薨後諸妓悉令入道".

상층지배계층 내에서도 불안한 현실로부터 탈피하거나, 혹은 죽은 자들을 추도하기 위해 대규모의 捨宅寺院을 건립한 것이 북위 말기 불교가 급속한 성장을 보이는 또 하나의 중요한 원인으로 작용하고 있다.

3) 洛陽佛敎의 몰락

낙양불교의 쇠락에 관해서는 학자들 사이에 의견이 분분하다. 宮川尙志의 경우는 하음의 변으로 낙양의 불교가 쇠락했다고 언급했지만,[455] 鎌田茂雄은 하음의 변은 낙양 불교 쇠락에 조금도 영향을 끼치지 않았으며, 오히려 東·西魏의 분열로 수도가 鄴城으로 천도되면서 낙양불교가 황폐의 길을 걷게 되었다고 규명하였다.[456] 그런데, 楊衒之의『낙양가람기』권5, 京師郭外諸寺條에서는 "天平 元年(534)에 업성으로 천도하였을 때 여전히 낙양에 남아 있던 사찰은 421곳이다"[457]고 전한다. 이에 근거하여, 저자는 낙양의 불교가 하음의 변을 거치는 동안에는 조금도 쇠퇴하지 않았다는 鎌田茂雄의 견해에는 동의하면서, 수도가 업성으로 천도되고 난 후 낙양의 불교가 쇠퇴, 황폐하게 된 원인에 대해서 좀 더 상고해 보기로 하겠다.

먼저, 일반적으로는 하음의 변 이후 낙양이 거의 파괴되었다고 생각한다. 비록 하음의 변 이후 천도에 대한 논의나, 약탈에 대한 심리적 공포로 사회가 극히 불안했던 것은 사실이지만, 낙양성은 궁궐을 비롯한 대규모의 건축물들이 여전히 건재해 있었음을 확인할 수 있다.『자치통감』권152, 大通 2년 夏四月辛丑條에서는 이와 관련해서 아래와 같이 기록하고 있다.

---

455) 宮川尙志,『六朝史硏究(政治·社會篇)』, p.520.
456) 鎌田茂雄,『中國佛敎史(3卷)』, p.367.
457)『洛陽伽藍記』卷5, 京師郭外諸寺條, p.1022a, "天平元年遷都鄴城 洛陽餘寺四百二十一所".

　　이주영은 여전히 천도의 뜻을 가졌는데, 효장제도 감히 그의 뜻을 위배하
지 못하였다. 都官尙書 元謹이 이주영과 논쟁했는데 그것이 옳지 않다고
여겼다.……며칠 후 효장제가 이주영과 높은 곳에 올라 궁전의 장려함과
나무들의 무성함을 보았는데, 이주영이 탄식하여 말하길, 臣이 일찍이
어리석어 천도의 뜻을 가지게 되었는데, 오늘 황궁이 이와 같이 웅대하고
장려한 것을 보고, 元尙書의 말을 숙고해 보니, 깊이 그의 의견이 옳다는
것을 알겠습니다. 이에 천도의 뜻을 포기하였다.[458]

　　당시 낙양은 비록 하음의 변이라는 정변을 겪기는 했지만, 여전히 외형
상으로는 이전 시기(효명제시대)의 화려함을 그대로 보존하고 있었다.
또한, 효장제가 이주영을 살해한 후, 爾朱世隆이 낙양을 점령하고도 낙양
의 번성은 그대로 유지되고 있었다. 이와 관련하여,『위서』권71, 李苗傳에
는 "장제가 붕어하고 세륭이 낙양에 입성했는데, 主者가 세륭에게 아뢰어
이묘의 贈封을 취소하고자 하였다. 세륭이 말하길, 내가 그 때 여러 사람들
과 의논했는데, 이삼일 더 크게 병사들을 풀어서 도읍을 焚燒하고 그것을
약탈하고자 했다. 이묘에 의해 경사가 온전함을 얻었다. 천하의 선한 것은
한가지로, 그것을 취소해서는 안 된다"[459]고 기록하고 있다.

　　북위 후기의 불교교단은 당시의 이런 정변과는 상관없이 여전히 대량의
노동력과 대규모의 토지를 기초로 한 강력한 사원경제력을 유지하고 있었
고, 이로 말미암아 부분적으로는 봉건정부와 대립하기도 하였다. 당시
봉건통치자들은 빈번한 전쟁으로 대규모의 재원을 필요로 하였고, 이를

---

458)『資治通鑑』卷152, 大通二年 夏四月辛丑條, p.4745, "榮猶執遷都之議 帝亦不能違
　　都官尙書元謹爭之 以爲不可……後數日 帝與榮登高 見宮闕壯麗 列樹盛行 乃歎
　　日 臣昨愚闇 有北遷之意 今見皇居之盛 熟思元尙書言 深不可奪 由是罷遷都之議".
459)『魏書』卷71, 李苗傳, p.1597, "及莊帝幽崩 世隆入洛 主者追苗贈封 以白世隆 世隆曰
　　吾爾時群議 更一二日便欲大縱兵士焚燒都邑 任其採掠 賴苗京師獲全 天下之善
　　一也 不宜追之".

위한 해결책으로 효장제 建義 元年(528) 5월 조서에는 작위의 매매를 허락하고 있다.460) 뿐만 아니라 불교교단 내부의 僧官에 대한 매매도 허락하고 있다. 이를 『위서』 권110, 식화지에서는 다음과 같이 기록하고 있다.

> 승려들 중에 粟 4천 석을 京倉에 내는 자가 있으면 本州統을 주고, 만약 본주가 없다면 大州都統을 준다. 만약 경창에 내지 않고 外州의 郡倉에 낸다면 3천 석은 畿郡의 都統을 주고, 州格에 따르면 만약 5백 석을 경창에 내는 경우는 本郡의 維那를 주고, 본군이 없으면 外郡의 유나를 준다. 粟을 外州 郡倉에 7백 석, 京倉에 3백 석 내는 자는 縣의 維那를 준다.461)

당시 매관매직의 규정과 비교해 볼 때, 세속에서 粟 4천 석 이상을 요구한 관직은 "粟 8천 석의 散侯, 粟 6천 석의 散伯, 粟 4천 석의 散子"462) 뿐이며, 나머지는 모두가 이보다 낮은 수량들이다. 이러한 기록을 가지고 승관과 비교하여 볼 때 불교사원의 경제력이 하음의 변을 경과한 후에도 전혀 동요됨이 없이 지속적으로 발전하고 있었음을 알게 한다. 당시 대표적 군부세력이었던 이주세력도 북벌에 필요한 군비를 충당하기 위해 불교사원에 대한 징세를 시도했는데,463) 이를 통해서도 우리는 북위 말기 불교사원의 경제력이 어느 정도였는지 쉽게 짐작해 볼 수 있다.

이상의 사실들을 통해서, 530년 9월에 이주영이 살해되고, 그해 12월에

---

460) 『魏書』 卷110, 食貨志, p.2861.
461) 同上, "諸沙門有輸粟四千石入京倉者 授本州統 若無本州者 授大州都 若不入京倉入外州郡倉者 三千石 畿郡都統 依州格 若輸五百石入京倉者 授本郡維那 其無本郡者 授以外郡 粟入外州郡倉七百石者 京倉三白石者 授縣維那".
462) 『魏書』 卷110, 食貨志, p.2861, "輸粟八千石 賞散侯 六千石 散伯 四千石 散子".
463) 『續高僧傳』 卷21, 齊鄴下大覺寺釋慧光傳, pp.607c~608a, "爾朱氏擧兵北伐 徵稅僧尼用充軍實 先立嚴刑 敢諫者斬 時光任僧官 顧五衆屯塞 以命直往語世隆曰 若當行此稅 國事不存 言既克明事亦遂免".

이주조, 이주세륭에게 낙양이 점령되고 효장제가 살해되었지만, 낙양성과 낙양의 불교사원은 여전히 어떠한 물리적 파괴도 당하지 않았음을 알 수 있다.[464) 그렇다면 앞에서 언급했던 것과 같이 강력한 경제력의 기초 위에 번영하고 있던 낙양의 불교는 어떻게 해서 쇠퇴, 혹은 몰락의 길을 걷게 되는가? 우선, 양현지의『낙양가람기』서문에서는 효정제 武定 5년 (547) 이전에 낙양의 불교가 이미 絶滅의 상태에 도달했다는 것을 잘 묘사하고 있다.

　　성곽은 붕괴되고 궁실은 훼손되었으며, 寺觀은 잿더미가 되고 탑이 있던 자리는 빈터가 되었다. 담장은 쑥대로 덮였고, 거리는 가시나무가 늘어져 있었다. 들짐승은 황폐한 섬돌에 집을 짓고, 산새는 정원의 나무에 집을 지었다. 유랑하는 아이들과 목동들이 거리를 배회하고, 농부들은 궁문의 양쪽 옆에 기장을 심었다. 麥秀의 탄식은 단지 殷墟만이 아니고, 黍離의 슬픔은 周나라의 멸망에 대한 애절함이다.[465)

먼저, 낙양불교 쇠락의 징조는 천도 이전부터 이미 서서히 나타나기 시작하였다. 그 대표적인 사례는 화재로 인해서 효무제 永熙 3년(534) 2월 영녕사 9층 부도가 소실된 것이다. 당시 사람들은 永寧佛圖는 영험이 있어 북위의 안위와 밀접한 관련이 있다고 믿었다.[466) 영녕사의 소실과

---

464) 물론 爾朱氏 일가의 경우 불교신앙가가 아님으로 부분적으로 반불교적 태도를 나타내는 경우도 있다. 이와 관련해『資治通鑑』卷152, 大通二年夏五月條, p.4748, "嘗見沙彌重騎一馬 榮卽令相觸 力窮不能復動 遂使傍人以頭相擊 死而後已" ;『洛陽伽藍記』卷1, 瑤光寺條, p.1003a, "永安三年中 爾朱兆入洛陽 縱兵大掠 時有秀容 胡騎數十 入瑤光寺姪穢 自此後頗獲譏訕 京師語曰 洛陽男兒 急作鬐 瑤光寺尼 奪作 婿"라고 기록하고 있다.

465)『洛陽伽藍記』序文, p.999a, "城郭崩毀 宮室傾覆 寺觀陸燼 廟塔丘墟 牆被蒿艾 巷羅荊棘 野獸穴於荒階 山鳥巢於庭樹 遊兒牧豎躑躅於九逵 農夫耕稼 藝黍於雙 闕 麥秀之感 非獨殷墟 黍離之悲 信哉周室".

북위 왕실의 명운을 결탁한 참위의 부분은 차치하더라도, 당시 낙양 사원의 대표적 상징성을 지닌 영녕사의 소실이 실재로 낙양불교의 쇠퇴에 강한 충격을 주었다는 것은 쉽게 짐작할 수 있다.

이후, 효무제가 高歡과의 갈등으로 장안으로 탈출하자, 고환 또한 西魏 및 남조의 梁과 정치적, 군사적인 관계를 고려하여 자신의 근거지인 山東, 河北지역과 비교적 가까우면서도 경제와 인구가 번성했던 업성으로 천도하였다. 당시 천도와 관련하여 『북사』권6, 高祖神武帝紀에서는 다음과 같이 기록하고 있다.

> 이에 百僚, 沙門, 耆老들을 모아서, 의논하여 받들어 세운 바……이에 그를 세우니 孝靜帝가 되었고, 魏는 이에 비로소 둘로 나누어졌다.……의논에 의해 鄴으로 천도하였다. 護軍 祖瑩도 찬성하였다. 조서가 내리고 3일 만에 車駕가 바로 출발했는데, 戶 40만[467)이 狼狽스럽게 출발하였다. 고환은 낙양에 남아 일을 마치고 晋陽으로 돌아갔다. 이로부터 軍國의 정무는 모두 相府에 귀속되었다.[468)

---

466) 『魏書』卷112上, 靈徵志上, p.2913, "出帝永熙三年二月 永寧寺九層佛圖災 既而時人咸言有人見佛圖飛入東海中 永寧佛圖 靈像所在 天意若曰 永寧見災 魏不寧矣".

467) 周一良, 『魏晋南北朝史箚記(周一良集 第2卷)』戶四十萬條, p.640. 그는 『魏書』地形志에 의거하여 수도였던 魏郡의 戶數는 122,613이고 口數는 438,024명으로 주변의 戶數를 합해도 40만 호수와는 상당한 차이가 있다고 지적하면서, 魏郡의 口數가 43만여 명이라는데 주목하여 당시 낙양에서 遷徙했던 40萬戶는 戶數가 아니라 口數일 것이라고 주장하였다. 『魏書』地形志에는 武定年間에 司州의 전체 戶수는 371,675이고, 口는 1,459,835명이었다고 한다. 遷徙되었다고 하는 40만 호구는 당시 司州 전체의 호수를 훨씬 초과할 뿐만 아니라, 고대사회에서 한 戶의 구성원 수를 평균 5인으로 계산한다 하더라도 200만 명이기 때문에 口數에서도 55만 명 이상의 차이를 보이고 있다. 또한 혼란이 극심했던 天平元年을 전후한 시기에 낙양의 口數가 과연 200만 명에 도달하고 있었는가도 의문이다. 따라서 필자는 周一良의 견해에 따르기로 한다.

468) 『北史』卷6, 高祖神武帝紀, p.224, "乃集百僚沙門耆老 議所推立……乃立之 是爲孝

뿐만 아니라,『자치통감』권157에서도 다음과 같이 기록하고 있다.

東魏는 尙書右僕射 高隆之로 하여금 10만의 장정을 동원하여 낙양의
궁성을 해체하여 그 재목을 鄴城으로 운반하게 하였다.[469]

이상의 두 기록은 당시 수도가 업성으로 천도되는 과정 속에서 낙양의
인적, 물적 붕괴를 잘 반영하고 있는데, 이 시점을 제1차 낙양성 쇠퇴기라고
볼 수 있다. 효정제 천평 원년(534) 10월 업성으로 천사되었던 40만 구
가운데는 당시 북위 왕실과 밀접한 관계를 형성하고 있었던 사문들이
상당수 포함되어 있었고,[470] 이후 이들은 업성을 중심으로 "地論學" 등
교학을 발전시키는 데 지대한 공헌을 하였다.[471] 뿐만 아니라, 高隆之,
元世儁 등의 상소로 낙양성 궁전을 해체하여 업성의 新宮 건립에 이용했으
며, 동시에 낙양의 대형 사원들도 해체되어 업성에서 재건축되었다. 이는
업성 안에 사원수가 단기간에 급증할 수 있는 중요한 계기가 되었다. 이
같은 사실은 낙양불교 전성기의 사원 1,367여 개에서 천평 원년 업성으로
천도할 때 421여 개의 사원밖에 잔류하지 않았다는『낙양가람기』기록에
도 반영되어 있다. 한편 동위의 도읍 업성 안에 사원의 수가 날로 증가하자
효정제는 元象 元年(538) 가을에 도성 내의 사원건립에 대한 금령을 내렸
다.[472]

静帝 魏於是始分爲二……依議遷鄴 護軍祖瑩贊焉 詔下三日 車駕便發 戶四十萬
狼狽就道. 神武留洛陽部分 事畢還晋陽 自是軍國政務 皆歸相府".

469)『資治通鑑』卷157, 大同元年(535) 二月條, p.4864, "東魏使尙書右僕射高隆之發十
萬夫撤洛陽宮殿 運其材入鄴".

470)『洛陽伽藍記』序文, p.999a, "曁永熙多難 皇輿遷鄴 諸寺僧尼亦與時徙".

471) 湯用彤, 前揭書, p.374.

472)『魏書』卷114, 釋老志, p.3047.

이상의 내용으로 볼 때, 효정제의 업성 천도를 계기로 부분적으로 낙양 불교는 쇠퇴기에 직면하지만, 이에 반해서 업성 중심의 불교는 더욱 발전할 수 있는 기초가 마련되었다는 것을 짐작할 수 있다.

그런데 낙양불교에 결정적인 타격을 입힌 것은 업성 천도이래 지속된 몇 차례의 대규모 전쟁 때문이었다. 537년 10월에 있었던 沙宛戰鬪로 동위 고환의 군대는 대패하고 서위의 무장 獨孤信이 金墉城을 점령했지만, 낙양성은 이미 황폐하고 人士는 流散된 상태였다.[473] 이후 낙양성은 다시 侯景의 공격으로 더욱 황폐하게 된다. 이와 관련해 『자치통감』 권158, 秋七月條에는 다음과 같이 전하고 있다.

　　동위 侯景, 高敖曹 등이 金墉城에서 魏의 獨孤信을 포위했으며, 太師 고환이 대군을 이끌고 그것에 잇따랐다. 후경은 낙양성 내외의 官寺 民居를 모두 불태웠는데, 남은 것이 什에 二三이었다.[474]

낙양천도 이후 일부 잔존했던 낙양의 건축물들은 이를 계기로 거의 燒失되기에 이른다. 이후 우문태가 다시 낙양을 공격하게 되자 후경은 포위망을 뚫고 낙양을 탈출하였지만, 결국 동위의 병사들은 하음에서 대패 하게 된다. 이때 서위의 文帝는 都督 長孫子彦을 남겨서 금용성을 지키도록 하였지만, 다시 고환의 공격을 받아 낙양성을 포기하였다. 장손자언은 낙양성을 떠나기 전에 성내의 가옥들을 모두 불태웠으며, 고환 또한 금용성을 파괴하고 돌아갔다.[475]

---

473) 『資治通鑑』 卷157, 大同三年(537) 冬十月條, p.4888.
474) 『資治通鑑』 卷158, 戊午 秋七月條, p.4893, "東魏侯景高敖曹等圍魏獨孤信于金墉 太師歡帥大軍繼之 景悉燒洛陽內外官寺民居 存者什二三".
475) 『資治通鑑』 卷158, 戊午 秋八月條, p.4898, "歡攻金墉 長孫子彦棄城走 焚城中室屋 俱盡 歡毁金墉而還".

이상과 같이 동·서위의 분열이래 계속된 전쟁은 낙양성의 완전한 파괴를 초래했으며, 이로 인해 업으로 천도할 당시 낙양에 남아있던 불교사원들도 모두 파괴되어 낙양의 불교는 마침내 몰락의 길을 걷게 된다.

8. 맺음말

이상으로 북위의 건국기에서 분열기에 이르기까지 諸君主의 통치정책과 관련해서 북위불교의 성격에 관해서 살펴보았다. 불교가 통치자의 정책적 의도에 따라 보호·통제되면서 王主敎從의 국가적 성격을 지니게 되었다고 한다면, 이는 엄연한 역사적 현상으로 이해되어야 할 것이다. 따라서 이 장에서는 북위불교를 군주권과 결부시키면서 그 성격의 일단을 고찰해 보았던 것이다. 이제 지금까지 살펴온 바의 내용을 간추려 결론을 맺을까 한다.

북위에 불교가 최초로 전래된 시기는 시조 力微 48년(267)경이었고, 이후 昭成帝에 이르러 불교와의 접촉은 더욱 빈번하였다. 그러다가 太祖 道武帝가 代王의 位에 즉위하여 북위를 창건한 이래 불교는 군주권과 결탁해서 그 융성의 기반을 확립하게 되었다. 도무제는 중원통일의 雄志를 실현하고자 노력하는 과정에서 초민족적 종교인 불교를 이용해서 胡·漢 融合을 도모하고자 노력하였다. 따라서 도무제가 북위 최초의 승관이었던 도인통을 설치하여 전국의 僧徒를 總管하도록 하고, 국가차원에서 사탑을 건립하여 僧徒를 거주하게 한 것도 불교를 군주권에 예속시키고자 했던 그의 정책적 문제와 직결되는 것이다. 이러한 도무제의 對佛政策은 明元帝의 시대에도 계승되었다. 명원제는 京邑의 사방에 佛寺를 건립하여 불교를 보호함과 아울러 사문에게는 民俗敎化라고 하는 중대한 임무를 부여하여 불교로 하여금 그의 정책에 공헌하도록 하였던 것이다.

한편 불교는 중국에 전래된 후 永嘉의 亂을 맞아 일대 위기에 직면하였으나 이제 북위 군주의 보호를 얻음에 미쳐서 오히려 전화위복의 기회를 제공받게 되었다. 그러므로 사문의 입장은 군주의 절대권을 인정하고 복종함으로써 군주를 현세의 如來로 숭배하였다. 여기에서 북위불교는 沙門不敬王者의 입장을 취했던 남조불교와는 大別되는 王主敎從의 성격을 갖추게 되었다.

명원제를 承繼한 太武帝는 화북통일이라고 하는 정치적 목적을 달성하기 위해서 국초 이래의 제반정책을 계승·추진하였다. 그러므로 그는 즉위 이래 前代의 불교정책을 계승해서 神異의 名僧을 그의 측근에 招致하고자 노력하였고, 高德한 사문과 더불어 담론하였으며, 불교의 행사에는 친히 참여하는 불교보호정책을 추진하였다. 그러다가 화북통일 이후, 즉 太平眞君 7년(446)에 이르러서는 중국 최초의 폐불정책을 실시하여 일시적이나마 북위 전역에 걸쳐 불교의 모습이 일소되었다. 이러한 폐불의 원인은 한인 명족 최호와 도사 구겸지의 朝廷進出에 따른 佛·道의 충돌이었다는 점을 묵과할 수는 없다. 그러나 최호란 인물은 태무제의 통일정책에 크게 공헌하였지만, 그의 정치적 이상이 태무제의 정책수행에 위배되었을 때 그와 친척관계에 있던 원근의 인물을 비롯해서 僮吏에 이르기까지 극형에 처해졌다. 그리고 도사 구겸지는 도교와 더불어 불교를 하나의 종교로 인정하고 극단적인 폐불론에 대해서는 이를 단호히 반대하였다. 따라서 폐불의 원인을 佛·道의 충돌로만 귀결시켜 버릴 수는 없다.

태무제의 불교에 대한 통제는 太延 4년(438)에 화북통일을 위한 蠕蠕의 토벌이나 北涼의 정벌에 앞서 병력의 증강을 위한 사문의 환속조치에서 비롯되었다. 이후 태평진군 5년(444)에는 讖記, 陰陽, 圖緯의 書와 더불어 불교에 대한 엄격한 통제를 가하여 그의 전제체제를 확립하고자 하였던 것이었다. 이러한 과정에서 일어난 胡族 蓋吳의 반란은 태무제의 통치체제를 根底로부터 위협하였으며, 이 반란에 佛寺가 관련되었다는 의심을 야기시켰을 때 폐불의 鐵槌는 불가피하게 가하여졌다. 그러므로 태무제의 폐불은 화북통일 이후 왕권강화에 따른 전제체제의 확립이라고 하는 태무제의 정책과 관련된 것이었다.

태무제에 의해서 단행된 폐불은 그의 치세 말기에 이르러 벌써 부흥의 기운이 대두되었고, 문성제의 즉위와 더불어 불교부흥의 조칙이 발표되었다. 이는 무단적인 권력에 의한 폐불이 일시적으로는 가능하였으나 계속해서 견지해 나가기는 어려웠기 때문에 불교에 대한 관용책을 실시함으로써 불교도의 인심을 북위 조정으로 귀의시키려는 문성제의 정치적 수단이었다. 그리고 문성제를 도와 새로운 치세를 열었던 당시 조정의 重臣들 가운데는 불교에 대해서 호의적인 태도를 취한 자들이 많았기 때문에 이들의 영향도 배제할 수 없으며, 또 부흥의 배후에는 사문의 부단한 노력도 간과할 수 없다.

한편 문성제시대에는 불교부흥과 더불어 불교에 대한 통제도 실현되었다. 이는 사원의 역할, 승니의 자격에 대한 통제 등을 통해서도 엿볼 수 있었지만, 보다 효과적인 통제를 위해서 승관제도가 정비되었다는 점을 통해 확고하게 파악될 수 있었다. 이러한 승관제도는 위로 최고의 승관 도인통에서 아래로 寺主에 이르기까지 피라미드식 조직을 갖추었다. 다만 그 조직은 불교계의 내부로부터 갖추어진 자율적 조직이 아니고 군주권에 의해서 주어지고 그 통제 아래 놓이게 되었던 것이다. 그래서 승관제도는 북위불교가 王主敎從의 입장을 견지하게 되었던 성격상의 문제와 직결되는 것이다. 그러므로 문성제의 즉위와 더불어 再興期를 맞이한 復興佛敎도 어디까지나 북위 조정의 통제 아래 두어진 국가적 성격을 지니고 있었다. 따라서 문성제의 불교부흥정책은 前代의 폐불에 대한 종교정책의 새로운 변혁을 의미하는 것도 아니며, 어디까지나 국초 이래의 불교정책을 계승한 것이라 하겠다.

문성제의 사후 幼帝 獻文帝의 嗣位를 계기로 북위 조정은 丞相 乙渾의 횡포로 말미암아 자못 위기에 직면하였다. 이에 문성제의 황후였던 文明皇后 馮氏가 을혼을 주멸하고 臨朝聽政함으로써 북위의 실권을 장악하였고, 이후 효문제 태화 14년(490)까지 諸般政策은 태후에 의해서 추진되었다. 헌문제와 문명태후는 항상 불화했기 때문에 헌문제는 태후에 의해서 謀殺되었다. 그리고 帝는 즉위이래 항상 세상의 일을 버리려고 하는 마음을 가지고 제위에서 물러나려 하였으며, 실제로 18세의 나이였음에도 불구하고 5세의 효문제에게 讓位하였다. 그리고 퇴위 후에는 "優游履道 頤神養性"이라고 하는 遁世的 종교생활을 통해서 심신을 수양하였다. 그러므로 헌문제의 불교신앙은 현실 도피적, 은둔적 심정에 기인한 것으로서 이 시대의 종교정책에 직접적으로 반영된 것은 아니었다.

문명태후의 행적에 관한 기록은 자세히 알 수 없으나, 그가 불교신봉자의 한 사람이었다는 사실은 발견할 수 없다. 다만 그의 오빠 馮熙가 많은 사원을 건립하였고, 풍희의 두 딸이 비구니였다는 사실은 있다. 그러나 이들의 행위도 돈독한 불교신앙에 의거한 것이라기보다 권력과 재력의 과시 내지는 처세의 방편에 지나지 않았다. 그러므로 문명태후의 치세에 이룩한 불교사업은 歷代의 불교정책을 계승해서 통치자와 사문이 상호이용하려는 입장에 있었던 북위불교가 지닌 성격에 기인한 것이라 하겠다.

이러한 문명태후의 불교정책은 효문제의 치세에도 계속되었다. 효문제 延興 2년(472)에는 無籍의 僞僧에 대한 檢括, 巡民敎化僧에 대한 신분증

교부, 사원의 건립에 대한 통제 등 불교에 대한 통제의 조칙이 발표되었다. 물론 이러한 통제가 북위 조정의 의도대로 추진된 것이 아니고 때로 佛教匪의 반란이 일어나기도 하였다. 그러나 이러한 통제가 가해진 것은 불교를 통치자의 예하에 둠으로써 민족적 융합과 민심의 안정을 도모하고자 했던 태후의 정책과 관련된 것이었다.

효문제 태화 14년(490)에 문명태후가 죽고 효문제의 親政이 실시되었다. 帝는 태화 17년(493)에 낙양천도의 의지를 표명하고 同 18년에는 마침내 천도를 단행하였다. 낙양천도에 따른 효문제의 이상은 그가 胡族의 황제에 만족하지 아니하고 漢族國家를 계승하는 中原의 천자로 군림하여 문치를 실현하고자 하는데 있었다. 이러한 그의 정치적 이상을 실현하기 위해서는 북방의 이주민을 낙양에 이주·정착시키는 것이 가장 긴요한 정책이었다. 이러한 정책은 정치·경제·사회문화 등 제반정책의 수립에 반영되었을 것이지만, 이주민의 정서적 안정을 위해서는 平城의 불교를 낙양으로 옮기는 것도 보다 현명하고 유효한 정책으로 생각하였다. 그래서 효문제는 낙양천도 이후 도성의 制를 제정하고 사원의 건립을 계획하였으며, 낙양성 밖이나 근교의 淸靜地에 사탑의 건립을 행하게 하는 불교정책을 실현하였다. 그러나 한편으로는 歷代의 불교정책과 마찬가지로 불교에 대한 통제도 함께 이루어졌다. 낙양천도 이전인 태화 16년(492)에는 이미 度僧에 대한 수적 제한을 가하였고, 낙양천도 이후에는 사문에게 하안거를 명하여 승려의 신앙생활에 대한 통제를 실시하였다.

효문제를 계승한 선무제의 치세에 이르면 용문석굴이 개착되고 불교도의 조상이 널리 행하여지는 낙양불교의 盛時를 맞이하게 된다. 그러나 선무제의 치세에도 치국의 근본은 백성의 생활안정과 왕권강화에 있었기 때문에 불교의 보호와 더불어 통제도 병행해서 추진되었다. 선무제 永平

2년(509)과 同 4년(511)의 조칙을 통해서 사문의 犯法에 대한 통제, 사원건립의 허가제, 외국 사문에 대한 법적 규제, 僧祇粟의 운영에 대한 규정 등은 군주권에 의한 불교의 통제를 말하여 주는 것이다. 그래서 선무제의 불교정책도 북위 歷代의 정책을 계승한 王主教從의 국가적 성격을 지니게 되었으며, 이는 효명제시대에도 마찬가지였다.

효명제는 6세에 즉위한 어린 군주였기 때문에 실질적인 정치는 그의 生母 영태후에 의해서 추진되었다. 영태후는 일찍이 불교의 大義에 통하고 있었으나 治國에 임해서는 불교에 대한 보호와 더불어 통제도 엄격히 실시하였다. 즉 사탑의 건립, 역경사업, 서역으로의 구법 등 다양한 불교사업이 행하여졌다. 그러나 熙平 2년(517)에는 度僧의 수적 제한, 출가자에 대한 엄격한 통제, 노비의 출가금지, 私度僧의 금지 등은 국가차원에서 단행한 불교통제였다. 이는 불교가 통치자의 통제에서 벗어날 수 없음을 의미하는 것으로, 북위불교의 성격규명에 있어서는 건국 이래의 종교정책과 동일한 것이었다. 그러나 영태후는 正光 元年(520)에 원차, 유등 등에 의해 幽閉되었고, 孝昌 元年(525)에 다시 臨朝聽政하였지만 武泰 元年(528) 하음의 사건과 더불어 終焉을 고하였다.

하음의 변으로부터 효장제의 피살까지 낙양의 불교는 여전히 어떠한 인공적인 파괴도 받지 않았고, 불교사원과 승니의 수는 증가하고 있었다. 북위 말에 불교가 급속히 발전할 수 있었던 원인은 첫째, 왕실, 관료 및 사족의 친불교적인 태도에 있었다. 둘째, 사회 혼란의 증가와 생존을 위협하는 과도한 조세의 징세에 있었다. 당시 많은 민중들은 사원에 계속적으로 의부하였고, 이로 인해 북위 말까지 낙양의 불교는 계속적인 발전을 이룩하였다. 하지만 번성했던 낙양불교는 武定 5년(547) 이전에 이미 滅絶의 상태에 이르렀다. 제1차 낙양성 쇠락의 주요원인은 동위가 업성으로 천도

하는 과정에 대량의 인구와 물자를 옮겨 갔기 때문이다. 제2차 낙양성 쇠락의 원인은 동·서위의 분열 후에 낙양성이 차지하는 지정학적인 중요성 때문이었다. 이로 말미암아 낙양을 둘러싸고 전쟁은 부단히 발생했으며, 낙양성 내외의 많은 불교사원들은 거의 완전히 파괴당하고, 결국 낙양불교는 滅絶의 상태로 나아갔다.

이상의 고찰을 통하여 우리는 북위불교의 특성을 알 수 있었다. 불교사료에는 북위불교가 융성하게 된 원인을 군주의 신앙심과 깊이 연관된 것으로 말하고 있다. 그것은 일면에 있어서는 쉽게 부정할 수 없는 사실로 인정된다. 그러나 북위의 불교는 군주권의 보호아래 胡·漢의 융합, 민심의 정서적 안정을 추구함으로써 교세를 확장하게 되었고, 마침내는 군주를 현세의 如來로 숭배하는 국가불교로서의 성격을 지녔다. 이러한 사실을 참작할 때 북위불교는 군주의 신앙심보다도 오히려 군주권의 강화라고 하는 정치적 의미가 더욱 강했음을 알 수가 있다. 이러한 점은 불교의 통제라고 하는 측면에 있어서도 마찬가지로 승관제도의 설치, 度僧에 대한 통제와 사문의 沙汰, 전면적인 폐불 등은 군주의 중앙집권적 지배체제의 확립을 위해서 단행된 것이었다. 따라서 북위불교의 興廢는 건국이래 분열기까지 군주의 통치정책과 관련된 것으로서 이를 통해서 북위 군주의 전제성의 일면을 엿볼 수 있었다.

제3장 南北朝時代 佛敎敎團의 統制
-北朝의 僧官制를 中心으로-

1. 머리말

신앙의 경험은 개인의 주관적 사실과 더불어 그것을 획득하는데 필요한 객관적 사실의 위에 나타나는 것이라 하겠다. 신앙을 가진 무리가 단결해서 그 단결 가운데 신앙을 보존하고 포교에 노력할 때 교단이 발생하게 되는 것이다. 그래서 교단은 자연적인 추세에 의해서 교리가 갖추어지고 교권의 확장과 발전에 수반하여 교단의 통제에 필요한 僧官制가 나타나게 되었던 것이다.

그렇다면 중국불교에 있어서 이러한 大敎團이 발생하게 되었던 것은 어느 시대에서 비롯된 것일까?

불교가 중국에 전래된[1] 이후 한 나라의 불교도 전체 즉, 四衆(比丘, 比丘尼, 優婆夷, 優婆塞)을 포괄하는 통일된 불교교단이 구성되었던 것은 남북조시대 북위에서 비롯되었다고 생각된다. 즉 북위 太祖 道武帝 皇始年間(396~397)에 趙郡의 사문 法果가 도무제에게 徵召되어 북위의 도읍 平城에 이르고, 이후 道人統에 勅任되어 전국의 僧徒를 管攝하도록 한

---

1) 불교의 중국 전래설에 대해서는 拙稿, 「南朝의 貴族佛敎에 대하여」『慶北史學』 第3輯(大邱, 1981) 참조.

데서 그 기원을 찾을 수 있다.

그런데 중국 불교는 세속적 권한이 강한 국가의 정치, 사회적 배경 가운데 성장했기 때문에 출가의 세계라 하더라도 현실과 분리되기 어려웠고, 교단은 국가의 정치, 사회적 목표와 遊離될 수 없었다. 따라서 교단의 통제를 관장했던 승관은 불교계의 내부로부터 임명되었던 것이 아니라 帝權에 의해서 주어지고 교단과 국가라는 양자의 접촉에 임하였던 것이다.

이러한 의미에서 중국 승관의 연구는 자못 중대한 의의를 가지는 것이라 할 수 있다.

남북조시대 승관의 연구는 이미 불교사가들에 의해서 상당히 진척되어 있기 때문에[2] 필자는 이러한 기존의 연구를 근거로 帝權에 의한 불교교단의 통제라는 측면에 주안점을 두고 북조불교가 국가적 성격을 띠게 된 一端을 밝혀 보고자 한다.

이를 보다 명확하게 규명하기 위해서는 南北朝의 僧官制를 비교, 검토해야 할 필요성을 절감하면서도 이에 미치지 못함은 필자의 능력이 부족함에 기인한 것임을 自認하는 바이다.

2. 僧官制의 起源

불교에서 僧伽라고 하는 말은 和合 즉 사문의 화합단체를 의미하는 것인데, 불교의 평등주의는 그 범위를 확대해서 재가의 신자도 이에 포함해서 교단의 내용으로 하고 있다.[3] 적어도 중국에 있어서 불교교단이 한

---

2) 高雄義堅,「北魏に於ける佛敎敎團の發達に就で」『龍谷大論叢』第297號(1958) ; 小笠原宣秀,「支那南北朝時代佛敎敎團の統制」『龍谷史壇』第14號(1934) ; 服部俊崖,「支那僧官の沿革」『佛敎史學』第5卷 2號 ; 山崎宏,『支那中世佛敎の展開』(東京, 1942).

국가의 불교도 전체를 포괄하는 교단으로서의 조직을 완성했던 것은 남북조 초기 북위에서 시작되었다고 생각된다. 이를 규명하고자 할 때 보다 중요한 문제의 하나가 바로 승관제의 창설이라고 하겠다.

승관을 국가 또는 한 지방의 교단통제와 감독을 목적으로 중앙 내지는 지방 정권이 임명한 出家의 官으로 해석할 때,[4] 중국 최초의 승관은 북위의 사문 법과가 도인통에 임명된 것으로부터 시작되었다. 이는『위서』권114, 석로지의 아래와 같은 기록을 통해서 알 수 있다.

初 皇始中 趙郡有沙門法果 誡行精至 開演法籍 太祖聞其名 詔以禮徵赴京師 後以爲道人統 綰攝僧徒 每與帝言 多所愜允……年八十餘 泰常中卒

북위의 皇始年間(396~397)에 조군의 사문 법과[5]가 태조의 부름을 받아서 京師 平城에 이르고, 후에 도인통에 임명되어 전국의 승도를 管攝하였다는 것이다. 이와 같은 내용은『大宋僧史略』가운데도 보이고 있지만[6] 사문 법과가 도인통에 임명된 것이 구체적으로 황시 몇 년 이었는가는 명확하게 밝히고 있지 않다. 이에 비해서『佛祖統紀』권38에서는 황시 2년이라고 기술하고 있다.

皇始二年詔趙郡法果爲沙門統 帝生知信佛 初平中山所經郡國 見沙門皆致敬 禁軍旅毋得有犯[7]

---

3) 高雄義堅, 前揭論文.

4) 山崎宏, 前揭書, p.475.

5) 沙門 法果의 행적에 관해서는 제2장 2절 참조.

6)『大正藏』第54卷, p.243a, "後魏皇始中 趙郡沙門法果戒行精至 開演法籍 太祖徵爲沙門統 言多允愜供施甚厚……沙門統之官自法果始也".

7)『大正藏』第49卷, p.353c.

『불조통기』의 기록이 어디에 의거한 것인지는 알 수가 없다. 그러나 황시라는 연호가 2년만 사용되었기 때문에 도인통의 임명 연대는 황시 1~2년 사이였다는 것은 의심의 여지가 없다.

도인통의 임무에 대해서는 앞서 인용한 「석로지」의 기사 '管攝僧徒'라고만 규정하고 있을 뿐이다.[8] 여기에서 僧徒라고 하는 것은 京師의 사문에 국한된 것이 아니라 북위 전 지역의 승도를 가리키는 것으로 볼 수 있으며, 도인통 법과는 이들 승도의 신앙생활을 통제하고 감독하는 최고의 승관이었다.

그런데 도인통이라고 하는 북위 최고의 승관은 불교계의 내부로부터 세워졌던 것이 아니라 국가의 佛敎統制官으로서 帝權에 의해서 주어지고 제권의 통제아래 놓이게 되었던 것이다. 이는 결국 북위 전역의 불교도를 군주권에 예속시키고자 했던 對佛政策과 깊이 관련된 것으로서[9] 인도 불교가 지닌 성격과 대별되는 것이라 하겠다. 즉 인도에서는 불교가 초국가적 성격을 띠고 있었기 때문에 국가가 승관을 임명해서 승니를 통솔하고 法務를 관장하게 할 수는 없었다. 비록 梵語에 羯摩陀那라는 말이 있고, 이를 번역하면 知事 또는 悅衆으로서 僧務를 장악했던 자를 지칭하지만, 이는 각 叢林內에 있어서 적의하게 설치되었던 것으로 아직 국가가 이를 補任하고 국내의 모든 승도를 총괄하는 것과 같은 성질의 것은 아니었다.[10]

중국 불교가 후한에서 삼국시대까지는 한인의 출가가 公許되지 않았다가 그 후 胡族이 북중국에 군림하면서 후조 石虎에 의해 비로소 公許를 얻게 되었다.[11] 이래로 불교의 교세는 비상한 세력으로 확대되어 석호시대

---

8) 필자의 寡聞한 탓으로 「釋老志」 기사 이외의 사료에서는 道人統의 職任에 대해서 접한 바가 없으므로, 그 구체적 임무를 규정할 수가 없었다.

9) 제2장 2절과 4절 참조.

10) 高雄義堅, 前揭論文.

에서 약 60년이 경과된 북위에 이르러서는 국내의 승니를 총괄해서 관할할 필요에 의해 마침내 승관을 창설하게 되었던 것이다.

주지하는 바와 같이 북위가 五胡의 分立抗爭時代를 종결하고 화북 전역에 군림하는 통일제국을 수립한 것은 太武帝에 이르러 실현되었지만, 태조 도무제 역시 代王에 즉위한 이래 왕권의 확립과 더불어 통일국가로 지향하려는 강한 의지를 보여주고 있었다. 이를테면『위서』권2, 태조기 황시원년 9월조에 다음과 같은 기록이 있다.

> 初建臺省 置百官 封拜公侯將軍刺史太守 尙書郎已下悉用文人 帝初拓中原 留心慰納 諸士大夫詣軍門者 無少長 皆引入賜見 存問周悉

중원 진출을 결심한 도무제는 臺省을 세우고 백관을 두고 公侯를 봉하였으며, 장군, 자사 이하를 모두 문인으로 등용하여 관제를 정비하였다. 뿐만 아니라 그는 통일정책을 수행하는 과정에서 部落解體, 徙民政策 등 제반정책을 수립하여 새로운 정복지에 대해서는 반란을 방지함과 동시에 수도방면에 호구의 충실을 도모하고자 하였다.[12] 그러나 이러한 도무제의 통일지향적 요구를 성취시키려는 과정에서는 예하의 異族으로부터 일어나는 집단적 반란은 피하기 어려운 정세였으며,[13] 도무제 자신도 이러한 반란을 염려하고 있었던 것이다. 그런데 이러한 반란집단 가운데는 불교교단이 이에 가담했던 사실도 발견할 수 있다.『위서』권2, 태조기 천흥 5년 2월조

---

11) 제1장 참조.

12) 谷川道雄,「拓跋國家의 展開와 貴族制의 再編」『世界歷史5』(東京, 1970) ; 塚本善隆,『支那佛教史研究』(京都, 1970), p.73 ; 제2장 2절 참조.

13) 대표적인 사례로는『魏書』卷2, 太祖紀 天興元年 春正月條에 보이는 博陵, 渤海, 章武 群盜의 叛亂, 廣州太守 賀盧의 난과 同年 三月條에 나타나는 離石 胡帥 呼延鐵, 西河 胡帥 張崇의 亂, 漁陽 群盜 庫傉官韜의 亂 등이 있다.

의 기록에 다음과 같이 전하고 있다.

> 沙門張翹自號無上王 與丁零鮮于次保聚黨常山之行唐 夏四月 太守樓伏
> 連討斬之

위의 기록에서 無上이라고 하는 종교적 칭호를 가진 사문 張翹가 丁零의 鮮于次保와 더불어 예하의 신도를 규합해서 반란으로까지 확대시켰던 佛教匪였다는 것은 의심의 여지가 없다.[14] 물론 장교의 반란은 사문 법과가 승도를 관섭하는 도인통에 취임한 지 5~6년이 경과되고 일어났던 것이지만, 앞에서 언급한 바와 같이 도무제는 이러한 사실을 豫知하고 있었던 것이다. 때문에 전국의 승도를 보다 조직적으로 통치하기 위해서 승관을 설치하게 되었던 것으로 해석해야 하겠다. 도무제 자신의 불교신앙에 관한 기록을 『위서』 권114, 석로지를 통해서 살펴보면 아래와 같다.

> 太祖平中山 經略燕趙 所逕郡國佛寺 見諸沙門 道士 皆致精敬 禁軍旅無
> 有所犯 帝好黃老 頗覽佛經 但天下初定 戎車屢動 庶事草創 未建圖宇……
> 先是 有沙門僧朗 與其徒隱于泰山之琨珮谷 帝遣使致書 以繒素旛𤅢 銀鉢
> 爲禮 今猶號曰朗公谷焉

위의 내용 가운데 "帝好黃老 頗覽佛經"이라는 내용에 대해서는 필자가 이미 의문을 표시한 바가 있고, 이 방면의 연구가들도 믿기 어려운 사실로 보고 있기 때문에 도무제가 黃老와 불교에 깊은 지식을 가진 군주의 한 사람이었다고 보기는 어렵다.[15] 또 泰山의 사문 僧朗에게 書와 예물을

---

14) 제2장 2절 참조.
15) 同上.

보내어 존경하였다는 사실도 도무제에게만 국한되었던 것은 아니고 前秦
의 苻堅, 後秦의 姚興, 南燕의 慕容德, 東晋의 孝武帝 등도 그에게 書와
예물을 보냈던 것이다.16) 이렇게 볼 때 胡族의 군주는 돈독한 개인의 신앙
심에 의해서 불교 보호정책을 수립하였다기보다는 지배권의 강화를 위해
서 불교의 세력을 군주권에 예속시키고자 했던 것이다.

이상에서 보아온 북위 도무제의 도인통 설치는 무단전제적 성격에 기인
한 북위 군주권의 강화 내지는 중앙집권적 통일정책을 구현하기 위해서
불교교단을 통제하고자 함에 그 목적이 있었던 것으로 보인다. 때문에
도인통이라는 칭호는 왕권에 의해서 주어진 官名에 해당하는 것이다.
이에 補任되었던 사문 법과는 衆僧의 통제라는 임무수행과 더불어 국가로
부터 상당한 대우와 경제적 지원이 있었던 것으로 생각된다. 결국 북위불교
가 국가적 성격을 띠게 된 요인의 하나를 바로 이러한 승관제의 창설을
통한 교단 통제의 일면을 통해서도 엿볼 수가 있다.

다음으로 후진 文桓帝 弘始年間(399~415)에 사문 僧䂮, 僧遷, 法欽,
慧斌이 승관에 임명되었는데, 이것이 중국 불교계에 있어서 두 번째 승관의
창설이다. 먼저『고승전』권6, 僧䂮傳을 보면 후진 요흥의 시대에는 불법이
융성해서 세속을 떠나 출가하는 자가 十室 가운데 그 반에 달했으며,
더욱이 遠地의 승니가 수도에 모여들고 그 가운데는 죄를 범하는 자가
있어서 僧主를 세워 이를 숙청하려는 사정을 기록하고,17) 계속해서 다음과
같이 전하고 있다.

---

16)『廣弘明集』卷28(『大正藏』第52卷), p.322a-c.
17)『高僧傳』卷6(『大正藏』第50卷), 僧䂮傳, p.363b, "姚萇姚興 早挹風名 素所知重……
興旣崇信三寶 盛弘大化 建會設齋 煙蓋重疊 使夫慕道 捨俗者十室其半 自童壽入
關 遠僧復集 僧尼旣多 或有愆漏 興曰 凡未學僧 未階苦忍 安得無過 過而將極過逐
多矣 宜立僧主以淸大望".

因下書曰 大法東遷 於今爲盛 僧尼已多 應須綱領 宣授遠規 以濟頹緖
僧䂮法師 學優早年 德芳暮齒 可爲國內僧主 僧遷法師 禪慧兼修 卽爲悅衆
法欽慧斌共掌僧錄 給車輿吏力 䂮資侍中秩 傳詔羊車各二人 遷等並有厚
給……至弘始七年勑加親信伏身白從各三十人 僧正之興 䂮之始也……以
弘始之末 卒於長安大寺 春秋七十(三)矣[18]

여기서 국내의 僧主 僧䂮은 僧正이라고 하는 후진 최고의 승관으로서
모든 사문의 통제와 僧政을 총괄하는 임무를 맡았다. 그 品秩은 侍中과
더불어 했고 홍시 7년에는 칙명으로 從者 30인을 두게 하였다. 悅衆은
『僧史略』中에 보이는 羯摩陀那의 번역으로서 북조의 都維那[19]에 해당되
는 僧主의 副官으로, 僧主보다는 한 등급 낮고 衆僧의 雜事를 관장했던
것이다. 그리고 僧錄은 錄事를 담당하는 자로서 經法의 傳譯, 人物 등을
기록했던 것인데[20] 이들에게도 車輿의 秩祿이 주어졌던 것이다. 결국
이들 三官四師는 요흥의 조칙에 의해서 승관으로 임명되었기 때문에 속관
에 크게 다를 바 없었다. 그리고 官署는 특별히 설치했던 것인지 알 수
없으나 僧䂮이 홍시년간에 장안의 大寺에서 入寂하였다는 것으로 볼 때,
장안의 大寺로서 이에 대신했던 것이 아닌가 생각된다.

그런데 『고승전』에는 승관의 설치 연대가 구체적으로 홍시 몇 년인가를
明示하지 않고, 또 『대송승사략』에서도 승관설치의 필요성과 僧䂮에 대해
서는 언급하고 있으나 그 연대에 관한 기록은 찾아볼 수 없다.[21] 하지만

---

18) 同上.
19) 후술할 '北魏 僧官制' 참조.
20) 服部俊崖, 前揭論文 ; 高雄義堅, 前揭論文.
21) 『大宋僧史略』 卷中(『大正藏』 第52卷), p.242, "所言僧正者何 正政也 自正正人
   克敷政令故云也 蓋以比丘無法 如馬無轡勒 牛無貫繩 漸染俗風 將乖雅則 故設有
   德望者 以法而繩之 令歸于正 故曰 僧正也 此僞秦僧䂮爲始也".

『불조통기』 권36의 기록에는 아래와 같은 내용이 보인다.

(隆安)五年 秦羅什法師於逍遙園譯妙法蓮華經 秦主於草堂寺與三千僧
手執舊經重加參定 勅僧䂮等諸受什旨 以僧尼多濫 令僧䂮爲國僧正 秩同
侍中給車輿吏力 法欽爲僧錄 僧遷爲悅衆班秩有差 各給親信白從三十
人[22]

僧䂮의 僧正 취임을 동진 안제 隆安 5년, 즉 후진 홍시 3년(401)이라
하고 있다. 그런데『釋氏稽古略』권2에서는『불조통기』와 달리 홍시 7년
(403)으로 전하고 있다.

(弘始七年) 後秦法師道䂮羅什弟子 奉律精苦 秦主重之 自什公入關僧尼
以萬數 遂置僧正詔曰 大法東流於今爲盛 僧尼浸多 宜設綱領宜授遠規以
濟頹緒 䂮法師早有學誼 晩以德稱 可爲國僧正 給與吏力資侍中秩 傳䡊羊
車各二人 又以僧遷禪慧爲悅衆 以法欽慧斌爲僧錄 班秩有差 日加親信 仗
身白從各三十人(僧史略)[23]

『불조통기』와『석씨계고략』사이에는 4년간의 시차가 있음을 알겠다.
그런데 위 기록에서 보이는 바와 같이 후진의 장안 불교계에 비약적인
발전이 있었던 것은 구마라집이 入關한 이후였고, 승관 설치의 필요성도
이러한 승니의 급속한 증가에 직면해서 나타났던 것이다.

구마라집은 천축 國相家系 출신으로서 후진의 장안에 와서 요흥으로부
터 國師의 禮를 받으면서 불경의 번역에 종사했던 것이 홍시 3년 12월
이후였다.[24] 또 僧䂮, 僧遷, 法欽 등은 구마라집의 門流였으며,[25] 특히

22)『大正藏』第49卷, p.341c.
23)『大正藏』第49卷, p.786b.

僧䂮은 구마라집 이후에 장안에 왔던 佛馱跋陀羅의 교학에 박해를 가해서 결국 그로 하여금 都下를 떠나게 하였던 羅什門下의 鬪將이었다.[26]

이렇게 보면 僧䂮의 僧正 임명은 적어도 홍시 3년 이후 7년 사이였던 것으로 짐작된다. 즉 후진불교는 홍시 3년 12월 구마라집이 장안에 도착한 후 급속한 발전을 보았고, 이러한 교세의 확장에 동반해서 국가차원에서 교단통제의 필요성을 절감하게 되었던 것이다. 때문에 요흥의 조칙에 의해서 승관이 갖추어지게 되었으며, 그 기본적인 강령은 遠規에 의거했던 것이다.

여기서 遠規라고 하는 것은 동진 안제 융안 3년 桓玄이 형주자사 殷仲堪을 습격하는 도중에 廬山의 사문 慧遠을 만났고, 뒤에 환현이 사문을 沙汰한다고 했을 때 혜원이 이를 諫止하는 한편 교단의 自肅으로부터 '因廣玄條制'를 주장하였고, 환현이 이를 따랐다고 하는 것이다.[27] 그 연대는 정확히 알 수 없지만 『고승전』이나 『석씨계고략』에 보이는 "宣授遠規"라는 문구는 바로 이것을 가리키는 것이다.[28]

이상에서 북위 및 후진의 승관 창설에 관해서 살펴보았거니와 그 공통점의 하나는 군주권에 의해서 최고의 승관인 도인통 내지 僧正이 임명되었기 때문에 불교교단의 통제는 실제로 황제권에 의해서 실현되었다는 것이다.

---

24) 『高僧傳』 卷2(『大正藏』 第50卷), 鳩摩羅什傳, pp.330a～332b, "鳩摩羅什 此云童壽 天竺人也 家世國相……弘始三年……至五月興遣隴西公碩德西伐呂隆 隆軍大破 至九月隆上表歸降 方得迎什入關 以其年十二月二十日至于長安 興待以國師之禮 甚見優寵……興少達崇三寶銳志講集 什旣至止 仍請入西明閣及逍遙園譯出衆經 什旣率多諳誦無不究盡".

25) 上同, p.332b, "於是興使沙門僧䂮僧遷法欽道流道恒道標僧叡僧肇等八百餘人諮受 什旨 更令出大品".

26) 『高僧傳』 卷2(『大正藏』 第50卷), 佛馱跋陀羅傳, p.335a-b.

27) 『晉書』 卷10, 安帝紀 ; 『高僧傳』 卷6, 慧遠傳 ; 『弘明集』 卷12 참조.

28) 山崎宏, 前揭書, p.479.

3. 北魏의 僧官制

앞서 언급한 북위의 초대 도인통이었던 사문 법과는 태종 명원제 太常年間(416~423)에 죽었지만 그 후임에 대해서는 명확한 기록을 접할 수가 없었다.『고승전』권11, 玄高傳에 태무제의 廢佛事件 이전의 기록으로써 다음과 같은 내용이 보인다.

有沙門法達 爲僞國僧正 欽高曰久未獲受業 忽聞怛化 因而哭曰 聖人去世當復何依 累日不食 常呼高上聖人自在 何能不一現[29]

즉 僞國 僧正 法達이 평소에 존경했던 고승 玄高를 만나지 못하고, 그의 죽음에 임해서 슬픔을 감추지 못했다는 기록이다. 그런데 여기에서 승정이라고 하는 것은 바로 북위 최고의 승관 도인통을 지칭하는 것이며,[30] 僞國이라고 하는 것은 남조 측에서 북위를 불렀던 말이다. 따라서 사문 法達은 太平眞君 5년 이전에 법과 다음으로 북위의 도인통에 임명되었던 것으로 보아도 될 것이다. 그러다가 태무제의 폐불에 즈음해서는 일시적으로 승관제가 폐지된 것으로 생각되지만, 文成帝의 불교부흥정책과 더불어 僧官制가 다시 부활되고 罽賓의 사문 師賢이 이에 임명되었다. 이는『위서』권114, 석로지의 기록을 통해서 알 수 있다.

京師沙門師賢 本罽賓國王種人 少入道 東遊涼城 涼平赴京 罷佛法時 師賢假爲醫術還俗 而守道不改 於修復日 卽反沙門 其同輩五人 帝乃親爲下

---

29)『大正藏』第50卷, p.398a.

30)『出三藏記集』卷2(『大正藏』第55卷), p.13b에 의하면 "宋明帝時 西域三藏吉迦夜 於北國以僞延興二年 共僧正釋曇曜譯出 劉孝標筆受"라고 하여『魏書』釋老志에 보이고 있는 曇曜를 僧正 釋曇曜라 하고 있음과 같다.

發 師賢仍爲道人統

문성제의 불교부흥에 관한 조칙은 興安 元年(452) 12월에 발표되었지만[31] 불교부흥의 조칙이 내려지고 師賢이 사문으로 복귀할 때 문성제가 친히 下髮을 행한 연후에 승관 도인통으로 임명했던 사실은 불교가 결코 帝權의 통제에서 벗어날 수 없다는 사실을 명확하게 대변해 주는 것이다.[32] 따라서 불교부흥과 더불어 부활된 승관제는 보다 효과적인 불교 통제를 위한 북위 군주의 對佛政策에 기인한 것이라 하겠다.

도인통 사현은 문성제 和平(460~465) 初에 죽고 名僧 曇曜가 이에 대신하였지만 이때에 이르러 그 명칭이 도인통에서 사문통으로 改稱되었다. 이는 『위서』 석로지의 "和平初 師賢卒 曇曜代之 更名爲沙門統"이라는 기사를 통해서 알 수 있다. 그런데 『속고승전』 권1, 曇曜傳에는 다음과 같은 기록이 보이고 있다.

釋曇曜 未詳何許人也 少出家 攝行堅貞 風鑒閑約 以元魏和平年 住北臺 昭玄統 綏緝僧衆 妙得其心 住恒安石窟通樂寺[33]

여기에서 담요를 北臺昭玄統이라 하고 있다. 또 『대송승사략』 권중에는 다음과 같은 내용이 있다.

今以思遠寺主法師僧顯 可勅爲沙門都統 詳究魏文帝勅曇曜爲沙門都統 乃自曜公始也 曜卽帝禮爲師 號昭玄沙門都統 欣佛法重興[34]

---

31) 『魏書』 卷5, 高宗紀 興安元年條 ; 同書 卷114, 釋老志.
32) 文成帝의 佛敎復興政策과 師賢의 관계에 대해서는 제2장 4절 참조.
33) 『大正藏』 第50卷, p.427c.
34) 『大正藏』 第54卷, p.243b.

여기에서는 僧顯을 沙門都統, 曇曜를 沙門都統, 昭玄沙門都統이라 말하고 있다.

그런데 북위의 승조에 관한 기록이『위서』권114, 석로지에 다음과 같이 보이고 있다.

先是 立監福曹 又改爲昭玄 備有官屬 以斷僧務

북위의 승조는 처음에는 監福曹라고 하였다가 후에 昭玄으로 개칭되었음을 알 수 있다. 이와 같은 내용은『광홍명집』권2, 태화 21년(497)의 조칙이 게재된 뒤에도 보이고 있으나[35] 감복조의 설치 연대 및 소현으로의 改稱年代를 밝히지 않고 있다. 때문에 이 방면에 관심을 가진 불교사가들에 의해서 여러 說이 나타나게 되었던 것이다.[36] 昭玄統, 昭玄沙門都統이

---

35)『廣弘明集』卷2(『大正藏』第52卷), p.104b, "(太和)二十一年五月詔曰……先是立監福曹 又改爲昭玄 備有官屬以斷僧務 即如今同文寺崇玄署是也". 山崎宏氏는 前揭書, pp.499~500에서 "如今同文寺崇玄署是也"라는 내용은『廣弘明集』의 저자 道宣의 加筆로 看做된다고 하였다. 아울러 贊寧이『大宋僧史略』管屬僧尼條에서 이 문장의 加筆者를 梁의 僧祐로 추측하고 있는 것은『廣弘明集』의 저자 道宣을 『弘明集』의 저자로 誤認했던 것으로 생각된다고 하였다.

36) 服部俊崖는 前揭論文에서 監福曹의 설치 연대에 대해서는 언급하지 않고, 監福曹에서 昭玄으로 고친 연대를 孝文帝 太和 21년(南齊 明帝 建武 4年, 479)으로 보고 있는데, 이는 아마도『廣弘明集』과 釋老志의 기사가 太和21년의 詔勅을 게재한 뒤에 수록하고 있었다는 사실에 입각한 것으로 보인다. 高雄義堅은 前揭論文에서 監福曹의 설치 연대는 명확하지 않지만 대개 文成帝의 즉위 후일 것이라고 하여 監福曹를 文成帝시대에 맞추고 있으며, 아울러 曇曜가 沙門統(昭玄統)으로 임명될 때에 監福曹를 고쳐서 昭玄寺로 하였다고 하여 監福曹의 설치 및 昭玄寺에로의 改稱年代를 모두 文成帝시대로 보고 있다. 또 山崎宏은 前揭書, pp.498~499에서 監福曹는 皇始 元年(386)에 曹와 省을 두었던 때에 창설되었거나 늦어도 天監 2년(399) 尙書의 36曹 및 諸外의 署를 나누어 360曹를 두었던 경에는(『魏書』卷13, 百官志 참조) 존재했던 것으로 생각된다고 하고, 이것이 昭玄으로 개칭되었던 것은 太和年間이던가 아니면 曇曜가 沙門統에 취임했던 和平初年으로 추론하

昭玄의 이름을 冠으로 하는 것이 당시 帶司呼官의 풍습에 따라 붙여졌던 명칭이었다고 한다면[37] 사문 담요가 사현의 뒤를 이어 소현통에 취임하는 것을 계기로 감복조에서 昭玄寺로 개칭되었던 것이 아닌가 생각된다. 그리고 담요의 본래 직책은 僧曹 昭玄의 統이었고, 호칭에 임해서는 帶司呼官의 관습에 따라 昭玄沙門都統[38]이라고 불렀던 것이며, 이를 略稱해서 昭玄統, 혹은 沙門都統으로 기록되었을 것이다. 『수서』 권27, 百官志에는 소현통을 설명하면서 다음과 같이 기록하고 있다.

昭玄寺掌諸佛教 置大統一人統一人都維那三人 亦置功曹主簿員

여기에서 大統은 西魏, 北齊에 가서 비로소 나타나지만[39] 북위에서는 실제로 담요가 統의 직책에 補任되고 그 위에 별도로 대통은 두지 않았던 것 같다. 따라서 담요의 직책은 북위 昭玄의 統이었음을 알 수 있고, 호칭에 임해서는 소현통이라 불렀던 것이다.

昭玄寺의 위치가 內城에 있으면서 북은 御史臺에 접하고 근처에는 여러 관서가 있었던 것으로 보아[40] 아무래도 경사의 官曹가 있었던 지역에

───────────────

고 있다.

37) 小笠原宣秀, 前揭論文.

38) 服部俊崖는 前揭論文에서 昭玄沙門都統은 都와 統을 겸한 명칭으로써 曇曜로부터 시작되었으며, 이보다 이전에 統 및 都의 正副二官이 있었지만 曇曜에 이르러 이를 겸하였다고 한다. 그러나 曇曜가 이를 겸하게 된 구체적 사실에 대해서는 언급하지 않고 있다. 高雄義堅은 前揭論文에서 『僧史略』, 『佛祖統紀』 가운데는 都統의 호칭을 많이 사용하고 있는데 비해서 『續高僧傳』, 『魏書』 釋老志 등에는 모두 沙門統으로 하고 "都"라고 하는 글자를 除하고 있으며, 都와 統을 중복시키는 것은 意義穩當을 缺하는 嫌疑가 있기 때문에 지금은 「釋老志」에 따라야 할 것이라고 한다. 따라서 두 史家의 설에 차이점을 발견할 수 있으며, 필자는 高雄義堅氏의 설에 共感하는 바이다.

39) 후술할 '西魏 北周의 僧官制' 참조.

설치되었던 것으로 보인다. 그러므로 이에 소속되어 僧務를 총괄하던 소현통은 실제로 俗官과 유사한 위치에 있으면서, 군주권에 예속되어 불교 통제라고 하는 국가의 종교정책을 수행해 나갔던 것이다.[41]

다음으로 담요의 뒤를 계승해서 사문통에 임명된 이는 思遠寺主 僧顯이었다. 이는 앞서 인용한『대송승사략』의 기록을 통해서도 알 수 있지만『광홍명집』권24, 孝文帝의 "以僧顯爲沙門都統條"에도 기록되어 있다.[42] 그런데 이들 사료에는 승현의 사문통 취임 연대를 밝히지 않고 있음에 비해서『불조통기』권38에는 다음과 같이 기록하고 있다.

　　延興二年……勅思遠寺主僧顯爲沙門統[43]

승현이 사문통에 임명된 해를 延興 2년(472)으로 明記하고 있다. 그런데『위서』권7, 고조본기에 아래와 같은 기록이 보이고 있다.

　　(太和三年) 八月壬申 詔群臣直言盡規 靡有所隱 乙亥 幸方山 起思遠佛寺 丁丑 還宮

---

40)『洛陽伽藍記』卷1 참조.

41) 沙門이 일방적으로 군주권에 예속되어 北魏 군주의 정책 수행을 보좌했던 것만은 아니고 전제적 성격을 띤 北魏의 군주권과 결탁하는 기회를 이용, 포교의 자유를 얻고 교세를 확장하려는 의도가 내재해 있었다고 하는 점에 대해서는 이미 필자가 여러 번 밝힌 바가 있다. 또 昭玄統 曇曜가 北魏 文成帝이래 孝文帝에 이르러 3대 30년간을 재직함으로써 北魏불교의 융성을 도모하였다는 점에 대해서는 제2장 4절에서 언급하였기 때문에 여기에서는 重言을 피하고자 한다.

42)『廣弘明集』卷24(『大正藏』第52卷), p.272b, "今以思遠寺主法師僧顯 仁雅欽韶澄風 澡鏡 深敏潛明道心淸亮……可勅令爲沙門都統".

43)『大正藏』第49卷, p.335a.

思遠佛寺의 건립이 태화 3년(479)에 이루어졌음을 알 수 있는데, 이보다도 7년이나 앞선 延興 2년에 思遠寺主 승현이 사문통에 임명되었다는 설은 성립될 수가 없다. 또 『위서』 석로지의 기록에 아래의 내용이 보이고 있다.

> (延興二年) 濟州東平郡 靈像發輝 變成金銅之色 殊常之事 絶於往古 熙隆妙法 理在當今 有司與沙門統曇曜令州送像達都 使道俗咸覩實相之容 普告天下 皆使聞知

연흥 2년에는 아직까지 담요가 사문통에 補任되어 있음을 알 수 있다. 따라서 『불조통기』의 기록은 신빙성이 결여되어 있으며, 만약 승현이 思遠寺主로부터 사문통에 취임했던 것이 사실이라면 그 연대는 적어도 태화 3년 이후로 보지 않으면 안 된다.

승현의 뒤를 이어 사문통이 되었던 자는 사문 惠深이었다. 이를 『위서』 석로지의 기록을 통해서 알아보면 아래와 같다.

> 至正始三年 沙門統惠深有違景明之禁 便云 營就之寺 不忍移毀 求自今已後 更不聽立……永平二年 深等復立條制 啓云 自今已後 欲造寺者 限僧五十已上 聞徹聽造 若有輒營置者 依俗違敕之罪

혜심이 宣武帝 正始 3년(506)부터 永平 2년(509)까지 사문통의 지위에 있으면서 사문 및 사원의 건립에 대한 통제를 관장하였던 것이다. 혜심의 뒤를 이어 사문통이 되었던 자는 僧暹이었다. 이는 『위서』 권53, 李孝伯附瑒傳에 선무제의 延昌(512~515)末年에 沙門都統 승섬이 李瑒의 배불론에 대해서 抗言하고, 靈太后에게 泣訴하여 이창을 처벌하도록 하였다는 내용 가운데서도 엿볼 수 있다.

　瑒 字琚羅 涉歷史傳 頗有文才 氣尙豪爽 公强當世 延昌末 司徒行參軍……于時民多絶戶而爲沙門 瑒上言 禮以敎世……沙門都統僧暹等忿瑒鬼敎之言 以瑒爲謗毁佛法 泣訴靈太后 太后責之

이상에서 살펴본 바와 같이 북위의 최고 승관이었던 도인통, 사문통은 태조 皇始年間에 사문 법과가 이에 補任된 이래 태무제의 廢佛期間을 제외하고는 북위의 전 시대를 통해서 존재했음을 살펴보았다. 그런데『광홍명집』권24에 다음과 같은 기록을 전하고 있다.

　皇舅寺法師僧義 行恭神暢溫聰謹正 業戀道優用膺副翼 可都維那以光賢徒

이는 皇舅寺의 법사였던 僧義가 昭玄寺의 副官인 도유나에 임명된 사실을 말해주고 있다. 또『위서』석로지에도 아래와 같은 기록이 있다.

　又尙書令高肇奏言 謹案 故沙門統曇曜 昔於承明元年 奏涼州軍戶趙苟子等二百家爲僧祇戶 立課積粟 擬濟饑年 不限道俗 皆以拯施……都維那僧暹僧頻等 進違成旨 退乖內法 肆意任情 奏求逼召 致使吁嗟之怨 盈于行道

북위 선무제 永平 4년(511)에 尙書令 高肇가 도유나 僧暹, 僧頻의 僧祇戶[44]에 대한 불법을 詰責했던 奏文이다. 그런데 승섬은 앞에서 언급한 바와 같이 선무제 延昌末年에 惠深의 뒤를 이어 사문통에 취임했던 인물이

---

44) 僧祇戶의 설치연대 및 기원, 성질에 관해서는 塚本善隆,「北魏の僧祇戶·佛圖戶」
　　『東洋史硏究』第二卷(京都, 1936) 참조.

고 보면, 사문통 혜심의 아래에서 도유나로 있다가 혜심의 퇴임 후에 사문통으로 승격했던 것으로 보인다.

도유나는 昭玄沙門都維那를 지칭하는 것이며, 略稱으로 도유나라고 하는데,[45] 이는 昭玄寺의 次官으로 이미 북위시대에 존재하고 있었음을 알 수 있다.

다음으로 북위의 지방승관에 대해서 살펴보면, 『위서』 석로지의 기사에 다음과 같은 기록이 있다.

> 가) 延興二年夏四月 詔曰 比丘不在寺舍 遊涉村落 交通姦猾 經歷年歲 令民間五五相保 不得容止 無籍之僧 精加隱括 有者送付州鎭 其在畿郡 送付本曹 若爲三寶巡民敎化者 在外齎州鎭維那文移 在臺者齎都維那等印牒 然後聽行 違者加罪

> 나) (永平)二年冬 沙門統惠深上言 僧尼浩曠 淸濁混流 不遵禁典 精粗莫別 輒與經律法師群議立制 諸州鎭郡維那上坐寺主 各令戒律自修 咸依內禁 若不解律者 退其本次

> 다) (熙平)二年春 靈太后令曰 年常度僧 依限大州應百人者 州郡於前十日 解送三百人 其中州二百人 小州一百人 州統維那與官及精練簡取充數 若無精行 不得濫采 若取非人 刺史爲首 以違旨論 太守縣令綱僚節級連坐 統及維那移五百里外異州爲僧

위의 인용문 가운데 첫 번째는 효문제 延興 2년(472)에 촌락을 배회하는 無籍僧의 檢括에 관한 조칙으로서, 無籍의 비구에 대해서 지방에서는 州鎭에 송부하고, 畿內에서는 昭玄曹(本曹)에 送付한다는 것이다. 그리고

---

45) 山崎宏, 前揭書, pp.500~501.

만약에 불법을 위하여 巡民教化하고자 하는 자가 있으면 州鎭에서는 유나의 증명서를 소지해야 하고 중앙에서는 도유나의 허가를 받아야 한다는 규정이다. 지방의 無籍僧을 州鎭에 송부한다고 했을 때 이는 중앙 本曹의 감독을 받는 名稱不明의 지방 僧曹를 지칭하는 것 같으며 지방 승관으로는 유나가 임명된 듯하다.

그리고 두 번째 인용문은 사문통 혜심의 上言으로서 諸州鎭의 승관인 유나와 더불어 上座, 寺主는 불교의 계율을 지키고 條制를 잘 체득해야할 것이며, 이에 위배될 경우 그 지위에서 물러나야 한다는 것이다. 여기에서는 유나 이외에 상좌, 사주라는 僧職을 말하고 있다. 그런데 寺主라는 것은 梵語 摩摩帝를 중국어로 번역한 것이며, 寺의 主로서 寺務를 총괄하는 직임을 띠고 있었다.46) 그리고 上座는 범어의 悉替那로서 학덕이 높은 데 대해서 존경의 뜻을 표하는 의미이며, 寺主의 경력을 가진 자로서 사원의 책임자였다.47) 이렇게 볼 때 상좌와 사주는 상급기관의 감독을 받고 사원의 승니를 통제하는 사원 운영의 책임자 및 실무자였다.

마지막 인용문은 효명제 熙平 2년(517)에 度僧의 濫採를 방지하고자 했던 靈太后의 명으로서, 문장 가운데 "州統維那與官"이라고 하는 것은 州의 統, 州의 維那 및 俗官을 지칭하는 것이다. 만약에 度僧할 때에 濫採를 했을 경우에는 州의 자사, 군의 태수, 현령 등 관리가 처벌될 뿐만 아니라, 이에 연좌해서 統 및 維那도 "移五百里外異州爲僧"이라고 하는 처벌을 받는다고 규정하였다. 여기에서 주목되는 것은 度僧의 책임이 관리에게도 주어져 있으며, 오히려 승관이 여기에 연좌되고 있었음은 당시 불교가

---

46) 高雄義堅, 前揭論文에서 寺主를 설명해서 梵名의 摩摩帝는 知事의 뜻이며, 知事의 知는 知州, 知府의 知로써 主라는 뜻이다. 때문에 寺主는 사무를 주관하는 寺務長으로서 이를 知事, 혹은 知寺로 불러도 가능한 것이라 하였다.

47) 小笠原宣秀, 前揭論文.

세속적인 군주의 통제에서 벗어날 수 없었다는 북위불교의 성격을 충분히 窺知할 수 있다.

이상의 「석로지」 기사를 간추려 보면 북위의 지방 승관으로서는 各州에 州統이라고 하는 正官과 유나라고 하는 副官이 있었으며, 이하 군현에는 유나가 있었다. 그리고 각 사원에는 사원의 총책으로서 상좌가 있고, 그 아래에 寺務를 총괄하는 사주가 있어서 승니의 통제를 담당하였다. 그리고 지방의 승조는 名稱不明이지만 중앙 본조의 감독 아래 각 사원을 통제하였던 것으로 보인다.

이렇게 볼 때 북위의 승관제는 위로는 사문통에서 아래로는 사주에 이르기까지 피라미드식 조직을 갖추고 있으며, 당시 교단은 이러한 조직을 통해서 통제되었던 것 같다. 아울러 이러한 승관제가 불교계 내부로부터 수립되었던 것이 아니라 帝權에 의한 불교의 통제를 보다 효과적으로 운영하기 위한 조직적 승관제였다는 것을 알 수가 있었다. 이러한 점은 북위에만 국한된 것이 아니고, 이후 북조 후기에서도 이와 같은 성격을 가진 것으로 생각된다.

4. 西魏 · 北周의 僧官制

먼저 『속고승전』 권23, 道臻傳의 기록을 살펴보기로 한다.

> 釋道臻 姓牛氏 長安城南人 出家淸貞不郡非類 謙虛寡交 顧唯讀經博聞 爲業 諸法師於經義有所迷忘者 皆往問之 西魏文帝聞而敬重尊爲師傳 遂 於京師立大中興寺 尊爲魏國大統[48]

---

48) 『大正藏』 第50卷, p.631b.

서위 文帝 大統年間(535~551)에 사문 道臻이 문제의 존경을 받아서 京師의 中興寺에 거처하다가, 마침내 최고의 승관인 (魏國)大統(沙門大統)에 취임했던 사실을 말하여 주고 있다.[49] 또 同書 卷8, 曇延傳에 아래와 같은 기록이 보인다.

釋曇延 俗緣王氏 蒲州桑泉人也 世家豪族 (中略) 帝以延悟發天眞五衆傾 則 便授爲國統[50]

사문 담연이 서위 문제 때에 (國)統에 임명된 사실을 보여주고 있다. 이상의 내용은 북조의 僧曹 및 승관을 나타내는『수서』권27, 百官志의 기록 "昭玄寺掌諸佛敎 置大統一人統一人都維那三人"이라는 내용 가운데 보이는 大統一人, 統一人에 부합하는 것으로서, 서위도 처음에는 북위의 승관 "統"의 칭호를 사용했던 것으로 생각된다. 다만 북위에서 존재하지 않았던 대통이 서위에서 나타나게 되었던 것은 주목된다. 그런데 이러한 서위 초기 승관의 명칭은 이후에 개칭된 것으로 보인다. 이를테면『속고승전』권16, 僧實傳에 아래와 같은 기록이 보이고 있다.

釋僧實 俗姓程氏 咸陽靈武人也……年二十六乃得剃落 有道原法師 擅名 魏代 實乃歸焉……大和末從原至洛 因遇勒那三藏 授以禪法 (中略) 周太祖 文皇 以魏大統中下詔曰 師目麗重瞳偏同虞舜 背隆傴僂分似周公 德宇純 懿軌量難模 可昭玄三藏 言爲世寶篤志任持……至保定年 太祖又曰 師才 深德大 宜庇道俗以隆禮典 乃躬致祈請爲國三藏 實當仁不讓默而受之[51]

49)『佛祖統紀』卷38(『大正藏』第49卷), p.356a에 의하면 "大統元年 勅沙門道臻爲沙門 大統"이라 하여 道臻이 大統에 취임한 해를 大統 元年(535)이었다고 한다.

50)『大正藏』第50卷, p.488a-c.

51)『大正藏』第50卷, pp.557c~558a.

사문 승실이 서위 문제 대통년간(535~551)에 昭玄三藏에 임명되었다가, 다시 北周의 保定年間(560~565)에 國三藏이 되었다. 일반적인 의미에서 삼장이라고 하는 것은 경, 율, 론에 능통한 명승을 가리키는 것이지만, 승실의 경우는 이와는 달리 전후의 내용으로 보아서 승관의 하나로 인정된다. 북주의 사문 曇崇의 경우에 다음과 같은 내용을 전하고 있다.

> 釋曇崇 姓孟氏 咸陽人 生知正見幼解信奉 七歲入道 博誦法言 (中略) 乃下勅云 崇禪師德行無玷精悟獨絶 所預學徒未聞有犯 當是尊以德義 故則衆絶形淸 可爲周國三藏年任陟岵寺主 卽從而敎導 僧尼有序響名稱焉 每爲僧職滯蹤 未許遊涉乃假以他緣遂蒙放免[52]

담숭은 무제 때 周國三藏에 임명됨과 동시에 陟岵寺의 寺主를 겸하면서 승니의 敎導를 담당하였다. 그리고 그가 이러한 僧職에 발이 묶여 있었기 때문에 遊涉이 허락되지 않았던 것이다. 따라서 삼장은 서위이래 북주에 이르기까지 최고의 승직이었던 것이 분명하다.

담숭이 중앙에서 周國三藏으로 있을 때 지방 諸州의 승관에 관한 기록으로서 『속고승전』에 다음과 같은 기록이 보이고 있다.

> 가) 釋僧晃 姓馮氏 綿州涪城南昌人 形長八尺 (中略) 周保定後更業長安 進學僧祇討其幽旨 有難必究是滯能通 又於曇相禪師稟受心法……武帝下勅 延於明德殿 言議開闢彌遂聖心 乃授本州三藏[53]

> 나) 釋亡名 俗姓宗氏 南郡人 本名闕殆 世襲衣冠 稱爲望族……後齊王續部伏敬日增 任滿還雍遂勅歸謁 帝勞遺旣深 處爲夏州三藏[54]

52)『續高僧傳』卷17(『大正藏』第50卷), 曇崇傳, p.568a-b.
53)『續高僧傳』卷29(『大正藏』第50卷), 僧晃傳, p.694b-c.

다) 釋僧瑋 姓潘 汝南平興人也 器量沈深風神詳雅 十三出家……聲問光徹
被于周壤 天子遵賢待德下車問道 召至京師 親奉淸誨 乃勅公卿近臣妃
后外戚 咸受十善因奉三歸 天和五年以葬母東歸 勅使爲安州三藏[55]

위의 내용은 북주 무제 보정년간(561~564)에 周國三藏 僧實의 高弟였던
曇相[56]에게 心法을 배운 僧晃이 綿州三藏에 임명된 것을 비롯해서, 사문
亡名이 夏州三藏에, 그리고 사문 僧瑋가 安州三藏에 임명된 사실을 말해주
는 것으로, 북주 지방 여러 州의 승관을 某州三藏이라고 했던 사실을
알 수 있다.

그런데 『속고승전』권2, 闍那崛多傳에 다음과 같은 기록이 보이고 있다.

闍那崛多……揵陀囉國人也……以周明帝武成年　初屆長安　止草堂
寺……會譙王宇文儉鎭蜀 復請同行於彼三年 恒任益州僧主 住龍淵寺

북주 효명제 武成年間(559~560)에 장안에 왔던 도나굴다가 宇文儉의
蜀지방 정벌에 동행해서 益州僧主가 되었다고 한다. 僧主는 南朝系 승관의
호칭으로서 이것이 여하한 사정에 의해서 북주에 인정되었는가는 불명하
지만, 북주의 승관으로서는 特例로서 諸三藏과는 관계없이 남조치하에
있었던 승관의 舊稱을 그대로 지방적으로 襲用한 것 같이 생각된다.[57]

이상 북주의 승관에 대해서 살펴보았지만 이제 북주의 승관이 어떠한
기관에 소속되어 있었던가를 고찰할 필요가 있다. 우선 『通典』권25, 宗正
卿에 아래와 같은 기록이 보이고 있다.

---

54) 『續高僧傳』卷7(『大正藏』第50卷), 亡名傳, p.481b.
55) 『續高僧傳』卷16(『大正藏』第50卷), 僧瑋傳, p.558a-b.
56) 『續高僧傳』卷16, 本傳 참조.
57) 山崎宏, 前揭書, pp.510~511.

後周置司寂上士中士掌法門之政 又置司元中士下士掌道門之政[58]

북주에서 불교에 관한 종교행정의 책임은 司寂(上士, 中士)이라는 俗官에 移管되었음을 엿볼 수 있다. 그런데 북주의 이러한 제도는 이미 서위의 대통년간에 당시 정치적 실권자였던 宇文泰 등에 의해서 계획되었던 것으로 보인다. 우문태는 서위 대통 10년(544)에 종래의 법제를 통합해서 『中興永式』이라고 하는 五卷의 법제를 제정하였는데, 이는 『주서』 권2, 文帝紀下에 보이는 아래와 같은 기록을 통해서 알 수 있다.

> (大統十年) 秋七月 魏帝以太祖前後所上二十四條及十二條新制 方爲中興永式 乃命尙書蘇綽更損益之 總爲五卷 班於天下 於是搜簡賢才 以爲牧守令長 皆依新制而遣焉 數年之間 百姓便之

따라서 대통 10년경에는 僧尼統制機關이었던 昭玄寺가 존재하였다 하더라도 종래 종교행정의 총책을 담당하던 昭玄大統의 이름은 불교계의 禮法, 道德, 敎學을 담당하는 三藏의 이름으로 바뀐 것 같다.[59] 그러다가 서위 말에 周禮六官이 세워짐에 따라[60] 명실공히 소현시가 폐지되고 삼장의 명칭도 昭玄三藏에서 國三藏으로 개칭된 듯하다. 아울러 國三藏의 권한은 많이 축소된 것 같으며, 종교행정의 권한은 司寂의 俗官에게 이관된 것으로 보인다.

---

58) 『十通分類總纂』 卷54, 宗正卿 참조.

59) 山崎宏, 前揭書, pp.511~512.

60) 『周書』 卷24, 盧辯傳, p.404, "初 太祖欲行周官 命蘇綽專掌其事 未幾而綽卒 乃令辯成之 於是依周禮建六官 置公卿大夫士 並撰次朝儀 車服器用 多依古禮 革漢魏之法 事並施行 今錄辯所述六官著之於篇 天官府(管冢宰等衆職) 地官府(領司徒等衆職) 春官府(領宗伯等衆職) 夏官府(領司馬等衆職) 秋官府(領司寇等衆職) 冬官府(領司空等衆織) 史雖具載 文多不錄".

주지하는 바와 같이 북주 무제 建德 3년(574)에는 道·佛二敎를 廢하고
通道觀을 설치하였으며, 북제를 倂呑한 후 建德 6년(577)에는 북제의 故地
에 다시 폐불을 단행했기 때문에[61] 삼장도 존재의 가치를 잃었던 것이다.
원래 북주의 宇文氏는 胡族軍閥을 중심으로 八柱國 十二大將軍의 軍制를
조직하고[62] 북중국의 漢族이 좋아하는 周禮六官의 형식 아래 漢胡, 南北,
文武를 통합하는 대제국을 건설하려고 했던 것이다. 때문에 불교에 대해서
도 다소 통제는 했지만 周國三藏이라고 하는 승관의 존재가치를 인정했던
것은 분명하다. 그러나 건덕 원년(572)에 18세의 나이로 즉위한 젊은 氣銳
의 군주 무제는 천하통일이라고 하는 건국의 國是에 따라 국가의 경제력을
통일국가의 실현이라고 하는 목적에 부합시켰던 것이다.[63] 이러한 정책
아래 광대한 전지와 농노를 소유한 종교교단, 특히 造寺와 造像에 사용했던
경비 및 면세, 면역의 대상이었던 다수의 승니는 무제의 정책에 역행하는
것이었다. 게다가 蜀지방의 還俗僧 衛元嵩의 平延大寺論理[64]에 입각한
폐불의 제안은 끝내 승니의 환속과 더불어 승관의 존재조차도 인정할
수 없는 경지에 도달하게 되었다.[65]

이상에서 볼 때 북위 이후 서위, 북주의 승관도 불교교단의 내부로부터
세워졌던 것이 아니라 어디까지나 국가가 불교를 이용, 통제하기 위해서

---

61) 塚本善隆,「北魏の廢佛に就いて」『東方學報』16(京都, 1950) ; 中村元 編,『アジア
    佛敎史(中國編Ⅰ)』(佼成出版社, 1975, 東京三版, 1980) 참조.
62) 岡崎文夫,『魏晋南北朝通史』(東京, 1932), p.693 이하 참조.
63)『周書』卷6, 武帝紀 참조.
64)『廣弘明集』卷7(『大正藏』第52卷), 叙列代王臣滯惑解下」, pp.131~132, “衛元嵩
    本河東人……天和二年上書 略云 唐虞之化 無浮圖以治國 而國得安 齊梁之時 有
    寺舍以化民 而民不立者未合道也 (中略) 嵩請造平延大寺 容貯四海萬姓 不勸立曲
    見伽藍 偏安二乘五部 夫平延寺者 無選道俗罔擇親疎 愛潤黎元等無持毀 以城隍
    爲寺塔 卽周主是如來 用郭邑作僧坊 和夫妻爲聖衆……”.
65) 余嘉錫,「北周毀佛主謀者衛元嵩」『中國佛敎史論集(一)』(臺北, 1977) 참조.

조직되었던 것이다.

이러한 점으로 미루어 볼 때 종교문제와 연관해서 북조의 정치, 사회적
특성의 일면을 窺知할 수 있을 뿐만 아니라 북조불교가 가진 성격의 一端을
이해할 수 있으리라 본다.

5. 맺음말

중국 불교사에 있어서 한 나라 안의 불교교단을 통제, 감독하기 위해서
최초의 승관이 창설된 것은 북위 태조 皇始年間에 사문 법과가 도인통에
補任된 것으로부터 비롯되었다. 그런데 최고의 승관인 도인통이 불교계
내부의 필요에 의해서 선출된 것이 아니라 帝權에 의해서 勅任되고, 국가로
부터 상당한 대우와 경제적 지원을 받았던 세속의 官名에 불과했던 것이다.
그것도 군주의 개인적인 신앙심에 기인한 好佛政策이 아니라 어디까지나
무단전제적 성격에 동반된 북위 군주권의 강화 내지는 중앙집권적 통일정
책을 구현하기 위한 불교교단의 통제에 그 목적이 있었던 것이다.

중국의 불교는 漢魏이래 五胡의 爭亂期을 통해서 비상한 세력으로 확대
된 이후, 북위의 건국에 즈음해서는 보다 조직적이고 체계적인 불교통제의
필요에 직면하게 되었다. 즉 화북통일의 雄志를 가지고 중원의 진출을
결심한 북위 군주는 통일정책에 필요한 부락해체, 사민정책 등 여러 가지
정책을 수립함과 동시에 전국의 불교도를 신흥국가에 포섭함으로써 宗敎
輩에 의한 반란의 방지와 더불어 초민족적인 불교신앙을 이용해서 胡·漢
融合을 효율적으로 도모하고자 하였다. 따라서 승관의 창설은 국가가
불교를 통제하고자 하는 필요에 따라서 출현하게 되었던 것이다. 이러한
현상은 북위에서만 나타났던 것이 아니라 後秦의 승관제를 통해서도 엿볼

수가 있었다. 後秦의 文桓帝 弘始年間(399~415)에 국내 최초의 승관이었던 僧正을 비롯해서 悅衆, 僧錄 등을 창설하였지만, 이 또한 姚興의 詔勅에 의해서 임명된 정부의 俗官에 지나지 않았다. 후진의 승관이 구체적으로 홍시 몇 년에 설치된 것인지는 분명하지 않으나 후진불교의 융성이 天竺의 사문 구마라집의 入關에 즈음해서 박차를 가했던 것으로 본다면 불교의 비약적인 발전에 동반된 교단통제의 필요성에 임박해서 나타났던 것이 분명하며 그 통제는 실로 제권에 의해서 실현되었던 것이다.66)

북위의 승관 도인통은 법과에 뒤이어 사문 法達이 계승해 오다가 太武帝의 폐불에 즈음해서는 일시적으로 승관제가 폐지되었다. 그러나 문성제의 불교부흥정책과 더불어 다시 부활되고 이후 사현, 담요가 勅任되었지만, 담요에 이르러 그 명칭은 도인통에서 사문통으로 변경되었다. 그리고 북위의 승조로서는 처음에 감복조가 설치되었다가 이후 소현조로 개칭되었지만 감복조의 설치 연대와 소현조로의 개칭 연대가 명확하지 않아서 필자는 담요의 직책이 昭玄沙門都統이었다는 帶司呼官의 명칭에 의거해서 昭玄으로의 개칭 연대를 담요의 사문통 취임 전후의 시기로 보았다.

다음으로 북위의 최고 승관인 사문통의 아래에는 次官인 昭玄沙門都維

---

66) 小笠原宣秀, 前揭論文에서 남북조의 僧官, 僧曹는 국가의 권력에 대립해서 교단의 자치를 계획하고 교단을 능히 통제해서 王·敎二分의 형세를 출현시키려 하였다. 그래서 그것은 실로 歷朝佛敎 신봉의 태도에 의한 것으로서, 마침내는 국가권력을 가지고서도 억압할 수 없을 정도의 교단 번영을 보게 되는 기초가 되었다고 해서 필자와 상반된 견해를 보이는 듯하다. 그런데 小笠原宣秀가 남북조불교를 구분하지 않고 총괄해서 언급하고 있다는 점에서 필자는 의문을 표시하는 바이다. 또 이러한 견해는 山崎宏이 前揭書, p.480 이하에서 동진불교와 北魏불교를 비교해서 언급하는 과정에서 국가 권위가 약한 동진의 僧官은 강력한 국가 통제주의로부터 출발했던 北魏의 그것과 비교할 때 내용상으로는 현저한 차이가 있다는 것을 믿을 수 있고, 또 그것이 이후 남북조에 있어서 僧官의 성격 차이를 결정하는 것이었다고 해서 잘못이 없을 것이라고 하는 견해와도 상반된 듯하다.

那가 있어서 사문통을 보좌하였다. 그리고 지방 각주에는 正官인 州統과 副官인 維那가 있었고, 이하 군현에도 유나가 있었다. 각 사원에는 상좌가 총책을 맡았고, 그 아래 寺務를 담당했던 사주가 있었다. 그래서 북위의 승관제는 위로 사문통에서 아래로 사주에 이르기까지 피라미드식 조직을 갖추었으며, 당시 교단은 이러한 조직 아래 질서 정연하게 통제되어 갔던 것이다.

서위도 처음에는 북위의 제도에 의거해서 大統, 統을 승관으로 임명했던 사실이 보이지만 문제 大統年間에 그 명칭은 昭玄三藏으로 변경되었고, 북주에 이르러서는 다시 國三藏으로 개칭되었다. 이는 서위 대통 10년에 서위의 실권자 宇文泰에 의해서 단행된 『中興永式』이라는 법제의 제정을 계기로 종래 종교행정의 총책을 담당하던 昭玄大統의 명칭이 불교계의 禮法, 道德, 敎學을 담당하는 삼장의 이름으로 바뀌었던 것이다. 그러다가 서위 말에 周禮六官이 세워지면서 昭玄寺는 폐지되고 國三藏으로 개칭되었으며, 종교행정의 권한은 司寇의 속관에게 이관되었다. 그러다가 북주 氣銳의 군주 무제의 폐불로 말미암아 마침내 승관의 존재는 인정될 수 없었다.

이렇게 볼 때 북조의 승관은 어디까지나 불교교단의 통제를 위해서 帝權에 의해서 창설된 것이며, 이를 통해서 북조불교가 국가적 성격을 지니게 된 一端의 원인을 窺知할 수가 있었다.

제4장 北周의 佛敎復興政策
─宰相 楊堅을 중심으로─

1. 머리말

중국 불교사에서 隋나라 文帝 楊堅의 치세에 나타난 護佛弘法은 南朝
梁의 武帝를 제외하면 역대 帝王 가운데 찾아보기 힘든 불교사업이라
하겠다.[1] 그런데 문제의 이러한 불교정책은 隋朝의 창건과 더불어 비롯된
것이 아니고, 이미 北周 末에 나타났던 불교부흥정책과 긴밀한 관계를
가지고 있었던 것이다.

북주 무제의 佛敎廢毁政策이 중국불교사에 나타났던 三武一宗의 法難
가운데 하나였다는 사실은 주지하는 바이지만, 武帝의 죽음, 宣帝의 즉위
와 더불어 불교의 부흥운동은 급속히 전개되었다. 그러나 당시의 불교부흥
은 조정의 엄격한 통제아래 소수의 옛 사문에 대해서만 爲國行道가 허락된
菩薩僧佛敎였으며, 사문의 체발, 출가가 허락된 보다 적극적인 불교의
부흥은 靜帝의 조정에서 실권을 장악한 재상 양견에 의해서 실현된 것으로
보인다. 양견의 이러한 對佛態度는 크게 두 가지 측면에서 고찰할 수

---

1) 隋 文帝의 治世를 통해서 이룩한 구체적인 불교사업에 관해서는 藍吉富, 『隋代佛敎
史述論』(臺北, 1974), p.47 이하 ; 中國佛敎協會編, 『中國佛敎(1)』(北京, 1980), p.54
이하 참조.

있을 것 같다. 하나는 그의 종교적 신앙심에 기인한 측면에서, 다른 하나는 그의 정치적 의지와 불교의 결합이라는 측면에서 究明할 필요가 있다.

전자에 대해서는 이 방면을 연구하는 불교사가들에 의해서 이미 언급되었기 때문에[2] 필자는 이러한 기존의 연구에 힘입어 북주의 불교부흥이라는 문제를 정치권력과 연관시켜 봄으로써 北周末隋初의 불교 성격 및 周隋革命에 미친 불교의 영향에 대해서 규명하고자 하는 바이다.

2. 宣帝의 卽位와 興佛

북위의 분열이래 장안을 근거로 陝西, 四川, 甘肅地方을 통치하던 북주의 무제는 北齊의 토벌을 위한 부국강병책을 수립한 후 寺僧의 擁立이 有害無益하다고 생각해서 宗敎廢毀라고 하는 무단정책을 실시하였다. 즉 무제 建德 3년(574)에 불교와 도교교단의 존재를 부정하여 모든 佛寺, 道觀 및 禮拜像을 毀滅하고, 승려, 도사를 환속시켰을 뿐만 아니라 나아가서는 유교의 禮典에 기록되어 있지 않는 민간의 祠廟조차도 폐지해 버렸다.[3] 종교교단의 폐지에 따른 인적, 물적 자원은 북제의 토벌을 위한 부국강병에 편성되었던 것이며, 북제의 멸망에 즈음해서는 그 점령지였던 山西, 河南, 河北, 山東地方에도 마침내 宗敎廢毀政策을 실현하였다.[4] 북방의

---

2) 山崎宏, 『支那中世佛敎の硏究』(東京, 1942) ; 郭朋, 『隋唐佛敎』(山東, 1981) ; 橫超慧日, 『中國佛敎の硏究』(京都, 1958) ; 中村元, 『アジア佛敎史(「中國編」Ⅰ)』(佼成出版社, 1975, 東京 三版, 1980) ; 藍吉富, 前揭書.

3) 北魏 太武帝나 唐의 武宗이 廢佛에 중점을 두고 道敎를 세웠던 것에 비해서 北周 武帝가 佛・道二敎와 더불어 민간종교 모두를 폐지하였던 원인, 경과 및 佛・道二敎의 敎義를 연구하는 通道觀(官立硏究所)의 설치에 대해서는 塚本善隆, 「北周の廢佛に就いて」 『東方學報』 16(京都, 1950) 참조.

4) 野上俊靜 外 4人 共著, 『佛敎史槪說』(京都, 1968), pp.41~42에 의하면 建德 6년(577)

불교는 이로 말미암아 쇠진의 상태에 이르게 되었다. 費長房의 『歷代三寶紀』 권11, 譯經篇에는 두 차례에 걸친 폐불의 결과에 대해서 아래와 같이 전하고 있다.

> 宇文覺朔州鮮卑魏丞相泰之世子 泰薨嗣相位 受西魏禪號周 都于長安 至第三主武帝邕世 建德敦牂迄于作㝵 毁破前代關山西東數百年來官私所造一切佛塔掃地悉盡 融刮聖容焚燒經典 八州寺廟出四十千 盡賜王公充爲第宅 三方釋子減三百萬 皆復軍民還歸編戶 慧日旣隱蒼生重昏[5]

또 同書 권12, 重經法式十卷篇에도 다음과 같은 기록이 보이고 있다.

> 昔魏太武毁廢之辰 止及數州弗洹經像 近遭建德周武滅時 融佛焚經驅僧破塔聖教靈跡削地靡遺 寶刹伽藍皆爲俗宅 沙門釋種悉作白衣 凡經十年不識三寶 當此毁時卽是法末 所以人鬼哀傷天神悲慘 慧日旣隱蒼生晝昏[6]

무제의 宗教毁滅政策으로 말미암아 종전의 불탑과 경전은 焚燒되고 4만에 달하는 사묘가 왕공의 第宅으로 하사되었으며, 3백만에 이르는 불교 신자가 軍民으로 환속되었다는 것이다.

특히 여기서 주목되는 바는 종교의 훼멸이라고는 하여도 북주와 북제에

正月, 武帝가 北齊를 討滅했을 때 그 地域에도 寺塔의 파괴나 僧尼의 환속이 일어났지만 그것은 武帝의 詔勅에 의한 것이 아니고 戰亂 때문이었다고 해서 建德 6년에 있었던 宗教毁滅이 사회적 혼란에 同伴된 것으로 간주하고 있다. 이에 비해서 塚本善隆, 『北朝佛教史研究』(『塚本善隆著作集』 第3卷, 東京, 1974), p.643에서는 武帝의 종교정책과 관련된 것으로 설명하고 있어 다소 상반된 견해가 있으나 필자는 塚本의 說을 따랐다.

5) 『大正藏』 第49卷, p.94b.
6) 『大正藏』 第49卷, p.107b.

이르러 그 전성시대를 맞이한[7] 불교교단의 피해가 더욱 극심하였던 것으로 보인다. 그러나 무제의 이러한 종교정책은 백성들의 자유로운 신앙생활을 약탈해 버리는 무모한 정책이었기 때문에 오랫동안 지속될 수 없었다는 것은 쉽게 이해할 수 있다. 따라서 전제군주 무제의 죽음과 더불어 그의 폐불정책은 무너지고 불교는 다시 부흥의 기회를 맞이하게 되었다.

宣政 元年(578) 6월 무제는 북방의 强敵 突厥을 토벌하는 과정에서 병사하고[8] 그의 長子 贇이 계위하여 宣帝가 되었다. 선제는 즉위 익년(579) 정월에 大成이라 改元하고, 同年 2월에는 다시 大象으로 개원함과 동시에 幼少한 태자 衍(靜帝)에게 讓位한 후, 스스로 天元皇帝라 하고, 그 거처를 天臺라 하였다.[9] 그러나 정제가 유소(8세)하였으므로[10] 북주 政事의 실권

---

7) 사원과 僧尼의 수를 통해서 이 시대가 北朝佛教의 全盛時代였다는데 대해서는 拙稿,「南朝貴族佛教에 대하여」『慶北史學』第3輯(大邱, 1981) 참조.

8) 『周書』卷6, 武帝紀下에서는 "(宣政元年) 四月庚申 突厥入寇幽州 殺掠吏民 議將討之 五月己丑 帝總戎北伐……癸巳 帝不豫 止于雲陽宮 丙申 詔停諸軍事 六月丁酉 帝疾甚 還京 其夜 崩於乘輿 時年三十六"이라 하여 武帝의 죽음에 대한 구체적인 내용을 언급하지 않고 단지 突厥을 정벌하는 과정에서 병을 얻어 乘輿에서 崩御하였다고 한다. 그런데『集古今佛道論衡』卷乙, 周祖平齊集論毀法遠法師抗詔事條에는 "帝已行虐三年 關隴佛法誅除略盡 旣克齊境還准毀之 爾時魏齊東川佛法崇盛見成寺廟出四十千 並賜王公充爲第宅 五衆釋門滅三百萬 皆復軍民還歸編戶 融刮佛像焚燒經敎 三寶福財簿錄入官 登卽賞賜分散蕩盡 帝以爲得志於天下也 未盈一年 癘氣內蒸身瘡外發 惡相已顯無悔可銷 遂隱於雲陽宮 纔經七日尋爾傾崩"이라 하여 武帝가 廢佛을 단행하였기 때문에 1년이 못되어 그 惡業에 의해서 병을 얻어 죽었다고 한다. 불교 측의 사료에 이러한 기사가 있다고 해서 얼마나 신빙성이 있느냐는 論據는 명확하게 규명할 수가 없다.

9) 『周書』卷7, 宣帝紀, pp.117~119, "大象元年春正月癸巳 受朝於露門……大赦 改元大成……二月癸亥 詔曰……皇太子衍 地居上嗣 正統所歸……朕今傳位於衍……改大成元年爲大象元年 帝於是 自稱天元皇帝 所居稱天臺".

10) 『周書』卷8, 靜帝本紀에 "靜皇帝諱衍 後改爲闡 宣帝長子也 母曰朱皇后 建德二年六月 生於東宮 大象元年正月癸卯 封魯王 戊午 立爲皇太子 二月辛巳 宣帝於鄴宮 傳位授帝 居正陽宮 二年夏五月乙未 宣帝寢疾 詔帝入宿於露門學 己酉 宣帝崩

은 천원황제에게 있었던 것이다.

무제의 폐불정책으로 말미암아 강제적으로 환속하였던 사문이나, 불교도들은 이제 무제의 죽음과 선제의 즉위에 즈음해서 종교[불교]의 부흥운동을 활발히 전개하였던 것이다. 더욱이 불교가 전성을 이루었던 지난날 북제 영역의 사문이나 불교도들의 부흥운동도 차제에 필연적으로 대두하게 되었다. 그 주도적 인물이 바로 북제의 還俗僧 任道林과 王明廣이다.

『集古今佛道論衡』卷乙, 周祖東巡滅法已久任道林請興佛事條에 의하면 다음과 같은 기록이 보인다.

　　道林法師 俗姓任氏 高齊之時在相州 鄴下有名大德 周氏東平誅除釋種 當時高祖召僧共評廢立 上統等五百餘人無敢陳抗 惠遠法師崛赴抗詔 帝無以答 遂以威滅 道林法師初以他行後乃申表 武帝含弘召至御座 對面交論二十餘日 前後七十餘番 帝極毀懟竟不能屈 既理有所歸 乃付議曹量其可否 會帝昇遐 天元嗣位 ★至大象元年八月二十九日議哀 九月內奏時深加面許 明年正月遂詔頒行 於是佛法如前廣通*又大象元年二月內鄴城故趙武帝白馬寺佛圖澄孫弟子王明廣[11]

우선 위 인용문 가운데 밑줄 친 부분에서 "大象元年"은 "宣政元年"으로[12] "議哀"는 "議衰"로[13]되어야 옳을 것 같다. 이 점에 대해서는 이후

　　帝入居天臺 廢正陽宮 大赦天下 停洛陽宮作"이라 하여 靜帝는 武帝 建德 2년(572)에 東宮에서 태어나 大象 元年(579) 2월에 繼位하였으며, 그때의 나이는 8세가 된다.

11) 『大正藏』第52卷, p.378a.

12) 『集古今佛道論衡』卷乙(『大正藏』第52卷) 목차에는 周祖東巡滅法已久任道林請興佛事條 다음에 周天元皇帝納王明廣表開佛法事條가 있으나 본문 가운데는 명시하지 않고 있다. 그런데 『大正藏』第52卷, p.378, 註11)에서 "又字前行宋本元本宮本俱有周天元皇帝納王明廣表開佛事第十四十六字, 明本有周天元皇帝納王明廣表開佛法事第十四十七字"라고 하여 본문에 인용한 원문 가운데 *표를 한 부분

서술하는 과정에서 밝혀지게 될 것이다.

북주의 무제는 북제 承光 元年(북주 建德 6년, 577) 봄에 동쪽으로 진군하여 북제를 평정하고 사문을 궁정에 불러놓고 폐불의 뜻을 밝혔다. 이때 사문 慧遠법사가 옛 북제 지역에 대한 폐불의 부당함을 주청하였으나 무제는 뜻을 굽히지 않고 단행하였다.[14] 그 당시 임도림은 다른 곳에 있었기 때문에 참석하지 못하였고, 이후 무제 건덕 6년(577) 11월 4일 鄴宮新殿에서 무제가 백성의 상주문을 받아들일 때 임도림은 폐불의 잘못을 설명하고 불교의 부흥을 청원하였다.[15] 그러나 무제는 자신이 단행한 폐불이 부국강병의 실효를 거두어 화북통일의 대업을 달성하였다는 입장을 고수하고, 폐불이야말로 國利民福을 증진시키는 길이라는 소신을 가지고 있었기 때문에 사문 도림의 주청은 허락되지 않았던 것이다.[16]

위 인용문을 보면, 무제가 임도림과 70여 차례에 걸쳐 논의하는 과정에서 도림을 굴복시키지 못하였지만 무제 자신의 의지도 굽히지 않고 일단

부터 王明廣의 表라고 하였다. 그런데 번역본 한글대장경 『集古今佛道論衡』外에서는 본문에 인용된 원문 ★표를 한 부분부터 王明廣의 표로 명기하고 있다. 필자는 『大正藏』의 註에 따른다.

13) 『大正藏』第53卷, p.378 註9)에서 "議哀"의 哀를 "衰"로 하여야 한다고 되어 있다.

14) 『集古今佛道論衡』卷乙(『大正藏』第52卷), 周祖平齊集論毀法遠法師抗詔事條, p.374 이하 참조.

15) 『集古今佛道論衡』卷乙(『大正藏』第52卷), 周祖東巡滅法已久任道林請興佛事條, p.374c 이하 참조.

16) 『廣弘明集』卷10(『大正藏』第52卷), 周祖巡鄴請開佛法事條, p.154c에 장문에 걸쳐 任道林과 武帝의 대화가 오가는 가운데 "自廢已來民役稍希 租調年增兵師日盛 東平齊國西定妖戎 國安民樂豈非有益 若事有益 太祖存日屢嘗討齊 何不見獲 朕壞佛法 若是違害亦可亡身 旣平東夏 明知有益 廢之合理義無更興"이라는 기록이 있고, 『集古今佛道論衡』卷乙, 周祖東巡滅法已久任道林請興佛事條에도 이와 같은 내용이 있다. 물론 『廣弘明集』과 『集古今佛道論衡』의 저자가 동일하기 때문에 동일한 사건에 관해서는 그 내용이 같을 수밖에 없을 것이라는 점은 쉽게 이해할 수 있다.

불교부흥에 관한 임도림의 이론에 대한 가부를 담당부서(曹)에서 심의하게 하였다. 그러나 7개월 뒤 宣政 元年(578) 6월 1일에 무제가 죽고 천원황제가 등극하자 같은 해 8월 29일에 담당부서(曹)의 심의는 그쳤고, 그 해 9월에 천원황제에게 상주한 흥불의 주청이 허락되어 명년(大成 元年) 1월에 조칙이 반포되어 불법이 옛날 같이 廣通하였다는 것이다. 이러한 임도림의 주청에 대한 천원황제의 조칙이 어떠한 내용으로 공포되었는지, 또 "於時佛法如前廣通"이라는 내용은 어떻게 이해하여야 할 것인가에 대해서는 잠깐 미루어 둔다.

다음으로 王明廣의 불교부흥에 관한 주청을 살펴보기로 하자.

『광홍명집』권10, 周祖天元立對衛元嵩上事條에는 왕명광이 大象 元年(580) 2월 27일에 衛元嵩의 폐불에 관한 이론을 論駁하는 장문의 내용 가운데 다음과 같은 기록이 보인다.

> 前僧王明光 大象元年二月二十七日王明光答衛元嵩上破佛法事 鄴城故趙武帝白馬寺佛圖澄孫弟子王明廣 誠惶誠恐死罪上書 (中略) 敬儒士以顯尊重 賤釋子以快其意 賤金貴石有何異乎……下愚之見得申 仁不輕絶 三寶之田頓立 天無不覆 地載寬勝山苞海納 何所不容 十室之內必有忠信 一國之裏可無賢僧 伏惟天元皇帝 舉德納賢招英簡俊 去煩就省州存一寺 山林石窟隨處聽居 有舍利者還令起塔 其寺題名周中興(寺使樂慧之士抑揚以開導志)……卽是道俗幸甚玄儒快志 隆周之帝業重百王 大象之君光於四海 天高聽遠 輕舉庸言 氣悷魂浮 以生冒死 乞降雷電之威 布其風雨之德 謹上 二月廿七日 納言 韓長鸞受書內史上大夫歸昌公宇文澤內史大夫拓跋行恭等問廣曰……17)

여기에서 왕명광은 ① 各州마다 一寺를 두고 寺名을 周中興寺로 할

---

17) 『大正藏』 第52卷, p.157a 이하 참조

것과, ② 편의에 따라 山林石窟에서 수도하는 것을 허락할 것은 물론,
③ 舍利가 있는 경우에는 원래의 곳으로 돌려보내서 사리탑을 건립할
것을 주청하였다. 이러한 주청은 같은 날(대상 원년 2월 27일) 접수가
되었고, 大臣들과 왕명광 사이에 사원의 再建立에 대한 논의가 있은 후에
다음과 같은 기록이 보이고 있다.

> 三月一日 勅賜飲食 預坐北宮 食訖駕發還京 皇帝出北宮南門 與上書人
> 等面辭受拜 拜訖內史託跋行恭宣 勅旨 日月雖明猶衆星輔曜 明王至聖亦
> 尙臣下匡救 朕以闇德 卿等各獻忠謀 深可嘉尙 文書旣廣 卒未尋究 卽當披
> 擥 別有檢校 卿等並宜好住[18]

　　대상 원년(578) 3월 1일에 칙령으로 음식을 내리고 北宮에서 (왕명광과
천원황제가) 함께 자리하였는데 식사가 끝나고 경사로 돌아간 후에 勅旨를
내리기를 문서의 내용이 많아서 찾아 밝히지를 다 못하였다. 마땅히 披覽하
여 따로 檢校할 것이니 卿들이 기다리도록 하라고 하였다.
　　이상에서 북제의 환속승 임도림과 왕명광이 천원황제에게 주청한 불교
부흥에 관한 내용을 살펴보았다.
　　이제 이러한 주청에 대한 천원황제의 조칙이 언제, 어떠한 내용으로
공포되었는지를 고찰해 보기로 하겠다. 먼저 『광홍명집』 권10, 周祖巡鄴請
開佛法事條에 아래의 기록이 보인다.[19]

---

18) 『大正藏』 第52卷, pp.159c〜160a.
19) 『大正藏』 第52卷, p.156c. 이러한 내용은 『集古今佛道論衡』 卷乙(『大正藏』 第52卷),
　　p.377b의 周祖東巡滅法已久任道林請興佛事條에도 보이는데 『廣弘明集』과 『集
　　古今佛道論衡』은 저자가 같기 때문에 내용도 동일한 부분이 적지 않다. 따라서
　　같은 내용을 중복해서 인용하지 않음을 밝혀둔다.

　至五月一日 至長安延壽殿奉見 二十四日帝往雲陽宮 至六月一日帝崩 天
元登詐在同州 至九月十三日 長宗伯岐公奏訖 帝允許之曰 佛理弘大道極
幽微 興施有則法須研究 如此累奏恐有稽違 奏曰 臣本申事止爲興法 數啓
懇懃惟願早行 今聖上允可議曹奏決 上下含和定無異趣 一日頒行天下稱
慶 臣何敢言 至大成元年正月十五日 詔曰 弘建玄風三寶尊重 特宜修敬
法化弘廣理可歸崇 其舊沙門中德行淸高者七人 在正武殿西安置行道

　宣政 元年(578) 6월 1일에 무제가 붕어하고 천원황제가 同州에서 登祚
(위 인용문 "登詐"는 誤記인 듯)하자, 그 해 9월 13일 長宗伯岐(國)公[20]이
주청을 올렸다. 이때 천원황제가 윤허해서 말하기를 "불법의 이치는 넓고
도 크며 道는 극히 아득하고 미묘함으로 興施가 있은 즉 불법을 모름지기
연구하라"고 하였고, 大成 元年(579) 정월 15일에 조칙을 내려서 "옛 사문
가운데 덕행이 淸高한 자 7인을 골라 正武殿 서쪽에 안치해서 행도하게
하라"고 하였다. 여기에서 천원황제가 登祚한 그 해 곧 선정 원년(578)
9월 13일에 長宗伯을 통해서 주청한 사실과 그러한 주청에 따라 대성
원년 정월 15일에 조칙을 내린 일련의 과정은 앞서 언급하였던 임도림의
周祖東巡滅法已久任道林請興佛事條의 기사 "九月內奏時深加面許 明年
正月遂詔頒行"이라는 내용과 연관된 것으로 보아야 할 것이다. 그러므로
앞서 언급하였던 대상 원년은 선정 원년이 되어야 옳다. 그런데 이 조칙에

---

20) 宗伯은 고대에는 六卿 가운데 하나였으며, 祭祀·典禮를 담당하였는데 후에
　禮部尙書를 大宗伯, 禮部侍郎을 小宗伯이라 하였다(『中國古代職官辭典』, 常春樹
　書房, 臺北, 1988). 그런데『周書』卷7, 宣帝紀에 "唯自尊崇 無所顧憚 國典朝儀
　率情變改 後宮位號 莫能詳錄 每對臣下 自稱爲天 以五色土塗所御天德殿 各隨方
　色……又不聽人有高大之稱 諸姓高者改爲姜 九族稱高祖者爲高祖 曾祖爲次長祖
　官名凡稱上及大者改爲長 有天者亦改之"라는 기록을 보면, 長宗伯은 大宗伯을
　지칭하는 것이다. 또『周書』卷7, 宣帝紀의 "(宣政元年 秋七月) 庚戌 以小宗伯
　岐國公斛斯徵爲大宗伯"이라 있음을 보면 당시 長宗伯岐國公은 斛斯徵이었음을
　알 수 있겠다.

서는 玄風을 널리 세우고 삼보를 존중하여 법을 넓히고 그 이치를 돌이켜
존숭하라고 하면서도 옛 사문 가운데 7인만 골라 행도하게 하였다는 것은
앞서 지적하였던 "於時佛法如前廣通"이라는 사실과는 일치하지 않음을
알 수 있다. 이를테면 대성 원년 정월의 조칙은 극히 소규모로 궁정 안의
숭불이 인정되었을 뿐 아직 천하에 불교의 부흥이 公許된 것은 아니었기
때문에 폐불 이전과 같이 널리 불교가 興隆할 수는 없었다.

周祖巡鄴請開佛法事條에는 위 인용문에 계속해서 다음과 같이 기록하
고 있다.

二月二十六日改元大象 又勅 佛法弘大千古共崇 豈有沈隱捨而不行 自今
以後 王公已下幷及黎庶 並宜修事知朕意焉 即於其日 殿嚴尊像具修虔敬
于時佛道二衆 各銓一大德令昇法座 勸揚妙典 遂使人懷無畏 互吐微言佛
理汪汪沖深莫測 道宗漂泊淸淺可知 挫銳席中王公嗟賞

대성 원년 2월 26일에 연호를 대성에서 대상으로 改元하고, 조칙을
내리기를 "불법은 넓고 커서 千古이래 모두 숭상하는 바인데 어찌 숨기고
버려서 행하지 않는가? 이후 왕공 이하 黎民에 이르기까지 닦고 섬기도록
하여 짐의 뜻을 알게 하라"고 하였다. 즉 이제는 왕공 서민에 이르기까지
널리 불법의 숭상을 허락한다는 내용으로 이해하여야 할 것 같다. 그러나
이 또한 剃髮 출가를 통한 자유로운 신앙생활이 인정된 것은 아니었다.
아래의 내용을 통해서 알아보기로 한다. 우선 『집고금불도논형』卷乙,
天元皇帝納王明廣表開佛法事條에 아래와 같은 기록이 보이고 있다.

又大象元年二月內鄴城故 趙武帝白馬寺佛圖澄孫弟子王明廣 上衛元嵩
破佛法事 表達天元皇帝至四月八日 內史上大夫宇文譯宣嵩勅旨 佛敎興

來多曆年代 論其至理實自難明 但以世代澆浮不依佛敎 致使淸淨之法變
成濁穢 太祖武皇帝所以廢 而不存正爲如此 朕今情存至道思弘善法 方欲
簡擇練行恭修此理令形服不改德行仍存 敬設道場欲行善法 王公已下並宜
知委 餘如前說[21]

그리고 『광홍명집』 권10, 周祖巡鄴請開佛法事條에도 앞 인용문에 계속
해서 다음과 같이 기록하고 있다.

至四月二十八日 下詔曰 佛義幽深神奇弘大 必廣開化儀 通其修行 崇奉
之徒依經自檢 遵法之人勿須剪髮 毀形以乖大道 宜可存鬒髮嚴服以進高
趣 令選舊沙門中懿德貞潔學業沖博名實灼然聲望可嘉者一百二十人 在陟
岵寺爲國行道 擬欲供給資須四事無乏 其民間禪誦 一無有礙 惟京師及洛
陽 各立一寺 自餘州郡猶未通許[22]

『집고금불도논형』의 내용은 대상 원년 2월에 후조 武帝 때 鄴城에서
활약했던 불도징의 孫弟子였던 왕명광이 衛元嵩의 폐불에 대한 반박의
表를 올렸던 것이다. 이는 앞서 『광홍명집』 권10, 周祖天元立對衛元嵩上事
條에서 살펴보았던 대상 원년 2월 27일 왕명광의 주청을 요약해서 전하고
있는 것이다. 이 上表가 同年 4월 8일에 천원황제에게 도달되었고, 황제는
勅旨를 통해서 사문은 형색과 의복을 바꾸지 말고 道場을 세워 善法(佛法)
을 닦도록 하라고 하였다.

이를 구체적으로 전하고 있는 내용이 『광홍명집』에 보이는 대상 원년
4월 28일의 조칙이라 하겠다. 이에 따르면 불교를 숭상하는 무리들은 경전
에 의거해서 自檢할 것이며, 불도를 따르는 사람들은 모름지기 머리카락을

---

21) 『大正藏』 第52卷, p.378a.
22) 『大正藏』 第52卷, p.157a.

자르고 형체를 훼손해서 大道에 어긋나게 해서는 안 되며, 마땅히 鬐髮,
嚴服해서 숭고한 이치에 나아가야 한다. 그리고 옛 사문 가운데 덕이
뛰어나고 학식이 넓고 名實 確然하여 名聲이 가상한 자 120인[23])을 선발해
서 陟岵寺에서 爲國行道하게 하고 필요한 물자를 공급하도록 하였다.
오직 京師 및 낙양에만 각각 一寺를 두고 기타 州郡에는 사원 건립을
허락하지 않았다. 바꾸어 말하면, 이때의 조칙은 체발 출가를 통한 신앙생
활이나 자유로운 弘敎가 公許되었던 것이 아니고, 오직 옛 사문 가운데
學德을 겸비한 인물 120인만이 장안, 낙양의 陟岵寺에서 菩薩僧[24])으로
수도하게 했던 것이다.

   이상의 기록은 임도림과 왕명광의 주청에 의한 천원황제의 불교부흥에
관한 내용이었다. 그렇다면 천원황제가 이와 같이 불교부흥의 조칙을 반포
한 원인은 어디에 있었던 것일까? 이는 여러 측면에서 고찰할 수 있겠지만,
그 근본적인 원인은 황권의 강화에 중점을 두었던 것으로 생각된다.『주서』
권7, 선제기 대상 원년 冬十月壬戌條에 아래와 같은 기록이 있다.

   帝幸道會苑大醮 以高祖武皇帝配 醮訖 論議於行殿 是歲 初復佛像及天
   尊像 至是帝與二像俱南面而坐 大陳雜戲 令京城士民縱觀

---

23) 『大宋僧史略』卷下(『大正藏』第54卷), p.252c의 菩薩僧條에 "大象元年勅曰 太武皇
   帝爲嫌濁穢 廢而不立 朕簡者舊學業僧二百二十人 勿翦髮毁形 於東西二京陟岵
   寺 爲國行道所資公給"이라고 하여 옛 沙門 가운데 220인을 선발하였다고 하여
   『廣弘明集』이나 『集古今佛道論衡』의 120인과 차이가 있다.

24) 同上, pp.252c~253a, "時有高僧智藏 姓荀氏 建德二年 隱終南紫閣峰 至宣帝時出謁
   勅令長髮 爲菩薩僧 作陟岵寺主 大象二年 隋文作相 藏謁之 因得落髮 又釋彦琮不
   願爲通道觀學士 以其菩薩僧須戴花冠衣瓔珞像菩薩相 高僧惡此形 非佛制也"
   라고 하여 北周 선제 때 처음으로 長髮로 修道했던 불교의 제도가 아닌 菩薩僧이
   있었다.

여기에서 불상과 천존상의 造立은 이미 대상 원년 초에 허락된 것 같고, 同年 10월에 이르러 천원황제는 불상, 천존상과 同坐, 남면하여 경성의 士民이 陪觀하는 가운데 雜戱를 즐겼다는 것이다. 專橫放縱한 청년 황제의 이러한 태도는 자신의 경건한 신앙심으로부터 나왔던 종교부흥이라기보다는 二神과 同坐해서 스스로의 절대권을 臣民 위에 나타내기 위했던 것으로 생각된다.[25]

이상에서 북제의 舊沙門이었던 임도림과 왕명광의 이름하에 남겨진 사료를 통해서 불교부흥운동이 무제의 죽음과 더불어 조정을 향해서 주청되었고, 그것이 선제에게 쉽게 받아들여져 불교 再興의 端緖로 전개되었다는 점에 관해서 살펴보았다. 그러나 무제의 폐불이 단행되기 이전의 화북지방에는 종교[불교]의 지배력이 증대해서 사탑의 건립이 천하에 확대되고, 朝野의 官民이 불교에 의지해서 현실의 안정을 회구하는 생활이 일반적이었기 때문에 폐불에 대한 백성들의 불만도 가히 짐작할 수 있다. 다만 강력한 전제군주 아래에서 관민의 복종이 강요되었기 때문에, 이러한 불만이 일시 침묵을 지킨 데 지나지 않았던 것으로 보인다. 그러다가 무제의 죽음과 더불어 불교의 부흥이 고려되고 그 운동이 보다 구체화되고, 열렬히 전개된 것은 시대가 부여한 필연의 추세였던 것이다.

本章에서는 舊沙門 임도림과 왕명광의 상주문을 인용하였지만[26] 실로

---

25) 『周書』 卷7, 宣帝紀에 의하면 宣帝가 東宮에 있던 시절 武帝는 그의 행위에 대해서 너무나 엄격하고 冷酷할 정도로 통제를 가했기 때문에 親愛의 情을 느끼지 못한 宣帝는 오히려 아버지를 미워하고 그의 죽음을 원망했다고 한다. 20세에 계위한 그는 천하의 子女를 擇하여 后宮으로 삼고 驕奢淫亂한 游樂生活을 하였기 때문에, 그의 종교정책도 오히려 절대권의 행사에서 나온 것으로 생각된다.

26) 『廣弘明集』이나 『集古今佛道論衡』에는 佛法保護를 위해서 노력한 沙門의 업적을 특별히 顯彰하기 위해서 두 沙門의 불교부흥에 관한 상소문을 수록한 것으로 보인다.

종교부흥의 희망은 수많은 관민이 원하는 바였고, 그 운동에 참여했던
사람들도 적지 않았으리라 추측된다. 그러나 이러한 운동을 통해서 나타난
천원황제시대의 불교부흥에는 미묘한 한계가 있었다. 즉 출가 체발을 통한
자유로운 신앙생활이나 傳道가 천하에 公許된 것이 아니고, 오직 學德을
겸비한 옛 사문만이 궁중이나 장안, 낙양의 관사[陟岵寺]에서 보살승으로
수도케 했던 것이다. 이는 당시 조정의 對佛態度에 기인한 것으로서, 선제
의 조정에서 前代의 폐불을 비난하고 이를 일시에 부흥시킴으로써 왕실의
권위를 실추시키려 하지는 않았을 것이다. 때문에 선제는 유교주의적 이상
아래 부국강병을 위해서 실현한 앞선 조정의 폐불이 일단 이유 있음을
인정하고, 폐불의 원인은 오히려 청정을 더럽힌 佛敎徒 자신에게 무거운
책임이 있다고 하였다. 그래서 천원황제가 도모했던 불교의 부흥이 당시
사문이나 불교도들을 만족시키지 못했던 것이다. 이는 『속고승전』 권8,
曇延傳에 다음과 같은 내용을 통해서도 알 수 있다.

> 至武帝將廢二教 極諫不從 便隱於太行山 屏迹人世 後帝召延出輔 中使
> 屢達 而確乎履操 更深嚴處 累徵不獲 逮天元遘疾 追悔昔愆 開立尊像 且度
> 百二十人爲菩薩僧 延預在上班 仍恨猶同俗相 還藏林藪[27]

무제의 폐불 때 太行山에 隱居했던 曇延이 120인의 보살승에 선출되었
지만, 長髮, 俗服을 강요하는 불교부흥에 불만을 품어 이를 받아들이지
않고 산림에 돌아가 버렸던 사실을 말하고 있다. 그렇지만 천원황제가
붕어하고 유소한 정제를 대신해서 외척 양견이 북주의 실권을 장악하는
왕조 말기의 정치적 변화와 더불어 이제는 자유로운 弘佛의 날을 맞게

---

27) 『大正藏』 第50卷, p.488c.

되었다.

3. 宰相 楊堅時代의 佛敎復興

북주 大定 元年(581) 2月에 정제의 禪讓을 받아 隋朝를 개창한 양견은 북주 말 이미 尊位 權重한 지위에 있었다. 그의 父 楊忠은 宇文泰의 북주 창립에 공을 세워 普六茹氏의 姓을 하사받았으며, 官位는 柱國, 大司空, 隋國公에 이르렀다.[28) 또 그의 妻 獨孤氏는 明帝 獨孤皇后의 親姊妹였고,[29) 長女는 선제의 다섯 황후 가운데 한 사람이었다.[30) 이러한 북주 왕실과의 관계를 통해서 양견 자신은 선제 때 부친의 爵位를 承襲해서 上柱國, 大司馬, 大後承, 楊洲總管을 역임하고,[31) 대상 2년(580) 5月 선제의 죽음에 임해서는 御正下大夫 劉昉, 內史上大夫 鄭譯과 결탁하여 左大丞相이 되고, 유소한 정제(즉위 당시 8세)에 대신해서 政事를 총괄하다가 同年 9月에는 大丞相이 되었다.[32) 이러한 사실은 일찍이 양견이 선양의 平和革命에 의해서 수나라를 창건할 정치적 기반을 확립해 놓았다는 사실을 알 수 있겠다. 그런데 이때를 당해서 불교에 관한 기사가 『주서』 권8,

28) 『隋書』卷1, 高祖紀上, p.1, "高祖文皇帝姓楊氏 諱堅 弘農郡華陰人也……禎生忠 忠卽皇考也 皇考從周太祖起義關西 賜姓普六茹氏 位至柱國, 大司空, 隋國公".

29) 『周書』卷9, 明帝獨孤皇后傳, p.143, "明帝獨孤皇后 太保衛國公信之長女" ; 『隋書』 卷36, 后妃傳, p.1108, "文獻獨孤皇后 河南洛陽人 周大司馬河內公信之女也".

30) 『周書』卷9, 宣帝楊皇后傳, p.145, "宣帝楊皇后名麗華 隋文帝長女".

31) 『周書』卷7, 宣帝紀 참조.

32) 同上, 大象二年 五月己酉條, p.124, "御正下大夫劉昉 與內史上大夫鄭譯矯制 以隨 國公堅受遺輔政 是日 帝崩於天德殿" ; 『周書』卷8, 靜帝紀, pp.131~134, "(大象二 年) 五月庚戌……柱國漢王贊爲上柱國右大丞相 上柱國揚州總管隨國公楊堅爲 假黃鉞左大丞相……帝居諒闇 百官總己以聽於左大丞相 (中略) (九月)壬子 丞相 去左右之號 隨公楊堅爲大丞相".

靜帝紀에 보이고 있다.

> (大象二年五月) 己酉 宣帝崩……庚戌……其天中大皇后陳氏, 天右大皇
> 后元氏, 天左大皇后尉遲氏 並出俗爲尼

선제의 다섯 황후 가운데 天元大皇后 楊氏(양견의 女)와 天大皇后 朱氏
(정제의 母)를 제외한 세 황후가 무슨 이유였던지 선제의 사후에 세속을
떠나 비구니가 되었다는 것이다.[33] 또 정제기에는 다음과 같은 기록도
보이고 있다.

> (大象二年) 六月庚申 復行佛道二敎 舊沙門道士精誠自首者 簡令入道

이 두 기사 가운데 "出俗爲尼", "簡令入道"라고 표현한 것은 선제 때
鬢髮, 俗服의 보살승을 허락한 것과는 달리 剃髮, 僧衣의 사문을 인정하게
되었다는 것이다. 이를 傍證하는 사료로서는 『속고승전』권19, 法藏傳에
아래와 같은 기록을 통해서 입증할 수 있겠다.

> 大象二年五月二十五日 隋祖作相於虎門學 六月藏又下山 與大丞相對論
> 三寶經宿 卽蒙剃髮 賜法服一具 雜綵十五段 靑州棗一石 尋又還山 至七月
> 初 追藏下山 更詳開化 至十五日 令遣藏共竟陵公 檢校度僧百二十人 並賜
> 法服 各還所止 藏獨宿相第 夜論敎始 大定元年二月十三日 丞相龍飛 卽改
> 爲開皇之元焉 十五日奉勅追前度者置大興善寺爲國行道 自此漸開方流海
> 內 豈非藏戒行貞明禪心鬱茂[34]

---

33) 『周書』卷9, 宣帝朱皇后傳에 "宣帝崩 靜帝尊爲帝太皇后 隋開皇元年 出俗爲尼"라
   하여 朱皇后도 수나라 開皇 元年에 비구니가 되었다.
34) 『大正藏』第50卷, p.581b.

북주 무제의 폐불에 즈음해서 嚴處에서 禪房을 만들고, 홀로 불법을 지켜오던 사문 法藏[35])이 승상 양견과 더불어 밤새워 담론한 결과 체발을 허락받고 아울러 법복을 하사받았다. 이와 더불어 법장의 檢校를 받은 120명의 사문에게도 법복을 하사하여 각기 머물고 있는 곳으로 돌아가게 하였다는 것은 선제의 불교정책과는 달리 체발, 승복의 불교부흥이 인정된 것으로 보아야 한다. 그런데 이러한 대불정책은 당시 북주 조정의 실권을 장악한 재상 양견으로부터 취해진 것이 분명하다.[36) 史書에 의하면 양견의 출생 및 幼時의 성장 과정에 대해서 비교적 상세하게 기록하고 있다. 『수서』권1, 高祖紀上의 기록을 보면 아래와 같다.

　皇妣呂氏 以大統七年六月癸丑夜 生高祖於馮翊般若寺 紫氣充庭 有尼來自河東 謂皇妣曰 此兒所從來甚異 不可於俗間處之 尼將高祖舍於別館 躬自撫養 皇妣嘗抱高祖 忽見頭上角出 徧體鱗起 皇妣大駭 墜高祖於地 尼自外入見曰 已驚我兒 致令晩得天下

또 『집고금불도논형』卷乙, 隋兩帝事宗佛理稟受歸戒事條에도 이와 유사한 기록을 전하고 있다.

---

35) 『續高僧傳』卷9, 本傳에 의하면 大象 元年 9월, 10월에 宣帝에게 武帝의 廢佛을 비난하고 전면적인 불교의 부흥을 주청하다가 宣帝의 노여움을 샀다. 이후 帝의 赦免을 얻고 陟岵寺主로 임명되었으나 응하지 아니하고 다시 입산해서 수도생활에 정진하다가 宣帝의 죽음에 임해서 楊堅에게 剃髮出家를 종용하였던 것이다.

36) 湯用彤, 『漢魏兩晋南北朝佛敎史』(商務印書館, 1938, 臺一版, 1973), p.92에서 "宣靜二帝之復敎 疑實出楊堅之意 故佛法再興 實由隋主也"라 말하고 있으나 필자는 宣帝시대의 불교부흥이 楊堅의 건의에 의한 것인지 아닌지는 사료의 명문을 발견할 수 없었기에 단언할 수 없다. 하지만 靜帝시대의 불교부흥에 관해서는 『續高僧傳』卷23, 智炫傳에 "隋文作相 大弘佛法"이라 말하고 있음으로 楊堅의 主動과 提唱에 의한 것이라 할 수 있다.

帝以後魏大統七年六月十三日 生于同州般若尼寺……有神尼者 名曰智
仙 河東劉氏女也……及帝誕日 無因而至 語太祖曰 兒天佛所祐 勿憂也
尼遂名帝爲那羅延 言如金剛不可壞也 又曰 兒來處異倫俗家穢雜 自爲養
之 太祖乃割宅爲寺 以兒委尼……佛法當滅 由兒興之……初在寺養 帝年
至十三 方始還家 及周滅二敎 尼隱皇家[37]

그 외 『속고승전』 권26, 道密傳, 『辨正論』 권3 등에도 이와 비슷한 내용이
보이고 있다. 위 인용문의 사료를 통해서 알 수 있는 사실은 양견이 同州(陝
西省 大荔縣) 般若尼寺에서 출생하여 智仙이라는 비구니 하에서 성장하다
가 13세에 사원을 떠나 가정으로 돌아왔다는 것, 또 비구니 지선은 양견의
가정과 밀접한 관계를 가지고 있었다는 점 등이다. 이러한 점은 불교도의
행위로 간주할 수 있기 때문에 일찍이 양견의 가정은 불교와 깊게 관련되어
있었고,[38] 이로 인하여 그는 幼時부터 佛寺에서 불교의 영향 아래에 성장하
였다. 이러한 어린 시절의 종교교육은 불교 이외의 초자연적 사물에 대한
敬信의 마음도 갖추게 되었다. 이에 관한 기록을 보면 아래와 같다.

가) 後帝以歲暮晩日 登仁壽殿 周望原隰 見宮外燐火彌漫 又聞哭聲 令左右
　　觀之 報曰鬼火 帝曰 此等工役而死 旣屬年暮魂魄思歸耶 乃令灑酒宣敕
　　以呪遣之 自是乃息[39]

나) 二十年間 天下無事 區宇之內晏如也 考之前王 足以參蹤盛烈……又雅
　　好符瑞暗於大道[40]

---

37) 『大正藏』 卷52, p.379a.
38) 『八瓊室金石補正』 卷26에 의하면 "栖嚴道場者 魏永熙之季 大隋太祖武元皇帝之
　　所建立"이라 하여 楊堅의 父 楊忠이 일찍이 불교도의 한 사람이었음을 말해주고
　　있다.
39) 『隋書』 卷24, 食貨志, p.683.

다) 自古帝王之興 必有異人補佐 我昨讀霸朝集 方知感應之理[41]

이와 같이 양견은 符瑞와 讖緯를 좋아하였다고 한다.[42] 이러한 종교적 성격을 소유했던 양견이 무제의 宗教毀滅政策에 동조하지 않았을 것은 당연한 사실이며, 나아가 국정을 좌우하는 관직에 진출했을 때 유소한 황제를 대신해서 보다 적극적인 불교부흥책을 시도했던 것은 쉽게 이해할 수 있다.

다음은 현실적 측면에서 볼 때 양견의 불교부흥은 당시 백성의 衆望을 자기에게 집중시키기 위한 정치적 의미가 내포되어 있었다. 북주 무제의 종교훼멸정책이 주례에 의거한 유교적 통일국가의 건설과 북제 토벌을 위한 부국강병책에 의한 것이라면,[43] 양견의 종교부흥정책도 隋朝 창건을 위한 民心收拾 차원에서 수립된 종교정책의 일환이었다고 이해하여야할 것이다.

선제의 죽음과 더불어 외척 양견이 劉昉, 鄭譯과 더불어 북주 조정의 실권을 장악하게 되었다는 것은 旣述하였지만, 이들이 추구한 정책은 천하의 민심을 귀복시키고자 하는데 있었다. 이를테면,『북사』권11, 隋本紀의 기록은 아래와 같다.

(大象二年五月庚戌) 靜帝詔假黃鉞, 左大丞相 百官總己而聽焉 以正陽宮爲丞相府 以鄭譯爲長史 劉念昉爲司馬 具置僚佐 周宣時刑政峻酷者 悉更以寬大之制 天下歸心矣

40)『隋書』卷2, 高祖紀下, p.55.
41)『隋書』卷42, 李德林傳, p.1202.
42) 불교 가운데 상당히 많은 符讖의 사례가 포함되어 있다고 하는데 대해서는 藍吉富, 前揭書, pp.4～5 참조.
43) 塚本善隆, 前揭論文 참조.

정제의 조정에서 실권을 장악한 양견은 선제시대의 弊風惡政을 고쳐서
천하의 민심을 수습하는 데 전력을 기울였다는 사실을 알 수 있다. 그러므
로 민심의 안정을 통해서 새로운 왕조의 창건을 위한 기반을 구축하는
과정에서 수립된 정책의 하나가 바로 불교부흥정책이었던 것으로 생각된
다. 이는『長安志』권7, 大興善寺條에 "初曰 遵善寺 隋文承周之後 大崇釋
氏 以收人望 移都 先置此寺 以其本封名焉"[44]이라 하여 양견이 周隋革命
이후에 불교를 크게 숭상하여 인망을 얻으려고 하는 사실은 그가 수나라의
창건에 앞서서 불교의 부흥을 통한 인심의 수렴에 노력하였다는 것을
알게 한다.

永嘉의 亂 이후 남북조를 통해서 불교가 민간에 널리 유포되어 그 융성한
기반을 확립하게 되었던 것은 주지의 사실이지만, 북제라고 하는 한 왕조의
治下에서 승니의 수가 무려 400만이었다고 하는 것을 보면,[45] 북주 무제의
폐불 이전에 화북불교의 교세를 가히 짐작할 만하다. 이러한 상황에서
단행된 무제의 폐불이야말로 수많은 불교신자들의 불만을 야기시켰을
것이고, 나아가 민심의 이반을 초래했으리라는 것은 상상하기 어렵지 않
다. 그러므로 선제의 즉위와 더불어 옛 사문의 활동을 통한 불교부흥의
단서가 열리면서 마침내 菩薩僧의 존재가 인정되었다. 그러나 제한된
불교부흥정책에 만족하지 못했던 사문들의 부흥운동은 계속되고, 불교도
또한 이에 적극 가담하였을 것이다. 불교의 영향을 받아 성장한 양견은
이러한 왕실 내외의 사정을 충분히 窺知하였을 것이고, 새로운 왕조의
창건을 위해 정치적 기반을 다져갔던 그가 불교를 통한 민심의 안정을
도모하고자 했던 것은 당연하다. 아래『속고승전』권2, 彦琮傳의 기록을

---

44) 宋敏求,『長安志』卷7(北京, 中華書局, 叢書集成初編), 大興善寺條.
45)『佛祖統紀』卷53, 經目僧數條, "北齊文宣 僧尼四百萬人 寺四萬所".

살펴보자.

    及周武平齊 尋蒙延入……通道觀學士 時年二十有一 與宇文愷等周代朝
賢 以大易老莊 陪侍講論 江便外假俗衣 內持法服 更名彦琮……至宣帝在
位 每醮必累日通宵 談論之際因潤以正法……與朝士王邵辛德源陸開明唐
怡等 情同琴瑟 號爲文外玄友 大象二年 隋文作相 佛法稍興 便爲諸賢 講釋
般若 大定元年正月 沙門曇延等 同擧奏度方蒙落髮 時年二十有五 至其年
二月十三日 高祖受禪 改號開皇 卽位講筵 四時相續 長安道俗 咸拜其塵
因卽通會佛理 邪正沾濡 沐道者萬計 又與陸彦師, 薛道衡, 劉善經, 孫萬壽
等 一代文宗 著內典文會集

원래 언종은 趙郡 栢人縣(河北省 堯山縣) 李氏家庭의 甲族出身으로
10세에 출가하여 사문이 되었던 사람이다.[46] 平齊 後에 폐불이 단행되었을
때에도 무제에게 그 才學을 인정받아 21세의 나이에 通道觀學士가 되어
朝廷賢臣들과 더불어 易이나 노장의 담론에 陪侍하였다. 선제 때에는
조정의 名士와 더불어 琴瑟의 교제를 하여 "文外玄友"로 불리면서 이들의
사회에 불법의 弘布를 잊지 않다가 양견의 불교부흥에 동반해서 반야경의
講釋에 임했다는 것이다.

양견의 입장에서 볼 때 이러한 지식계급의 사회에 깊은 유대를 가지고
있는 사문을 얻는다고 하는 것은 결국 자기의 정책을 지지하고 보좌할
수 있는 지식계급의 명사를 얻는 것과 일맥상통한 것이라 할 것이다. 한편
현학에 마음을 의탁하고 사문과 琴瑟의 교제를 통해서 불교적 소양을
갖추고 있던 이들 명사가 사문을 통해서 새로운 집정자의 정치에 참여하였
을 때 여기에 아낌없는 협조와 身命을 바칠 것은 당연한 사실이다. 이러한

---

46)『續高僧傳』卷2, 本傳, p.436b, "釋彦琮 俗緣李氏 趙郡栢人人也 世號衣冠 門稱甲
    族……至于十歲 方許出家 改名道江".

경우는 언종뿐만 아니라 사문 曇延의 경우도 또한 그러하였다. 담연은 蒲州 桑泉(山西省 臨晉縣)人으로 일찍이 周室에 중용되었던 豪族家門의 독서인 출신[47]이고 양견의 집정과 함께 불교의 再興에 활약했으며, 수나라의 건국과 더불어 더욱 중히 여겨졌다. 이는『속고승전』권8, 그의 傳에 보이는 아래의 기록을 보아 알 수 있다.

移都龍首 有勅於廣恩坊給地 立延磬師衆 開皇四年 下勅改延衆 可爲延興寺 面對通衢 京城之東西二門 亦可取延名 以爲延興延平也 然其名爲世重 道爲帝師 而欽承若此

이외에 양견과 사문 曇崇,[48] 僧猛[49]의 관계를 통해서도 이러한 사실을 충분히 窺知할 수 있다.

이상의 사실을 통해서 북주 정제 조정의 실권자 양견에 의해서 불교정책의 변화, 이를테면 菩薩僧 불교에서 剃髮僧 불교로 전환된 요인의 하나가 바로 周隋革命을 위한 人望收斂이라고 하는 현실적인 정책과 긴밀한 연관성이 있음을 알 수 있다. 아울러 무제의 폐불정책에 불만을 가지고, 선제의 제한된 홍불에도 만족하지 않았던 사문들이 왕조 교체기의 정책전환을 기회로 그 융성의 기반을 확립했다는 사실도 충분히 엿볼 수 있다. 재상 양견의 시대에 부흥의 궤도에 올랐던 불교가 그의 황제 즉위와 더불어 비약적 진전을 가져오게 되었다는 것은 필연의 추세라 하겠다.

---

47)『續高僧傳』卷8, 本傳, p.488a, "釋曇延 俗緣王氏 蒲州桑泉人也 世家豪族 官歷齊周 而性協書籍".

48) 上同書 卷17, 曇崇傳.

49) 上同書 卷23, 僧猛傳.

4. 楊堅의 즉위와 佛敎

양견은 大象 2년 9월 북주의 大丞相이 되어 국정을 장악하고 同年 12월에 隋主가 되었다가 익년 大定 元年(581)에는 정제의 선양을 받아 隋朝를 창건하였다.[50] 북주의 선제가 夭死하고 정제가 유소해서 즉위했기 때문에 조정대신의 최고 실권자였던 양견은 평화적 방법에 의해서 쉽게 帝位를 얻을 수가 있었다.[51]

북주에 대신해서 隋朝를 창건한 文帝(양견)의 구체적인 정치체제 및 사상에 관해서는 究明해야할 점이 많겠지만 그의 정치사상의 중심은 무엇보다도 새로운 통일국가의 완성이라는데 있었던 것이다. 문제가 선양의 형식에 의해서 제위에 즉위하자 宇文氏의 자손과 周室大臣의 원한은 물론, 마침내 그의 딸 天元大皇后마저도 이에 대한 불만을 가지게 되었다.『資治通鑑』에는 다음과 같이 전하고 있다.

> 初劉(昉) 鄭(譯) 矯詔以隋主輔政 楊后雖不預謀 然以嗣子幼沖 恐權在他族 聞之 甚喜 後知其父有異圖 意頗不平 形於言色 及禪位 憤惋逾甚 隋主內甚愧之[52]

이로써 양견의 선위를 계기로 부녀 사이의 감정이 악화되었다는 사실을 알 수 있다.

政敵들에 대하여 수 문제는 지극히 강경한 대책을 강구하였는데『二十

---

50)『周書』卷8, 靜帝紀.

51)『二十二史箚記』卷15(趙翼 著, 王樹民 校證, 北京, 中華書局, 1984년 1판, 2001년 2쇄), 隋文帝殺宇文氏子孫條, p.332, "古來得天下之易 未有如隋文帝者 以婦翁之親 値周宣帝早殂 結鄭譯等 矯入輔政 遂安坐而攘帝位".

52)『資治通鑑』卷175(북경, 중화서국, 1997년), p.5435, 陳紀 宣帝 太建13年條.

二史箚記』에 의하면 아래와 같다.

> 其時 雖有尉遲迥, 宇文胄 ……司馬消難等起兵匡復 隋文猶假周之國力
> 不半載殄滅之 于時大權在手 宇文氏子孫以次誅殺 殆無遺種……此其殘忍
> 慘毒 豈復稍有人心

양견은 자기에게 依附하지 않는 周室의 文武大臣을 斬殺하는 공포적
수단을 취했던 것이다. 또『수서』권2, 高祖紀下와『자치통감』의 기록에
아래와 같은 내용이 있다.

> 가) 然天性沉猜 素無學術 好爲小數 不達大體 故忠臣義士莫得盡心竭辭
> 其草創元勳及有功諸將 誅夷罪退 罕有存者 又不悅詩書 廢除學校 唯婦
> 言是用 廢黜諸子 逮于暮年 持法尤峻 喜怒不常 過於殺戮……又往往潛
> 令人賂遺令史府史 有受者必死 無所寬貸[53]

> 나) 恒令左右覘視內外 有過失則加以重罪 又患令史贓汙 私使人以錢帛遺
> 之 得犯立斬[54]

이러한 기록은 持法의 嚴峻, 功臣元勳의 誅夷, 諸子 廢黜뿐만 아니라,
관리의 是否廉潔을 시험하기 위해서 몰래 사람을 파견하여 賄賂를 살피게
하고, 이러한 일이 접수되면 참혹한 살인 행위를 자행하였다는 비난을
받았던 것이다. 그런데 이러한 행위를 그의 인성의 결함으로 귀결시켜
버릴 것이 아니라 그의 정책과 연관해서 고찰할 필요가 있다.『자치통감』에
는 前引의 비평과 더불어 아래와 같이 기록하고 있다.

---

53)『隋書』卷2, 高祖紀下, pp.54~55.
54)『資治通鑑』卷177, p.5528, 隋紀 文帝開皇十年條.

> 高祖性嚴重 令行禁止 每旦聽朝 日昃忘倦 雖嗇於財 至於賞賜有功 卽無
> 所愛 將士戰沒 必加優賞 仍遣使者 勞問其家 愛養百姓 勸課農桑 輕徭薄賦
> 其自奉養 務爲儉素……故衣食滋殖倉庫盈溢 受禪之初 民戶不滿四百萬
> 末年逾八百九十萬[55]

문제의 정치적 정열과 더불어 愛民思想에 동반된 隋朝의 번영을 말하고
있다. 또한『수서』권2, 高祖紀에도 다음과 같은 기록을 통해서 문제의
정치를 稱揚하고 있다.

> 其有將士戰歿 必加優賞 仍令使者就家勞問 自强不息 朝夕孜孜 人庶殷
> 繁 帑藏充實 雖未能臻於至治 亦足稱近代之良主

이상의 사실을 종합해서 살펴볼 때 양견의 즉위와 더불어 나타난 정치적
상황은 실로 새로운 통일국가의 건설이라고 하는 목표 아래 단행되었던
것임을 알 수 있겠다. 즉 북주 말 조정의 대권을 장악했던 양견이 비록
평화적 방법에 의해서 새로운 왕조를 개창했다고 하지만 북주 大臣들의
불만이 야기하고 있었기 때문에 이들을 통일국가의 방해자로 규정하고
살인적 방법으로 엄중히 경계했던 것이다. 그러면서도 새로운 왕조에 대한
인심의 歸依를 위해 戰歿 將士의 가정을 위로하고, 賦稅를 가볍게 해서
산업에 전념케 하였다.

이외에 문헌에 보이고 있는 문제의 諸般政策도 결국 새로운 국가의
완전한 통일을 기하고자 하는 근본정신과 밀접한 관계를 가지고 있었던
것으로 생각된다. 이를테면 문제는 開皇 元年에 새로운 율령을 更定하여[56]

---

55) 上同書 卷180, pp.5601~5602, 隋紀 文帝仁壽四年條.
56) 『隋書』卷25, 刑法志, p.710, "高祖旣受周禪 開皇元年 乃詔尙書左僕射勃海公高熲
上柱國沛公鄭譯……更定新律 奏上之".

唐律에 대한 기초적 사업을 이룩하였으며,[57] 개황 3년에는 郡을 破하여
지방행정을 쇄신하였다.[58] 또 9년에는 鄕正·里長制를 확립하여 민간자
치단체를 정비하고, 同年 4월에는 戎旅軍器를 停罷시키고 민간의 甲仗을
모두 제거함과 동시에 武人의 자제에게도 학문을 연구하도록 훈계하였
다.[59] 이러한 정책은 평화적 통일시대를 창출한다는 의도에서 나타난 것으
로 보아야할 것이다.

　문제의 즉위는 篡逆에 의해서 이루어졌다. 역대로 篡逆之君은 백성의
지지를 얻기 위해서 왕왕 符書와 感應을 빌려서 竊位의 합당성을 天意에
의한 것이라고 주장하였다.[60] 문제가 符書를 좋아하였다고 하는 것은 앞서
언급한 바이지만,『수서』권2, 高祖紀下 開皇十三年 二月條에 "丁酉 制私
家不得隱藏緯候圖讖"이라고 한 것은 符讖과 민심은 깊은 관계가 있다는
것을 알 수 있다. 특히 불교 가운데 많은 참위의 사례가 포함되고 있고,
문제 자신이 일찍이 불교와 깊은 관계가 있었기 때문에 그가 國君의 지위를
天意에 합치시키기 위해서 불교의 符讖을 빌려 설명하고자 하였다. 개황
초에 천축의 沙門 那連提耶舍가 번역한『德護長子經』卷下에 아래와 같은
기록이 있다.

　　此(月光)童子 我涅槃後 於未來世護持我法 供養如來受持佛法……於當
　來世佛法末時 於閻浮提大隋國內 作大國王名曰大行 能令大隋國內一切

57) 仁井田陞,『唐令拾遺』(東京, 1933), p.10.
58)『隋書』卷1, 高祖紀上, p.20, "(開皇三年十一月) 甲子破天下諸郡".
59) 同上書 卷2, 高祖紀下, pp.32~33, "(開皇九年) 二月乙未 廢淮南行臺省 丙申制五百
　　家爲鄕正一人 百家爲里長一人……夏四月……壬戌 詔曰……禁衛九重之余 鎭守
　　四方之外 戎旅軍器 皆宜停罷 代路旣夷 群方無事 武力之子 俱可學文 人間甲仗
　　悉皆除毁".
60) 藍吉富, 前揭書, p.4.

衆生 信於佛法種諸善根[61]

여기에서는 月光童子의 化身을 문제로 지칭하고 있는 것으로,[62] 천축의 사문이 번역한 경전 가운데 문제가 수나라 군주가 된다고 기록하고 있는 것은 불교의 符讖을 통해서 竊位의 합당성을 설명하고자한 것이다. 또 『수서』권17, 律曆志에도 아래와 같은 내용을 전하고 있다.

時高祖作輔 方行禪代之事 欲以符命曜於天下 道士張賓 揣知上意 自云 玄相洞曉星曆 因盛言有代謝之徵 又稱上儀表非人臣相 由是大被知遇 恒 在幕府 及受禪之初 擢賓爲華州刺史

이는 북주 무제 때 道佛의 항쟁에 활약했던 도사 張賓이 周隋革命期에 즈음해서 양견의 측근 策士로 임명되어 혁명의 선전에 참여하였다는 내용 이다. 그리고 『수서』권69, 王劭傳에는 유학자 왕소가 수 문제의 혁명 선전에 특별히 공적이 많았던 사실을 상세히 기술하고 있다.

劭於是採民間歌謠 引圖書讖緯 依約符命 捃摭佛經 撰爲皇隋靈感志 合 三十卷 奏之 上令宣示天下 劭集諸州朝集使 洗手焚香 閉目而讀之 曲折其 聲 有如歌詠 經涉旬朔 遍而後罷 上益喜 賞賜優洽

이것은 민간의 가요, 참위의 部類에서 佛·道敎까지 이용해서 왕권의 확립과 민심의 轉向에 노력했던 사실을 말해주는 것이다. 특히 朝集使라고 하는 諸州의 지방관을 통해서 전국에 선전했던 것은 새로운 왕조의 인심수

---

61) 『大正藏』第14卷, p.849b.
62) 『歷代三寶紀』卷12 참조.

습책과 더불어 종교 융성에 好機가 제공되었던 사실을 충분히 窺知할 수 있다.

다음으로 수 문제의 유교에 대한 태도를 『수서』권75, 儒林傳序에서는 아래와 같이 전하고 있다.

　　高祖膺期纂曆 平一寰宇……天子乃整萬乘 率百僚 遵問道之儀 觀釋奠之
　禮……於是超擢奇儁 厚賞諸儒 京邑達乎四方 皆啓黌校……講誦之聲 道
　路不絶 中州儒雅之盛 自漢魏以來 一時而已 及高祖暮年 精華稍竭 不悅儒
　術 專尙刑名 執政之徒 咸非篤好

문제는 즉위 초기에 儒術을 자못 숭상하였음을 말하고 있다. 일반적으로 우리들은 儒, 佛, 道 三敎를 竝稱하고 있으나 유교는 佛·道敎와는 그 차원을 달리해서 父子之道, 君臣之道를 강조하고 예의와 염치를 중하게 여기는 윤리사상이다. 수 문제도 儒術 가운데 특별히 효도[63]와 예의를 중시하였다. 이는 『수서』권47, 柳機附昻傳의 아래와 같은 내용을 통해서 알 수 있다.

　　建國重道 莫先於學 尊主庇民 莫先於禮……今者民丁非役之日 農畝時候
　之餘 若敦以學業 勸以經禮 自可家慕大道 人希至德 豈止知禮節 識廉恥
　父慈子孝 兄恭弟順者乎 始自京師 爰及州郡 宜祇朕意 勸學行禮 自是天下
　州縣皆置博士習禮焉

이처럼 말할 것도 없이 수 문제도 중국 역대의 여느 군주와 다름없이 유교교육에 대한 주의를 게을리 하지 않았다. 그는 유교의 德化主義에

---

　63) 『隋書』卷75, 元善傳, p.1708, "上(文帝) 嘗親臨釋奠 命善講孝經……上大悅曰 聞江
　　陽之說 更起朕心 賚絹百匹 衣一襲".

대해서 누누이 말하고, 친히 실행에 노력했던 점으로 보아[64] 명확히 유교의
德化에 의거해서 국민의 사상과 도덕을 순화시키려 했던 것을 알 수 있다.
그런데 앞서 인용한 儒林傳의 기사 가운데 문제는 晩年에 儒術을 좋아하지
아니하고 刑名을 숭상하였다고 한다. 이에 대한 구체적 내용이 『수서』
권2, 高祖紀下, 仁壽 元年 六月 乙丑條에 보이고 있다.

　　詔曰 儒學之道 訓敎生人 識父子君臣之義 知尊卑長幼之序……而國學胄
　子 垂將千數 州縣諸生 咸亦不少 徒有名錄 空度歲時 未有德爲代範 才任國
　用 良由設學之理 多而未精 今宜簡省 明加奬勵 於是國子學唯留學生七十
　人 太學四門及州縣學並廢 其日頒舍利於諸州

　　여기에서 詔文上의 내용으로 보면 유교를 통해서 "德有代範 才任國用"
의 인물이 나오지 아니함은 "設學之理 多而未精"에 연유한 것이기 때문에
국자학에 70인의 학생만 두고[65] 태학을 비롯한 주현의 학교를 모두 폐지한
다는 것이다. 문제가 인수년간에 들어와 유교에 대한 일대 혁신을 기하게
된 원인은 재고되어야할 과제로 생각되지만[66] 개황 초기에 유교에 대한

----

64)　『隋書』卷1, 高祖紀上, 開皇三年秋七月條에 "壬戌 詔曰 行仁踏義 名敎所先 厲俗敦
　　風 宜見褒奬"이라 있고, 또 同 11月條에 "發使巡省風俗 因下詔曰 朕君臨區宇
　　深思治術 欲使生人從化 以德代刑 求草萊之善 旌閭里之行"이라 함도 유교적인
　　德化를 강조했던 점이라 하겠다.

65)　同上書 卷28, 百官志下에 "仁壽元年 破國子學 唯立太學一所 置博士五人 從五品
　　學生七十二人"이라 있고, 同書 卷75, 儒林傳에는 "曁仁壽間 遂廢天下之學唯存國
　　子一所 弟子七十二人"이라 하여 국자학에 학생 72인이 남게 했다는 것이다. 그리
　　고 高祖紀와 儒林傳에는 국자학 一所를 존립하게 했다는데 대해서 百官志에는
　　태학 一所만 두었다고 하는 차이점이 있다.

66)　山崎宏은 前揭書, p.328 이하에서 仁壽年間에 단행된 隋 文帝의 유교정책을 詔文上
　　으로 보아 철저한 유교배척에서 나온 것이 아니라고 할지 모르나 실질적으로
　　전국의 官立學校를 모두 폐지한다고 하는 유교에 대한 一大彈壓이었다고 하였다.
　　아울러 그 원인을 규명함에 있어서는 문제 자신이 원래 유교적 교양이 없고,

그의 태도는 매우 관용적이었음을 짐작할 수 있다.

일반적으로 종교적 신앙을 갖춘 국왕은 자신의 신앙을 숭상하고 다른 종교에 대해서는 억압을 가하는 경우가 많다. 북위의 太武帝가 도교를 숭상하고 불교를 탄압한 것이나, 梁의 武帝가 불교를 숭상하고 도교를 邪道로 배척한 사실은 그 하나의 예라 하겠다. 그러나 수 문제는 왕조의 개창에 즈음해서 불교를 비롯한 여러 종교에 대해서 관용을 베풀었다.

가) 遷曰 世有三尊 各有光明 其用異也 帝曰 何者是耶 答曰 佛爲世尊 道爲天尊 帝爲至尊 尊有恒政……陛下光明充於四海 律令法式 禁止罪源 卽大光也 帝大悅[67]

나) (開皇二十年) 十二月辛巳 詔曰 佛法深妙 道敎虛融 咸降大慈 濟度群品 凡在含識 皆蒙覆護 所以雕鑄靈相 圖寫眞形 率土瞻仰 用申誠敬 其五嶽四鎭 節宣雲雨 江河淮海 浸潤區域 並生養萬物 利益兆人 故建廟立祀 以時恭敬 敢有毁壞偸盜佛及天尊像 嶽鎭海瀆神形者 以不道論 沙門壞佛像 道士壞天尊者 以惡逆論[68]

유교의 德化主義的 정치사상에 약간의 관심을 가졌을 뿐 時勢에 적용하는데 만족하지 않았다는 점과, 그의 佛敎治國策이 國民 全般에 침투하여 유교의 정신적 권위가 失墜되었기 때문이라고 진술하였다. 이에 대하여 藍吉富는 前揭書, p.18 이하에서 『隋書』卷2, 高祖紀下 仁壽二年 閏十月 己丑條의 내용, "詔曰 禮之爲用 時義大矣……著作郞王劭 或任居端揆 博達古今 或器推令望 學綜經史 委以裁緝 實允僉議 可並修定五禮"를 보면 隋 文帝는 만년에 완전히 儒術을 罷黜한 것은 아니라고 하였다. 또한 우리들 대부분이 文帝가 불교를 열심히 제창함으로써 유교에 대해서 輕視할 가능성이 있다고 인정할 것이나 仁壽年間에 나타난 廢學이 文帝의 崇佛에서 일어난 것인지 아닌지에 대해서는 史料로 증명할 자료가 없다고 하여 山崎氏와는 다소 견해를 달리하고 있다.

67) 『續高僧傳』卷18, 曇遷傳, pp.573c～574a.
68) 『隋書』卷2, 高祖紀下, pp.45～46.

이러한 사실은 기타 문헌에도 散見되지만[69] 문제가 불교와 도교를 평등하게 인정하고 있다는 것은 그의 對宗教的 태도를 엿볼 수 있는 것이다.

그런데 문제 一代를 통해서 특별히 불교가 융성하고 사탑의 건립을 비롯한 弘佛事業이 널리 성행하게 된 원인은 무엇이었던가?

북주 무제가 단행한 道·佛二教에 대한 宗教廢毀 이전에 二教教團은 크게 열려 있었지만 특별히 불교가 도교에 비해서 그 교세가 융성하였다. 때문에 무제의 宗教毀滅政策이라고는 하지만 불교가 도교보다 타격이 심하였고, 종교부흥운동에 있어서도 사문 및 불교도들의 활동이 더욱 강렬하였다. 더욱이 종교를 이용해서 자신의 입지를 강화하려고 했던 문제 자신이나 그를 둘러싼 유력자들 사이에도 불교를 높이 평가하고 이에 귀의하는 경향이 많았다.[70] 물론 문제 자신이 어느 정도 불교에 대한 신봉자였다는 점도 도외시 할 수는 없을 것이다.

이상에서 북주에서 隋로 넘어가는 平和革命의 과정에서 불교부흥이라는 對宗教 反動政策이 이용되고 특히 북위 전 지역에 걸쳐 다수의 신봉자를 가졌던 불교가 그 이용의 주축이 되었다는 것을 고찰하였다. 곧 북주 무제의 死後 선제의 즉위와 더불어 나타난 菩薩僧 불교라는 불교부흥에 만족하지 못했던 사문과 불교도들은 재상 양견의 대불정책에 희망을 걸고 그의 혁명을 지지하였다. 한편 양견은 이들을 이용하여 인심을 安堵시키고 새로운 왕조를 개창하는데 하나의 기반으로 삼았다.

---

69) 『資治通鑑』卷179 ;『佛祖統紀』卷39.
70) 藍吉富, 前揭書, p.67 이하 참조.

5. 맺음말

북주 무제의 종교훼멸정책으로 인하여 화북의 불교는 일시 쇠진한 상태에 이르렀던 것이다. 그러나 백성들의 자유의지에 의한 신앙생활을 약탈하는 무모한 종교정책은 오래 지속될 수 없었기 때문에 전제군주 무제의 죽음과 더불어 불교는 다시 부흥의 시대를 맞이하게 되었다. 즉 선제의 즉위와 더불어 前代의 폐불정책으로 말미암아 정신적 안정을 추구하지 못했던 舊沙門이나 불교도들은 이제 천원황제의 조정에 대해서 불교부흥운동을 전개하게 되었으며, 그 주도적 인물이 바로 북제 환속승 임도림과 왕명광이었다. 이러한 사문이나 불교도들의 주청에 의하여 대성 원년이래 대상년간에 걸쳐 불교부흥의 구체적 조칙이 발표되었던 것이다. 그러나 이때의 불교부흥에는 명확한 한계가 규정되어 있었다. 즉 舊沙門 가운데 학식과 덕망이 뛰어난 자(120인)만이 鬢髮嚴服 그대로 경성과 낙양에 건립된 陟岵寺에서 爲國行道하게 하였으며, 여타의 주군에는 사원을 건립을 허락하지 않았다. 이러한 대불정책을 취하게 된 원인의 하나는 前代의 종교훼멸정책을 전면적으로 轉覆하는 것은 북주 조정의 위신을 실추시키는 것과 직결되기 때문에 제한된 불교부흥의 조칙을 통해서 앞선 조정의 폐불정책이 이유 있음을 인정하고자한 데 기인한 듯하다. 그러나 이러한 대불정책은 당시의 사문이나 불교도들을 만족시켜 주지 못했기 때문에 그들의 부흥운동은 계속 전개되어 정제의 조정을 통해서 마침내 보살승불교에서 체발승불교로 발전하게 되었다. 그런데 정제시대의 대불정책은 유소한 군주 정제 자신의 의지에 의한 것이 아니고 당시 조정의 실권을 장악한 왕실의 외척 양견에 의해서 실현되었던 것이다.

양견은 대상 2년 선제의 죽음에 임해서 북주의 정권을 총괄하다가 마침내 대승상이 되어 隋朝를 개창할 정치적 기반을 확립하면서 승니의 出俗을 인정하는 종교적 관용책을 베풀게 되었다. 양견이 이와 같은 대불태도를 취하게 된 원인은 그의 가정이 일찍이 불교적 신앙을 갖추고 있었고, 또 양견 자신도 馮翊의 般若寺에서 출생하여 幼時(13년간)을 불교의 환경 가운데 자랐다고 하는 그의 성장과정과 신앙심에 깊이 관련되어 있음을 지적하지 않을 수 없다. 그러나 현실적 측면에서 볼 때 그의 정치적 의지가 바로 종교정책에 반영되어 나타났던 것으로 보인다. 즉 새로운 왕조의 개창을 위해서는 무엇보다도 민심의 안정과 백성의 衆望을 자신에게 집중시키는 것이 필요하였기 때문에 불교의 부흥은 前代의 폐불로 인하여 이반된 人望을 수렴하는데 一役을 담당할 수 있다고 판단하였던 것이다. 특별히 당시의 고승은 갑족출신의 독서인이 많았기 때문에 이들과 琴瑟의 교제를 통해서 불교적 소양을 갖추고 있던 명사들이 불교의 부흥을 계기로 새로운 집정자에게 아낌없이 협조하여 평화적 周隋革命을 이룩하는데 一翼을 담당했던 것으로 본다.

수조를 개창한 양견은 중앙집권적 통일국가의 실현을 위해서 왕조의 교체에 불만을 가진 前朝의 자손과 대신들에 대해서는 살인적 방법을 취하면서도, 한편으로는 혁명의 정당성을 인정시키고 민심의 지지를 얻기 위해서 符瑞와 종교를 이용하는 정책을 취하였다. 때문에 隋初에는 어느 한 종교에 국한되지 않는 諸宗敎에 대한 관용책이 실현되고 이를 기회로 종교는 그 융성의 기반을 확립하게 되었다.

그런데 수 문제의 통치기간을 통해서 불교가 융성하고 그 사업이 널리 성행하게 되었던 것은 북조를 통해서 불교가 여타의 종교에 비해서 압도적 교세였기 때문에 종교부흥의 기회를 맞아 나타난 불교의 정열과 인재의 측면에서 단연 우세했다는 점과 문제 자신의 불교신앙심이 일조한 것이라 하겠다.

제2부
東晋 및 劉宋의 佛敎

제1장 東晉의 明帝, 孝武帝와 佛敎

1. 머리말

唐 法琳의 『辯正論』에 의하면 西晉의 二京(長安, 洛陽)에는 寺院이 180
개소, 僧尼가 3,700여 인이었고, 東晉 104년 동안은 사원의 수 1,768개소,
僧尼 24,000인이었다고 한다.[1] 서진의 경우에는 二京인데 비해서 동진은
전 영역을 포함하고 있기 때문에 양자 사이에는 시간적, 공간적인 차이로
말미암아 정당한 비교가 될 수는 없다. 그러나 사원과 僧尼의 수적 증가는
동진시대 불교교단의 발전과 더불어 널리 造寺가 성행하였음을 알게 한다.
이와 같이 江南불교가 발전의 기초를 확립하게 되었던 것은 귀족들의
귀의에 따른 경제적 지원과 더불어 황실의 불교보호정책이 그 주된 원인이
었던 것으로 생각된다.

本章에서는 동진의 황제와 불교의 관계를 고찰해 봄으로써 동진불교가
가졌던 一端의 성격을 究明하는 데 주안점을 두었다.

이 방면에 대한 기존의 연구 가운데는 동진의 황제는 본질적으로 귀족과
다른 것이 아니며, 또 불교를 신봉한 귀족들과 하등의 격리된 지위에 있었

---

1) 『大正藏』第52卷, pp.502c~503a, "右西晉二京 合寺一百八十所 譯經一十三人七十
三部 僧尼三千七百餘人……右東晉一百四載 合寺一千七百六十八所 譯經二十七
人二百六十三部 僧尼二萬四千人".

던 것이 아니기 때문에 황제와 불교의 관계는 귀족과 동일한 성격을 지닌
것으로 규명하였다.[2] 그리고 다른 한편으로는 황실과 불교의 관계를 황제
의 권력문제와 연관해서 고찰한 연구도 있다. 이를테면, 晉나라가 중흥을
이룩한 이래 실질적인 권한은 모두 强臣들에게 있었기 때문에[3] 황제의
권한은 미약하고 상대적으로 士族의 세력이 강해서 황제들 가운데는 불교
를 신봉하여 불법의 도움을 받고자 하였다는 이론도 있다.[4] 그런데 이러한
일련의 연구는 동진의 황제가 돈독한 불교신앙을 갖추고 있었다는 것을
전제로 하고 있다.

　필자는 기존의 연구를 근본적으로 부정하는 것은 아니다. 다만 동진의
황제가 불교를 보호한 구체적인 원인을 그들의 신앙심에만 귀결시킬 것이
아니라 당시의 정치, 사회적 배경을 통한 정책적 문제와 연관해서 구명하고
자 한다.

　『변정론』에 의하면 동진의 여러 황제 가운데 奉佛者로서 元帝, 明帝,
成帝, 哀帝, 簡文帝, 孝武帝, 安帝 등 7인의 황제를 열거하고 있다.[5] 때문에
동진 帝室佛教의 성격을 명확하게 규명하기 위해서는 이들 황제의 奉佛行

---

2) 宮川尙志, 『六朝史硏究(宗教篇)』(京都, 平樂寺書店, 1964), p.227.
3) 『晉書』卷91, 范弘之傳, p.2365, "晉自中興以來 號令威權多出强臣".
4) 楊耀坤,「中國魏晉南北朝宗教史」『中國全史』(北京, 人民出版社, 1994), p.116.
5) 『大正藏』第52卷, pp.502c～503a.
　　晉中宗元皇帝 文軌大同 中興江左 造瓦官龍宮二寺 度丹陽建業千僧.
　　晉肅宗明皇帝 聰聖玄覽 設齋興福 造皇興道場二寺 集義學名稱百僧.
　　晉顯宗成皇帝 至意冥通 聖德遐感 造中興鹿野二寺 集飜經義學千僧.
　　晉孝哀皇帝 延問侍臣 廻心妙理 嘉賓切對 大啓龍光.
　　晉太宗簡文皇帝 仁恕洒洽 作聖欽明 造像建齋度僧 立寺於長干 故塔起木浮圖
　　壯麗殊偉.
　　晉烈宗孝武皇帝 精心奉法 志念冥符 師子國王欽其懷道 故遣沙門曇摩撮 遠送
　　玉像以表丹情 召義解僧 造皇泰寺仍捨舊第爲本起寺.
　　晉安皇帝 篤信無怠 福興皇業 於育王塔立大石寺.

爲를 詳論하여야 할 것이다. 그러나 우선 그 가운데 불교에 관한 기록이
비교적 많은 명제와 효무제에 관해서 살펴보고자 한다.

2. 明帝와 佛教

1) 明帝와 高僧의 관계

서진에서 8王의 亂이 일어나자 왕실의 일족 司馬睿(宣帝 懿의 曾孫)는
낙양을 탈출해서 그의 封國인 山東의 琅邪로 달아났다.[6] 이후 그는 東海王
越의 명에 의해서 江蘇省의 下邳에 있다가 永嘉(307~313)초에 王導의
계략에 따라 建鄴, 즉 지금의 南京에 鎭을 치고 顧榮, 賀循, 王導, 王敦,
周顗, 刁協 등을 심복으로 삼아 江東의 민심을 사로잡기에 노력하였다.[7]
실제로 사마예가 동진을 창건하는데 최대의 공헌을 한 인물은 바로 낭야의
사족 왕도였다. 이는『晋書』卷65, 王導傳의 기록을 통해서 알 수 있다.

이때 원제는 琅邪王이었는데 평소에 왕도와 서로 친선을 도모하였다.
왕도는 천하가 이미 혼란하게 되자 마침내 마음을 기울여 (낭양왕을) 推奉
하고 몰래 흥복의 뜻이 있었다. 帝도 또한 왕도의 기량을 중히 여겨 우의를
도모하였다.……帝가 나아가 下邳에 주둔할 때 왕도를 청하여 安東司馬로
삼았다.……(帝가) 建鄴에 옮겨가 주둔함에 이르러 吳人들이 따르지 않았
고, 한 달 정도 되었지만 士庶들이 이르는 자들이 없어 왕도가 그것을
근심하였다. 王敦이 來朝함에 이르자 왕도가 그에게 말하기를, "낭야왕은

---

6)『晋書』卷6, 元帝紀에 "元皇帝諱睿 字景文 宣帝曾孫……年十五 嗣位琅邪王"이라
　하여 元帝는 15세에 琅邪王으로 책봉되었다.

7)『晋書』卷6, 元帝紀, p.144, "東海王越之收兵下邳也 假帝輔國將軍 尋加平東將軍
　監徐州諸軍事 鎭下邳……永嘉初 用王導計 始鎭建鄴 以顧榮爲軍司馬 賀循爲參
　佐 王敦王導周顗刁協竝爲腹心股肱 賓禮名賢 存問風俗 江東歸心焉".

仁德이 비록 두터우나 명성이 오히려 가볍습니다. 형의 威風이 이미 떨쳐졌으니 마땅히 匡濟하여야 합니다." 삼월 上巳에 이르러, 帝가 친히 禊祭를 보려고 肩輿를 타고 威儀를 갖추며 왕돈, 왕도 및 여러 뛰어난 자들이 모두 말을 타고 따랐다. 吳人인 紀瞻과 顧榮은 모두 강남의 명성이 있는 자들인데, 몰래 그것을 엿보니 그 보이는 것이 이와 같으니 모두 놀라고 두려워서 이에 서로 길의 좌편에서 절을 하였다. 왕도는 계책을 바쳐서 말하길, "옛날의 군주들은 故老들에게 賓禮하고, 풍속을 存問하며, 자기를 비워서 마음을 다하여 뛰어난 인재를 초빙하지 않음이 없었습니다. 하물며 천하가 喪亂하여 九州가 분열되고, 대업이 草創일 때 사람을 얻는 것이 급합니다. 顧榮과 賀循은 이 땅에 명성이 있는 자들로 그들을 끌어들여 인심을 단결시켜야 합니다. 두 사람이 오면 오지 않는 사람이 없을 것입니다." 帝는 이에 왕도로 하여금 몸소 하순과 고영을 만나도록 하였다. 두 사람이 모두 명령에 응하여 이르니, 이로 말미암아 吳會지역이 風靡하여 백성들이 歸心하였다. 이후로부터 점차 서로 崇奉하여 군신의 禮가 비로소 정해졌다.8)

왕도는 서진의 太保 王祥의 아우였던 王覽의 손자로서9) 사마예가 낭야왕으로 있을 때 서로가 친선을 도모했던 熟知의 사이였고, 사마예가 下邳로 갔을 때도 함께 동행하였다. 사마예가 건업으로 鎭을 옮긴 후에 한 달이

---

8) "時元帝爲琅邪王 與導素相親善 導知天下已亂 遂傾心推奉 潛有興復之志 帝亦雅相器重 契同友執……會帝出鎭下邳 請導爲安東司馬……及徒鎭建鄴 吳人不附 居月餘 士庶莫有至者 導患之 會敦來朝 導謂之曰 琅邪王仁德雖厚 而名論猶輕 兄威風已振 宜有以匡濟者 會三月上巳 帝親觀禊 乘肩輿 具威儀 敦導及諸名勝皆騎從 吳人紀瞻顧榮 皆江南之望 竊覘之 見其如此 咸驚懼 乃相率拜於道左 導因進計曰 古之王者 莫不賓禮故老 存問風俗 虛己傾心 以招俊乂 況天下喪亂 九州分裂 大業草創 急於得人者乎 顧榮賀循 此土之望 未若引之以結人心 二者既至 則無不來矣 帝乃使導躬造循榮 二人皆應命而至 由是吳會風靡 百姓歸心焉 自此之後 漸相崇奉 君臣之禮始定".

9) 『晉書』卷33, 王祥傳 및 同書 卷65, 王導傳 참조.

지나도록 吳人 가운데 이에 따르는 士庶가 없었다. 왕도가 이를 심히 염려하고 있다가 그의 從兄 왕돈의 도움을 얻어 강남에 名望이 있던 고영, 하순을 麾下에 수용함으로써 吳會를 風靡하고 백성들의 마음을 歸伏시켰으며, 이로부터 군신의 예가 갖추어지게 되었다. 왕도의 도움을 받아서 점차 그 기초를 공고히 했던 사마예는 建武 元年(317) 3월에 왕위에 오르고, 太興 元年(318) 3월에 황제로 즉위하여 동진의 원제가 되었다.[10] 동진의 건국과 더불어 왕도는 승상이 되고 왕돈은 대장군이 되어서 동진의 실권을 장악하게 되었다. 이는 당시의 사람들이 "王氏가 司馬氏와 더불어 천하를 共有한다"[11]고 하는 기록을 통해서도 엿볼 수 있다. 동진의 조정에서는 사족이 일체의 정무를 관장하였기 때문에 그 당시 사람들은 이를 지적하여 "관리를 등용함에 있어서 실제의 덕을 생각하지 않고 오직 白望(헛된 聲望)에만 의지하고 才幹이 있는 사람을 구하지 않고 오직 일의 청탁에만 있다"[12]고 하였으며, 또 "모든 賢士는 세족을 벗어나지 않고, 법은 權貴에 미치지 않는다"[13]고 하였다.

동진의 정치적 상황이 이러하였음에도 불구하고 원제의 총애와 신임을 받았던 劉隗와 刁協이라는 자는 동진 왕실의 권위를 강화할 목적으로 豪强의 권력, 특히 王氏의 세력을 억압하는 방침을 세웠다.[14] 왕돈은 일찍이 淸談으로써 인망을 얻고, 顯貴한 名士를 幕下에 招致하여 조정에서

---

10) 『晉書』卷6, 元帝紀, p.149, "(建武元年) 三月……辛卯 卽王位 大赦 改元……(太興元年) 三月……丙辰……是日 卽皇帝位".

11) 『晉書』卷98, 王敦傳, p.2554, "帝初鎭江東 威名未著 敦與從弟導等同心翼戴 以隆中興 時人爲之語曰 王與馬共天下".

12) 『資治通鑑』卷90, 晉元帝太興元年條, p.2863, "選官用人 不料實德 惟在白望 不求才幹 惟事請託".

13) 同上, "擧賢不出世族 用法不及權貴".

14) 『晉書』卷69, 劉隗傳 및 刁協傳 참조.

專制를 꿈꾸고, 황실에 대한 鼎의 輕重을 묻고자 하는 마음을 갖고 있었다.
때문에 유외와 조협의 태도에 혐의를 가지고 그들을 경계하였다.[15] 그래서
왕돈은 유외를 모함하는 상소로 그 일파를 내치고 전권을 행사하였다.
이때 동진 왕실에서는 원제가 죽고 明帝가 繼位(永昌 元年, 322)하였다.
명제는 왕돈 일파로부터 미움을 받았다. 왕돈은 명제의 조정을 감시하면서
건강을 취하려 하였지만 끝내 뜻을 이루지 못하고 죽었으며,[16] 그 일당도
모두 주멸됨으로써 戰局은 평정되었다. 이때가 명제 太寧 2년(324)이었다.

  이상에서 동진의 건국이래 명제의 치세에 이르기까지의 정치적 상황에
대해서 약술하였다. 이제 명제와 불교에 관해서 살펴보기로 하겠다.

  우선 동진의 高僧 竺道潛과 황실의 관계를 살펴보면,『高僧傳』卷4,
竺道潛傳에 다음과 같은 기록이 있다.

  竺潛의 字는 法深이며 姓은 王氏이고 瑯琊사람이다. 晋나라 丞相이었던
  武昌郡公 왕돈의 아우였다. 나이 18세에 出家하여 中州의 劉元眞을 스승으
  로 삼았다.……진나라 永嘉(307~313) 초기에 亂을 피하여 양자강을 넘어와
  서 中宗 元皇帝 및 肅祖 明帝, 丞相 王茂弘, 太尉 庾元規 등이 모두 그의
  風德을 흠모하여 벗삼아 공경하였다. 建武, 太寧年間(317~325)에 潛深은
  궁전 안에 나막신을 신고 들어왔다. 그때 사람들이 모두 方外의 士라고
  하였는데, 그 덕이 컸기 때문이다.[17]

---

15)『晋書』卷98, 王敦傳, p.2557, "初 敦務自矯厲 雅尙淸談 口不言財色 旣素有重名
  又立大功於江左 專任闔外 手控强兵 群從貴顯 威權莫貳 遂欲專制朝廷 有問鼎之
  心 帝畏而惡之 遂引劉隗刁協等以爲心膂 敦益不能平 於是嫌隙始搆矣".

16)『晋書』卷6, 明帝紀, pp.161~162, "(太寧二年) 秋七月壬申朔 敦遣其兄含及錢鳳周
  撫鄧岳等水陸五萬 至于南岸 溫嶠移屯水北 燒朱雀桁 以挫其鋒 帝躬率六軍 出次
  南皇堂 至癸酉夜 募壯士……平旦 戰于越城大破之 斬其前鋒將何康 王敦憤惋而
  死".

17)『大正藏』第50卷, p.347c, "竺潛字法深 姓王 瑯琊人 晋丞相武昌郡公敦之弟也 年十
  八出家 事中州劉元眞爲師……晋永嘉初避亂過江 中宗元皇及肅祖明帝 丞相王茂

축도잠은 왕돈의 아우로서 18세에 출가하여 사문이 되었고, 永嘉의
난 때 강남으로 피난왔다. 동진의 원제, 명제 및 승상 왕무홍(왕도), 태위
유원규(유량)[18]는 그의 덕을 흠모해서 존경하였다. 그는 원제 건무(317),
명제 태녕년간(323~325)에 항상 나막신을 신고 궁중에 출입하였고, 당시
사람들은 그가 덕이 높은 승려이기 때문에 나막신을 신고도 궁중에 출입할
수 있다고 하였다. 그렇다면 결국 원제, 명제는 일찍이 고승 축도잠을
존경하여 나막신을 신고도 궁중에 출입할 수 있도록 배려할 정도로 깊이
交友하였다는 것이다. 또『世說新語』卷中之上 方正第五의 기록에 아래의
내용이 있다.

　　후배 소년들 가운데는 深公(축법심)에 관해서 말이 많았는데, 深公이
　　말하기를 입술이 노란 자들이 노숙한 선비를 평론해서는 안 된다. 옛날
　　元, 明 두 제왕과 왕도, 유량 두 公과 교유를 하였다.[19]

이 내용 역시 동진의 왕실 및 귀족과 고승 축도잠의 교우를 말하는
것이다. 위의 기록에 대하여『세설신어』의 注에는『高逸沙門傳』을 인용하
여 아래와 같이 전하고 있다.

　　弘太尉庾元規 竝欽其風德友而敬焉 建武太寧中 潛恒著屐至殿內 時人咸謂方外
　　之士 以德重故也".
18)『晉書』卷73, 庾亮傳에 "庾亮字元規 明穆皇后之兄也 (中略) 元帝爲鎭東時 聞其名
　　辟西曹掾 及引見 風情都雅 過於所望 甚器重之 由是聘亮妹爲皇太子妃 亮固讓
　　不許 轉丞相參軍……中興初 拜中書郎 領著作 侍講東宮 (中略) 明帝卽位 以爲中書
　　監 (中略) 及帝疾篤 不欲見人 群臣無得進者……亮直入臥內見帝 流涕不自勝……
　　帝深感悟 引亮升御座 遂與司徒王導受遺詔輔幼主 加亮給事中 徙中書令 太后臨
　　朝 政事一決於亮"이라 하여 庾亮은 元帝의 朝廷에 발탁된 이래 明帝의 신임을
　　받다가 成帝의 즉위와 더불어 東晉의 政事를 專制하였던 인물이다.
19) "後來年少 多有道深公者 深公謂曰 黃吻年少 勿爲評論宿士 昔嘗與元明二帝 王庾
　　二公周旋".

晉나라 元, 明 두 황제는 마음을 玄虛(道家에서 말하는 玄妙 虛無의 道理)에 두었으며, 정을 道味에 의탁하였다. 두 황제는 손님과 친구의 예로서 法師를 대우하였다. 왕도와 유량은 마음을 기울여 법사의 옆 좌석에 앉고 同類로서 좋아하였다.[20]

이제 위의 기록들에 대한 구체적 사실을 究明해 보면, 우선 축도잠의 자유로운 궁정 출입에 관한 내용이다. 沙門이 나막신을 신고 궁궐을 출입하였다는 것은 동양의 궁중 예의로서는 도저히 수긍이 가지 않는다. 당시의 사람들은 덕이 높은 사문이었다고 하지만 그러한 여론의 이면에는 도잠의 무례함에 대한 비난의 의미가 내재해 있음을 간과할 수 없을 것 같다. 축도잠은 동진 건국의 元勳이었던 瑯琊 王氏家門 왕돈의 동생이며, 승상 왕도의 사촌이었다.[21] 앞서 말한 바와 같이 동진 초기에는 왕씨가 사마씨와 더불어 천하를 共治한다고 하는 상황이었기 때문에, 결국 도잠의 자유로운 궁중 출입은 당시 왕실의 귀족을 배경으로 해서 행해졌다고 하여도 지나친 추론은 아닐 것이다. 이를 뒷받침해 주는 사실은 도잠이 황제와 교우했던 기록에는 항상 당시의 유력한 왕실 귀족을 빠뜨리지 않았다는 사실이다. 특히 『고일사문전』의 내용 가운데 원제와 명제가 賓客과 朋友의 禮로서 축도잠을 대하였을 때 왕도와 유량이 도잠의 측근에 동석하여 同類의식을 가졌다고 하는 것은 더욱 그러하다. 이와 같은 이론이 성립된다면 원제와 명제가 고승 도잠을 존경하였던 것은 자신들의 돈독한 불교신앙에 따른 사문과의 交友라기 보다도 귀족의 힘을 배경으로 해서 궁중을 출입하는 사문을 도외시할 수 없었다는 의미로 보아야 한다.

---

20) "晉元明二帝 遊心玄虛 託情道味 以賓友禮待法師 王公庾公傾心側席 好同臭味也".

21) 『晉書』卷98, 王敦傳, p.2553, "王敦字處仲 司徒導之從父兄也"라 있고, 王導, 王敦의 구제적인 系譜에 대한 圖表는 塚本善隆, 『中國佛教通史』(春秋社, 東京, 1979), p.316 참조.

다음으로는『세설신어』에 인용된『고일사문전』의 내용 가운데 "遊心玄
虛 託情道味"라고 하는 구절이다. 여기에서 "道味"라고 하는 구체적인
뜻은 알 수가 없지만 계속되는 문맥의 의미로 미루어 보아서 佛道를 의미하
는 것 같다. 그렇다면 결국 명제는 情을 불교에 의탁하고 있었기 때문에
축도잠을 賓友의 禮로써 대했다는 것이다. 그런데『晋書』卷6, 明帝紀의
내용 가운데는 그가 도교나 불교에 관심을 두었다는 내용은 전혀 발견할
수 없고, 단지 그의 性情에 관한 다음과 같은 내용이 보이고 있다.

> 明皇帝의 諱는 紹이고 字는 道畿였으며 元皇帝의 長子였다. 어려서부터
> 총명하였다. (中略) 元帝가 晉王이 되자 晉王太子로 책립되었다가 원제가
> 황제가 되자 황태자가 되었다. 그는 효성이 지극하고 文武의 才略이 있었으
> 며, 賢人을 欽崇하고 客을 사랑하였다. 文辭를 좋아해서 당시의 名臣이었던
> 왕도, 유량, 溫嶠, 桓彝, 阮放 등을 가까이 대우하였고, 일찍이 聖人의
> 眞假의 뜻을 논의하였는데 왕도 등도 굴복시킬 수 없었다. 또한 武藝를
> 익히면서 將士들을 잘 대우하니, 이때에 東朝가 엄숙하여 遠近의 마음이
> 이곳으로 모여들었다.[22]

명제는 永昌 元年(322) 윤11월에 24세의 나이로 제위에 오르고,[23] 太寧
3년(325) 윤8월 재위 2년 10개월만에 27세의 나이로 죽었다.[24] 前述한
바와 같이 동진 왕조가 창건된 직후에 왕돈 일파의 전횡은 극에 달하였다.

---

22) "明皇帝諱紹 字道畿 元皇帝長子也 幼而聰哲 (中略) 元帝爲晉王 立爲晉王太子
　　及帝卽尊號 立爲皇太子 性至孝 有文武才略 欽賢愛客 雅好文辭 當時名臣 自王導
　　庚亮溫嶠桓彝阮放等 咸見親待 嘗論聖人眞假之意 導等不能屈 又習武藝 善撫將
　　士 於時東朝濟濟 遠近屬心焉".
23)『晋書』卷6, p.159, "永昌元年 閏月 己丑 元帝崩 庚寅 太子卽皇帝位 大赦"이라
　　있는데, 閏月은『晋書』卷6, 元帝紀에 의하면 閏11월이다.
24)『晋書』卷6, 明帝紀, p.165, "(太寧三年 閏八月) 戊子 帝崩于東堂 年二十七 葬武平陵
　　廟號肅祖".

특히 명제가 즉위한 이래 내부적인 災殃의 발생과 외부적으로 북방 소수민족의 침입은 政局의 어려움을 더하여 마침내 왕돈 일파는 왕실의 權座를 엿보게 되었다.25) 이러한 기회에 術人 李脫이란 자는 妖書로써 민중을 현혹하여 반란도 일으켰다.26) 그러기에 명제는 태자로 있을 때나 帝位에 있을 때 항상 왕권의 강화와 민생의 안정에 심혈을 기울였을 것이며, 실제로 그의 짧은 제위 기간 중 태반은 왕돈의 반란을 평정하는데 노력하였다.27) 이러한 내용을 요약하여 『진서』명제기에는 다음과 같이 기록하고 있다.

　　명제는 총명하고 機巧와 결단이 있으며, 만물의 이치에 더욱 精緻하였다. 그의 치세에 병란과 기근이 있어서 疫病으로 죽은 사람이 過半이나 되어 피폐함이 심하였으므로, 정사를 다스리는데 고생과 근심이 많았다. 때마침 왕돈이 震主(군주로 하여금 두려워하게 함)의 위엄을 두루 미치게 하면서 장차 篡位를 생각하고 있었기 때문에, 명제는 崎嶇한 처지에서 언행을 조심하고 약한 권력으로 강한 힘을 제압하고자 몰래 獨斷으로 妖氣를 숙청하려 하였다.……上流의 세력을 분산시키고 반란을 평정하여 태평의 치세가 되게 하고, 왕권을 강화하여 귀족의 세력을 약화시켰다. 비록 재위는 日淺하다고 하겠으나 법도는 멀리 미쳤던 것이다.28)

---

25) 同上, pp.159~160, "(太寧元年 三月) 丙戌 隕霜殺草 饒安東光安陵三縣災 燒七千餘家 死者萬五千人 石勒攻陷下邳 徐州刺史卞敦退保盱眙 王敦獻皇帝信璽一紐 敦將謀篡逆 諷朝廷徵己 帝乃手詔徵之".
26) 同上, p.160, "(太寧二年 春正月) 庚辰……術人李脫造妖書惑衆 斬于建康市".
27) 『晋書』卷6, 明帝紀에 의하면 明帝 太寧 元年(323) 3月以來 2年(324) 7月에 이르기까지 明帝는 王敦 세력의 牽制와 반란의 평정에 全力했던 것으로 보인다.
28) "帝聰明有機斷 尤精物理 于時兵凶世饑 死疫過半 虛弊旣甚 事極艱虞 屬王敦挾震主之威 將移神器 帝崎嶇遵養 以弱制强 潛謀獨斷 廓清大祲 改授荊湘等四州 以分上流之勢 撥亂反正 强本弱枝 雖享國日淺 而規模弘遠矣".

명제는 정치적 獨斷을 통해서 반란을 평정하고 强本弱枝(왕권의 강화와 귀족세력의 억압)를 이룩하였기 때문에, 비록 재위 기간은 日淺하였지만 왕실의 기초를 확립한 공적은 인정된다는 것이다. 이렇듯 晉室의 부흥이래 왕조의 기틀을 확립하고자 노력하였던 군주가 마음을 玄虛에 두고 情을 道味에 의탁하고 있었다는 기록은 쉽게 수긍이 가지 않는다. 그렇다면 『세설신어』에 인용된 『고일사문전』의 내용을 어떻게 보아야 할 것인가? 『고승전』 권4, 축도잠전의 기록을 살펴보면 아래와 같다.

> 竺法濟는 어려서부터 재조와 문장력이 있었다. 『고일사문전』을 지었는 데 무릇 이러한 모든 사람들은 잠심의 神足(제자)들이었다.[29]

이에 의하면 『고일사문전』의 저자는 축도잠의 제자였던 축법제라고 하는데, 이와 같은 기록은 『歷代三寶紀』 권8에도 보이고 있다.[30]

그렇다면 애초에 『고일사문전』은 축도잠의 제자였던 축법제가 저술하였기 때문에 축법제는 축도잠에 대한 깊은 존경을 표하여 그의 저서 가운데 스승 도잠의 道行을 찬양하였으며, 축도잠이 원제와 명제의 신뢰를 받으면서 당시의 명문 귀족들과 깊은 교제가 있었다는 것을 기록한 것 같다.[31] 그런데 축법제는 축도잠이 원제와 명제의 신뢰를 받게 된 동기를 명제의 불법에 대한 깊은 정서와 연계된 것으로 기술하고 있다. 필자가 밝힌 바와 같이 『진서』 명제기에는 그의 性情을 기술한 내용 가운데 道家나 불교에 관한 기록이 전혀 보이지 않고 있으므로, 불교 측의 기록만으로 명제의

---

29) 『大正藏』 第50卷, p.348b, "竺法濟 幼有才藻 作高逸沙門傳 凡此諸人皆潛之神足".
30) 『大正藏』 第49卷, p.74a, "高逸沙門傳卷一 右傳一卷 孝武帝世 剡東仰山沙門竺法濟 撰".
31) 鎌田茂雄, 『中國佛敎史(第2卷)』(東京, 東京大學出版會, 1983), p.9.

숭불을 신빙하기에는 많은 어려움이 있다.

이상에서 명제와 名僧 축도잠과의 관계 및 그의 性情을 살펴보았거니와 결국 명제는 자신의 신앙심과 결부된 崇佛의 군주는 아니었던 것으로 짐작된다.

2) 明帝와 佛畵

명제와 불화에 관한 기록을 살펴보면,『弘明集』卷12, 習鑿齒與道安書에 다음과 같은 기록이 보이고 있다.

> 또한 불교가 동쪽(중국)으로 흘러 들어온 지 400년이 되었다. 비록 藩王이나 居士 가운데 때로 신봉하는 사람이 있었으나 중국의 옛 가르침이 그에 앞서 세상에 행하여 왔으므로, 불도가 행하여지고 시대가 바뀌어도 세속의 사람들이 불교를 이해한 것은 아니고 큰 파도의 法悅을 기뻐하는 사람들은 신분이 낮은 이들 뿐이다. 오직 肅祖 明皇帝만은 실로 하늘이 덕을 내려서 불도를 흠모하여 손수 여래의 모습을 그리고, 입으로는 三昧의 뜻을 음미하셨다. 戒行은 巖穴의 隱者보다도 준엄하고 玄祖는 無生을 통달하셨다. 大地는 이미 노래 부르고 온갖 구멍들이 세차게 노래 부르는 것처럼 賢哲, 君子도 귀의하지 않는 사람이 없습니다. 일월이 비록 멀리 떨어져 있어도 그 빛은 광채를 더하여 불도의 융성이 지금 보다 더 왕성한 적은 없습니다.[32]

명제의 불교신앙에 감화되어 賢人, 君子들이 불교에 귀의하지 않음이 없었다. 日月은 비록 멀리 있으나 그 빛은 두루 비치듯 불교가 지금보다

---

32) 『大正藏』第52卷, pp.76c~77a, "且夫自大敎東流四百余年矣 雖藩王居士時有奉者 而眞丹宿訓先行上世 道運時遷 俗未僉悟 藻悅濤波下士而已 唯肅祖明皇帝 實天 降德 始欽斯道 手畵如來之容 口味三昧之旨 戒行峻於巖隱 玄祖暢乎無生 大塊旣 唱 萬竅怒呺 賢哲君子靡不歸宗 日月雖遠光景彌暉 道業之隆莫盛於今".

융성한 적이 없었다고 한다. 일찍이 鎌田茂雄은 "習鑿齒가 道安에게 보낸
편지 가운데 동진 명제의 崇佛을 높이 평가하고 있는 것을 보면 명제의
불교 신봉은 역사적 사실이었다고 생각된다.……명제의 숭불은 사실이었
는지도 모르지만, 명제의 在位는 323~325년의 짧은 기간이었기 때문에
숭불의 행위는 어쩌면 그의 태자시절이었는지 모른다"[33]고 하여 명제의
불교신앙에 다소 의문을 가지면서도 그의 신앙을 역사적 사실로 인정하기
위해서 숭불의 시기를 태자시기까지 소급하려 하고 있다.

  그러나 필자는 견해를 좀 달리하고 있다. 위 기사의 내용은 ① 명제가
손수 佛畵를 그렸다고 하는 사실, ② 명제가 입으로는 三昧의 뜻을 음미하
고 戒行을 엄격히 지키며 無生의 가르침을 이해하였다는 것, ③ 명제의
불교신앙에 감화되어 현인, 군자들이 불교에 귀의하였다는 것으로 요약할
수 있다. 먼저 ①의 내용에 관해서는 『弘明集』뿐만 아니라 이외의 기록을
통해서도 엿볼 수가 있기 때문에 이 점에 관해서는 후술할 것이다. ②의
경우 명제가 불교의 심오한 진리를 음미, 이해하고 몸소 그 계율을 엄격히
지켰다고 하는 것은 오랜 기간 동안 佛經을 耽讀하고 수행을 쌓지 않으면
불가능한 일이다. 그리고 명제가 이토록 불교에 대한 이해가 깊고 신앙심이
돈독한 군주였다면 보다 구체적인 봉불행위를 제시하였어야 할 텐데 실제
의 내용은 그러하지 못하다. 그렇다면 결국 『홍명집』의 기록은 명제가
불화를 그렸다고 하는 구체적 행위를 근거로 불교 측에서는 명제가 신앙심
이 깊은 숭불의 군주로 飛火함으로써 불교가 帝權과 깊이 결탁되어 있음을
과시한 것으로밖에 볼 수 없다. 또 앞서 언급한 바와 같이 명제의 재위
기간은 2년 10개월에 불과하였다. 명제가 이 기간 안에 오직 불교에만
專心한 군주였다 하더라도 불교의 진리를 터득하기란 그리 쉽지 않았을

---

33) 鎌田茂雄, 『中國佛敎史(第2卷)』(東京, 東京大學出版會, 1983), p.13.

것이다. 그렇다면 그가 이미 태자로 있을 때부터 불교에 많은 관심을 가지고 있었다는 소급 논리가 성립될지도 모른다. 하지만 앞서 살펴본 당시의 정치적 상황이나,『진서』권6, 本紀의 내용에 의하면 이러한 이론은 쉽게 성립될 수 없다. ③의 경우 명제 이전에는 비교적 신분이 낮은 사람들이 불교를 신봉하였는데 명제의 불교신앙에 감화되어 賢哲, 君子들이 불교에 귀의하였다는 것이다. 여기에서 현철, 군자란 豪族 및 士族계층을 지칭한다면 동진의 불교는 명제의 봉불, 곧 왕실의 숭불에 의하여 귀족사회로 침투하였음을 의미한다. 그런데 실제로는 양진이래 남조의 불교가 귀족의 淸談, 隱逸的 사상과 결부되어 그들의 사교계에 침투한 귀족불교의 성격을 띠고 발전하여 왔다. 이는 이 방면에 대한 기존의 연구를 통하여 이미 주지의 사실로 인정되고 있다.[34] 따라서『홍명집』의 기록, 즉 명제의 불교 신앙으로 인하여 사족 사이에 불교가 유포되고, 나아가서 동진불교의 盛時를 맞이하게 되었다는 이론은 성립될 수가 없다.

　이제 후술로 미루었던 명제가 손수 불화를 그렸다는 사실에 관해서 좀 더 구체적으로 살펴보면,『홍명집』권12, 習鑿齒與道安書 말미에 다음과 같이 기록되어 있다.

　　庾闡의 樂賢堂頌의 서문에는 肅祖 明皇帝가 佛道를 좋아해서 손수 영상을 그렸다고 말한다.[35]

---

34) 兩晋이래 南北朝佛敎史 硏究家들 사이에는 이미 通說로 인정되어 있지만 대표적인 硏究書를 소개하면, 塚本善隆,『中國佛敎通史(第1卷)』(東京, 春秋社, 1979) ; 鎌田茂雄,『中國佛敎史(第2卷)』(東京, 東京大學出版會, 1983) ; 湯用彤,『漢魏兩晋南北朝佛敎史』(商務印書館, 1938, 1973 臺一版) ; 任繼愈 主編,『中國佛敎史(第2卷)』(北京, 中國社會科學出版社, 1985) 등이 있다.

35)『大正藏』第52卷, p.77a, "庾闡樂賢堂頌序云 肅祖明皇帝雅好佛道 手摹靈像".

위의 기록은 명제가 佛道를 좋아해서 낙현당에 불상을 그렸다고 하는 내용이다. 또『歷代名畵記』권5에도 이와 같은 내용을 기록하고 있다.36)

명제가 그린 낙현당의 불화는 난리를 겪었으나 홀로 남아 있어서 顯宗 (成帝)이 힘써 頌을 지었다. 명제가 불화를 그린 연대에 관해서『佛祖統紀』 권36의 기록에 아래와 같이 전한다.

太寧 元年(323)에 명제가 손수 丹靑으로 大內 낙현당에 釋迦佛을 그리고, 興皇寺에 머무르면서 義學의 사문 백여 명을 모아서 불도를 강론하게 하였다.37)

또『역대명화기』권2에 의하면 다음과 같은 기록이 보인다.

晉室이 남쪽으로 내려온 이래 書畵의 일인자는 王廙였다. 글씨는 王羲之 의 본보기가 되었고, 그림은 明帝의 스승이 되었다.38)

晉室이 南渡한 이래 서화의 일인자는 왕이였는데, 그의 서체는 왕희지의 본보기가 되었다. 그리고 그림은 명제의 스승이 되었다.39)『불조통기』의

---

36)『欽定四庫全書』子部八, p.317b, "蔡謨集云 帝畵佛於樂賢堂 經歷寇亂 而堂獨存 顯宗效著作爲頌 太寧中年二十七".
37)『大正藏』第49卷, p.339b, "太寧元年 帝手御丹靑 圖釋迦佛于大內樂賢堂 又往興皇 寺 集義學沙門百員講論佛道".
38)『欽定四庫全書』子部八, p.291b, "晉室過江 王廙書畵爲第一 書爲右軍之法 畵爲明 帝之師".
39)『晋書』卷76, 王廙傳에 "王廙字世將 丞相導從弟 而元帝姨弟 父正 尙書郞 廙少能屬 文 多所通涉 工書畵 善音樂射御博弈雜伎……王敦啓爲寧遠將軍荊州刺史"라는 기록을 보면, 그는 東晉의 丞相 王導의 從弟였고 元帝의 姨弟로서 書畵뿐만 아니라 音樂, 射御 등 雜技에 능숙하였고, 王敦에 의해서 寧遠將軍, 荊州刺史에 임명되었던 인물이다. 또『歷代名畵記』卷5, 그의 傳에 "善屬詞 工書畵 過江後爲晉"

내용 가운데 명제가 즉위 익년인 太寧 元年 낙현당에 불화를 그렸다면 그는 이미 태자로 있을 때 동진 제일의 서화가였던 왕이에게 畫風을 배웠으며, 특히 불화를 잘 그렸던 것이다.[40] 그래서 명제가 손수 낙현당에 불화를 그렸던 것은 사실인데, 명제가 불화를 그렸던 구체적인 이유는 무엇인가? 먼저 『진서』 권77, 蔡謨傳의 기사를 보도록 하겠다.

> 彭城王 紘이 上言하기를 "낙현당에는 先帝(명제)가 손수 그린 佛像이 있는데 寇難을 겪으면서도 이 낙현당만은 그대로 남아 있으니 마땅히 칙명으로 頌을 지어야합니다"라고 하였다. 帝(성제)가 그 건의를 받아들였다. 蔡謨가 말하기를 "불교는 오랑캐의 풍속으로 經典의 法度가 아닙니다. 선제는 才量이 天地와 같고 多才多藝하여 애오라지 임시로 이 불상을 그린 것이며, 불도를 좋아하였다는 이야기는 듣지 못하였습니다. 도적떼가 일어나서 王都가 무너지고 피폐하여도 낙현당은 홀로 존재하고 있으니 이는 진실로 神靈이 왕실을 보호하고 있다는 것입니다. 그러나 이 大晉의 盛德의 형상을 보고 먼저 歌頌을 지어야 할 일은 아닌 것 같습니다. 人臣이 어떤 事象을 보고 사사로이 頌을 짓는 것은 가능한 일입니다. 지금 王命으로 勅命을 내려서 史官으로 하여금 위로는 선제가 불교를 좋아하였던 것처럼 하고, 아래로는 오랑캐의 풍속인 하나의 불상에 頌을 짓게 하는 것이 義로운 것인지 의문스럽습니다"라고 하였다. 이에 마침내 그치게 하였다.[41]

代書畫第一 音律衆妙畢綜……廣畫爲晉明帝師"라는 내용에 의하면 그가 그림에 있어서는 明帝의 스승이었음에 틀림없다.

40) 『歷代名畫記』 卷5(『欽定四庫全書』 子部八), p.317b, "明帝司馬紹 字道畿……及長 善書畫 有識鑒 最善畫佛像".

41) "彭城王紘上言 樂賢堂有先帝手畫佛像 經歷寇難 而此堂猶存 宜勅作頌 帝下其議 謨曰 佛者 夷狄之俗 非經典之制 先帝量同天地 多才多藝 聊因臨時而畫此像 至於 雅好佛道 所未承聞也 盜賊奔突 王都瓥敗 而此堂塊然獨存 斯誠神靈保祚之徵 然 未是大晉盛德之形容 歌頌之所先也 人臣觀物興義 私作賦頌可也 今欲發王命 勅 史官 上稱先帝好佛之志 下爲夷狄作一象之頌 於義有疑焉 於是遂寢".

팽성왕 사마굉[42]이 성제에게 上言하기를 선제인 명제가 낙현당에 불상을 그렸는데 寇難[43]을 겪었어도 이 堂은 오직 보존되어 있으니 마땅히 칙령으로 頌을 지어야할 것이라 하였다.

위 인용문 가운데 팽성왕 굉은 낙현당에 명제가 손수 그린 불상이 있기 때문에 칙령으로 頌을 지을 것을 상소하였던 것이지 명제가 불상을 그리게 된 원인을 말하지는 않고 있다. 물론 그 상소의 이면에는 명제의 불교신앙을 인정하는 의미를 당연히 내포하고 있다고 할지 모르나 채모의 상소문과 연관해서 살펴본다면 반드시 그러한 것만은 아니다. 채모의 상소문 가운데 그가 불교는 오랑캐의 풍속으로 경전의 법도가 아니라고 한 것을 보면 채모 자신이 배불론적인 입장을 취하고 있었음은 사실인 것 같다. 때문에 명제는 다재다예한 군주로서 우연히 불상을 그린 것이지 자신의 불교신앙에 의한 것은 아니었다는 사실도 채모 자신의 배불론을 정당화하기 위한 하나의 수단으로 볼 수도 있다. 그러나 명제가 불화를 그리게 된 구체적인 원인을 제시하지 않고 다만 낙현당에 명제가 손수 그린 불화가 있었다는 사실만으로 명제의 불교신앙을 인정할 수는 없다. 그보다는 오히려 배불적인 입장을 고수한 유학자이기는 하지만 명제의 불교신앙을 부정하고 그의 예술적 소양에 의한 불화 제작을 명백히 규명한 채모의 상소문에 더 신뢰감이 간다. 환언하면, 채모가 배불적인 입장을 고수한 유학자였다는 이유

---

42) 『晋書』卷37, 彭城王權傳에 의하면, 그는 彭城王 權의 曾孫으로서 字는 偉德이며 元帝가 즉위한 이래 散騎侍郎, 國子祭酒, 秘書監 등의 벼슬을 역임하다가 成帝 咸康 8年(342)에 죽은 인물이다.

43) 『晋書』卷7, 成帝紀에 "(咸和二年) 十一月 豫州刺史祖約歷陽太守蘇峻等反 (中略) (咸和四年) 春正月……峻子碩攻臺城 又焚太極東堂秘閣 皆盡 城中大飢 米斗萬 錢"이라 있고, 또 『佛祖統紀』卷36, p.339c에 "三年 蘇峻爲亂焚燒宮室 獨樂賢堂明 帝所畵釋迦像不壞 帝勅著作製頌 以彰聖德"이라 있음을 보아 여기에서 寇難이라 는 것은 '蘇峻의 亂'을 말하는 것이다.

때문에 명제의 불교신앙을 부정하였다고 일축해 버릴 수는 없다.

채모는 일찍이 중원의 난을 피해서 남도한 이래 동진의 원제가 승상으로 있을 때 參軍으로 발탁된 이후 中書侍郎, 義興太守, 侍中을 역임하였고, 명제 때에는 蘇峻의 亂을 평정한 공로로 濟陽男의 작위를 받았다.[44] 성제, 강제 때 太傅, 太尉, 司空, 左光祿大夫, 開府儀同三司를 거쳐[45] 穆帝 永和 12년(356)에 76세의 나이로 죽을 때까지[46] 동진의 정치에 직접 참여하였다. 특히 그는 "박식한 학문적 素養으로 禮儀와 宗廟에 議定하는 바가 많았다"[47]는 사실을 두고 보면, 왕실에서 중히 여겼던 臣僚 가운데 한 사람이었음에 틀림없다. 때문에 낙현당의 불상에 頌을 짓는 것이 부당하다는 그의 의견은 충분히 존중되었던 것이다. 또한 그가 동진 초기의 정치에 직접 참여하고 있었기 때문에 당시의 정치적 상황이나 군주의 정치적 의지, 신앙심에 관해서 충분히 인식하고 있었을 것이다. 그리고 명제의 불교신앙을 부정한데 대해서 宗室의 한 사람이었던 팽성왕 굉이 이의를 제기하지 않았다는 사실도 채모의 주장에 잘못이 없다는 사실을 인정한 듯하다. 그래서 명제의 불화는 그의 신앙과 무관하게 제작된 것이라고 하는 채모의 주장을 받아들여야 할 것이다.

이상에서 살펴본 바와 같이 명제는 그의 짧은 재위 기간을 통해서 무엇보

---

44) 『晋書』卷77, 蔡謨傳, p.2034, "謨弱冠察孝廉 州辟從事 舉秀才 東海王越召爲掾 皆不就 避亂渡江 時明帝爲東中郎將 引爲參軍 元帝拜丞相 復辟爲掾 轉參軍 後爲 中書侍郎 歷義興太守 大將軍王敦從事中郎 司徒左長史 遷侍中 蘇峻構逆 吳國內 史庾氷出奔會稽 乃以謨爲吳國內史 謨既至 (中略) 以平蘇峻勳 賜爵濟陽男 又讓 不許".

45) 同上書 卷77, 本傳 참조.

46) 同上書 卷77, 蔡謨傳, pp.2039∼2040, "穆帝臨軒 遣侍中紀璩黃門郎丁纂徵謨 謨陳 疾篤 (中略) 遂以疾篤 不復朝見 詔賜几丈 門施行馬 十二年 卒 時年七十六".

47) 同上, p.2041, "謨博學 於禮儀宗廟制度多所議定 文筆論議 有集行於世 總應劭以來 注班固漢書者 爲之集解".

다도 왕권의 강화와 민생의 안정이라고 하는 현실적인 정치에 심혈을
기울였고, 실제로 치세의 태반은 왕돈의 반란을 평정하는데 노력하였다.
따라서 명제 때 불교가 발전하게 된 배경에는 명제 자신이 귀족의 신앙과
결부되어 있는 불교를 보호하지 않을 수 없다는 정치적 의미가 다분히
내포된 것이지 그의 순수한 불교신앙에 의거한 숭불의 의미는 아니다.

3. 孝武帝와 佛敎

동진 제5대 목제가 建元 2년(344)에 겨우 2세의 나이로 즉위하였으나
帝가 幼少하였기 때문에 강제의 妃 康獻褚皇后가 13년 동안 攝政하였다.[48]
목제는 升平 元年(357)에 이르러 비로소 親政을 시작하였지만 19세의 나이
로 죽고, 아들이 없었기 때문에 성제의 아들 哀帝가 즉위하였다.[49] 애제
때 정치, 군사의 실권을 장악한 인물은 태위 桓溫이었고, 그는 한 때 낙양천
도를 주장하였으나 孫綽의 반대로 실패하고, 내정개혁을 단행하면서 晉室
을 빼앗을 준비에 착수하였다.[50] 애제가 재위(365~372) 5년 만에 죽고
후사가 없어서 그의 동생 奕이 제위에 올랐지만 환온에 의해서 海西公으로
廢立되고(폐제), 원제의 아들 昱이 환온에게 옹립되어 簡文帝로 즉위하였
다. 간문제의 즉위 후에 환온의 전횡은 계속되어 마침내 자신이 제위에
오를 禪位運動을 전개하였으나 謝安의 반대로 실패하고, 간문제의 셋째

---

48) 『晉書』 卷8, 穆帝紀, p.191, "穆皇帝諱聃 字彭子 康帝子也 建元二年九月丙申 立爲皇
   太子 戊戌 康帝崩 己亥 太子卽皇帝位 時年二歲 大赦 尊皇后爲皇太后 壬寅 皇太后
   臨朝攝政". 太后가 攝政을 하게 된 배경에 대해서는 『晉書』 卷32, 康獻褚皇后傳
   참조.
49) 『晉書』 卷8, 穆帝紀 및 哀帝紀 참조.
50) 『晉書』 卷56, 孫綽傳 및 同書 卷98, 桓溫傳 참조.

아들 曜가 제위에 오르니 이가 孝武帝이다. 효무제는 10세의 유소한 나이로 즉위했기 때문에[51] 崇德太后, 즉 목제의 비 강헌저황후가 섭정하였다.[52] 그러나 주지하는 바와 같이 효무제 즉위이래 太元 10년(385)까지 동진의 실권자는 太保 사안이었다. 효무제 寧康 元年(373)에 환온의 죽음과 더불어 사안은 건강 정치를 총괄하게 되었고, 태원 8년(383)에 그의 조카 謝玄과 더불어 淝水의 戰에서 승리한 이래 사안은 집정의 首領으로, 사현은 江淮軍事의 主師로서 建康政府는 二謝에 의해 다스려졌다.[53] 그래서 효무제 영강 원년이래 10여 년 동안 동진 조정의 실권은 權臣 사안이 장악하고 있었다. 사안은 동진의 개국공신이었던 왕도와 竝稱되는 인물로서 관후한 정치로 일관하고 권위로써 강압하는 바가 없었기 때문에 일시 치세를 이룩하였다.

이상에서 목제에서 효무제에 이르기까지 동진의 정치적 상황에 관해서 暫見하였지만, 이를 통해서 동진의 실질적인 정치는 권신의 수중에 놓여있었다는 점과 더불어 황실의 괴뢰적인 성격을 엿볼 수 있었다.

이제 동진 왕실의 이와 같은 상황과 연관해서 효무제 치세의 불교가 어떠한 성격을 띠게 되었는지를 살펴보고자 한다. 우선 『진서』권9, 효무제기에 보면 다음과 같은 기록이 보인다.

> (태원) 6년 春正月에 武帝가 처음으로 불법을 신봉하고 宮殿 안에 精舍를 건립하여 여러 사문들을 불러 거주하게 하였다.[54]

---

51) 『晉書』 卷9, 孝武帝紀, p.241, "帝幼稱聰悟 簡文之崩也 時年十世 至晡不臨".
52) 同上에 "(寧康元年) 八月 壬子 崇德太后臨朝攝政 (中略) 太元元年春正月壬寅朔 帝加元服 見于太廟 皇太后歸政 甲辰 大赦 改元 丙午 帝始臨朝"라 있어 崇德太后가 孝武帝 寧康 元年(373)에서 太元 元年(376)까지 攝政하였다.
53) 『晉書』 卷79, 謝安傳 및 附謝玄傳 참조.
54) "(太元)六年春正月 帝初奉佛法 立精舍於殿內 引諸沙門以居之".

효무제는 태원 6년(381) 봄 정월에 처음으로 佛法을 받들고 궁전 내에 정사55)를 건립하여 여러 사문을 불러들여서 이곳에 거주하도록 하였다. 또『고승전』권13, 支曇籥傳에는 효무제가 사문 담약에게 오계를 받았다는 내용도 전하고 있다.

지담약은 본래 月支사람인데 건업에 寓居하였다. 그는 젊어서 出家하여 맑게 고행하고 蔬食하면서 吳郡의 虎丘山에 머물렀다. 晉나라 효무제 초에 칙명을 받고 도읍의 建初寺에 머물렀는데, 효무제가 오계를 받고 스승의 禮로써 존경하였다. 담약은 천성적으로 묘한 목소리를 타고났으며 轉讀을 잘하였다. 일찍이 꿈에 천신이 聲法을 주었는데 깨어나서는 이로 말미암아 새로운 소리가 되었다.56)

위 인용문에서 효무제가 불교를 처음으로 신봉하여 사원을 건립하였고, 또 사문으로부터 戒를 받았다고 하는 점에서 그가 동진의 황제 가운데 최초의 공식적인 불교 신자였다고 할 수 있다.57) 그런데『資治通鑑』권104

---

55) 일반적으로는 寺院의 異名으로 사용되고 있다.『大宋僧史略』卷上(『大正藏』第54 卷), p.237a에 "案靈有法師寺誥 凡有十名寺 一曰寺 義準釋名 二曰淨住 澂濁不可同 居 三曰法同舍 法食二同界也 四曰出世舍 修出離世俗之所也 五曰精舍 非麤暴者 所居 六曰清淨園 三業無染處也 七曰金剛刹 刹土堅固道人所居 八曰寂滅道場 祇 園有蓮華藏世界 以七寶莊嚴 謂之寂滅道場 盧舍那佛說華嚴於此 九曰遠離處 入 其中者 去煩惑遠 與寂滅樂近故 十曰親近處 如行安樂行 以此中近法故也 此土十 名依祇圖經"이라고 하여 사찰의 명칭 열 가지 가운데 다섯 번째로 精舍라는 명칭을 들어 "난폭한 자가 거주하지 않는 곳"이라 하고 있다. 그 외에도 여러 가지의 의미를 갖고 있는데 이에 관해서는『韓國佛教大辭典(5)』(서울, 普蓮閣, 1982), p.875 참조.

56)『大正藏』第50卷, p.413c, "支曇籥 本月支人 寓居建業 少出家清苦蔬食 憩吳虎丘山 晉孝武初 勅請出都止 建初寺 孝武從受五戒 敬以師禮 籥特稟妙聲善於轉讀 嘗夢 天神授其聲法 覺因裁製新聲".

57) 太元 元年에 孝武帝가 처음으로 불교를 신봉하였다는 것은 東晉의 皇帝 가운데

에는 다음과 같은 기사가 있다.

　　태원 6년(辛巳) 춘정월에 효무제가 처음으로 불법을 신봉하고 殿內에
정사를 건립하여 여러 사문을 불러 거주하게 하니, 尚書左丞이었던 王雅가
표를 올려 간하였으나 따르지 않았다. 왕아는 王肅의 증손이었다.[58]

　　이는 효무제가 불법을 신봉하고 정사를 건립한데 대하여 왕아가 효무제
에게 간언하였지만 효무제가 이를 따르지 않았다는 것이다. 왕아는 효무제
의 신임이 두터웠던 인물이었다.『진서』권83, 왕아전의 기록을 살펴보면
다음과 같다.

　　왕아의 字는 茂達이고 東海郯人으로 魏나라 衛將軍이었던 肅의 증손이
다.……父는 景이고 大鴻臚였다. 雅는 젊어서 이름이 널리 알려졌으며
州의 主簿, 秀才, 郎中, 永興令을 역임하였는데, 일을 처리하는 능력이
뛰어나서 칭찬이 자자하였다. 여러 차례 자리를 옮겨 尚書左右丞, 廷尉,
侍中, 左衛將軍, 丹楊尹, 太子左衛를 역임하였다. 그의 성품은 아래 사람을
대접하기 좋아하고 신중하게 公事에 봉사하였으므로 효무제의 예우가
돈독하였다. 비록 外職에 있었을지라도 효무제와의 접견이 퍽이나 잦았고

　　최초로 불교를 信奉하였다는 의미로 해석할 수도 있고, 孝武帝 자신이 이 해에
처음 불교신앙을 가지게 되었다는 의미로 볼 수도 있다. 그런데 東晉 元帝이후
孝武帝에 이르기까지 帝王의 本紀 가운데 君主가 불교를 신봉했다는 기사는
孝武帝紀에 처음 나타나고 있다. 또『高僧傳』卷4, 竺法義傳에 "竺法義 未詳何許人
年十三 遇深公……深見其幼而穎悟 勸令出家 於是棲志法門 從深受學……至晉寧
康三年 孝武皇帝遣使徵請出都講說"이라 하여 孝武帝가 이미 寧康 3年(375)에
沙門 竺法義를 建康으로 불러 佛經을 講說하도록 하였다는 기사를 볼 때, 孝武帝가
東晉의 皇帝 가운데 최초로 불교를 信奉하였다는 의미로 보아야 한다.

58) "太元六年(辛巳)春正月 帝初奉佛法 立精舍於殿內 '後漢書姜肱傳曰 就精廬求見徵
　　君 賢曰 精廬 卽精舍也 蓋以專精講習所業爲義 今儒釋肆業之地 通曰精舍' 引諸沙
　　門居之 尚書左丞王雅表諫 不從 雅 肅之曾孫也".

조정의 大事를 모의하는데 많이 참석하였다. 효무제가 置酒를 열고 모임을 가졌을 때 雅가 이르지 않으면 먼저 술잔을 들지 않았을 정도로 귀중하게 여겼다. 그러나 대우가 지나쳤기 때문에 사람들이 阿諂으로 군주의 총애를 받는다고 하였다. 효무제가 후궁 안의 淸暑殿을 나와 華林園을 지나며 美人 張氏와 더불어 노닐 때에도 오직 雅만은 더불어 하였다.[59]

　왕아는 일을 처리하는 능력이 탁월하여 상서좌우승, 시중 등을 역임하였으며, 아래 사람을 대접하기를 좋아하고 신중하게 公事에 봉사하였기 때문에 효무제의 깊은 예우를 받았다고 한다. 이토록 효무제의 두터운 신임을 받았던 왕아가 효무제의 정사 건립을 반대하였음에도 불구하고 帝가 이를 받아들이지 않았다고 하는 것은 효무제 자신이 불교에 깊은 신앙심을 가지고 있었다는 의미로 해석할 수 있다. 그런데 왕아가 정사 건립에 대한 구체적인 이유를 제시하지 않고 이를 반대하였다는 裏面에는 오히려 또 다른 의미가 내포되어 있을 수 있다. 이 점에 대해서 일찍이 鎌田茂雄은 "효무제의 두터운 신임을 받았던 왕아가 궁전 내의 불교사원을 건립하는데 반대하여 황제에게 간언했다는 것은 효무제의 숭불이 순순한 신앙에서 나온 것이 아니고 불현듯 떠오른 생각이거나 일시적으로 불교에 빠졌기 때문에 일어난 행위였을지도 모른다"[60]고 하여 효무제의 불교신앙에 다소 의문을 표시하였다. 필자도 鎌田의 의견에 공감한다. 왜냐하면 이는 효무제의 불교신앙이 순수하지 못할 뿐만 아니라 한 나라

---

59) "王雅字茂達 東海郯人 魏衛將軍肅之曾孫也……父景 大鴻臚 雅少知名 州辟主簿
　　 舉秀才 除郎中 出補永興令 以幹理著稱 累遷尙書左右丞 歷廷尉 侍中 左衛將軍
　　 丹楊尹 領太子左衛率 雅性好接下 敬愼奉公 孝武帝深加禮遇 雖在外職 侍見甚數
　　 朝廷大事多參謀議 帝每置酒宴集 雅未至 不先擧觴 其見重如此 然任遇有過其才
　　 時人被以佞幸之目 帝起淸暑殿於後宮 開北上閣 出華林園 與美人張氏同游止 惟
　　 雅與焉".

60) 鎌田茂雄, 前揭書, p.20.

군주로서의 일상 생활상을 고찰해 볼 때 쉽게 수긍할 수 있기 때문이다.
이에 관해서는 후술로 미루고 효무제와 불교에 대한 다른 기사를 살펴보기
로 하겠다. 『고승전』 권4, 竺法義傳의 내용 가운데 다음과 같은 기록이
있다.

> 축법의는 어느 곳 사람인지 알 수가 없다. 나이 열세 살 法深을 만났다.……
> 법심은 그가 어려도 穎悟한 것을 보고는 출가를 권유하였다. 이에 법문에
> 뜻을 두고 법심에게 수학하였다.……晉나라 寧康 3년(375)에 孝武皇帝가
> 사신을 보내어 청하자, 도읍에 나아가 강설하다가 진나라 태원 5년(380)에
> 도읍지에서 세상을 마치니 나이가 73세였다. 帝가 10만 전으로 新亭岡을
> 사들여 묘지로 삼고 3층탑을 세웠는데, 법의의 제자였던 曇爽이 묘소에
> 사원을 세워서 이름을 新亭精舍라고 하였다.[61]

효무제가 고승의 죽음에 접해서 장례의 비용을 하사한 경우는 축법의뿐
만 아니고 여타 고승의 경우에도 엿볼 수가 있다. 이를테면 『고승전』 권4,
축도잠전에 보이고 있는 내용도 그와 같은 것이다.

> 축잠의 字는 법심이고 姓은 왕씨이며 瑯琊사람이다. 진의 승상 武昌郡公
> 왕돈의 동생이다. 나이 십팔 세에 출가하였다.……진나라 영강 2년(374)에
> 山館에서 세상을 마쳤는데 나이가 89세였다. 烈宗 효무제가 조서를 내려
> 말하였다. "深法師는 진리의 깨달음이 虛遠하고 풍채와 품성이 맑고 곧다.
> 재상의 영화를 버리고 染衣의 소박함을 이어받아 인간 세상의 바깥 산에
> 거주하면서 독실하고 부지런하며 게으르지 않았다. 바야흐로 道를 퍼뜨려

---

61) 『大正藏』 第50卷, pp.350c~351a, "竺法義 未詳何許人 年十三 遇深公……深見其幼
    而穎悟 勸令出家 於是棲志法門 從深受學……至晉寧康三年 孝武皇帝遣使徵請出
    都講說 晉太元五年 卒於都 春秋七十有四矣 帝以錢十萬 買新亭崗爲墓 起塔三級
    義弟子曇爽 於墓所立寺 因名新亭精舍".

蒼生을 구제하였는데 갑자기 遷化하니 애통함이 가슴에 젖는구나. 錢 10만 냥을 부조하니 급히 보내도록 하라".[62]

효무제 영강 2년(374)에 사문 축도잠이 89세의 나이로 山館에서 세상을 떠나자 효무제는 칙서로써 그의 덕을 칭송하였다. 또『고승전』권5, 竺法汰傳에도 다음과 같은 기사가 있다.

축법태는 東莞사람이다. 젊어서 道安과 同學하였는데 비록 재주와 언변은 도안에 미치지 못하였으나 자태와 용모는 도안을 능가하였다. (中略) 진나라 太元 12년(387)에 세상을 떠났는데 나이 68세였다. 烈宗 효무제가 조서를 내려서 말하기를, "법사는 道를 八方에 전파하였고 은택이 후예들에게 흘러 넘쳤으나 갑자기 서거하니 애통함이 그지없다. 부의로 錢 10만을 보내니 장례 물자는 필요에 따라 갖추라".[63]

이 내용은『세설신어』에도 보이고 있지만[64] 사문 축법태가 효무제 태원 12년(387)에 죽자 효무제가 그의 덕을 칭송하면서 애도의 뜻을 표하고 錢 10만을 하사하여 장례를 치르도록 하였던 것이다.

이와 같이 효무제는 고승을 불러 불경을 강설하게 하고, 사문의 죽음에 임해서는 그 덕을 칭송하고 장례의 비용을 하사하였는데 이러한 사실이

---

62)『大正藏』第50卷, pp.347c～348a, "竺潛 字法深 姓王 瑯瑘人 晉丞相武昌郡公敦之弟也 年十八出家……以晉寧康二年卒於山館 春秋八十有九 烈宗孝武詔曰 深法師理悟虛遠風鑒淸貞 棄宰相之榮 襲染衣之素 山居人外篤勤匪懈 方賴宣道以濟蒼生 奄然遷化用痛于懷 可賻錢十萬星馳驛送".

63)『大正藏』第50卷, pp.354b～355a, "竺法汰 東莞人 少與道安同學 雖才辯不逮 而姿貌過之……以晉太元十二年卒 春秋六十有八 烈宗孝武曰 汰法師道播八方 澤流後裔 奄爾喪逝 痛貫于懷 可賻錢十萬 喪事所須 隨由備辦".

64)『世說新語』卷中之下(余嘉錫 箋疏, 上海古籍出版社, 1993, 1996 3次印刷), 賞譽第八, p.481, "烈宗詔曰 法汰師喪逝 哀痛傷懷 可贈錢十萬".

반드시 효무제의 불교신앙과 직결되는 것은 아니다. 왜냐하면 동진 건국이 래 조정의 重臣들이나 귀족들 사이에는 이미 승려들과 깊은 교류를 통하여 불교의 교세가 상당한 세력으로 확대되어 갔다.[65] 이러한 시대적 상황 속에서 황제가 불교라는 종교에 대하여 부정적인 시각을 갖고 있지 않는 한, 또는 황제 자신이 다른 종교의 신앙심에 심취되어 불교에 대하여 비판 적인 자세를 취하고 있지 않는 한, 군주 자신의 불교신앙과 관계없이 哀悼 의 뜻을 표하고 장례의 비용을 하사한 것은 쉽게 이해할 수 있다. 그리고 이러한 사실은 단지 동진의 경우에만 볼 수 있었던 사실이 아니고 北魏의 경우에도 마찬가지였다.[66]

이제 후술로 미루었던 효무제의 불교신앙과 군주로서의 일상생활에 관해서 살펴보기로 한다.

동진의 權臣 사안은 효무제 태원 10년(385) 8월에 司馬道子를 비롯한 효무제 주위의 권력자들을 피하기 위해서 북벌을 假託으로 廣陵으로 옮겨 가 그곳에서 병사하였다.[67] 효무제는 사안이 죽은 후에 동생 낭야왕 사마도 자에게 정치를 위임하고 주색을 탐하였다. 이로부터 동진은 멸망의 징조가 현저하게 나타났다. 『진서』 권64, 簡文三子傳에 다음과 같은 기록이 있다.

---

65) 拙稿, 「南朝의 貴族佛教에 대하여-그 弊害를 중심으로-」『慶北史學』第3輯 (1981) ; 塚本善隆, 前揭書, pp.326~421 ; 鎌田茂雄, 前揭書, pp.23~54 ; 任繼愈 主編, 前揭書, pp.522~537.

66) 北魏 孝文帝의 경우『廣弘明集』卷24, 帝爲慧紀法師亡施帛設齋詔에 "門下 徐州法 師慧紀 凝量貞遠道識淳虛 英素之操超然世外……作匠京緇延賞賢叢 倏矣死魔忽 殲良器 聞之悲硬傷慟于懷 可勅徐州施帛三百匹 竝設五百人齋 以崇追益"이라는 내용이 있고, 또『魏書』卷114, 釋老志에 "時沙門道登 雅有義業 爲高祖眷賞 恒時講 論 曾於禁內與帝夜談 同見一鬼 二十年卒 高祖甚悼惜之 詔施帛一千匹 又設一切 僧齋"라는 기록이 있다. 이는 孝文帝가 沙門 慧紀, 道登이 죽자 각각 비단 300匹과 1,000匹로써 장례를 돕도록 하였다는 것이다.

67) 『晋書』卷9, 孝武帝紀 및 同書 卷79, 謝安傳 참조.

　　그 때에 효무제는 친히 정사를 돌보지 않고 사마도자와 더불어 술 마시고 노래하는 것을 일로 삼고 姆姆, 尼僧과 더욱 친하게 지내면서 그 권력을 竊弄하니, 황제와 가까이 하는 자들은 모두 볼품없는 인물들이었다. 군수, 장리는 모두 도자가 채용하였다. 이미 揚州總錄이 되고 나서는 그 권세가 천하에 떨치니 이로 말미암아 朝野의 인물들이 도자의 아래에 모여들었다. 中書令 王國寶는 성품이 卑佞하여도 특별히 도자의 총애를 입었고 관직을 얻고자 하는 자는 뇌물로써 하였기 때문에 政刑은 謬亂하였다. 또한 도자는 불교를 신봉하면서도 사치에 빠졌으므로 아래에서 그 命을 감당하지 못하였다. 도자는 효무제 태원 이후에는 밤새도록 연회를 베풀어서 머릿결이 흐트러지고, 시력이 혼미해서 정사를 제대로 돌보지 못했다.[68]

　여기에서 사마도자가 태원 이후에 연회를 즐기고 정치에 제대로 뜻을 두지 않았다고 한다면 그는 일찍이 10代부터 주색을 탐했던 인물이었음을 알게 한다.[69] 또 그가 불교를 신봉하였다는 구체적인 사실은 『고승전』 권12, 釋法相傳에 그가 竺僧法을 위하여 冶城寺를 건립했다는 기록이 보이고 있다.[70] 그리고 『비구니전』 권1에도 사마도자가 支妙音을 위하여

---

68) "于時孝武帝不親萬機 但與道子酣歌爲務 姆姆尼僧 尤爲親昵 竝竊弄其權 凡所幸接 皆出自小豎 郡守長吏 多爲道子所樹立 旣爲揚州總錄 勢傾天下 由是朝野奔湊 中書令王國寶性卑佞 特爲道子所寵昵 官以賄遷 政刑謬亂 又崇信浮屠之學 用度奢侈 下不堪命 太元以後 爲長夜之宴 蓬首昏目 政事多闕".

69) 『晉書』卷10, 安帝紀에 "(元興元年) 十二月 庚申 會稽王道子爲桓玄所害"라 하여 司馬道子는 安帝 元興 元年(402)에 桓玄에 의해서 죽음을 당했다. 그런데 同書 卷64, 簡文三子傳에 의하면 "玄又奏 道子酣縱不孝 當棄市 詔徙安成郡 使御史杜竹林防衛 竟承玄旨酖殺之 時年三十九 帝三日哭於西堂"이라 하여 司馬道子가 桓玄으로부터 酖殺을 당했을 때의 나이는 39세였다. 이를 逆算하면 司馬道子의 出生은 哀帝 興寧 2年(364)이고, 太元年間(376~396)에 들어서는 해는 그의 나이 13세가 된다.

70) 『大正藏』第50卷, p.406c, "時有竺曇蓋竺僧法 竝苦行通感……法亦善神呪 晉丞相 會稽王司馬道子 爲起冶城寺焉".

사원을 건립하였다는 내용을 다음과 같이 전하고 있다.

> 묘음은 어느 곳 사람인지 상세하게는 알 수가 없다. 어려서 (佛)道에
> 뜻을 두고 國都(건강)에 거주하였는데 내외에 박학하고 문장을 잘 지었다.
> 동진 효무제와 태부 회계왕 道孟顗(사마도자) 등이 서로 공경하였다. 매양
> 효무제 및 태부, 中朝學士와 더불어 문장을 담론하였으며 평소에 재치가
> 있었으므로 명성이 자자하였다. 태부(사마도자)가 태원 10년(385)에 簡靜寺
> 를 세워서 묘음을 寺主로 삼았으니, 제자가 100여 인이나 되었다. 내외의
> 재능이 있고 의로운 자들이 이로 인하여 스스로 모여들어 공양하니 보시가
> 무궁하여 富가 도읍을 기울였다. 귀천의 인물들이 모두 宗으로 섬기니,
> 門에는 거마가 날마다 백여 량이나 되었다.[71]

이는 박학한 비구니 지묘음을 위하여 사마도자가 사원을 건립하고,
묘음을 寺主로 삼아 불도를 수행하도록 한 사마도자의 불교신앙심에 대한
것 같이 보인다. 그러나 실제로는 묘음니가 사마도자의 권력과 깊이 결부되
어 암약함으로써 동진 말기 불교교단의 타락에 크게 영향을 미쳤던 것이다.
『진서』권64, 簡文三子傳의 기사는 이러한 사실을 잘 증명해 주고 있다.

> 中書郞 范甯이 또한 깊이 있게 득실을 진언하니 효무제는 이에 점차
> 사마도자에게 불평을 가지게 되었으나 겉으로는 우대하고 존중하였다.
> 王國寶는 범녕의 생질이었는데 아첨으로 사마도자를 섬겼다. 범녕이 왕국
> 보를 내치도록 주청하니 국보가 두려워서 陳郡 袁悅之를 시켜서 비구니
> 지묘음에게 부탁하여 태자의 어머니 陳淑媛에게 서신을 보내어 왕국보는

---

71) 『大正藏』第50卷, p.936c, "妙音 未詳何許人也 幼而志道居處京華 博學內外善爲文
章 晋孝武皇帝太傅會稽王道孟顗等竝相敬信 每與帝及太傅中朝學士 談論屬文
雅有才致 藉甚有聲 太傅以太元十年爲立簡靜寺 以音爲寺主 徒衆百餘人 內外才
義者因之以自達 供贍無窮 富傾都邑 貴賤宗事 門有車馬日百余兩".

忠謹하니 마땅히 親信하게 하도록 하였다. 효무제가 發怒하여 원열지를
참수하니 왕국보가 두려워서 다시 효무제에게 범녕을 참소하였다. 효무제
는 하는 수 없이 눈물을 흘리면서 범녕을 내보내 豫章太守로 삼으니,
사마도자는 이로 말미암아 오로지 방자하였다.72)

사마도자에게 아첨해서 관직에 나아갔던 왕국보가 범녕의 주청으로
자리에서 쫓겨날 것을 두려워했다. 그래서 왕국보는 진군의 원열지에게
부탁해서 비구니 지묘음으로 하여금 태자의 어머니 陳淑媛에게 편지를
보냈는데, 그 내용은 왕국보의 충성과 근면함을 설명한 내용이었다. 그래
서 사마도자와 비구니 지묘음과의 관계는 순수한 불교신앙에 의해서 맺어
진 인연이었다고 볼 수는 없다. 또 『진서』 권27, 五行志上에도 사마도자는
비구니와 姉母를 총애하고 그의 친척들을 임용하였으므로 궁중을 출입할
때는 군주의 禮를 받았다고 한다.73) 이러한 사마도자의 행위와 관련해서
五行志上에는 아래와 같은 기록을 전하고 있다.

효무제 태원 13년(388) 4월에 廣陵 高平의 閻崇家에 암탉이 오른쪽 날개가
없이 태어났고, 彭城사람 劉象之의 집에 다리가 세 개 달린 닭이 태어났다.
京房의 易傳에 말하기를 군주가 부인의 말을 들은 즉 닭이 妖邪스럽게
태어난다. 이때에 군주가 비구니와 姉母의 말을 듣고 총애가 지나쳤기
때문에 요사스러운 현상이 나타난 것이다.74)

---

72) "中書郎范甯亦深陳得失 帝由是漸不平於道子 然外每優崇之 國寶卽甯之甥 以諂
事道子 甯奏請黜之 國寶懼 使陳郡袁悅之因尼妙音致書與太子母陳淑媛 說國寶
忠謹 宜見親信 帝因發怒 斬悅之 國寶甚懼 復譖甯於帝 帝不獲已 流涕出甯爲豫章
太守 道子由是專恣".
73) "會稽王道子寵幸尼及姉母 各樹用其親戚 乃至出入宮掖 禮見人主".
74) "孝武太元十三年四月 廣陵高平閻崇家雌鷄生無右翅 彭城人劉象之家鷄有三足 京
房易傳曰 君用婦人言 卽鷄生妖 是時 主相並用尼嫗之言 寵賜過厚 故妖象見焉".

이는 효무제와 사마도자가 함께 비구니와 老婆의 말을 믿고 지나치게 총애하였기 때문에 나타났던 요사스러운 현상이라 하고 있다. 이는 과학적 신빙성은 없다고 할지라도 효무제와 사마도자의 행위와 더불어 그들의 불교신앙에 대한 당시의 여론을 충분히 엿볼 수 있다. 효무제나 사마도자의 행위를 두고 생각해 보면, 그들의 불교신앙이 순수하지 못할 뿐만 아니라 위정자로서의 자세도 바람직하지 못하였다는 것을 알게 한다. 이러한 사실은 사마도자의 放蕩과 비구니의 총애에 대한 許榮의 상소문과『진서』권9, 효무제기의 내용을 살펴볼 때 더욱 심증이 간다. 우선『진서』권64, 簡文三子傳에 보이는 허영의 상소문부터 살펴보면 아래와 같다.

신이 듣건대 佛은 淸遠, 玄虛의 神으로서 5계로써 가르치고 絶酒, 不淫하도록 하였습니다. 그런데 지금 봉불자들은 비구니를 욕되게 하고 주색을 탐하니 이것이 두 번째 폐정입니다.……비구니가 무리를 지어 법복을 입고 있으나 5계의 기본법을 능히 준수하지 않으니 하물며 精妙한 법을 지키겠습니까. 그리고 流惑의 무리들이 敬事를 다투고 또한 백성들을 침탈하여 재물을 취하여 施惠라고 하니 또한 보시의 道에 합당하지 않는 것입니다.[75]

위의 기록은 허영이 다섯 가지의 폐정을 지적하는 가운데 두 번째로 불교에 관한 폐해를 지적한 내용이다. 이러한 상소가 효무제와 사마도자의 방탕한 생활과 관련해서 나타나게 되었다는 사실로 보면 효무제의 정치와 불교신앙에 대한 비판이었음에 틀림없다.

다음에는『진서』권9, 효무제기의 내용 가운데 아래의 기록이 보인다.

---

75) "臣聞佛者淸遠玄虛之神 以五戒爲敎 絶酒不淫 而今之奉者 穢慢阿尼 酒色是耽 其違二矣……尼僧成群 依傍法服 五誡粗法 尙不能遵 況精妙乎 而流惑之徒 競加 敬事 又侵漁百姓 取財爲惠 亦未合布施之道也".

　효무제는 어려서 聰悟하였으며 간문제가 죽었을 때 나이가 10세였다.……
그에게 황제의 권력이 주어졌을 때 人主(군주)의 도량이 있었다. 그러나
오래지 않아 주색에 빠져서 거의 밤늦게까지 술을 마셨다. 말년에는 長星이
나타나니 帝의 마음이 심히 불편하여 화림원에서 축배를 들어 "장성아,
너에게 한 잔의 술을 권하노니 예부터 어찌 만세의 천자가 있었겠느냐"라고
하였다. 太白이 해마다 낮에 보이고 지진과 水旱의 變이 끊이지 않았다.
술이 깨어있는 날이 적었으며 곁에는 올바른 신하가 없었기 때문에 마침내
고치지 못하였다. 그때 張貴人이 帝의 총애를 받고 있었는데 나이가 30세였
다. 帝는 그녀를 戱弄하여 말하기를 너의 나이를 보면 마땅히 廢黜하여야
할 것이다. 貴人이 몰래 분노하였고, 저녁 즈음에 帝가 술에 취하여 마침내
暴崩하였다. 그때 사마도자는 昏惑하였고 司馬元顯이 권력을 오로지 하고
있었기 때문에 마침내 그 죄인을 추적하지 못하였다.[76)]

　앞서 언급한 바이지만 효무제는 일찍이 주색에 빠져서 밤새 술을 마셔서
술이 깨어 있는 날이 적었다. 그의 주위에는 충직한 인물이 없었기 때문에
결국 그러한 행위를 고치지 못하였으며, 끝내 술에 취한 상태에서 붕어하였
다고 한다.

　이상에서 효무제나 사마도자가 불교와 관련했던 일련의 행위들을 보면
그들의 봉불행위는 순수한 신앙심에 의거한 것이 아니었다. 동진이 창건된
이래 조정의 중신이나 귀족들이 사문과 긴밀한 교우를 가짐으로써 불교는
교세의 확대와 더불어 교단의 확충을 보게 되었다. 나아가서는 비구니의
출현과 그 교단의 조직도 출현하게 되었다. 뿐만 아니라 귀족의 재정적

---

76) "帝幼稱聰悟 簡文之崩也 時年十歲……旣威權己出 雅有人主之量 旣而溺于酒色
　　殆爲長夜之飮 末年長星見 帝心甚惡之 於華林園擧酒祝之曰 長星 勸汝一杯酒 自
　　古何有萬世天子邪 太白連年晝見 地震水旱爲變者相屬 醒日旣少 而傍無正人 竟
　　不能改焉 時張貴人有寵 年幾三十 帝戲之曰 汝以年當廢矣 貴人潛怒 向夕 帝醉
　　逐暴崩 時道子昏惑 元顯專權 竟不推其罪人".

지원 아래 사원이 건립되었기 때문에 동진불교는 귀족불교로서의 성격을
갖추게 되었다.[77] 이와 같이 귀족의 비호 아래 포교활동을 전개한 비구나
비구니들은 이제 자유로운 궁정 출입을 통하여 황실의 교화에 노력하게
되었다. 이는 불교 측의 입장에서 본다면 귀족의 불교보호와 더불어 황제나
때로는 황후와 결탁함으로써[78] 황실이나 국가차원의 보호와 재정적 지원
을 얻기 위한 것이었다. 결국 효무제의 치세에도 이러한 사문들의 노력으로
말미암아 효무제로 하여금 궁전 안에 정사를 건립하고, 이곳에 사문을
거주하게 하는 동진 최초의 공식적인 봉불의 황제라는 기록을 남기게
한 것으로 보인다. 한편, 효무제의 치세는 사마도자의 전횡에 따르는 정치
적 부패로 동진 멸망의 징조가 나타나고 있었기 때문에, 불교도 이러한
권력의 부패와 결탁해서 신앙외적인 문제를 야기시킴으로써 불교교단의
타락상을 노출하게 되었다.

4. 맺음말

불교 측 사료에 의하면 동진의 원제와 명제는 당시의 고승 축도잠의
덕을 欽慕하여 그로 하여금 나막신을 신고도 자유롭게 궁중을 출입할

---

77) 鎌田茂雄, 前揭書, p.23 이하 참조.

78) 『晋書』卷32, 康獻褚皇后傳에는 "及哀帝 海西公之世 太后復臨朝稱制 桓溫之廢海
西公也 太后方在佛屋燒香 內侍啓云 外有急奏 太后乃出"이라는 내용이 실려 있
다. 이는 哀帝와 海西公의 治世에 代理聽政했던 崇德太后가 권력자 桓溫에 의해서
海西公이 廢位당할 때 法堂에서 香을 사르고 있었다는 것이다. 또 『建康實錄』
卷8, 康皇帝傳에 "案寺記 帝時置兩寺 褚皇后立延興寺 在今縣東南二里運溝西岸
中書令何充 立建福寺今廢也"라고 하여 康獻褚皇后가 康帝의 시대에 延興寺를
건립하였다고 한다. 그런데 崇德太后는 孝武帝의 治世에도 攝政 하였기 때문에
孝武帝 때에도 佛敎는 太后와 밀접한 관계를 가지고 있었던 것이다.

수 있도록 배려하였다는 기사가 있다. 그런데 축도잠은 동진 건국의 元勳이었던 왕돈의 동생으로 일찍이 출가하여 佛門에 귀의한 한인 명족 출신의 사문으로서 동진 왕실의 불교화에 노력하였던 인물이다. 동진 초기는 왕씨가 사마씨와 더불어 천하를 共治한다고 하는 상황이었기 때문에 축도잠의 자유로운 궁중 출입은 당시 왕실의 귀족을 배경으로 해서 행해졌던 것이다. 따라서 동진의 원제와 명제가 고승 축도잠을 존경하였던 것은 그들의 돈독한 불교신앙에 따른 사문과의 교우라기보다도 귀족의 힘을 배경으로 해서 궁중을 출입하는 사문을 도외시할 수 없었다는 사실에 기인한 것이다. 또『고일사문전』의 내용에 의하면 명제가 뜻을 불교에 의탁하였다고 하지만『진서』본기에 의하면 그가 도교나 불교에 관심을 두었다는 내용은 전혀 발견할 수 없다. 특히 명제가 즉위한 이래 내부적인 災殃의 발생과 외부적인 북방 소수민족의 침입은 정국의 어려움을 더하여 마침내 왕돈 일파와 李脫의 반란도 일어났다. 그러기에 명제는 태자시절부터 왕권강화와 민생안정에 심혈을 기울였던 것이며, 실제로 그의 짧은 재위 기간 중 태반은 왕돈의 반란을 평정하는데 노력하였다. 이렇듯 晋室의 부흥이래 왕조의 기틀을 확립하고자 노력하였던 군주가 마음을 玄虛에 두고 情을 道味에 의탁하였다는 것은 쉽게 수긍할 수 없었다.

다음으로 명제는 즉위 다음해인 태녕 원년(323)에 손수 丹靑을 사용하여 大內의 낙현당에 불화를 그렸다는 기사이다. 이 불화는 소준의 난을 겪으면서도 보존되어 있었기 때문에 팽성왕 사마굉이 칙령으로 頌을 지을 것을 건의하였으나 채모의 반대로 인하여 그치고 말았다. 채모가 이를 반대하였던 중요한 이유는 명제가 낙현당에 불화를 그렸던 것은 명제의 도량이 천지와 같고 다재다능하였기 때문에 우연히 불상을 그린 것이지 불도를 좋아해서 그린 것은 아니라는 것이다. 물론 당시 채모는 배불론적인 입장을 취하고 있었던 것은 사실이다. 그러나 명제가 불화를 그린 구체적 원인을 제시하지 않고 다만 낙현당에 그가 손수 그린 불화가 있었다는 사실만으로 명제의 불교신앙을 인정할 수는 없다. 그보다는 오히려 배불적 입장을 고수한 유학자이기는 하지만 명제의 불교신앙을 부정하고 그의 예술적 소양에 의한 불화 제작을 명백히 규정한 채모의 상소문에 더 신뢰감이 있다. 이는 채모가 동진 원제이래 목제에 이르기까지 동진의 정치에 직접 참여하였고, 특히 그는 박식한 학문적 소양으로 동진 왕실에서 중히 여겨졌던 신료 가운데 한 사람이었기 때문이다. 따라서 동진 명제 때 불교가 발전하게 된 배경은 명제가 귀족과 결부되어 있는 불교를 보호하지 않을 수 없었다는 정책적 의미가 다분히 내포된 것이지 명제 자신이 순수한 불교신앙을 갖춘 숭불의 군주는 아니었다.

그리고 목제에서 효무제 시기에 동진의 실질적인 정치는 권신의 수중에 있었으며, 왕실의 권위는 미약하였다. 이와 연관해서 효무제 치세의 불교가 어떠한 성격을 지녔는가를 살펴보았다. 우선 효무제는 태원 6년(381) 봄 정월에 처음으로 불법을 받들고 궁전 내에 정사를 건립하여 여러 사문을 불러들여서 이곳에 거주하도록 하였다는 데서 효무제가 동진의 황제 가운데 최초의 공식적인 불교 신자였다고 할 수 있다. 더욱이 효무제의 지극한 신임을 받고 있던 왕아가 정사 건립에 대한 반대의 간언을 하였지만 효무제가 이를 받아들이지 않았다는 것은 효무제 자신이 불교에 깊은 신앙심을 가지고 있었다는 의미로 해석할 수도 있다. 그러나 왕아가 정사 건립에 대해 구체적인 이유를 제시하지 않고 이를 반대하였다는 裏面에는 효무제의 불교신앙을 인정하지 않았다는 의미가 내포되어 있을 수 있다. 이 점에 대해서 鎌田茂雄은 효무제의 숭불이 순수한 신앙이 아니라 일시적인 행위였을지도 모른다고 다소 의문을 표시하였다. 필자도 鎌田과 의견을 같이

하였다. 이는 효무제의 불교신앙이 순수하지 못할 뿐만 아니라 군주로서의 일상생활을 고찰해 볼 때 쉽게 수긍할 수 있기 때문이다. 효무제는 권신 사안의 死後에 사마도자에게 정치를 위임한 후 친히 정사를 돌보지 않고 사마도자와 더불어 주야로 주색을 일삼았다. 특히 늙은 부녀자나 비구니와 더욱 친하게 지냈으며, 군수, 장리는 대부분 사마도자가 임용하였기 때문에 동진 멸망의 징조가 현저하게 나타났다. 또한 사마도자는 불교를 신봉하면서 사치에 빠졌으므로 아래에서는 그 命을 감당하지 못하였다. 효무제와 사마도자는 지묘음니를 敬信하였고, 마침내 사마도자는 簡靜寺를 건립하여 지묘음니를 寺主로 삼았다. 왕국보의 기사에서도 알 수 있듯이 여기서 지묘음니는 사마도자와 깊이 결부되어 暗躍하였고, 이는 마침내 동진 말기 불교교단의 타락에 지대한 영향을 미쳤던 것이다. 따라서 그들의 불교신앙은 순수하지 못할 뿐만 아니라 위정자로서의 자세도 바람직하지 못하였다. 이는 당시 許榮의 상소문을 통해서도 알 수 있었다.

결국 동진의 불교는 晋室의 부흥이래 귀족의 재정적 지원 아래 발전하면서 귀족불교로서의 성격을 지니게 되었다. 이와 같이 귀족의 비호 하에서 사문들은 자유로운 궁정 출입을 통하여 황실의 불교교화에 노력하게 되었다. 따라서 명제의 불교 보호도 정책적 의미가 다분히 내포되어 있었으며 그의 순수한 불교신앙만으로 직결시킬 수는 없었다. 효무제의 치세에도 사문들에 의한 동진 왕실의 불교화에 대한 노력은 계속되어, 마침내 효무제로 하여금 동진 최초의 공식적인 봉불의 황제라는 기록을 남기게 한 것으로 보인다.

제2장 東晉의 穆帝, 哀帝와 佛敎

1. 머리말

東晉 末~劉宋 初에 걸쳐 지식인들 사이에는 불교의 폐해를 지적하고, 아울러 이의 시정을 촉구한 사례가 자주 나타났다. 孝武帝 때 許榮의 상소문에서는 당시 정치적 부패와 더불어 비구니교단의 타락을 지적하였고,[1] 道恒(346~417)의 『釋駁論』에서는 동진 말 사문들의 생활태도를 묘사하는 가운데 이들의 세속적 탐욕과 더불어 덕행의 결여를 구체적으로 비난하였다.[2] 또 효무제 때 동진의 정치적 실권을 장악한 桓玄은 사문을

---

1) 『晋書』卷64, 簡文三子傳, pp.1733~1734, "于時朝廷旣紊 左衛領營將軍會稽許榮上疏曰 今臺府局吏 直衛武官及僕隸婢兒取母之姓者 本臧獲之徒 無鄉邑品第 皆得命議 用爲郡守縣令 竝帶職在內 委事於小吏手中 僧尼乳母 競進親黨 又受貨賂 輒臨官領衆 無衛霍之才 而比方古人 爲患一也 臣聞佛者淸遠玄虛之神 以五戒爲敎 絶酒不淫 而今之奉者 穢慢阿尼 酒色是耽 其違二矣 夫致人于死 未必手刃害之 若政敎不均 暴濫無罪 必夭天命 其違三矣 盜者未必躬竊人財 江乙母失布 罪由令尹 今禁令不明 劫盜公行 其違四矣 在上化下 必信爲本 昔年下書 勅使盡規 而衆議兼集 無所採用 其違五矣 尼僧成群 依傍法服 五誡粗法 尙不能遵 況精妙乎 而流惑之徒 競加敬事 又侵漁百姓 取財爲惠 亦未合布施之道也".

2) 『弘明集』卷6(『大正藏』第52卷), p.35b, "何棲託之高遠 而業尙之鄙近 至於營求孜汲 無暫寧息 或墾殖田圃與農夫齊流 或商旅博易與衆人競利 或矜恃醫道輕作寒暑 或機巧異端以濟生業 或占相孤虛妄論吉凶 或詭道假權要射時意 或聚畜委積頤養有餘 或抵掌空談坐食百姓 斯皆德不稱服行多違法".

沙汰하기 위한 敎令을 통해서 가람의 濫造와 건강 불교계의 사치를 지적하고, 이에 대한 시정을 촉구하였다.[3] 그리고 유송대의 일이긴 하지만 문제 元嘉 12년(435)에 丹陽尹 蕭摹之는 사탑과 불상의 濫造를 제한하려는 상소문을 올렸던 기록이 있다.[4]

동진 말~유송 초에 걸쳐 사탑의 건립을 제한하고 사문의 沙汰를 주장하는 논의가 빈번히 대두되었던 것은 동진의 건국이래 승니 및 造寺의 급증을 통한 불교교단의 비약적 발전에 기인한 것이다.[5] 이와 같이 동진에 이르러 불교가 그 발전의 기반을 확립하게 되었던 것은 동진의 사회적 불안에 따른 시대적 배경에 동반해서 귀족, 관료들 사이에 불교의 교세가 널리 유포되었기 때문이다. 즉, 불교는 고도의 문학적, 철학적 사상을 가지고 당시 청담사상에 젖어 있던 귀족들 사이에 쉽게 침투함으로써 그들의 귀의 및 경제적 원조를 얻어서 교세의 확대를 도모할 수 있었다. 한편 동진은 귀족이 정치, 문화의 담당자였기 때문에 그들이 불교에 귀의했다는

---

3) 『弘明集』卷12, p.85a, "佛所貴無爲 殷懃在於絶欲 而比者凌遲 逐失斯道 京師競其奢淫 榮觀紛於朝市 天府以之傾匱 名器爲之穢黷 避役鐘於百里 逋逃盈於寺廟 乃至一縣數千猥成屯落 邑聚遊食之群 境積不羈之衆 其所以傷治害政塵滓佛敎 固已彼此俱弊 寔汚風軌矣 便可嚴下 在所諸沙門有能申述經誥暢說義理者 或禁行修整奉戒無虧 恒爲阿練者 或山居養志不營流俗者 皆足以宣寄大化 亦所以示物以道弘訓作範幸兼內外 其有違於此者 皆悉罷遣".

4) 『宋書』卷97, 夷蠻傳, p.2386, "佛道自後漢明帝 法始東流 自此以來 其敎稍廣 自帝王至于民庶 莫不歸心 經誥充積 訓義深遠 別爲一家之學焉 元嘉十二年 丹陽尹蕭摹之奏曰 佛化被于中國 已歷四代 形像塔寺 所在千數 進可以繫心 退足以招勸 而自頃以來 情敬浮末 不以精誠爲至 更以奢競爲重 舊宇頹弛 曾莫之修 而各務造新以相姱尙 甲第顯宅 於玆殆盡 材竹銅綵 靡損無極 無關神祇 有累人事 建中越制宜加裁檢 不爲之防 流遁未息 請自今以後 有欲鑄銅像者 悉詣臺自聞 興造塔寺精舍 皆先詣所在二千石通辭 郡依事列言本州 須許報 然後就功 其有輒造寺舍者 皆依不承用詔書律 銅宅林苑 悉沒入官 詔可 又沙汰沙門 罷道者數百人".

5) 西晉에 비해서 東晉의 僧尼 및 사원의 수적 증가에 대해서는 『辨正論』卷3(『大正藏』第52卷), pp.502c~503a 참조.

것은 관료나 황실에서도 불교를 보호할 수 있는 분위기를 쉽게 조성할 수 있었다. 따라서 불교가 황실과 긴밀한 유대를 가지면서 황실의 보호아래 교세를 확대해 나갈 수 있었던 것도 동진불교가 발전할 수 있었던 또 하나의 이유였다.

필자는 앞서 동진의 황실에서 불교를 보호한 근본적인 원인은 황제의 신앙심에 기인한 것이 아니라 당시의 정책적 문제와 관련된 것으로 규명하였다.[6]

本章에서는 동진의 목제, 애제시대 황실과 불교의 관계를 살펴봄으로써 필자가 앞장에서 피력한 기존의 견해를 명확히 하고자 한다.

2. 穆帝, 哀帝時代의 政治

동진 제4대 康帝가 建元 2년(344)에 23세의 젊은 나이에 죽고[7] 그의 아들 목제가 겨우 2세의 나이로 繼位하였기 때문에 강제의 妃 褚皇后가 섭정하였다.[8] 이후 저황후의 섭정은 10여 년간 계속되다가 升平 元年(357)에 이르러 비로소 목제가 친정하였다.[9] 그러나 목제는 친정 5년째인 승평 5년(361)에 19세의 나이로 죽고 말았다. 이와 같이 유소한 황제가 즉위하고 모후의 代理聽政이 나타나게 되자 동진의 조정에서는 정치적 실권을 둘러

---

6) 제2부 1장 참조.

7) 『晉書』卷7, 康帝紀, p.187, "建元二年 九月) 戊戌 帝崩于式乾殿 時年二十三 葬崇平陵".

8) 『晉書』卷8, 穆帝紀, p.191, "穆皇帝諱聃 字彭子 康帝子也 建元二年九月丙申 立爲皇太子 戊戌 康帝崩 己亥 太子卽皇帝位 時年二歲 大赦 尊皇后爲皇太后 壬寅 皇太后臨朝攝政".

9) 『晉書』卷8, 穆帝紀, p.202, "升平元年春正月壬戌朔 帝加元服 告于太廟 始親萬機……皇太后居崇德宮".

싼 強族(귀족)들 사이에 암투가 대두하게 되었다.

주지하는 바와 같이 동진 성제, 강제의 시대에는 명제의 妃 明穆庚皇后
의 외척이었던 庚氏一族(庚亮, 庚氷, 庚翼)에 의해서 비교적 내외가 안정되
고 정치적으로 평화의 분위기가 조성되어 있었다. 그러나 목제 즉위 다음해
였던 永和 元年(345)에 유익이 죽음으로써[10] 동진의 朝臣들 사이에는 권력
다툼의 분위기가 점차 농후하여 갔다. 당시 건강 조정에 관료의 首班으로
있었던 자가 何充이었다. 『진서』권77, 하충전에 의하면 그는 淮南 盧江
출신으로 동진의 개국공신이었던 왕도의 姨姪이고, 그의 처는 명제의
비 明穆庚皇后의 여동생이다. 하충은 일찍이 왕도의 추천에 의해서 명제,
성제 때 顯官에 나아갔고, 강제의 즉위에 즈음해서는 유빙과 더불어 帝를
보좌하는 중책을 맡았다. 그러나 이후 유씨일족의 세력을 견제하기 위해서
建元 元年(343)에는 유익의 북벌을 반대하였고,[11] 또 왕위계승에도 깊이
관여하여 유빙, 유익의 의견을 배척하고 목제의 계위에 주역을 담당하였
다. 그러다가 유빙 형제가 죽은 후에는[12] 오로지 幼主를 보좌하였다.[13]

---

10) 『晋書』卷73, 庚亮附益傳 참조.

11) 傅樂成 著, 辛勝夏 譯, 『中國通史(上)』(서울, 宇鐘社, 1982), p.311에 의하면, "북방에
서 호족들 사이의 전쟁이 東晉에게 옛 땅을 회복할 수 있는 좋은 기회를 주었지만
東晉은 이 기회를 잡지 못하여 全力으로 반공하지 못하였다. 소수의 안정된
사대부를 제외하고는 모두가 중원 회복을 바라지 않는 사람이 없었다. 그들에게는
일종의 공통적인 생각이 있었다. 즉 누가 먼저 오랑캐를 축출하든 먼저 하는
사람이 '稱帝의 資格'이 있다고 생각하였다. 특히 이러한 사상은 東晉의 중·말기
에 더욱 현저하였다. 그러므로 일부의 야심가들은 모두 北伐로 공을 세우려하고,
명실상부한 황제가 되려고 하였다. 이러한 이유 때문에 東晉의 황실과 중앙정부의
집정자들은 점차 대외 전쟁을 싫어하게 되고, 지지도 않았을 뿐만 아니라 도리어
제지하려고 하였다"고 한다. 그렇다면 何充이 庚翼의 北伐을 반대한 것도 결국
그의 세력을 견제하기 위한 것으로 보아야할 것이다.

12) 『晋書』卷8, 穆帝紀 및 同書 卷73, 庚亮附氷傳에 의하면 庚氷은 建元 二年(344)에
49세의 나이로 죽었다.

그런데 유익이 임종 때 그의 아들 庾爰之가 자신의 職任을 계승하도록
表를 올렸다. 하충은 이에 반대하고 徐州刺史 桓溫을 荊州刺史로 삼고
西府의 군사를 감독하게 함으로써 형주지방은 환온의 손에 들어가게 되었
다. 환온은 명제 때 왕돈의 난을 평정하고 宣城內史에 역임하였다가 蘇峻
의 난 때 韓晃에 의해서 죽임을 당했던 桓彝의 아들이다.14)『진서』권98,
환온전에 의하면 그는 용모가 뛰어나고 계략이 남다른 인물이었다. 일찍이
유익과는 우의가 돈독한 사이였으며, 유익의 사후에는 형주자사가 되어
중원회복의 기회를 엿보았다. 목제 永和 2년(346)에는 氐族의 賓部 李雄이
사천지방에 세웠던 成漢을 정벌하기 위해서 西伐에 나섰다. 당시 成漢은
李勢가 다스리고 있었으나 형벌의 가혹과 남용으로 민심이 이반되고 國勢
가 미약하여 환온은 이를 쉽게 정벌할 수가 있었다. 영화 3년(347)에 환온은
彭模(사천 彭山縣)를 거쳐 成都에 입성, 승전하였으므로 마침내 李勢의
항복과 더불어 成漢은 멸망하고 말았다. 환온이 成漢을 멸망시키고 돌아오
자 그의 명성은 더욱 높아졌기 때문에 동진의 조정에서는 그를 경계하였다.
환온이 西伐에 나아갔던 영화 2년(346)에 건강 정부의 수반으로 있던 하충
이 죽고, 조정은 사마씨의 일족 회계왕 昱(후일의 간문제)이 총괄하고
있었다.15) 사마욱은 殷浩를 발탁해서 揚州刺史로 삼고 건강의 군권을
장악하게 함으로써 환온의 세력을 제압하려고 하였다.16) 환온은 여러 차례

---

13)『晋書』卷77, 何充傳, pp.2029~2030, "旣而康帝立 帝臨軒 氷充侍坐……建元
　　初……頃之 庾翼將北伐 庾氷出鎭江州 充入朝 言於帝曰 臣氷舅氏之重 宜居宰相
　　不應遠出 朝議不從 (中略) 俄而帝疾篤 氷翼意在簡文帝 而充建議立皇太子 奏可
　　及帝崩 充奉遺旨 便立太子 是爲穆帝 氷翼甚恨之 (中略) 氷翼等尋卒 充專輔幼主".

14)『晋書』卷74, 桓彝傳 참조.

15)『晋書』卷9, 簡文帝紀, p.219, "簡文皇帝諱昱 字道萬 元帝之少子也 (中略) 永和元年
　　崇德太后臨朝 進位撫軍大將軍 錄尙書六條事 二年 驃騎何充卒 崇德太后詔帝專
　　總萬機 八年 進位司徒 固讓不拜 穆帝始冠 帝稽首歸政 不許".

16)『晋書』卷77, 殷浩傳, pp.2043~2045, "殷浩字深源 陳郡長平人也 (中略) 建元初

북벌을 청하였으나 동진의 조정에서는 이를 허락하지 않고 오히려 은호로
하여금 중원을 經略하게 하여 환온을 억압하려 하였다. 목제 영화 8년(352)
에서 9년(353)에 걸쳐 은호는 북벌을 단행하였으나 姚襄의 배반과 습격을
받아서 크게 패하고 돌아왔다.[17] 원래 환온과 은호는 젊은 시절에 죽마의
친구였지만 서로 경쟁심이 강하였는데[18] 은호의 북벌이 실패로 돌아가자
환온은 그의 죄를 상소하여[19] 서인으로 폐하고 동진의 내외적 대권은
환온이 장악하게 되었다.[20]

환온은 목제 영화 12년(356)에 許昌에서 낙양으로 진입하는 요양을 伊水
에서 크게 격파하고, 마침내 낙양을 함락한 후 이곳에 군대를 두어 수비하
게 하고 그의 근거지 湖北에 개선하였다. 환온이 낙양에서 돌아온 후
그 일대에는 慕容燕의 세력이 浸潤하였고, 동진의 수비는 어려움에 처해
있었다. 이에 환온은 낙양천도를 여러 차례 상주하였으나 시행되지 못하였
고, 뒤이어 동진의 조정에서는 목제가 죽고 애제가 즉위하였다. 애제 隆和
(362~363) 초에 환온은 다시 낙양천도를 상소하였으나 孫綽의 반대에
부딪혀[21] 실행되지 못하였지만, 그는 중원 경영의 전권을 위임받고 中外의

庾氷兄弟及何充等相繼卒 簡文帝時在藩 始綜萬機 衛將軍褚袞薦浩 徵爲建武將
軍揚州刺史⋯⋯時桓溫旣滅蜀 威勢轉振 朝廷憚之 簡文以浩有盛名 朝野推伏 故
引爲心膂 以抗於溫 於是與溫頗相疑貳".

17) 『晉書』 卷8, 穆帝紀 永和八~九年條.

18) 『晉書』 卷77, 殷浩傳, p.2047, "浩少與溫齊名 而每心競 溫嘗問浩 君何如我 浩曰
我與君周旋久 寧作我也 溫旣以雄豪自許 每輕浩 浩不之憚也 至是 溫語人曰 少時
吾與浩共騎竹馬 我棄去 浩輒取之 故當出我下也".

19) 桓溫이 殷浩의 北伐 敗北에 접해서 그 죄를 구체적으로 상소한 내용에 관해서는
『晉書』 卷77, 殷浩傳 참조.

20) 『晉書』 卷98, 桓溫傳에 "時殷浩至洛陽修復園陵 經涉數年 屢戰屢敗 器械都盡
溫復進督司州 因朝野之怨 乃奏廢浩 自此內外大權一歸溫矣"라 있고, 또 同書
卷7, 穆帝紀에도 "(永和十年) 二月己丑 太尉征西將軍桓溫帥師伐關中 廢揚州刺史
殷浩爲庶人"이라 하였다.

군사를 都督하는 중임을 맡았다.[22] 그리고 마침내 內政改革에 관한 7개조를 제출하고 건강에 들어가 드디어 조정의 정치적 실권을 장악하게 되었다.[23]

홍녕 3년(365)에 애제는 재위(361~365) 5년 만에 후사도 없이 죽고, 그의 동생 司馬奕이 제위에 오르니 이가 廢帝이다. 폐제 太和 4년(369)에 환온은 모용연의 뒤를 이어 暐가 즉위하는 것을 기회로 다시 북벌을 시도하였지만 枋頭에서 패하고 말았다. 이로 인하여 환온의 세력이 일시 위축되자 막료의 한 사람이었던 郗超의 계략에 따라 황제를 폐립하고 그의 권위를 되찾으려고 하였다. 태화 6년(371)에 그는 강헌저황후의 명을 내세워 폐제 혁을 東海王(咸安 2년에 다시 海西縣公으로 降封됨)으로 삼고, 원제의 아들 회계왕 昱을 세우고 함안으로 개원하니 이가 簡文帝이다. 간문제는 환온에 의해서 옹립된 허수아비와 같은 존재였으며, 환온은 帝로부터 선양의 형식을 통해서 동진의 제위를 찬탈하고자 하였다. 그러나 당시의 조신 사안과 王坦之의 노력에 의해서 간문제의 사후에는 태자가 계위하여 효무제가 되었다.[24] 효무제의 즉위 다음해인 寧康 2년(374)에 환온은 병사하고, 그를 대신하여 사안이 집정하였다.

이상에서 목제, 애제시대를 중심으로 강제이래 간문제에 이르기까지 동진의 정치적 상황에 관해서 비교적 詳論해 보았다. 이 시기에 각 황제의

---

21) 『晋書』 卷58, 孫楚附綽傳.

22) 『晋書』 卷98, 桓溫傳 참조.

23) 『晋書』 卷98, 桓溫傳 pp.2574~2575, "溫以旣總督內外 不宜在遠 又上疏陳便宜七事 其一 朋黨雷同 私議沸騰 宜抑杜浮競 莫使能植 其二 戶口凋寡 不當漢之一郡 宜幷官省職 令久於其事 其三 機務不可停廢 常行文案宜爲限日 其四 宜明長幼之禮 奬忠公之吏 其五 褒貶賞罰 宜允其實 其六 宜述遵前典 敦明學業 其七 宜選建史官 以成晉書 有司皆奏行之……召溫入參朝政".

24) 『晋書』 卷8, 哀帝紀 ; 同書 卷9, 簡文帝紀 ; 同書 卷98, 桓玄傳 ; 同書 卷79, 謝安傳 참조.

재위 기간을 살펴보면, 강제는 2년 4개월이었고, 목제는 16년 9개월간이나 그가 2세의 유아기에 즉위하였기 때문에 초기 12여 년간은 강제의 비 강헌저황후가 섭정하였으며, 친정기간은 4년 5개월에 불과하였다. 그리고 애제는 승평 5년(361) 5월에 즉위하여 홍녕 3년(365) 2월까지 3년 10개월간 재위에 있었으나 친정은 1년 11개월로 그치고, 홍녕 원년(363) 3월부터 약 2년간은 帝의 건강 문제로 말미암아 역시 강헌저황후였던 崇德太后가 섭정을 하였다.[25] 폐제는 6년 10개월, 간문제는 9개월에 지나지 않는다. 그리고 각 황제가 즉위할 때의 연령은 강제, 애제, 폐제가 20세 전후의 시기에 계위하였다. 이 시기 각 황제의 재위 기간과 즉위 연령을 고려해서 旣述한 귀족들의 정권 다툼을 돌아본다면 당시 동진의 실질적인 정치는 권신의 수중에 있었고 황제의 정치적 의지나 황실의 권위는 대단히 미약하였다는 점을 엿볼 수 있다.

이제 동진 황실의 이와 같은 성격과 관련해서 목제, 애제시대의 불교가 어떠한 성격을 갖추게 되었는지 고찰해 보고자 한다.

3. 穆帝와 佛敎

『고승전』 권4, 于法開傳에 다음과 같은 기록이 보이고 있다.

우법개는 어느 곳 사람인지 알 수가 없다. (그는) 蘭公(于法蘭)을 섬겨 제자가 되었으며, 깊이 생각하고 외롭게 분발해서 홀로 가르침을 나타내었다. 『放光般若經』과 『法華經』에 능통했으며 또한 耆婆를 이어받아 의술에

---

25) 『晋書』 卷8, 哀帝紀, pp.208~209, "(興寧二年) 三月庚戌朔 大閱戶人 嚴法禁 稱爲庚 戌制 辛未 帝不悆 帝雅好黃老 斷穀 餌長生藥 服食過多 遂中毒 不識萬機 崇德太后 復臨朝攝政".

현묘하게 통하였다. 일찍이 걸식을 하다가 주인의 집에 투숙하게 되었는데
주인의 부인이 병에 걸려 위급한 상황에 처해서 여러 차례 치료를 받았으나
효험이 없어 집안이 당황하여 요란하였다. 법개가 말하기를 '이 병은 쉽게
치료를 할 수 있다'고 하였으나 주인은 바로 양을 잡아서 淫祀를 지내려고
하였다. 법개가 먼저 양고기를 조금 가지고 국을 끓여서 병자에게 먹이고
氣로 침을 놓으니 잠깐 사이에 양가죽에 아이가 싸여 나왔다. 승평 5년에
孝宗이 병에 걸렸는데 법개가 맥을 짚어 보고는 일어날 수 없음을 알고
다시 들어가지 않았다. 강헌황후가 令을 내려 말하기를 "황제가 병에 걸려
어제 于公을 불러 맥을 짚어 보게 하였는데 다만 문에 이르러 나오지
않고 여러 가지 변명으로 기피하고 있으니 마땅히 廷尉에게 회부하라"고
하였다. 그러나 갑자기 황제가 죽어서 죄를 면하고 剡縣의 石城山으로
돌아가 元華寺를 수축하였다.[26]

사문 우법개의 출신지는 분명하지 않지만 일찍이 于法蘭(『고승전』권4)
을 스승으로 받들어 『방광경』, 『법화경』을 익혔고, 耆婆(耆域)[27]을 祖述하
여 의술에 통달하였으며, 이러한 의술을 통하여 한 때 부인의 위급한 병을
치유한 적도 있었다.[28] 그런데 승평 5년(361)에 목제가 병에 걸렸을 때

---

26) 『大正藏』第50卷, p.350a, "于法開不知何許人 事蘭公爲弟子 深思孤發獨見言表
善放光及法華 又祖述耆婆妙通醫法 嘗乞食投主人家 値婦人在草危急衆治不驗擧
家遑擾 開曰 此易治耳 主人正宰羊欲爲淫祀 開令先取少肉爲羹進竟因氣針之 須
臾羊膜裏兒而出 升平五年孝宗有疾 開視脈知不起不肯復入 康獻后令曰 帝小不
佳昨呼于公視脈 但到門不前種種辭憚 宜收付廷尉 俄而帝崩 獲免還剡石城 續修
元華寺".

27) 『韓國佛敎大辭典(1)』(서울, 普蓮閣, 1982), p.473에 "耆婆 : (梵) 'Jivaka : jiva' 또는
耆域·時縛迦, 번역하여 固活·能活이라 함. 王舍城에 살던 良醫의 이름"이라
하였고, 同書 p.479에 "耆域 : (梵) 'Jiva : Jivaka' 또는 耆婆·時縛迦, 번역하여
固活·能活. 良醫의 이름"이라고 하여 耆婆와 耆域은 같은 沙門임을 알 수 있다.
耆域이 의술에 뛰어난 天竺의 승려였다는 것은 『高僧傳』卷9, 本傳(『大正藏』
第50卷), p.388a 참조.

28) 于法開가 뛰어난 의술로써 환자를 치유한 경우는 『高僧傳』의 기록 이외에 『世說新

우법개는 진맥을 해보았으나 고칠 수 없음을 알고 다시는 입궐하지 않았다. 강헌저황후는 우법개를 정위에게 넘겨서 벌을 내리도록 명하였다. 이때 목제가 갑자기 죽었기 때문에 우법개는 화를 면하고[29] 섬현의 석성산으로 돌아가서 스승 우법란의 뒤를 이어 원화사를 수축하였다.

이 기록을 통해서는 목제가 평소에 우법개와 긴밀한 관계를 가지고 교유했다는 사실은 전혀 발견할 수가 없다. 단지 목제의 臥病에 즈음해서 의술에 뛰어났던 우법개가 불치의 병이었음을 알고 황실의 부름에 불응하였다는 사실뿐이다. 이미 언급한 바이지만 목제는 19세의 젊은 나이에 죽었다. 황제가 죽음의 병에 걸렸을 때, 그것도 젊은 나이로 死境에 접어들었을 때 황실에서는 어떠한 의술을 통해서든 이를 치유하고자 하였다는 것은 쉽게 수긍할 수 있다. 이 때문에 이미 神醫의 術로 알려진 사문 우법개가 황실의 부름을 받았던 것은 당연하고, 이에 응하지 않았을 때 황실의 실권자였던 강헌저황후로부터 엄한 벌이 내려진 것도 또한 쉽게 이해될 수 있는 부분이다. 따라서 『고승전』 우법개전의 기록으로 목제가 불교를 신봉하였다고 하는 황제의 불교신앙과 연관해서 언급할 수는 없다. 그런데 『비구니전』 권1, 延興寺僧基尼傳 가운데 다음과 같은 기록이 전하고 있다.

> 승기의 本姓은 明氏이고 濟南(靑州 濟南郡)사람이다. 머리를 묶을 나이 때 道에 뜻을 두고 出家하기를 원했으나 어머니는 허락하지 않고 몰래

語』卷下之上 術解篇에 "郗愔信道甚精勤 常患腹內惡 諸醫不可療 聞于法開有名 往迎之 旣來 便脈云 君侯所患 正是精進太過所致耳 合一劑湯與之 一服卽大下 去數段許紙如拳大 剖看 乃先所服符也"라는 기록도 보이고 있다.

29) 于法開가 穆帝의 臥病에 임해서 視脈하였으나 穆帝의 죽음에 임해서 화를 면했다고 하는 기사는 『佛祖統紀』 卷35(『大正藏』 第49卷), p.340a에도 "(升平)五年 上有疾 召高僧法開視脈 知不起不肯進藥 后怒囚之 俄有崩獲免"이라 기록하고 있다.

出嫁를 허락하고 혼례를 치를 것을 비밀로 하였다. 신랑을 맞이할 날이
가까이 되자 그녀는 이 사실을 알고 식음을 전폐하니 친척들이 모두 만류하
였으나 그 뜻을 바꾸지 않았다. 7일째가 되는 날 그녀의 어머니가 사위를
불렀는데 사위는 (佛)法을 敬信하는데다가 신부의 목숨이 다해 가는 것을
보고는 신부의 어머니에게 말하기를 "사람마다 각기 뜻하는 바가 있으니
그 뜻을 뺏을 수는 없는 것입니다"라고 하니, 어머니가 그 뜻을 좇아 마침내
출가하게 하니 그때 그녀의 나이 21세였다.……황제가 평소에 높은 禮로써
맞았고, 건원 2년(344)에 황후 褚氏가 都亭里 通恭巷 안에 절을 세워서
延興寺라 이름하니 승기가 寺主로 거주하였고, 제자가 100여 명이나 되었
다. 일에 당해서는 맑고 밝게 처리하였으므로 道俗의 恭敬이 더하였다.
나이 68세인 隆安 元年(397)에 죽었다.[30]

비구니 승기는 일찍이 出嫁를 포기하고 불문에 귀의하여 21세의 나이로
出家하였는데, 건원 2년(344)에 강헌저황후가 도정리 통공항에 연흥사라
고 하는 尼寺를 건립하여 이곳에 거주하게 하였다. 이는 동진의 황후가
사원을 건립하여 비구니를 머물게 한 대표적인 사례의 하나이다. 이 기록의
원문 가운데 "皇帝雅相崇禮"라고 하는 구절은 강제와 목제 가운데 구체적
으로 어느 황제를 지칭하는지 알 수 없다. 만약에 이 구절이 강제를 지칭한
다면 강제의 존경을 받고 있던 비구니 승기를 위해서 저황후가 연흥사를
건립하여 이곳에 거주하게 하였다는 것이다. 그런데 건원 2년 9월에는
강제가 죽고 목제가 계위했기 때문에 이러한 상황을 고려한다면 목제를

---

30) 『大正藏』 第50卷, p.936a, "僧基 本姓明 濟南人也 綰髮志道秉願出家 母氏不聽
密以許嫁 祕其聘禮 迎接日近女乃覺知 卽便絶糧水漿不下 親屬共請意不可移 至
於七日母呼女婿 婿敬信 見婦殆盡 謂婦母曰 人各有志不可奪也 母卽從之 因遂出
家 時年二十一 內外親戚皆來慶慰 競施珍華爭設名供 州牧給伎郡守親臨 道俗咨
嗟歎未曾有……皇帝雅相崇禮 建元二年皇后褚氏爲立寺於都亭里通恭巷內 名曰
延興 基居寺住 徒衆百餘人 當事淸明道俗加敬 年六十八 隆安元年卒矣".

가리키고 있는 것으로 볼 수도 있다.

다음으로 목제가 비구니를 존경한 구체적인 기록은 『비구니전』권1, 北永安寺曇備尼傳을 통해서 알 수 있다.

> 담비의 본성은 陶氏이고 丹陽 건강 사람이다. 어려서 불법을 믿고 바른 正法을 닦고자 원하였으나 형제가 없어 홀로 어머니를 모셨다.……진나라 穆皇帝가 예로써 맞이하고, 존경하기를 두텁게 하였다. 항상 칭송하여 말하기를 "보면 볼수록 더욱 아름답구나". 章皇后 何氏에게 이르러 말하기를 "京邑의 비구니 가운데 담비와 더불어 할 인물이 없구려"라고 하였다. 永和 10년(354)에 황후가 그녀를 위해서 定陰里에 사원을 세워 永安寺라고 이름하였다.(오늘날 何后寺가 이것이다.) (담비는) 겸허하게 무리를 이끌면서 일찍이 자랑하거나 교만한 적이 없었다. 명예가 날로 넓어져서 遠近에서 모여든 무리가 300인이나 되었다. 나이 73세가 되던 泰元 21년(396)에 죽었다.[31]

담비니는 목제의 황후였던 목장황후 하씨가 영화 10년(354)에 건립한 영안사에 거주하고 있으면서 항상 겸허한 태도로 무리들을 가르치고 교만한 모습이 없었기 때문에 그 명성이 널리 알려져서 원근에서 모여든 무리가 300여 인이었다. 그래서 목제는 담비니를 존경하고 황후 하씨에게 건강의 비구니 가운데 담비와 같은 비구니는 드물다고 하였다. 이 영안사는 뒷날 하후사라고 하였는데 권력과 결탁해서 불교의 부패를 가져왔던 비구니사의 하나였다는 기록이 보이고 있다.

---

31) 『大正藏』第50卷, pp.935c~936a, "曇備 本姓陶 丹陽建康人也 少有淸信願修正法 而無有昆弟 獨與母居……年及笄嫁徵幣弗許 母不能違聽其離俗 精懃戒行日夜無 怠 晉穆皇帝禮接敬厚 常稱曰 久看更佳 謂章皇后何氏曰 京邑比丘尼尠有曇備之 儔也 到永和十年后爲立寺于定陰里 名永安今之何后寺是 謙虛導物 未嘗有矜慢 之容 名譽日廣 遠近投集 衆三百人 年七十三 泰元二十一年卒".

晉의 목제 하황후는 성품이 불교를 좋아해서 비구니 사원을 건립하였는데 그 위치는 西州橋의 옆, 남쪽으로는 큰길에 접하고 있었다. 후에 사람들이 何皇后寺라고 불렀다. 이곳에 거주하는 비구니들이 계행을 잘 지키지 않았다. 齊나라 蔡興宗이 일찍이 비구니 智妃를 첩으로 받아들였다.[32]

즉 하황후사에 거주하는 비구니들은 계행을 힘써서 행하지 않았다. 제나라 채흥종은 이 절에 거주하던 미모의 비구니 智妃를 데려다 첩으로 삼았다고 하니[33] 황실의 권력을 배경으로 한 동진 및 남조의 비구니 교단은 그 발전의 이면에 상당한 모순점이 내포되어 있었음을 엿보게 한다. 그런데 하황후사가 건립 초기부터 이러한 문제점을 내포하고 있었던 것인지 아니면 시일이 경과되면서 점차 부패하게 된 것인지는 알 수 없다. 그러나 이곳에 거주하고 있던 담비의 경우는 비교적 수도자로서의 자질을 갖추고 있었으므로 목제로부터 건강의 비구니 가운데 담비와 같은 비구니는 드물다는 칭송을 받았던 것으로 보인다.

이상에서 목제와 비구니와의 관계를 살펴보았거니와 이제는 목제가 비구니를 존경하게 된 원인을 규명해 보고자 한다. 이를 위해서는 우선 목제의 조정에서 10여 년간 섭정하였던 강헌저황후와 목제의 비 목장하황후와 불교와의 관계를 고찰해 보아야 할 것이다.

앞서 언급한 바와 같이 강헌저황후는 건원 2년에 연흥사라고 하는 비구니사를 건립하였지만,[34] 황후 스스로도 불교에 상당한 관심이 있었던 것이

---

32) 『南朝佛寺志』卷上(中國佛寺志叢刊 제28冊), 何皇后寺, p.18, "晉穆帝 何皇后 性耽釋氏 造尼寺一所 在西州橋側 南臨大道當今倉巷橋左近 後人呼爲何皇后寺 女尼居之者 戒行不盡嚴 齊蔡興宗嘗納寺尼智妃爲妾也".

33) 『南史』卷29, 蔡廓附興宗傳에도 "興宗納何后寺尼智妃爲妾 姿貌甚美 迎車已去而(顏)師伯密遣人誘之 潛往載取 興宗迎人不得"이라 하여 蔡興宗이 智妃를 첩으로 하고 顏師伯과 경쟁하였다는 기록이 보이고 있다.

34) 『建康實錄』卷8, 康皇帝岳에도 "案寺記 帝時置兩寺 褚皇后立延興寺 在今縣東南

다. 이는『진서』권32, 康獻褚皇后傳에 전하고 있는 다음과 같은 내용을
통해서 알 수 있다.

> 애제 海西公의 치세에 태후가 다시 대리청정을 하자 환온이 海西公을
> 廢黜하였다. 그때 태후는 佛屋에서 香을 사르고 있었는데 內侍가 "바깥에
> 위급한 상황이 있다"고 하자 태후가 이에 나왔다.[35]

애제와 해서공의 치세에 대리청정했던 강헌저황후(숭덕태후)가 권력자
환온에 의해서 해서공이 폐위 당할 때 황실의 무능과 불행을 한탄하면서
법당에서 香을 사르고 있었다는 것이다. 강헌저황후는 함강 8년(342)에
강제의 황후가 되고, 효무제 태원 9년(384)에 61세로 죽었다.[36] 이를 逆算해
보면 그는 명제 태녕 2년(324)생이고, 19세에 황후가 되었으며, 건원 2년
(344)에 강제가 죽었을 때 황후의 나이는 21세였다. 젊어서 강제와 사별하게
된 저황후가 심신의 안정을 꾀하기 위해서 불교에 관심을 가지고 궁중에
불당을 마련하여 때로 燒香禮拜하였다는 것은 쉽게 이해할 수 있다.[37]

二里運溝西岸 中書令何充 立建福寺今廢也"라고 하여 穆帝 때 康獻褚皇后가 건립
한 延興寺와 中書令 何充이 건립한 建福寺를 기록해 놓고 있다.

35) "及哀帝海西公之世 太后復臨朝稱制 桓溫之廢海西公也 太后方在佛屋燒香 內侍
啓云 外有急奏 太后乃出".

36)『晋書』卷7, 穆帝紀 및 同書 卷32, 康獻褚皇后傳.

37) 北朝 北魏의 경우에도 황후가 불우한 경우에 처했을 때 佛門에 歸依한 경우를
볼 수가 있었다. 이를테면,『魏書』卷13, 孝文廢皇后 馮氏傳에 "孝文廢皇后馮氏
太師熙之女也 太和十七年 高祖旣終喪 太尉元丕等表以長秋未建 六宮無主 請正
內位 高祖從之 立后爲皇后 (中略) 高祖後重引后姊昭儀至洛 稍有寵 后禮愛漸衰
昭儀自以年長 且前入宮掖 素見待念 輕后而不率妄禮 后雖性不妒忌 時有愧恨之
色 昭儀規爲內主 譖構百端 尋廢后爲庶人 后貞謹有德操 遂爲練行尼 後終於瑤光
佛寺"라 있고, 同書 卷13, 孝文幽皇后傳에 "孝文幽皇后 亦馮熙女 母曰常氏 本微賤
得幸於熙……文明太皇太后欲家世貴寵 乃簡熙二女俱入掖庭 時年十四 其一早卒
后有姿媚 偏見愛幸 未幾疾病 文明太后乃遣還家爲尼 高祖猶留念焉"이라 있다.

동진이 창건된 이래 조정의 중신이나 귀족들이 사문과 긴밀한 교우를
가짐으로써 사문의 궁중 출입이 자유롭고 궁중 안에 불교교세가 침투해
있는 상황에서[38) 저황후의 불교에 대한 귀의는 더욱 용이하였으리라 본다.
그래서 일찍이 불교사가 塚本善隆이 "(동진에서) 어린 황제의 즉위에 동반
해서 일어났던 것은 황태후의 섭정이지만, 이미 궁중에 불교교화가 침투해
서 귀족의 대부분이 존경하는 승려가 출입하는 환경에서 여성은 용이하게
불교에 교화되는 것이다"[39)고 지적한 이론에 대해서 필자는 쉽게 공감할
수 있다. 이러한 이론이 성립된다면 강헌저황후가 비구니를 위해 사원을
건립하고, 太后가 건립한 사원에 거주하는 비구니를 목제가 접하게 될
때 존경의 예를 표했다고 하는 것은 아주 평범한 행위에 지나지 않는
것이다.

다음으로는 목장황후 하씨와 불교에 관해서 살펴보면, 『진서』 권32,
穆章何皇后傳에 다음과 같은 기록이 있다.

> 목장하황후는 諱가 法倪이고 廬江 灊人인데 아버지는 準이다.……승평
> 원년 8月……持節로 황후의 책립을 받았으나 자식이 없었다. 애제가 즉위
> 한 후에 穆皇后라 하였고, 永安宮에 거주하였다. 환현이 篡位를 하고 나서
> 황후를 옮겨서 司徒府에 들어가게 하였는데 太廟를 지나갈 때 태후는
> 輿駕를 멈추고 통곡하니 거리의 사람들이 애통해 하였다. 환현이 노해서
> 말하기를……이에 零陵縣君으로 降位되어 안제와 함께 서쪽 巴陵으로
> 쫓겨났다가 劉裕의 건의에 의해서 殷仲文이 태후를 받들어 京都로 돌아왔
> 다.……元興 3년에 66세의 나이로 죽을 때까지 무릇 48년간 在位하였다.[40)

---

38) 제2부 1장 참조.
39) 塚本善隆, 『中國佛教通史』(東京, 春秋社, 1979), p.336.
40) "穆章何皇后諱法倪 廬江灊人也 父準 見外戚傳……升平元年八月……持節奉冊立
爲皇后 后無子 哀帝卽位 稱穆皇后 居永安宮 桓玄篡位 移后入司徒府 路經太廟

하황후는 목제 승평 원년(357)에 황후가 되었으나 無嗣하였고, 애제(성제의 장자)가 즉위한 후에는 영안궁에 거주하였다. 환현의 찬위에 즈음해서는 영릉현군으로 降位되어 안제와 더불어 파릉으로 쫓겨났다가 유유에 의해서 다시 도읍 건강으로 돌아왔다. 안제 원흥 3년(404)에 66세의 나이로 죽으니 황후나 태후로서의 재위가 48년간이었다고 한다. 그렇다면 하황후는 승평 원년 이래 태원 9년(384)까지 강헌저황후와 28년간 동진의 황실에 함께 있었다. 앞서 언급한 바와 같이 강헌저황후가 이미 불교에 관심을 가지고 비구니를 위해서 사원을 건립한 상황이었으므로 하황후 역시 쉽게 불교에 귀의하고 나아가서는 비구니를 위해서 사원을 건립할 수 있었던 것이다. 그리고 하황후의 경우 그녀가 불교에 관심을 가지게 된 또 하나의 이유는 일찍이 그녀의 가정이 불교와 깊은 관계를 가지고 있었다는 점이다. 이 점에 대해서는 계속되는 논술을 통해서 밝히겠지만, 황후가 불교에 관심을 가지고 건립한 사원의 비구니를 젊은 황제가 접하게 되었을 때 예를 갖추었다는 것도 역시 평범한 행위에 불과한 것으로 보아야 한다. 이렇게 볼 때 목제가 강헌저황후가 건립했던 연흥사에 거주했던 비구니 승기와 황후 하씨가 건립한 하후사에 거주했던 비구니 담비를 존경의 예로 접했던 것을 황제의 불교신앙과 직결시킬 것이 아니라 태후나 황후의 불교신앙에 연관된 것으로 볼 수 있다.

다음으로는 목제의 비 하황후의 아버지였던 何準과 하준의 형으로서 목제 때 조정 관료의 수반이었던 하충 및 당시 귀족 관료들과 불교와의 관계에 대해서 살펴보기로 하겠다.

『진서』 권93, 하준전의 기록 가운데 다음과 같은 내용이 보이고 있다.

后停輿慟哭 哀感路人 玄聞而怒曰……乃降后爲零陵縣君 與安帝俱西 至巴陵 及劉裕建義 殷仲文奉后還京都……元興三年崩 年六十六 在位凡四十八年".

하준의 字는 幼道며 목장황후의 아버지였다. (성품이) 高尙하고 욕심이
적었다. 약관에 이름이 널리 알려져 州府의 辟召가 있었으나 모두 나아가지
않았다. 형이었던 驃騎將軍 充이 출사를 권했으나 준은 말하기를 '第五之名
何減驃騎'라 하였는데, 준은 형제 가운데 다섯 번째였으므로 이 말을 하였
다. 충이 宰輔의 중책에 있으면서 권세가 일시를 풍미하였으나 준은 한가하
게 衡門에 머물면서 인사에 관여하지 않고, 오직 불경을 독송하고 사탑을
건립하고 수리하는데 전념할 뿐이었다.……47세에 죽었고 승평 원년에
金紫光祿大夫, 晉興縣侯에 추증되었다.[41]

하황후의 아버지였던 하준은 형 하충이 재상의 지위에 있으면서 권세가
한 시대를 풍미하였으나 하준 자신은 출사를 원하지 않고, 오직 불경을
독송하고 사탑을 건축, 수리하는 일에만 관심을 가질 정도로 불교에 깊은
관심을 갖고 있었던 인물이었다. 또 『진서』 권77, 하충전에도 하충, 하준
형제의 불교 신봉에 관한 기사가 있다.

당시에 郗愔과 그의 동생 曇은 天師道를 받들었고, 하충은 그의 동생
준과 더불어 불교를 받들어 믿었다. 謝萬이 이를 비꼬아 말하기를 "二郗는
도교에 아첨하고, 二何는 불교에 아부한다"고 하였다. 충은 술을 잘 마셨
다.[42]

이 기사를 보면 치음과 치담 형제는 천사도를 신봉하고, 하충과 하준
형제는 불교를 받들어 신앙하였음을 알 수 있다. 그런데 사만이 치음의

---

41) "何準字幼道 穆章皇后父也 高尙寡欲 弱冠知名 州府交辟 竝不就 兄充爲驃騎將軍
勸其令仕 準曰 第五之名何減驃騎 準兄弟中第五 故有此言 充居宰輔之重 權傾一
時 而準散帶衡門 不及人事 唯誦佛經 修營塔廟而已……年四十七卒 升平元年 追
贈金紫光祿大夫 封晉興縣侯".
42) "于時郗愔及弟曇奉天師道 而充與弟準崇信釋氏 謝萬譏之云 二郗諂於道 二何佞
於佛 充能飮酒".

형제는 도교에 아부하고 하충 형제는 불교에 아첨하고 있다고 비난하였다.
사만(『진서』 권79)이 이들을 비난했던 이유를 『세설신어』의 기록을 통해서
알 수가 있었다. 이를테면, 二郗(치음, 치담)는 도교를 신봉하고, 二何(하충,
하준)는 불교를 신봉하였는데 모두 재화를 가지고 사찰이나 道觀을 건립하
였다는 것이 사만의 비난을 야기한 원인이었다고 한다. 그런데 『세설신어』
의 注에는 『晉陽秋』를 인용해서 하충은 불교를 좋아해서 사찰을 건립하고
수백 명에 달하는 사문을 공양하였다고 되어 있다. 그리고 그가 양주자사로
있을 때 관리와 백성을 동원하고 몇 만이나 되는 금전을 들여서 사원을
건립하였기 때문에 원근의 비난을 받았다고 하였다.43) 또 하충의 불교신앙
에 대한 阮思曠의 조롱이 『세설신어』에도 보이고 있지만44) 이러한 비난의
종합된 내용이 『진서』 권77, 하충전에 보이고 있다.

　　하충은 재상의 지위에 있으면서 비록 올바른 개혁의 능력은 없으나
강력한 재간과 기량이 있어서 조정에 임해서는 정색을 하고 소임을 다하기
위해서는 무릇 人選을 할 때는 모두 공신을 우선으로 하고 私恩에 의해서
친척을 세우지 않겠다고 하였다. 말은 이와 같이 중하게 하였으나 친숙한
인물을 잡다하게 채용하였기 때문에 사람들의 신임을 얻지 못하였다. 그리
고 불교를 좋아해서 佛寺를 수리하고 수백 명의 사문을 공양하는데 수억의
재물을 아끼지 않았으나 궁핍한 친구를 위해서는 베푸는 바가 없어서

---

43) 『世說新語』卷下之下(余嘉錫 箋疏, 上海古籍出版社, 1993, 1996년 3차 인쇄), 排調
　　 二十五, p.814, "二郗奉道 二何奉佛 皆以財賄 謝中郎云 二郗諂於道 二何佞於佛
　　 中興書曰 郗愔及弟曇 奉天師道 晉陽秋曰 何充性好佛道 崇修佛寺 供給沙門以百
　　 數 久在揚州 徵役吏民 功賞萬計 是以爲遐邇所譏 充弟準 亦精勤唯讀佛經 營治寺
　　 廟而已矣".
44) 『世說新語』卷下之下, 排調二十五, pp.799～800, "何次道往瓦官寺禮拜甚勤 阮思
　　 曠之曰 卿志大宇宙 勇邁終古 何曰 卿今日何故忽見推 阮曰 我圖數千戶郡 尚不
　　 能得 卿迺圖作佛 不亦大乎".

세상 사람들로부터 비난을 받았다. 阮裕는 일찍이 이를 희롱해서 "경의 뜻은 우주보다 넓고 용기는 고금을 초월하고 있다"고 하였다. 하충이 그 까닭을 물으니 완유가 말하기를 "나는 千戶의 군을 다스리고자 도모하여 보았으나 능히 이룩할 수 없는데, 경은 부처가 되기를 꾀하고 있으니 또한 크다고 하지 않겠느냐"고 하였다.[45)]

이러한 기록으로 볼 때 동진 황실의 首班으로 있었던 하충이 건전하지 못한 신앙의 행위로 말미암아 당시 세상 사람들로부터 비난을 면치 못했던 점은 충분히 인정된다. 그러나 그가 사원을 건립하여[46)] 수많은 승려들을 거주하도록 하고, 많은 재력을 동원하여 이들을 공양하였다는 데서 동진불교의 발전에 크게 공헌했던 불교 후원자의 한 사람이었다는 것을 인정하지 않을 수 없다. 특히 하충은 목제의 조정에 재상으로 있었기 때문에 사문의 자유로운 궁중 출입을 통한 포교활동에도 많은 역할을 하였을 것으로

---

45) "充居宰相 雖無澄正改革之能 而强力有器局 臨朝正色 以社稷爲己任 凡所選用 皆以功臣爲先 不以私恩樹親戚 談者以此重之 然myriad昵庸雜 信任不得其人 而性好 釋典 崇修佛寺 供給沙門以百數 糜費巨億而不吝也 親友至於貧乏 無所施遺 以此 獲譏於世 阮裕嘗戲之曰 卿志大宇宙 勇邁終古 充問其故 裕曰 我圖數千戶郡尙未 能得 卿圖作佛 不亦大乎".

46) 『比丘尼傳』卷1(『大正藏』第50卷), 明感尼傳에 "明感 本姓朱 高平人也 世奉大法經 爲虜賊所獲 欲以爲妻 備加苦楚 誓不受辱 (中略) 晉永和四年春與慧湛等十人 濟江 詣司空公何充 充一見甚敬重 于時京師未有尼寺 充以別宅 爲之立寺 問感曰 當何 名之 答曰 大晉四部今日始備 檀越所建爲造福業 可名曰建福寺 公從之矣 後遇疾 少時便卒"이라고 하는 기록과, 또 同書 卷1, 慧湛傳에 "慧湛 本姓彭 任城人也 神貌超遠精操殊特 (中略) 建元二年渡江 司空何充大加崇敬 請居建福寺住云"이 라고 하는 기록을 보면, 何充이 건립한 대표적인 寺院은 東晉 최초의 比丘尼 寺刹이었던 建福寺이다. 그런데 明感尼傳에는 穆帝 永和 4년(348)에 明感과 慧湛 등 10여 인이 渡江하여 와서 何充에게 나아갔다고 하고, 慧湛傳에는 渡江의 年代를 穆帝 建元 2년(344)으로 기록하고 있다. 『晉書』卷77, 何充傳에 의하면, "永和二年卒"이라고 하여 何充은 穆帝 永和 2년(346)에 죽었기 때문에 『比丘尼傳』 의 기록 가운데는 慧湛傳의 기록이 더 신빙성이 있다.

생각된다.47)

다음은 하층 이후 목제의 조정에서 실권을 장악하였던 환온의 경우를
보면,『고승전』권5, 竺法汰傳에는 환온과 축법태의 교류에 관한 기사가
보이고 있다.

축법태는 東莞사람이다. 젊어서 도안과 同學하였는데 비록 才辯은 도안
에 미치지 못하였으나 자태나 풍모는 도안을 능가하였다. 도안과 더불어
난을 피하여 新野에 갔다. 도안이 徒衆을 나누어 법태에게 경사로 갈
것을 명하였다.……이에 손을 잡고 눈물을 흘리면서 이별하여 제자 曇一,
曇二 등 40여 명과 더불어 강을 따라 동쪽으로 내려가다가 병에 걸려
陽口에서 머무르게 되었다. 이때 환온이 형주를 다스리고 있었는데 사람을
보내어 지나갈 수 있도록 하고 湯藥을 공급하였다. 도안도 제자 慧遠을
형주로 보내어 문병하였다. 법태의 병이 조금 치유되자 환온에게 나아갔는
데 환온이 법태와 오랫동안 이야기 하고자 해서 먼저 여러 손님을 대하고
법태에게 나아가지 못하였다. 법태는 병이 완쾌되지 않아서 오래 앉아
있을 수가 없어서 수레를 타고 회랑을 돌아 나오면서 환온에게 알렸다.
"風痰이 갑자기 발병하여 오래 이야기 할 수 없으니 마땅히 다시 오겠다"고
하니 환온은 흘연히 일어나 나아가서 맞이하여 돌아왔다.48)

---

47)『高僧傳』卷4(『大正藏』第50卷), 竺道潛傳, pp.347c～348a에 의하면 "至哀帝好重佛
法 頻遣兩使慇懃徵請 潛以詔旨之重暫遊宮闕 卽於御筵開講大品 上及朝士并稱
善焉 于時簡文作和 朝野以爲至德 以潛是道俗標領 又先朝友敬尊重 挹服頂戴兼
常 迄乎龍飛虔禮彌篤 潛嘗於簡文處遇沛國劉恢 恢嘲之曰 道士 何以遊朱門 潛曰
君自覩其朱門 貧道見爲蓬戶 司空何次道懿德純素篤信經典 每加祇崇遵以師資之
敬 數相招請 屢興法祀"라고 하여 竺道潛은 東晉의 황실에 자유롭게 출입하였고,
何充이 그를 스승으로 존경하였다는 기사가 보이고 있다.

48)『大正藏』第50卷, p.354b-c, "竺法汰 東莞人 少與道安同學 雖才辯不逮而姿貌過之
與道安避難至新野 安分張徒衆命汰下京……於是分手泣涕而別 乃與弟子曇一
曇二等四十餘人 沿江東下 遇疾停陽口 時桓溫鎭荊州 遣使要過供事湯藥 安公又
遣弟子慧遠 下荊問疾 汰病小愈詣溫 溫欲共汰久語 先對諸賓未及前汰 汰旣疾勢
未歇不堪久坐 乃乘輿歷廂廻出 相聞與溫曰 風痰忽發不堪久語 比當更造 溫忽忽

도안과 同學하였던 축법태가 난을 피하여 신야로 갔다가 도안과 헤어져
京師(건강)로 오는 도중에 陽口에서 병을 얻어 이곳에 머물렀다. 이때에
환온이 형주를 다스리고 있었는데[49] 사자를 보내어서 탕약을 공급하였다.
축법태가 병이 조금 치유된 후 환온을 찾아갔을 때 환온은 축법태와 오랫동
안 대화하고자 하였다. 그러나 법태의 風痰으로 말미암아 오랜 대화가
이루어질 수 없어 후일을 약속하려고 했지만 환온은 법태를 맞이하여
돌아왔다. 여기에서 환온이 구체적으로 불교를 신봉하였다는 사실은 발견
할 수 없지만 적어도 고승 법태에 대하여 호의를 베풀고 그와 더불어
오랜 대화를 원하고 있었다는 사실은 환온이 불교나 고승에 대해서 상당한
관심을 가지고 있었던 것만은 틀림없다. 따라서 그가 동진 조정에서 실권을
장악하고 있는 한 불교에 대한 지원은 쉽게 이루어질 수 있는 분위기였다고
생각된다.

또 환온의 막료였던 치초도 환온의 휘하에 있으면서[50] 불교를 신봉했던
인물이다. 앞서 언급한 바와 같이 치음과 치담은 도교를 신봉하였지만
치음의 아들인 치초는 불교를 신봉하였다고 한다.[51] 치초는 이미 어린

起出接與歸焉".

49) 『晉書』 卷8, 穆帝紀에 "(永和元年 八月) 徐州刺史桓溫爲安西將軍持節都督荊司雍
益梁寧六州諸軍事 領護南蠻校尉荊州刺史"라고 하여 桓溫은 永和 元年에 荊州刺
史로 임명되었다.

50) 『晉書』 卷67, 郗鑒附超傳에 "桓溫辟爲征西大將軍掾 溫遷大司馬 又轉爲參軍 溫英
氣高邁 罕有所推 與超言 常謂不能測 遂傾意禮待 超亦深自結納 時王珣爲溫主簿
亦爲溫所重 府中語曰 髥參軍 短主簿能令公喜 能令公怒 超髥 珣短故也"라고 하여
郗超는 桓溫이 穆帝 永和 4년(348)에 征西大將軍이 되었을 때 그 隷下에 들어갔고
(『晉書』 卷7, 穆帝紀 永和四年 八月條), 哀帝 興寧 元年(363)에 桓溫이 大司馬가
될 때 參軍이 되었다. 郗超는 府中에서 髥參軍으로 불렸고 桓溫과 喜怒를 함께
하였던 인물이다.

51) 『晉書』 卷67, 郗鑒附超傳, pp.1802~1803, "超字景興 一字嘉賓……愔事天師道
而超奉佛".

시절에 사문 지둔에게 교화를 받으면서 불교를 배웠기 때문에 지둔과 밀접한 관계를 가지고 있었고, 축법태, 竺法曠과의 교유뿐만 아니라 화북 지방의 고승 도안의 덕을 존경하여 서신을 교환하였다. 그리고 만년에는 불교 개론서라고 할 수 있는『奉法要』를 저술할 정도로 불교에 깊은 관심을 가졌다.[52] 이외에도 동진 목제의 조정 관료 가운데 대표적인 인물이었던 손작, 은호 등도 불교에 상당한 관심을 가졌던 인물이었지만 이들의 불교 사상 내지 신앙에 관해서는 이미 이 방면의 연구자들에 의해서 논증되었기 때문에[53] 구체적인 언급은 피하기로 한다.

이상에서 살펴본 바와 같이 목제는 일찍이 불교에 관심을 가진 봉불의 황제는 아니었다. 동진은 건국이래 귀족 관료와 사문이 깊이 교유하고 있었고, 이러한 관계는 목제의 조정 중신들 사이에서도 계속되었기 때문에 당시 황실에서는 귀족의 신앙과 결부되어 있는 불교를 보호하지 않을 수 없다는 정책적 의미가 다분히 내포된 것이다. 그 결과 비구니들도 황실 의 교화에 노력하여 일찍이 황제와 사별한 황태후나 황후의 교화에 성공하 고, 이들의 도움으로 동진 최초의 비구니사를 건립함에 이르렀던 것이다. 이러한 사실이 단지 목제의 치세에 이루어졌다는 사실만 가지고 불교 측의 기록에서는 황제의 신앙과 직결된 것으로 기록하고 있다. 물론 황태후 나 황후의 도움으로 사원이 건립되고 불교교단의 교세가 확대되어 간 것도 결국 황실의 불교 보호와 연관된 것으로 이해하여야 하겠지만 황제의

---

52) 郗超의 불교사상에 관해서는 鎌田茂雄,『中國佛敎史(第二卷)』(東京, 東京大學出版 會, 1983), pp.183~195 ; 任繼愈 主編,『中國佛敎史(第二卷)』(北京, 中國社會科學 出版社, 1985), pp.557~568 ; 塚本善隆,『中國佛敎通史(第一卷)』(東京, 春秋社, 1979), pp.349~368 ; 宮川尙志,『六朝史硏究(宗敎篇)』(京都, 平樂寺書店, 1964), p.291 이하에서 상세히 논술하고 있으므로 본장에서는 더 이상 언급하지 않기로 한다.

53) 鎌田茂雄, 前揭書, pp.195~199 ; 任繼愈, 前揭書, pp.548~556.

불교신앙과 직결시킬 수는 없다.

4. 哀帝와 佛敎

목제가 승평 5년(361) 5월에 19세의 나이로 죽고 성제의 장자 낭야왕 조가 계위하니, 이가 동진의 제6대 황제 애제이다.[54] 애제는 즉위이래 흥녕 2년(364) 3월에 이르기까지 2년 10개월간 친정을 실시하다가 이후 그의 치세가 끝나는 흥녕 3년(365)까지는 강헌저황후가 다시 섭정을 하였다. 애제에 대신해서 강헌저황후가 섭정을 하게 된 구체적인 이유에 대해서 『진서』 권8, 애제기에는 다음과 같이 기술하고 있다.

> (흥녕 2년 3월) 辛未에 帝의 마음이 평온하지 못하였다. 帝는 평소에 黃老를 좋아해서 곡기를 끊고 長生의 약을 먹었다. 약을 과다하게 복용해서 중독이 되어 정사를 돌볼 수 없었기 때문에 숭덕태후가 다시 섭정하였다.[55]

즉 애제가 장생의 약을 과다하게 복용하여 萬機를 친히 수행할 수 없었기 때문에 강헌저황후가 다시 섭정을 하였다는 것이다. 이를 해석할 때 애제가 흥녕 2년 3월 어느 날 황로의 사상에 매료되어 갑자기 곡식을 끊어 버리고 장생의 약을 지나치게 많이 복용하였기 때문에 정사를 돌볼 수 없었다고 할 수도 있다. 하지만 이 기록이 내포하고 있는 전후 문맥의 의미를 살펴보면, 애제는 평소에 황로를 좋아해서 곡식 대신에 오랫동안 장생의 약을 식용으로 복용해 오다가 마침내 중독되었다는 것이다. 장생의 약을 과다하

---

54) 『晋書』 卷8, 穆帝紀 및 哀帝紀 참조.
55) "(興寧二年 三月) 辛未 帝不悆 帝雅好黃老 斷穀 餌長生藥 服食過多 遂中毒 不識萬機 崇德太后復臨朝攝政".

게 복용하였다는 것은 양적인 것을 말하는 것이 아니라 복용한 기간을
의미하는 것으로 보인다. 그렇다면 애제가 홍녕 2년 3월에 臥病에 들어가고
정사는 태후의 섭정으로 대신하였지만 실재로는 그 이전에 이미 정신적
육체적으로 친정에 어려움이 있었을 것으로 추측된다. 그리고 그가 홍녕
3년 2월에 25세의 젊은 나이로 죽었던 것도 결국 장생의 약 때문인 것으로
생각된다. 또 애제가 장생의 약을 복용하였다는 사실 자체는 그가 일찍이
불로장생을 염원하면서 황로의 사상에 관심을 가졌다는 것도 짐작할 수
있다. 이와 같이 애제는 평소에 황로사상에 젖어서 장생의 약을 과다하게
복용하여 몸소 政事를 수행하지 못하였던 군주였다. 그런데도 불교 측에서
는 그가 불교를 좋아하고 신봉해서 고승을 불러 불경을 강론하게 하고,
사원을 건립한 숭불의 황제로 기록하고 있다. 이제 이러한 기록들 가운데
중요한 내용을 간추려 살펴보기로 하겠다.

> 가) 애제 때 法開는 여러 번 부름을 받아 마침내 경사로 나아가 『放光般若
> 經』을 강론하였다. 무릇 옛 학자들이 품고 있던 의문이 이로 말미암아
> 풀리지 아니한 것이 없었다. 강론을 마치고 물러나서 동산으로 돌아갔
> 다. 황제가 그의 덕을 그리워하여 돈과 비단 그리고 가마와 겨울・여름
> 의 옷을 선물로 보내었다. 사안, 王文度 등과 친선을 도모하였다.56)

> 나) 애제가 불법을 좋아하고 존중하여 여러 번 兩使를 보내어 (竺潛深을)
> 불러 청하였다. 잠심은 부름의 뜻이 중하다 하여 궁궐에 들어가서
> 御筵에서 『大品經』을 강론하니 황제와 朝臣들이 칭송하였다. 그 때에
> 간문제가 재상으로 있었는데 朝野에서 至德하다고 하여 잠심을 道俗의

---

56) 『高僧傳』卷4(『大正藏』第50卷), 于法開傳, p.350b, "至哀帝時累被詔徵 乃出京講放
光經 凡舊學抱疑莫不因之披釋 講竟辭還東山 帝戀德慇懃 賻錢絹及步輿幷冬夏
之服 謝安王文度悉皆友善".

標領으로 삼고, 또 선대의 조정에서 존경하고 귀중하게 여겼기 때문에 간문제가 제왕이 되자 경건한 예우가 돈독하였다.[57]

다) 진나라 애제가 즉위하자 여러 번 兩使를 보내어 (지둔을) 청하였으므로 도읍에 나아가서 東安寺에 머물면서 『道行般若經』을 강론하니 승속이 欽崇하고 朝野가 悅服하였다.……지둔이 경사에 머문 지 3년이 되자 마침내 동산으로 돌아가고자 황제에게 글을 올려 이별을 고하였다.…… 황제가 조서를 내려 허락하고 노자를 지급하고 일 마다 풍성하고 후하게 대접하였으며, 당시의 명사들이 아울러 征虜에서 전송하였다.[58]

가)의 경우는 목제의 치료를 거부하였다가 벌을 받을 뻔했던 사문 우법개가 애제 때 여러 번 부름을 받고 궁중에 나아가 『반야경』을 강론한 사실이다. 강론을 마치고 다시 東山으로 돌아가자 애제는 그의 덕을 흠모하여 정중히 돈, 비단, 가마와 아울러 여름과 겨울의 옷을 시여하였다고 한다. 우법개가 애제의 부름을 받아서 궁중에 나아간 시기를 구체적으로 밝히지는 않았다. 그렇다면 적어도 애제가 장생의 약에 중독되어 臥病 중이던 흥녕 2년 3월 이전으로 보아야 한다. 그런데 흥녕 2년 이전에도 이미 애제는 황로의 장생술에 빠져 약을 복용하고 있던 시기였기 때문에 과연 이러한 시기에 불교의 사문을 몸소 궁중에 불러들여서 불경을 강론하게 하였던 것인지 쉽게 이해할 수가 없다. 이러한 내용에 대한 신빙성의 여부를 인용문 나), 다)와 연관해서 고찰해 보기로 한다. 나)의 내용은

---

57) 『高僧傳』卷4, 竺潛深傳, pp.347c~348a, "至哀帝好重佛法 頻遣兩使慇懃徵請 潛以 詔旨之重暫遊宮闕 卽於御筵開講大品 上及朝士幷稱善焉 于時簡文作相 朝野以 爲至德 以潛是道俗標領 又先朝友敬尊重 挹服頂戴兼常 迄乎龍飛虔禮彌篤".

58) 『高僧傳』卷4, 支遁傳, pp.348c~349b, "至晉哀帝卽位 頻遣兩使徵請出都 止東安寺 講道行波若 白黑欽崇朝野悅服……遁淹留京師涉將三載 乃還東山 上書告辭曰 (中略) 詔卽許焉 資給發遣事事豊厚 一時名流並餞離於征虜".

평소에 불법을 좋아하고 존중했던 애제가 축도잠을 정중하게 초청하니 도잠은 애제의 徵召를 중하게 여겨서 잠시 궁중에 나아가 御筵에서 『대품반야경』을 강론하니 애제와 朝臣으로부터 칭송을 받았다는 것이다. 당시 재상으로 있던 간문제(사마욱)가 도잠을 도인과 속인의 標領으로 삼았고, 또 도잠은 일찍이 동진의 조정으로부터 존경을 받아왔던 사문이었기 때문에 挹服과 頂戴를 항상 받아왔다고 한다. 축도잠은 원제, 명제의 조정에 자유롭게 출입하며 당시의 권신 王茂弘(왕도)나 庾元規(유량) 등과 깊이 교유하다가 이들이 죽자 섬산에 들어가 있다가[59] 애제의 조정에 초빙된 것이다. 다는 애제의 요청을 받은 지둔이 경사의 동안사에 머물면서 『도행반야경』을 강론하니, 이때 승속이 공경하고 숭배하였으며 조정과 백성이 悅服하였다는 기록이다. 지둔이 경사에 머문 지 3년 만에 동산으로 돌아가고자 하니 황제가 이를 허락하고 풍성한 대우를 하였으며, 당시의 명사들이 모두 征虜亭에서 전송하였다. 『고승전』 각 본전에는 축도잠과 지둔이 경사에 초청된 연대를 기록하지 않고, 단지 애제의 시기라고만 말하고 있다. 그런데 『불조통기』 권36의 기록에서는 도잠이 애제로부터 징소된 해를 흥녕 2년(364)이라 하고 있다.

> (흥녕) 2년에 조칙으로 법사 도잠을 불러 금중에서 『반야경』을 강론하게 하였다. 이후 섬산으로 돌아가고 난 후에 조칙으로 지둔을 불러 법경의 강론을 이어가도록 하였다. 당시의 명사들과 더불어 方外의 교제가 두터웠다.[60]

---

59) 『高僧傳』卷4, 本傳.
60) 『大正藏』第49卷, p.340b, "(興寧)二年 詔法師竺潛講般若于禁中 後辭還剡山 詔支遁相繼講法 一時名士與結方外之友".

즉 홍녕 2년에 축도잠이 『반야경』의 강의를 마치고 섬산으로 돌아가자 지둔을 불러 도잠의 뒤를 잇게 하였다. 그렇다면 지둔이 동안사에 머물면서 『반야경』을 강의하기 시작한 것도 도잠을 계승한 홍녕 2년이 되고, 또 지둔이 동안사에 3년간 머물다가 동산으로 돌아갔다면 지둔이 돌아간 해는 아무리 빨라도 폐제 태화 원년(366) 이전일 수는 없다. 따라서 지둔을 불러서 동안사에 머물게 하면서 『반야경』을 강론하게 한 것은 애제 때의 일이지만, 그가 동산으로 돌아갈 때 두터운 대접을 했던 것은 애제가 아니고 폐제였다는 결론이 도출된다.

부언되는 논리이기는 하지만 『불조통기』의 기록대로 도잠이나 지둔이 애제의 부름을 받아 경사에 머무른 해가 홍녕 2년이라면, 이 해는 이미 애제가 장생의 약에 중독되어 臥病 중에 있었으므로 애제가 몸소 고승을 불러 불경을 강론하도록 했다는 것은 도저히 신뢰할 수 없다. 만약 애제가 평소에 불교를 신봉하고 있었다면 와병 중이라도 고승으로 하여금 불경이나 염불을 독송하게 했을지 모르나 그가 황로의 術을 좋아하고 있었음을 생각하면 더욱 신뢰가 가지 않는다. 나), 다)의 사실을 전후 연관해서 고찰해 볼 때 신빙성이 결여되어 있다면, 결국 가)의 내용 즉 애제 때 우법개를 초청해서 『반야경』을 강론하게 한 것을 애제의 불교신앙과 직결시키기는 어렵다는 것이다. 그러면 위에서 인용한 기록을 어떻게 보아야 할 것인가. 이는 아마도 당시 조신이나 귀족들과 깊은 관련이 있는 것으로 보인다. 위 인용문 가운데는 사문과 조신과의 관계를 언급하고 있다. 가)의 경우 우법개는 사안, 王文度 등과 좋은 우정을 가졌다고 하고, 나)의 축도잠의 경우는 동진의 명문 귀족 왕씨가문 출신으로서 일찍부터 명사들과 깊은 교우가 있었다는 것은 周知의 사실이다. 다)의 사문 지둔도 폐제 태화 원년(366)에 53세로 입적하기까지 동진의 많은 명사들로부터 존경과 칭송

을 받았던 고승의 한 사람이다.[61] 그런데 위 기록만 보더라도 그가 경사에
왔을 때도 동안사에 3년간 머물면서 당시의 명사들과 항상 방외의 교우가
돈독하였고, 또 그가 동안사를 떠날 때도 이들 명사들이 정로정에서 두터운
송별연을 마련하였던 같다. 이러한 일련의 사실들을 두고 본다면 애제가
고승을 초청해서 불경을 강론하게 한 것은 애제 자신의 불교신앙과 직결된
것은 아니고 당시의 관료나 명사들의 요구에 의해서 이루어진 것으로
볼 수 있다. 다만 이러한 사실이 애제의 재위기간에 이루어졌기 때문에
불교 측 사료에는 애제의 신앙으로 결부시킨 것이다.

다음으로는 애제 때 건립된 사원에 관해서 언급해 보고자 한다. 애제
때 건립된 대표적인 사찰로서는 瓦官寺가 있는데, 法琳의 『辨正論』에
의하면 이 사찰은 동진 원제 때 건립된 것으로 기록하고 있으나[62] 그
외 불교 측 사료에 의하면 애제 때 창건된 것으로 기록되어 있다. 우선
『南朝佛寺志』 卷上에 다음과 같은 기록이 보이고 있다.

> 와관사는 본래 河內 山玩公의 묘였다. 그 위치는 小長干地에 있었는데
> 이름하여 三井岡이라 하였고, 張昭, 陸機 등 여러 가택이 모두 그 옆을
> 둘러싸고 있었다. 진나라 원제 때 왕도가 도자기를 굽던 곳이다. 애제
> 흥녕년간에 사문 慧力이 사원으로 하기를 啓上해서 비로소 堂塔을 건립하
> 였다. 간문제가 예경하고 사문 법태가 이 사원에서 『放光經』을 강론하고
> 황제가 친히 行幸하였다.[63]

---

61) 『高僧傳』 卷4, 本傳.
62) 『辨正論』 卷3(『大正藏』 第52卷), 十代奉佛篇, p.502c, "晉中宗元皇帝 文軌大同
　　中興江左 造瓦官龍宮二寺 度丹陽建業千僧".
63) 『中國佛寺志叢刊』 第28冊, p.26, "瓦官寺 本河內山玩墓也 在小長干 地名三井岡
　　張昭陸機諸宅 皆環繞其側 晉元帝時 王導以爲陶處 哀帝興甯中 沙門慧力 啓乞爲
　　寺 始建堂塔 簡文帝敬禮 釋法汰於寺講放光經 車駕臨幸 遂拓房宇".

와관사는 본래 하내 산완공의 묘지로서 그 산을 삼정강이라고 불렀는데, 그 주위에는 장소나 육기의 집이 있었다. 동진의 원제 때에 왕도가 陶處로 삼았다가, 애제 때 사문 혜력의 요구에 의해서 이곳을 시여하여 사원으로 하였다. 사문 혜력이 와관사를 창건하게 된 과정에 대해서는 『고승전』 권13, 그의 傳에 비교적 상세하게 기록되어 있다.

釋慧力은 어느 곳 사람인지 알 수 없다. 진나라 영화년간(345~356)에 경사에 와서 遊行하였다. 항상 푸성귀를 먹고 두타행으로 복을 닦았다. 진나라 흥영년간(363~365)에 啓上해서 도자기를 굽던 곳에 와관사를 창건하였다. 처음에 탑 터를 표시했던 곳은 지금 탑의 서쪽이었는데 매일 저녁 표식이 동쪽 10여 보로 옮겨갔다. 낮에 다시 옮겨놓아도 다시 옮겨갔다. 潛(쓴道潛)과 함께 이를 엿보았더니 한 사람이 붉은 옷을 입고 武冠을 쓰고는 표지판을 뽑아서 동쪽에 두었다. 그래서 그 곳에 탑을 세웠는데 지금의 탑이 바로 이것이다. 기록한 사람이 말하기를 이 사원이 세워진 후 30년이 되면 天火로 소실하게 될 것이라고 하였다. 진나라 효무제 태원 21년(393) 7월 밤에 자연적으로 불이 일어났는데 사원의 승려 수십 명이 모두 모르고 있었다. 다음날 아침에 보니 탑은 이미 잿더미가 되어 있었다. 帝가 말하기를 "이는 나라가 상서롭지 못할 징조이다"라고 해서 곧 楊法尙, 李緖 등에게 명해서 수복하게 하였다.[64]

여기에서 주목되는 것은 사문 혜력이 와관사의 탑을 건립할 때 축도잠 (법심)의 도움을 받았다는 것이다. 앞서 언급한 바와 같이 축도잠은 명문

---

64) 『大正藏』第50卷, p.410a, "釋慧力 未知何人 晉永和中來遊京師 常乞食蔬苦頭陀修福 至晉興寧中啓乞陶處以爲瓦官寺 初標塔基是今塔之西 每夕標輒東移十餘步 旦取還已復隨徙 潛共伺之 見一人著朱衣武冠拔標置東方 仍於其處起塔 今之塔 處是也 記者云 寺立後三十年 當爲天火所燒 至晉孝武太元二十一年七月夜自然 火起 寺僧數十都無知者 明旦見塔已成灰聚 帝曰 此國不祥之相也 卽勅楊法尙李 緖等速令修復".

귀족가문 출신으로 일찍이 동진 귀족들과 교우가 두터웠을 뿐만 아니라 왕실의 출입이 자유로웠던 명승의 한 사람이었다. 이 때문에 와관사의 건립도 어쩌면 축도잠의 도움으로 건립되었을 것이고, 이와 더불어 귀족 관료들의 도움도 컸던 것으로 보인다. 위에서 인용한『남조불사지』나『고승전』혜력전에는 사문 혜력이 와관사를 창건한 연대를 단지 애제 흥녕년간이라고만 기술하고 있다.65) 그런데『불조통기』권36에는 와관사의 창건 연대 및 배경에 관해서 다음과 같이 기록하고 있다.

> 흥녕 원년에 조칙으로써 瓦官의 窯地를 사문 혜력에게 하사해서 와관사를 창건하게 하였다. 그때 조정의 賢臣들이 불과 十萬<一百貫>을 시여하였는데 평소 貧寒한 顧長康이 백만 전을 희사하겠다고 하여 사람들이 모두 웃었다. 하루는 殿의 벽에 維摩像을 그리고 장차 눈동자만 그릴 것을 남겨두고 말하기를 첫날 보는 사람이 십만 전을 희사할 것이고, 둘째 날 보는 사람이 5만 전을 희사할 것이고, 삼일째 보는 사람이 책임진 시주를 다할 것이라고 하였다. 마침 開戶하는 날에 광명이 사원을 비추니 시여자들이 모여들어 과연 100만 전을 얻게 되었다.66)

즉 와관사는 애제 흥녕 원년에 창건되었는데 이때에 참석했던 朝賢이 십만 전의 기부금을 냈는데, 顧長康이 사원의 벽에 유마상을 그려서 백만 전을 모았다고 한다. 여기에서 責施의 사실은 그대로 믿기 어렵다 하더라도 이를 통해서 알 수 있는 바는 와관사가 당시 조신이나 귀족들의 기부금에

---

65) 『高僧傳』卷1, 安淸(世高)傳, p.324a에도 "曇宗塔寺記云 丹陽瓦官寺 晉哀帝時 沙門 慧力所立"이라 하여 瓦官寺의 창건 연대를 東晉의 哀帝 때라고만 하고 있다.

66) 『大正藏』第49卷, p.340b, "興寧元年 詔以瓦官窯地賜沙門慧力建瓦官寺 時朝賢注 疏者不過十萬<一百貫也> 顧長康素貧注錢百萬 人皆笑之 一日於殿壁畵維摩像 將點眸子曰 第一日開見者責施十萬 第二日開見者五萬 第三日開見者 任例責施 及開戶光明照寺 施者塡塞 果得錢百萬".

의해서 창건되었음을 알게 한다.[67] 그런데 『金陵梵利志』 권21[68] 및 『建康實錄』 권8에는 와관사의 창건 연대를 흥녕 2년(364)으로 하고 있다. 『건강실록』의 기록을 살펴보자.

　　(흥녕 2년 8월) 이 해에 조칙으로써 陶官을 淮水 북쪽에 옮기고 南岸窯處의 땅을 僧慧力에게 시여해서 와관사를 조성하였다.[69]

　흥녕 2년에 도요지를 회수 이북으로 옮기고 회수 이남의 옛 도요지는 사문 혜력에게 시여하여 와관사를 창건하게 하였다는 기록이다. 이 기록은 여타의 기록에 비해서 도요지를 회수 이북으로 옮겼다는 구체적인 사실까지 언급하고 있기 때문에 상당히 신뢰가 간다. 그러나 이 기록에만 의존하지 않더라도 와관사의 창건 연대는 흥녕 원년에서 2년 사이에 건립된 것이 사실이다. 그리고 와관사의 규모에 관해서는 『고승전』 권5, 竺法汰傳의 기록을 통해서 엿볼 수가 있다.

　　法汰는 도읍으로 내려와서 와관사에 머물렀다. 진나라 太宗 簡文皇帝와 서로 깊게 공경하였고, (황제가) 거듭 요청하여 『放光經』을 강론하게 하였다. 開題大會에 황제가 친히 臨幸하니 王侯, 공경이 모두 모이지 않는 사람이 없었다. 법태는 용모와 지혜가 보통 사람보다 뛰어났고 이름이

---

67) 瓦官寺의 창건에 즈음해서 朝臣이나 顧長康이 기부금을 施與했다는 기록은 『歷代名畫記』 卷5에도 "興寧中 瓦棺寺初置僧衆設會 請朝賢鳴利注疏 其時士大夫莫有過十萬者 旣至 長康直打利注百萬 長康素貧 衆以爲大言 後寺衆請勾疏 長康曰 宜備一壁 遂閉戶往來一月餘日 所畫維摩詰一軀 工畢 將欲點眸子 乃謂寺僧曰 第一日觀者請施十萬 第二日可五萬 第三日可任例責施 及開戶光照一寺 施者塡咽 俄而得百萬錢"이라 기록하고 있다.

68) 『中國佛寺志叢刊』 第24冊, "晉興寧二年 詔以陶官地 旋爲瓦官寺".

69) "(興寧二年 八月) 是歲 詔移陶官于淮水北 遂以南岸窯處之地 施僧慧力造瓦官寺".

사방 멀리까지 알려져서 개강하는 날에 도속이 모여 보고 들었으며, 士女가 무리를 이루었다. 가르침을 받으려는 문도들이 줄지어 앉았으며 三吳지방에서 이르는 사람이 천여 명에 이르렀다. 와관사는 본래 河內 山玩公의 묘였고, 도자기를 굽는 곳이었는데 晉나라 흥녕년간에 사문 혜력이 啓上해서 사원이 되었고, 오직 법당과 탑만이 있었다. 법태가 이곳에 거쳐하면서 다시 房宇를 개척하여 衆業을 닦고 또 重門을 세워 地勢에 맞게 하였다.[70]

　　사문 혜력이 와관사를 건립했을 때는 법당과 탑만 갖춘 소규모의 사원이었는데, 축법태가 이곳에 와서 거주하고 법회를 개최함에 이르러서는 많은 신도들이 모여들었다. 축법태는 사원의 규모를 확장하여 房宇를 개척하고 뭇 업을 닦고 세웠으며 重門을 일으켜 地勢에 맞게 하였다. 이를 보면 와관사가 창건될 당시는 조그마한 사찰이었음을 알 수 있다.

　　이상의 기록들을 종합해 보면, 와관사는 애제 때 사문 혜력이 三井岡에 있던 동진의 도요지를 하사 받아 창건한 소규모의 사찰이었다. 창건 연대는 사료에 나타나는 기록의 상이함으로 말미암아 정확히 알 수는 없으나 애제 흥녕 원년에서 2년 사이에 만들어진 것이 사실이다. 그리고 이 사찰이 마련되는 데는 일찍이 동진의 명문출신으로서 당시의 명사와 깊은 교유는 물론 황실의 출입이 자유로웠던 명승 축도잠의 도움이 있었다는 사실도 엿볼 수가 있다. 그런데 중요한 사실의 하나는 와관사를 창건할 당시 도요지를 하사한 것이 애제의 불교신앙에 입각한 것이었던가 하는 점이다. 만약 와관사의 창건이 『금릉범찰지』나 『건강실록』의 기록대로 흥녕 2년이

---

70) 『大正藏』 第50卷, pp.354c～255a, "汰下都止瓦官寺 晉太宗簡文皇帝深相敬 重請講 放光經 開題大會 帝親臨幸 王侯公卿莫不畢集 汰形解過人流名四遠 開講之日黑 白觀聽士女成群 及諸禀門徒以次騈席 三吳負袠至者千數 瓦官寺本是河內山玩公 墓爲陶處 晉興寧中沙門慧力啓乞爲寺止有堂塔而已 及汰居之更拓房宇修立衆業 又起重門以可地勢".

었다고 한다면 이는 애제의 신앙과 결부될 수 없다. 왜냐하면 이미 앞서 언급한 바와 같이 애제는 이때 이미 장생의 약에 중독되어 정사를 돌볼 수가 없었고 강헌저황후가 섭정하고 있었기 때문이다. 그리고 와관사가 홍녕 원년에 건립되었다고 하더라도 애제는 이미 황로사상에 매료되어 장생의 약을 복용하고 있었기 때문에 불교신앙에 의거해서 사원의 건립지를 하사하였다는 이론은 성립되기 어렵다. 이 때문에 와관사의 창건은 당시 동진 조정의 실권을 장악하고 있던 관료에 의해서 황제의 명으로 하사한 것이며, 또 사찰의 창건에 필요한 경제적 지원도 관료나 당시의 귀족들에 의해서 이루어진 것으로 보아야 할 것이다.

이상에서 살펴본 바와 같이 동진 애제시대에 불교가 발전하게 된 중요한 원인의 하나는 당시의 명문귀족이나 朝臣의 도움으로 불교가 황실과 긴밀한 관계를 가지면서 발전하였던 것이며, 애제 자신이 불교를 좋아하고 숭상한 숭불의 군주였다고 하는 황제의 불교신앙과 직결시킬 수는 없다.

5. 맺음말

동진이 건국된 이래 국가의 대권은 琅邪 王氏, 潁川 庾氏, 譙國 桓氏, 陳郡 謝氏 등 사족이 번갈아 가면서 집권하고 황제는 이름뿐이었다. 이 때문에 황제의 권력은 미약하고 사족의 세력은 지나치게 강성하였다. 동진의 초기 성제, 강제 시대에는 명제의 외척이었던 유씨 일족(유량, 유빙, 유익)이 집권하면서 정치적으로는 비교적 평화의 분위기가 조성되어 있었다. 그러나 강제의 뒤를 이은 목제가 유소한 황제로 즉위하자 모후의 대리 청정과 더불어 조정에서는 정치적 실권을 둘러싼 귀족들 사이에 암투가 발생하였다. 그 결과 목제의 조정에서는 유씨 일족에 대신해서 하충과

환온이 동진의 실권을 장악하였고, 하충이 죽은 후에는 환온 일파가 동진의
내외적 대권을 장악하게 되었다. 이후 환온은 애제, 폐제를 거쳐 간문제의
시대까지 동진의 실질적인 통치자였고, 마침내는 선양의 형식으로 帝位를
찬탈하고자 하였으나 뜻을 이루지 못하고 말았다. 이와 같이 동진 조정의
실권은 권신의 수중에 있었기 때문에 당시의 모든 정책은 권신에 의해서
입안되고 실행되었던 것이었다. 따라서 이 시대에 불교의 교세가 확충되고
그 교단이 발전하게 된 것도 결국은 황제의 불교신앙과 결부된 것이라기보
다도 당시 조신들의 불교보호정책에 기인한 것이었다. 물론 불교 측의
사료에 의하면 동진의 황실에서 사탑을 건립하고 사문들의 자유로운 궁중
출입이 황제의 불교신앙에 동반된 것으로 기록하고 있다. 그러나 그 기록의
이면을 상세히 고찰해 보면 단지 불교 측의 기록만을 신빙할 수는 없다.
이는 목제나 애제시대 동진의 황실과 불교와의 관계를 통해서 규명할
수 있었다.

『고승전』에 의하면 목제가 승평 5년 와병 중에 있을 때 神醫術을 가진
우법개가 황실의 부름을 받았으나 우법개는 목제의 병이 치유될 수 없음을
알고 입궐하지 않았다는 기록이 있다. 이는 마치 목제가 불교를 신봉하고
있었기 때문에 와병 중에 사문의 입궐을 요구한 것으로 보인다. 그러나
젊은 황제가 죽음의 병에 걸렸을 때 수단과 방법을 가리지 않고 병의
치유에 전념하고 있는 상황에서 의술에 뛰어난 사문을 입궐토록 한 것은
당연한 처사였으며, 이를 반드시 황제의 신앙과 연결해서 설명할 수는
없다. 또 목제의 시대에는 연흥사와 영안사(하후사)라고 하는 두 개의
사찰이 건립되었다. 이들 사찰은 목제의 모후였던 강헌저황후와 황후 하씨
에 의해서 건립된 것인데, 목제는 연흥사에 거주하는 비구니 승기와 영안사
에 거주하던 담비니를 존경하였다. 그런데 목제가 비구니를 존경한 원인도

결국 그의 신앙심에 의거한 것이 아니라 모후나 황후의 불교신앙과 관련된
것이었다. 젊은 나이에 강제와 사별한 강헌저황후는 이미 궁궐 안에 침투한
불교에 관심을 가지고 불당을 마련하여 燒香禮拜하였고, 또 하황후는
일찍이 불교와 깊은 관계를 가지고 있던 가정에서 성장하였으므로, 궁중에
들어와서도 불교에 많은 관심을 가지고 있었다. 이 때문에 이들은 비구니를
위해서 사찰을 건립하였고, 젊은 황제 목제는 모후나 황후가 건립한 사원에
거주하는 비구니를 대하였을 때 존경의 예를 표했다고 하는 것은 아주
평범한 행위에 지나지 않았던 것이다.

목제가 봉불의 군주로 보이게 되는 또 하나의 이유는 당시 관료들과
사문과의 깊은 교유가 있었다는 점이다. 목제의 조정에 관료의 수반으로
있었던 하충이나 그의 동생 하준은 불교를 좋아해서 사찰을 건립하고
수많은 승려를 공양하였다. 비록 이들의 불교신앙이 원근의 비난 대상이
되기도 했지만 불교의 발전이나 교세의 확대에 공헌했던 점은 인정하지
않을 수 없었다. 또 당시의 정치적 실권을 장악하고 있었던 환온이나 그의
막료들도 사문 축법태나 법광, 지둔 등 고승들과 깊은 교유가 있었다.
동진 조정의 관료와 사문과의 교유는 동진의 건국과 더불어 비롯된 것이며,
이러한 관계가 목제의 조정 중신들 사이에 계속되었기 때문에 불교는
황실에 깊이 침투되어 갔다. 그 결과 비구니들도 황실의 교화에 노력하여
태후나 황후의 도움으로 비구니사를 건립함에 이르렀다. 단지 이러한 사실
이 목제의 치세에 이루어졌다는 사실만을 가지고 불교 측에서는 황제의
불교신앙과 직결된 것으로 언급하고 있으나 실제는 황제의 불교신앙으로
직결시킬 수는 없다.

목제 다음에 애제가 즉위하였으나 애제의 치세에도 또 다시 강헌저황후
가 섭정하였다. 저황후가 섭정하게 된 구체적인 이유는 애제가 장생의

약에 중독되어 정사를 친히 수행할 수 없었기 때문이었다. 이와 같이 애제
는 일찍이 황로의 術에 매료되어 장생의 약을 복용하고 중독되었음에도
불구하고 불교 측의 사료에는 그가 불교를 좋아하고 신봉해서 고승을
불러 불경을 강론케 하고 사원을 건립한 숭불의 황제로 언급하고 있다.
곧 애제는 고승 우법개, 축도잠 그리고 지둔을 차례로 궁중에 불러 불경을
강론케 하고는 그들에게 후한 대우를 하였다. 그런데 哀帝가 축도잠 및
지둔을 징소한 시기를 『고승전』에는 명기하지 않고 있음에 반해서 『불조
통기』에는 애제 흥녕 2년으로 기록하고 있다. 하지만 애제의 친정 시기는
승평 5년(361) 5월에서 흥녕 2년(364) 3월까지 불과 2년 10개월에 남짓하기
때문에 고승이 초청된 시기는 이 시기를 벗어날 수가 없었다. 그렇다면
애제는 흥녕년간(363~365)에 이미 장생의 약을 복용하고 있었거나 약에
중독된 시기였으므로, 이 시기에 고승으로 하여금 불경을 강론케 하였다는
것은 전혀 신빙할 수 없는 사실이다. 따라서 애제의 시기에 사문이 궁중에
초청된 것은 애제의 불교신앙이나 그의 의지와는 관계되지 않고 당시의
관료이나 名士의 요구에 의해서 이루어진 것으로 보인다.

　다음으로 애제 때 황실과 관련해서 창건된 대표적인 사찰로서는 와관사
가 있다. 이 사찰은 『변정론』에 의하면 동진 원제 때 건립된 것으로 기록하
고 있으나, 『남조불사지』나 『고승전』, 『불조통기』 등에 의하면 애제 때
창건된 사찰임에 틀림없다. 즉 두타승 혜력이 동진의 황실로부터 도요지를
하사 받아서 창건한 소규모의 사찰이었다. 그런데 이 사찰의 건립 연대에
대한 기록 또한 정확하게 알 수는 없으나 애제 흥녕 원년에서 2년 사이에
만들어진 것은 사실이다. 하지만 중요한 것은 와관사를 창건할 당시 도요지
를 하사한 것이 애제의 불교신앙에 입각한 것이 아니라는 사실이다. 만약
와관사가 흥녕 2년에 창건되었다면 애제는 이미 장생의 약에 중독되어

정사를 돌볼 수 없는 시기였고, 홍녕 원년이라 할지라도 애제는 이미 장생의 약을 복용하고 있었으므로 사찰의 건립지를 하사하였다는 이론이 성립되기 어렵기 때문이다. 따라서 와관사의 창건도 당시 동진 조정의 실권을 장악하고 있던 관료에 의해서 애제의 명으로 하사된 것이며, 사찰의 창건에 필요한 경제적 지원도 관료나 당시의 귀족들에 의해서 이루어진 것이다.

이상에서 살펴본 바와 같이 동진 목제, 애제시대에 불교가 발전하고 교단이 확충된 요인은 명문 귀족이나 조정 관료의 도움으로 불교가 황실과 긴밀한 관계를 가진데 기인한 것이며, 목제나 애제 자신이 불교를 좋아하고 숭상한 숭불의 군주였다고 하는 황제의 불교신앙과 직결시킬 수는 없다.

제3장 東晋의 比丘尼
―『비구니전』을 중심으로―

1. 머리말

중국에 불교가 전래된 초기에는 주로 외래승에 의한 포교활동이 활발하였고, 漢人 사문이나 신자는 그다지 많지 않았다. 그러나 시일이 경과하여 서진이래 남북조시기에 이르면서 한인 출가자의 수가 점차 증가하게 되었다. 북방의 경우는 5호16국의 쟁란기를 통해서 교세가 확대되어 갔고, 북위에 의한 화북통일이 달성되고 平城에서 洛陽으로 천도된 후에 극성기를 맞이하였다. 이는 楊衒之가 『洛陽伽藍記』 서문에서 "북위가 천명을 받아서 낙양에 도읍을 정하게 되자 독실한(불교) 신자가 점점 늘어나서 불법의 교화가 더욱 성하였다. 왕후나 귀족들은 신발짝을 벗어 던지듯이 象馬를 喜捨하고 서민이나 선비들은 발자취를 버리는 것 같이 재물을 희사하였다.……金利은 靈臺만큼이나 높았고 법당은 아방궁처럼 장엄하였다"[1]고 묘사한 기록을 통해서도 북위불교의 화려함을 알 수 있다.

한편 강남의 경우도 동진이래 남조에 이르러 사원이나 僧尼의 수가

---

1) 『大正藏』 第51卷, p.999a, "逮皇魏受圖 光宅嵩洛 篤信彌繁 法敎逾盛 王侯貴臣 棄象馬如脫屣 庶士豪家 捨資財若遺跡 於是昭提櫛比寶塔騈羅……金利與靈臺比 高 廣殿共阿房等壯".

급증하였다.2) 그리고 이 시기에 이르면 여성들의 출가를 통한 비구니교단
의 활동도 비교적 활발하였다. 동진초 葛洪이 그의 저서『抱朴子』外篇
권25, 疾謬에서 "지금의 풍속은 부녀자들이 길쌈에 힘쓰지 않고……타인
의 집에서 잠을 자기도 하고, 혹은 밤늦게 쏘다니기도 하며, 사원에 遊戲하
기도 한다"3)고 하였다. 이것은 당시 부녀자들의 佛寺遊戲를 풍속문란의
한 가지로 개탄한 기록으로서 부녀자들의 불교에 관한 관심을 전해주는
것이다. 그리고 남조 양나라의 釋寶唱이 동진 목제 승평년간(357~361)부
터 梁 武帝 天監年間(502~519)까지 활약했던 비구니 65인을 수록하여
『比丘尼傳』을 찬술한 것은4) 이 시기 여성의 剃髮出家者, 즉 尼僧교단의
활동을 말해주는 것이라 하겠다.

　　본장에서는『비구니전』의 기록을 통해 진나라 니승들의 활동을 살펴봄
으로써 동진불교에 미친 니승교단의 역할을 究明해 보고자 한다. 晉代의
비구니에 관해서는 이 시대를 연구하는 기존의 불교사학자들이 포괄적으

---

2) 西晉이래 南朝의 寺院 및 僧尼의 수적인 증가에 대해서는『辨正論』卷3(『大正藏』
　　第52卷), pp.502c~503a, 十代奉佛篇에 "右西晉二京 合寺一百八十所 譯經一十三
　　人七十三部 僧尼三千七百餘人……右東晉一百四載 合寺一千七百六十八所 譯經
　　二十七人二百六十三部 僧尼二萬四千人……右宋世合寺一千九百一十三所 譯經
　　二十三人二百一十部 名僧智士鬱若稻麻 寶刹金輪森如竹葦 釋敎隆盛篤信倍多
　　僧尼三萬六千人……右齊世合寺二千一十五所 譯經一十六人七十二部 僧尼三萬
　　二千五百人……右梁世合寺二千八百四十六所 譯經四十二人二百三十八部 僧尼
　　八萬二千七百餘人"이라고 전하고 있다.

3) 葛洪 著, 楊明照 撰,『抱朴子外篇校箋(上冊)』(北京, 中華書局, 1991, 1996 二次
　　印刷), pp.616~618, "而今俗婦女 休其蠶織之業……或宿于他門 或冒夜而反 游戲
　　佛寺".

4)『比丘尼傳』卷第一(『大正藏』第50卷), 并序, p.934b에 "始乃博採碑頌廣搜記集
　　或訊之博聞 或訪之故老 詮序始終爲之立傳 起晉升平訖梁天監 凡六十五人"이라
　　고 기록하고 있다. 그런데『大正藏』에는 穆帝 升平을 成帝 咸和로, 天監을 梁
　　武帝 普通으로 註釋하고 있다.

로 언급하였으나,[5] 구체적인 연구서나 논문을 접해 본 바는 없다. 아쉬운 점은『비구니전』에 기록된 몇몇 비구니들의 행적만으로 당시 비구니교단의 전반적인 활동을 취급하기에는 힘겨운 감이 없지 않았음을 부언해 두는 바이다.

2. 比丘尼의 受戒

『비구니전』권1, 晉竹林寺淨撿尼傳에 다음과 같은 기록을 전하고 있다.

정검의 本姓은 仲氏이고 이름은 令儀이며 彭城사람이다. 아버지 誕은 武威太守를 지냈다. 정검은 어려서부터 배우기를 좋아하였으나 일찍이 미망인이 되어 집안이 가난하였고 항상 귀족의 자녀들에게 거문고와 글을 가르쳤다. 불법을 들으면 믿고 즐거워하여 받들어 마지않았다. 후에 불경의 도리에 통달한 사문 法始를 만났고, 진의 建興年間에 궁성의 서문에 절을 세우자 정검이 그곳에 나아가서 법시의 설법을 듣고 크게 깨달아 마음을 굳게 가지고 불법의 이로움을 구하고자 하였다. 법시로부터 불경을 빌려서 마침내 (불법의) 뜻과 취지에 통달하였다. 어느 날 사문 법시에게 말하기를 "불경 가운데 비구와 비구니가 있다고 하오니 濟度를 받기 원합니다." 법시가 말하기를 "서역에는 남녀 二衆이 있으나 이 땅 (중국)에는 그 법이 갖추어져 있지 않습니다." 정검이 말하기를 "이미 비구와 비구니를 말했는데 어찌 異法이 있습니까?" 법시가 말하기를 "외국인들이 비구니에게는 五百戒가 있다고 하니 응당 이(比丘)와 다를 것이므로 마땅히 和上에게 물어 볼 것이다." 和尙이 말하기를 "비구니계는 (比丘戒와) 크게는 같고 세세한 점은 다르므로 그 법을 얻지 못하면 반드시 줄 수가 없으며, 비구니

5) 鎌田茂雄,『中國佛教史(第2卷)』(東京, 東京大學出版會, 1983) ; 塚本善隆,『中國佛 教通史』(東京, 春秋社, 1979) ; 任繼愈 主編,『中國佛教史(第2卷)』(北京, 中國社會 科學出版社, 1985).

10계는 큰스님으로부터 받을 수가 있다. 다만 和上이 없으면 비구니는 의지할 곳이 없다.” 정검은 즉시 삭발하고 和上으로부터 10계를 받고 뜻을 같이 하는 자 24인과 궁성의 西門에 함께 竹林寺를 건립하였다.……진나라 함강년간에 사문 僧建이 月支國에서 僧祇尼羯磨와 戒本을 얻어 와서 승평 원년 2월 8일에는 낙양에 외국 사문 曇摩羯多를 초청하여 戒壇을 세웠다. (이때) 진나라 사문 道場이 『戒因緣經』으로써 나무라면서 말하기를 그 법이 이루어지지 않았다고 하였다. 부득이 泗水에 배를 띄우고 정검 등 4인이 함께 단상에서 큰스님으로부터 具足戒를 받으니 진나라에 비구니가 있게 된 것은 또한 정검니가 처음이다.6)

위 인용문에 의하면 정검은 서진 愍帝 건흥년간(313~316)에 사문 법시의 설법에 크게 감화를 받았고, 더하여 불경의 의미를 깨달은 연후에 비구니가 되고자 하였다. 즉 정검은 서역에는 비구와 비구니 二衆이 있기 때문에 여자로서도 출가할 수 있다는 것을 알게 되었다. 그러나 그때 중국에는 아직 비구니의 受戒法이 갖추어져 있지 않았기 때문에 계(具足戒)를 받을 수가 없었다. 다만 서역의 사문 智山和尙7)에게 10계를 받고 뜻을

---

6) 『大正藏』卷50, p.934c, “淨撿 本姓仲 名令儀 彭城人也 父誕武威太守 撿少好學早寡 家貧 常爲貴遊子女敎授琴書 聞法信樂莫由諸槖 後遇沙門法始經道通達 晋建興 中於宮城西門立寺 撿乃造之 始爲說法 撿因大悟 念及强壯以求法利 從始借經遂 達旨趣 他日謂始曰 經中云 比丘比丘尼 願見濟度 始曰 西域有男女二衆 此土其法 未具 撿曰 既云比丘比丘尼 寧有異法 始曰 外國人云 尼有五百戒便應是異 當爲問 和上 和尙云 尼戒大同細異 不得其法必不得授 尼有十戒得從大僧受 但無和上尼 無所依止耳 撿卽剃落從和上受十戒 同其志者二十四人 於宮城西門共立竹林 寺……晋咸康中沙門僧建 於月支國得僧祇尼羯磨及戒本 升平元年二月八日 洛陽 請外國沙門曇摩羯多爲立戒壇 晋沙門釋道場以戒因緣經爲難云 其法不成 因浮舟 于泗撿等四人同壇上從大僧以受具戒 晋土有比丘尼亦撿爲始也”.

7) 『比丘尼傳』卷1(『大正藏』第50卷), 晋竹林寺淨撿尼傳, p.934c에 “過於成德和上者 西域沙門智山也 住罽賓國 寬和有智思雅習禪誦 晋永嘉末來達中夏 分衛自資語 必弘道 時信淺薄莫知祈槖 建武元年還反罽賓 後竺佛圖澄還述其德業 皆追恨焉” 이라 있음을 보면, 淨撿에게 10戒를 준 和尙은 西晋 永嘉 末年에 중국에 와서

같이한 24인[8]과 함께 궁성의 서문에 죽림사를 건립하였다.[9] 동진 성제 함강년간(335~342)에 사문 승건이 월지국에서 승기니갈마[10]와 계본[11]을

東晉 建武 元年(317)에 罽賓國으로 돌아갔던 智山和尙이었음을 알 수 있다.

8) 여기에서 뜻을 같이한 24인은 궁성의 西門에 사원(竹林寺)의 건립을 원했던 淨撿의 심정을 이해하고 경제적 지원을 도모했던 在家婦女信者를 지칭하는 것으로 보아야 할 것 같다.

9) 淨撿이 智山에게 10계를 받았다고 하는 것은 그가 沙彌尼가 되었다고 하는 것을 의미하는 것 같다. 그리고 沙彌尼에 관해서는 韓國佛敎大辭典編纂委員會, 『韓國佛敎大辭典(卷3)』(서울, 寶蓮閣, 1982), p.69에 의하면 "沙彌尼는 梵語 'Śrāmanerikā'로 新譯에는 室羅摩拏理迦라고 하며 여자가 출가해서 十戒를 받은 자를 通稱하는 것"이라 하고, 任繼愈 主編, 『中國佛敎史(第2卷)』, p.569에서는 "7세에서 20세 사이에 十戒를 받은 出家女性을 말하는 것"이라고 한다. 그리고 橫超慧日, 『中國佛敎の硏究』(京都, 法藏館, 1958), p.130에서는 "『四分律』의 受戒犍度에 의하면 12세 이하의 小兒에게는 출가를 금하고 있기 때문에 여자는 12세에 十戒를 받아서 沙彌尼가 된다"고 하여 沙彌尼의 受戒 연령에 관해서는 다소 차이가 있다. 그런데 『四分律』 卷34(『大正藏』 第22卷), p.810c에서는 "爾時阿難 有檀越家死盡 唯有一小兒在 將至佛所頭面禮足在一面坐 佛知而故問 此是何等小兒 阿難以此因緣 具白世尊 世尊告言 何故不度令出家答言 世尊先有制 不得度年減十二者"라고 하여 橫超慧日이 지적한 바와 같이 12세 이하의 小兒에게는 출가를 금하고 있고, 또 『占察善惡業報經』 卷上(『大正藏』 第17卷), p.904c에서 "若雖出家而其年未滿二十者 應當先誓願受十根本戒 及受沙彌沙彌尼所有別戒 旣受戒已亦名沙彌沙彌尼"라 하고 있는 것을 보면 12세에서 20세 사이에 10戒를 受戒한 출가 여성을 가리키고 있는 것으로 볼 수 있다. 『比丘尼傳』 卷1, 淨撿尼傳에 의하면 "到升平末 忽復聞前香 幷見赤氣 有一女人手把五色花自空而下 撿見欣然因語衆曰 好持後事我今行矣 執手辭別騰空而上 所行之路有似虹蜺 直屬于天 時年七十矣"라 전하고 있다. 淨撿尼는 東晉 穆帝 升平(357~361) 말년에 70세로 세상을 떠났기 때문에 이를 역산하면 그가 출생한 해는 西晉 武帝 太康(280~289) 末年에서 惠帝 永熙(290) 永平(291)년간이 된다. 그는 서진 愍帝 建興年間(313~316)에 사문 法始가 洛陽에 와서 궁성 서문에 절을 세워 불법을 弘布할 때 그의 설법을 듣고 크게 깨달아 삭발하고 智山和尙에게 10계를 받았다. 때문에 淨撿이 沙彌尼가 된 것은 20대 중반 이후였음을 알 수 있다. 이는 淨撿이 중국 최초의 沙彌尼가 되었고, 여성 出家者에 대한 十戒의 受戒法이 중국에는 아직 정착되지 않았기 때문에 20세 이전의 受戒法을 적용해서 설명할 수는 없을 것 같다.

10) 韓國佛敎大辭典編纂委員會, 『韓國佛敎大辭典(卷1)』, p.72에 의하면 羯磨는 梵語

얻어 와서 동진 목제 승평 원년(357) 2월 8일에는 사문 담마갈다를 초청하여
계단을 세우고 정검 등이 계를 받고자 하였다. 이때 진의 사문 도장이
『계인연경』[12]에 의거해서 수계의 법이 이루어질 수 없다고 비난하였기
때문에 부득이 泗水에 배를 띄우고 구족계를 받으니 정검이 중국 최초의
비구니가 되었다.

당시에는 정검을 비롯한 4인이 함께 구족계를 받았으나 정검을 제외한
나머지 3인에 관해서는 불교 측 사료에 구체적인 언급이 없으므로 상론할
수가 없다.

이상에서 보면 정검은 서진 민제 건흥년간에 智山和尙에게 10계를 받아
서 沙彌尼가 되었고, 이후 약 40여 년이 경과한 동진 목제 승평 원년에
큰스님으로부터 구족계를 받아 비구니가 되었다. 그래서 중국에서 비구니
가 된 것은 정검이 처음이었다고 전하지만[13] 정검의 구족계는 一衆(비구)
의 大僧에게 받은 것이고, 비구니가 二衆(비구, 비구니)으로부터 구족계를
수계한 것은 劉宋에 이르러서야 실현되었다.

우선 『고승전』 권3, 僧伽跋摩傳의 기록을 살펴보기로 한다.

'Karmra'로 受戒나 참회 때의 儀式作法이라고 함.

11) 同上, p.179에서 戒本은 '書' '婆羅提木叉=Prātimoksa' 廣律 가운데 比丘・比丘尼가
    지켜야할 戒律의 각 조목만을 뽑아낸 것. 이것은 廣律의 근본이 되고 또한 戒를
    說한 근본이 되므로 戒本이라 한다고 하였다.

12) 『大唐內典錄』卷3(『大正藏』第55卷), p.252a에 "鼻奈耶律一十卷 或云戒因緣經
    沙門曇景筆受 見釋道安經序"라 있고, 또 『大周刊定衆經目錄』卷10(『大正藏』第
    55卷), p.433b에 "鼻奈耶律一部十卷 一名戒因緣經 右後秦竺佛念等於長安譯 出長
    房錄"이라 있음을 보면 戒因緣經은 鼻奈耶의 다른 이름으로 後秦의 竺佛念이
    번역한 小乘律을 가리키는 것이다.

13) 『大宋僧史略』卷下(『大正藏』第54卷), 尼附, p.253b, "晉代有尼淨撿 此方女人得戒
    之上首也".

승가발마는 중국어로 衆鎧라고 하며 天竺人이다.……송나라 元嘉 10년에 流沙[고비사막]을 거쳐 京邑에 이르렀다. 도량이 넓고 맑아서 도인과 속인이 공경하고 특별히 받들어서 모두 그를 섬겼으며 三藏法師라고 불렀다. 일찍이 景平 元年에 平陸令 許桑이 집을 희사해서 사찰을 건립하여 平陸寺라고 하였는데, 후에 道場寺의 慧觀이 求那跋摩의 道行이 순수하다고 청하여 이 절에 머물게 하고는 받들어 공양하면서 그 덕을 드러내게 하였다. 발마는 혜관과 함께 삼층탑을 세웠는데 금일의 奉誠이 바로 이것이다. 발마는 도를 행하고 불경을 암송하기를 밤낮을 가리지 않았으므로 많은 승려들이 모여들고 道化가 널리 퍼졌다. 처음에 삼장법사는 戒品에 밝아서 影福寺(景福寺)의 비구니 慧果 등이 거듭 구족계를 받고자 하였으나 이때는 二衆이 갖추어지지 않았으며 삼장은 입적하고 말았다. 얼마 되지 않아서 師子國의 비구니 鐵薩羅 등이 도읍에 와서 무리들이 이에 함께 발마를 스승으로 삼고 삼장의 軌範을 이어 받도록 하였다.……계를 받은 승니가 수백 명이나 되었다.[14]

천축의 사문 승가발마는 유송 文帝 원가 10년(433)에 송나라의 도읍에 와서 도속의 공경을 받았으며, 삼장법사라 불렸다. 그는 평육령 허상이 건립한 평육사에 駐錫하면서 도를 행하다가 영복사의 비구니 혜과를 비롯한 수백 명의 비구니에게 구족계를 주었다. 그런데 인용문의 내용이 축약되어 있어서 여타 사료를 통해서 좀 더 상고할 필요가 있다.

우선 인용문 가운데 "처음에 삼장법사는 계품에 밝아서 영복사(경복사)

---

14) 『大正藏』第50卷, p.342b, "僧伽跋摩 此云衆鎧 天竺人也……以宋元嘉十年 出自流沙至于京邑 器宇宏肅 道俗敬異 咸宗事之 號曰三藏法師 初景平元年 平陸令許桑捨宅建利 因名平陸寺 後道場慧觀以跋摩道行純備 請住此寺 崇其供養 以表厥德 跋摩共觀加塔三層 今之奉誠是也 跋摩行道諷誦日夜不輟 僧衆歸集道化流布 初三藏法師明於戒品 將爲影福寺尼慧果等重受具戒 是時二衆未備 而三藏遷化 俄而師子國比丘尼鐵薩羅等至都 衆乃共請跋摩爲師 繼軌三藏……僧尼受者數百許人".

의 비구니 혜과 등이 거듭 구족계를 받고자 하였으나, 이때는 二衆이
갖추어지지 않았고 삼장은 입적하고 말았다"라고 하는 부분이다. 여기에
서 삼장법사는 승가발마를 지칭하는 것이 아니고 구나발마를 가리키는
것이다.[15] 『고승전』 권3, 본전에 의하면 구나발마는 利利種(ksatriya) 출신으
로서 20세에 출가하여 계를 받았다. 그는 9부에 통달하고 밝았으며, 4아함
을 두루 깨달았고, 百萬餘字에 달하는 경전을 암송하였다. 律品에 깊이
통달하고 禪의 要義에 있어서도 신묘한 경지에 달했기 때문에 그 당시
사람들이 삼장법사라 불렀다. 송 문제 원가 8년(431) 정월에 건업에 와서
祇洹寺에 머물렀다. 그때 영복사 비구니 혜과와 淨音이 구족계를 받고자
하였으나 구나발마는 당시 중국에는 二衆이 완전히 갖추어지지 않았기
때문에 授戒하지 못하고 원가 8년 9월 28일에 65세로 입적하고 말았다고
한다.[16] 그래서 영복사 비구니 혜과 등은 구나발마에게 구족계를 받지
못하고, 원가 10년에 중국에 왔던 승가발마에게 受戒하였다. 이는 "얼마
되지 않아서 사자국의 비구니 철살라 등이 도읍에 와서 무리들이 이에
함께 발마를 스승으로 삼고 삼장의 궤범을 이어 받도록 하였다.……계를

---

15) 韓國佛敎大辭典編纂委員會, 前揭書 卷3, p.368에 三藏法師는 經·律·論 三藏에
   정통한 스님을 지칭한다는 것을 보면 三藏法師의 稱號는 어느 특정의 沙門에게
   주어진 고유 명칭이 아니다.

16) 『大正藏』 第50卷, pp.340a∼341b, "求那跋摩 此云功德鎧 本利利種 累世爲王治在罽
   賓國 (中略) 至年二十出家受戒 洞明九部博曉四舍 誦經百餘万言 深達律品妙入禪
   要 時號曰三藏法師 (中略) 以元嘉八年正月達于建鄴 文帝引見勞問慇懃 (中略)
   乃勅住祇洹寺供給隆厚 公王英彦莫不宗奉 俄而於寺開講法華及十地 (中略) 時影
   福寺尼慧果淨音等 共請跋摩云 去六年有師子國八尼至京云 宋地先未經有尼 那
   得二衆受戒 恐戒品不全 跋摩云 戒法本在大僧衆發 設不本事無妨得戒 如愛道之
   緣 諸尼又恐年月不滿 苦欲更受 跋摩稱云 善哉 苟欲增明甚助隨喜 但西國尼年臘
   未登 又十人不滿 且令學宋語別因西域居士 更請外國尼來足滿十數 其年夏在定
   林下寺安居……夏竟還祇洹 其年九月二十八日中食未畢 先起還閣 其弟子後至 奄
   然已終 春秋六十有五".

받은 승니가 수백 명이나 되었다"라고 하는 내용으로 알 수 있다. 그런데 이와 관련된 비교적 상세한 기록이 『비구니전』 권2, 廣陵僧果尼傳에 보이고 있다.

원가 6년에 外國舶主 難提가 사자국으로부터 비구니를 싣고 송나라의 도읍에 이르러 경복사(영복사)에 머물렀다.……(원가) 10년에 박주 난제가 다시 사자국의 철살라 등 11명의 비구니를 데리고 왔다. 먼저 이르렀던 비구니들은 송나라 언어에 밝았는데 승가발마를 南林寺의 계단에 초청해서 차례대로 다시 계(구족계)를 받은 자가 300여 인이었다.[17]

송나라 문제 원가 6년(429)에 외국의 박주 난제가 사자국 비구니를 송나라 도읍으로 데리고 왔다. 원가 6년은 승가발마가 중국에 온 원가 10년보다는 4년 전이고, 구나발마가 건업에 도착한 원가 8년보다 2년 앞선 시기였다. 원가 6년에 사자국으로부터 중국에 왔던 비구니는 모두 8명이었기 때문에 구나발마는 경복사 비구니 혜과에게 二衆에 의한 授戒를 하지 못하고 다시 외국의 비구니를 초청해서 10인을 채우도록 하였다.[18] 그러나 구나발마는 그 일이 이루어지기에 앞서 원가 8년에 입적하고 말았다. 원가 10년에 박주 난제가 철살라 등 11명의 비구니를 다시 중국에 데리고 왔기 때문에 승가발마는 구나발마의 궤범을 이어받아 남림사의 계단에서 경복사의 혜과를 비롯한 300여 명에게 二衆에 의한 구족계를 授戒하였다. 그래서 동진의 정검니가 이룩하지 못했던 悲願을 달성하였던 것이었다. 이러한 내용을 집약해서 『大宋僧史略』尼得戒由에 다음과 같이 전하고 있다.

---

17) 『大正藏』第50卷, p.939c, "及元嘉六年 有外國舶主難提 從師子國載比丘尼來 至宋都住景福寺……到十年舶主難提 復將師子國鐵薩羅等十一尼 至先達諸尼已通宋語 請僧伽跋摩於南林寺壇界 次第重受三百餘人".

18) 註14) 참조.

愛道[19]가 처음으로 (불교와) 인연을 맺어 (출가한 것이) 어찌 용이한
일이었으며, 阿潘[20]이 (속세를 떠나 불문에 귀의한 것은) 실로 드물고
기이한 일이다. 처음에는 다만 삼귀[21]에 의해서 (출가를 허락) 받았으므로
또한 二衆에 의해서 완전하게 (戒가) 갖추어 진 것이 아니다.……생각하면
五運圖에 이르기를 "(後)漢 (明帝)永平 丁卯이래 (유)송 (문제) 원가 甲戌에
이르러 367년 만에 비구니가 바야흐로 계를 갖추었다"고 하고, 또 薩婆多師
資傳에 이르기를 "송나라 원가 11년 봄에 사자국 비구니 鐵索羅[22] 등
11인이 건강 남림사 계단 위에서 景福寺 비구니 慧果, 淨音 등에게 二衆
가운데서 受戒法事를 행하고 12일 동안에 300여 인에게 授戒하니 이에
비구니가 二衆에게 戒를 받은 것은 혜과가 처음이다. 아반 등은 단지 삼귀에
의해서 受戒하였고, 또 진나라 함강년간에 비구니 정검은 一衆에게 戒를
얻었기 때문에 이 또한 완전한 것이 되지 못했다"라고 한다.[23]

애도와 아반은 삼귀에 의해서, 그리고 정검은 一衆으로부터 受戒한데
비해서 혜과는 二衆으로부터 受戒함으로써 완전한 受戒法事에 의한 중국
최초의 비구니가 탄생된 것이다. 그런데 여기에서 혜과가 受戒한 해에
대해서 暫見해 보고자 한다.

위 인용문 가운데는 유송 문제 원가 11년(434) 봄에 사자국 비구니 철살라

---

19) 『四分律行事鈔資持記』卷下三(『大正藏』第40卷), p.408a, "愛道是佛姨母 佛生七日
    摩耶命終 姨母乳養長大".
20) 『大宋僧史略』卷上(『大正藏』第54卷), p.237c, "洛陽婦女阿潘等出家 此尼之始也".
21) 『廣弘明集』卷27(『大正藏』第52卷), p.316a, "何謂三歸 謂佛法僧".
22) 『高僧傳』卷3, 僧伽跋摩傳 및 『比丘尼傳』卷2, 僧果尼傳에는 鐵薩羅로 전하고
    있으므로 鐵薩羅의 誤記인 것 같다.
23) 『大宋僧史略』卷上(『大正藏』第54卷), 尼得戒由, p.238b-c, "愛道初緣豈爲容易 阿潘
    出俗又實希奇 始徒受於三歸 且未全於二衆 按五運圖云 自漢永平丁卯 泊宋元嘉
    甲戌中間 相去三百六十七年 尼方具戒 又薩婆多師資傳云 宋元嘉十一年春 師子
    國尼鐵索羅等十人 於建康南林寺壇上 爲景福寺尼慧果淨音等 二衆中受戒法事
    十二日度三百餘人 此方尼於二衆受戒 慧果爲始也 知阿潘等但受三歸 又晉咸康
    中 尼淨撿於一衆邊得戒 此亦未全也".

등 11인이 건강 남림사의 계단에서 혜과와 정음에게 二衆에 의한 授戒를 행하고, 12일에 걸쳐 300여 인에게 계를 주었다고 한다. 이에 비해서『비구니전』권2, 景福寺慧果尼傳에서는 그가 원가 9년(432)에 제자 慧意, 慧鎧 등 5인을 거느리고 승가발마로부터 具戒(구족계)를 받고 원가 10년(433)에 죽었다고 한다.[24] 이 두 가지 사료를 두고 보면, 혜과는 승가발마와 사자국의 비구니 철살라 등 二衆에게 受戒한 것은 사실이지만 受戒한 해가 다르게 기록되어 있다. 앞서 인용한『고승전』승가발마전에 의하면 천축의 사문 승가발마는 원가 10년에 유송의 도읍에 왔고, 사자국 비구니 철살라 등은 구나발마가 입적한 후에 유송의 도읍에 왔다고 한다. 구나발마는 원가 8년에 송나라에 와서 그해 9월 28일에 죽었으므로 철살라 등이 중국에 온 것은 원가 8년 이후가 되기 때문에 앞서 인용한 승과니전에 그들이 원가 10년에 왔다고 하는 것은 신뢰가 간다. 따라서 사료의 비교, 검토를 통해서 볼 때 혜과의 원가 9년 受戒說은 성립될 수 없고, 원가 11년이었다고 봄이 타당하리라고 생각한다.

이상에서 고찰한 바에 의하면 불교의 계율에 따른 완전한 受戒法에 의해서 중국 최초의 비구니가 출현하게 된 것은 유송 문제 원가년간에 이르러서였다. 하지만 서진 민제 건흥년간(313~316)에 정검이 십계를 受戒한 이후 비구니들의 활동은 활기를 띠기 시작하였던 것으로 보인다. 이제 晉代 비구니들의 구체적인 활동에 관해서 살펴보고자 한다.

---

24)『大正藏』第50卷, p.937b-c, "慧果 本姓潘 淮南人也 常行苦節不衣綿纊……到元嘉六年 西域沙門求那跋摩至 果問曰 此土諸尼先受戒者 未有本事 推之愛道 誠有高例……九年率弟子慧意慧鎧等五人 從僧伽跋摩重受具戒 敬愼奉持如愛頂腦 春秋七十餘 元嘉十年而卒".

3. 比丘尼의 活躍

『비구니전』권1, 延興寺僧基尼傳의 기록 가운데 다음과 같은 내용이 전하고 있다.

　　승기의 本姓은 明氏이고 濟南(靑州 濟南郡)사람이다. 머리를 묶을 나이 때 道에 뜻을 두고 出家하기를 원했으나 어머니는 허락하지 않고 몰래 出嫁를 허락하고 혼례를 치를 것을 비밀로 하였다. 신랑을 맞이할 날이 가까이 되자 그녀는 이 사실을 알고 식음을 전폐하니 친척들이 모두 만류하였으나 그 뜻을 바꾸지 않았다. 7일째가 되는 날 그녀의 어머니가 사위를 불렀는데 사위는 (佛)法을 敬信하는데다가 신부의 목숨이 다해 가는 것은 보고는 신부의 어머니에게 말하기를 "사람마다 각기 뜻하는 바가 있으니 그 뜻을 뺏을 수는 없는 것입니다"라고 하였다. 어머니가 그 뜻을 쫓아 마침내 출가하게 하니 그때 그녀의 나이가 21세였다. 내외의 친척이 모두 와서 慶賀하고 위로하였으며 다투어 진귀한 꽃(재물)을 시여하고 귀한 공물을 마련하였다. 州牧이 광대를 보내고 군수가 친림하여 도속이 모두 감탄하니 일찍이 없었던 일이었다.……황제가 평소에 높은 예로써 맞았고, 건원 2년(344)에 황후 褚氏가 都亭里 通恭巷 안에 절을 세워서 延興寺라 이름하니 승기가 寺主로 거주하였고, 제자가 100여 명이나 되었다. 일에 있어서는 맑고 밝게 처리하였으므로 도속의 공경이 더하였다. 나이 68세인 융안 원년(397)에 죽었다.[25]

　승기는 出嫁를 포기하고 21세의 나이에 불문에 귀의하여 비구니가 되었

---

25) 『大正藏』第50卷, p.936a, "僧基 本姓明 濟南人也 縙髮志道秉願出家 母氏不聽 密以許嫁 祕其聘禮 迎接日近女乃覺知 卽便絶糧水漿不下 親屬共請意不可移 至 於七日母呼女婿 婿敬信 見婦殆盡 謂婦母曰 人各有志不可奪也 母卽從之 因遂出 家 時年二十一 內外親戚皆來慶慰 競施珍華爭設名供 州牧給伎郡守親臨 道俗咨 嗟歎未曾有……皇帝雅相崇禮 建元二年皇后褚氏爲立寺於都亭里通恭巷內 名曰 延興 基居寺住 徒衆百餘人 當事淸明道俗加敬 年六十八 隆安元年卒矣".

다. 그런데 그녀가 불문에 귀의함에 이르러 내외의 친척 및 주목, 군수가
축하했던 미증유의 사실은 실로 주목되는 바다. 곧 한 사람의 비구니가
탄생되는데 원근의 친척이 모여서 축하하고, 州의 牧使가 광대를 보내고,
군수가 친히 왕림하였다는 것은 승기가 명망이 있는 가문 출신으로서
당시의 귀족들과 깊은 관련이 있었거나, 아니면 자신이 주, 군의 관리들과
교우하면서 出家를 결심했던 것으로 보인다. 하지만 이러한 심증을 입증할
사료를 접할 수가 없으므로 이에 관해서는 보다 구체적으로 규명할 수가
없다. 그러나 승기가 막상 출가하여 비구니가 된 연후에는 동진의 황실과
긴밀한 유대를 가지면서 황후가 건립한 연홍사의 寺主가 되었던 것이다.
그런데 승기는 동진 안제 융안 원년(397)에 68세로 입적하였기 때문에
이를 역산해 보면 그는 동진 성제 함화 5년(330) 생이다. 그리고 그가
21세에 出家해서 불문에 귀의한 해는 동진 목제 영화 6년(350)이 되고,
강헌저황후가 도정리 통공항 안에 연홍사를 건립한 강제 건원 2년(344)은
승기의 나이 15세가 되는 해다.

 위 인용문 가운데 연홍사는 전후의 문맥으로 보아 승기를 위하여 건립된
것 같이 보이는 게 사실이다. 그런데 연홍사가 승기를 위해서 건립된 사찰
이라면 승기가 출가해서 불문에 들어간 이후에 건립되었어야 한다. 그러므
로 이 사원의 건립 연대가 정확하다면[26] 연홍사는 승기를 위해서 마련된
것은 아니었고, 승기가 출가한 후에 이 사찰의 住持로 머물게 되었던
것이다. 강헌저황후는 동진 4대 강제의 妃로서 강제 이후 목제, 애제에
걸쳐 대리청정함으로써 한 때 동진 조정의 실권자였고, 일찍이 불교에도
관심을 가지고 있었기 때문에[27] 비구니의 사찰 연홍사를 건립하였고, 이후

---

 26) 『建康實錄』卷8, 康皇帝岳에도 "案寺記 帝時置兩寺 褚皇后立延興寺 在今縣東南
　　二里運溝西岸 中書令何充 立建福寺今廢也"라고 하여 康帝 때 康獻褚皇后가 延興
　　寺를, 中書令 何充이 建福寺를 건립하였다고 한다.

승기니를 寺主로 임명하였다. 그렇다면 결국 불교 측의 입장에서는 비구니
가 황후와 긴밀한 유대를 가짐으로써 황실의 권력이나 재정적 지원 아래
교세의 확대를 도모하고자 하였다. 그리고 황후의 입장에서는 동진이 창건
된 이래 조정 중신이나 귀족이 사문과 긴밀한 교우를 가지고 있었던 환경
가운데서[28] 비교적 용이하게 불교에 감화되어 비구니에 대한 지원을 아끼
지 않았던 것이다. 이러한 관계는 승기와 강헌저황후의 경우만은 아니었
다.『비구니전』권1, 北永安寺曇備尼傳에도 아래와 같은 내용을 전하고
있다.

　　담비의 본성은 陶氏이고 丹陽 건강사람이다. 어려서 불법을 믿고 바른
　正法을 닦고자 원하였으나 형제가 없어 홀로 어머니를 모셨다.……시집갈
　나이가 되었는데도 幣物을 받으려고 하지 않으므로 어머니는 (그녀의)
　뜻을 어길 수 없어서 離俗을 허가하였다. 부지런히 戒行에 힘써서 밤낮을
　게을리 하지 않았다. 진나라 穆皇帝가 예로써 맞이하고, 존경하기를 두텁게
　하였다. 항상 칭송하여 말하기를 "보면 볼수록 더욱 아름답구나". 章皇后
　何氏에게 이르러 말하기를 "京邑의 비구니 가운데 담비와 더불어 할 인물이
　없구려"라고 하였다. 영화 10년(354)에 황후가 그녀를 위해서 定陰里에
　사원을 세워 永安寺라고 이름하였다.(오늘날 何后寺가 이것이다.) (담비는)
　겸허하게 무리를 이끌면서 일찍이 자랑하거나 교만한 적이 없었다. 명예가
　날로 넓어져서 원근에서 모여든 무리가 300인이나 되었다. 나이 73세가
　되던 泰元 21년(396)에 죽었다.[29]

---

27) 제2부 2장 참조.

28) 제2부 1장 참조.

29)『大正藏』第50卷, pp.935c〜936a, "曇備 本姓陶 丹陽建康人也 少有淸信願修正法
　　而無有昆弟 獨與母居……年及笄嫁徵幣弗許 母不能違聽其離俗 精懃戒行日夜無
　　怠 晉穆皇帝禮接敬厚 常稱曰 久看更佳 謂章皇后何氏曰 京邑比丘尼尠有曇備之
　　儔也 到永和十年后爲立寺于定陰里 名永安今之何后寺是 謙虛導物 未嘗有矜慢
　　之容 名譽日廣 遠近投集 衆三百人 年七十三 泰元二十一年卒".

비구니 담비는 목제의 妃인 목장황후 하씨와 긴밀한 유대를 가지고 황후가 건립한 영안사에 駐錫하면서 원근의 제자 300여 명을 데리고 불교의 교화에 노력했던 비구니의 한 사람이었다. 형제도 없이 偏母의 슬하에서 성장한 담비가 어째서 하황후의 도움을 받아 영안사에 거주하게 되었는지 구체적인 상황은 알 길이 없다. 다만 추론이 가능하다면 담비는 가정 형편이 어려워서 일찍이 불문에 귀의할 것을 결심하고 결혼의 시기에 출가하여 비구니가 되었던 것이다. 그리고 출가한 후에는 돈독한 불심으로 계행을 닦는데 정진하였기 때문에 하황후가 그녀를 위하여 사원을 건립하고 물심 양면으로 지원을 아끼지 않았던 것으로 보인다.30) 그래서 담비는 황후의 도움으로 동진 여성계의 불교교화에 노력하여 수많은 제자를 양성하게 되었던 것이다.

목장황후 하씨는 목제 때 동진 조정의 수반이었던 何充31)의 동생 何準의 딸이었다. 그런데 하황후의 아버지였던 하준은 형 하충의 권세가 한 시대를 풍미하였으나 출사를 원하지 않고 오직 불경을 독송하고 사원을 수리하는 일에만 관심을 가질 만큼 불교에 지대한 관심을 가진 사람이었다. 그리고 하충도 불교에 대한 관심을 가지고 사원을 조영했던 봉불가였다. 이들의 지나친 봉불 행위가 세간의 비난을 면치 못한 불건전한 일면도 간과할 수 없지만32) 불교의 입장에서 본다면 이들이 동진불교의 발전에 크게

---

30) 『比丘尼傳』의 내용에 의하면 그가 太元 21년(396)에 73세의 나이로 죽었기 때문에 그의 출생은 東晉 明帝 太寧 2년(324)이고, 出家한 해는 결혼의 시기였으므로 20세 전후로 보아야 할 것 같다. 그런데 何皇后가 永安寺를 건립한 穆帝 永和 10년(354)은 그의 나이 31세에 해당하는 해임으로 적어도 出家 후 십여 년 가까운 세월이 경과하고서 永安寺에 駐錫했던 것으로 생각된다.

31) 何充이 東晉 明帝의 외척 庾氏 일족을 배척하고, 穆帝의 繼位에 주역을 담당하여 朝臣의 首班으로서 실권을 장악한 과정에 관해서는 『晉書』 권77, 何充傳 참조.

32) 何充 兄弟의 불교신앙 및 이들의 지나친 奉佛행위가 世人의 비난을 받았던 구체적 사실에 관해서는 제2부 2장 참조.

공헌했던 후원자였다는 것을 인정하지 않을 수 없다. 이러한 가정에서
성장한 하황후가 불교에 관심을 가지고 담비를 위해서 비구니 사찰 영안사
를 건립하게 되었다는 것은 쉽게 이해할 수 있을 것 같다.

　이와 같이 비구니 승기와 담비는 황후가 건립한 사찰에 安住하면서
황실의 재정적 지원 아래 동진 여성계의 불교교화에 활약했던 비구니였음
을 알 수 있다. 그리고 이 시대의 비구니 가운데는 불교의 神異를 통해서
궁중에 불교의 교세를 확대하고 황제의 지원을 받았던 경우도 있다. 이를테
면 『비구니전』 권1, 新林寺道容尼傳에 아래와 같은 기록이 있다.

　　도용은 본래 歷陽(安徽省 和縣)사람으로 烏江寺에 거주하였다. 계행이
　맑고 뛰어났으며 길흉을 잘 점쳐서 화복을 미리 알아내었으므로 세상
　사람들에게 聖人이라고 알려져 있었다. 진나라 명제가 몹시 공경하면서
　꽃을 자리 아래 깔아 놓고 그가 범인인가 성인인가를 시험하였는데 과연
　시들지 않았다. 간문제는 처음에 淸水道師를 섬겼는데 도사는 경사에서
　王濮陽이라고 불렀다. 궁궐 안에 道舍를 세우니, 도용이 자주 (佛)法을
　열어 이끌었으나 (간문제가) 따르지 않았다. 후에 宮人이 매양 道屋에
　들어갈 때마다 문득 神人을 보았는데 사문의 모습을 하였고 室內에 가득
　차 있었으므로 간문제가 도용의 소행으로 의심하였으나 능히 해결할 수가
　없었다. (간문)제가 황제로 등극한 후에 까마귀가 太極殿에 집을 지어
　帝가 曲安遠에게 점을 치도록 하니 (점괘에) 서남에 있는 女人師(女人
　사문)가 괴이한 일을 없앨 수 있다고 나왔다. 황제가 사자를 파견해서
　오강사로 가서 도용을 迎入해 와서는 (이 괴이한) 일에 관해서 상의하니
　도용이 말하기를 "7일간 마음을 깨끗이 하여 齋戒하고 8계33)를 받으면

---

33) 『阿毘達磨俱舍論』 卷十四(『大正藏』 第29卷), p.73a에 "何等名爲八所應離 一者殺
　　生 二不與取 三非梵行 四虛誑語 五飮諸酒 六塗飾香鬘舞歌觀聽 七眠坐高廣嚴麗
　　床座 八食非時食"이라 하였고, 『大智度論』 卷十三(『大正藏』 第25卷), pp.153b∼
　　161c에 "不殺生, 不盜, 不婬, 不妄語, 不飮酒, 不坐高大牀上, 不著花瓔珞 不香塗身

저절로 소멸될 것입니다"고 하였다. 황제가 이를 따라 정숙한 마음을 갖추기 7일이 되지 않아서 뭇 까마귀들이 다투듯 모여들어 둥지를 물고 떠났다. 황제가 (도용을) 깊이 믿어서는 곧바로 그를 위하여 절을 세우고 쓸 수 있는 資産을 공급하고는 수풀로 인하여 이름짓기를 신림사라 하였다. 즉시 스승의 예로써 섬기고 마침내 불법을 받들었으니 이후 동진에서 불법을 드러내어 숭상한 것은 도용의 힘이다. 효무제에 이르러 더욱 숭상하고 존경하였으며 태원년간(376~396)에 갑자기 자취를 감추어 찾았으나 소재를 알 수 없어서 효무제가 그녀의 衣鉢을 가지고 장례를 치르도록 명하였으므로 사원의 주변에 무덤이 있다고 한다.[34]

도용은 불교에 관심을 가지고 역양의 오강사에 거주하면서도 攘災招福의 점복을 이용한 신이적 요소를 통해서 용이하게 민심을 사로잡았던 주술사의 성격을 지닌 인물이었다.[35] 그녀의 이러한 행위는 동진 명제

不著香熏衣 不自歌舞作樂亦不往觀聽, 一日一夜 不過中食"이라 하였다.

34) 『大正藏』第50卷, p.936b, "道容 本歷陽人 住烏江寺 戒行精峻 善占吉凶逆知禍福 世傳爲聖 晉明帝時甚見敬事 以花布席下驗其凡聖 果不萎焉 及簡文帝 先事清水 道師 道師京都所謂王濮陽也 第內爲立道舍 容瓶開瘞未之從也 後宮人每入道屋 輒見神人 爲沙門形 滿於室內 帝疑容所爲也 而莫能決 踐祚之後 烏巢太極殿帝使 曲安遠筮 之云 西南有女人師能滅此怪 帝遣使往烏江迎道容 以事訪之 容曰 唯有 清齋七日受持八戒 自當消弭 帝卽從之 整肅一心七日未滿 群烏競集運巢而去 帝 深信重 卽爲立寺資給所須 因林爲名 名曰新林 卽以師禮事之 遂奉正法 後晉顯尚 佛道容之力也 逮孝武時彌相崇敬 太元中忽而絶跡講不知所在 帝勅葬其衣鉢 故 寺邊有塚云".

35) 塚本善隆, 『中國佛敎通史』(東京, 春秋社, 1979), p.415에서 "道容은 具足戒를 받은 비구니였다고는 생각하지 않는다"고 하여 그녀가 오직 불교에만 전념했던 비구니로 보지 않고 있다. 이는 그녀가 占卜을 통한 神異的 요소를 통해서 민심을 얻었던 주술적 성격을 지닌 인물이었다는 의미를 말하고 있는 것으로 짐작된다. 그리고 불교가 중국에서 교세를 확대하는 과정에 불교의 이론만이 아니라 중국의 전통사상인 讖緯說을 이용하여 占卜, 陰陽 등을 이용한 神異的 요소를 보이고 있었다는 것은 『高僧傳』卷9·10의 神異傳(『大正藏』第50卷), pp.383b~395b나 『神僧傳』(『大正藏』第50卷), p.948 이하를 통해서 알 수 있으며, 그 구체적인

때 이미 궁중의 관심을 불러오긴 하였지만 황실의 구체적인 지원을 받지
못하다가 간문제에 이르러 마침내 帝權과 결탁하게 되었다. 간문제는
일찍이 淸水道師 王濮陽을 중히 여기고 궁중에 道舍를 건립하여 도교에
관심을 가지고 있었다. 이에 도용은 궁인과 결탁하여 궁중의 도교적 분위기
를 불교로 전환하려는 계략을 도모하였으나 간문제의 의심만 자아내었다.
그러나 그녀는 간문제가 황제로 등극한 후에 太極殿에 까마귀가 집을
짓는 기회를 포착해서 간문제의 환심을 사는데 성공하였다. 간문제는 회계
왕으로 있을 때 점법과 관상법을 중히 여겼고,[36] 帝位(371~372)에 올라서
도 태극전의 흉사를 점술가 曲安遠을 통해서 해결하려 하였다. 이때 곡안원
은 이미 오강사의 주술적 비구니 도용과 결탁되어 있었기 때문에 그녀를
궁중에 불러들이게 하였고, 도용은 이 기회를 이용해서 간문제의 관심을
도교에서 불교로 바꾸게 하였다. 간문제의 신임을 얻은 도용은 帝로부터
많은 資産을 공급받아 신림사에 안거하면서 동진의 황실과 긴밀한 유대관
계를 지속하였던 것이다. 다만 도용은 간문제로부터 효문제 태원년간에
이르기까지 帝權의 비호 아래 불교의 교세를 열어갔던 니승의 한 사람이었
지만 그녀가 주술적 니승이었다는 것은 특히 주목되는 바다. 이 점에 대해
서 일찍이 宮川尙之는 "帝室에 대한 사문의 접근은 『般若經』 등 강경
이외에 여러 가지가 있다. 특히 주의해야할 것은 祈禱佛敎가 행해져 왔던

언급에 관해서는 安居香山,「漢魏六朝時代に於ける圖讖と佛敎－特に僧傳を中
心として－」『塚本博士頌壽記念佛敎史學論集』(京都, 1961), pp.855~868 및 塚本
善隆,「南朝‘元嘉治世’の佛敎興隆について」『東洋史硏究』第22卷 第4號(京都,
1964), p.39 참조.

36)『晋書』卷32, 孝武文李太后傳, p.981, "始簡文帝爲會稽王 有三子 俱夭 自道生廢黜
獻王早世 其後諸姬絶孕將十年 帝令卜者扈謙筮之 曰後房中有一女 當育二貴男
其一終盛晉室 時徐貴人生新安公主……又數年無子 乃令善相者召諸愛妾而示之
皆云非其人 又悉以諸婢媵示焉 時后爲宮人 在織坊中 形長而色黑 宮人皆謂之崑
崙 旣至 相者驚云 此其人也 帝以大計 召之侍寢".

것이다. 이를테면 간문제가 竺法曠(『고승전』 권5)으로 하여금 妖星을 물리치게 하고, 또 신림사 도용니로 하여금 태극전의 괴변을 없애도록 했던 것은 당초에 담론적인 불교가 제실의 보호가 두터워지게 되자 국가를 위해 기원하는 모습이 시작되었으며, (이는) 아마도 후궁 부녀의 요구나 니승의 운동도 있었던 것이었지만 미신적인 기도불교로 변해온 사실을 알 수 있다고 생각한다"[37]고 하였다.

이와 같이 황실에 대한 니승들의 활동은 帝權의 옹호아래 불교의 입지를 한층 강화하는 데 공헌하였다. 그러나 보다 중요한 점은 出家한 剃髮 구도자가 그들의 수도장인 사원의 건립과 수도생활의 안정을 꾀하기 위해서 황실의 사회, 경제적 도움을 필요로 하였다는 것이다. 그런데 사문이 경제적 도움을 얻었던 것은 동진의 황실만은 아니었고, 당시 유명한 귀족들의 지원을 받았던 경우도 적지 않다.

이제 비구니가 동진 귀족의 사회, 경제적 도움으로 자유로운 포교활동을 전개한 경우를 살펴보기로 한다.

『비구니전』 권1, 建福寺康明感尼傳에 다음과 같이 기록되어 있다.

명감의 本姓은 朱氏이고 高平사람이다. (그 가정은) 세세로 불법을 받들었다. 賊에게 포로가 되어서 처가 되어 달라고 하는 고통을 겪었지만 맹세코 辱을 당하지 않았다. 양치는 곳으로 내침을 당한 지 10년 동안 돌아갈 생각이 절실했지만 돌아갈 길을 알지 못하여 항상 三寶를 생각하고 출가하기를 바랐다. 문득 한 비구를 만나 5계 받기를 청하니, 이에 『觀世音經』을 주었다. 얻어서 익히고 암송하기를 밤낮으로 쉬지 않았고, 집으로 돌아가서 5층탑을 세우고자 하였다. 근심스러운 생각을 이기지 못해 달아나서 동쪽으로 갔다.……여러 날을 지나 열흘째가 되던 날 靑州에 도착하였다.……州

37) 宮川尙之, 『六朝史硏究(宗敎篇)』(京都, 平樂寺書店, 1977 第3刷), p.230.

에 이르러 다시 明伯連의 종이 되었지만 이 소식을 들은 남편이 배상하고
맞아 들였다. 가족이 그의 뜻을 구속하고 억제하여 괴로워하였다. 정성을
다하여 정진한 지 3년이 되자, 이에 오로지 禪行이 도타웠고 戒品에 허물이
없었다.……만년에 이르러 품행이 뛰어났으므로 강북의 자녀들이 스승으
로 받든 것이 (부처에게) 귀의하는 것과 같았다. 진 영화 4년(348)에 慧湛
등 10인과 강을 건너 司空 하충에게 나아가니 하충이 한번 보고는 심히
존경하고 중히 여겼다. 그때 경사에는 비구니 사원이 없었으므로 하충이
別宅으로 그를 위해서 절로 삼고 명감에게 "이름을 무엇으로 할까요"라고
물었다. (명감은) "진나라에 4부대중이 오늘에야 갖추어지고 檀越(施主)께
서 세운 것은 모두 福된 業을 짓는 것이므로 건복사라 하는 것이 좋을
것 같습니다"라고 대답하였다. 하충이 그 말을 따랐다. 뒤에 질병을 얻어서
조금 있다가 곧 죽었다.[38]

강명감은 세세로 불법을 받들었던 봉불의 가정에서 태어났다. 그 때문에
중원의 혼란에 즈음해서 적의 포로가 되는 수난을 당하면서도 삼보에
귀의하여 5계를 받았다. 그리고는 출가의 뜻을 이룩하지 못한 재가신자로
있으면서도 禪行에 정진하여 품행이 뛰어났기 때문에 불교에 귀의한 江北
의 자녀들의 스승으로 존경을 받았다. 진나라 목제 영화 4년(348)에 마침내
出家, 南渡하여 동진의 사공 하충에게로 나아갔다.

위에 인용한 사료의 내용으로는 그녀가 渡江한 구체적 이유를 명확히

---

38) 『大正藏』第50卷, p.935c, "明感 本姓朱 高平人也 世奉大法經 爲虜賊所獲 欲以爲妻
備加苦楚 誓不受辱 謫使牧羊經歷十載 懷歸轉篤反途莫由 常念三寶兼願出家 忽
遇一比丘就請五戒 仍以觀世音經授之 因得習誦晝夜不休 願得還家立五層塔 不
勝憂念逃走東行……積日彌旬得達靑州……至州復爲明伯連所虜 音問至家夫兒
迎贖 家人拘制其志未諧苦身 勵精三年 乃遂專篤禪行戒品無響……年及桑楡操行
彌峻 江北子女師奉如歸 晉永和四年春與慧湛等十人 濟江詣司空公何充 充一見
甚敬重 于時京師未有尼寺 充以別宅 爲之立寺 問感曰 當何名之 答曰 大晉四部今
日始備 檀越所建皆造福業 可名曰建福寺 公從之矣 後遇疾少時便卒".

규명할 수 없지만, 이는 아마도 당시 중원의 혼란에 기인한 것으로 보인다. 실제로 서진 말의 난세를 피해 남도해 온 華北 인구의 강남 이주는 동진의 중요한 사회적 문제가 되었지만[39] 이때 남천한 승려들도 강남 귀족의 경제적 도움이나 그들과의 교우를 통해서 생활의 안정을 얻고 자유로운 포교 활동이나 수도생활에 정진할 수가 있었던 것이다.[40] 康明感의 경우도 중원의 혼란이 여성의 출가, 수도에 여러 가지 제약을 가했기 때문에 비교적 정치, 사회적으로 안정된, 그리고 황실이나 귀족이 불교를 옹호해서 재정적 지원을 아끼지 않았던 동진을 향했던 것으로 보인다. 그리고 도강 이후에는 동진 실권자의 한 사람이었던 봉불가 하충의 도움으로 건복사에 安住함으로써 마침내 뜻한 바를 이루게 되었고, 아울러 동진 여성사회에 불교의 교세를 확대해 나갔던 것으로 짐작된다. 그런데 인용문 가운데는 강명감이 뜻을 같이했던 혜담 등 10인과 함께 도강한 해를 동진 목제 "영화 4년(348)"으로 전하고 있으나, 同書 建福寺慧湛尼傳에는 아래와 같은 내용이 있다.

　　혜담의 本姓은 彭氏고 任城사람이다. 신령스런 용모는 超遠해 보였고 맑은 품성은 남달리 뛰어났다. 정이 깊고 도량이 넓어서 남을 구제하는데 힘썼으며, 거친 옷을 입고 채식을 하면서도 즐거움을 누렸다. 일찍이 옷을 메고 산길을 가다가 강도들을 만났는데 칼을 들고 혜담을 향하니 손으로 능히 막을 수가 없었다. 그리고는 혜담이 메고 있는 옷을 요구하므로 혜담이 즐겁게 웃으면서 말하기를 "그대들이 뜻한 바는 심히 중한 것을 얻고자 바랐는데 얻은 것은 유달리 가볍구나"라고 하면서 다시 아랫도리옷을 벗어 주었다. 강도들이 즉시 사죄하고는 모두 혜담에게 돌려주었으나 혜담

---

39) 塚本善隆, 前揭書, p.318 참조.
40) 拙稿,「南朝 貴族佛教에 대하여－그 弊害를 中心으로－」『慶北史學』第三輯(1981), pp.105～135 참조.

은 喜捨하고 떠났다. 건원 2년(344)에 강을 건너니 사공 하충이 받들어 존경하면서 건복사에 머물기를 청하였다고 한다.[41]

즉 혜담은 "건원 2년(344)"에 渡江해서 하충이 마련한 건복사에 머물게 되었다고 하여 강명감전의 기록과 차이를 보이고 있다. 그런데 『진서』 권77, 하충전에 의하면 그는 동진 목제 영화 2년(346)에 55세의 나이로 죽었다고 기록되어 있다.[42] 따라서 그가 죽은 2년 후에 별택으로 사원을 마련하여 강명감 등을 거주하게 하였다는 시차적 논리는 성립될 수가 없으므로, 『비구니전』의 기록 가운데 渡江의 해에 관한 한 강명감전에 보이는 영화 4년보다는 혜담전에 기록된 건원 2년이 더 신빙성이 있다고 하겠다.

다음으로 동진의 황실이나 귀족과 깊은 교우를 통해서 동진의 政局에 지대한 영향을 끼쳤던 대표적인 비구니 지묘음에 관해서 서술해 보고자 한다.

『비구니전』 권1, 簡靜寺支妙音尼傳에는 아래와 같은 내용이 전하고 있다.

묘음은 어느 곳 사람인지 상세하게는 알 수가 없다. 어려서 (佛)道에 뜻을 두고 國都(건강)에 거주하였는데 내외에 박학하고 문장을 잘 지었다. 東晉 孝武帝와 太傅 會稽王 道孟顗(司馬道子) 등이 공경하였다. 매양 효무제 및 태부, 中朝學士와 더불어 문장을 담론하였으며 평소에 재치가 있었으

---

41) 『大正藏』第50卷, p.936a, "慧湛 本姓彭 任城人也 神貌超遠精操殊特 淵情曠達濟物 爲務 惡衣疏食樂在其中 嘗荷衣山行逢群劫 欲擧刀向湛 手不能勝 因求湛所負衣 湛歡笑而與曰 君意望甚重所獲殊輕 復解其衣內新裙與之 劫卽辭謝併以還湛 湛 捨之而去 建元二年渡江 司空何充大加崇敬 請居建福寺住云".

42) "永和二年卒 時年五十五 贈司空諡曰文穆".

므로 명성이 자자하였다. 태부(사마도자)가 태원 10년(385)에 간정사를
세워서 묘음을 寺主로 삼았으니 제자가 100여 인이나 되었다. 내외의 재능
이 있고 의로운 자들이 이로 인하여 스스로 모여들어 공양하니 富家 도읍을
기울였다. 귀천의 인물들이 모두 宗으로 섬기니 門에는 거마가 날마다
백여 량이나 되었다.[43]

위의 기록으로는 비구니 묘음의 출신지나 家系, 그리고 불문에 귀의한
연령 및 受戒에 관한 구체적인 사실은 알 수 없다. 그러나 그녀가 일찍이
불도에 관심을 두고 동진의 國都 건강에 거주하면서 內外典에 박학하고
문장에도 뛰어났다고 하는 데서 그의 가정이 비교적 경제적 여유가 있었음
을 짐작케 한다. 그는 이러한 학문적 소양을 통해서 효무제를 비롯한 태부
및 조정의 고관들과 더불어 담론하면서 그 명성을 얻기에 이르렀다. 효무제
태원 10년에 태부 사마도자는 묘음을 위하여 간정사를 건립하고 그녀를
寺主로 삼았다.[44] 동진 조정의 권력과 결탁되어 창건된 간정사에는 재력있
는 檀越의 거마가 수없이 모여들어 시주에 의한 사원의 재산이 무궁하였다.
이러한 사실을 두고 보면 동진의 사원은 권력자에 의해서 건립되었을
때 쉽게 번성할 수 있었고, 사문은 권력과 결탁하였을 때 경제적인 안정과
종교적 지위를 확보하면서 명성을 얻을 수 있었음을 알 수 있다. 하지만

---

43) 『大正藏』第50卷, p.936c, "妙音 未詳何許人也 幼而志道居處京華 博學內外善爲文
   章 晋孝武皇帝太傅會稽王道孟顗等竝相敬信 每與帝及太傅中朝學士 談論屬文
   雅有才致 藉甚有聲 太傅以太元十年爲立簡靜寺 以音爲寺主 徒衆百餘人 內外才
   義者因之以自達 供贍無窮 富傾都邑 貴賤宗事 門有車馬日百余兩".

44) 司馬道子는 비구니 支妙音을 위해서 簡靜寺를 세웠던 것이고, 竺僧法을 위해서
   治城寺를 세웠던 기록이 『高僧傳』卷12, 釋法相附竺僧法傳에 "時有竺曇蓋竺僧法
   竝苦行通感……法亦善神呪 晉丞相會稽王司馬道子 爲起治城寺焉"이라 보인다.
   이는 당시 비구와 비구니가 東晋의 실권을 장악하고 있던 司馬道子의 도움으로
   사원을 건립하여 불교의 교세를 확대하려고 했던 것으로 보인다.

불교가 권력과 결부되었을 때 그 이면에는 신앙외적인 문제로 여러 가지 타락상을 노정하게 되었던 것이다. 더욱이 통치자가 政事를 원만히 수행하지 않았을 때 이러한 폐단은 보다 신속하고 극심하게 나타나게 되었다.

동진의 효무제는 태원 10년에 권신 사안이 죽고 난 후에 政事를 제대로 돌보지 않고 낭야왕 사마도자와 더불어 酒宴을 즐기면서 姆母, 尼僧들과 한층 가까이 하였다. 더욱이 中書令 王國寶와 같이 지조 없는 인물이 사마도자의 총애를 받았고, 관직에 나아가고자 하는 자는 뇌물로써 하였기 때문에 刑政이 교란하여 동진 쇠망의 징조가 현저히 나타났다.45) 이러한 기회를 포착해서 비구니가 정치에 참여하여 정사를 더욱 어지럽히는 결과를 가져오게 되었다.

『비구니전』묘음전에 아래와 같은 내용을 전하고 있다.

荊州刺史 王忱이 죽자 列宗이 王恭으로 대신하고자 하는 뜻이 있었다. 그때 桓玄은 왕침 때문에 기세가 꺾여 江陵에 있으면서46) 왕공이 마땅히 (형주자사로) 갈 것이라는 소문을 들었는데 평소에 또한 왕공을 꺼리고 있었다. 殷仲堪이 그때 왕공의 門生이었는데 환현은 은중감이 재능이 약하여 제어하기 쉽다는 것을 알고 이를 형주자사로 임명하고자 하였다. 이에 사신을 파견하여 묘음니에게 의탁하여 은중감을 형주자사에 임명하도록 도모하였다. 얼마 지나지 않아 列宗이 묘음에게 묻기를 "형주(자사)가

---

45) 『晋書』卷64, 簡文三子傳, p.1733, "于時孝武帝不親萬機 但與道子酣歌爲務 姆尼僧 尤爲親暱 竝竊弄其權 凡所幸接 皆出自小豎 郡守長吏 多爲道子所樹立 既爲揚 州總錄 勢傾天下 由是朝野奔湊 中書令王國寶性卑佞 特爲道子所寵昵 官以賄遷 政刑謬亂 又崇信浮屠之學 用度奢侈 下不堪命 太元以後 爲長夜之宴 蓬首昏目 政事多闕 桓玄嘗候道子 正遇其醉 貧客滿坐 道子張目謂人曰 桓溫晚塗欲作賊 云 何 玄伏地流汗不得起 長史謝重擧板答曰 故宣武公黜昏登聖 功超伊霍 紛紜之議 宜裁之聽覽 道子頷曰 儂知儂知 因擧酒屬玄 玄乃得起 由是玄益不自安 切齒於道 子 于時朝政其紊".

46) 王忱과 桓玄의 관계에 관해서는 『晋書』卷75, 王湛附王忱傳 참조.

비어있으니 밖에서 들리는 바로는 누가 마땅하겠는가?" 묘음이 대답하기를 "빈도는 도사이온데 어찌 속세의 논의에 끼어 들 수 있겠습니까만 안팎으로 이야기하는 것을 들어보면 아울러 말하기를 은중감보다 나은 사람이 없다고 합니다. 그의 뜻과 사려는 深遠함으로 荊楚를 구할 수 있을 것 같습니다." 황제가 그렇다고 하여 마침내 (은중감을) 왕침에 대신하니 권세가 一朝에 기울고 위세가 내외에 떨쳤다고 한다.[47]

위 인용문은 효문제가 왕침에 대신해서 왕공을 형주자사로 임명하고자 할 때 왕공과 불화했던 환현이 비구니 지묘음에게 부탁하여 왕공의 문생으로 黃門郎에 있던 은중감[48]을 형주자사로 임명하도록 한 사실을 말해주고 있다. 이는 앞서 언급한 바와 같이 동진의 황실과 긴밀한 유대관계를 가지고 있던 비구니 지묘음이 정치적 인사에 깊이 관여하여 정사를 어지럽힌 구체적이 사실을 말해주는 것이며, 나아가 출가 수도자의 이러한 신앙외적인 행위는 불교교단의 타락상의 일면을 보여주는 證左라 하겠다. 또 『진서』 권64, 簡文三子傳에 아래와 같은 기록이 보이고 있다.

中書郎 范甯이 또한 깊이 있게 득실을 陳言하니 효무제는 이에 점차 사마도자에게 불평을 가지게 되었으나 겉으로는 우대하고 존중하였다. 왕국보는 범녕의 생질이었는데 아첨으로 사마도자를 섬겼다. 범녕이 왕국보를 내치도록 주청하니 국보가 두려워서 陳郡 袁悅之를 시켜서 비구니 지묘음에게 부탁하여 태자의 어머니 陳淑媛에게 서신을 보내어 왕국보는

---

47) 『大正藏』 第50卷, pp.936c~937a, "荊州刺史王忱死 烈宗意欲以王恭代之 時桓玄在 江陵爲忱所折挫聞恭應往素又憚恭 殷仲堪時爲恭門生 玄知殷仲堪弱才亦易制御 意欲得之 乃遣使憑妙音尼爲堪圖州 旣而烈宗問妙音 荊州缺外問 云誰應作者 答 曰 貧道道士豈容及俗中論議 如聞外內談者 竝云無過殷仲堪 以其意慮深遠荊楚 所須 帝然之 遂以代忱 權傾一朝威行內外云".

48) 『晋書』 권84, 殷仲堪傳에 의하면 당시 殷仲堪은 黃門郎의 官職에 있었던 인물이다.

忠謹하니 마땅히 親信하게 하도록 하였다. 효무제가 發怒하여 원열지를
참수하니 왕국보가 두려워서 다시 효무제에게 범녕을 참소하였다. 효무제
는 하는 수 없이 눈물을 흘리면서 범녕을 내보내 豫章太守로 삼으니,
사마도자는 이로 말미암아 오로지 방자하였다.[49]

중서랑 범녕이 효무제의 정치적 득실을 깊이 진언하면서 사마도자의
전횡을 비판하고, 더불어 아첨으로 사마도자의 총애와 신임을 얻었던 자신
의 생질 왕국보를 정계에서 축출하도록 하였다. 이때 왕국보는 袁悅之를
통해 지묘음의 도움으로 자신의 입지에 대한 위기를 모면하였다. 그리고는
도리어 범녕을 참소하니 효무제는 하는 수 없이 눈물을 흘리면서 범녕을
豫章太守로 내보내었다. 이와 같은 내용이『진서』권75, 王湛附王國寶傳에
도 보이고 있는데, 그 내용 가운데는 효무제가 왕국보의 모의에 가담했던
원열지에게 다른 죄목을 씌워서 살해하였다고 전한다.[50] 이러한 기록을
두고 보면 효무제의 조정에서 실권을 장악하고 있던 사마도자나 궁중의
출입이 자유로웠던 비구니 묘음을 帝權으로서도 통제할 수 없는 경지에
이르게 되었음을 알 수 있다. 바꾸어 말하면 비구니는 불문에 귀의하여
수도자가 된 이유로 자유로이 궁중을 출입하고, 황제나 후궁과 항상 접촉함
으로써 奸臣이 이용하는 바가 되어, 腐敗紊亂했던 동진의 정계에 暗躍하여
국정을 좌우할 정도의 권세를 휘둘렀던 것을 알 수 있다.[51] 그래서 당시
亂政을 개탄했던 左衛領營將軍 許榮은 시정을 비판하는 5가지 내용 가운

---

49) 『晋書』卷64, 簡文三子傳, p.1734, "中書郎范甯亦深陳得失 帝由是漸不平於道子
然外每優崇之 國寶卽甯之甥 以諂事道子 甯奏請黜之 國寶懼 使陳郡袁悅之因尼
妙音致書與太子母陳淑媛 說國寶忠謹 宜見親信 帝因發怒 斬悅之 國寶甚懼 復譖
甯於帝 帝不獲已 流涕出甯爲豫章太守 道子由是專恣".

50) "中書郎范寧 國寶舅也 儒雅方直 疾其阿護 勸孝武帝黜之 國寶乃使陳郡袁悅之因
尼支妙音致書與太子母陳淑媛 說國寶忠謹 宜見親信 帝知之 託以他罪殺悅之".

51) 塚本善隆, 『中國佛教通史』(東京, 春秋社), p.417 참조.

데 비구니 교단의 타락상을 신랄하게 비판하면서 교단의 肅正을 외쳤던
것이다.52)

　이상에서 언급한 내용을 종합해보면,『비구니전』에 수록된 동진의 유명
한 비구니들은 王公, 귀족의 지지를 받아 황실이나 귀족이 건립한 사원에
寺主로 안주하면서 자유로운 포교활동을 전개하였다. 그리고 강력한 권력
의 비호 아래 창건된 이러한 사찰에는 원근 각지에서 수많은 신도와 제자들
이 모여들어 사원의 재정적 확충을 도모하여 교세의 확대를 가져오게
되었다. 하지만 불교가 권력과 결탁된 이면에는 일부 비구니들이 위정자들
과 의기투합하면서 정계에 암약하여 국정을 어지럽힐 정도로 권세를 휘둘
렀다. 이는 쇠운에 접어든 동진 말의 정치적 혼란을 더욱 가중시켰을 뿐만
아니라 불교교단의 부패와 타락을 드러내게 되었던 것이다.

4. 맺음말

　중국에 불교가 전래된 이래 동진 및 남조의 시기에 이르면 교세가 상·하
층사회에 깊숙이 침투하면서 재가부녀신자뿐만 아니라 출가승니들도 대
량으로 배출되었다. 이 시대 니승들의 행적에 관한 내용은 남조 梁 무제
천감년간에 석보창이 찬술한『비구니전』을 통해서 비교적 詳論할 수 있었
다.

　『비구니전』에 기록된 중국 최초의 비구니는 정검이다. 그녀는 서진
민제 건흥년간(313~316)에 智山和尙에게 10계를 받아서 沙彌尼가 되었고,
그 후 약 40여 년이 경과한 동진 목제 승평 원년(357)에 외국사문 담마갈다

---

52) 제2부 1장 참조.

에게 구족계를 받아 비구니가 되었다. 그런데 그 당시 戒師의 인적 구성을
보면 一衆 즉 비구의 大僧에 의한 授戒였고, 비구와 비구니라는 二衆의
師僧에 의한 授戒를 통해서 정식으로 구족계를 갖추게 된 것은 유송대에
와서 실현되었다. 즉 유송 문제 원가 11년에 천축국 출신의 사문 승가발마
와 사자국 비구니 철살라 등이 유송의 도읍 건강 남림사의 계단에서 경복사
비구니 혜과, 정음 등에게 二衆에 의한 受戒法事가 행하여졌다. 따라서
혜과는 二衆으로부터 수계한 중국 최초의 비구니로서 동진의 정검이 이룩
하지 못한 비원을 달성하였던 것이다. 그러나 혜과의 受戒는 불교의 계율에
의거한 형식과 절차상의 문제였고, 실제로 비구니들의 활동이 활기를 띠기
시작하는 것은 건흥년간(313~316)에 정검이 십계를 受戒한 이후로 본다.

동진의 비구니들은 황실이나 귀족의 지배층 권력과 긴밀한 유대관계를
가지면서 그들이 건립한 사원에 안주하면서 수도생활의 안정과 자유로운
포교활동을 전개하였다. 이를테면 승기니는 州牧, 군수의 축하를 받으면서
불문에 귀의하여 비구니가 되었고, 출가 후에는 강헌저황후가 건립한 연흥
사의 寺主가 되어 100여 명의 徒衆을 거느리고 있다가 68세로 일생을
마쳤다. 담비니의 경우는 穆帝의 두터운 존경과 칭송을 받았고, 목장하황
후가 건립한 영안사에 駐錫하면서 동진 여성계의 불교교화에 노력하여
수많은 제자들을 양성하였다. 또 도용니는 오강사에 거주하면서 주술사의
성격을 지닌 비구니의 한 사람이었는데 攘災招福의 신이적 요소로 간문제
의 동진 조정을 도교적 분위기에서 불교적 분위기로 전환하였다. 그리고는
간문제가 그녀를 위해서 건립한 新林寺에 거주하면서 帝權의 비호 아래
불교의 교세를 열어갔던 비구니의 한 사람이었다. 중원의 비구니 강명감,
혜담니 등 10여 인은 華北의 혼란을 피해서 건원 2년에 南渡하여 동진의
실권자 하충의 도움으로 건복사에서 안정된 신앙생활을 할 수 있었다.

　이와 같이 비구니가 동진의 황실이나 귀족의 권력과 결탁해서 불교의
교세를 확대해 갔지만 그 이면에는 신앙외적인 문제와 결부되어 동진의
정국에 지대한 영향을 끼쳤던 비구니도 출현하게 되었다. 이를테면 지묘음
니의 경우는 동진의 실권자였던 사마도자의 도움을 받아 간정사의 寺主로
駐錫한 연후에는 자사의 임명과 같은 정치적 인사에 깊이 관여하였을
뿐만 아니라 끝내는 간신과 결탁하여 부패, 문란했던 동진의 정계에 암약하
게 되었다. 이는 결국 당시의 난정을 개탄했던 許榮으로 하여금 비구니
교단의 타락상을 지적하게 하는 결과를 불러오게 되었으며, 쇠운에 접어든
동진 말기의 정치적 혼란을 가중시켰다.

제4장 劉宋의 建國과 佛敎

1. 머리말

남북조시대 북조불교가 王主敎從의 국가적 성격을 갖추었다면,[1] 남조 불교는 王法에 대한 佛法의 독립성을 주장하는 귀족적 성격을 띠고 발전하였다.[2] 이는 사원의 건립이나 불상의 조성이 그 사회의 통치자나 권력자의 보호 아래 이루어졌기 때문에 남북 왕조의 권력구조가 불교에 반영되어 나타난 결과였다고 하겠다.

북조불교가 국가권력과 밀접한 관계를 맺게 된 중요한 이유의 하나는 통치자가 고승들을 현실 정치에 직접 참여시켰기 때문이다. 이를테면 정치, 사회적 혼란기에 최고의 권력자는 그가 지향하는 정치적 목적을 실현하기 위해서 불교의 靈驗이나 祥瑞를 이용하고, 고승을 정치고문으로 발탁하였다.[3] 이때 불교는 포교의 자유와 교단의 확립을 위해서 통치자와 결속함

---

1) 제1부 3장 참조.
2) 『弘明集』 卷12(『大正藏』 第52卷), pp.79b~83b의 '尙書令何充奏沙門不應盡敬', '桓玄與八座書論道人敬事', '桓玄與王令書論道人應敬王事' 및 同書 卷5에 보이는 沙門 慧遠의 '沙門不敬王者論'은 王法에 대한 佛法의 독립을 주장하는 내용이다.
3) 중국불교에서 포교를 위해 神異를 이용했던 사실은 『高僧傳』에 神異傳을 마련하여 30명에 가까운 沙門을 게재한 기록을 통해서 알 수 있다. 沙門 佛圖澄이 神異와 靈驗을 가지고 後趙의 조정에 정치적 고문으로 발탁되었던 사실에 대해서

으로써 불법이 王法에 종속되는 과정을 밟게 되었다. 이러한 현상은 역사적으로 五胡十六國시대를 전후해서 성행되기 시작하였고, 북위시대에 이르러 그 색채는 농후하였다.

동진 및 남조는 북조의 권력구조에 비해서 귀족의 세력이 강했기 때문에 사문은 귀족이나 관료와 깊은 교우를 통해 그들의 보호 아래 교세의 확대를 도모하여 갔던 것이다. 그런데 남조에서도 정치, 사회가 혼란하여 권신들의 권력다툼이 첨예화할 때 집정자 가운데는 불교를 정치적 목적에 이용한 경우가 없지 않았다. 즉 강력한 무력을 배경으로 권력의 전면에 부상한 武將이 불교적 상서를 이용해서 민심을 사로잡고, 사문을 왕조 교체의 혁명에 참여시킨 사실이 있었음을 엿볼 수가 있다. 이 장에서는 동진에 대신하여 劉宋을 창건한 劉裕와 불교의 관계를 통해서 이러한 역사적 사실을 규명해보고자 한다.

2. 東晉末의 혼란과 劉宋의 건국

淝水의 戰 이후 동진에서 權臣 謝安이 죽고 會稽王 司馬道子의 전횡이 극에 달하자 孝武帝는 도자의 專政에 불만을 품고 명망 있는 인물을 기용하여 그 세력을 견제하고자 하였다. 이를테면 太元 15년(390)에는 王恭을 兗州刺史로 삼아 京口(江蘇省 鎭江縣)에 있게 하고,[4] 태원 17년(392)에는 殷仲堪을 荊州刺史로 임명하여 江陵(湖北省 江陵縣)에 머물도록 하였다.[5]

는 제1부 1장 참조.

4) 『晉書』 卷9, 孝武帝紀, p.238, "(太元十五年) 二月辛巳 以中書令王恭爲都督靑兗幽幷冀五州諸軍事前將軍靑兗二州刺史"; 同書 卷84, 王恭傳, p.2184, "其後帝將擢時望以爲藩屛 乃以恭爲都督兗靑冀幽幷徐州晉陵諸軍事平北將軍兗靑二州刺史假節 鎭京口".

그리고 王珣을 僕射로, 王雅를 太子少府로 임명하여 도자의 권력을 견제하게 하였다.[6] 이에 대해 사마도자도 王國寶의 從弟 王緒를 심복으로 삼아 효무제와 대립하였기 때문에 붕당이 조성되어 동진은 쇠망의 징조가 현저히 나타나게 되었다.[7]

태원 21년(396)에 효무제가 貴人 張氏에게 살해되고 태자가 계위하여 安帝가 되었다. 안제는 寒暑의 변화를 구분하지 못할 정도로 우매한 군주였기 때문에[8] 사마도자의 전횡과 그의 신임을 얻었던 왕국보의 권위가 강화되었다. 이에 왕국보와 대립관계에 있던 왕공이 안제 隆安 元年(397)에 군사를 일으켜 그의 토벌에 나섰다. 당시 왕공이 강력한 군사력을 장악하고 있었기 때문에[9] 사마도자는 이에 두려움을 느껴 부득이 왕국보와 그의

---

5) 『晋書』卷9, 孝武帝紀, p.239, "(太元十七年) 十一月癸酉 以黃門郎殷仲堪爲都督荊益梁三州諸軍事荊州刺史"; 同書 卷84, 殷仲堪傳, p.2194, "帝以會稽王非社稷之臣 擢所親幸以爲藩捍 乃授仲堪都督荊益寧三州軍事振威將軍荊州刺史假節 鎭江陵".

6) 『晋書』卷64, 簡文三子附會稽文孝王道子傳, pp.1734~1735, "又道子旣爲皇太妃所愛……帝益不平 而逼於太妃 無所廢黜 乃出王恭爲兗州 殷仲堪爲荊州 王珣爲僕射 王雅爲太子少傅 以張王室 而潛制道子也 道子復委任王緒 由是朋黨競扇 友愛道盡 太妃每和解之 而道子不能改".

7) 『晋書』卷75, 王湛附國寶傳, pp.1970~1971, "國寶少無士操 不修廉隅……及道子輔政 以爲祕書丞 俄遷琅邪內史 領堂邑太守 加輔國將軍 入補侍中 遷中書令中領軍 與道子持威權 扇動內外". 註6) 및 제2부 1장 참조.

8) 『晋書』卷10, 安帝紀, p.267, "帝不惠 自少及長 口不能言 雖寒暑之變 無以辯也 凡所動止 皆非己出 故桓玄之篡 因此獲全".

9) 당시 王恭의 군사는 北府兵으로 짐작되는데, 北府兵은 『晋書』卷84, 劉牢之傳, p.2188에 "太元初 謝玄北鎭廣陵 時苻堅方盛 玄多募勁勇 牢之與東海何謙琅邪諸葛侃樂安高衡東平劉軌西河田洛及晉陵孫無終等以驍猛應選 玄以牢之爲參軍 領精銳爲前鋒 百戰百勝 號爲北府兵 敵人畏之 及堅將句難南侵 玄率何謙等距之 牢之破難輜重於盱眙 獲其運船 遷鷹揚將軍 廣陵相"이라 하여 謝玄이 廣陵에 鎭駐할 때 前秦 苻堅의 강성한 군사력에 대비하기 위해서 조직하였고, 劉牢之를 선봉으로 삼아 백전백승했던 강력한 군대였다. 그런데 劉牢之傳에는 "及王恭將討王國寶

從弟 왕서를 살해하여 왕공에게 사죄하였고, 왕공은 군사를 거두었다.[10] 그래서 사마도자의 심복은 연주자사 왕공에 의해서 숙청되고 왕공의 권위가 내외에 떨치게 되었다. 사마도자는 왕공의 권세가 날로 강성함에 두려움을 가지고 다시 譙王 司馬尙之와 더불어 모의하고, 王愉를 江州刺史로 임명하여 왕공에 대비하게 하고, 아들 司馬元顯에게 모든 권한을 위임하였다. 왕공은 융안 2년(398)에 사마상지의 토벌을 명목으로 형주자사 은중감, 廣州刺史 桓玄과 연합하여 군사를 일으켰으나 왕공이 신뢰했던 劉牢之가 사마원현에게 매수되었기 때문에 왕공은 敗死하고 말았다.[11]

왕공이 건강에서 참수 당하고 난 후에 그와 더불어 擧事를 도모했던 은중감을 비롯한 湖北지방의 大官들은 환현을 맹주로 삼아 사마원현 일파와 대립의 형세를 취했다. 이로부터 환현의 세력은 확고하였다. 동진의 조정에서는 환현을 강주자사, 은중감을 형주자사, 楊佺期를 雍州刺史로 삼았으나 융안 3년(399)에 환현은 은중감과 양전기를 살해하고[12] 江, 荊, 雍州에 걸친 3주를 차지하였다.

이러한 동진의 정치적 혼란에 편승해서 五斗米道의 신봉자 孫恩이 반란을 일으켰다.[13] 『진서』권100, 손은전에 기록된 내용을 간추려 보면 다음과

引牢之爲府司馬 領南彭城內史 加輔國將軍 恭使牢之討破王廞 以牢之領晉陵太守"라고 하여 劉牢之는 王恭이 王國寶를 토벌할 때 그 麾下의 府司馬로 참여하였다.

10) 『晉書』卷64, 簡文三子附會稽文孝王道子傳, p.1735, "安帝踐阼……帝旣冠 道子稽首歸政 王國寶始總國權 勢傾朝廷 王恭乃擧兵討之 道子懼 收國寶付廷尉 幷其從弟琅邪內史緒悉斬之 以謝於恭 恭卽罷兵".

11) 『晉書』卷99, 桓玄傳 ; 同書 卷84, 王恭傳 참조.

12) 『晉書』卷10, 安帝紀, p.252, "(隆安三年) 十二月 桓玄襲江陵 荊州刺史殷仲堪 南蠻校尉楊佺期並遇害".

13) 塚本善隆, 「南朝'元嘉治世'의 佛敎興隆について」『東洋史硏究』第22卷 第4號(京都, 1964), p.39에 의하면 東晉이래 강남의 생활에 있어서 종교의 비중은 극히 크고, 특히 건강을 중심으로 해서 揚州地方 일대는 귀신신앙이 뿌리를 내리고

같다.

　손은의 字는 靈秀이며 琅邪人으로 孫秀의 일족이다. 世世로 오두미도를 신봉하였다. 그의 숙부 孫泰는 字가 敬遠인데 錢唐의 杜子恭에게 師事하였다. 자공은 秘術을 가지고 있었는데……자공이 죽은 후에는 손태가 그 術을 전파하는데 교활한 꾀로 백성들을 유혹하였다. 어리석은 신자들은 그를 신과 같이 존경하고 재산과 자녀를 바쳐서 慶福을 기원하였다. 王珣이 사마도자에게 말해서 광주에 유배하도록 했다.……태자소부 왕아가 일찍이 손태와 친했는데 효무제에게 손태가 養生의 術을 알고 있다고 아뢰니 (효무제가) 그를 소환하였다. 사마도자가 徐州主簿로 삼으니 오직 道術로써 백성을 현혹시켰다. 輔國將軍, 新安太守에 임명되었다. 왕공의 반란에 임해서는 손태가 사사로이 義兵을 조직해서 千餘人을 이끌고 나라를 위해서 왕공을 토벌하였다.……손태는 천하의 兵亂을 보고는 동진의 쇠망이 도래했다고 해서 사사로이 徒衆을 규합하니 三吳의 많은 士庶가 그를 따랐다. 당시 동진 조정의 대신들은 손태의 반란을 두려워하고 있었지만 그가 사마원현과 交厚하고 있었기 때문에 모두 말하지 못하였다. 會稽內史 謝輶가 그의 謀反을 고발함에 따라 사마도자에게 살해되었다.

　(손태가 살해되자) 손은은 바다로 도망하였으나 (손태의) 신자들은 그의 죽음을 믿지 않고 모두들 말하기를 蟬蛻해서 仙人이 되었다고 하고 海中에 있는 (손은에게) 資産을 공급하였다. 손은은 망명한 무리 百餘人을 규합해서 복수의 뜻을 품고 있었다. 이때 吳會지방에서는 사마원현의 횡포로 인해서 백성들이 불안하니 손은은 그 소란을 틈타서 바다로부터 上虞를 공격해서 현령을 죽이고, 연이어 회계를 습격해서 內史 王凝之를 살해하였다. (中略) 畿內의 여러 縣 곳곳에서 봉기하니 조정에서는 두려워 내외에 경계를 엄중히 하고 衛將軍 謝琰, 鎭北將軍 劉牢之로 하여금 이를 토벌케

─────────────

성장하여 여러 가지 民間 神祠가 祈願의 장이 되었다. 따라서 禳災招福의 靈能을 가졌다고 하는 祈禱師나 呪術師가 사회에 활동하여 용이하게 인심을 사로잡았으며, 이러한 민간신앙을 기초로 해서 후한이래 발달해 왔던 민족종교-도교의 성행이 쉬운 지방이었다고 한다.

하여 여러 곳에서 싸우면서 나아갔다. 吳會지방은 오랫동안 평화로웠기 때문에 사람들은 싸움에 익숙해 있지 못하였고, 또한 무기가 갖추어져 있지 않았기 때문에 (반란군이) 이르는 곳마다 파괴가 극심하였다.[14]

동진에서 왕공의 내란으로 정국이 어지러워지자 천사도의 신봉자였던 손태가 도당을 규합해서 반란을 계획하다가 살해되었다. 그의 조카 손은은 손태의 무리를 거느리고 봉기하여 상우(浙江省 紹興縣)를 함락하고 회계를 습격하여 내사 왕응지를 살해하였다.[15] 동진의 조정에서는 사염과 유뢰지로 하여금 토벌하게 하였으나 쉽게 평정할 수가 없었다. 이러한 상황에서

---

14) "孫恩字靈秀 琅邪人 孫秀之族也 世奉五斗米道 恩叔父泰 字敬遠 師事錢唐杜子恭 而子恭有秘術……子恭死 泰傳其術 然浮狡有小才 誑誘百姓 愚者敬之如神 皆竭 財産 進子女 以祈福慶 王珣言於會稽王道子 流之於廣州……太子少傅王雅先與泰 善 言於孝武帝 以泰知養性之方 因召還 道子以爲徐州主簿 猶以道術眩惑士庶 稍 遷輔國將軍 新安太守 王恭之役 泰私合義兵 得數千人 爲國討恭……泰見天下兵 起 以爲晉祚將終 乃扇動百姓 私集徒衆 三吳士庶多從之 于時朝士皆懼泰爲亂 以 其與元顯交厚 咸莫敢言 會稽內史謝輶發其謀 道子誅之 恩逃于海 衆聞泰死 惑之 皆謂蟬蛻登仙 故就海中資給 恩聚合亡命得百餘人 志欲復讐 及元顯縱暴吳會 百 姓不安 恩因其騷動 自海攻上虞 殺縣令 因襲會稽 害內史王凝之 (中略) 畿內諸縣處 處蜂起 朝廷震懼 內外戒嚴 遣衛將軍謝琰鎭北將軍劉牢之討之 並轉鬪而前 吳會 承平日久 人不習戰 又無器械 故所在多被破亡".

15) 『晋書』卷10, 安帝紀 隆安三年條에는 "十一月甲寅 妖賊孫恩陷會稽 內史王凝之死 之"라고 하여 孫恩의 난으로 인하여 회계가 함락되고 당시 內史로 있었던 王凝之 가 죽음을 당하였다고만 기록하고 있다. 이에 비해서 『晋書』卷80, 王羲之附次子凝 之傳에 "王氏世事張氏五斗米道 凝之彌篤 孫恩之攻會稽 僚佐請爲之備 凝之不從 方入靖室請禱 出語諸將曰 吾已請大道 許鬼兵相助 賊自破矣 旣不設備 遂爲孫 恩所害"라 하고, 또 『世說新語』卷上之上, 言語篇註에 "王氏譜曰 凝之字叔平 右將軍羲之第二子也 歷江州刺史左將軍會稽內史 晉安帝紀曰 凝之事五斗米道 孫恩之攻會稽 凝之謂民吏曰 不須備防 吾已請大道 許遣鬼兵相助 賊自破矣 旣不 設備 遂爲恩所害"라 전하고 있다. 즉 王凝之는 五斗米道의 신봉자로서 孫恩의 叛軍이 회계를 공격하여 왔을 때 大道에게 祈請하여 鬼兵의 도움으로 적을 물리칠 수 있다고 하여 무력적인 방어에 임하지 않았기 때문에 화를 입었다는 구체적 행위를 언급하고 있다.

이 반란을 진압함으로써 동진의 새로운 권력자로 부상했던 인물이 氣銳의
무장 유유였다.

　유유는 彭城縣(江蘇省) 綏興里 사람으로서 한나라 高祖의 동생 楚元王
交의 후예였고, 조부는 東安太守, 父는 郡의 功曹를 역임하였다.[16] 그는
동진 哀帝 홍녕 원년(363)에 태어났고, 성장하면서 기골이 장대하였으며,
大志를 품고 있었으나 가정이 빈곤하여 廉隅를 다스리지 못하였다. 처음에
는 冠軍 孫無終의 司馬로 있다가 안제 융안 3년(399) 11월에 손은이 회계를
공략할 때 유뢰지의 參府軍事로 발탁되어 난의 진압에 가담하였다.[17]
융안 4년(400)~5년(401)에 걸쳐 句章(浙江省), 海鹽(浙江省 嘉興縣), 鬱洲
(江蘇省 灌雲縣), 滬瀆(江蘇省 上海縣)에서 손은의 亂軍을 크게 격파하면서
점차 두각을 나타내었다.[18]

　한편 유유의 활약에 의해서 손은의 난이 어느 정도 평정되자 동진의
조정에서는 형주자사 환현의 세력을 두려워해서 안제 元興 元年(402)에

---

16) 『宋書』卷1, 武帝紀上에 "高祖武皇帝諱裕 字德興 小名寄奴 彭城縣綏興里人 漢高
　　帝弟楚元王交之後也 交生紅懿侯富 富生宗正辟彊 辟彊生陽城繆侯德……旭孫生
　　混 始過江 居晉陵郡丹徒縣之京口里 官至武原令 混生東安太守靖 靖生郡功曹翹
　　是爲皇考"라고 하여 漢 高祖의 동생 楚元王 交에서 劉裕의 父 劉翹에 이르는
　　21대의 계보를 기록하면서 2人을 제외한 나머지 19人의 이름을 明記하고 있으며,
　　그 가운데는 太守를 역임한 인물도 4人이나 있다. 그런데 鎌田茂雄, 『中國佛敎史
　　(第3卷)』(東京大學出版會, 1984), p.85에서 "(宋)武帝(劉裕)는 貧寒한 寒門出身이었
　　음에도 불구하고 東晉末의 混亂期에 便乘해서 赫赫한 武勳을 세우고 軍族으로서
　　傑出했던 功績을 거두었다"고 하여 그를 寒門출신의 신분이었다고 한다.

17) 『宋書』卷1, 武帝紀上, pp.1~2, "高祖以晉哀帝興寧元年歲次癸亥三月壬寅夜生
　　及長 身長七尺六寸 風骨奇特 家貧 有大志 不治廉隅……初爲冠軍孫無終司馬 安
　　帝隆安三年十一月 妖賊孫恩作亂於會稽 晉朝衛將軍謝琰前將軍劉牢之東討 牢之
　　請高祖參府軍事 十二月 牢之至吳 而敵緣道屯結 牢之命高祖與數十人覘賊遠近
　　會遇賊至 衆數千人 高祖便進與戰 所將人多死 而戰意方厲 手奮長刀 所殺傷甚
　　衆……賊乃奔退 斬獲千餘人 推鋒而進 平山陰 恩遁還入海".

18) 『宋書』卷1, 武帝紀上, 隆安 4~5年條.

환현의 토벌에 나섰다. 驃騎將軍 사마원현을 總帥로 진북장군 유뢰지가 선봉으로 나아갈 때 유유도 참전하였다. 그런데 유뢰지가 溧州(安徽省 當塗縣)에서 다른 뜻을 가지고 환현에게 항복하자 환현은 순조롭게 京師에 들어와 사마원현을 살해하고 유뢰지의 병권을 해체하였다. 유뢰지는 다시 환현에게 대항하려 하였으나 부하의 호응을 얻지 못하여 스스로 縊死하고 말았다.[19] 사마원현을 제거하고 동진의 대권을 장악한 환현은 안제 원흥 2년(403) 12월에 제위를 찬탈하고 안제를 固平王으로 삼아 尋陽에 옮겨 놓았다.[20] 유유는 유뢰지가 환현의 압박을 받아 縊死하자 잠시 환현의 아래에 雌伏하고 있다가 원흥 3년(404)에 何無忌, 魏詠之, 劉毅 등 27인과 모의하여 스스로 맹주가 되고 환현의 토벌에 나섰다. 유유의 공격을 받은 환현은 안제를 데리고 江陵으로 가다가 崢嶸洲(湖北省 鄂城縣)에서 대패 하고 서쪽으로 달아나다 益州督護 馮遷에게 참수당하고 말았다.[21] 政敵 환현을 제거한 유유는 안제 義熙 元年(405)에 안제를 복위시킴으로써 동진 의 실권자로 부상하였다. 그리고 명실상부한 실력자로서 동진의 제위를 찬탈하기 위해서 대외적으로 두 차례에 걸쳐 북벌에 나섰다.

먼저 의희 5년(409)에 前燕의 慕容超가 화북을 침범하자 유유는 같은 해 4월에 북벌을 단행하여 의희 6년(410) 2월에 廣固(山東省 益都縣)를 함락하고, 모용초를 捕獲하여 건강에서 참수하였다.[22] 그런데 유유가 북벌

---

19) 同上, 元興元年條.

20) 同上, 元興二年條 ;『晋書』卷99, 桓玄傳.

21) 同上, 元興三年條.

22) 同上, pp.15～17, "(義熙四年)……初僞燕王鮮卑慕容德僭號於靑州 德死 兄子超襲 位 前後屢爲邊患 五年二月 大掠淮北 執陽平太守劉千載濟南太守趙元 驅略千餘 家 三月 公抗表北討 以丹陽尹孟昶監中軍留府事 四月 舟師發京都 泝淮入泗 五月 至下邳 (中略) 六年二月丁亥 屠廣固 超踰城走 征虜賊曹喬胥獲之 殺其王公以下 納口萬餘 馬二千疋 送超京師 斬于建康市".

에 임하고 있을 때 동진의 내부에서는 盧循의 반란이 일어났다. 노순은
손은의 매부로서 손은의 난에 가담하였고, 손은이 죽고 난 후에는 남은
무리들이 노순을 받들고 있었다. 그때에 동진의 조정에서 실권을 장악하고
있었던 환현은 동방을 무마하기 위해서 안제 원흥 원년(402)에 노순을
永嘉太守로 임명하였으나 그의 횡포가 끊이지 않자 유유가 이를 토벌하여
바다로 내쳤다.[23] 의희 원년(405)에 동진의 조정에서는 다시 노순을 광주자
사로, 그의 일당이었던 徐道覆을 始興相으로 임명하였다.[24] 의희 6년(410)
에 유유가 전연을 북벌하는 기회에 노순은 다시 반란을 일으켜 도읍을
위협하였다.[25] 이때 전연의 토벌에 나아가 있던 유유는 건강으로 돌아와서
의희 7년(411)에는 노순과 서도복을 죽이고 반란을 평정하였다.[26] 노순의
난이 평정되자 유유는 태위로 임명되어 동진의 실권을 장악하고 내부적인
음모와 政敵을 소멸한 후[27] 다시 북벌에 나서게 되었다.

---

23) 『宋書』卷1, 武帝紀上에 "(元興元年) 孫恩自奔敗之後 徒旅漸散 懼生見獲 乃於臨海
   投水死 餘衆推恩妹夫盧循爲主 桓玄欲且緝寧東土 以循爲永嘉太守 循雖受命 而
   寇暴不已 五月 玄復遣高祖東征 時循自臨海入東陽 二年正月 玄復遣高祖破循於
   東陽 循奔永嘉 復追破之 斬其大帥張士道 追討至于晉安 循浮海南走 六月 加高祖
   彭城內史"라 기록하고 있고, 『晉書』卷100, 盧循傳에도 이와 같은 내용이 보이고
   있다.
24) 『宋書』卷1, 武帝紀上, p.13, "(義熙元年) 盧循浮海破廣州 獲刺史吳隱之 卽以循爲廣
   州刺史 以其同黨徐道覆爲始興相".
25) 『宋書』卷1, 武帝紀上, pp.17~18, "(義熙六年) 公之北伐也 徐道覆仍有闚覦之志
   勸盧循乘虛而出 循不從 道覆乃至番禺說循曰 本住嶺外 豈以理極於此 正以劉公
   難與爲敵故也……循從之 乃率衆過領 是月寇南康廬陵豫章 諸郡守皆委任奔走".
26) 『宋書』卷2, 武帝紀中, p.27, "(義熙七年)二月 盧循至番禺 爲孫季高所破 收餘衆南走
   劉藩孟懷玉斬徐道覆于始興 晉自中興以來 治綱大弛 權門幷兼 强弱相凌 百姓流
   離 不得保其産業 桓玄頗欲釐改 竟不能行 公旣作輔 大示軌則 豪强肅然 遠近知
   禁……於是改授太尉中書監 乃受命……交州刺史杜慧度斬盧循 傳首京師".
27) 대표적인 예로는 『宋書』卷2, 武帝紀中에 "(義熙七年 二月) 征西將軍荊州刺史道規
   疾患求歸 八年四月 改授豫州刺史 以後將軍 豫州刺史劉毅代之 毅與公俱擧大義

　　동진 안제 의희 12년(416)에 後秦에서는 姚興이 죽고 姚泓이 즉위하였지
만 형제간의 알력으로 關中이 요란하자 유유는 이 기회를 이용하여 북벌에
나섰다.[28] 안제 의희 13년(417) 2월에 낙양에 진격하였고, 같은 해 9월에는
長安에 이르러 後秦主 요홍을 생포하여 건강으로 보내어 참수하게 되자[29]
후진은 멸망하고 말았다. 의희 13년 11월에 동진의 정무를 총괄하던 유유의
심복 前將軍 劉穆之가 죽자 유유는 같은 해 12월에 건강으로 돌아왔고,
관중에는 유유의 아들 桂陽公 義眞과 심복의 부장들(王鎭惡, 檀道濟, 沈田
子)을 머물게 하였다.[30] 의희 14년(418) 12월에 동진의 조정에서는 안제가
37세의 나이로 죽고 그의 동생이었던 琅邪王 德文이 계위하여 공제가 되
었으나, 공제는 원희 2년(420)에 유유에게 선양하였다.[31] 공제의 선양을

　　興復晉室 自謂京城廣陵 功業足以相抗 雖權事推公 而心不服也 (中略) 十月 鎭惡剋
　　江陵 毅及黨與皆伏誅"라 하여 桓玄의 토벌에 동참하였던 劉毅와 그 일당을 토벌
　　하였고, 또 同書, 義熙九年 七月條에 "朱齡石平蜀 斬僞蜀王譙縱 傳首京師"라
　　하여 蜀王 譙縱을 죽이고 成都일대의 안정을 되찾았다.

28) 『宋書』卷2, 武帝紀中 義熙十二年條에 "(三月) 初公平齊 仍有定關洛之意 値盧循侵
　　逼 故其事不諧 荊楚旣平 方謀外略 會羌主姚興死 子泓立 兄弟相殺 關中擾亂 公乃
　　戒嚴北討 加領征西將軍司豫二州刺史 以世子爲徐兗二州刺史……八月丁巳 率大
　　衆發京師 以世子爲中軍將軍 監太尉留府事 尙書右僕射劉穆之爲左僕射 領監軍
　　中軍二府軍司 入居東府 總攝內外"라고 기록하고 있으며, 『建康實錄』卷11, 高祖
　　武皇帝 義熙十二年條에도 "三月僞秦姚興死 子泓新立 兄弟相殺 關中擾亂 乃言於
　　天子 戒嚴北伐"이라 전하고 있다.

29) 『宋書』卷2, 武帝紀中, p.42, "(義熙十三年) 二月冠軍將軍檀道濟等次潼關 三月庚辰
　　大軍入河 索虜步騎十萬 營據河津 公命諸軍濟河擊破之 公至洛陽 七月 至陝城
　　龍驤將軍王鎭惡伐木爲舟 自河浮渭 八月 扶風太守沈田子大破姚泓於藍田 王鎭
　　惡剋長安 生擒泓 九月 公至長安 長安豐全 帑藏盈積 公先收其彝器渾儀土圭之屬
　　獻于京師 其餘珍寶珠玉 以班賜將帥 執送姚泓 斬于建康市".

30) 『宋書』卷2, 武帝紀中, pp.43~44, "(義熙十三年) 十一月 前將軍劉穆之卒 以左司馬
　　徐羨之代掌留任……公欲息駕長安 經略趙魏 會穆之卒 乃歸 十二月庚子 發自長
　　安 以桂陽公義眞爲安西將軍雍州刺史 留腹心將佐以輔之 閏月 公自洛入河 開汴
　　渠以歸".

받은 유유는 永初 元年(420) 6월에 황제의 위에 올라 동진에 대신해서 宋朝를 창건하였다.

이상에서 동진 말의 정치적 상황과 유유라는 인물에 관해서 살펴보았다. 유유는 일찍이 손무종의 사마로 발탁된 이래 무장으로서 두각을 나타내면서 손은의 난, 노순의 난을 평정하고, 환현의 전횡을 막아 내정의 안정을 도모하였다. 그리고는 두 차례에 걸친 북벌의 성공은 명실상부한 동진의 실권자로서의 위상을 확립하여 마침내는 그가 지향하던 정치적 목적을 달성하게 되었다. 이렇게 볼 때 유유가 송조를 건립하고 황제로 즉위하기까지 그의 모든 생애는 거의 陣中에서 보냈다 할 수 있다. 여기서 첨언해 두고자 하는 바는 천사도교의 반란이었던 손은의 난이나 노순의 난을 평정한 유유에 대해서 불교 측의 입장에서는 대단한 호의를 가졌을 것이다. 그러나 유유의 입장에서는 자신의 신앙과 결부된 종교적 입장에서 천사도교의 반란을 평정한 것은 아니고, 어디까지나 무장으로서 자신의 지위를 확보하기 위해서 반정부적인 반란을 평정하였던 것이다. 그런데 이러한 무장과 불교와의 관계가 불교 측 사료에서 散見할 수 있음은 남조불교가 가졌던 정치적 성격의 일면을 엿볼 수 있게 한다.

3. 劉裕와 沙門의 관계

『宋書』武帝紀에서는 유유가 불교의 敎義에 관심을 가졌다거나 불교신앙을 갖추고 있었다는 기록은 전혀 발견할 수가 없다. 그런데 불교 측의 사료에 의하면 유유와 사문과의 관계에 관한 내용이 散見되고 있다. 우선

---

31) 『晋書』卷10, 安帝紀 義熙十四年 十二月條 ; 同 恭帝紀 元熙二年 六月條 ; 『宋書』
　　卷2, 武帝紀中 元熙二年 六月條 참조.

『고승전』권2, 佛馱跋陀羅傳의 기록에 다음과 같은 내용이 보이고 있다.

　　때에 陳郡의 袁豹는 송의 무제가 太尉로 있을 적에 그의 長史로 있으면서
송의 무제가 남쪽으로 劉毅를 토벌할 때 수행하여 강릉에 머물러 있었다.
(覺)賢이 제자 慧觀을 거느리고 원표에게 나아가서 걸식을 하였다. 원표는
본래 (불교를) 敬信하지 않았기 때문에 대우를 심히 박하게 하였다. (각현)이
배불리 먹지 못하고 물러나려고 하니 원표가 "족하지 않는 것 같으니
조금 더 머물러 주시지요"라고 말하였다. 각현은 "檀越께서는 베푸는 마음
에 한계가 있는 까닭에 베푼 음식이 이미 다 되었습니다"라고 말하였다.
원표가 좌우에 명하여 음식을 더 가져오게 하였으나 음식이 이미 바닥이
나서 원표가 크게 부끄러워하였다. 혜관에게 "이 사문은 어떠한 사람인가?"
라고 물으니, 혜관은 "너그럽고 어진 도량이 멀리 미쳐서 헤아릴 수 없는
바입니다"라고 말하였다. 원표가 그 기이함에 깊이 감탄하여 태위에게
고하니, 태위가 청하여 相見하고는 심히 숭앙하고 존경하여 필요한 물자를
갖추어 공급하였다. 얼마 뒤에 태위가 도읍으로 돌아갈 때 청하여 함께
돌아가서 道場寺에 머무르게 하였다.[32]

　　사문 불타발타라는 중국에서 각현이라고 하였는데 迦維羅衛 사람으로
서 甘露飯王의 후예였다. 前秦의 사문 智嚴의 요청으로 관중에 이르렀으
며,[33] 한 때 後秦 姚興의 존경을 받았다. 그러나 그는 당시 후진의 사문들과

---

32) 『大正藏』第50卷, 佛馱跋陀羅傳, p.335b, "時陳郡袁豹爲宋武帝太尉長史 宋武南討
劉毅豹隨府居于江陵 賢將弟子慧觀詣豹乞食 豹素不敬信 待之甚薄 未飽辭退 豹
曰 似未足 且復少留 賢曰 檀越施心有限 故令所設已罄 豹卽呼左右益飯 飯果盡
豹大慚愧 旣而問慧觀曰 此沙門何如人 觀曰 德量高遠 非凡所測 豹深歎異 以啓太
尉 太尉請與相見 甚崇敬之 資供備至 俄而太尉還都 請與俱歸 安止道場寺".

33) 『高僧傳』卷3(『大正藏』第50卷), 智嚴傳, pp.339a～339b, "釋智嚴 西涼州人 弱冠出
家 便以精勤著名 納衣宴坐蔬食永歲 每以本域丘墟 志欲博事名師廣求經詁 遂周
流西國進到罽賓 入摩天陀羅精舍……時有佛馱跋陀羅比丘 亦是彼國禪匠 嚴乃要
請東歸 欲傳法中土 跋陀嘉其懇至 遂共東行 於是蹑沙越險達自關中".

화합하지 못하여 제자 혜관과 함께 廬山의 慧遠에게 가서 1년 간 머물다가
강릉으로 내려왔다.[34] 그런데 강릉으로 내려왔던 각현이 제자 혜관과 함께
유의의 토벌에 종군했던 원표의 진영에 나아가서 걸식하고, 마침내 원표의
소개로 유유의 존경을 받게 되었던 이유는 무엇이었을까? 이를 규명하기
위해서는 우선 각현의 제자였던 혜관의 행적을 고찰할 필요가 있다.

　『고승전』의 기록에 의하면 혜관은 淸河 崔氏였는데, 스무 살에 출가하여
사방을 유행하다가 만년에는 여산의 혜원에게 가서 자문을 구하였다. 그
후 鳩摩羅什이 관중에 들어왔다는 소식을 듣고 남쪽에서 북방으로 가서
新舊經典의 내용이 같고 다름을 상세히 고찰하였다.[35] 그런데 혜관은
관중에 갔을 때 각현을 만나 그 문하에 들어갔으며, 각현이 후진에서 쫓겨
나게 되자 그와 함께 다시 여산의 혜원에게 가서 잠시 머물다 강릉으로
내려 왔다. 일찍이 여산의 혜원에게 가서 자문을 구하였던 혜관은 동진의
정치적인 상황을 감지하고 있었기 때문에 각현을 데리고 유유의 부장
원표의 진영을 찾았을 것이다. 앞에서 언급한 바와 같이 유유는 의희 6년
(410)에 전연의 모용초를 정벌하고, 의희 7년(411)에는 노순의 난을 평정하
였으며, 의희 8년(412)에 劉毅의 토벌에 나섰지만 이때 유유는 이미 동진의
실권자로서의 지위를 확보하고 있었다. 일찍이 모국 인도를 떠나 중국에
왔던 각현이 한 곳에 머물러 교화에 전념할 기회를 가지지 못한 상황에서[36]
중국 본토 사문의 안내로 동진의 실권자와 결탁하기 위해서 그 隸下의
진영을 찾아갔던 것은 쉽게 이해할 수 있겠다. 위 인용문 가운데 원표가

---

34) 『高僧傳』 卷2, 佛馱跋陀羅傳 참조.
35) 『高僧傳』 卷7, 釋慧觀傳, p.368b, "釋慧觀 姓崔 淸河人 十歲便以博見馳名 弱年出家
　　遊方受業 晚適廬山又諮稟慧遠 聞什公入關 乃自南徂北 訪覈異同詳辯新舊".
36) 『高僧傳』 卷2, 佛馱跋陀羅傳에 "賢志在遊化居無求安 停止歲許 復西適江陵"이라
　　고 하였으나 사실은 그가 머물러 교화할 일정한 거처를 마련하지 못한 상황을
　　말하는 것으로 보인다.

각현에게 베푼 음식의 多寡에 관한 내용은 사실대로 믿기 어렵다 하더라도
혜관이 각현을 원표에게 소개하고 원표가 각현을 유유와 상견하게 한
것은 사실인 듯하다.

또 『고승전』권7, 혜관전에는 "송의 무제가 남쪽으로 (司馬)休之를 토벌
하기 위해서 강릉에 이르렀을 때 혜관과 서로 만났는데 유유가 마음을
기울여 의연히 대접하니 옛 친구와 같았다. 이어서 勅命으로 西中郎과
교유하게 하였는데 이가 곧 문제이다. 얼마 후에 경사에 돌아와서 도장사에
머물렀다"[37]고 하는 기사가 보인다. 유유가 사마휴지를 토벌하기 위해서
강릉에 머물렀던 것이 의희 11년(415)이었다.[38] 그렇다면 사문 혜관은
의희 8년에 유유가 유의를 토벌할 때 각현을 데리고 강릉 원표의 진중에
갔다가 유유를 만났고, 또 의희 11년에 사마휴지를 토벌할 때 강릉으로
가서 다시 유유를 만났다는 이야기가 된다. 이는 유유가 혜관을 만났을
때 옛 친구와 같았다는 기록으로서도 입증될 수 있는 사실이라 하겠다.

이상의 내용을 고려해 본다면 결국 각현과 혜관이 유유를 찾았던 이유는
동진의 정치적인 권력과 결탁함으로써 최고 권력자의 비호 아래 사문으로
서의 입지를 확립하고, 나아가서는 弘敎활동의 자유를 확립하고자 했던
것이다. 한편 유유의 입장에서는 동진의 실권을 장악하면서 천자의 꿈을
실현하기 위해 政敵을 토벌하는 과정에서 자신의 입장을 이해하고 찾아온
명승을 존경하고 경사에 마련된 사원(도장사)에 안주하게 했던 것이다.
더욱이 유유는 천사도를 신봉하면서 동진 왕조에 반기를 들었던 손은의
난과 노순의 난을 평정함으로써 불교 측으로부터 지지를 얻고 있었기
때문에 불교도나 사문에 대한 호의를 가지게 되었던 것은 당연하다 하겠다.

---

37) 『高僧傳』卷7, 釋慧觀傳, p.368b, "宋武南伐休之至江陵與觀相遇 傾心待接 依然若
舊 因勅與西中郎遊 卽文帝也 俄而還京 止道場寺".

38) 『宋書』卷2, 武帝紀中 義熙十一年 正月~四月條 참조.

다음으로 유유와 사문과의 관계에 관한 사료로는 『고승전』 권7, 慧義傳에 아래의 기록이 보이고 있다.

사문 혜의의 성은 梁氏이며 北地의 사람이다. 젊어서 출가하였는데 풍모가 뛰어나고 志業이 강하고 방정하였다. 처음에 彭宋之間에 유학하면서 경전의 뜻에 통달하였는데 후에 경사에 나와서 곧 말하기를, "冀州에 法稱道人이 있었는데 임종 때 그의 제자 普嚴에게 말하기를 '嵩山의 靈神이 말하기를 江東에 劉將軍이 있는데 마땅히 천명을 받을 것이다. 나는 32개의 보석과 금화병 하나로 信標로 삼겠다'고 하였다." (이 말이) 마침내 宋王에게 알려지니, 송왕이 혜의에게 "비상한 祥瑞는 또한 모름지기 비상한 사람이 있은 연후에야 이루어지니 만약 법사께서 스스로 그곳에 가지 않으면 (그 보물)을 얻지 못할까 두렵습니다"라고 말하였다. 혜의가 마침내 遂行하기로 하고 진 의희 13년 7월에 崇高山에 가서 찾아보았지만 얻지 못하였다. 지극한 마음으로 향을 사르고 도를 수행한 지 7일이 되던 날 밤 꿈에 수염이 긴 한 노인을 만났는데 지팡이를 짚고 혜의를 데리고는 구슬이 있는 곳으로 가서 가리키면서 "이 바위 아래다"라고 말하였다. 혜의가 다음날 산중을 두루 다니다가 한 곳을 보았는데 분명히 꿈에 본 것과 같았다. 곧 廟所의 石壇 아래에서 크고 작은 구슬 32매와 금화병 하나를 얻었는데, 이 상서는 『宋史』에 상세하게 기록되어 있다. 혜의는 후에 경사에 돌아와서 송 무제의 중한 대접을 받고 황제의 자리에 오르자 예우가 더욱 깊었다.[39]

---

39) 『高僧傳』 卷7(『大正藏』 第50卷), 慧義傳, p.368c, "釋慧義 姓梁 北地人 少出家 風格秀擧 志業强正 初遊學於彭宋之間 備通經義 後出京師 逎說云 冀州有法稱道人 臨終語弟子普嚴云 嵩高靈神云 江東有劉將軍 應受天命 吾以三十二璧鎭金一鉼爲信 遂徹宋王 宋王謂義曰 非常之瑞 亦須非常之人 然後致之 若非法師自行 恐無以獲也 義遂行 以晉義熙十三年七月 往嵩高山 尋覓未得 便至心燒香行道 至七日夜 夢見一長鬚老公 拄杖將義往璧處 指示云 是此石下 義明便周行山中 見一處 炳然如夢所見 卽於廟所石壇下 果得璧大小三十二枚黃金一鉼 此瑞詳之宋史 義後還京師 宋武加接尤重 迄乎踐祚禮遇彌深".

위 인용문과 유사한 내용은『建康實錄』권11, 宋高祖武皇帝,『송서』
권27, 符瑞上,「西征記」(『太平御覽』권806), 孫儼의『송서』(『初學記』권5
所引)에도 보이고 있다.[40] 그런데 이 설화는 유유가 천자의 자리에 오르는
것이 당연하다는 천명의 예언이다. 그렇다면 이 예언을 누가, 무엇 때문에
만들었던가 라는 의문에 봉착하게 된다. 이에 관해서는 우선 사문 혜의의
행적에 관해서 살펴 볼 필요가 있겠다.『고승전』권7, 그의 傳에 의하면,
그는 본래 北地 사람이었는데 젊어서 출가하여 사문이 되었다. 처음에는
彭城 일대를 유학하면서 불교의 교의를 익히다가 그 후에 동진의 도읍
건강으로 갔다. 혜의가 건강에 간 구체적인 시기는 알 수 없으나 이후
그의 행적을 살펴보면 아마도 그의 나이 30대 초·중반이었던 것으로
추측된다.[41] 그런데 이 30대의 사문은 경사에 오자마자 유유가 천명을
빌려서 황제의 位에 즉위한다는 예언을 유포하였고, 이 이야기를 결국은
유유에게 전해지도록 하였다. 이 예언은 기주지방에 있던 사문 法稱이

---

40) 이러한 사료에 나타나는 전체적인 내용은『高僧傳』과 유사하나 차이점을 보이고
있는 부분도 있다. 이를테면,『高僧傳』에 보이는 沙門 "慧義"가『宋書』符瑞志와
孫儼의『宋書』에서는 "法義"로,「西征記」에는 "惠義"로 기록되어 있으며, 또
『高僧傳』의 "三十二璧"이「西征記」에는 "四十二璧"으로 표기되어 있다. 그리고
『高僧傳』에는 三十二璧을 얻었던 해가 義熙 13년(417)으로 되어 있으나,『建康實
錄』에는 義熙 14년(418)으로 되어 있다. 그런데 필자는 沙門 "慧義", "惠義", "法義"
를 塚本善隆, 前揭論文, p.42에서 "法"과 "慧"는 僧名에 있어서는 종종 혼용하고
있다는 견해에 따라 동일인으로 보고 있으며,「西征記」의 "四十二璧"은 구체적으
로 고증할 수는 없으나 아마도 誤記인 것으로 보인다. 그리고 三十二璧을 얻었던
해가 義熙 13년이었다는 사실은 본문에서 밝힐 것이다.

41)『高僧傳』卷7, 慧義傳, p.369a에 "宋元嘉二十一年 終於烏衣寺 春秋七十三矣"라고
하여 慧義는 宋 文帝 元嘉二十一(444)년에 73세의 나이로 烏衣寺에서 죽었다.
이를 역산하여 보면 그가 출생한 해는 東晉 簡文帝 咸安 2年(372)이다. 그런데
註39)의 인용문 가운데 慧義가 崇高山에 가서 32매의 구슬과 금화병 하나를
얻은 해가 東晉 安帝 義熙 13년(417)이다. 그렇다면 그는 적어도 義熙 13년 이전에
건강에 왔기 때문에 그의 나이 36세 이전에 건강으로 내려 왔다고 볼 수 있다.

꾸며낸 설화라기보다는 오히려 혜의가 법칭 도인의 이름을 빌려서 만들어
낸 불교적 상서인 것 같다. 혜의가 북방에서 남쪽으로 내려온 구체적인
이유는 詳考할 길이 없으나, 그가 북방에 있으면서 남방 동진의 사정을
窺知하고서는 남방의 실권자와 결탁해서 자신의 입지나 활동의 기반을
확립하기 위해서 이 예언을 들고 유유를 찾아왔던 것이다. 한편 유유는
환현을 토벌하고 동진 내정의 실권자가 되면서[42] 북벌을 통해서 명실상부
한 권력자가 되어 왕위 찬탈을 계획하고 있었다. 이러한 때에 불교적 상서
를 유포하여 자신의 입지를 강화시켜 준 사문을 이용해서 불교도의 민심을
얻고자 했던 것은 쉽게 수긍할 수 있다. 그래서 결국 사문 혜의는 종교적
의도를 가지고 새로운 왕조를 창건할 유유에게 접근을 도모하였던 것이고,
유유는 그의 정치적 욕망을 달성하기 위해서 사문 혜의와 결탁하게 되었던
것이라 하겠다. 이 점은 이후 예언이 실행되는 과정을 밝혀 봄으로써 더욱
명확하게 밝혀질 것이다.

혜의가 숭고산에 가서 天授의 金璧을 얻게 된 것이 동진 안제 의희
13년(417) 7월이었는데, 이 해는 유유가 후진 요홍의 토벌을 위해 북벌에
나아갔던 해였다. 즉 유유는 이 해에 팽성을 출발해서 泗水, 四瀆口(山東省
埸淸縣 서남쪽)를 거쳐 같은 해 3월에는 낙양에 들어갔다. 같은 해 9월에는
장안에 들어갔지만 유유의 군대는 장안 입성에 앞서 잠시 栢谷(河南省
靈寶縣 서남쪽)에 머물렀다.[43] 이때 유유는 혜의로 하여금 선양혁명을
예언한 神授의 금벽을 구해 오도록 하였다. 이 사실을『태평어람』권806에

---

42)『宋書』卷2, 武帝中 元熙二年 六月條에 東晋의 恭帝가 선양의 칙명을 내렸을
   때, "詔草旣成 送呈天子使書之 天子卽便操筆 謂左右曰 桓玄之時 天命已改 重爲
   劉公所延 將二十載 今日之事 本所甘心"이라고 한 것을 보면 劉裕가 桓玄을 토벌
   한 시점에 이미 東晋 왕조의 찬탈과 선양은 기정사실화 되었다고 할 수 있겠다.
43)『宋書』卷2, 武帝紀中 義熙十三年條. 森鹿三,「劉裕の北伐西征とその從軍紀行」
  『東洋史硏究』第3卷 第1號(京都, 1937), pp.28~39 참조.

인용된 戴延之의 「서정기」에 다음과 같이 전하고 있다.

　　宋公(유유)이 王智와 상의하여 먼저 백곡에 머물렀는데, (王智가) 道人
　惠義(慧義)를 말에 태워 (숭고산)에 보내면서 금벽의 (祥)瑞가 있다고 하니
　公은 (그대를) 보내어 맞이하여 취하고자 한다고 말하였다. 군대가 崤東에
　머무르고 있을 때 금벽이 도착함으로 壇을 깨끗하게 만들어 이를 받들었
　다.44)

　　유유는 북벌 도중에 왕지45)와 의논해서 혜의가 퍼뜨린 천명의 예언을
실행함으로써 자신이 천자로 즉위할 수 있다는 증거를 마련해 두고자
하였다. 이에 혜의는 숭고산에 들어가서 정성을 다하여 얻은 금벽을 백곡에
서 효동으로 이동했던 유유에게 가져갔고, 유유는 제단을 만들어서 천명을
받드는 의례를 행하였다. 이제 혜의는 자신의 예언을 입증해 보임으로써
유유의 두터운 신임을 얻었던 것이다. 그런데 유유의 장안 원정에는 혜의
외에 慧嚴이라고 하는 사문도 종군하였다는 기록이 보이고 있다.『고승전』
권7, 혜엄전에 아래와 같은 내용을 전하고 있다.

　　사문 혜엄의 姓은 范氏이고 豫州사람이다. 12살에 儒生이 되어서 詩,
　書를 널리 깨달았다. 16세에 출가하였다.……(그 후에) 구마라집이 관중에
　있다는 소식을 듣고, 다시 (그를) 쫓아서 受學하였다.……후에 경사로 돌아

---

44) "宋公諮議王智 先停栢谷 遣騎送道人惠義疏曰 有金璧之瑞 公遣迎取 軍次于崤東
　　金璧至 脩壇拜受之".
45)『宋書』卷8, 王景文傳에 "王景文 琅邪臨沂人也……伯父智 少簡貴 有高名 高祖甚
　　重之……爲太尉諮議參軍 從征長安 留爲桂陽公義眞安西將軍司馬 天水太守 還爲
　　宋國五兵尙書 晉陵太守"라고 하여 王智는 劉裕의 신임을 받아서 太尉諮議參軍으
　　로 長安遠征에 종군하였으며, 돌아와서는 五兵尙書, 晉陵太守에 임명되었던 사람
　　이다.

와서 東安寺에 머물렀는데 宋의 高祖가 평소에 알아주고 존중하였다. 고조가 뒤에 장안을 정벌함에 동행하기를 요구하니, 혜엄은 "檀越의 이번 행차는 죄를 토벌하여 백성을 구하는 데 있다고 하여도 빈도는 그러한 일 밖에 있는 사람임으로 감히 명을 따를 수가 없습니다"라고 말하였다. (그러나) 帝가 간곡하게 요구하자 마침내 동행하였다.[46)]

예주 출신으로 구마라집의 隸下에서 受學하였던 사문 혜엄이 동진의 도읍 건강으로 왔던 구체적인 이유는 언급하지 않고 있다. 그러나 추측해보면 아마도 북방의 사정이 여의치 못하여 동진의 권력자 유유를 찾아와서 동안사라는 사원에 駐錫하고 있으면서 정치권력과 결탁하여 유유의 귀한 대우를 받았던 것으로 생각된다. 동안사는 동진 애제의 요청을 받아들였던 사문 支遁이 회계로부터 이곳에 와서『道行般若經』을 강론했던 장소였다.[47)] 그리고 앞에서 언급한 사문 혜의도 이곳에서 혜엄과 함께 거주하였으며, 당시 조정이나 귀족과 깊은 관계를 가졌던 사문들이 모여 있었던 동진 건강 불교계의 유력한 사원이었다.[48)] 사문 혜엄이 권력자 유유와 결탁하고 있었다고 하는 사실은 유유의 장안 정벌에 동행했던 사실로 미루어 볼 때 더욱 명확하다. 유유가 장안 원정에 동행을 요구했을 때 혜엄이 이에 응할 수 없다고 거절한 것은 출가한 사문의 신분으로서 군사적 정벌에 동행할 수 없다는 불교의 계율을 말한 것이다. 그러나 끝내 유유의 요구를

---

46)『高僧傳』卷7(『大正藏』第50卷), 慧嚴傳, p.367b, "釋慧嚴 姓范 豫州人 年十二爲諸生 博曉詩書 十六出家……聞什公在關復從受學 訪正音義多所異聞 後還京師止東安 寺 宋高祖素所知重 高祖後伐長安 要與同行 嚴曰 檀越此行雖伐罪弔民 貧道事外 之人 不敢聞命 帝苦要之 遂行".

47)『高僧傳』卷4, 支道林傳, pp.348c~349a, "至晉哀帝卽位 頻遣兩使徵請出都 止東安 寺講道行波若 白黑欽崇朝野悅服".

48)『宋書』卷97, 夷蠻傳, pp.2391~2392, "又有慧嚴慧議道人 並住東安寺 學行精整 爲道俗所推 時鬥場寺多禪僧 京師爲之語曰 鬥場禪師屈 東安談義林".

수용하였던 것은 혜엄이 혜의와 함께 동안사에 머물면서 유유의 혁명에
이미 가담하고 있었음을 의미하는 것이다. 이를테면 사문 혜엄은 유유가
새로운 왕조의 천자로 즉위하리라는 예측에 따라 원정의 종군도 마다하지
않았던 것이다. 그리고 유유의 입장에서는 자기의 측근에 접근해 오는
사문을 최대한 이용하고자 하였기 때문에 이들의 결합은 쉽게 이루어졌던
것으로 보인다.

다음에는 유유가 장안에 입성해서 알게 되었던 사문 僧導와의 관계에
대해서 알아보기로 하겠다.

동진 안제 의희 13년 8월에 유유의 장안 원정으로 後秦은 평정되고,
동년 9월에 유유가 장안에 입성해서 요홍을 건강으로 보내어 참수하게
했던 사실은 이미 언급한 바와 같다. 그런데 유유가 장안에 갔을 때 사문
승도를 만났던 사정을『고승전』권7, 승도전에 다음과 같이 전하고 있다.

> 후에 宋의 고조(유유)가 서쪽 장안을 정벌하고 僞主(요홍)을 사로잡아
> 關內를 蕩淸하였다. (유유는) 이미 평소에 자자하게 승도의 명성을 듣고
> 있었으므로 곧 요청하여 相見하였다. 승도에게 "서로 멀리서 바라본 지가
> 오래인데 어찌해서 殊俗(불교계)에 지체하고 있습니까?"라고 말하였다.
> (승도가) "明公께서 九有를 소탕하여 말발굽 소리가 河洛을 울리게 될
> 것이니, 이때에 서로 만나는 것이 또한 좋지 않겠습니까"라고 대답하였
> 다.49)

승도는 京兆 사람으로서 10세에 출가하여 사문이 되었다. 한때는 후진
요홍의 崇仰을 받아서 궁중의 출입이 자유로웠고, 구마라집이 경론을

---

49)『高僧傳』卷7(『大正藏』第50卷), 僧導傳, p.371b, "後宋高祖西伐長安 擒獲僞主
蕩淸關內 既素籍導名 迺要與相見 謂導曰 相望久矣 何其流滯殊俗 答曰 明公盪一
九有 鳴鑾河洛 此時相見 不亦善乎".

번역할 때 그 일에도 깊이 참여했던 사문이었다.[50] 요흥의 지배 아래 장안
불교는 극성을 맞았다.[51] 그러기에 유유에게는 후진의 멸망 직후 장안의
인심을 수습하고 안정시키기 위해서는 불교계의 지도자였던 승도의 협력
이 필요하였을 것이다. 위 인용문 가운데 유유가 승도를 만나게 된 것은
평소에 승도의 명성을 듣고 있었기 때문에 그를 상견한 것으로 되어있다.
그런데 유유에게 종군한 혜엄은 구마라집에게 수학하였고, 장안의 사문
승도는 구마라집과 더불어 역경에 종사하였다. 이를 좀 더 구체적으로
살펴보면, 구마라집은 후진 弘始 3년(401) 12월에 장안에 와서 홍시 11년
(409) 8월에 장안에서 죽었다.[52] 그러므로 그가 중국에서 활동했던 기간은
7년 9개월이었고, 이 기간 안에 혜엄은 그에게 수학하였고, 승도는 그와
더불어 역경사업을 하였다. 그래서 혜엄과 승도는 이미 舊知의 사이였으므
로 혜엄이 장안 불교계의 지도자였던 승도를 유유에게 추천했던 것으로
보인다. 이렇게 해서 장안 불교계의 學匠이었던 승도를 얻게 된 유유는
승도로 하여금 殊俗, 즉 불교계에서 벗어나 자신을 도와 줄 것을 요청하였
다. 그러나 승도는 이를 사양하고 유유가 천하를 통일한 연후에 다시 만날

---

50) 『高僧傳』卷7, 僧導傳, p.371a, "釋僧導 京兆人 十歲出家從師受業……姚興欽其德
業 友而愛焉 入寺相造 廼同輦還宮 及什公譯出經論 並參議詳定".

51) 『晉書』卷117, 姚興上, pp.2984~2985, "興如逍遙園 引諸沙門于澄玄堂聽鳩摩羅什
演說佛經……興既託意於佛道 公卿已下莫不欽附 沙門自遠而至者五千餘人 起浮
圖于永貴里 立波若臺于中宮 沙門坐禪者恒有千數 州郡化之 事佛者十室而九矣".

52) 『高僧傳』卷2, 鳩摩羅什傳, pp.332a~333a에 "興弘始三年三月 有樹連理生于廣庭
逍遙園葱變爲茝 以爲美瑞 謂智人應入 至五月興遣隴西公碩德 西伐呂隆 隆軍大
破 至九月隆上表歸降 方得迎什入關 以其年十二月二十日至于長安 興待以國師
之禮 (中略) 以僞秦弘始十一年八月二十日 卒于長安 是歲晉義熙五年也 即於逍遙
園依外國法以火焚屍……然什死年月諸記不同 或云弘始七年 或云八年 或云十一
年 尋七與十一字或訛誤"라고 하였다. 그가 죽은 해에 관해서는 여러 견해가
있다고 하였으나 필자는 그의 중국 滯在기간을 가장 길게 잡을 수 있는 弘始
11년으로 보았다.

것을 약속했던 것이었다.

장안을 원정했던 유유는 심복의 부하 劉穆之가 죽자 건강으로 돌아오면서 아들 桂陽公 劉義眞을 장안에 머무르게 하고,[53] 뒷일을 승도에게 부탁하였다. 그 후 赫連勃勃이 장안을 습격하여 유의진이 위기에 처하게 되었을 때 승도가 수백의 문하를 거느리고 의진을 구원하였다. 유유는 승도의 도움에 감사하여 그가 壽春에 왔을 때 그곳에 東山寺를 건립하고 이곳에 駐錫하게 하였다.[54] 혁련발발의 장안 침입 후 장안불교가 毁滅의 위기에 처하게 되자 수많은 僧徒들이 僧導가 거주하던 동산사에 들어옴으로써[55] 장안에 있던 구마라집계 불교도가 유유의 아래에 집단 이주하게 되었다.

이상에서 언급한 내용을 보면 유유와 사문과의 관계는 정책적인 문제와 깊이 연관되어 있음을 알 수 있었다. 먼저 사문의 입장에서는 당시 최고의 권력자 유유와 제휴함으로써 자신의 입지를 강화하고, 나아가 자유로운 弘敎 활동을 확립하고자 했던 것이다. 한편 유유의 입장에서는 동진의 실권을 장악하면서 천자의 꿈을 실현하기 위한 政敵을 토벌하는 과정에서 자신의 입장을 이해하고 찾아온 명승을 존경함으로써 불교 측으로부터 지지를 얻고 불교도의 민심을 얻고자 했던 것이다. 그래서 그는 자신을

---

53) 『宋書』卷61, 武三王傳에 "廬陵孝獻王義眞 美儀貌 神情秀徹 初封桂陽縣公 食邑千戶 年十二 從北征大軍進長安 留守栢谷塢……"라고 하여 劉義眞은 12세에 北伐에 從軍하였다. 그리고 劉裕가 義熙 13년 12월에 長安에서 建康으로 돌아올 때 아들 義眞을 그곳에 머무르게 하였던 것은 앞에서 언급한 바와 같다.

54) 『高僧傳』卷7(『大正藏』第50卷), 僧導傳, p.371b, "高祖旋旆東歸 留子桂陽公義眞鎭關中 臨別謂導曰 兒年小留鎭 願法師時能顧懷 義眞後爲西虜勃勃赫連所逼 出自關南 中途擾敗 醜虜乘凶追騎將及 導率弟子數百人 遏於中路 謂追騎曰 劉公以此子見託貧道 今當以死送之 會不可得 不煩相追 群寇駭其神氣 遂廻鋒而反 義眞走竄于草 會其中兵段宏 卒以獲免 蓋由導之力也 高祖感之 因令子姪內外師焉 後立寺於壽春 卽東山寺也 常講說經論 受業千有餘人".

55) 同上, p.371b, "會虜滅佛法 沙門避難投之者 數百 悉給衣食 其有死於虜者 皆設會行香 爲之流涕哀慟".

찾아온 사문을 이용할 대로 이용하고 그들에 대한 예우도 잊지 않았던 것이었다.

이제 유유의 僧尼統制라는 문제를 고찰해 봄으로써 유유와 불교의 관계는 신앙적인 측면 보다 정책적인 성격이 강하였다는 점을 더욱 명확하게 구명하고자 한다.

4. 劉裕의 僧尼統制

동진의 사문들은 귀족이나 帝室과 긴밀한 유대를 가짐으로써 교세의 확대와 더불어 교단의 확충을 가져왔다. 그래서 동진에 이르러 사문의 수적 증가는 물론, 귀족이나 황실의 재정적 지원 아래 造寺나 造像이 성행하게 되었다.[56] 하지만 그 융성의 이면에는 교단의 부패라는 문제점이 나타나서 동진 말기에 이르면 위정자나 지식인들 사이에는 불교의 폐해를 지적하고 사문의 沙汰를 단행하고자 하였다. 이를테면 효무제 때 許榮의 상소문에서는 사문들이 五戒의 가르침을 벗어나 주색을 탐할 뿐만 아니라 백성을 침범해서 재물을 취하고 있으니 보시의 도리에 합당하지 않다고 지적하였다.[57] 그리고『弘明集』권6, 道恒의『釋駁論』가운데는 다음과 같은 내용이 보이고 있다.

(사문은) 어찌하여 뜻은 높고 원대한 경지에 두고 있으면서도 행위는 상스럽고 천박한가. 營利를 구하는데 급급하여 잠시도 쉬지 않으며, 혹 논밭을 개간하여 작물을 경작하면서 농부처럼 살고, 혹은 행상과 교역을

---

56) 제2부 1장 참조.
57) 『晋書』卷64, 簡文三子傳 참조.

하면서 사람들과 利를 다툰다. 혹은 의술에 자부심을 가지면서 寒暑를
가벼이 하고 있으며, 혹은 機巧나 사악한 도를 가지고 생업으로 삼는다.
혹은 자기 마음대로 점을 쳐서 길흉을 망령되게 논하고, 혹은 도를 벗어나고
권위를 빌려서 時意(時流)에 영합한다. 혹은 재산을 축적하여 쌓아두고
여유 있는 생활을 하고, 혹은 쓸데없는 담론을 하면서 앉아서 백성들의
(시주를) 축내고 있다. 이러한 것은 모두 덕이 몸에 배어있지 않고 행위가
법에 어긋나기 때문이다. 비록 일시적인 선함이 있다고 하여서 또한 어찌
족히 높고 뛰어난 아름다움이 있다고 하겠는가. 스스로 이러한 것을 없애고
풍속을 하나로 하여야 할 것이다. 이러한 것들은 모두 時政에 무익한 것이며
治道에 유해한 것이어서 법을 집행하는 자에게는 고질병이고 나라를 다스
리는 자에게는 큰 우환거리가 된다. 세상에는 五橫이 있는데 사문은 그
가운데 하나에 속하는 것이다.58)

  여기서는 불교에 대한 사상적 측면보다는 불문에 귀의한 사문들의 구체
적 행위에 대한 비난을 가하고 있다. 즉 사문들은 영리를 추구하기 위해서
백성과 利를 다투어 부를 축적하고 있을 뿐 아니라 섣부른 의술이나 기교,
혹은 占法을 마음대로 행하고 있음을 말하고 있다. 이러한 행위는 세상을
어지럽히는 五橫의 하나로서 치국에 크나큰 우환거리가 된다는 世論을
반영한 직설적인 비판이었다. 그런데 도항은 이러한 불교의 폐해를 시정하
는 데는 정치적인 압력이나 권력의 억압에 의한 수단보다도 불문에 귀의한
사문들 스스로가 자숙하여 교정할 것을 요구하고 있다. 이에 비해서 한
때 동진의 권력을 장악했던 환현은 불교의 부패에 대한 보다 강력한 制裁를

---

58) 『大正藏』 第52卷, p.35b, "何棲託之高遠 而業尙之鄙近 至於營求孜汲無暫寧息
    或墾殖田圃與農夫齊流 或商旅博易與重人競利 或矜恃醫道輕作寒暑 或機巧異端
    以濟生業 或占相孤虛妄論吉凶 或詭道假權要射時意 或聚畜委積頤養有餘 或抵
    掌空談坐食百姓 斯皆德不稱服行多違法 雖暫有一善亦何足以標高勝之美哉 自可
    廢之以一風俗 此皆無益於時政 有損於治道 是執法者之所深疾 有國者之所大患
    且世有五橫 而沙門處其一焉".

가하기 위한 '衆僧沙汰'의 教書를 발표하였다. 그 내용을 『홍명집』권12, '桓玄輔政欲沙汰衆僧與僚屬教'에 아래와 같이 전하고 있다.

　　부처가 귀하게 여기는 바는 無爲이며 간절하게 바라는 것은 욕심을 버리는 것이다. 그런데 근래에는 (불교가) 점점 쇠퇴하여 마침내는 그 도를 잃어버려 경사에서는 사치와 음란을 다투고 (堂塔伽藍의) 호화로운 모습이 조정과 시가지에 즐비하니, 조정의 府庫는 이로써 궁핍하게 되고 禮制는 이 때문에 더러워졌다. 부역을 피하는 자들은 각 縣에 모여 있고 도망하는 자들은 寺廟에 넘쳐서, 이에 한 縣에 수천인이 모여서 함부로 屯落을 이루고 邑에는 놀고먹는 무리들이 모여 있으며 어느 곳에나 국법을 무시하는 무리가 쌓여있다. 정치를 상하게 하고 불교를 더럽힌 바는 진실로 오래 전에 정치와 불교를 피폐시켜서 풍속과 규범을 더럽히고 있었기 때문이다. 곧 바로 엄격하게 하달하니 (각지에) 거주하고 있는 여러 사문들 중에 경전의 가르침을 바르게 표현할 수 있고 교의를 강술할 수 있는 자, 혹은 禁行을 지켜서 수행을 올바르게 하며 계율을 지켜서 어그러짐이 없이 항상 阿練하는 자, 혹은 산림에 은거하면서 수양하고 세속의 영리를 추구하지 않는 자는 모두 큰 교화를 맡겨서 선양하는데 족하며, 또한 도를 제시해서 보여주고 가르침을 넓히고 모범을 보여주며 다행히 내외를 겸하고 있다. 이에 위배되는 자는 모두 추방하고 소재지의 호적을 관리하여 엄중하게 통제할 것이다. 신속하게 이를 하달하고 아울러 보고하도록 하라. 오직 廬山에는 有德한 사문이 거주하고 있으므로 수색, 검열하지 않도록 하라.59)

---

59) 『大正藏』第52卷, p.85a, "佛所貴無爲 慇懃在於絶欲 而比者凌遲 遂失斯道 京師競 其奢淫 榮觀紛於朝市 天府以之傾匱 名器爲之穢黷 避役鐘於百里 逋逃盈於寺廟 乃至一縣數千猥成屯落 邑聚遊食之群 境積不羈之衆 其所以傷治害政塵滓佛教 固已彼此俱弊 寔汚風軌矣 便可嚴下 在所諸沙門有能申述經誥暢說義理者 或禁 行修整奉戒無虧 恒爲阿練者 或山居養志不營流俗者 皆足以宣寄大化 亦所以示 物以道弘訓作範幸兼內外 其有違於此者 皆悉罷遣 所在領其戶籍嚴爲之制 速申 下之幷列上也 唯廬山道德所居 不在搜簡之例".

이상의 내용도 『석박론』에서 볼 수 있는 바와 같이 불교의 구체적인 타락상을 지적하고 있다. 즉 승려는 무위를 중하게 여기는 부처의 가르침을 버리고 사치와 음란을 탐하고 있으며, 호화로운 사원에는 稅役을 피하는 자나 범법자들이 사문의 신분을 빌려 모여들고 있다. 이러한 현상은 결국 정치를 어지럽히는 것이고 불교를 더럽히는 것이다. 때문에 사문으로서 1) 불교의 경전을 바르게 이해하고 교리를 강술할 수 있는 자, 2) 불교의 계율을 바르게 지켜서 수행에 전념하고 있는 자, 3) 산림에 은거하면서 세속의 영리를 추구하지 않는 자를 제외하고는 모두 환속시켜서 소재지의 호적에 등재하여 철저히 관리하도록 하라는 것이다. 다만 여산의 혜원교단 은 숙청에서 제외하도록 하였다. 환현이 '衆僧沙汰'의 교서를 내리게 된 것은 앞서 『석박론』에서 살펴 본 바와 같이 동진 말기에 이르러 불교의 부패와 타락상이 노정되어 경제적, 사회적으로 여러 가지 문제를 야기시켰기 때문이었다. 통치자의 입장에서 종교가 治道에 어려움을 더하게 되었을 때, 이에 대한 통제를 가한 것은 당연한 처사로 받아들여야 한다. 그런데 이러한 환현의 교서가 구체적으로 어떻게 시행되었는지는 알 수 없다. 왜냐하면, 이 교서에 따라 환속된 사문이 얼마나 되었으며, 불교계의 반응이 어떠했는지를 분석할 내용이나 사료를 접할 수 없기 때문이다.

하지만 아마도 환현에 의한 사문의 沙汰는 구체적인 시행에 있어서는 상당한 어려움이 있었던 것으로 보인다. 우선 앞에서 살펴본 바와 같이 환현이 동진의 실권을 장악한 후 안제의 왕위를 찬탈하고 제위에 올랐으나 곧 유유에 의해서 실각되었으므로 그가 계획했던 종교정책을 실현하기에는 어려움이 있었다는 점이다. 다음으로는 환현은 사문의 沙汰 敎書에 뒤이어서 '沙門禮敬王者論'이 제기되자, 이를 八座에 물어보고 여러 차례에 걸쳐 논쟁을 계속하였다.[60] 그러다가 마침내 그가 제위에 오르면서 이 論을 철회하는 조칙을 내려 불교의 교세에 대하여 다소 관용의 태도를 보였다는 점이다.[61] 그리고 또 하나는 환현의 불교정책이 분명히 僧徒를 비롯한 많은 귀족관료의 신자들로부터도 반대를 받아서 불교계의 동요를 가져왔을 것이라는 점이다.[62] 그래서 결국은 동진 말기에 불교에 대한 통제가 제대로 시행되지 못하였기 때문에 유송 무제에 의해서 불교통제정책은 다시 대두되었던 것이다.

유유의 對佛政策은 유송을 창건하기 이전에 이미 엿볼 수 있다. 이를테면 그가 동진 말 승상으로 있을 때 국가에서 銅의 사용을 엄격하게 규제하고, 이를 위반하였을 때는 사형에 처하게 하였다. 그런데 당시 豫州 출신의 사문 僧洪이 건강의 와관사에 거주하고 있으면서 인연 있는 신자들의 도움을 얻어 丈六의 금상을 주조하였다. 이때 유유는 승홍을 죄에 연루시켜 승상부에 투옥시킨 사실이 있다.[63] 이는 불교가 국가정책에 위배되었을 경우 이를 용납하지 않았다는 사실을 단적으로 말해주는 증좌이며, 이러한 정책은 유송의 창건 이후에도 변함이 없었다.

유유가 새로운 왕조의 창건을 위해서 사문을 존경하여 불교도의 인심을 얻는데 노력하였던 것은 앞서 언급한 바와 같다. 그러나 불교의 교세가 확대되면서 계율을 위반하는 승려나 세간의 풍속을 혼란시켜서 국정에 방해가 되는 행위에 대해서는 엄격한 통제를 실현하였다. 『廣弘明集』 권24, 僧行篇 '沙汰僧徒詔'에 아래와 같은 내용이 보이고 있다.

---

60) 『弘明集』 卷12(『大正藏』 第52卷), 桓玄與八座書論道人敬事條, p.80b-c 및 桓玄與王令書論道人應敬王事條, pp.80~83b.

61) 『弘明集』 卷12, 桓楚許道人不致禮詔, p.84b-c.

62) 塚本善隆, 前揭論文, p.40.

63) 『高僧傳』 卷13(『大正藏』 第50卷), 僧洪傳, p.410c, "釋僧洪 豫州人 止于京師瓦官寺 少而修身整潔 後率化有緣 造丈六金像 鎔鑄始畢 未及開模 時晉末銅禁甚嚴 犯者必死 宋武于時爲相國 洪坐罪繫于相府 唯誦觀世音經 一心歸命佛像".

門下의 불법은 그릇되게 바뀌어 가고 사문은 (眞僞가) 혼잡하여 훌륭한
가르침을 받들어서 제도하기에 족하지 못하며, 오로지 도망자들로만 무리
를 이루고 있다. 더욱이 간사한 마음을 자주 발하고 흉측하고 험악한 소리가
누누이 들려오며, 도를 망치고 (風)俗을 어지럽혀서 人神을 교대로 분노하
게 한다. 각지에 소재한 사찰의 耆長에게 맡겨서 철저하게 沙汰를 단행하도
록 하라. 이후 違犯이 있을 때는 誅坐를 엄격하게 하고 책임자는 상세하게
條格을 만들어서 조속하게 시행토록 하라.[64]

유유의 사문에 대한 통제도 불교의 사상적인 측면보다는 현실적으로
나타나는 폐해를 지적하였다는 점으로 미루어 보면 환현의 沙汰에 대한
命令과 내용면에서는 별로 다르지 않았다고 하겠다. 그런데 여기에서
주목되는 것은 현실 도피를 위해서 불교에 입문하여 사회를 어지럽히는
사문들은 耆長의 책임 아래 철저하게 사태를 단행하도록 하였다는 점과,
불교계의 책임자는 사문의 沙汰를 단행하기 위해서 구체적이고 상세한
법규를 만들어서 이후 위범자에 대해서는 엄히 다스릴 것(誅坐)을 명령하
였다는 점이다. 즉 불교계가 자가 숙청을 통해서 계율을 중히 여기고,
사문의 眞僞를 엄격하게 구별해서 교계의 정화를 도모하라는 것이다.
이는 앞서 언급한 환현의 '衆僧沙汰'의 敎書와 비교해 보면 정치적 권력에
의한 타율적인 불교계의 숙청이라기보다는 교계의 자율성을 상당히 보장
한 것이라고 하겠다. 이러한 유유의 사문사태에 관한 조칙이 언제 하달되었
던 것인지는 알 수 없으나 아마도 그가 제위에 즉위한 이후의 어느 시기였
다고 생각된다. 왜냐하면 유유가 송조를 건국하기까지는 불교도의 민심을
얻기 위해서 불교의 상서를 이용하고, 나아가서는 사문을 혁명에 동참하게

---

64) 『大正藏』第52卷, p.272b, "門下 佛法訛替沙門混雜 未足扶濟鴻敎 而專成逋藪
加以姦心頻發凶狀屢聞 敗道亂俗 人神交忿可付所在與寺耆長 精加沙汰 後有違
犯 嚴其誅坐 主者詳爲條格 速施行".

하였다. 이러한 시기에 불교에 대한 통제를 가한다고 하는 것은 수긍하기
어렵다. 뿐만 아니라 교단의 타락상이 유유의 집권기에서 비롯된 것이
아니기 때문에[65] 사문에 대한 사태가 寸刻을 다투는 상황도 아니었다.
그리고 이 조칙이 유유가 제위에 즉위한 이후에 하달되었다 하더라도
무제의 제위기간이 2년에 불과하였으므로[66] 그의 즉위 초에 공포된 것이
다. 그래서 유유는 무인으로서 정권의 탈취를 위해서 불교를 이용하였지만
불교가 그의 정책에 위배될 때는 이에 대한 통제를 주저하지 않았던 것이
다. 다만 새로운 왕조를 건국하고 민심의 안정을 도모하고자 하는 차원에서
일단 불교계의 자율적인 숙청을 도모하였을 뿐이다. 그러므로 봉불가로
보이는 유송 무제의 불교에 대한 태도는 어디까지나 신앙외적인 그의
정책적 문제와 연관된 것으로 보아야 할 것이다.

5. 맺음말

동진은 淝水의 戰 이후 내부적인 권력다툼으로 쇠망의 징조가 현저하게
나타났다. 이러한 정치적 혼란에 즈음해서 오두미도의 신봉자였던 손은의
반란이 일어났고, 이 반란을 계기로 동진의 새로운 권력자로 부상했던
인물이 氣銳의 무장 유유였다. 유유는 손은의 난이 일어나자 유뢰지의
참부군사로 발탁되어 반란의 진압에 성공한 후 일시적으로 환현의 아래
雌伏하고 있었지만, 안제 원흥 3년(404)에 마침내 환현을 토벌하고 안제를
복위시킴으로써 동진의 실권자로 대두하였다. 그리고는 명실상부한 권력

---

65) 제2부 1장 참조.
66) 『宋書』 卷3, 武帝紀下에 의하면 宋의 武帝는 永初 元年(420) 6월에 즉위하여
   永初 3년(422) 5월까지 겨우 2년간 제위에 있었다.

자로서 동진의 제위를 찬탈하기 위해서 두 차례에 걸쳐 북벌을 단행하였다. 安帝 義熙 5~6년(409~410)에 걸쳐서는 前燕을 정벌하여 모용초를 참수하였으며, 의희 7년(411)에는 노순의 난을 평정하고 내부적인 음모와 정적을 소멸하였다. 이후 의희 13년(417)에는 다시 북벌을 단행하여 後秦을 멸망시키고, 원희 2년(420)에 공제의 선양을 받아 제위에 즉위함으로써 송조를 창건하게 되었다. 일생을 진중에서 보낸 유유와 불교와의 관계는 그의 신앙적인 측면보다는 정책적인 문제와 깊이 연관되어 있음을 알 수 있었다. 유유의 입장에서는 내부적인 반란과 政敵을 토벌한 후 북벌을 단행하여 천자의 꿈을 실현하는 과정에서 자신의 입장을 이해하고 찾아온 사문들을 존중함으로써 불교 측의 지지와 불교도의 민심을 얻고자 하였다. 그리고 사문의 입장에서는 동진 말의 혼란기에 정치적 실권을 장악한 최고의 권력자 유유와 결탁함으로써 그 권력의 비호 아래 자신의 입지를 강화하고 나아가 자유로운 弘教의 활동을 확립하고자 했던 것이다. 더욱이 천사도를 신봉한 손은의 난과 노순의 난을 평정한 무장 유유에게 불교도나 사문이 호의를 가지게 되었던 것은 당연하였다. 사문 각현의 경우는 모국 인도를 떠나 중국에 왔지만 한 곳에 머물러 교화에 전념할 기회를 마련하지 못하자 중국 본토의 사문 혜관의 안내로 유유의 진영을 찾았다. 그리고 혜의의 경우는 불교적 상서를 유포하여 유유가 새로운 왕조의 창건자라는 입장을 강화시키면서 유송 창건의 혁명에 가담하였다. 또 사문 승도는 장안을 정벌하고 후진을 멸망시킨 유유의 입지를 확인하고는 그의 아들 유의진을 보호하는데 노력하였다. 그래서 유유는 자신을 찾아온 사문을 이용할 대로 이용하고 그들에 대한 후한 예우도 잊지 않았던 것이었다.

유유가 불교를 정책적으로 이용하였다는 것은 그의 불교통제정책을 통해서도 알 수 있었다. 동진의 불교는 황실이나 귀족과의 유대관계를 통하여 교세가 확대되었지만 동진 말기에 이르면 교단의 부패라는 문제점이 대두하였다. 그래서 허영의 상소문에서는 사문들의 비행을 구체적으로 비난하였으며, 환현은 '衆僧沙汰'의 교서를 발표하여 계행이 올바르지 못한 사문을 환속하도록 하였다. 그리고 유유도 동진 말 승상으로 있을 때 銅의 사용을 엄격하게 규제하여 불상을 제조한 사문 승홍을 투옥시킨 사실이 있다. 그러나 이러한 정책이 동진 말의 정치, 사회적 혼란으로 인하여 제대로 시행되지 못한 것 같다. 그래서 유유는 제위에 즉위한 후에 불교에 대한 통제를 가하게 되었다. 이는 유유 자신이 불교를 이용하고 사문에 대한 대우도 후하게 하였지만 불교가 국가 정책에 위배될 때는 통제를 가하겠다는 그의 의지를 보여준 것이라 하겠다. 그러나 유유의 불교통제는 환현의 '중승사태'에 비하면 불교계의 자율적인 숙청을 강조하였다. 이는 아마도 새로운 왕조를 창건하고 민심의 안정을 고려했던 점으로 볼 때 그의 불교에 대한 태도는 어디까지나 신앙외적인 정책문제와 연관된 것으로 보아야 할 것이다.

제5장 劉宋의 文帝와 佛教

1. 머리말

주지하는 바와 같이 유송 문제의 치세 30년간은 이른바 '元嘉의 治'라고 하는 극성기였다. 帝는 총명하고 仁厚한 군주로서 스스로 검소한 기풍을 진작시키고 政事를 성실하게 수행하였다. 때문에 내정이 안정되어 백성들은 태평을 구가하면서 생업에 종사하게 되었던 것이다. 더욱이 그는 학문을 좋아하여 유학, 현학, 사학, 문학을 병설하여 유교 독존의 시대와는 달리 학문의 자유로운 연구풍토를 조성하였다. 그의 이러한 정치적 교화는 종교정책에도 반영되어 불교의 학문적 연구도 성행하게 되었다.

필자는 앞서 유송의 무제(유유)가 사문에게 호의적 태도를 취하면서 불교의 祥瑞를 이용해서 왕조 교체의 필연성을 역설했던 점을 그의 종교정책에 기인했던 것으로 고찰한 바가 있다.[1] 그런데 이러한 무제의 불교정책은 문제의 치세에도 계승되었던 것으로 보인다. 때문에 원가년간의 불교를 당시의 정책과 관련해서 고찰해 보고자 한다. 이는 남북조시대의 불교는 남북왕조의 권력구조가 불교에 반영되어 북조불교가 국가적 성격을, 남조불교가 귀족적 성격을 띠게 되었다는 일반적인 견해만으로 규정지어 버리

---

1) 제2부 4장 참조.

기에는 다소 아쉬움을 가지고 있었기 때문이다.

일찍이 일본의 불교사가 塚本善隆은 중국의 불교정책은 불교가 국가의 목적하는 바에 부합하여 이용가치가 있으면 존속을 허용하고 부흥시켰지만, 그렇지 않다고 생각되면 헌신짝처럼 버렸다고 했다. 이것은 역사적으로는 5호16국시대를 전후해서 성행되기 시작하였는데, 胡族의 지배아래 있던 북조는 물론 남조에서도 그러한 사례가 보인다. 사찰을 건립하고 불상을 조성하기 위해서는 권력자나 지배자에 의한 보호와 지지가 없으면 거의 불가능하므로 사찰건립이나 불상조성의 불교는 필연적으로 국가불교의 성격을 띠지 않을 수 없게 되었던 것이라고 하였다.[2] 필자도 塚本의 견해에 공감하면서 남조의 경우에 그 대표적인 사례의 하나를 유송 문제 원가치세의 불교에서 찾아보려고 한다.

원가의 불교에 관해서는 塚本의 「南朝 '元嘉治世'の佛教興隆について」라는 논문이 있다.[3] 그는 이 논문에서 먼저 유송의 건국으로부터 원가년간에 걸쳐 창건된 사원을 소개한 후 유송의 창업자 유유와 사문의 관계, 문제와 사문과의 교유를 고찰하면서 원가 불교가 지닌 두 가지의 특색을 지적하였다. 그 하나는 이 시대 지식인 사회에 보급된 불교는 열심히 수도하는 실천불교는 아니고 지식 교양으로서의 불교, 철학적 논의를 즐긴 불교의 성격을 많이 갖추고 있었다는 것이다. 그리고 다른 하나는 유송의 불교는 동진불교를 계승한 것이지만 북방 장안불교가 대거 유입되었고, 또 중국인 스스로에 의한 인도, 서역의 新佛典이 전래되었다는 것이다. 특히 서역이나 북중국을 경유하지 않고 남해를 경유한 새로운 불교의 연속적인 전래로 소승교단에 의한 反大乘運動이 불교 융성의 파도에 편승

---

2) 塚本善隆, 『中國佛教通史(第1卷)』(東京, 1982), pp.5～7 참조.
3) 塚本善隆, 「南朝'元嘉治世'の佛教興隆について」『東洋史研究』第22卷 第4號(京都, 1964).

해서 건업에 집중적으로 확산되었다는 것이다.

이와 같이 塚本善隆이 원가 불교의 사회적 성격규명에 관심을 두었다면 필자는 이 시대의 정책과 불교와의 관계를 究明하는 데 주안점을 둔다.

2. 元嘉의 治世

유송을 창건한 무제(유유)가 재위 3년만에 병사하고,[4] 그의 장자 劉義符가 大統을 승계하니 이가 少帝이다. 소제는 17세의 소년으로 즉위하였고, 표면적으로는 무제 때 조정의 중신이었던 徐羨之, 傅亮, 謝晦 등이 정치를 보좌하였지만[5] 실질적으로는 이들이 정치적 실권을 장악하고 있었다. 소제는 景平 2년(424) 5월에 마침내 서선지, 부량 등에 의해서 폐립되고, 같은 해 6월에 살해되었다. 그 표면적 이유는 그의 행동에 허물이 많았다는 것이었다. 그는 폐립되기 직전에 華林園에 列肆를 만들어 친히 술을 팔았으며, 破岡埭라고 하는 洑를 만들어 뱃놀이를 즐겼고, 저녁에는 天淵池에서 놀다가 龍舟에 침소를 마련하였다고 한다.[6] 그런데 부량과 서선지는

---

4) 『宋書』卷3, 武帝紀下, p.59, "(永初三年 五月) 上崩于西殿 時年六十 秋七月己酉 葬丹陽建康縣蔣山初寧陵".

5) 『宋書』卷4, 少帝紀에 "少帝諱義符 小字車兵 武帝長子也 母曰張夫人 晉義熙二年 生於京口……元熙元年 進爲宋太子 武帝受禪 立爲皇太子 永初三年五月癸亥 武帝崩 是日 太子卽皇帝位……六月壬申 以尙書僕射傅亮爲中書監 司空徐羨之 領軍將軍謝晦及亮輔政"이라 있다. 劉義符가 東晉 安帝 義熙 2년(406)에 태어났으므로 재위에 즉위한 永初 3년(422)은 그의 나이 17세가 되는 해이다.

6) 『宋書』卷4, 少帝紀에 "(景平二年) 夏五月 江州刺史王弘南兗州刺史檀道濟入朝 帝居處所爲多過失 乙酉 皇太后令曰……始徐羨之傅亮將廢帝 諷王弘檀道濟求赴 國訃 弘等來朝 使中書舍人邢安泰潘盛爲內應 是旦 道濟謝晦領兵居前 羨之隨 後 因東掖門開 入自雲龍門 盛等先戒宿衛 莫有禦者 時帝於華林園爲列肆 親自酤 賣 又開瀆聚土 以象破岡埭 與左右引船唱呼 以爲歡樂 夕游天淵池 卽龍舟而寢

소제를 폐립하기에 앞서 소제의 이복동생이었던 南豫州刺史 廬陵孝獻王
劉義眞[7]을 서인으로 폐립한 후에 사자를 보내어 살해하고 말았다.『송서』
소제기에는 그 구체적인 이유는 明記하지 않고 단지 연월만 기록하고
있다.[8] 이에 비해서『송서』徐羨之傳에는 서선지 등이 소제의 폐립을
모의하면서 劉義眞의 행동이 경박하고 허물이 많아서 대통을 이어받을
수 없음으로 먼저 이를 폐립하였다고 전한다.[9] 그리고『建康實錄』에 보이
는 서선지, 부량, 사회의 상주문에 의하면 유의진은 先祖(무제)의 병세가
위독한데도 주야로 술을 마시고 조정을 비방함으로 서인으로 폐립하여야
한다[10]고 하여 그의 허물을 비교적 상세히 언급하고 있다. 또『송서』廬陵
孝獻王 義眞傳의 기록에는 유의진이 총명하고 文義를 좋아하였으나 행동
이 경솔하고 덕이 없으면서도 당시에 유명한 謝靈運, 顔延之 등과 서로

其朝未興 兵士進 殺二侍者於帝側 傷帝指 扶出東閤 就收璽紱 群臣拜辭 送於東宮
遂幽於吳郡 是日 赦死罪以下 太后令奉還璽紱 檀道濟入守朝堂 六月癸丑 徐羨之
等使中書舍人邢安泰弑帝於金昌亭 帝有勇力 不卽受制 突走出昌門 追以門關踏
之 致殞 是年十九”이라 전하고 있으며, 또『建康實錄』卷11, 廢帝榮陽王 및『宋書』
卷43, 徐羨之傳에도 이와 같은 기록이 보이고 있다.

7)『宋書』卷61, 武三王傳에 “武帝七男 張夫人生少帝 孫修華生廬陵孝獻王義眞 胡婕
好生文皇帝……”라고 하여 劉義眞은 武帝의 7男 가운데 孫修華가 낳은 둘째
아들이고 少帝의 이복동생이다.

8)『宋書』卷4, 少帝紀, p.65, “(景平)二年 春二月癸巳朔 日有蝕之 廢南豫州刺史廬陵王
義眞爲庶人 徙新安郡 乙未以皇弟義恭爲冠軍將軍 南豫州刺史 乙巳……執政使
者誅義眞于新安”.

9)『宋書』卷43, 徐羨之傳, pp.1331∼1332, “帝後失德 羨之等將謀廢立 而廬陵王義眞
輕動多過 不任四海 乃先廢義眞……遣使殺義眞於新安 殺帝於吳縣 時爲帝築宮未
成 權居金昌亭 帝突走出昌門 追者以門關擊之倒地 然後加害”.

10)『建康實錄』卷11(北京, 中華書局 標點本 上卷, 1986), 廢帝營陽王, pp.393∼394,
“(景平)二年 春正月癸巳朔 日有蝕之 徐羨之傳亮謝晦奏曰 先朝不豫 已至大漸 車
騎將軍義眞酗酒 日夜不輟 兼惡言訕主謗朝 幷輒匿甲卒 請違武陵王故事 廢爲庶
人 流于新安郡 (中略) 及主無謀定 故先黜義眞 乙未以皇弟義恭爲冠軍將軍南徐刺
史 丁未大風 天有五色雲 占曰 天錦有兵 高麗國遣貢獻 發使誅皇弟義眞于新安”.

도와주면서 비상한 관계를 가지고 있었다고 한다. 당시 집정자였던 서선지 등은 그가 사령운, 안연지 등과 친하게 지내면서 허물이 많은 것을 싫어한 나머지 그에게 사직을 맡길 수 없다고 주상하여 서인으로 폐립한 연후에 사자를 보내어 살해하니 그때 그의 나이 18세였다고 전한다.[11] 이러한 내용이 사실이라면 유의진은 행동이 다소 경솔하고 가족 도덕에 위배되는 행위가 있었음을 부정할 수는 없다. 그러나 그것은 그가 폐립된 표면적인 이유에 지나지 않았고, 실질적으로는 그가 사령운이나 안연지 등과 깊이 교우함으로써 서선지와 부량 등의 미움을 받았다는 徐, 傅의 私心에서 비롯되었던 것으로 보인다.[12] 사령운이나 안연지는 동진이래 文事에 있어서 일시 冠絶했던 인물이었지만 서선지, 부량 등이 심히 꺼려했던 인물이었다.[13]

소제가 폐립된 후 무제의 셋째 아들 劉義隆이 즉위하여 원가의 치세가

---

11) 『宋書』卷61, 武王三 盧陵孝獻王義眞傳에 "義眞總明愛文義 而輕動無德業 與陳郡 謝靈運琅邪顔延之慧琳道人並周旋異常 云得志之日 以靈運延之爲宰相 慧琳爲西 豫州都督 徐羨之等嫌義眞與靈運延之曙狎過甚 故使范晏從容戒之……而少帝失 德 羨之等密謀廢立 卽次第應在義眞 以義眞輕訬 不任主社稷 因其與少帝不協 乃 奏廢之 (中略) 乃廢義眞爲庶人 (中略) 景平二年六月癸未 羨之等遣使殺義眞於徙 所 時年十八"이라고 있다. 여기에서 劉義眞이 살해된 해가 景平 2년 6월 癸未日이 라고 한다. 그런데 『宋書』少帝紀(앞 註8))에는 '景平二年 春二月 乙巳日'이라 하고, 『建康實錄』廢帝滎陽王(앞 註10))의 기록에는 '景平二年 春正月 丁未日'이 라고 하여 月과 日의 기록에 상이점을 보이고 있으나 本稿에서는 이를 詳考할 필요성을 느끼지 못한다.

12) 岡崎文夫, 『魏晉南北朝通史』(東京, 1943), p.242 참조.

13) 『宋書』卷67, 謝靈運傳에 "靈雲少好學 博覽群書 文章之美 江左莫逮 (中略) 盧陵王 義眞少好文籍 與靈運情款異常 少帝卽位 權在大臣 靈雲構扇異同 非毁執政 司徒 徐羨之等患之 出爲永嘉太守"라 하였고, 또 『宋書』卷73, 顔延之傳에는 "顔延之字 延年 琅邪臨沂人也……好讀書 無所不覽 文章之美 冠絶當時……時尙書令傅亮自 以文義之美 一時莫及 延之負其才辭 不爲之下 亮甚疾焉 盧陵王義眞頗好辭義 待 接甚厚 徐羨之等疑延之爲同異 意甚不悅"이라 하였다.

열리게 되었다.[14] 문제는 즉위 후에 소제를 폐립하고 유의진을 주살했던 부량, 서선지 등을 논죄하여 처형하였다.[15] 이로써 무제이래 宋室의 실권을 장악하고 있던 세력은 무너지고 이에 대신해서 名家 출신 王華, 王曇首, 殷景仁, 王湛 등이 보정하면서 문치의 풍을 일으켜 이른바 '원가의 치'를 출현케 하였다. 『資治通鑑』권120, 원가 3년의 기록에 의하면 왕화, 王弘이 보정을 하고 왕담수는 문제가 親任하였다. 왕화가 탄식해서 말하기를 "재상이 여러 사람 있어서 누구와 더불어 정치를 할 것인가." 이때 재상에게는 常官이 없고, 단지 人主가 더불어 政事를 의논하고 정치의 기밀을 위임한 것은 모두 재상이었던 까닭에 왕화가 이런 말을 하였다. 또한 侍中은 있었으나 재상은 두지 않았고 尚書令·僕, 中書監·令, 侍中, 侍郎, 給事中이 모두 당시의 중요한 관직이었다. 왕화, 왕담, 왕담수, 은경인이 함께 侍中이 되고 風力이 뛰어나서 일시의 冠冕이었다. 문제가 일찍이

---

14) 『宋書』卷5, 文帝紀에 "太祖文皇帝諱義隆 小字車兒 武帝第三子也 晉安帝義熙三年 生於京口……景平二年七月中 少帝廢 百官備法駕奉迎 入奉皇統 行臺至江陵 進璽紱……八月丙申 車駕至京城 丁酉 謁初寧陵 還於中堂即皇帝位"라 하였는데, 同書 卷43, 傅亮傳에는 "少帝即位 進爲中書監 尚書令 景平二年 領護軍將軍 少帝廢 亮率行臺至江陵奉迎太祖 旣至 立行門於江陵城南 題曰大司馬門 率行臺百僚 詣門拜表 威儀禮容甚盛"이라 하였음을 보면 劉義隆을 江陵에서 迎入하여 즉위시킨 대표적인 인물이 傅亮이었음을 알 수 있다.

15) 『宋書』卷43, 傅亮傳에 "太祖登阼 加散騎常侍左光祿大夫開府儀同三司……元嘉三年 太祖欲誅亮 先呼入見 省內密有報之者 亮辭以嫂病篤 求暫還家 遣信報徐羨之 因乘車出郭門 騎馬奔兄迪墓 屯騎校尉郭泓收付廷尉伏誅 時年五十三"이라 있고, 또 『宋書』卷43, 徐羨之傳에 "(元嘉三年 正月) 爾日詔召羨之 行至西明門外 時謝晦弟嚼爲黃門郎 正直 報亮云殿內有異處分 亮馳報羨之 羨之回還西州 乘內人間訊車出郭 步走至新林 入陶竈中自剄死 時年六十三"이라 하여 두 사람의 죽음에 관해서 비교적 상세히 전하고 있다. 또 『建康實錄』卷12, 宋 太祖文皇帝 元嘉三年 春正月 丙寅條 ; 『資治通鑑』卷120, 宋紀2 太祖文皇帝上之上 元嘉三年 春正月 丙寅條에도 이와 같은 내용을 전하고 있다. 그리고 少帝의 폐립에 동조했던 謝晦, 潘盛의 誅滅에 관해서는 『宋書』卷5, 文帝紀 元嘉三年 二月 乙卯條 참조.

네 사람과 合殿에 宴飮하면서 심히 기뻐하였고, 이미 罷해서 떠나가자 멀리까지 바라보면서 한탄해서 말하기를, "이 四賢은 일시에 뛰어난 인물들로 함께 시중의 지위에 있었는데 후세에 이어지지 못할까 두렵다"고 하였다.[16] 좌우간 文帝의 치세는 명망이 있는 조신들의 보좌로 30년간 유송의 극성기를 맞이하였다. 『송서』 권92, 良吏傳의 내용을 살펴보면 다음과 같다.

이로부터 나라가 편안하고 사방이 무사하여 30년간 서민은 蕃息하며 위로 받들어 요역을 제공하는 것은 歲賦에 그치고, 새벽에 나가서 (경작하고) 저녁에 돌아오면서 스스로의 일에 힘쓰는 것뿐이다. 지방관의 職은 6년을 기한으로 하여 오래도록 옮기지 않아서 과거와는 다르니 인민과의 관계가 돈독하였다. 관리들은 부정한 이익을 탐하지 아니하였다. 집도 많고 사람도 많았으며 여유있는 생활은 아니라고 할지라도 도랑에 굴러 떨어져 죽는 것은 이때에 면할 수가 있었다. 100호가 살고 있는 향촌, 장터가 있는 중심가에는 謳謠舞蹈해서 이르는 곳마다 무리를 이루니 宋의 극성이었다.[17]

이러한 기사에 다소 과장된 부분이 있을지는 모르나 문제 원가의 치세는

---

16) 『資治通鑑』 卷120, 宋紀2 太祖文皇帝上之上, pp.3785~3786, "(元嘉三年) 六月 以右衞將軍王華爲中護軍 侍中如故 華以王弘輔政 王曇首爲上所親任 與己相埒 自謂力用不盡 每歎息曰 宰相頓有數人 天下何由得治 是時 宰相無常官 唯人主所 與議論政事 委以機密者 皆宰相也 故華有是言 亦有任侍中而不爲宰相者 然尙書 令僕 中書監令 侍中 侍郎 給事中 皆當時要官也 華與劉湛王曇首殷景仁俱爲侍中 風力局幹 冠冕一時 上嘗與四人於合殿宴飮 甚悅 旣罷出 上目送良久 歎曰 此四賢 一時之秀 同管喉脣 恐後世難繼也".

17) "自此區宇宴安 方內無事 三十年間 氓庶蕃息 奉上供徭 止於歲賦 晨出莫歸 自事而 已 守宰之職 以六朞爲斷 雖沒世不徙 未及曩時 而民有所係 吏無苟得 家給人足 卽事雖難 轉死溝渠 於時可免 凡百戶之鄕 有市之邑 謳謠舞蹈 觸處成群 蓋宋世之 極盛也".

내정이 안정되고 백성들은 태평을 구가하면서 생업에 종사하여 수입이 늘었다는 사실을 충분히 窺知할 수 있다.

『남사』나 『건강실록』에는 문제의 치세를 평가하기를 帝는 총명하고 仁厚한 군주이며, 儒雅를 좋아하고 정사에 게으름이 없었다. 오랫동안 재위에 있었으나 검소하고 깨끗한 마음으로 공평하게 다스렸으므로 朝野가 悅服하였다. 타고난 천성이 검소하고 사치를 싫어했기 때문에 輦轂을 화려하게 치장하지 않았다. 그래서 朝臣들은 검소의 기풍을 즐겨하였고, 鄕閭에서는 경박한 행동을 부끄러워하였다. 정치를 논하는 자들은 원가를 으뜸으로 칭한다고 하였다.[18]

또 『남사』 권2, 宋本紀中第二의 기록에 다음과 같은 내용이 보이고 있다.

　　원가 15년에 北郊에 儒學館을 세워서 雷次宗을 불러서 이에 머무르도록 하였다.……(원가 16년) 이 해에……문제는 儒雅를 좋아해서 丹陽尹 何尙之에게 命해서 玄學을 세우게 하고, 著作郞 何承天에게 史學을 세우게 하고, 司徒參軍 謝元에게 文學을 세우게 하여 각각 門徒를 모으게 하니 학업에 나아가는 자가 많았다. 강남의 풍속이 이에 이르러 美化를 이룩하였으니, 후에 정치적 교화를 말하여 원가라고 일컬었다.[19]

───────────────

18) 『南史』 卷2, 宋本紀中第二에는 "帝聰明仁厚 雅重文儒 躬勤政事 孜孜無怠 加以在位日久 惟簡靖爲心 于時政不訟理 朝野悅睦 自江左之政 所未有也 又性存儉約 不好奢侈 車府令嘗以輦筆故 請改易之 又輦席舊以烏皮緣故 欲代以紫皮 上以竹筆未至於壞 紫色貴 並不聽改 其率素如此云"이라 하였고, 『建康實錄』 卷12, 宋 太祖 文皇帝 元嘉十五年 冬十一月條의 기록에는 "時上好儒雅 朝臣家儉素之風 鄕閭耻輕薄之行 江左風俗 於斯爲美 帝躬親檢行 寬恕被物 庶政弘而不弭 禁綱理而不峻 邦甸穆然 言理政者 以元嘉爲稱首焉"이라 전하고 있다.

19) 『南史』 卷2, 宋本紀中第二, pp.45~46, "(元嘉十五年) 立儒學館于北郊 命雷次宗居之……(元嘉十六年) 是歲……上好儒雅 又命丹陽尹何尙之立玄素學 著作佐郞何承天立史學 司徒參軍謝元立文學 各聚門徒 多就業者 江左風俗 於斯爲美 後言政

문제는 원가 15년(438)에 北郊에 유학관을 세워 뇌차종으로 하여금 이를
담당하도록 하고, 원가 16년(439)에 현학, 사학, 문학을 세워서[20] 하상지,
하승천, 사원이 각각 맡도록 하였다. 이와 같이 학문을 좋아했던 문제는
4학을 병설하여 유교독존의 시대와는 달리 학문의 자유로운 연구풍토를
조성하였다. 그런데 문제의 이러한 정치적 교화는 유학, 현학, 사학, 문학이
라고 하는 4학에만 머무르지 않고 종교정책에도 깊이 반영되어져 불교의
학문적 연구도 성행하게 되었던 것이다.

유유는 유송의 창건에 즈음해서 사문과 돈독한 유대를 가지면서 불교의
祥瑞를 이용하여 왔고, 대외원정을 할 때도 사문의 동행을 종용할 만큼
불교에 대해서 호의적인 자세를 보였다. 그런데 필자는 유유의 이러한
태도가 그 자신의 불교신앙과 직결된 것이 아니라 그의 종교정책과 깊이
연관된 것으로 보아왔다. 이는 그가 유송의 帝位에 즉위하여 치국에 임했을
때 불교에 대한 호의적 태도만이 아니고 사문에 대한 沙汰도 과감하게
단행했던 점을 미루어 짐작했던 바이다.[21] 이러한 무제의 불교정책은 문제
원가치세에 이르러서도 당연히 계승되었던 것으로 보인다.

化 稱元嘉焉".

20) 『宋書』卷93, 雷次宗傳에는 "元嘉十五年 徵次宗至京師 開館於鷄籠山 聚徒教授
置生百餘人 會稽朱膺之穎川庾蔚之並以儒學 監總諸生 時國子學未立 上留心藝
術 使丹陽尹何尚之立玄學 太子率更令何承天立史學 司徒參軍謝元立文學 凡四
學並建 車駕數幸次宗學館 資給甚厚"라고 하여 元嘉 15년에 四學을 倂設한 것으로
기록하고 있으나, 『建康實錄』卷12, 宋太祖文皇帝에는 "(元嘉十五年 冬十月) 是月
立儒學於北郊 延雷次宗修之 辭入宮披 乃自華林東閣入講於延賢堂 明年 丹楊尹
何尚之立玄學 著作郎何承天立史學 司徒參軍謝元立文學 各集門徒 多就業者 時
上好儒雅 朝臣家儉素之風 鄉閭恥輕薄之行 江左風俗 於斯爲美 帝躬親檢行 寬恕
被物 庶政弘而不弭 禁綱理而不峻 邦甸穩然 言理政者 以元嘉爲稱首焉"이라고
하여 『南史』의 기록과 같이 元嘉 15년에 儒學을 건립하고, 16년에 玄學, 史學,
文學을 건립하였다고 한다.

21) 제2부 4장 참조.

3. 文帝와 沙門과의 관계

유송 왕실의 존경을 받아서 문제 원가치세의 불교계를 이끌었던 대표적인 사문의 한 사람이 慧嚴이었다. 우선 혜엄과 문제와의 관계를 살펴보면, 『고승전』 권7, 혜엄전의 기록에 다음과 같은 내용을 전하고 있다.

사문 혜엄의 姓은 范氏이고 豫州사람이다. 12살에 儒生이 되어서 詩, 書를 널리 깨달았고, 16세에 출가하였다.……(그 후에) 鳩摩羅什이 관중에 있다는 소식을 듣고, 다시 (그를) 쫓아서 受學하였다.……후에 경사로 돌아와서 東安寺에 머물렀는데 宋의 高祖가 평소에 알아주고 존중하였다. 고조가 뒤에 長安을 정벌함에 동행하기를 요구하니, 嚴이 말하기를 檀越의 이번 행차는 죄를 토벌하여 백성을 구하는 데 있다고 하여도 貧道는 그러한 일의 밖에 있는 사람임으로 감히 명을 따를 수가 없습니다. 帝가 간곡하게 요구하자 마침내 동행하였다. 문제가 즉위하자 두터운 情誼가 더욱 가까워져서 만날 때마다 크게 칭찬하고 불법을 물었다. 이에 앞서서 문제가 (불교를) 깊이 숭상하지 않았던 원가 12년(435)에 京尹 蕭摹之가 啓上하여 사원의 건립과 불상의 주조에 制裁를 가할 것을 請하였다. 문제가 이에 시중 하상지, 吏部郎中 羊玄保 등과 더불어 의논하면서 하상지에게 말하기를, "나는 젊어서부터 (불교의) 經典을 많이 읽지 못하였으며 요즘은 더욱 여가가 없어서 三世因果를 판별하여 생각을 밝히지는 못한다. 그런데 다시 감히 異見을 내세우지 않는 것은 바로 卿들과 같이 오늘날 뛰어난 인물들이 받들어 존경하고 믿고 있기 때문이다. 范泰와 사령운이 항상 말하기를 '六經의 典文은 본래 세속을 구하여 다스리기 위하여 있는 것이다. 반드시 性靈의 참되고 오묘함을 구하려고 한다면 어찌 불경을 지침(나침반)으로 삼지 않을 수 있겠는가?' 근래 안연지가 「達性論」을 물리치고 宗炳이 「白黑論」을 힐책한 것을 보면 불법의 넓고 깊음을 밝힌 것이고, 더욱이 名理를 위한 것이며, 아울러 민심을 啓導하기에 족하다고 하겠다. 만약에 온 나라가 이렇게 교화가 된다고 하면 나는 앉아서 태평에 이를 것인데 다시 무슨

할 일이 있겠는가? 근래 소모지가 (불교에 대해서) 규제를 청하였는데 서로 살펴보아라. 경들에게 가감을 맡기니 반드시 浮淫을 막고 경계해서 (불법을) 넓히고 장려하는데 해됨이 없는 것이라면 이에 마땅히 법령으로 마련할 것이다"고 하였다.……혜엄은 송 원가 20년에 東安寺에서 죽었는데 나이는 81세였다. 문제는 조칙을 내려서 말하기를, "혜엄법사는 도량이 넓고 학식이 깊어 불도를 배우는 사람들의 宗匠이었는데, 홀연히 遷神하니 슬프고 가슴이 아프다. 錢 5만, 布 50필을 지급하노라."[22]

위 인용문에 관해서 부언해 보면, 혜엄은 일찍이 동안사에 머물면서 유유와 깊은 교우를 가지고 있다가 장안 정벌에 동행하였다. 뿐만 아니라 유유가 불교의 상서를 이용해서 동진의 왕위를 찬탈하고 송조를 창건할 때 깊이 참여하였던 개국공신의 한 사람으로서 유송의 왕실과 긴밀한 유대를 가지고 있었다. 때문에 문제는 제위에 즉위하기 이전에 이미 사문 혜엄과 情分이 두터웠으며, 즉위함에 이르러서는 좋아하던 정이 더욱 깊어가서 만날 때마다 크게 칭찬하고 불법에 관해서 하문하였다. 그런데 원가 12년(435)에 京尹 소모지가 불교 사원과 불상의 濫造를 制裁하기 위해서 문제에게 주청하였을 때, 문제는 불교에 대한 자신의 심정을 시중

---

22) 『大正藏』第50卷, pp.367b~368b, "釋慧嚴 姓范 豫州人 年十二爲諸生 博曉詩書 十六出家……聞什公在關 復從受學……後還京師 止東安寺 宋高祖素所知重 高祖 後伐長安 要與同行 嚴曰 檀越此行雖伐罪弔民 貧道事外之人 不敢聞命 帝苦要之 遂行 及文帝在位 情好尤密 每見弘讚問佛法 先是帝未甚崇信 至元嘉十二年 京尹 蕭摹之上啓請制起寺及鑄像 帝乃與侍中何尙之吏部郎中羊玄保等議之 謂尙之曰 朕少來讀經不多 比日彌復無暇 三世因果未辯厝懷 而復不敢立異者 正以卿輩時 秀率所敬信故也 范泰謝靈運常言 六經典文本在濟俗爲治 必求靈性眞奧 豈得不 以佛經爲指南耶 近見顔延之推達性論宗炳難白黑論 明佛汪汪尤爲名理並足開獎 人意 若使率土之濱 皆敦此化 則朕坐致太平 夫復何事 近蕭摹之請制 未全經通 卽以相示 委卿增損 必有以遏戒浮淫無傷弘獎者 迺當著令耳……嚴以宋元嘉二十 年卒于東安寺 春秋八十有一矣 帝詔曰 嚴法師器識淵遠學道之匠 奄爾遷神痛悼 于懷 可給錢五萬布五十匹".

하상지에게 솔직히 토로한 것 같다. 즉 문제 자신은 젊어서부터 불경을 거의 읽지 않았을 뿐만 아니라 지금도 불경을 읽을 시간적이 여유가 없어서 三世因果에 관해서 자신의 의견을 피력할 수 없다고 하였다. 그러나 불교에 관해서 異議를 제기하지 않는 이유는 유능한 朝臣들이 불교를 받들어 신봉하기 때문이라고 하였다. 그리고 범태나 사령운이 치국의 도를 얻는 데는 유교의 경전이 필요하고, 性情의 오묘함을 구하는 데는 불경이 필요하다고 한 것을 보면, 또 안연지나 종병이 불법의 높고 깊은 진리를 밝힌 것을 보면 불교는 민심을 啓導하기에 충분한 것 같다. 만약에 불교를 통해서 백성의 교화가 이루어져 태평성세를 구가하게 된다면 더 이상 바랄 것이 없다고 하였다.

문제는 스스로 불교에 관한 해박한 지식도 없었고, 불교신앙에 관한 관심도 없었다. 그러나 학식이 풍부한 인사들이 불교를 신봉하면서 그 심오한 진리를 말하고 있으니 인심을 啓導하여 치국에 보탬이 된다면 자유로운 연구풍토를 조성하게 한다는 것이다. 다만 경박하고 음란한 일들은 경계하여 弘敎에 손상됨이 있어서는 안 될 것이며, 이러한 경우에는 법령으로 이를 막아야할 것이라 하였다. 이러한 사실을 두고 보면 문제가 혜엄과 깊은 교분을 가지게 된 것도 동진이래 유송의 왕실이 사문과 깊은 교유를 가지면서 불교를 통한 민심의 안정을 도모하고자 했던 정책적인 문제와 깊이 연관된 것으로 보아야 할 것이다. 인용문의 말미에 사문 혜엄이 세상을 떠났을 때 문제가 그의 器量과 학식을 칭송하면서 錢 5만 냥과 布 50필을 지급한 것은 반드시 문제의 불교신앙과 직결된 것은 아니다. 군주가 사문의 죽음에 즈음해서 물자를 지급하고 법회를 갖도록 했던 것은 군주 자신의 신앙심보다도 명승이나 고승에 대한 예우 차원이었다는 점에 관해서는 필자가 이미 역설하였던 바가 있다.[23]

다음으로는 사문 慧基에 관한 기록이 『고승전』 권8, 本傳에 아래와 같이 전하고 있다.

사문 혜기의 姓은 偶氏이고 吳國 錢塘人이다.……처음에 祇洹寺 慧義法師를 의지하고 따랐다. 나이가 열다섯 살이 되자 혜의법사는 그의 정신과 풍채를 嘉賞히 여겨서 유송의 문제에게 啓上하여 출가의 度牒을 구하였다. 문제가 (혜기를) 불러들여 상담한 후에 允許하고 칙명으로 기원사에 출가법회를 열어 興駕가 친히 행차하니 공경대부들도 모여들었다.……혜기의 스승이었던 혜의는 그 덕은 만인의 宗師였고 道는 荊土의 으뜸이었으므로 士庶가 귀의하고 施物이 분분히 모여들었다. 혜기의 醇美한 덕을 칭송하여 함께 생활하였다. 혜의가 세상을 떠난 후에 생활에 필요한 여러 가지 물건들이 거의 백만 냥이나 되었는데 혜기가 半을 얻을 수 있었으나 모두 희사하여 福田으로 하고, 오직 거칠고 낡은 衣鉢만을 취하여 옆구리에 끼고는 동쪽으로 돌아가서 전당 顯明寺에 駐錫하였다.[24]

여기에서 혜기의 출가를 문제에게 啓上하였던 혜의는 동진 말기의 무장 유유가 천명을 빌려서 제위에 즉위한다는 불교적 祥瑞를 유포했던 사문이었다. 즉, 嵩山의 神靈이 32개의 瑞玉과 黃金一餠을 信標로 유유가 천명을 받을 것이라는 예언을 제시하고, 스스로 이러한 예언을 입증해 보임으로써 유송의 창건에 깊이 관여한 대표적인 개국공신의 한 사람이었다.[25] 그 때문에 그는 무제로부터 극진한 예우와 신임을 받으면서 자유로운 포교활

---

23) 제2부 1장 참조.
24) 『大正藏』第50卷, p.379a, "釋慧基 姓偶 吳國錢塘人……初依隨祇洹慧義法師 至年十五 義嘉其神彩 爲啓宋文帝求度出家 文帝引見顧問允怗 卽勅於祇洹寺爲設會出家 興駕親幸公卿必集……基師慧義旣德居物宗道王荊土 士庶歸依利養紛集 以基懿德可稱 乃携共同活 及義之亡後 資生雜物近盈百萬 基法應獲半 悉捨以爲福唯取麤故衣鉢協以東歸 還止錢塘顯明寺".
25) 제2부 4장 참조.

동을 전개하고 있었다.

사실 晉室의 南遷 이후 불교는 귀족과 깊은 교우를 통해서 교세의 확대를 도모하여 마침내는 沙門不敬王者論이 대두할 만큼 사문의 지위가 강화되었다. 따라서 사문이 출가할 때 반드시 황제의 度牒을 얻어야 한다고는 볼 수 없다. 그런데 위 인용문 가운데 혜의가 문제에게 상주하여 혜기의 출가를 구했고, 문제는 칙명으로 출가를 허락하면서 기원사의 법회에 백관을 거느리고 몸소 참석하였던 이유를 어떻게 보아야할 것인가. 이는 사문 혜의가 송의 왕실과 친숙한 관계를 이용해서 문제의 칙명을 통한 혜기의 출가를 공인 받음으로써 왕실과 불교와의 관계를 돈독하게 하여 사문이나 불교의 입지를 더욱 강화하고자 하였던 것으로 보아야 한다. 뿐만 아니라 문제로 하여금 혜의 자신이 駐錫하고 있는 기원사에 관심을 갖게 하고, 나아가서는 왕실의 지원을 얻고자 함에 있었던 것 같다. 이는 문제가 백관을 거느리고 기원사에 親行하였다는 사실을 통해서, 그리고 혜의가 죽자 百萬錢에 가까운 施物이 모였다는 사실로서 입증되는 것이다.

기원사는 유송의 무제, 문제의 신임을 얻은 중신의 한 사람이었던 范泰가 만년에 불교에 심취해서 건립했던 사찰이다.[26] 범태는 송조가 창건되던 영초 원년(420)에 이 사찰을 건립하면서 만인의 宗師였던 혜의법사를 초청하여 開山法會를 열고, 혜의로부터 재가신자의 계를 받았던 것이다. 그래서 당시의 사람들은 혜의를 身子[27] 즉 佛舍利에, 범태를 須達長子[28]에

---

26) 『宋書』 卷60, 范泰傳, p.1623, "泰博覽篇籍 好爲文章 愛獎後生 孜孜無倦 撰古今善言 二十四篇及文集傳於世 暮年事佛甚精 於宅西立祇洹精舍 五年 卒 時年七十四".

27) 身子는 佛舍利의 번역된 이름으로 鶖子라고도 한다. 梵語 舍利는 번역하여 身이라 하며 弗多羅는 번역하여 子라 한다. 舍利는 새 이름으로 곧 鶖鷺鳥다. 그 어미의 눈이 鶖鷺鳥와 같음으로 舍利라 하고 그 아들이므로 舍利子 혹은 鶖鷺子라 한다. 이는 佛弟子 가운데 제일의 智者이다.(舍利弗을 번역하여 身子라 함은 번역된 말 鶖鷺의 梵語 'sāri'와 번역된 말 骨身의 梵語 舍利羅 'sarira'가 同一語가 되어

비유했기 때문에 기원사라고 하는 이름은 여기에서 연유한 것이고,[29] 외국의 사문이 이 사찰에 많이 거주하였다.[30] 결국 기원사는 원가의 치세를 통해서 혜의를 중심으로 그의 제자 혜기의 협력을 얻어서 세속의 권력과 교류했던 사원이었다는 것을 말해주고 있다.

유송 무제이래 왕실과 긴밀한 관계를 유지하면서 원가치세에 불교계의 지도적 지위에 있었던 사문의 한 사람이 혜관이었다.『고승전』권7, 本傳의 기록을 살펴보면 다음과 같다.

혜관은 淸河 崔氏였는데 열 살 때 박식하여 이름을 날렸다. 스무 살에 출가하여 사방을 유행하다가 만년에는 여산의 혜원에게 가서 자문을 구하였다. 그 후 구마라집이 관중에 들어왔다는 소식을 듣고 남쪽에서 북방으로 가서 新舊經典의 내용이 같고 다름을 상세히 고찰하였다. 풍채가 빼어나고 생각이 玄微한 경지에 들어가 있었으므로 당시 사람들이 칭송하기를 "마음에 정통하기는 道生과 道隆이 으뜸이며, 疑難에 정통하기는 혜관과 僧肇가 제일이다"고 하였다. 구마라집이 죽고 난 후에는 남쪽 荊州로 가서 州將이었던 司馬休之와 서로 공경하고 존중하였으며, 그곳에 高悝寺라고 하는 절을 세웠다.……송의 무제가 사마휴지를 정벌하기 위해서 강릉에 이르렀을 때, 혜관과 서로 만나 (무제가) 마음을 기울여 대접하니 옛 친구와 같았다. 이어 칙명으로 西中郞과 교유하게 하였는데 (이가) 바로 (훗날)

나온 것) (『韓國佛敎大辭典(4권)』, 普蓮閣, 1982, p.63).

28) 須達(長子)은 梵語 'sudalta'로 舍衛國 給孤獨長子의 본명으로 祇洹精舍의 施主이다 (『韓國佛敎大辭典(3권)』, 普蓮閣, 1982, p.774).

29) 祇洹寺는 인도 舍衛國의 須達長子(sudalta, 給孤獨長子)가 舍利弗을 위해 波斯匿王의 太子 祇陀가 소유한 園林을 사서 釋尊께 바치고 사찰을 세워 祇園精舍라 불렀다는 고사를 본 따서 范泰도 새로 건립한 이 사찰을 祇洹寺라 불렀던 것이다.

30) 『高僧傳』卷7(『大正藏』第50卷), 釋慧義傳, p.368c, "宋永初元年車騎范泰立祇洹寺以義德爲物宗固請經始 義以泰淸信之至 因爲指授儀則 時人以義方身子 泰比須達 故祇洹之稱厥號存焉 後西域名僧多投止此寺".

文帝였다. 후에 경사에 돌아와서 道場寺에 머물렀다.……원가초 3월 上巳
日에 御駕가 曲水의 讌會에 임하여 혜관과 朝士들에게 詩賦를 지으라고
명하였다. 혜관이 앉은자리에서 제일 먼저 헌상하였는데 글의 뜻이 淸婉하
고 사리가 당시의 사정에 일치하였다. 瑯琊 王僧達, 廬江 하상지가 청아한
말로 塵外의 글이라고 賞讚하였다.[31]

혜관이 구마라집의 入關 소식을 듣고 남쪽에서 북쪽으로 갔을 때[32]
그 곳에는 역시 서역의 사문 佛馱跋陀羅(覺賢)가 라집과 더불어 法相을
논의하고 있었다. 혜관은 불타발타라의 제자가 되었고 라집이 죽은 후에는
불타발타라와 함께 여산의 혜원에게 가서 잠시 머물다가 다시 형주의
강릉으로 내려갔다. 이곳에 머물고 있던 불타발타라와 혜관은 동진 안제
의희 8년(412)에 유유가 劉毅를 토벌하는 기회에 袁豹의 소개로 유유를
알게 되었다. 그래서 불타발타라는 유유로부터 깊은 존경을 받고 필요한
물자를 공급받았다.[33] 의희 11년(415)에 유유가 형주 지방의 사마휴지를
토벌하기 위해서 강릉에 이르렀을 때, 혜관을 다시 만나게 되니 마음을
기울여 옛 친구로서 접대하고 더불어 칙명으로 서중랑(문제)과 교유하게

---

31) 『大正藏』第50卷, p.368b, "釋慧觀 姓崔 淸河人 十歲便以博見馳名 弱年出家遊方受
    業 晩適廬山又諮禀慧遠 聞什公入關 乃自南徂北 訪覈異同詳辯新舊 風神秀雅思
    入玄微 時人稱之曰 通情則生融上首 精難卽觀肇第一……什亡後迺南適荊州 州將
    司馬休之甚相敬重 於彼立高悝寺……宋武南伐休之至江陵與觀相遇 傾心待接依
    然若舊 因勅與西中郎遊 卽文帝也 俄而還京止道場寺……元嘉初三月上巳車駕臨
    曲水讌會 命觀與朝士賦詩 觀卽坐先獻 文旨淸婉事適當時 瑯琊王僧達廬江何尙
    之 並以淸言致款結賞塵外".
32) 『高僧傳』卷2(『大正藏』第50卷), 鳩摩羅什傳, pp.332a~333a에 의하면 그는 後秦
    姚興 弘始 3년(東晋 安帝 隆安 5년, 401) 9월에 入關해서 그해 12월에 長安에
    이르렀다가 弘始 11년(東晋 安帝 義熙 5년, 409) 8월에 長安에서 죽었기 때문에
    慧觀이 鳩摩羅什을 찾아간 시기는 이 사이였다.
33) 『高僧傳』卷2(『大正藏』第50卷), 佛馱跋陀羅傳, pp.334b~335b.

하였다. 이러한 기록을 두고 보면 사문 혜관은 유송의 창건에 앞서 유유와
교분이 두터웠고, 문제와도 즉위 이전에 이미 긴밀한 유대를 갖고 있었다.
후에 그는 송의 도읍에 있던 도장사에 머물면서 문제의 朝臣들과 曲水의
宴會에서 詩, 賦를 함께 하면서 불교와 사문에 대한 왕실의 신뢰를 쌓아가
고 있었다.

　　문제와 교류를 가진 명승이나 고승은 혜엄, 혜관 이외에도 道生,[34] 僧
弼,[35] 道猷,[36] 法瑗,[37] 玄暢,[38] 法恭,[39] 慧覽[40] 등 많은 사문이 있었다.

---

34) 『高僧傳』卷7(『大正藏』第50卷), 竺道生傳, p.366b-c, "竺道生 本姓魏 鉅鹿人 寓居彭
城家世仕族……後値沙門竺法汰 遂改俗歸依 伏膺受業……初入廬山幽棲七年 以
求其志 常以入道之要慧解爲本……後與慧叡慧嚴同遊長安 從什公受業 關中僧衆
咸謂神悟 後還都止靑園寺 寺是晉恭思皇后褚氏所立 本種靑處因以爲名……宋太
祖文皇深加歎重 後太祖設會 帝親同衆御于地筵……王弘范泰顔延(之)並挹 敬風
猷從之問道".

35) 『高僧傳』卷7(『大正藏』第50卷), 僧弼傳, p.369a-b, "釋僧弼 本吳人 性度虛簡儀止方
直 少與龍光曇幹同遊長安 從什受學 (中略) 後下都止彭城寺 文皇器重每延講說
宋元嘉十九年卒 春秋七十有八".

36) 『高僧傳』卷7(『大正藏』第50卷), 道猷傳, p.374c, "釋道猷 吳人 初爲生公弟子 隨師之
廬山 師亡後隱臨川郡山……宋文問慧觀 頓悟之義 誰復習之 答云生公弟子道猷
卽勅臨川郡發遣出京 既至 卽延入宮內 大集義僧令猷申述頓悟……帝乃撫机稱快
及孝武升位尤相歎重".

37) 『高僧傳』卷8(『大正藏』第50卷), 法瑗傳, p.376c, "法瑗 姓辛 隴西人 辛毗之後……初
出家事梁州沙門竺慧開……元嘉十五年還梁州 因進成都 後東適建鄴 依道場慧觀
爲師……後入廬山守靜味禪……後文帝訪覓述生公頓悟義者 迺勅下都 使頓悟之
旨重申宋代 何尚之聞而歎曰 常謂生公歿後微言永絶 今日復聞象外之談 可謂天
未喪斯文也".

38) 『高僧傳』卷8(『大正藏』第50卷), 釋玄暢傳, p.377a, "釋玄暢 姓趙 河西金城人 少時家
門爲胡虜所滅禍將及暢……仍往涼州出家 (中略) 又善於三論 爲學者之宗 宋文帝
深加歎重 請爲太子師 再三固讓".

39) 『高僧傳』卷12(『大正藏』第50卷), 釋法恭傳, p.407c, "釋法恭 姓關 雍州人 初出家止
江陵安養寺 後出京師住東安寺 少而苦行殊倫 服布衣餌菽麥 誦經三十餘萬
言……宋武文明三帝及衡陽文王義秀等 並崇其德素 所獲信施常分給貧病".

40) 『高僧傳』卷11(『大正藏』第50卷) 釋慧覽傳, p.399a, "釋慧覽 姓成 酒泉人 少與玄高

뿐만 아니라 외국 승려들도 기원사에 머물면서 문제와 긴밀한 유대 관계를 가지고 교세의 확대에 노력하였다. 이를테면『고승전』권3, 求那跋摩傳에 아래와 같은 기록이 보이고 있다.

구나발마를 중국에서는 功德鎧라고 하는데 본래는 利利種[41] 출신이었으며, 여러 代에 걸쳐 罽賓國을 다스리는 왕족이었다.……당시에 경사에는 덕으로 명성이 높은 사문 혜관과 慧聰 등이 있었는데 멀리서 소문을 듣고서는 餐稟을 하고자 생각하였다. 원가 원년(424) 9월에 (혜관 등이) 문제를 뵙고 啓上하기를 구나발마를 청하여 맞이하도록 요구하였다. 문제가 交州刺史에게 칙명을 내려 배를 보내어 혜관 등이 맞이해 오도록 하였다.……후에 문제가 혜관 등에게 거듭 칙명을 내려서 다시 정성스럽게 청하였다.…… 원가 8년(431) 정월에 건업에 도착하니 문제가 불러들여서 친절하게 위로하였다.……이에 칙명으로 기원사에 駐錫하게 하여 융숭하고 후하게 공양하니 王公과 뛰어난 선비들이 높여 받들지 않는 이가 없었다.[42]

또『고승전』권3, 求那跋陀羅傳에도 다음과 같은 내용을 전하고 있다.

구나발타라를 중국에서는 功德賢이라 하였는데 中天竺國 사람이었다.……원가 12년(435)에 廣州에 이르렀을 때 자사였던 車朗이 表文을 올려 아뢰니, 송나라 태조는 사자를 보내 영접하였다. 이윽고 京師에 이르자

俱以寂觀見稱 (中略) 宋文請下都止種山定林寺 孝武起中興寺 復勅令移住”.

41) 梵語로 ksatriya, 巴梨語로 khattiya로 印度의 四姓 가운데 하나로 왕족 또는 무사계급이다(『韓國佛教大辭典(6권)』, 서울, 普蓮閣, 1982, p.404).

42) 『大正藏』第50卷, pp.340a～341a, “求那跋摩 此云功德鎧 本利利種 累世爲王治在罽賓國 (中略) 時京師名德沙門慧觀慧聰等 遠挹風猷思欲餐稟 以元嘉元年九月 面啓文帝 求迎請跋摩 帝卽勅交州刺史令汎舶延致觀等 (中略) 後文帝重勅觀等 復更敦請……以元嘉八年正月達于建鄴 文帝引見勞問慇懃……乃勅住祇洹寺供給隆厚 公王英彦莫不宗奉”.

칙명으로 명승인 혜엄과 혜관에게 新亭에서 위로하게 하였는데, 그의 정신
과 마음이 맑고 투철한 것을 보고는 경건하게 우러러보게 되었다. 비록
통역을 통하여 말을 나누었으나 마음이 맞아 오래 사귄 사이와 같이 친함이
있었다. 처음에는 기원사에 머물렀는데, 얼마 있다가 태조가 청하여 맞이하
고 더욱 깊이 숭배하여 존경하였다. 瑯琊 안연지는 해박한 지식을 지닌
석학으로서 의관을 갖추고 문하에 들어가자, 이에 경사와 원근 사람들의
왕래가 끊이지 않았다.[43]

위에 인용한 구나발마전과 구나발타라전의 내용을 자세하게 살펴보면
몇 가지 유사점을 발견할 수가 있다. 우선은 외국의 사문이 유송에 입국하
고자 했을 때 먼저 황제의 허락을 얻은 후에 국내 명승들의 영접을 받았다
는 사실이다. 즉 구나발마의 경우는 원가치세 불교계의 지도적 지위에
있었던 사문 혜관이 문제의 칙명을 받은 연후에 맞이하게 되었고, 구나발타
라의 경우는 광주자사의 표문을 통해서 문제가 파견한 사자에 의해서
영접되고, 사문 혜엄, 혜관의 위로를 받았다.

다음으로는 외국의 사문이 유송에 입국하였을 때는 劉宋의 대표적 사원
이었던 기원사에 安住하면서 왕실의 융숭한 대접을 받았다. 그리고는
公卿, 諸侯王이나 뛰어난 선비들과 교우하면서 그들의 명성을 더하였고,
원근의 신도들이 운집하였다.

이러한 기록들을 두고 본다면 이는 문제 자신이 불교를 깊이 신봉하고
숭상해서 서역의 사문을 맞이하였던 것은 아니다. 문제는 서역의 사문이
중국으로 들어올 때 이들의 입국을 요청한 국내 사문들의 요구를 받아들여

---

43) 『大正藏』第50卷, p.344a, "求那跋陀羅 此云功德賢 中天竺人 (中略) 元嘉十二年至
  廣州 刺史車朗表聞 宋太祖遣使迎接 旣至京都勅名僧慧嚴慧觀 於新亭慰勞 見其
  神情朗徹莫不虔仰 雖因譯交言而欣若傾蓋 初住祇洹寺 俄而太祖延請深加崇敬
  瑯琊顔延之通才碩學 束帶造門 於是京師遠近冠蓋相望".

서 불교를 통한 인민의 교화를 허가하였던 것으로 보아야 한다. 한편 불교 측의 입장에서 보면 외국의 사문이 왕실의 허가를 받아서 입국할 경우 국내의 사문들과 더불어 자유로운 활동을 할 수 있을 뿐만 아니라 왕실이나 집정자들과 쉽게 교우함으로써 안정된 생활을 추구할 수 있었던 것이다.

이상에서 언급한 내용을 되돌아보면, 문제가 사문과 교유를 가지게 된 것은 자신의 불교신앙과 직결된 것이 아니라 유송의 건국과 더불어 불교를 통한 민심의 안정을 도모하고자 했던 정책적 문제와 깊이 연관된 것이라 하겠다. 이는 문제 스스로가 불교에 관한 지식도 없고 불교신앙에 관한 관심도 없다고 하면서도 불교에 대해서 異議를 제기하지 않음은 학식이 풍부한 인사들이 불교를 신봉하고 있으며, 불교는 민심을 啓導하기에 충분하기 때문이라고 하는 내용을 보아서도 알 수 있다. 또 불교로 말미암아 민심의 교화가 이루어지고 태평성세를 구가하게 된다면 더 이상 바랄 것이 없다고 하였던 기록을 통해서도 엿볼 수가 있었다. 문제는 원가 15년이래 유학, 현학, 사학, 문학을 세워 학문의 자유로운 연구풍토를 조성하였을 만큼 인민의 교화에 관심을 가지고 있었다. 때문에 이러한 그의 정책은 종교에도 반영되어 불교가 치국에 보탬이 된다면 자유로운 활동을 보장한다는 것이었다.

한편 불교의 입장에서 본다면 동진이래 비교적 자유로운 포교활동을 통한 교세의 확대를 도모하여 마침내는 사문불경왕자론까지 주장하는 입지를 확보하기에 이르렀던 것이다. 그러므로 사문이 출가를 할 때나 서역의 사문이 중국에 입국을 할 때 반드시 황제의 허가를 얻어야 한다고는 볼 수 없다. 하지만 사문의 일부는 유송의 건국에 깊이 관여하였고, 출가에 즈음해서는 문제에게 도첩을 요구하였으며, 외국의 사문이 입국할 때도 문제의 허락을 받았던 것이었다. 이는 불교가 자유로운 포교활동을 위해서

는 치국의 최고 책임자인 황제의 도움이 필요하였을 뿐만 아니라 불교의
재정적 어려움을 해결하기 위해서는 무엇보다도 帝權과 결탁할 필요성에
서 기인한 것으로 해석된다. 이는 일찍이 사문 승도가 유송의 무제에게
"불법을 보호하고 道를 펴는 데는 帝王보다 앞서 할 사람이 없습니다"[44]라
고 말한 것을 두고 보아도 알 수 있다. 그리고 이러한 사실을 구체적으로
입증해 주는 대표적인 사원이 기원사였다. 기원사는 유송의 창건과 더불어
무제의 중신이었던 범태가 건립했던 곳으로 당시 황실과 긴밀한 유대관계
를 가지고 있던 사문 혜의를 비롯해서 혜기 등이 거주하면서 세속의 권력과
교류한 사찰이었다. 그리고 외국의 사문이 유송이 이르렀을 때도 대부분
이 사원에 駐錫하면서 황실의 재정적 지원을 받아서 당시의 명사들과
더불어 담론하였던 것이다.

이와 같이 유송의 문제와 불교는 신앙적 측면에서보다는 정책적인 문제
와 깊이 결부되어 있었기 때문에 불교가 정책에 위배되는 행위를 자행하였
을 경우에는 帝權에 의한 통제도 불가피하게 대두되었던 것이었다.

4. 文帝의 佛敎統制政策

동진이래 불교는 귀족이나 帝室과 긴밀한 유대를 통해서 교세의 확대와
교단의 확충을 가져왔다. 그러나 그 융성의 이면에는 교단의 부패상이
드러나 경제적, 사회적으로 여러 가지 문제점을 야기시켰기 때문에, 동진
말기에는 위정자나 지식인들 사이에 불교의 폐해를 지적하는 사례가 나타
나게 되었다. 동진 효무제 때 허영의 상주문[45]이나『홍명집』권6, 도항의

---

44)『高僧傳』卷7(『大正藏』第50卷), 釋僧導傳, p.371b, "又謂帝曰 護法弘道莫先帝王".
45)『晋書』卷63, 簡文三子傳 참조.

「석박론」[46)]에서는 불교의 계율에 벗어난 사문들의 구체적 행위에 대해서 직설적인 비판을 가하였다. 즉 사문들이 현실을 도피하여 사원에 모여들어 경제적인 이익을 탐하고 있고, 이러한 일련의 행위들은 治道에 유해한 것이어서 국법을 집행하는 자에게는 고질병이고 나라를 다스리는 자에게는 우환거리가 되기 때문에 사문들 스스로가 자숙하고 시정하도록 요구되어졌다. 그러다가 한 때 동진의 실권을 장악했던 환현은 '衆僧沙汰'의 교서를 발표하여 불교의 부패에 대해서 보다 강력한 制裁를 가하고자 하였다.[47)] 그런데 이 교서가 당시의 상황으로 미루어 보아 구체적으로 시행되기에는 상당한 어려움이 있었다는 점에 대해서는 이미 필자가 언급하였다.[48)] 그러나 통치자의 입장에서 불교가 국정에 위배되는 행위를 했을 때 이에 대한 통제를 가하고자 했던 것은 당연한 처사로 보아야 할 것이다.

유송의 무제도 새로운 왕조의 창건에 즈음해서는 사문을 존경하여 불교계의 인심을 얻는데 노력하였지만 사문이 계율을 위반하고 세간의 풍속을 혼란시켜 국정에 방해가 되는 행위에 대해서는 엄격한 통제정책을 취했던 것이다.[49)] 이러한 종교정책은 문제 원가의 치세에도 계속되어 불교의 폐해에 따른 사문의 沙汰와 통제를 실현하게 되었다. 우선『송서』권45, 劉粹傳에 사문의 환속에 관한 기사가 보이고 있는데, 다소 번거로움이 있으나 원문 그대로 인용해 보면 아래와 같다.

劉粹字道沖 沛郡蕭人也……太祖卽位 遷使持節督雍梁南北秦四州荊州
之南陽竟陵順陽襄陽新野隨六郡諸軍事征虜將軍領寧蠻校尉雍州刺史襄

---

46)『大正藏』第52卷, p.35b.
47)『弘明集』卷12(『大正藏』第52卷), 桓玄輔政欲沙汰衆僧與僚屬敎, p.85a.
48) 제2부 4장 참조.
49)『廣弘明集』卷24(『大正藏』第52卷), 僧行篇 沙汰僧徒詔.

陽新野二郡太守 在任簡役愛民 罷諸沙門二千余人 以補府史……元嘉三年
討謝晦……明年 粹卒 時年五十三.

위의 내용은 옹주자사, 양양·신야태수를 역임한 劉粹가 재임기간 동안
에 부역을 줄이고, 백성을 사랑했으며, 사문 2,000여 인을 환속시켜서 府史
(태수의 아래에서 물건의 보관, 문서 작성을 담당한 서기)로 삼았다는
것이다. 유수가 사문을 환속시킨 시기는 정확히 알 수 없으나 그가 원가
3년(426)에 謝晦를 토벌하고 원가 4년(427)에 죽었음으로 그의 생존시기였
던 원가 원년(424)에서 원가 3년(426)에 시행되었던 것으로 보인다. 그리고
2,000여 인에 달하는 사문을 환속시킨 구체적인 이유도 언급하지 않고
있다. 하지만 추론해보면, 부역을 줄이고, 민생의 안정을 도모하고자 했던
정책을 추진하는 과정에서 출가 수도자의 수적 증가는 治民에 도움이
될 수 없다는 판단에 의한 것 같다. 그래서 일부 사문을 환속시키고, 환속시
킨 사문의 일부는 애민정책에 입각해서 州의 府史로 임명했던 것으로
짐작된다. 그런데 이러한 사문의 沙汰를 州의 자사 유수 자신의 의지에
의해서 실현된 것으로 속단하기도 어렵고, 그렇다고 문제의 칙명에 의해서
단행되었다고 판단하기에도 힘들다. 왜냐하면 문제의 칙명에 의해서 나타
났던 정책이었다면『송서』문제본기에는 전혀 언급이 없고, 무슨 연유로
유수열전에만 전하고 있는지 그 의문을 씻을 수가 없다. 반면 유수에 의해
서 단행되었다고 할 때, 州의 자사가 왕명을 받들지 않고, 또 불교계의
반발을 고려하지 않으면서 사문의 사태를 단행할 수 있었는지 이 역시
의문을 떨칠 수가 없다. 그렇다면 문제의 즉위 초기에 나타난 사문의 사태
는 자사 유수의 건의를 문제가 허락하여 실현된 것으로 보는 것이 보다
타당한 논리일 것이다.

다음으로 문제 원가 12년(435)에 단양윤 소모지가 사원과 불상의 濫造에

따른 불교교단의 통제에 관해서 주상한 내용을 『송서』 권97, 夷蠻傳의
기록을 통해서 살펴보기로 한다.

불교가 후한 明帝 때 처음으로 중국에 전래된 이래 그 교세가 점점
확대되어 帝王에서 서민에 이르기까지 마음으로 귀의하지 않음이 없으며,
경전이 많고 가르침이 깊고 멀어서 별도로 一家의 學을 이루었다. 원가
12년에 단양윤 소모지가 상주하기를 "불교가 중국에 전래된 지 이미 4代를
거치면서 불상과 사탑이 1,000을 헤아리니, 나아가서는 마음을 의지할
만하고 물러서면 불러들여서 권유하기에 족합니다. 그런데 근래에는 지엽
적인 일을 중시하면서 정성을 극진히 하지 아니할 뿐 아니라 사치를 다투고
중하게 여기며, 오래된 건물이 허물어져가도 일찍이 수리하지 않고 각각
새롭게 신축하여 자랑하고 있습니다. 좋은 집은 이로 말미암아 다 쓰이고,
목재, 대나무, 구리, 비단의 소모가 끝이 없습니다만 神祇와는 관계가 없습
니다. 많은 사람들이 정도를 어기고 규정을 넘어서니 마땅히 제재를 가하여
방지하지 않으면 절제를 잃음이 끊어지지 않을 것입니다. 청컨대 지금부터
銅像을 주조하려는 사람은 모두 중앙의 政務官署에 나아가서 신청을 하고
탑사나 精舍를 조성하고자 하면 모두 해당지역의 태수에게 나아가서 진술
하여 알리고, 郡은 일에 따라 本州에 알려서 반드시 허가를 통보 받은
연후에 착공하여야 할 것입니다. 함부로 寺舍를 건립하고자 하는 자가
있으면 모두 不承用詔書律에 따라 銅宅林苑을 모두 관청에서 몰수하여야
합니다." (이 상주는) 조칙으로 裁可되었고, 또한 사문을 沙汰하여 道를
罷한 자가 수백 인이었다.[50]

---

50) "佛道自後漢明帝 法始東流 自此以來 其敎稍廣 自帝王至于民庶 莫不歸心 經誥充
積 訓義深遠 別爲一家之學焉 元嘉十二年 丹陽尹蕭摹之奏曰 佛化被于中國 已歷
四代 形像塔寺 所在千數 進可以繫心 退足以招勸 而自頃以來 情敬浮末 不以精誠
爲至 更以奢競爲重 舊宇頹弛 曾莫之修 而各務造新 以相姱尙 甲第顯宅 於玆殆盡
材竹銅綵 靡損無極 無關神祇 有累人事 建中越制 宜加裁檢 不爲之防 流遁未息
請自今以後 有欲鑄銅像者 悉詣臺自聞 興造塔寺精舍 皆先詣在所二千石通辭 郡
依事列言本州 須許報 然後就功 其有輒造寺舍者 皆依不承用詔書律 銅宅林苑 悉

이러한 소모지의 상소문은『홍명집』권11, 何令尙之答宋文皇帝讚揚佛
敎事條,[51]『광홍명집』권6, 변혹편 列代王臣滯惑解上 소모지,[52]『자치통
감』권122, 宋紀四 문제 원가 12년조에도 거의 동일한 내용을 전하고 있다.
동진이래 유송에 걸쳐 불교의 교세는 점차 확대되어 황실, 귀족에서 서민에
이르기까지 불교에 마음을 기울이게 되었다. 이에 동반해서 화려한 사찰과
불상이 앞을 다투어 조성됨으로써 목재, 대나무, 구리, 비단의 소모가 지나
치므로 이러한 폐해를 고치기 위해서는 사탑의 건립을 국가 허가제로
하지 않으면 안 된다는 치국정책을 제시한 것이다. 결국 소모지는 불교에
대한 사상적인 대립이나 華夷論에 입각한 전면적인 폐불을 주창한 것이
아니라 불교의 구체적인 타락상을 명확히 지적하고 이에 대한 시정을
촉구한 것이었다. 이러한 소모지의 건의를 문제가 재가함으로써 불교교단
에 대한 통제가 가해지고 아울러 沙汰를 당한 사문이 수백 인에 이르렀다.
결국 통치자의 입장에서는 불교가 사회적으로나 경제적으로 혼란을 야기
시켰을 때 이에 대한 통제를 가한 것은 당연한 처사였다고 보아야 한다.
『고승전』권13, 僧洪傳의 기록을 보면 다음과 같은 내용이 보인다.

釋僧洪은 豫州사람인데 경사의 瓦官寺에 머물렀다. 젊어서 몸가짐이
바르고 깨끗하였다. 후에 교화하여 인연이 있는 사람을 거느리고 丈六의
금상을 조성하는데 銅을 녹여서 像을 주조하는 일은 마쳤으나 모형을
열어보지는 못하였다. 동진 말에 銅의 사용을 엄격하게 금지하여 이를
범하는 자는 반드시 죽이도록 되어 있었다. 유송의 무제가 그때 相國으로
있었는데 승홍을 죄에 연루시켜 相府에 묶어두었는데, 오직 觀世音經을
독송하면서 한 마음으로 불상에 歸命하고 있었다. 꿈에 주조된 불상이

沒入官 詔可 又沙汰沙門 罷道者數百人".
51)『大正藏』第52卷, p.69a-b.
52)『大正藏』第52卷, p.127b.

와서 손으로 승홍의 머리를 어루만지면서 "두렵지 않느냐?"고 물었다.
승홍이 말하기를 "스스로 죽기를 각오하였습니다"라고 하자, 불상이 "근심
하지 말라"고 하였다.……刑을 집행할 때 상부의 參軍이 죽이는 일을 감독
하는데 소가 달아나 수레가 부서져서 하루를 연기하였다. 계속되는 명령을
가지고 팽성에서 사자가 와서 말하기를, "승홍을 죽이지 않았으면 죄를
용서하라"고 하여 마침내 사형을 면하게 되었다.[53]

이는 동진 말기에 銅의 사용을 엄격하게 규제하고 있을 때 사문 승홍이
금동불상을 주조하다가 죄에 연루되어 사형에 이르렀다가 겨우 죽음을
모면하였다는 사실을 전해주는 내용이다. 이와 같이 동진에서도 불교가
치국에 위배되는 행위를 하였을 때는 가차없이 통제했던 사실을 단적으로
말해주고 있는 것이다. 따라서 유송의 문제가 소모지의 주청을 받아들였던
것은 치국과 관련된 종교정책에 기인했던 것이며, 이러한 對佛政策은
동진이래 계속되어 온 것으로 유송의 문제에게만 국한된 정책은 아니었다.

이상에서 언급한 내용을 돌아보면, 동진 말이래 불교교단의 부패상이
드러나게 되자 위정자나 지식인들 사이에는 이에 대한 구체적이고 직설적
인 비판과 더불어 교단에 대한 통제를 가하고자 하였다. 유송의 무제도
새로운 왕조의 창건에 즈음해서 사문을 존경하고 불교를 통한 인심의
啓導에 노력하였지만 불교가 세간의 풍속을 혼란시켜 국정에 방해가 되는
행위에 대해서는 엄격한 통제를 가하는 불교정책을 취하였다. 이러한 정책
은 문제의 원가치세에도 계승되었던 것이다. 유송의 문제는 학문의 자유로

---

53) 『大正藏』第50卷, pp.410c~411a, "釋僧洪 豫州人 止于京師瓦官寺 少而修身整潔
後率化有緣 造丈六金像 鎔鑄始畢 未及開模 時晉末銅禁甚嚴 犯者必死 宋武于時
爲相國 洪坐罪繫于相府 唯誦觀世音經 一心歸命佛像 夜夢所鑄像來 手摩洪頭問
怖不 洪言 自念必死 像曰無憂……會當行刑府參軍監殺 而牛奔車壞 因更剋日 續
有令 從彭城來云 未殺僧洪者可原 遂獲免".

운 연구풍토를 조성하고, 불교에 대해서도 자유로운 포교활동을 허락하면서 인민의 교화에 노력하였다. 한편 불교의 입장에서는 불법을 보호하고 道를 펴는 데는 帝王보다 앞서 할 사람이 없다는 입장을 견지하면서 일부 사문은 문제의 도첩을 얻어서 출가하였고, 외국의 사문은 문제의 허락을 받아 입국함으로써 세속의 권력과 결탁하였다. 그러나 문제 역시 불교가 국정의 운영에 어려움을 더했을 때 교단에 대한 통제는 불가피하게 단행되었던 것이다. 그래서 문제는 신야태수 유수의 건의를 받아들여 2,000여 명에 달하는 사문을 환속시키고, 그 가운데 일부를 州의 府史로 임명하였다. 또한 단양윤 소모지의 건의로 사원의 건립과 불상의 주조를 국가 허가제로 하여 이의 濫造를 막고, 아울러 사문에 대한 沙汰도 단행하였다. 따라서 문제의 불교에 대한 태도는 그의 신앙이나 정서적인 문제와 연관된 것이 아니라 그의 정책적인 문제와 관련된 것으로 보아야 한다.

5. 맺음말

유송의 소제는 재위 2년만에 重臣 서선지, 부량 등에 의해서 살해되었고, 뒤이어 대통을 승계한 문제의 치세는 명문 신료들의 보필로 재위 30년간에 소위 '원가의 치'라고 하는 유송의 극성기를 맞이하였다. 문제는 스스로 깨끗하고 공평한 정치를 실현하여 朝野에 검소한 기풍을 진작시킴으로써 내정은 안정되고 백성들은 태평을 구가하였다. 그는 문치정책을 실현하여 유학, 현학, 사학, 문학이라고 하는 4학을 병설함으로써 유교독존의 시대와는 달리 학문의 자유로운 연구풍토를 조성하였으며, 나아가 백성들의 교화에 진력하였던 것이다. 이러한 정치적 교화는 그의 종교정책에도 반영되어 불교의 자유로운 포교활동과 학문적 연구도 성행하게 되었다.

한편 불교는 동진이래 황실이나 귀족과 깊이 교유하면서 교단의 확대를 도모하여 왔었다. 더욱이 유송의 창건에 즈음해서 일부 사문은 불교적 상서를 이용해서 개국공신의 역할을 수행함으로써 황실과의 유대를 보다 돈독하게 유지하면서 교세를 넓혀가게 되었다.

원가의 치세에 이르러 문제의 존경을 받아 당시 불교계를 이끌었던 대표적인 중국 사문은 혜엄과 혜기, 혜관이었고, 서역의 사문으로서는 구나발마와 구나발타라가 있었다.

혜엄은 유유의 장안 정벌에 동행하고 유송의 창건에 깊이 관여한 개국공신의 한 사람으로서 무제의 깊은 존경을 받아왔기 때문에 문제는 즉위 이전에 이미 혜엄과 두터운 교분을 가지고 있었다. 그의 죽음에 임해서는 문제가 錢 5만 냥과 布 50필을 지급할 정도로 帝의 존경을 받았던 것이다. 그리고 혜기는 문제의 도첩을 얻어서 출가하였고, 칙명에 의해서 마련된 출가법회에는 문제가 몸소 백관을 거느리고 참석할 만큼 왕실과 긴밀한 관계를 가졌다. 진의 南遷이래 불교는 귀족들과 깊은 교우를 가짐으로써 마침내는 사문불경왕자론이 대두할 만큼 사문의 지위가 강화되어 있었다. 그런데 혜기가 문제의 칙명으로 출가를 공인받았던 것은 왕실과 돈독한 관계를 가짐으로써 불교와 사문의 입지를 더욱 강화하고 나아가서는 왕실의 재정적 지원을 얻고자 함에 있었던 것이다. 실제로 기원사는 유송의 무제이래 문제 원가의 치세에 이르러 왕실의 재정적 지원을 받으면서 세속의 권력과 사문들이 교유한 대표적 사원이었고, 외국의 사문이 유송에 이르렀을 때도 대부분이 이 사원에 駐錫하였다. 다음으로 혜관도 문제의 朝臣들과 더불어 曲水의 연회에서 詩, 賦를 함께 하면서 불교에 대한 왕실의 신뢰를 구축하기에 노력하였던 사문이었다.

서역의 사문 구나발마와 구나발타라는 문제 원가 8년(424), 12년(435)에 각각 유송의 도읍 건강에 도착하였지만 이들이 유송에 입국할 때는 먼저 문제의 허락을 얻은 연후에 국내 사문들의 영접을 받았다. 그리고 입국한 후에는 세속의 권력과 깊이 결탁된 기원사에 안주하면서 왕실의 지원과 文帝의 존경을 받고 나아가 당시의 명사들과 교우하면서 그 명성을 더하였다.

이와 같이 문제는 국내외의 사문을 존경하고 불교를 보호하였지만 이는 그의 신앙심과 직결된 것은 아니라 불교를 통한 민심의 안정을 도모하고자 했던 정책적인 문제와 연관된 것이었다. 때문에 불교가 그의 정책에 위배되는 행위를 자행하였을 때 帝權에 의한 통제도 불가피하게 대두되었던 것이었다.

불교교단의 부패상은 이미 동진 말기에 드러나 당시의 위정자들은 이에 대한 직설적인 비판과 더불어 강력한 제재를 가하고자 하였고, 유송 무제, 문제의 치세에도 이러한 정책은 계속되었다. 문제는 원가 초기에 옹주자사 유수의 건의를 받아들여 사문 2,000여 인을 환속시키고, 그 가운데 일부를 府史로 임명하는 對佛統制政策을 실현하였다. 그리고 원가 12년(435)에는 단양윤 소모지의 건의로 사원의 건립과 불상의 주조를 국가 허가제로 시행하고, 더불어 사문에 대한 沙汰도 단행하였다. 하지만 이러한 불교통제정책이 문제를 뒤이은 효무제의 치세에 이르러서도 사문의 제왕에 대한 예경문제와 더불어 다시 대두하게 되었다.[54] 이러한 사실을 두고 보면 동진이래 교세의 확대를 도모해 왔던 불교교단에 대한 帝權의 통제가 쉽사리 이루어질 수 없었다는 점을 알 수 있지만, 이는 아마도 동진이래 송조가 귀족적 성격을 지닌 왕조였다는 것과 무관하지 않으리라고 본다.

---

54) 『廣弘明集』 卷6(『大正藏』 第52卷), 辯惑篇, pp.125c~126a ; 『宋書』 卷97, 夷蠻傳 ;
    『高僧傳』 卷8(『大正藏』 第50卷), 釋僧遠傳, pp.377c~378a ; 『資治通鑑』 卷129,
    宋紀11 孝武帝 大明六年條 참조.

제6장 『高僧傳』神異編에 관한 연구

1. 머리말

5호족의 중원 침입으로 華北에는 북방 소수민족에 의한 여러 왕조가 흥망을 거듭하였다. 이들 소수민족은 漢族과 비교하여 무력적으로 우위를 점하고 있었지만, 한족의 본거지였던 중원(화북)의 지배에 대한 이론적 근거는 갖추지 못하고 있었다. 호족 왕조들은 서로 첨예하게 대립하고 있었을 뿐만 아니라, 夏夷사상으로 무장한 한족의 도전에도 직면하고 있었다. 호족의 군주들은 왕조의 정치적 안정과 통치의 연속성을 공고히 하기 위하여 중원의 통치에 대한 이론적인 근거를 마련해야만 했다.[1] 하지만, 한족의 전통사상인 유학은 이민족들에게 그 정당성을 제공해 줄 수가 없기 때문에, 호족군주들은 만민평등·자비를 근본으로 하는 불교를 그들 통치수단의 한 방편으로 이용하였다.

한편, 불교계는 중원의 오랜 정치적 혼란과 때로 호족군주들의 난폭한 행동으로 말미암아 안정적인 포교를 하는데 많은 어려움도 있었다. 심지어 포교의 주체였던 승려들은 호족군주들로부터 종종 생명의 위협을 받기도 하였다. 때문에 불교계의 지도자들은 황제가 모든 것을 결정하는 중국

---

1) 姜文皓, 『中國中世政治史硏究』(서울, 國學資料院, 1999), pp.41~45.

사회에서 교세의 지속적인 확대를 위해서는 세속의 통치자로부터 포교의
자유를 인정받고, 그들의 정치적, 경제적 지지를 획득해야만 한다는 사실
을 점차 인식하게 되었다.[2] 따라서 승려들은 현실 문제에 적극 참여하여
세속 군주들의 현실적인 난제들을 해결해 줌으로써, 그들로부터 안정적인
포교의 자유를 보장받고자 하였다.

　군주와 사문 사이에 서로의 이해로 말미암아 형성된 교유관계는 주로
신앙 외적인 측면에 기인하고 있었기 때문에,[3] 승려들은 통치자가 필요로
하는 순간마다 그들이 직면한 난제들을 해결해 주어야만 했다. 왜냐하면,
세속의 군주는 승려들이 자신들의 요구를 곧바로 수행하지 못할 경우,
승려들에 대한 그들의 지지도 즉시 철회하였기 때문이다. 그래서 승려들은
개인적인 재능에 의거하여 다양한 '神異'[4]를 보임으로써, 군주들에게 불교
의 위신을 시각적으로 확인시켜 주어야만 했다.[5] 이로 말미암아 서진

---

2) 賴永海 著, 박영록 옮김,『중국불교문화론』(서울, 동국대학교출판부, 2006), pp.396~
　397.

3) 제1부 1장 참조.

4) 河廷鉉,「『삼국유사』텍스트에 반영된 '神異' 개념에 관한 연구」, 서울대 박사학위
　논문(2002), p.4, pp.36~39에 의하면, '神異'란 일반적으로 불가사의한 것, 괴이한
　것, 위태로운 것으로 인간의 행위가 아닌 것으로 보이는 것을 말한다. 신이의
　'異'는 다름, 어긋남, 기이함, 괴이함, 비범함, 비상함 등의 용례가 있다. 따라서
　신이는 초인간적인 행위이지만 거룩함이나 존귀와 같은 긍정적 가치로만 설명되
　는 것은 아니다. 불교적 용례의 신이는 수행에 의해서 체득되는 초인간적인
　능력, 혹은 성자에게 갖추어진 불가사의한 능력을 의미한다. 이것은 명상의 완성
　에 의해서 얻어지는 기적적인 영감으로 '神通'이라고도 불린다. '通'이란 지혜와
　관련이 있는 것으로 불가사의한 언어나 행동을 의미한다고 지적하고 있다. 또한,
　신이의 시행과 관련하여 (梁)高僧傳(이 章에서는 湯用彤 校注,『高僧傳』(北京,
　中華書局, 1992)本을 사용함.) 卷10, 신이 下, pp.398~399의 '論'에서는 "神道之爲
　化也 蓋以抑夸强 摧侮慢 挫兇銳 解塵紛……夫理之所貴者合道也 事之所貴者濟
　物也 故權者反常而合道 利用以成務"라고 언급한 사실을 주목할 필요가 있다.

5) 尙永琪,「北朝胡人與佛教的傳播」『宗教』2006-4, pp.32~33.

이래로 신이승들이 대거 출현하여 다방면에서 활동을 하였는데,『고승전』
에서도 '神異'를 독립된 한 編名으로 설정하고 있다. 現傳하는 14권본의
『고승전』神異編에는 正傳 20인과 附見 12인의 전기를 상·하(권9와 권10)
에 걸쳐서 수록하고 있다.[6]

신이편에 수록된 승려들은 세속의 군주나 민중들과 교유하면서 豫言,
祈雨, 醫術, 幻術 등 다양한 신이의 행적들을 보였다. 이에 대한 구체적인
분석은 위진남북조시기, 특히 5호시기에 불교계가 급성장할 수 있었던
원인을 구명하는데 도움이 될 것이다. 본 장에서는 신이편의 내용을 '현실
정치의 참여', '虎災의 소멸', '치병활동의 참여' 등으로 대별하여 고찰하고
자 한다.

2. 현실정치의 참여

인도의 원시불교는 출가자들이 국왕을 비롯한 세속 통치자들의 현실정
치에 참여하는 것을 律로써 금지하고 있다. 세속 통치자와의 결합은 교단의
독립에 장애가 될 수 있음으로, 통치자들과 마찰의 가능성을 처음부터
피하고자 하였다.[7] 하지만 불교가 중국에 전래되면서 이 같은 계율은
사문화될 수밖에 없었다. 불교 전래 초기에 외래승려들은 이질적인 정치,

---

6) 『高僧傳』, p.568의 '高僧傳分科分卷人數對照表'에서 각 대장경별로 '神異編'에
  수록된 사람들의 숫자를 아래와 같이 기록하고 있다.

분과	大正藏本			金陵本			海山仙館本		
	卷	正傳	附見	卷	正傳	附見	卷	正傳	附見
神異(上, 下)	9	4	1	10	8	2	9	4	1
	10	16	11(9)*	11	12	9	10	16	8
소계		20	12(10)*		20	11		20	9

7) 中村元 著, 차차석 옮김, 『불교정치사회학』(서울, 불교시대사, 1993), pp.64~68.

문화지역에서 생존과 전교를 위하여, 자신들이 정통해 있던 각 방면의
신이 능력을 활용하여 능동적으로 통치자들에게 접근을 시도하였다.[8]
그 결과 통치자들은 점차 승려들의 안정적인 포교활동을 보장해 주게
되는데, 이것은 불교계의 교세 확대를 위한 공고한 기초가 되었다.

불교 전래의 초기에는 신이가 포교를 위한 중요한 수단이 되었다.[9]
현전하는 자료에 의하면, 중국 불교사에서 가장 대표적인 신이승은 '竺佛
圖澄'이다. 최초의 종합적인 僧傳인 寶唱의『名僧傳』은 그의 전기만으로
한 권을 찬술하였고,[10] 慧皎도『고승전』의 '신이편'에서 그의 전기를 제일
앞에 두고 있다는 점이 이런 사실을 잘 반영하고 있다.『고승전』가운데
5,300여 字에 걸쳐 찬술된 그의 전기는, 그가 당시 통치자들을 위해 활동했
던 다양한 자료를 수록하고 있어, 신이승 전기의 결정판이라고도 할 수
있다.[11]

먼저, 불도징의 신이 행적에 대해서 정리해 보면 다음 <표 1>과 같다.
불도징은 龜玆國 출신으로 어려서 출가하여 소승의 說一切有部를 수학한
후 敦煌에서 장기간 체류하면서 대승 般若空宗의 영향을 받았다. 그는
인도와 서역의 승려들이 전교의 방편으로 수학했던 五明, 幻術, 氣功 등에
정통하여 뛰어난 신이 능력을 갖추고 있었다.[12]

8) 三崎良章 著, 김영환 옮김,『五胡十六國－中國史上의 民族大移動－』(서울, 경인문
화사, 2007), p.152.
9) 河廷鉉, 앞의 논문(2002), p.90.
10)『名僧傳抄』(『新編 卍續藏經』)(臺北, 新文豐出版公司, 1983 再版), p.2의 총목차에서
는 "名僧傳第四, 神通・弘敎外國法師四, 竺佛圖澄"이라 기록하고 있다.
11) 佛圖澄에 대한 기왕의 연구성과로는 塚本善隆,『中國佛敎通史(第1卷)』(東京, 春秋
社, 1979), 第5章 2節；鎌田茂雄,『中國佛敎史(第1卷)』(東京, 東京大學出版會,
1982), 第4章 1節, 2節；任繼愈 主編,『中國佛敎史(第2卷)』(北京, 中國社會科學出
版社, 1985, 1997 2次印刷), 제1부 1장 등이 있다.
12)『晉書』卷95, 佛圖澄傳(北京, 中華書局, 1974, 1998 7次印刷. 이하 25사는 中華書局

<표 1> 『고승전』에 보이는 불도징의 신이 행적

구분	내용
정치	* 石葱의 모반을 예견. p.348 * 石勒의 사망을 예견. p.349 * 石邃의 역모를 예견하고, 그가 자신을 해하려는 것을 예언. pp.349~350 * 石斌의 액난을 예견. p.350 * 石宣의 대역을 예견하여 石虎를 구제. p.354 * 己酉年에 石氏가 멸망할 것을 예견. p.355
군사	* 坊頭에서 적의 습격을 예언. p.346 * 선비 段波를 잡을 것을 예견. p.347 * 劉曜의 장수 劉岳을 잡을 것을 예견. p.348 * 光初 11년 유요를 잡을 것을 예견. p.348 * 郭黑略의 위기를 주술로 구원. p.350 * 燕國 정벌이 실패할 것을 예견. p.352 * 동진 桓溫의 入河를 예견. p.352 * 선비 慕容氏가 중원에 건국할 것을 예견. p.354
사회	1) 祈雨 : * 襄國 城塹의 水源이 마르자 呪文으로 해결. pp.346~347 * 석호의 부탁으로 臨漳에서 기우하여 비를 얻음. p.351 2) 醫術* : * 고질 병자를 대거 치료하여 효과를 봄. p.346 * 사망한 석빈을 회생시킴. p.348 * 석수의 아들이 병든 것과 사망할 것을 예견. p.349
교화	* 연꽃을 피워 석륵을 교화. p.346
기타	* 석륵이 그를 시험 혹은 해하려는 마음을 예견. p.346 * 선비족 노복의 난동을 예견. p.347 * 제자들의 불경한 행동을 보지 않고도 앎. p.349 * 제자들의 액난을 구제함. p351 * 기인 麻襦가 도래할 것을 예견. p353 * 술로 幽州의 화재를 구함. p.354

* 의술로 현실에 참여했던 신이승도 많이 보이는데, 이들에 대해서는 '치병활동의 참여'라는 독립된 절을 설정하여 고찰할 것이다.

그는 永嘉 4년(310) 낙양에 도착했지만, 劉曜가 낙양을 함락하여 京師의

———————

본을 사용함), p.2485, "少學道 妙通玄術……常服氣自養 能積日不食 善誦神呪 能役使鬼神".

혼란이 가중되자 잠시 초야에 숨어 시세를 관망하였다. 당시 화북에서 소수민족의 왕조를 건립했던 북방의 이민족들은 그들 스스로가 중원의 지배에 대한 이론적인 근거를 갖추지는 못하고 있었다.[13] 한편, 한인 사족들은 유교적인 夏夷觀으로 말미암아 이민족의 왕조에 출사하는 것을 극히 기피하였고,[14] 이민족 통치자들이 외래 종교인 불교를 지지하는 것에도 강력히 반대를 하였다.[15]

이러한 상황에서 後趙의 통치자인 석륵, 석호는 정국의 안정을 위하여, 외래승려인 불도징은 불교교세의 확대를 위하여, 각자의 욕구를 충족시켜 줄 수 있는 조력자들을 필요로 하게 되면서, 두 세력간에는 점차 신앙 외적인 측면에서의 관계가 형성되게 되었다. 그 결과 불도징은 동진 永和 4년(348) 鄴宮寺에서 입적할 때까지 근 40년간,[16] 통치자들의 현실적인 욕구를 충족시킬 수 있는 신이 능력에 의거하여, 후조의 정치, 사회, 군사

---

13) 『晋書』 卷104, 石勒載記上, p.2715, "自古以來誠無戎人而爲帝王者 至於名臣建功業者 則有之矣"; 同書 同卷, p.2721, "且自古誠胡人而爲名臣者實有之 帝王則未之有也 石將軍非所以惡帝王而讓明公也 顧取之不爲天人之所許耳 願公勿疑"; 同書 卷116, 姚弋仲載記, p.2961, "今石氏已滅 中原無主 自古以來未有戎狄作天子者 我死 汝便歸晋 當竭盡臣節 無爲不義之事";『資治通鑑』 卷90(北京, 中華書局, 1997), 元帝太元元年 八月條, p.2862, "準自號大將軍漢天王 稱制 置百官 謂安定胡嵩曰 自古無胡人爲天子者 今以傳國璽付汝 還如晋家 嵩不敢受 準怒 殺之".

14) 朴漢濟, 『中國中世胡漢體制硏究』(서울, 一潮閣, 1988), pp.43~50.

15) 『高僧傳』 卷9, 晋鄴中竺佛圖澄傳, p.352, "僞中書著作郞王度奏曰 夫王者郊祀天地 祭奉百神 載在祀典 禮有嘗饗 佛出西域 外國之神 功不施民 非天子諸華所應祠奉……其有犯者 與淫祀同罪 其趙人爲沙門者 還從四民之服 僞中書令王波同度所奏".

16) 佛圖澄이 石勒을 처음 만난 것은, 그가 葛陂에서 승려를 포함하여 많은 사람들을 학살했던 직후의 일이라고 한다. 『資治通鑑』 卷87, 永嘉五年 冬十月條, p.2769에서는 "勒引兵掠豫州諸郡 臨江而還 屯於葛陂"라고 기록하는 것으로 보아, 이 일은 대략 永嘉 5년(311)의 직후가 된다. 따라서 佛圖澄과 石勒의 교유기간은 거의 40년 가까이 된다.

등 여러 방면의 난제에 적극 관여하였다. 특히, 석호가 불교에 대해서
회의적인 태도를 보이자, 불도징은 불교의 윤회설을 인용하여 기존의 호족
군주들이 가졌던 중원지역의 통치에 대한 이론적인 정당성을 마련해 주고
있다.17)

　이러한 그의 노력이 후조의 정국을 안정시키는 데 상당한 공헌을 하게
되자, 석륵과 석호의 일족도 후조의 영내에서 불교가 안정적으로 발전할
수 있도록 정치적, 경제적인 보장을 해 주게 된다. 이로 말미암아 불도징은
한인과 외국인으로 구성된 1만여 명의 제자들을 지도하고, 전국에 893개소
의 불사를 건립함으로써, 화북불교의 발전을 위한 인적, 물적인 기초를
마련하였다.18) 또한, 그는 安令首 등을 비롯한 여성 출가자들의 양성에도
적극 노력하여 중국에서 尼僧教團의 형성과 발전에도 상당한 공헌을 하였
다.19)

　승려들이 현실정치에 참여했던 것은 '신이편' 외에도『고승전』의 곳곳
에 기재되어 있다. 대표적으로 鳩摩羅什의 경우가 있는데, 아래의 기록을
참고할 수 있다.

---

17)『高僧傳』卷9, 晉鄴中竺佛圖澄傳, pp.350~351, "王過去世經爲大商主 至罽賓寺
　　嘗供大會 中有六十羅漢 吾此微身亦預斯會 時得道人謂吾曰 此主人命盡當受雞
　　身 後王晉地 今王爲王 豈非福耶 疆場軍寇 國之常耳 何爲怨謗三寶 夜興毒念乎
　　虎廼信悟 跪而謝焉".
18) 同上書, p.356, "佛調須菩提等數十名僧 皆出自天竺康居 不遠數萬之路 足涉流沙
　　詣澄受訓 樊沔釋道安中山竺法雅 並跨越關河 聽澄講說……受業追遊 常有數百
　　前後門徒 幾且一萬 所歷州郡 興立佛寺八百九十三所 弘法之盛 莫與先矣".
19)『比丘尼傳』卷1(『大正藏』제50卷), 僞趙建賢寺安令首尼傳, p.935a, "(父)仲以問佛圖
　　澄……澄以茵支子磨麻油傳仲右掌 令仲視之 見一沙門在大衆中說法 形狀似女 具
　　以白澄 澄曰 是君女先身 出家益物往事如此……仲還許之……澄以石勒所遺剪花
　　納七條衣及象鼻澡灌與之".

가) 呂光이 돌아오는 길에 산 아래에 군대를 주둔시켰다. 장졸들이 이미
쉬고 있는데, 라집은 "이곳에 주둔해서는 안 된다. 반드시 낭패를 당하
게 되니, 마땅히 군대를 언덕 위로 옮겨야 한다"고 말했다. 여광은
받아들이지 않았다. 밤이 되자, 과연 큰비가 내려서 홍수가 일어났다.
물의 깊이가 여러 길이나 되어서 죽은 자가 수천 명이나 되었다. 여광은
비로소 은근히 그것을 기이하게 여겼다.[20]

구마라집은 장안에서 친불교적 성향을 갖추고 있던 後秦의 姚興과 그
종실들의 지원 아래 33부 300여 권에 이르는 불경을 傳譯했던 譯經의
大師였다. 그는 일찍이 여광에 의해 수년간 涼州에 억류당한 적이 있었다.
그 때 라집은 여광의 가혹한 대우[21]로부터 벗어나기 위하여, 혹은 그의
호감을 얻기 위하여, 後涼의 건국 이전부터 그들의 현실정치에 적극적으로
참여하고자 하였다. 대표적인 사례로는, 정치적인 측면에서 符氏가 멸망할
것을 알고 빨리 되돌아갈 것을 청한 사실, 呂纂이 사촌동생인 呂超에게
시해당할 것을 예견한 것 등이 있다. 또한, 군사적인 측면에서는 (梁謙과
彭晃의) 謀反이 있을지라도 저절로 평정될 것과, 太原公 纂이 段業에게
패할 것이라 예견했던 것 등이 있다.[22]

20) 『高僧傳』 卷2, 晉長安鳩摩羅什傳, p.50.
21) 蘇晉仁・蕭鍊子 點校, 『出三藏記集』 卷14, 鳩摩羅什傳(北京, 中華書局, 1995. 이하
   에서 『出三藏記集』은 蘇晉仁의 點校本을 사용함), p.532, "光性疏慢 未測什智量
   見其年尙少 乃凡人戲之 强妻以龜玆王女 什拒而不受 辭甚苦到 光曰 道士之操不
   踰先父 何所苦辭 乃飮以淳酒 同閉密室 什被逼旣至 遂虧其節 或令騎牛及乘惡馬
   欲使墮落".
22) 同上書, pp.532~533, "什謂光曰 此凶亡之地 不宜淹留 推數揆運 應速言歸 中路必
   有福地可居 光從之 至涼州 聞符氏已滅 遂割據涼土 制命一隅焉 正月姑臧大風
   什曰 不祥之風 當有奸叛 然不勞自定也 俄而梁謙彭晃相繼而反 尋皆珍滅……(光
   龍飛二年)時論謂業等烏合 纂有威聲 勢必全剋 光以問什 什曰 觀察此行 未見其利
   旣而纂敗績 僅以身免……與什博 戲殺棊曰 斫胡奴頭 什輒答曰 不能斫胡奴 胡奴
   將斫人頭 此言有旨 纂終不悟 後纂從弟超 小名胡奴 果殺纂斬首 其預觀徵兆 皆此

위에서 인용한 몇몇 사실들은 라집 자신이 종사했던 역경을 통한 불교의 宣化 작업과는 무관한 것으로, 呂氏 일족을 위해서 적극적으로 현실정치에 참여했던 것을 말해 준다. 이러한 구마라집의 행위는 아마도 불도징이 후조에서 통치자들의 지지를 획득하기 위하여 후조의 현실정치에 적극적으로 참여했던 것과 동일한 선상에서 이해되어야 할 것이다. 하지만 後涼은 후조와는 달리 4대 7년(396~403)이라는 단명한 국가였기 때문에, 그가 현실정치의 참여를 통해 여씨 일족을 교화하기에는 시간적인 여유가 여의치 못하였다. 이로 말미암아 양주지역에서 당시의 지배계급과 결탁해서 弘敎하려고 했던 라집의 이상은 실현될 수가 없었다.

다음으로 사문의 현실 참여의 유형으로 '祈雨'에 대한 내용을 『고승전』에서는 아래와 같이 기록하고 있다.

> 나) 능히 秘呪를 외워서 神龍이 내려오게 할 수 있었다. 매번 가뭄이 들면, 苻堅이 항상 그를 청하여 용이 내려오도록 주문을 외우게 하니, 잠시 후 용이 발우 속에 내려오고 하늘에서 갑자기 큰비가 내렸다.……부견은 (그를) 받들어 나라의 神으로 삼고, 士庶들이 모두 몸을 던져 그의 발에 예배하니, 이로부터 다시는 가뭄으로 인한 걱정이 없었다.23)

> 다) 天監 5년(506) 겨울에 가뭄이 들어서 雩祭를 지냈지만 비가 내리지 않았다. 保誌가 홀연히 啓를 올려서……"華光殿에서 『勝鬘經』을 강론하여 비를 청할 것을 원합니다"라고 말했다. 帝가 곧 사문 法雲으로 하여금 『승만경』을 강론하게 했는데, 강론을 마치자 밤에 곧 큰 눈이 내렸다. 보지는 또한 "한 사발의 물이 필요하며, 그 위에 칼을 얹어 놓아야 한다"고 말했다. (그렇게 하니) 갑자기 비가 크게 내려서 높고

類也".
23) 『高僧傳』 卷10, 晉長安涉公傳, pp.373~374.

낮은 곳이 모두 풍족하였다.[24]

위진남북조시대는 제2차 소빙하기로 장기간의 한랭 건조한 기후가 도래
하여 중국역사상 가장 가뭄이 심각했던 반면 홍수는 급감했던 시기이다.[25]
중국은 일찍부터 농경을 주축으로 한 농업사회였기 때문에 사람들은 물의
중요성을 잘 인식하고 있었다. 일찍이 商·周시기까지의 통치자들은 한재
가 발생하면 항상 원시 巫師에게 '焚人祭天'이나 '龍을 제사에 참가시키는
방식'으로 雨師, 地神, 上帝에게 비를 청하도록 하였다.[26] 당시 무사들은
일찍부터 '용'이 비를 주관하는 靈物이라고 믿었던 사람들의 심리를 이용
하여 기우제를 주관하였다. 그들은 주로 물에서 생활하면서 천기의 변화에
도 민감했던 악어를 잘 훈련시켜서 기우제에 참여시킴으로써 용의 대용으
로 하늘과 소통하는 神獸로 활용하기도 하였다.[27]

하지만 漢代 이후에 기우제는 점차 음양오행설과 결합하여 질적인 변화
를 가져왔고, 군주들이 직접 기우제를 주관하면서 郊祀制度의 일환으로

---

24) 『高僧傳』 卷10, 梁京師釋保誌傳, p.396.
25) 劉昭民 著, 박기수·차경애 옮김, 『기후의 반역』(서울, 성균관대학교출판부, 2005),
    p.47. 이 책의 부록에서는 『古今圖書集成』 「曆象彙編 : 庶徵典」의 자료를 정리하
    고 있는데, 위진남북조시기를 표로 정리해 보면 다음과 같다.

	西晉	東晉	劉宋	南齊	梁	陳	北魏	東魏	北齊	西魏	北周	計
한재	19	46	8	4	3	3	30	6	7	0	9	135
수재	7	4	6	7	1	1	5	1	3	1	2	38
눈·서리 및 추위	19	14	6	2	6	1	18	4	5	0	1	76
합계	45	64	20	13	10	5	53	11	15	1	12	249

26) 金相範, 「祈雨祭祀的淵源及其禮製化過程所見的歷史意識解析-以「吉禮雩祀」爲
    攷察的中心」 『亞細亞文化研究』 第5輯(2001), p.287.
27) 劉志雄·楊靜榮 著, 『龍與中國文化』(北京, 人民出版社, 1992, 1999 4次印刷), pp.104~
    105, p.123.

전환되었다.[28] 특히 남북조시기가 되면 군주들은 남북을 불문하고 점차 경쟁적으로 교세의 확대에 열중하고 있던 불교나 도교로 하여금 기우제를 대행시켰다. 이것은 원시 무사집단과 고등종교집단 사이의 경쟁에서 후자가 승리함으로써 원시 무사들에게 주어졌던 직능을 사문이나 도사가 대체하였다는 것을 의미한다. 위에서 인용한 석보지의 경우에 이러한 사실이 잘 반영되어 있다. 당시 국가의 기우제에는 앞에서 인용한 바와 같이 신이승들 뿐만 아니라, 역경승이었던 求那跋陀羅,[29] 의해승이었던 釋慧遠,[30] 습선했던 釋曇超[31] 등 다양한 분야의 승려들이 참여하고 있었다. 비록 그들은 형식상에서 불교의 呪文이나 講經의 방식을 이용하여 비를 청했지만, 내용상으로는 여전히 商周 이래로 사람들의 의식 내면에 자리하고 있던 '용'을 통해서 실현하고 있다.

이상의 사실들을 통해서 당시 중국에 도래했던 외국승려나 혹은 그들과 師承關係를 가졌던 중국승려들이 세속 통치자들의 현실정치에 적극 참여했다는 것을 알 수 있다. 인도에서는 律의 금지로 현실정치에 참여할 기회를 가지지 못했던 사문들이 중국에서는 어떻게 통치자를 보좌하여 뛰어난 성과를 만들어낼 수 있었던 것인가? 이에 대해서는 두 가지 측면에서

---

28) 金相範, 前揭論文, pp.296~297.

29) 『高僧傳』卷3, 宋京師中興寺求那跋陀羅傳, pp.133~134, "大明六年 天下亢旱 禱祈山川 累月無驗 世祖請令祈雨 必使有感 如其無獲 不須相見……卽往北湖釣臺燒香祈請 不復飮食 默而誦經 密加祕呪 明日晡時 西北雲起如蓋 日在桑楡 風震雲合 連日降雨".

30) 『高僧傳』卷6, 晉廬山釋慧遠傳, p.212, "(慧遠)始住龍泉精舍……其後少時 潯陽亢旱 遠詣池側讀海龍王經 忽有巨蛇從池上空 須臾大雨".

31) 『高僧傳』卷11, 齊錢塘靈隱山釋曇超傳, pp.424~423, "富陽縣人故冬鑿麓山下爲塼 侵壞龍室 群龍共忿 作三百日不雨……超乃南行 經五日 至赤亭山 遙爲龍呪願說法……其夜又與超夢云 本因忿立誓 法師旣導之以善 輒不敢違命 明日晡時當降雨 超明旦卽往臨泉寺 遣人告縣令 辦船於江中 轉海龍王經 縣令卽請僧浮船石首 轉經裁竟 遂降大雨 高下皆足".

고찰이 가능한데, 먼저 인도 및 서역의 승려들은 진리의 탐구를 위해서 '五明'을 비롯한 다양한 지식을 습득하고 있었다.[32] 오명이란 聲明(語言・文學), 因明(邏輯), 內明(敎義), 醫方明(醫學), 工巧明(工藝技術・曆數・算術 등)을 지칭하는 것으로, 인도에서 정리된 최고의 지식체계를 말한다.[33] 이것은 불교계의 승려들만이 수학했던 불교 특유의 지식체계가 아니라, 당시 인도의 지식인 혹은 다른 종교의 수행자들도 공통으로 수학했던 종합적이고도 광범위한 학문을 말한다.

중국에 왔던 외래승려들은 이질적인 정치, 문화지역에서 자신들이 숙지하고 있던 지식을 최대한 활용하여 세속 통치자들의 현실문제들을 해결해 주는 것이 육체적 생존과 안정적 포교를 위해서 많은 도움이 되었다. 특히, 인도는 의방명이나 공교명 분야에 속하는 천문학, 산술학이 중국보다도 발전해 있었기 때문에,[34] 그들은 이 방면의 학문을 활용하여 당시 통치자들의 정치, 사회, 군사적인 난제들을 해결해 줄 수 있었다. 예를 들어, 한재가 닥쳐서 군주가 승려에게 기우를 청하게 되면, 그들은 기도나 주문 혹은 강론의 방식으로 비를 내리게 하였다. 하지만, 이것은 과학적인 근거가 부족하다. 그럼 기우의식을 통해서 비를 내리게 했던 그들의 행위를 어떻게 이해해야 하는가? 여기서 주목할 사실은 승려들이 기우의식을 거행하기 이전에 이미 여러 차례의 기우제가 있었다는 점과 기우의식이 있고 일정한 시간이 경과한 뒤에 비가 내렸다[35]는 점이다. 만약 그들이 실제로 주술을 통해서 강우를 할 수 있는 능력을 가지고 있었다면, 微物에게도 자비를

---

32) 『高僧傳』 卷3, 宋京師中興寺求那跋陀羅傳, p.130, "幼學五明諸論 天文書算醫方呪術 靡不該博" ; 『龍樹菩薩傳』(『大正藏』 제50卷), p.184a, "弱冠馳名獨步諸國 天文地理圖緯祕讖 及諸道術無不悉綜".

33) 河妓全 主編・謝重光 副主編, 『中國歷代名僧』(鄭州, 河南人民出版社, 1995), p.38.

34) 陳寅恪, 「崔浩與寇謙之」 『金明館叢稿初編』(北京, 三聯書店, 2001), pp.130~134.

35) 註30) 참조.

베풀 것을 강조하는 불교의 승려들이 백성들이 몇 개월씩이나 기근으로
고생하는 것을 방치하지는 않았을 것이다. 평소에 뛰어난 천문·산술의
실력을 갖추고 있던 승려들은 강우가 가능한 시기를 계산하였고, 계산된
정확한 시기에 비를 청하려 기우의식에 참여했던 것이다. 해박한 천문지식
에 기초한 기우의식은 이러한 천문지식이 없었던 일반 사람들에게는 그들
이 신이의 능력으로 기우의식을 거행함으로써 강우가 가능했던 것으로
비쳐졌던 것이다.

　다음으로, 그들은 국경을 초월하여 중국의 전역에 방대한 교단조직과
수많은 제자들을 거느리고 있었다. 불도징의 경우가 대표적인데, 그는
전국에 893개소의 사원을 건립하여 1만에 달하는 국내외의 제자를 지도하
고 있었고, 그들 상호간에는 긴밀한 교류를 유지하고 있었다.[36] 당시 사회
는 漢代의 '關津之禁'이 계속 유지되고 있었다. 이에 변방지역을 포함한
전국의 주요 요충지에는 관진이 설치되어 있어 일반 백성들이 임의로
이동하는 것은 제한되고 있었다.[37] 만약 일반 백성들이 특정 지역을 여행하
고자 한다면 정부에서 발행하는 過所를 지녀야만 일정한 기간 동안에
그곳을 여행하는 것이 가능하였다. 과소를 소지하지 않았거나 타인의 것을
사용한 경우, 혹은 기한을 초과했을 경우에는 엄격한 처벌을 받도록 규정되

---

36) 『高僧傳』 卷9, 晉鄴中竺佛圖澄傳, p.349, "澄時止鄴城內中寺 遣弟子法常北至襄國
　弟子法佐從襄國還 相遇在梁基城下共宿 對車夜談 言及和上 比旦各去" ; 同書 同
　傳, p.351, "澄常遣弟子向西域市香". 이 두 사료는 佛圖澄이 수시로 제자들을
　각지로 파견했던 것을 반영한다. 특히 전자는 石虎가 334년 11월에 石勒을 계위했
　던 石弘을 폐립하고, 335년 9월에 석륵 일가의 근거지였던 襄國에서 자신의
　근거지 鄴城으로 천도한 직후의 일이다. 석호는 석홍을 폐립하는 과정에서 적대세
　력들을 대거 제거했다고는 하지만, 양국에는 여전히 석륵의 세력이 잔존하고
　있었기 때문에 佛圖澄이 두 지역의 제자를 교체시키고 있다는 것은 주목할 필요가
　있다.
37) 侯旭東, 「十六國北朝時期戰爭與佛教發展關係新考」 『中國史研究』, 1998-4, p.55.

어 있었다.38) 하지만, 승려들은 친불교적 성향을 지닌 각국 통치자들의
배려 속에서 傳敎를 위하여 각지를 왕래하는데 일반 백성들처럼 그렇게
엄격한 통제를 받지는 않았다.39) 이로 말미암아 불도징은 각지의 사찰을
거점으로, 그곳에서 활동하는 제자들을 통해서 언제나 자신이 원하는 정보
를 적시에 입수하는 것이 가능하였다. 그는 각지로부터 수집된 다양한
정보의 분석을 통해서 남북의 분립, 군웅의 할거, 후조의 내부 정국 등을
정확히 인식할 수 있었고,40) 다른 누구보다도 후조의 통치자들에게 정확한
정치적, 군사적인 대책을 제시할 수 있었다. 하지만 그는 이러한 정보
획득의 과정을 숨기고, 麻油를 이용하거나 鐘聲·鳥聲의 해석을 통한
예견으로 자신의 신이의 능력을 과장시켜서 세속군주들이 그에 대해 경외
감을 갖도록 하였다.

　이상으로 중국에서 활동한 승려들은 인도와는 달리 정치, 사회, 군사
등 다방면에서 세속 통치자들의 현실정치에 적극 참여했던 것을 확인할
수 있었다. 그들의 행위는 이질적인 문화지역에서 생존과 포교를 위한
부득이한 조치였으며, 이와 같은 행위는 그들의 포교에 많은 편리를 제공받
고 있었다.

---

38) 程喜霖 著, 『唐代過所研究』(北京, 中華書局, 2000), pp.39~42.

39) 『魏書』 卷114, 釋老志(北京, 中華書局, 1974, 1997 6次印刷), p.3038, "延興二年夏四
月 詔曰 比丘不在寺舍 遊涉村落 交通姦猾 經歷年歲 令民間五五相保 不得容
止……若爲三寶巡民敎化者 在外州鎭維那文移 在臺者州都維那等印牒 然後聽
行". 이 조서는 北魏 文成帝의 불교 부흥정책 이래 불교의 교세가 급속하게 확대되
던 것을 경계하기 위하여 내려졌던 조치이다. 延興 2년에 승려들의 민간포교가
제한되었다는 것은 그 이전의 시기에는 승려들의 민간활동이 상대적으로 자유로
웠다는 반증이 될 수 있다.

40) 任繼愈 主編, 『中國佛敎史(第2卷)』, p.142.

3. 虎災의 소멸

호랑이는 맹수로서 인간에게 실제로는 위협적인 존재이지만, 농경문화 지역에서는 바람을 주관하는 靈的 존재로서 신격화되고 있었다. 또한 호랑이는 사람들에게 산신의 現身으로 믿어져서, 설령 난폭하고 위협을 느끼는 맹수라 하더라도 사람들은 신앙의 대상으로써 어떻게 할 수가 없다는 강한 심리적 두려움을 가지고 있었다. 하지만, 외래종교인 불교를 신봉한 승려들은 호랑이를 잘 훈계하고 통제하는 능력을 보임으로써, 백성들에게 驚異와 존경의 대상이 되었다.[41] 신이승과 호랑이의 접촉에 대해서는 『고승전』 '신이편'에서 다음과 같이 기록하고 있다.

가) 어떤 사람이 일찍이 佛調를 따라서 산길을 수십 리 갔는데, 날이 저물고 큰 눈이 내렸다. 불조는 바위로 된 호랑이 굴에서 묵게 되었는데, 호랑이가 돌아와서 함께 굴 앞에 누웠다. 불조가 호랑이에게 "내가 너의 거처를 빼앗아 부끄러움이 있지만 어찌하겠느냐"라고 말했다. 호랑이가 이에 귀를 늘어뜨리고 산을 내려가니, 따르는 사람들이 놀라고 두려워하였다.[42]

나) (耆域이) 앞서 걸어가는데 호랑이 두 마리가 나타나 귀를 늘어뜨리고 꼬리를 흔들었다. 기역이 손으로 그 머리를 쓰다듬어 주니 호랑이가 길에서 내려가 떠났다. 양쪽 강둑에서 본 사람들이 순응하여 무리를 이루었다.[43]

---

41) 宮川尙志, 「晉の太山竺僧朗の事蹟－五胡佛敎に對する省察」『東洋史硏究』第3卷 3號(1938), p.37.

42) 『高僧傳』卷9, 晉常山竺佛調傳, p.363.

43) 『高僧傳』卷9, 晉洛陽耆域傳, p.365.

다) 당시 北園에는 울타리 속에 호랑이를 사육하고 있었다. 拓跋燾가 사문 曇始를 그에게 먹일 것을 명했지만 호랑이는 모두 잠복하여 끝내 감히 가까이하지 않았다. 시험삼아 天師를 울타리에 가까이 하니, 호랑이가 곧 포효하였다. 탁발도는 비로소 부처의 교화가 존귀하고, 黃老가 능히 미치지 못한다는 것을 알았다. 곧 담시를 인도하여 殿에 오르게 하고, 발밑에 頂禮하며 그의 허물과 잘못을 뉘우쳤다.[44]

위의 기록은 신이승들이 맹수인 호랑이를 제어할 수 있는 능력을 갖추고 있다는 것을 보여준다. 쓰佛調나 耆域이 호랑이를 굴복시킨 것은 어떤 초인적, 신이적인 능력보다는 능수능란하게 호랑이를 다루는 기술을 습득하고 있었기 때문인 것 같다. 그들은 비록 서진과 동진, 華北과 江南이라는 각기 다른 시간, 공간에서 활동을 하였지만, 두 사람 모두 천축에서 왔던 외래승려였다. 그들의 출생지인 천축은 불교가 발생하기 이전부터 베다를 신봉한 전통종교 수행자인 바라문과 六師外道로 대표되는 사문들이 왕성하게 활동하고 있었다. 그들은 철저한 금욕과 명상을 생활화했으며, 혹독한 고행인 두타행을 위하여 인적이 드문 한적한 곳을 수행의 장소로 선택하기도 하였다.[45] 민간지역에서 비교적 멀리 떨어진 삼림지역은 상대적으로 호랑이를 비롯한 야생 맹수들의 활동이 현저한 곳이기 때문에, 그들은 생명의 보호와 지속적인 수행을 위하여 적절한 맹수 대처법을 알아야만 했다. 이로 말미암아 천축 및 동남아지역에서 활동한 승려들은 師弟 사이에 불교의 교리뿐만 아니라 야생 맹수들에 대한 적절한 대처법도 함께 전수되었을 것이다. 이후 천축의 승려들이 중국에 도래하여 활동하게 되자, 맹수들에 대한 대처법도 점차 전래되었다. 그들은 이미 생활화되어 있던 맹수

---

44) 『高僧傳』卷10, 宋僞魏長安釋曇始傳, p.386.
45) 平川彰 著, 이호근 옮김, 『인도불교의 역사(상)』(서울, 민족사, 1989, 1994 3刷), pp.31～33.

퇴치법을 이용하여 중국의 각지에서 호랑이를 손쉽게 통제할 수 있었다. 이것은 일찍부터 호랑이를 공포의 대상으로 여겼던 중국인들에게는 초인적, 신이적인 능력으로 간주되었고, 그들이 포교활동을 전개하는데 많은 도움을 주었다.

기록 다)에서는 佛・道의 대립이 잘 반영되어 있다. 전래 초기였던 후한 및 삼국시기의 불교는 중국의 토착문화에 영합한 神仙・方術的 성향으로 발전하였다. 5호16국시기는 점차 교세가 성장하면서 기왕의 격의불교적 성향을 탈피하려는 노력이 보인다.46) 북위시기 불교는 마침내 중국의 토착종교인 도교의 교세를 능가할 정도로 성장하면서 도교교단과도 점차 대립의 양상을 보이게 된다. 기록 다)는 이러한 양상을 잘 반영하고 있다. 이것은 중국인들에게 영적인 존재이면서 산신의 현신으로 간주되었던 호랑이의 통제라는 시험을 통해서 불교 사문이 道士 보다 뛰어난 능력을 갖추고 있다는 것을 잘 보여준다. 신이승들은 토착종교와의 대립에서 승리를 쟁취함으로써, 당시의 통치자로부터 정치적, 경제적 지지를 획득할 수 있었는데, 이것은 불교의 교세 확대에 상당한 공헌을 하였다.

승려들과 호랑이에 관한 내용은 『고승전』의 '신이편' 외에도 총 17인의 사례가 곳곳에 수록되어 있다. 정리하면 아래 <표 2>와 같다.

<표 2>에 의하면, 호랑이와 접촉한 승려들은 습선편에 6인, 의해편에 5인, 송경편에 3인, 역경편에 2인, 망신편에 1인이 수록되어 있다. 그 내용을 대략적으로 분류해 보면, 說法이나 誦經으로 호랑이를 훈도하여 복종시킨 것이 8인이고,47) 습선이나 송경으로 虎災를 면한 것이 4인이고,48) 산신

---

46) 『高僧傳』 卷5, 晉飛龍山釋僧先傳, p.195, "安曰 先舊格義 於理多違 先曰 且當分折逍遙 何容是非先達 安曰 弘贊理教 宜令允愜 法鼓競鳴 何先何後". 이와 관련한 연구는 湯用彤, 『漢魏兩晉南北朝佛教史』(北京, 北京大學出版社, 1997), pp.167~168 참고.

<표 2> 『고승전』 내 호랑이와 관련한 기록

僧侶名	卷 및 編名 / 쪽	時期	出身國	관련 지역
佛陀耶舍	권2, 譯經 中 / p.65	동진	罽賓人	계빈
求那跋摩	권3, 역경 下 / p.107	유송 원가 초	계빈국	始興 虎市山
于法蘭	권4, 義解 1 / p.166	동진 초기	高陽人	三河 지역
竺僧朗	권5, 의해 2 / p.190	동진 태원년간	京兆人	泰山
釋慧永	권6, 의해 3 / p.232	동진	河內人	廬山
釋法安	권6, 의해 3 / p.235	동진 의희년간		新陽縣*
智進	권8, 의해 5 / p.340	梁 천감년간		定林上寺
帛僧光	권11, 習禪 / p.402	동진 永和 初		剡州 石城山
釋曇猷	권11, 습선 / p.403	동진	燉煌人	始豐 赤城山
釋法緒	권11, 습선 / p.408	동진	高昌人	蜀 지역
釋法悟	권11, 습선 / p.422	宋末 齊初	齊人	武昌 지역
釋曇超	권11, 습선 / p.424	원가 말	淸河人	시흥 지역
釋慧明	권11, 습선 / p.426	(南齊)建元年間	康居人(東吳)	시풍 적성산
釋曇稱	권12, 亡身 / p.446	유송 초	河北人	彭城 駕山
釋僧生	권12, 誦經 / p.461	동진	蜀郡 郫人	成都 지역
釋弘明	권12, 송경 / p.468	유송 초	會稽 山陰	山陰 雲門寺
釋慧彌	권12, 송경 / p.473	(유송)大明年間	弘農 華陰人	長安 終南山

* 『冥祥記』 釋法安條에서는 '陽新縣'으로 기록하고 있다. 『晉書』 卷15, 地理
下, p.458의 武昌郡에서도 속현으로 '陽新'을 기록하고 있다.

이나 여신 등 민간신앙의 현신인 호랑이가 승려들을 위협했던 것이 3인이
고,[49] 捨身으로 虎災를 소멸시킨 것이 1인이고,[50] 호랑이의 식성을 잘
파악하고 있었던 것이 1인이다.[51] 시기상으로는 동진이 9인, 유송이 6인,
남제가 1인, 蕭梁이 1인이고, 지리적으로는 장강유역이 9인, 화북이 3인,
南海의 광동이 2인, 사천이 2인, 외국의 계빈이 1인이다. 다시 말해서,
당시 호랑이와 접촉했던 대부분의 승려들은 습선과 의해편에 수록되어

---

47) 求那跋摩, 于法蘭, 竺僧朗, 釋慧永, 釋法安, 智進, 釋僧生, 釋弘明.
48) 釋法緒, 釋法悟, 釋曇超, 釋慧彌.
49) 帛僧光, 釋曇猷, 釋慧明.
50) 釋曇稱.
51) 佛陀耶舍.

있으며, 그들은 대부분 동진과 유송시기에 장강 이남지역에서 활약했던 인물들이다.

동진과 유송시기, 장강 이남지역에서 승려와 호랑이의 접촉에 대한 기록이 빈번하게 나타나는 이유는 무엇인가? 두 가지 측면에서 고찰이 가능한데 우선, 당시 사람들이 산간의 삼림지대를 대규모로 개발했기 때문에 실재로 호랑이와 접촉할 기회가 증가했기 때문이다. 중국 영내에서 활동한 아모이 호랑이는 秦嶺-淮河線 이남지역, 특히 중국 동남부 상록활엽수의 삼림지대에서 생활한 것으로 알려져 있다.[52] 하지만, 일찍부터 중국에서 인구 밀집지역이었던 황하유역은 전한 말부터 한랭 건조한 기후로 변하여 제2차 소빙하기로 진입하였다.[53] 뿐만 아니라, 후한 말이래 五胡시기는 북방의 소수민족들이 대거 화북으로 남하하여, 중국 전역은 장기간에 걸쳐 정치적, 사회적 혼란에 휩싸여 있던 때였다. 이로 말미암아 일찍이 황하유역을 중심으로 생활했던 한족은 점차 각지의 안정된 곳을 찾아서 이동하기 시작하였다. 그 가운데 대부분의 유민들은 형주와 揚州를 중심으로 한 장강 이남의 각 지역을 최종 목적지로 정하고 있었다.[54] 선진 농업생산기술을 갖춘 화북의 유민들이 대거 유입되면서, 荊, 揚 2주를 중심으로 한 남방의 각 지역에서는 대규모의 토지개발이 진행된다.[55] 동진 초기에는 먼저 남도했던 사람들에 의해서 수도 건강의 주위에 대규모

---

52) 上田信 著, 김경호 옮김, 『호랑이가 말하는 중국사』(서울, 성균관대출판부, 2008), p.15.

53) 유소민 지음, 박기수·차경애 옮김, 앞의 책, p.115.

54) 譚其驤, 「晋永嘉喪亂後之民族遷徙」 『長水粹編』(石家庄, 河北敎育出版社, 2000, 2002 2次 印刷), p.273, pp.294~295 ; 曹文柱 主編, 『中國社會通史(秦漢魏晋南北朝卷)』(太原, 山西敎育出版社, 1996), pp.484~486.

55) 童超, 「東晉南朝時期的移民浪潮与土地開發」 『魏晋南北朝隋唐史』, 1987-10, p.4, p.15.

토지개발이 진행되었지만, 중·후기로 접어들면서 더 이상 개발의 여지가
없는 포화상태에 도달하게 된다. 이에 뒤늦게 남도했던 사람들은 부득이
지방의 重鎭을 비롯하여 호랑이의 활동 공간인 산간벽지까지도 흘러 들어
가 대규모의 토지개발을 진행하였다. 그 결과 유민들에 의해서 점차 호랑이
의 활동 공간이 침탈되고 파괴당하게 되자, 사람과 호랑이가 충돌할 가능성
은 증가할 수밖에 없었다.[56] <표 2>의 총 17인 가운데 15인이 동진과
유송시기, 11인이 강남지역에서 발생했다는 것이 이 같은 사실을 잘 반영하
고 있다.

다음으로, 불교가 점차 독자적인 세력을 형성하면서 민간신앙과 대립하
는 현상이 증가했기 때문이다. 앞에서 잠시 언급했듯이 전래 초기의 불교는
중국의 토착문화에 의탁함으로써, 양자간에는 별다른 갈등이나 대립을
보이지 않았다. 하지만, 동진시기가 되면서 점차 충돌의 조짐들이 나타나
고 있다. 이와 같은 사실은 동진 永和(345~356)초에 활동했던 帛僧光의
전기에서도 잘 나타나고 있다.

> 라) 이 산속에는 예로부터 맹수의 재앙과 산신의 횡포가 있어 인적이 끊어진
> 지 오래입니다.……(승광이) 몇 리의 길을 걸어가자 갑자기 크게 비바람
> 이 치고, 호랑이 떼가 포효하였다. 승광은 산의 남쪽에서 석실 하나를
> 보고, 이에 그곳에 머물렀다.……삼일이 지나자 이에 산신이 꿈에 보였
> 는데 호랑이 형상을 짓거나 뱀의 형상을 지어서 다투어 승광을 위협했지
> 만, 승광은 조금도 무서워하지 않았다. 삼일이 지나자 또 산신이 꿈에
> 나타나서, 스스로 "章安縣 寒石山으로 이주하여 머물 것이며, 석실은
> 받들어 바친다"고 말했다. 그 후로 나무하는 길이 통하고, 道俗이 宗師로
> 섬겼다. 禪을 즐기고 배우러 오는 자들이 석실의 옆에 띠 집을 만들어
> 점차 절이 이루어지니, 隱岳寺라 하였다.[57]

---

56) 上田信 著, 김경호 옮김, 앞의 책, p.64, pp.209~210.

　　민간신앙을 신봉하고 있던 사람들은 호랑이를 맹수로서 뿐만 아니라 영적인 존재로서 경외하고 있었기 때문에,[58] 승광이 호랑이의 교화를 위해서 깊은 삼림지역으로 거주지를 옮기고자 할 때 부정적인 태도를 보였다. 그는 비바람과 호랑이의 포효라는 재난을 극복하였고, 호랑이나 뱀으로 현신하여 위협하던 산신을 굴복시킴으로써, 결국 그의 근거지를 마련하게 된다. 유송 초기 彭城지역에서 활동했던 釋曇稱의 경우도 석가모니의 本生談을 모방하여 자신의 육신을 호랑이에게 제공함으로써 虎災를 소멸시키고자 하였다.[59] 釋法安도 또한 虎災를 소멸시킴으로써 토착종교의 神廟를 佛寺로 고치고, 그곳에 소속되었던 전원도 모두 佛寺에 귀속시키기도 하였다.[60]

　　위의 사례들을 통해서 당시 불교계는 각 지역, 특히 강남지역에서 토착신앙의 영역을 침탈하여 그들의 인적, 물적 기반을 파괴하고, 나아가 그들의 세력 기반을 불교계로 흡수했다는 것을 잘 알 수 있다. 토착신앙의 대상인 산신이 호랑이나 뱀으로 현신하여 승광을 위협했다는 것은 당시 토착신앙 측에서도 불교계의 공격적인 포교활동에 강력히 반발했다는 것을 말해준다. 하지만, 일찍부터 강남지역 사람들의 관념 속에 뿌리 깊이 자리 잡고 있던 토착신앙은 불교와의 경쟁에서 패배하였고, 결국은 그들의 근거지와 신도들까지도 외래 종교였던 불교계에 빼앗기게 되면서 점차

---

57) 『高僧傳』 卷11, 晉剡隱岳山帛僧光傳, p.402.

58) 上田信 著, 김경호 옮김, 앞의 책, pp.95~102.

59) 『高僧傳』 卷12, 宋彭城駕山釋曇稱傳, p.446, "宋初彭城駕山下虎災 村人遇害 日有一兩 稱乃謂村人曰 虎若食我 災必當消 村人苦諫不從 卽於是夜 獨坐草中……至四更中 聞虎取稱 村人逐至南山 嚙身都盡 唯有頭在 因葬而起塔 爾後虎災遂息".

60) 『高僧傳』 卷6, 晉新陽釋法安傳, p.235, "晉義熙中 新陽縣有虎災 縣有大社樹 下築神廟 左右居民以百數 遭虎死者夕有一兩 安嘗遊其縣 暮逗此村 民以畏虎 早閉閭 安徑之樹下 通夜坐禪……且村人追虎至樹下 見安大驚 謂是神人 遂傳之一縣 士庶宗奉 虎災由此而息 因改神廟 留安立寺 左右田園皆捨爲衆業".

쇠퇴할 수밖에 없었다. 이 같은 사실은 始豐 赤城山에서 수행했던 竺曇猷의 활동에서도 잘 나타나고 있다.[61]

이상에서 알 수 있듯이 동진과 유송시기, 강남지역에서 승려와 호랑이의 접촉이 빈번했던 것은 당시 강남지역의 대규모의 토지개발과 불교계가 세력 확대를 추구하면서 토착신앙과 빈번하게 충돌했기 때문이다. 여기서 승려들이 호랑이를 굴복시켰다는 것은 불교가 민간신앙을 굴복시키고 성공적으로 교세를 확대시켰다는 것을 잘 반영하고 있다.

4. 치병활동의 참여

서진은 무제시기에 이미 퇴폐 향락적인 사회 분위기가 조성되고 있었다. 이후 8王의 난과 永嘉의 난이라는 정치적 혼란과 빈번한 자연재해 속에서 백성들은 생존을 위하여 대대적으로 유민의 행렬에 가담하였다.[62] 이러한 악조건 속에서 대규모의 疫病이 창궐하는 것은 자연스러운 현상이다. 위진남북조시기 360여 년 동안, 현재 확인할 수 있는 역병의 발병 횟수는 曹魏가 9회, 兩晉이 26회, 유송이 13회, 梁·陳이 12회, 북조가 13회로 총 73회이다. 이 가운데 국가가 백성들에게 약품을 하사한 것은 7회(曹魏 2회, 劉宋 5회)로, 전체의 9.5%에 지나지 않는다. 반면, 상층지배계층에게 약품을 하사한 것은 20회로, 전체의 27%를 차지하고 있다.[63] 이것은 각

---

61) 『高僧傳』 卷11, 晉始豐赤城山竺曇猷傳, p.403, "後一日神現形 詣猷曰 法師威德旣重 來止此山 弟子輒推室以相奉 猷曰 貧道尋山 願得相値 何不共住 神曰 弟子無爲不爾 但部屬未洽法化 卒難制語……猷曰 本是何神 居之久近 欲移何處去耶 神曰 弟子夏帝之子 居此山二千餘年 寒石山是家舅所治 當往彼住 尋還山陰廟 臨別執手 贈猷香三奩 於是鳴鞞吹角 陵雲而去赤城山".

62) 譚其驤, 앞의 논문, p.296 ; 曹文柱 主編, 앞의 책, p.486.

63) 李泰宰, 「中國 古代 醫政史(秦漢~兩宋)에 關한 硏究」, 동국대학교 박사학위논문

왕조의 의료지원사업이 상층지배계층에게 집중되어져 있을 뿐, 백성들의 질병에는 별다른 관심을 기울이지 않았다는 것을 말한다. 이로 말미암아 당시 대규모의 역병이 발생할 경우, 민간에서는 한 번에 십여 만 명의 백성들이 사망하는 사례도 출현하게 된다.[64]

빈번하게 발생했던 대규모의 역병에도 불구하고 조정의 대응이 적절하지 못했다는 것은 醫學僧들이 민간에서 포교할 수 있는 좋은 기회가 되었다. 승려가 의학지식을 익히는 것은 자신들의 안정적인 수행생활과 더불어 평소에 거의 의료 혜택을 받지 못했던 일반 대중들에게도 많은 도움이 되었다.[65] 따라서, 불교가 중국에 전래된 초기에 뛰어난 의술을 갖춘 승려들은 지배계급과 피지배계급의 모든 사람들에게 환영받았다. 당시 중국에서 외래승려들의 의료행위는 이질적인 정치, 문화지역에서 불교가 뿌리를 내리고 교세를 확대하는 데 중요한 수단이 되었다.[66] 그들은 病者의 상황에 따라서 과학적인 의료행위는 물론, 다양한 주술적인 방법도 사용하였다. 신이편에 수록된 승려들의 치병활동은 '주술적인 치료법'이 주종을 이루고, '실질적인 의술'을 통한 치료는 부차적이었다. 먼저, 주술적인 치료법은 '주문이나 기도'를 통해서 이루어졌는데, 아래의 자료를 참고할 수 있다.

> 가) 晉 무제 太康 9년에 잠시 낙양에 이르렀다. 당시 疫疾이 대단히 유행하여 죽는 사람이 줄을 이었다. 訶羅竭이 呪文으로 치료를 하니, 열 사람 가운데 여덟·아홉 사람이 차도가 있었다.[67]

(2005), p.38.

64) 『晉書』 卷121, 李雄載記, p.3037, "先是 南土頻歲饑疫 死者十萬計" ; 『魏書』 卷112 上, 靈徵志 上, p.2916, "顯祖皇興二年十月 豫州疫 民死十四五萬".

65) 『高僧傳』 卷4, 晉剡白山于法開傳, p.168, "或問 法師高明剛簡 何以醫術經懷 答曰 明六度以除四魔之病 調九侯以療風寒之疾 自利利人 不亦可乎".

66) 嚴耀中 著, 『江南佛教史』(上海, 上海人民出版社, 2000), p.27.

나) 晉 영가 중 천하에 역병이 있었다. 慧則은 주야로 정성스럽게 기도를
드려 天神이 약을 내려서 萬民이 낫도록 발원하였다. 하루는 寺門을
나서는데 항아리와 같은 두 개의 돌 형태를 보았다. 혜칙은 이상한
물건이라고 여기고 취하여 보니, 과연 안에 神水가 있었다. 병자들이
마시고 복용하니 모두 낫지 않음이 없었다.[68]

다) 당시 고질병이 있어 세상에서 능히 치유할 수 있는 사람이 없었다.
불도징이 의술로 치료를 하니, 때에 맞추어 치료되어 (환자가) 줄어들었
다. 몰래 베풀어서 묵묵히 도움을 받는 사람들을 다 기록할 수도 없었
다.[69]

위의 기록은 무제 태강 9년(288)부터 회제 영가 6년(312)[70]까지 중원지역
에서 역병이 창궐했다는 것을 말해 준다. 당시 역병이 성행한 것은 중국
내부만의 문제가 아니고, 2세기이래 서역지역에서 대규모의 역병이 발생
한 것과 일정한 관련이 있다. 당시 인도나 서역지역에서는 대규모의 역병이
발생하고 있었는데, 이것이 실크로드의 교통로를 따라서 중국에도 전파되
었다. 이로 말미암아 후한시기에는 서북지역에서도 대규모의 역병이 발생
하게 된다.[71] 서역으로부터 유입된 역병은 일찍이 중원지역에서는 경험하
지 못한 것이기 때문에 자연히 사망자의 수도 급증할 수밖에 없었다. 하지

---

67) 『高僧傳』 卷10, 晉洛陽婁至山訶羅竭傳, p.370.
68) 『高僧傳』 卷10, 晉洛陽大市寺安慧則傳, p.372.
69) 『高僧傳』 卷9, 晉鄴中竺佛圖澄傳, p.346.
70) 『高僧傳』에서는 다)의 사건을 石勒의 葛皮 주둔 이후부터 河北으로 돌아가면서
枋頭를 지나는 직전의 시기에 있었던 일로 기록하고 있다. 『資治通鑑』 卷87,
卷88에 의하면, 石勒은 永嘉 5년 10월에 葛皮에 주둔했고, 永嘉 6년 6월에 枋頭를
지났다고 한다. 따라서 佛圖澄이 전염병을 치유한 시기도 아마 이 무렵일 것이다.
71) 加納喜光 著, 동의과학연구소 옮김, 『몸으로 본 중국 사상』(조합공동체 소나무,
1999), p.74.

만, 인도는 일찍부터 중국보다도 의학이 상대적으로 발달해 있었다.[72]
역병도 서쪽지역에서 먼저 발생했기 때문에 그것에 대한 대처법이나 치료
법 또한 중국보다는 서쪽지역에서 먼저 개발되었을 것이다. 따라서 인도나
서역에서 의술을 익혔던 승려들은 그곳에서 역병에 대한 치료법도 배웠을
것이고, 그 치료법은 승려들이 불교의 포교를 위해서 중국으로 오면서
자연스럽게 전파되었을 것이다.[73] 위에서 인용한 가라갈, 안혜칙, 불도징
의 사례들은 이러한 시각에서 이해되어야 할 것이다.

　서진시기 역병 구제에 참여했던 승려들은 주로 주문이나 天神에게 약을
청하여 병자를 치유하는 일종의 종교적인 정신 요법을 사용하고 있다.[74]
이 같은 치료법은 병자가 심리적인 안정을 취하는 데는 약간의 도움이
될 수 있겠지만, 오직 주문만으로 역병을 완치한다는 것은 어려운 일이다.
승려들은 주문이나 기도의 방법으로 병자를 치유했다고 선전함으로써
사람들에게 불교나 혹은 승려들 개인의 위신을 강조하려고 했지만, 사실은
그들이 숙지하고 있던 역병의 치유법을 활용하였던 것이다. 의학승들이
주술적인 방법으로 병자를 치료한 것은 동진이래 불교교리가 급속하게
발전한 것과는 상관없이 각지의 민간에서 계속적으로 행해지고 있었다.
동진의 興寧年間(363~365)에 神呪에 뛰어났던 축법광이 회계지역의 민간
을 遊行하면서 위급한 백성을 구제한 것[75]이나 북위의 惠憐이 주문과
물을 가지고 많은 사람을 치유한 것[76] 등이 바로 그 사례이다.

---

72) Pierre Huard, Ming Wong 著, 許程 譯, 『東洋醫學史』(신광출판사, 1999), p.22.
73) 李泰宰, 앞의 논문, p.108에서는 『隋書』 經籍志에는 승려들에 의해 번역된 인도의서
　　가 11종 기재되어 있다고 언급한다.
74) 加納喜光 著, 동의과학연구소 옮김, 앞의 책, p.85.
75) 『高僧傳』 卷5, 晉於潛靑山竺法曠傳, p.205, "(晉興寧中) 時東土多遇疫疾 曠旣少習
　　慈悲 兼善神呪 遂遊行村里 拯救危急 乃出邑止昌原寺 百姓疾者 多祈之致效".
76) 『北史』 卷19, 淸河王懌傳(北京, 中華書局, 1974, 1997 6次印刷), p.717, "時有沙門惠

주술적인 방법의 치병은 '楊枝'를 사용했던 경우도 있었는데, 아래의 자료를 참고할 수 있다.

라) 당시 衡陽태수 南陽 滕永文이 낙양에 있으면서 滿水寺에 의탁하여 머물렀다. 병을 얻어 1년이 경과했지만 차도가 없고, 두 다리가 오그라지고 굽어서 능히 일어서 다닐 수가 없었다. 기역이 가서 보고, "그대는 병을 낫게 하고 싶은가" 하고 말하였다. 맑은 물 한 잔과 버들 한 가지를 취해서, 곧 버들로 물을 뿌리고 손을 들어서 영문을 향해 주문을 외웠다. 이와 같이 하기를 세 번 하였다. 손으로 영문의 두 무릎을 잡고 일어서게 했더니, 곧바로 일어나서 걷는 것이 옛날과 같았다.77)

마) 석호는 이름이 斌이라는 아들이 있었다. 후에 석륵이 그를 대단히 사랑했는데 갑작스러운 병으로 죽었다. 이미 이틀이 지나서 석륵은 "짐이 듣건대 虢나라의 태자가 죽었으나 扁鵲이 능히 살렸다. 대화상은 나라의 神人이니 급히 가서 알리는 것이 옳다. 반드시 복을 이룰 수 있을 것이다"라고 말했다. 불도징이 이에 버들가지를 취하여 그에게 주문을 외우니, 잠깐 사이에 능히 일어나서 잠시 후 평소처럼 회복되었다.78)

라)는 서진시기 낙양에서 기역이 난치병 환자인 형양태수 등영문을 치유한 일을, 마)는 후조 석륵시기 襄國에서 불도징이 石斌을 회생시켰던

憐者 自云呪水飲人 能差諸病 病人就之者 日有千數 靈太后詔給衣食 使力優重 使於城西之南 治療百姓病".

77)『高僧傳』卷9, 晉洛陽耆域傳, p.365. 기역의 의료활동에 대해서는 同書 同卷에서 "尚方暑中 有一人病癩將死 域以應器著病者腹上 白布通覆之 呪願數千言 即有臭 氣薰徹一屋 病者曰 我言矣 域令人舉布 應器中有若迮淤泥者數升 臭不可近 病者 遂活"이라는 사례도 전하고 있다.

78)『高僧傳』卷9, 晉鄴中竺佛圖澄傳, p.348.

일을 기록한 것이다. 두 사례는 비록 시간과 공간상의 차이는 있지만, 楊枝를 이용하여 주문을 외움으로써 특정한 질병을 치유했다는 공통점이 있다. 주지하듯이 버들나무는 현대의학에서도 진통제를 만드는 주요 재료가 되고 있는 것으로, 양지를 사용하여 물을 뿌렸다는 것은 주술적인 의미와 더불어 실제적인 의료행위와도 긴밀한 관련이 있다고 생각한다. 양지는 원래 인도에서 벌레를 쫓기 위해 사용되었던 '차우리(cauri)', 즉 拂子로 석가모니의 생존시기부터 이미 사용되고 있었다. 이것은 일찍부터 벌레를 쫓는다는 실용적인 용도와 더불어 생명을 소생시키는 것에도 사용되고 있었다.[79] 하지만, 拂子는 자연환경과 풍속이 다른 중국에 전래되면서 전자의 실용적인 용도는 점차 퇴색되어지고, 생명의 소생 혹은 치병을 위한 성격의 양지로 점차 변용되어졌다.[80] 한 가지 더 주목할 사실은, 동진의 帛尸梨蜜多羅가 전역한 『灌頂經』에 양지를 이용하여 병자를 치유했던 사실을 전하고 있지만,[81] 자료 라)를 통해서도 알 수 있듯이 이러한 치료법은 『관정경』이 전역되기 이전부터 이미 외래승려들에 의하여 중국에서 행해지고 있었다는 것이다.

　당시 醫學僧들은 직접 병자를 치료하여 구제했을 뿐만 아니라, 의료지식을 이용하여 병자의 생사를 예견하기도 했는데, 아래의 자료를 참고할 수 있다.

---

79) 『陀羅尼集經』卷1(『大正藏』第18卷), p.785c, "時富蘭那迦葉 手把白拂以水散之 拂於枯樹使樹還生 枝葉華果悉令繁茂".

80) 강희정, 『중국관음보살상연구－남북조시대에서 당까지－』(서울, 일지사, 2004), p.163, p.186.

81) 『灌頂經』(『大正藏』第21卷), p.523a, "見禪提比丘所嚼楊枝 擲地成樹樹下有淸泉水 諸人民輩卽禮拜此樹 如見禪提在世無異 折此楊枝取下泉水還歸到家 以楊柳枝拂 除病者 以水灑諸病人輩悉得休息 身體淸涼百病除愈".

바) 당시 태자 石邃의 두 아들이 襄國에 있었는데, 불도징이 석수에게
"어린 아이들이 요즘 병을 얻었을 것이니 가서 데려오는 것이 좋을
것이다"하고 말했다. 석수는 곧 신복을 보내서 보게 했더니, 과연 이미
병을 얻었다. 大醫 殷騰과 외국 도사가 능히 치유할 수 있다고 말했지만,
불도징은 제자 竺法雅에게 "지금 성인이 다시 태어난다고 하더라도
이 병을 고칠 수 없는데, 하물며 이 무리들이야 (어찌 고칠 수 있겠는가)"
하고 말했다. 3일 후에 과연 죽었다.[82]

사) 孔寧子는 당시 黃門侍郎이었는데, 관아에서 설사를 앓고 있어 편지를
보내어 杯度를 청하였다. 배도가 주문을 마치고는 "고치기 어렵다.
보건대 귀신이 넷이 있어, 모두 (孔寧子의 몸을) 상하게 하고 절단시켰
다"고 말했다.……영자는 과연 죽었다.[83]

당대 최고의 의술을 갖추었던 궁중의 태의나 주술적인 능력을 가진
외국의 도사가 석수의 아들을 살릴 수 있다고 장담할 때, 불도징은 어떤
방법으로도 그의 병이 치유될 수 없다는 것을 예견하였다. 배도도 뛰어난
신이의 능력을 갖추고 있었던 사람으로, 혜교는 신이편에서 불도징 다음으
로 많은 그의 전기를 편찬하였다. 이곳에는 그가 행했던 여러 가지의 신이
의 행적들이 수록되어 있는데, 병자를 성공적으로 치료했던 사례들도 많이
수록되어 있다.[84] 여기서 주목할 사실은 釋曇霍, 釋僧慧, 釋寶智 등[85]의

---

82) 『高僧傳』 卷9, 晉鄴中竺佛圖澄傳, p.349.
83) 『高僧傳』 卷10, 宋京師杯度傳, p.383.
84) 『高僧傳』 卷10, 宋京師杯度傳, pp.383~384, "有齊諧妻胡母氏病 衆治不愈 後請僧
設齋 齋坐有僧聰道人 勸迎杯度 度旣至一呪 病者卽愈 齊諧伏事爲師……有吳興
邵信者 甚奉法 遇傷寒病 無人敢看 乃悲泣念觀音 忽見一僧來云 是杯度弟子……
便衣帶頭出一合許散與服之 病卽差……(杜僧哀) 兒病甚篤 乃思念恨不得度練神
呪 明日忽見度來 言語如常 卽爲呪 病者便愈".
85) 『高僧傳』 卷10, 晉西平釋曇霍傳, p.375 ; 同書 同卷, 齊荊州釋僧慧傳, p.392 ; 同書
同卷, 梁京師釋寶智傳, p.395.

신이승뿐만 아니라, 당시 일반 승려들도 이런 예언 능력을 갖추고 있었다는
것이다.[86] 이것은 당시의 모든 승려들이 주술적인 능력을 갖추고 있어서가
아니라, 오히려 실제로 뛰어난 의료지식을 갖추고 있었기 때문에 가능한
일이었다. 이것은 구마라집이 임종에 즈음하여 자신의 병을 치유하기 위하
여 스스로 神呪를 외우고, 외국의 제자들에게도 이 주문을 외우게 했지만
결국 神呪의 효험을 보지 못했다[87]는 것에서도 알 수 있다. 하지만, 의료지
식이 부족했던 당시 사람들에게 병자의 생사 여부를 정확히 예측할 수
있다는 것은 신이적인 능력으로 간주되어졌으며, 이로 말미암아 그들은
존경과 경외의 대상이 되었다.

　신이편의 醫學僧 가운데 진맥이나 약을 사용하여 실제로 치병활동에
참여했던 사례들도 있다.

　아) 單道開는 능히 眼疾을 치료할 수 있었다. 당시 秦公 石韜가 단도개에게
　　나아가 눈을 치료했다. 약을 넣으니 조금 아파서 석도는 그에게 대단히
　　화를 내었다. 하지만 결국 그 효과를 얻었다.[88]

　자) 형수가 질병이 위독하여 절 옆으로 모시고 와서 의약을 가까이 하고자
　　했다. 형은 이미 竺佛調를 받들어 스승으로 하고, 밤낮으로 항상 절에
　　거주하면서 行道를 자문하였다.……축불조는 "병자는 조금 좋아졌고,
　　그대의 형은 평소와 같다"고 말했다.[89]

---

86) 『高僧傳』 卷2, 晉長安鳩摩羅什傳, p.51, "資病 光博營救療 有外國道人羅叉云 能差
　　資疾 光喜 給賜甚重 什知又誑詐 告資曰 又不能爲 益徒煩費耳 冥運雖隱 可以事試
　　也 乃以五色系作繩結之 燒爲灰末 投水中 灰若出水還成繩者 病不可愈 須臾 灰聚
　　浮出 復繩本形 既而又治無效 少日資亡".
87) 『高僧傳』 卷2, 晉長安鳩摩羅什傳, p.54.
88) 『高僧傳』 卷9, 晉羅浮山單道開傳, p.361.
89) 『高僧傳』 卷9, 晉常山竺佛調傳, p.363.

단도개는 燉煌 출신으로 서역으로부터 유입되는 선진문물을 쉽게 접할
수 있는 곳에서 성장하였다. 그는 建武 2년(336)에 鄴城에 도착하여[90]
昭德寺에서 좌선했다. 그는 좌선이나 복식 혹은 의술에 깊은 조예가 있었기
때문에 당시 신선술을 좋아했던 사람들은 그를 경외하면서 자문을 구하기
도 했다. 특히, 그는 의술에 뛰어나서 송진과 복령을 약재로 한 다양한
처방으로 병자들을 치유했다[91]고 전한다. 축불조의 경우는 당시 뛰어난
신이승이었던 불도징에게 수학하기 위해서 멀리 天竺의 康居國으로부터
도래했던 인물이다. 그는 스승인 불도징과 마찬가지로 뛰어난 의술을 갖추
고 있었는데, 이것을 불교 포교의 한 수단으로 사용하고 있었다. 앞에서도
언급했듯이 당시 조정에서 시행한 의료의 혜택은 백성들에게는 거의 영향
을 미칠 수 없었고, 백성들은 낮은 경제력으로 민간의 의료 혜택도 받을
수가 없었다. 이로 말미암아 백성들은 뛰어난 의술을 갖추고 있던 승려들에
게 구제를 요청하고, 일정량의 약재를 구비하고 있던 사원에 나아가 의탁했
던 것은 자연스러운 현상이다.[92] 하지만, 백성들이 대거 사원으로 몰리면
서 국가의 재정이 점차 위축되게 되자, 동진시기에 이미 경제적인 시각에서
사원경제의 팽창을 경계하고, 불교의 부패를 비판하는 사람들도 출현하게
되었다.[93]

---

90) 『高僧傳』은 建武 12년(346)에 西平에서 鄴成으로 왔다가 太寧 元年(349)에 남쪽의
   許昌으로 이주했다고 한다. 반면, 『冥祥記』는 建武 2년(336)에 鄴成으로 와서
   7년 동안 좌선을 했다고 한다. 업성에서 7년 동안 좌선한 것이나 혹은 석호와
   교유를 위해서는 일정한 시간이 필요했다는 것을 감안한다면 建武 12년보다는
   建武 2년에 도래했다고 보는 것이 더욱 타당하다.

91) 『冥想記』 單道開條, "常御雜藥 藥有松脂服苓之氣 善能治目疾".

92) 『出三藏記集』 法顯法師傳, "居家數年 病篤欲死 因送還寺 信宿便差 不復肯歸."
   여성들도 승려의 치병으로 출가하기도 했는데, 『比丘尼傳』 卷2, 吳太玄臺寺釋玄
   藻尼傳의 釋玄藻尼가 그 일례이다.

93) 『弘明集』 卷6(『大正藏』 第52卷), 釋駁論, p.35b, "或矜恃醫道輕作寒暑 或機巧異端

당시 승려들의 실질적인 의료행위는 신이편 외에도 곳곳에서 보인다. 당시 六家七宗으로 대표되는 반야학의 일파인 識含宗의 대표자 于法開의 사례를 참고할 수 있다.

> 차) 일찍이 걸식을 하다가 주인의 집에 투숙했는데, 부인이 자리에 누워 위급한 상태가 되었다. 온갖 치료가 효험이 없자 온 집안이 당황했는데, 우법개는 "이것은 쉽게 치료할 수 있다"고 말했다. 주인은 마침 羊을 잡아서 淫祀를 하고자 했다. 법개는 먼저 조금의 고기를 취하여 국을 끓여 병자에게 먹이고, 氣로써 그에게 침을 놓으니 잠깐 사이에 양의 얇은 막에 아기가 싸여서 나왔다.[94]

우법개는 耆婆로 대표되는 인도의 의학을 배웠고, 인도의학의 5科[95] 가운데 '婦人科'에 깊은 조예를 가지고 있었다. 뿐만 아니라 그는 중국의 전통의학이었던 진맥과 침술에도 뛰어난 능력을 갖추고 있어 '醫法妙通'이라고 일컬어졌다. 그는 의술을 매개로 하여 동진의 황실을 비롯하여 문벌사족과도 긴밀한 교유관계를 형성하기도 하였다. 예를 들면, 동진 穆帝가 생명이 위급했을 때 康獻皇后가 그에게 목제를 치료할 것을 하명했던 것[96]이나 동진의 유명한 천사도 일가였던 郗愔이 지나친 수행으로 병을 얻었을 때 그를 진맥하고 처방하여 쾌차시켰던 것[97] 등이 있다. 이러

以濟生業 或占相孤虛妄論吉凶 或詭道假權要射時意……斯皆德不稱服行多違
法……此皆無益於時政 有損於治道 是執法者之所深疾 有國者之所大患 且世有五
橫 而沙門處其一焉".
94) 『高僧傳』 卷9, 晉剡白山于法開傳, pp.167~168.
95) 陳明, 「印度佛敎醫學槪說」 『宗敎』, 2000-5, p.48에서는 內科, 外科, 小兒科, 婦人科, 五官科를 五科라고 하였다.
96) 『高僧傳』 卷9, 晉剡白山于法開傳, p.168, "升平五年孝宗有疾 開視脈 知不起 不肯復入".
97) 『世說新語』 下之上(余嘉錫 箋疏, 周祖謨 외 정리, 上海古籍出版社, 1993), 術解

한 사실들은 우법개가 동진의 통치계급들과 긴밀한 교유관계를 형성하는
데 있어서 식함종이라는 반야학설과 함께 뛰어난 의술이 중요한 매개가
되었다는 것을 알 수 있다.

  이상의 사실들을 통해서 알 수 있듯이, 정치적, 사회적 혼란 가운데
백성에 대한 국가적인 의료지원의 미비는 醫學僧들에게 포교를 위한 좋은
기회를 제공하였다. 그들은 치병을 위해서 주술적인 방법과 실질적인 방법
을 함께 사용하였다. 특히, 전자의 경우는 의료지식이 부족했던 당시 백성
들에게 신이적인 능력으로 간주되어 불교를 포교하는데 좋은 수단이 되었
다.

5. 맺음말

『고승전』신이편을 세 가지 유형으로 구분하여 살펴보았다. 먼저, '현실
정치의 참여'이다. 원래 인도불교는 교단의 독립을 위하여 律로써 출가자
와 세속 통치자의 결탁을 금지했지만, 중국에서는 출가자가 생존과 전교를
위하여 능동적으로 통치자에게 접근하였다. 이것은 신이승 불도징의 활동
에서 잘 반영되어 있었다. 그는 胡族군주인 석호가 夏夷思想을 근거로
한 한족들의 반대에 직면하고, 그 스스로도 중원의 통치에 대한 이론적
근거를 가지지 못했을 때, 불교의 윤회설을 이용하여 석호에게 이론적인
근거를 제공해 주었다. 또한 한재가 발발했을 때 신이승들은 많은 기우제를
거행하였다. 성공적인 기우제의 거행은 민심을 안정시키는데 일조하게

第20, p.708, "郁憎信道甚精勤 常患腹內惡 諸醫不可療 聞于法開有名 往迎之 旣來
便脈云 君侯所患 正是精進太過所致耳 合一劑湯與之 一服 卽大下 去數段許紙如
拳大 剖看 乃先所服符也".

되면서, 그들은 점차 기왕의 토착종교에게 주어졌던 기우제의 직능을 대체하게 되었다.

신이승들이 현실정치의 참여에서 효과를 거둘 수 있었던 것은 첫째, 그들은 '五明'이라는 인도 최고의 지식체계를 습득하고 있었기 때문이다. 특히, 그들은 천문학이나 산술학 등에 정통함으로써 降雨 문제를 과학적으로 대처할 수 있었다. 둘째, 국경을 초월하여 중국의 전역에서 방대한 교단조직과 수많은 제자를 거느리고 있었기 때문이다. 당시는 漢代의 '關津之禁'이 계속 유지되고 있어 일반인들은 이동에 많은 규제가 있었지만, 승려에 대한 통제는 그다지 심각하지 않았다. 그들은 각지의 사찰을 거점으로, 그곳에서 활동하는 제자들을 통해서 언제나 자신이 원하는 정보를 적시에 입수할 수 있었다. 따라서 그들은 다른 누구보다도 세속의 통치자에게 정확한 정치적, 군사적인 대책을 제시할 수 있었다.

다음으로 '虎災의 소멸'이다. 중국에서 호랑이는 실제로 인간을 위협하는 맹수일 뿐만 아니라, 산신의 現身으로 바람을 주관하는 영적인 존재였다. 외래승려들이 호랑이를 잘 훈계하고 통제했던 것은 호랑이를 공포의 대상으로 여겼던 중국인들에게는 신이력으로 간주되었다. 그들이 호랑이를 통제할 수 있었던 것은 첫째, 그들은 실재로 능수능란하게 호랑이를 다루는 기술을 습득하고 있었다. 인도에서는 일찍부터 명상과 고행을 위해서 깊은 산림에서 수행했던 자들이 많았는데, 그들은 생명의 보호와 지속적인 수행을 위하여 적절한 맹수 대처법을 익히고 있었다. 외래승려들의 도래와 함께 맹수 대처법도 중국에 전래되어졌던 것이다. 둘째, 釋·道의 대립을 반영하고 있다. 전래 초기의 '神仙·方術'적인 불교는 五胡시기 꾸준한 성장을 통해서 토착종교인 도교의 교세를 능가하게 된다. 승려들이 호랑이를 통제했다는 것은 산신의 현신이었던 토착종교를 제어할 수 있었다는 것을 반영한다.

　'신이편' 외에도 『고승전』에는 호랑이와 접촉했던 17인의 사례를 기록하고 있다. 이들은 주로 동진(9인)과 유송(6인)시기에, 장강 이남(장강유역이 9인, 南海의 광동이 2인)지역에서 활약했던 인물들로서, 대개 습선(6인)과 의해(5인)편에 속한다. 이와 같은 시간적, 지리적인 편중 현상을 통해서 첫째, 당시 사람들이 대규모로 삼림지역을 개발함으로써 실제로 호랑이와 접촉할 기회가 증가했고, 둘째, 불교계가 독자적인 세력을 형성하면서 점차 민간신앙과의 대립이 빈번해졌다는 것을 알 수 있었다.

　마지막으로 '치병활동의 참여'이다. 서진이래로 疫病이 창궐하여 위진 남북조의 361년 동안 총 73회나 발생하였다. 조정에서 백성들에게 약품을 하사한 것은 7회로 전체의 9.5%에 지나지 않는다. 조정의 대응이 적절하지 못했던 것은 의학지식을 구비한 승려들에게 포교를 위한 좋은 기회가 되었다. 먼저, 신이승들은 '呪文이나 祈禱'로 역병을 치유하였다. 당시 역병의 발생은 세계적인 추세로 실크로드의 교통로를 따라서 각지로 전파되었다. 역병이 먼저 발생했던 인도나 서역에서는 그것에 대한 치료법도 당연히 먼저 개발되었는데, 이로 말미암아 외래승려들은 중국에서 역병의 치료에 뛰어난 능력을 발휘하게 된다. 또한, 신이승들은 '楊枝'를 사용하여 병자를 치료하기도 했다. 버드나무는 진통제의 주요한 재료라는 점에서, 이 양지를 사용한 치료는 실질적인 의료행위와 긴밀한 관련이 있었다.

　신이승들 가운데에는 실제로 뛰어난 의술을 구비한 사람들도 상당수 있었다. 그들은 진맥이나 약으로 병자를 치료하고, 그들의 생사여부를 정확히 예견하기도 했다. 建武 2년(336)에 鄴城에 도착했던 단도개는 송진과 복령으로 많은 병자를 치유하였다. 강거국의 축불조는 의술로 백성들을 구제하면서 포교의 한 수단으로 사용하였다. 승려들의 실제적인 의료행위

는 신이편 외에도 곳곳에서 보이는데 식함종의 주창자인 우법개가 대표적
이다. 승려들의 치병활동은 의료지식이 부족했던 당시 백성들에게는 신이
적인 능력으로 간주되어졌고, 불교의 포교를 위한 좋은 수단이 되었다.

參考文獻

I. 기본사료

1. 일반 사료

杜佑 撰, 『通典』(北京, 中華書局, 1988, 1996 3次印刷).
令狐德棻 等 撰, 『周書』(北京, 中華書局, 1971, 1997 7次印刷).
李昉 等 編, 『太平廣記』(北京, 中華書局, 1981 2次印刷).
李百藥 撰, 『北齊書』(北京, 中華書局, 1972, 1997 7次印刷).
房玄齡 等 撰, 『晋書』(北京, 中華書局, 1974, 1998 7次印刷).
司馬光 撰, 『資治通鑑考異』(臺灣, 『四庫全書』 文淵閣本, 商務印書館).
司馬光 編著・胡三省 音注, 『資治通鑑』(北京, 中華書局, 1997).
宋敏求 撰, 『長安志』(叢書集成初編, NO3212).
沈約 撰, 『宋書』(北京, 中華書局, 1974, 2000 7次印刷).
王云海 撰, 『宋會要輯稿考校』(上海, 上海古籍出版社, 1986).
王昶 著, 『金石萃編』(西安, 陝西人民出版社, 1990).
王鳴盛 撰, 『十七史商榷』(北京, 商務印書館, 1937, 1956 重印 제1판).
姚思廉 撰, 『梁書』(北京, 中華書局, 1973, 1997 6次印刷).
_____, 『陳書』(北京, 中華書局, 1972, 2002 8次印刷).
魏收 撰, 『魏書』(北京, 中華書局, 1974, 1997 6次印刷).
魏徵 撰, 『隋書』(北京, 中華書局, 1973, 2002 8次印刷).
劉義慶 撰, 『世說新語』(臺灣, 『四庫全書』 文淵閣本, 商務印書館).
李昉 撰, 『太平御覽』(臺灣, 『四庫全書』 文淵閣本, 商務印書館).
李延壽 撰, 『南史』(北京, 中華書局, 1975, 1997 6次印刷).
_____, 『北史』(北京, 中華書局, 1974, 1997 6次印刷).
張彦遠 撰, 『歷代名畫記』(臺灣, 『四庫全書』 文淵閣本, 商務印書館).

538

鄭樵 撰・王樹民 點校,『通志二十略』(北京, 中華書局, 1995).

趙翼 撰,『二十二史箚記』(臺北, 世界書局, 1958 二版).

朱銘盤 撰,『南朝宋會要』(上海, 上海古籍出版社, 1984).

_____,『南朝齊會要』(上海, 上海古籍出版社, 1984).

中華書局編輯部 編,『通鑑紀事本末』(北京, 中華書局, 1997).

嚴可均 校輯,『全上古三代秦漢三國六朝文』(北京, 中華書局, 1958).

許嵩 撰・張忱石 點校,『建康實錄』(北京, 中華書局, 1986).

蕭子顯 撰,『南齊書』(北京, 中華書局, 1972, 1997 7次印刷).

2. 불교 사료

覺岸 編,『釋氏稽古略』(『大正藏』 第49卷).

鳩摩羅什 譯,『大智度論』(『大正藏』 第25卷).

那連提耶舍 譯,『德護長子經』(『大正藏』 第14卷).

念常 集,『佛祖歷代通載』(『大正藏』 第49卷).

道宣 撰,『廣弘明集』(『大正藏』 第52卷).

_____,『續高僧傳』(『大正藏』 第50卷).

_____,『集古今佛道論衡』(『大正藏』 第52卷).

_____,『集神州三寶感通錄』(『大正藏』 第52卷).

_____,『大唐內典錄』(『大正藏』 第55卷).

道誠 集,『釋氏要覽』(『大正藏』 第54卷).

道世 撰,『法苑珠林』(『大正藏』 第53卷).

明佺 等 撰,『大周刊定衆經目錄』(『大正藏』 第55卷).

帛尸梨蜜多羅 譯,『灌頂經』(『大正藏』 第21卷).

法琳 撰,『辨正論』(『大正藏』 第52卷).

竺法護 譯,『文殊師利淨律經』(『大正藏』 第14卷).

菩提燈 譯,『占察善惡業報經』(『大正藏』 第17卷).

佛陀耶舍・竺佛念 等 共譯,『四分律』(『大正藏』 第22卷).

費長房 撰,『歷代三寶紀』(『大正藏』 第49卷).

釋寶唱 撰,『名僧傳抄』(『新編 卍續藏經』, 臺北, 新文豐出版公司, 1983 再版).

_____,『比丘尼傳』(『大正藏』 第50卷).

僧祐 撰,『出三藏記集』(『大正藏』 第55卷.)

_____,『弘明集』(『大正藏』 第52卷).

神清 撰・慧寶 注,『北山錄』(『大正藏』 第52卷).

阿地瞿多 譯, 『陀羅尼集經』(『大正藏』第18卷).

楊衒之 撰, 『洛陽伽藍記』(『大正藏』第51卷).

彦悰 纂錄, 『集沙門不應拜俗等事』(『大正藏』第52卷).

元照 撰, 『四分律行事鈔資持記』(『大正藏』第40卷).

志磐 撰, 『佛祖統紀』(『大正藏』第49卷).

智昇 撰, 『開元釋敎錄』(『大正藏』第55卷).

贊寧 撰, 『大宋僧史略』(『大正藏』第54卷).

玄奘 譯, 『阿毘達磨俱舍論』(『大正藏』第29卷).

慧皎 撰, 『高僧傳』(『大正藏』第50卷).

『金陵梵利志(中國佛寺志叢刊 第22~25冊)』(揚州, 江蘇廣陵古籍刻印社, 1996).

陳作霖 撰, 『南朝佛寺志(中國佛寺志叢刊 第28冊)』(揚州, 江蘇廣陵古籍刻印社, 1996).

王琰 撰, 『冥祥記』.

『神僧傳』(『大正藏』第50卷).

II. 단행본

1. 국문

Kenneth K.S Ch'en, 박해당 역, 『중국불교』(민족사, 서울, 1991).

Pierre Huard · Ming Wong 著, 許程 譯, 『東洋醫學史』(신광출판사, 1999).

加納喜光 著, 동의과학연구소 옮김, 『몸으로 본 중국 사상』(소나무, 1999).

姜文皓, 『中國中世政治史硏究』(서울, 國學資料院, 1999).

강희정, 『중국관음보살상연구-남북조시대에서 당까지』(서울, 일지사, 2004).

賴永海 著, 박영록 옮김, 『중국불교문화론』(서울, 동국대학교출판부, 2006).

朴漢濟, 『中國中世胡漢體制硏究』(서울, 一潮閣, 1988).

傅樂成 著, 辛勝夏 譯, 『中國通史(上)』(서울, 우종사, 1982).

三崎良章 著, 김영환 옮김, 『五胡十六國-中國史上의 民族大移動-』(서울, 경인문화사, 2007).

上田信 著, 김경호 옮김, 『호랑이가 말하는 중국사』(서울, 성균관대학교출판부, 2008).

劉昭民 著, 박기수 · 차경애 옮김, 『기후의 반역』(서울, 성균관대학교출판부, 2005).

張元圭, 『中國佛敎史』(서울, 고려원, 1983).

中村元 著, 차차석 옮김, 『불교정치사회학』(서울, 불교시대사, 1993).

540

平川 彰 著, 이호근 옮김,『인도불교의 역사(상권)』(서울, 민족사, 1989).
韓國佛敎大辭典編纂委員會,『韓國佛敎大辭典』(서울, 普蓮閣, 1982).

  2. 중문

簡修煒 共著,『六朝史論稿』(上海, 華東師範大學出版社, 1994).
葛洪 著, 楊明照 撰,『抱朴子外篇校箋(上冊)』(北京, 中華書局, 1991).
卿希泰 主編,『中國道敎史』(成都, 四川人民出版社, 1996).
高敏 主編,『魏晋南北朝經濟史(上·下)』(上海, 上海人民出版社, 1996).
谷霽光,『府兵制度考釋』(上海, 上海人民出版社, 1962).
郭朋,『隋唐佛敎』(山東, 齊魯書社, 1981).
____,『中國佛敎思想史(上卷)』(福州, 福建人民出版社, 1994).
____,『中國佛敎思想史(中卷)』(福州, 福建人民出版社, 1994).
____,『中國佛敎思想史(下卷)』(福州, 福建人民出版社, 1995).
邱明洲,『中國佛敎史略』(成都, 四川省社會科學院出版社, 1986).
金正耀,『中國的道敎』(北京, 商務印書館, 1996).
段玉明,『中國寺廟文化』(上海, 上海人民出版社, 1994).
譚其驤,『長水粹編』(石家庄, 河北敎育出版社, 2000).
唐長孺,『三至六世紀江南大土地所有制的發展』(上海, 上海人民出版社, 1957).
____,『魏晋南北朝史論拾遺』(北京, 中華書局, 1983).
____,『魏晋南北朝隋唐史三論』(武漢, 武漢大學出版社, 1998).
羅宏曾,『魏晋南北朝文化史』(成都, 四川人民出版社, 1989).
藍吉富,『隋代佛敎史述論』(臺北, 商務印書館, 1974).
梁啓超,『中國佛敎硏究史』(上海, 上海三聯書店, 1988).
呂思勉,『兩晋南北朝史(上·下卷)(呂思勉史學論著)』(上海, 上海古籍出版社,
      1983).
呂澂,『中國佛學源流略講』(北京, 中華書局, 1979).
黎虎,『魏晋南北朝史論』(北京, 學苑出版社, 1999).
劉志雄·楊靜榮,『龍與中國文化』(北京, 人民出版社, 1992).
李養正,『道敎槪說』(北京, 中華書局, 1989).
萬繩楠,『魏晋南北朝文化史』(合肥, 黃山書社, 1989).
____,『魏晋南北朝史論稿』(合肥, 安徽敎育出版社, 1983).
萬繩楠 整理,『陳寅恪魏晋南北朝史講演錄』(合肥, 黃山書社, 1999).
文史知識編輯部 編,『道敎與傳統文化』(北京, 中華書局, 1992).

_____, 『佛教與傳統文化』(北京, 中華書局, 1997).

潘桂明, 『中國居士佛教史(上)』(北京, 中國社會科學出版社, 2000).

_____, 『中國的佛教』(北京, 商務印書館, 1997).

方立天, 『魏晋南北朝佛教論叢』(北京, 中華書局, 1995).

_____, 『中國佛教與傳統文化』(上海, 上海人民出版社, 1988).

_____, 『慧遠及其佛學』(北京, 中國人民大學出版社, 1984).

范文蘭, 『中國通史(第2冊)』(北京, 人民出版社, 1978 第5版).

范祥雍 校注, 『洛陽伽藍記 校注』(上海, 上海古籍出版社, 1958, 1999 3次印刷).

蘇晉仁, 『佛教文化與歷史』(北京, 中央民族大學出版社, 1998).

蘇晉仁·蕭鍊子 點校, 『出三藏記集』(北京, 中華書局, 1995).

宿白, 『中國石窟寺研究』(北京, 文物出版社, 1996).

楊守敬·熊會貞 疏, 段熙仲 點校, 陳橋驛 復校, 『水經注疏』(南京, 江蘇古籍出版社, 1989).

楊耀坤, 『中國魏晋南北朝宗教史』(北京, 人民出版社, 1994).

嚴耀中, 『江南佛教史』(上海, 上海人民出版社, 2000).

余嘉錫, 『余嘉錫文史論集』(合肥, 岳麓書社, 1997).

余嘉錫 箋疏, 周祖謨 外 整理, 『世說新語 箋疏』(上海, 上海古籍出版社, 1993).

呂思勉, 『兩晉南北朝史』(臺北, 臺灣開明書店, 1969 臺2版).

王利器 撰, 『顏氏家訓集解』(北京, 中華書局, 1996).

王明, 『道家和道教思想研究』(北京, 中國社會科學出版社, 1984).

王夫之, 『讀通鑑論』(北京, 中華書局, 1975).

王仲犖, 『北周六典(上·下)』(北京, 中華書局, 1979).

_____, 『北周地理志(上·下)』(北京, 中華書局, 1980).

_____, 『蜡華山館叢稿』(北京, 中華書局, 1987).

_____, 『魏晋南北朝史』(新店, 谷風出版社, 1987).

王志平, 『帝王與佛教』(北京, 華文出版社, 1998).

劉志雄·楊靜榮, 『龍與中國文化』(北京, 人民出版社, 1992).

李成華 編著, 『中國古代職官辭典』(臺北, 常春樹書房, 1988).

任繼愈, 『漢唐佛教思想論集』(北京, 人民出版社, 1998 제3판 3쇄).

任繼愈 主編, 『中國道教史』(上海, 上海人民出版社, 1990).

_____, 『中國佛教史(第二卷)』(北京, 中國社會科學出版社, 1985).

_____, 『中國佛教史(第一卷)』(北京, 中國社會科學出版社, 1985).

_____, 『中國哲學發展史(魏晋南北朝)』(北京, 人民出版社, 1988).

542

張弓, 『漢唐佛寺文化史(上・下)』(北京, 中國社會科學出版社, 1997).

張澤咸・朱大渭 編, 『魏晉南北朝農民戰爭史料彙編(上・下)』(北京, 中華書局, 1980).

田余慶, 『秦漢魏晉史探微』(北京, 中華書局, 1993)

_____, 『東晉門閥政治』(北京, 北京大學出版社, 2000).

_____, 『拓跋史探』(生活・讀書・新知 三聯書店, 2003).

鄭欣, 『魏晉南北朝史探索』(山東, 山東大學出版社, 1999).

程喜霖, 『唐代過所研究』(北京, 中華書局, 2000).

趙克堯, 『漢唐史論集』(上海, 復旦大學出版社, 1993).

曹文柱 主編, 『中國社會通史(秦漢魏晉南北朝卷)』(太原, 山西教育出版社, 1996).

趙翼 著, 王樹民校證, 『二十二史箚記』(北京, 中華書局, 1984, 2001 2次印刷).

趙翼 著, 欒保群・呂宗力 交點, 『陔余叢考』(石家庄, 河北人民出版社, 1990).

朱大渭, 『六朝史論』(北京, 中華書局, 1998).

周叔迦, 『周叔迦佛學論著集(上・下)』(北京, 中華書局, 1991).

周一良, 『周一良集(全五冊)』(瀋陽, 遼寧教育出版社, 1998)

_____, 『魏晉南北朝史論集』(北京, 北京大學出版社, 2000).

周晉, 『道學與佛教』(北京, 北京大學出版社, 1997).

中國佛教協會 編, 『中國佛教(1)』(北京, 知識出版社, 1980).

中國魏晉南北朝史學會 編, 『魏晉南北朝史研究』(成都, 四川社科院出版社, 1986).

_____, 『魏晉南北朝史論文集』(濟南, 濟南書社, 1991).

陳東原, 『中國婦女生活史』(北京, 商務印書館, 1998).

陳明光, 『六朝財政史』(北京, 中國財政經濟出版社, 1997).

陳垣 撰, 『中國佛教史籍概論』(上海, 上海書店出版社, 1999).

陳寅恪, 『陳寅恪史學論文選集』(上海, 上海古籍出版社, 1992).

陳寅恪, 『金明館叢稿初編』(北京, 三聯書店, 2001).

陳長琦, 『兩晉南朝政治史稿』(鄭州, 河南大學出版社, 1992).

湯用彤, 『漢魏兩晉南北朝佛教史』(臺北, 商務印書館, 1938, 1973 臺1版).

_____, 『湯用彤學術論文集』(北京, 中華書局, 1983).

_____ 校注, 『(梁)高僧傳』(北京, 中華書局, 1992).

湯一介, 『佛教與中國文化』(北京, 宗敎文化出版社, 1999).

馮君實 撰, 『晉書孫恩盧循傳箋證』(北京, 中華書局, 1963).

何玆全, 『魏晉南北朝史略』(上海, 上海人民出版社, 1958).

_____, 『讀史集』(上海, 上海人民出版社, 1982).

_____, 『三國史』(北京, 北京師範大學出版社, 1994).

_____, 『中國通史(Ⅶ)』(上海, 上海人民出版社, 1995).

_____ 主編, 『五十年來漢唐佛教寺院經濟研究』(北京, 北京師範大學出版社, 1986).

_____ 主編·謝重光 副主編, 『中國歷代名僧』(鄭州, 河南人民出版社, 1995).

何玆全先生八十五華誕華紀念文集 本書編委會, 『何玆全先生八十五華誕華紀念文集』(北京, 中國社會科學出版社, 1997).

韓國磐, 『魏晉南北朝史綱』(北京, 人民出版社, 1983).

許里和 著, 李四龍·裴勇 等譯, 『佛教征服中國』(南京, 江蘇人民出版社, 1998).

黃懺華, 『中國佛教史』(臺北, 新文豊出版公司, 1974).

_____, 『中國佛教』(北京, 知識出版社, 1980).

侯外廬 外3人 共著, 『中國思想通史(第3卷)』(北京, 人民出版社, 1995 7次印刷).

侯旭東, 『五, 六世紀北方民衆佛教信仰』(北京, 中國社會科學出版社, 1998).

黃烈 主編, 『魏晉隋唐史論集(第一·二輯)』(北京, 中國社會科學出版社, 1981).

3. 일문

岡崎文夫, 『魏晉南北朝通史』(東京, 弘文堂書房, 1932, 1943 三版).

鎌田茂雄, 『中國佛教史』(東京, 岩波書店, 1978).

_____, 『中國佛教史(第一卷)』(東京, 東京大學出版會, 1982).

_____, 『中國佛教史(第二卷)』(東京, 東京大學出版會, 1983).

_____, 『中國佛教史(第三卷)』(東京, 東京大學出版會, 1984).

谷川道雄, 『隋唐帝國形成史論』(東京, 筑摩書房, 1971).

久保田量遠, 『中國儒道佛三敎史論』(東京, 東方書院, 1931).

宮崎市定, 『九品官人法の研究科擧前史』(京都, 同朋舍, 1956, 1977 第3版).

_____, 『アジア史論考(上卷)』(東京, 朝日新聞社, 1977).

宮川尙志, 『六朝史研究(宗敎篇)』(京都, 平樂寺書店, 1964).

_____, 『六朝史研究(政治·社會篇)』(京都, 平樂寺書店, 1964, 1977 複製 第1刷).

_____, 『中國宗敎史研究(第一)』(京都, 同朋舍, 1983).

內田吟風, 『北アジア史研究(鮮卑柔然突厥篇)』(京都, 同朋社, 1975).

道端良秀, 『中國佛敎史』(京都, 法藏館, 1939, 1977 改訂4版).

_____, 『中國佛敎思想史の研究』(京都, 平樂寺書店, 1979).

544

_____, 『中國佛敎社會經濟史の硏究』(京都, 平樂寺書店, 1983).

濱口重國, 『秦漢隋唐史の硏究(上卷)』(東京, 東京大學出版會, 1966).

山崎宏, 『支那中世佛敎の展開』(東京, 淸水書店, 1942).

常盤大定, 『支那に於ける佛敎と儒敎道敎』(東京, 東洋文庫, 1930, 1966 再版).

野上俊靜 外 4人 共著, 『佛敎史槪說』(京都, 1968).

鈴木中正, 『中國に於ける革命と宗敎』(東京, 東京大學出版會, 1974).

窪德忠, 『道敎史』(東京, 山川出版社, 1977).

宇都宮淸吉, 『中國古代中世史硏究』(東京, 創文社, 1977).

仁井田陞, 『唐令拾遺』(東京, 1933).

酒井忠夫 編, 『道敎の總合的硏究』(東京, 國書刊行會, 1977).

中村元, 『アジア佛敎史(中國編Ⅰ)』(東京, 佼成出版社, 1975, 1980 第3刷).

志田不動麿 編, 『東洋中世史』(東京, 1939).

塚本博士頌壽紀念會編輯, 『塚本博士頌壽記念佛敎史學論集』(京都, 1961).

塚本善隆, 『支那佛敎史硏究』(東京, 淸水弘文堂書房, 1969)

_____, 『支那佛敎史硏究(北魏篇)』(京都, 淸水弘文堂, 1970)

_____, 『北朝佛敎史硏究』(塚本善隆著作集 第3卷, 東京, 1974).

_____, 『魏書釋老志の硏究』(東京, 大同出版社, 1974).

_____, 『中國佛敎通史(第一卷)』(東京, 春秋社, 1979)

橫超慧日 外, 『中國の佛敎』(東京, 大藏出版社, 1958, 1981 改訂4版).

_____, 『中國佛敎の硏究』(京都, 法藏館, 1958).

_____ 編, 『北魏佛敎の硏究』(京都, 平樂寺書店, 1970).

III. 논문

1. 국문

安筍亨, 「東晉尼僧敎團의 成立과 活動에 관한 硏究」, 昌原大學校 碩士學位論文
        (1999).

李啓命, 「高歡政權論」 『龍鳳論叢』 14輯(1984).

李成珪, 「北朝前期門閥貴族의 性格」 『東洋史學硏究』 第11輯(1977).

李榮奭, 「南朝貴族佛敎에 대하여」 『慶北史學』 第3輯(1981).

_____, 「北魏의 華北統一에 따른 대불정책」 『慶北史學』 第5輯(1982).

_____, 「北魏太武帝의 華北統一과 對佛政策」 『大丘史學』 第24輯(1983).

_____, 「北魏文成帝의 興佛政策에 관한 硏究」 『馬山大學論文集』 第6卷 第2號

(1984).

_____, 「神異僧佛圖澄과 後趙佛教」『昌原大學論文集』第7卷 第2號(1985).

_____, 「南北朝時代佛教集團의 統制에 관한 研究」『昌原大學論文集』第10卷 第1號(1988).

_____, 「洛陽遷都 以後의 北魏佛教」『昌原史學』創刊號(1993).

_____, 「北魏의 佛教政策에 관한 研究」, 檀國大學校 博士學位論文(1994).

_____, 「東晉의 明帝, 孝武帝와 佛教」『慶北史學』第21輯(1998).

_____, 「東晉의 穆帝・哀帝와 佛教」『中國史研究』第7輯(1999).

_____, 「劉宋의 建國과 佛教」『中國史研究』第15輯(2001).

李泰宰, 「中國 古代 醫政史(秦漢~兩宋)에 關한 研究」, 동국대학교 박사학위논문 (2005).

河廷鉉, 「『삼국유사』텍스트에 반영된 '神異' 개념에 관한 연구」, 서울대학교 박사학위논문(2002).

2. 중문

歐陽熙, 「略論魏晉南北朝時期的民族融合」『魏晉南北朝隋唐史』, 中國人民大 學書報資料社 復印報刊資料, 北京, 1986-2.

金相範, 「祈雨祭祀的淵源及其禮製化過程所見的歷史意識解析－以「吉禮雩祀」 爲攷察的中心」『亞細亞文化研究』第5輯(2001).

童超, 「東晉南朝時期的移民浪潮与土地開發」『魏晉南北朝隋唐史』, 1987-10.

謝重光, 「魏晉隋唐佛教特權的盛衰」『魏晉南北朝隋唐史』, 1988-3.

薩孟武, 「南北朝佛教流行的原因」『中國佛教史論集(一)』(臺北, 大乘文化出版 社, 1977).

尙永琪, 「北朝胡人與佛教的傳播」『宗教』, 2006-4.

船木勝馬, 「北魏太宗朝的諸叛亂」『魏晉南北朝隋唐史』, 1987-7.

蘇小華, 「六鎮勢力與北朝後期社會」, 北京師範大學博士學位論文(2005).

孫祚民, 「試論北魏太和改革的幾個問題」『魏晉南北朝隋唐史』, 1988-1.

安洵亨, 「東晉上層階級和佛教關係」, 北京師範大學 博士學位論文(2005).

梁啓超, 「中國佛法興衰沿革說略」『佛學研究十八篇』(上海古籍出版社, 2001).

余嘉錫, 「北周毀佛主謀者衛元嵩」『中國佛教史論集(一)』(臺北, 大乘文化出版 社, 1977).

劉馳, 「從崔盧二氏婚姻的滯結看北朝漢人士族地位的變化」『魏晉南北朝隋唐 史』, 1987-9.

546

朱大渭, 「北魏末年各族人民大起義若干史實的辨析」『六朝史論』(北京, 中華書局, 1998).

_____, 「魏晋南北朝南北戶口的消長及其原因」『六朝史論』.

陳明, 「印度佛教醫學概說」『宗教』, 2000-5.

陳寅恪, 「崔浩與寇謙之」『陳寅恪史學論文選集』(上海, 上海古籍出版社, 1992).

陳悌賢, 「魏晋南北朝的佛教傳播與趨向」『中國佛教史論集(一)』(臺北, 大乘文化出版社, 1977).

陳漢玉, 「也談北魏孝文帝的改革」『中國史研究』, 1982-4.

何玆全, 「中古大族寺院領戶研究」『五十年來漢唐佛教寺院經濟研究』(北京, 北京師範大學出版社, 1986).

_____, 「漢末晋初間的年數和戶口數(問題解答)」『歷史學的突破創新和普及』(北京, 北京師範大學出版社, 1993).

韓國磐, 「魏晋南北朝時寺院地主階級的形成與發展」『魏晋南北朝隋唐史』, 1988-6.

向燕南, 「北魏太武滅佛原因考釋」『三國兩晋隋唐史』, 1984-4.

侯旭東, 「十六國北朝時期戰亂與佛教發展關係新考」『中國史研究』, 1998-4.

3. 일문

兼子秀利, 「北魏前期の政治」『東洋史研究』第19卷 第1號(1960).

鎌田茂雄, 「中國佛教の展開と東アジア佛教圈の成立」『世界歷史(6)』(東京, 1971).

高雄義堅, 「北魏に於ける佛教教團の發達に就いて」『龍谷大論叢』第297號(1931).

_____, 「北魏に於ける佛教教團の發達に就で」『龍谷大論叢』第297號(1958).

谷川道雄, 「北魏の統一過程とその構造」『隋唐帝國形成史論』(東京, 1971).

_____, 「拓跋國家の展開と貴族制の再編」『世界歷史(5)』(東京, 1970).

久保田量遠, 「北魏太武帝の廢佛に就いて」『中國儒道佛三教史論』(東京, 國書刊行會, 1931).

宮川尙志, 「晋の太山竺僧朗の事蹟-五胡佛教に對する省察」『東洋史研究』3卷 3號(京都, 1938).

_____, 「五胡十六國と泰山の竺僧朗教團」『六朝史研究(宗教篇)』(京都, 1964).

_____, 「北朝に於ける貴族制度」『六朝史研究(政治・社會篇)』(京都, 1964).

_____,「南北朝正史の道教史料研究」『中國宗教史研究(第一)』(京都, 1983).

_____,「孫恩・盧循の亂」『中國宗教史研究(第一)』(京都, 1983).

內田吟風,「魏書の成立に就いて」『東洋史研究』第2卷　第6號(1937).

_____,「魏書序紀特に其世系記事に就いて」『北アジア史研究(鮮卑柔然突厥篇)』(京都, 1975).

大谷勝眞,「支那に於ける佛寺造立の起源に就いて」『東洋學報』第11卷(1921).

道端良秀,「中國佛教の展開」『中國佛教思想史の研究』(京都, 1979).

渡瀨道子,「北魏文明太后と佛教」『史窓』第12輯(1957).

服部克彦,「北魏洛陽における佛教寺院について」『龍谷史壇』第44號(京都, 龍谷大學史學會, 1958).

_____,「北魏洛陽における捨宅寺院の成立過程」『龍谷大學　佛教文化研究所紀要』第3號(京都, 眞美印刷株式會社, 1964).

服部俊崖,「支那僧官の沿革」『佛教史學』第5卷　2號(1956).

濱口重國,「東魏の兵制」『秦漢隋唐史の研究(上卷)』(東京, 1966).

山崎宏,「南北朝に於ける僧官の檢討」『支那中世佛教の展開』(東京, 1942).

西順藏,「佛教と中國思想」『中國の佛教』(東京, 1958, 1981 改訂4版).

小笠原宣秀,「支那南北朝時代佛教教團の統制」『龍谷史壇』第14號(1934).

安居香山,「漢魏六朝時代に於ける圖讖と佛教－特に僧傳を中心として－」『塚本博士頌壽記念佛教史學論集』(京都, 1961).

窪德忠,「北朝に於ける道佛二教の關係」『北魏佛教の研究』(京都, 1970).

田村實造,「北魏孝文帝の政治」『東洋史研究』第41卷　第3號(1982).

佐藤智水,「北魏造像銘考」『史學雜誌』第86卷　第6號(1977).

志田不動麿,「代王世系批判」『史學雜誌』第48卷　2・3號(1937).

塚本善隆,「北魏の僧祇戸・佛圖戸」『東洋史研究』第2卷　第2號(1937).

_____,「北魏の佛教匪」『支那佛教史研究』(東京, 淸水弘文堂書房, 1969 所收).

_____,「北魏の廢佛に就いて」『東方學報』16(京都, 1950).

_____,「南朝‘元嘉治世’の佛教興隆について」『東洋史研究』第22卷　第4號(京都, 1964).

_____,「北魏建國時代の佛教政策と河北の佛教」『支那佛教史研究』(東京, 1969).

_____,「北魏太武帝の廢佛毀釋」『支那佛教史研究』(東京, 1969).

_____,「龍門に現れたる北魏佛教」『支那佛教史研究』(東京, 1969).

548

_____, 「龍門石窟に現れたる北魏佛敎」『支那佛敎史研究』(東京, 清水弘文
      堂書房, 1969).

_____, 「沙門統曇曜とその時代」『北朝佛敎史(塚本善隆著作集 第2卷)』(東
      京, 1974).

_____, 「中國の廢佛と興佛」『愛知學院禪研究紀要』第8號(1979).

_____, 「中國の佛敎迫害」『中國の佛敎』(東京, 1958, 1981 改訂4版).

河地重造, 「北魏王朝の成立とその性格について―徙民政策の展開から均田制
      へ―」『東洋史研究』第12卷 第5號(1953).

橫超慧日, 「中國佛敎に於ける國家意識」『中國佛敎の研究』(京都, 1958).

Richard B. Asa, 大藪正哉・松本浩一 共譯, 「寇謙之と北魏朝廷に於ける道敎の神
      政」『道敎の總合的研究』(東京, 1977).

찾아보기

550

552

554

556

562

이 영 석

1946년 울산광역시 울주군 언양에서 출생.
경북대학교 문리과대학 사학과 졸업, 동 대학원 석사.
단국대학교 대학원 박사과정 졸업.
현 창원대학교 사학과 교수.

논저
「南朝貴族佛敎에 대하여-그 弊害를 중심으로-」,
「北魏太武帝의 華北統一과 對佛政策」,
「神異僧佛圖澄과 後趙佛敎」외 다수.

南北朝佛教史

이 영 석 지음

2010년 7월 5일 초판 1쇄 발행

펴낸이 · 오일주
펴낸곳 · 도서출판 혜안

등록번호 · 제22-471호
등록일자 · 1993년 7월 30일

⍟ 121-836 서울시 마포구 서교동 326-26번지 102호
전화 · 3141-3711~2 / 팩시밀리 · 3141-3710
E-Mail hyeanpub@hanmail.net

ISBN 978 - 89 - 8494 - 395 - 7 93220

값 35,000 원